Islamisches Recht in Wissenschaft und Praxis

Hatem Elliesie / Beate Anam / Thoralf Hanstein (Hrsg.)

Islamisches Recht in Wissenschaft und Praxis

Festschrift zu Ehren von Hans-Georg Ebert

PETER LANG

Bibliografische Information der Deutschen Nationalbibliothek
Die Deutsche Nationalbibliothek verzeichnet diese Publikation in der Deutschen Nationalbibliografie; detaillierte bibliografische Daten sind im Internet über http://dnb.d-nb.de abrufbar.

Gedruckt mit Unterstützung der Gesellschaft für Arabisches und Islamisches Recht (GAIR e.V.)

Gedruckt auf alterungsbeständigem, säurefreiem Papier.

Druck und Bindung: CPI books GmbH, Leck

ISBN 978-3-631-67637-0 (Print)
E-ISBN 978-3-631-77687-2 (E-PDF)
E-ISBN 978-3-631-77688-9 (EPUB)
E-ISBN 978-3-631-77689-6 (MOBI)
DOI 10.3726/b15031

Peter Lang – Berlin · Bern · Bruxelles · New York · Oxford · Warszawa · Wien

Diese Publikation wurde begutachtet.

www.peterlang.com

Inhaltsverzeichnis

Islamisch geprägtes Recht in der Gegenwart

Islamische Normativität im Wandel

Islamisches Finanzwesen

Hans-Georg Ebert (* 22. Juli 1953)

Einführung

Hatem Elliesie, Beate Anam & Thoralf Hanstein

Vorwort

Mit dieser Festschrift wollen alle Beteiligten dem Genre entsprechend dem hoch geschätzten Jubilar ihre Anerkennung und ihren Dank zum Ausdruck bringen und ihm eine nachhaltige Freude bereiten. Unsere Anerkennung und unser Dank gelten dem Wissenschaftler und Privatmenschen Hans-Georg Ebert zugleich. Wie viele der Beitragenden wissen wir seine Aufrichtigkeit und Aufgeschlossenheit in den unterschiedlichsten Situationen und Phasen unseres akademischen und privaten Lebens sehr zu schätzen. Aus den vielen Gesprächen mit Hans-Georg Ebert haben wir auch entnehmen können, was oder wer ihn im Laufe seiner beruflichen Vita begleitet und geprägt hat. Viele seiner Wegbegleiter konnten wir für eine persönliche Note in der *Tabula Gratulatoria* gewinnen. Sie spiegeln die Gemeinsamkeiten in zuweilen überaus bewegten Zeiten wider. Einige wenige konnten wir leider nicht erreichen. Weitere, wie beispielsweise Prof. Dr. Arne Amadeus Ambros (1942–2007)[1], Prof. Dr. Dieter Bellmann (1934–1997)[2], Prof. Dr. Gerhard Brehme (1928–2007)[3], Prof. Dr. Ernst Klingmüller (1914–2006)[4], Prof. Dr. Holger Preißler (1943–2006)[5] und Prof. Dr.

---

1 Professor am Institut für Orientalistik an der Universität Wien (1974–2003).

2 Professor an der Fakultät für Kultur-, Sprach- und Erziehungswissenschaft – Sektion Afrika- und Nahostwissenschaften (1990–1993 Fachbereich Orientalistik und Afrikanistik und ab 1993 Fakultät für Geschichte, Kunst- und Orientwissenschaften – Orientalisches Institut) der Universität Leipzig (1986–1997).

3 Professor an der Fakultät für Wirtschafts- und Rechtswissenschaft – Sektion Afrika- und Nahostwissenschaften (1969–1990) sowie an der Fakultät für Philosophie und Geschichtswissenschaft – Fachbereich Orientalistik und Afrikanistik (1990–1993) der Universität Leipzig.

4 Professor an der rechtswissenschaftlichen Fakultät der Universität zu Köln (1961–1982), Gründungsvorsitzender der Gesellschaft für Arabisches und Islamisches Recht (1997–2001); danach Vorsitzender des Kuratoriums der Gesellschaft für Arabisches und Islamisches Recht (2001–2003).

5 Professor an der Fakultät für Kultur-, Sprach- und Erziehungswissenschaft – Sektion Afrika- und Nahostwissenschaften (1990–1993 Fachbereich Orientalistik und Afri-

Wolfgang Reuschel (1924–1991)[6] sind zwischenzeitlich verstorben, andere waren alters- oder krankheitsbedingt nicht mehr in der Lage etwas beizusteuern.

Bei der konzeptionellen Gestaltung waren wir um größtmögliche Ausgewogenheit bemüht. So haben wir uns mit den als ‚geheime Mission' titulierten E-Mails schrittweise vorgetastet: Erste Zielvorgabe war es, kein reines Sammelsurium von Artikeln aneinanderzureihen, sondern die Festschrift nach ‚beackerten' Themenbereichen des zu Ehrenden zu gliedern. Demgemäß wurden dann sukzessive Beitragende für Themen aus dem weiten Arbeits- und Interessensfeld des Jubilars zur islamisch- und arabischgeprägten Rechtsforschung eingeschworen. Dabei war es uns ein Anliegen, verschiedene Generationen, Lehrerinnen und Lehrer, Kommilitoninnen und Kommilitonen, Kolleginnen und Kollegen wie auch gegenwärtige und vormalige Doktorandinnen und Doktoranden Hans-Georg Eberts zu Wort kommen zu lassen. Letztere haben wir darüber hinaus in der nachfolgenden Promovendenliste ausgewiesen. Die hier angeführten Informationen haben wir mit bestem Wissen und Gewissen zusammengetragen, können aber unmöglich Gewähr für deren Vollständigkeit geben.

All denjenigen, die am Zustandekommen der vorliegenden Festschrift bereitwillig und unter dem erfolgreichen Siegel der Verschwiegenheit mitgewirkt haben, sei an dieser Stelle nochmals gedankt. In erster Linie richten wir diesen Dank an die Autorinnen und Autoren aus Wissenschaft und Praxis, die mit ihren Fachbeiträgen wie auch den persönlichen Noten in der *Tabula Gratulatoria* die unterschiedlichsten Facetten des Jubilars auffächerten. Im Zuge der Fertigstellung dieses Ehrenbandes hat sich unsere geschätzte Kollegin Sina Nikolajew in besonderem Maße beim Lektorat und bei der Formatierung verdient gemacht: Ohne ihren reichen Erfahrungsschatz und ihr unermüdliches Engagement hätte die Druckvorlage und damit diese Publikation sprichwörtlich nicht in dieser Form erscheinen können. Gleichsam gebührt Frau Jana Habermann vom Peter Lang Verlag Dank für ihre Kooperationsbereitschaft, verständnisvolle Zusammenarbeit und professionelle Begleitung. Nicht unerwähnt soll schließlich die Finanzierung dieser Veröffentlichung bleiben, welche sich u. a. aus einem Zuschuss der Gesellschaft für Arabisches und Islamisches Recht speist.

---

kanistik und ab 1993 Fakultät für Geschichte, Kunst- und Orientwissenschaften – Orientalisches Institut) der Universität Leipzig (1985–2006).

6 Professor an der Fakultät für Philosophie und Geschichtswissenschaft – Sektion Afrika- und Nahostwissenschaften (1974–1990) der Universität Leipzig; Leiter des LFB Nordafrika/Nahost an der Sektion Afrika- und Nahostwissenschaften der Universität Leipzig (1975–1983).

Dem Vorstand der Gesellschaft, insbesondere der 1. Vorsitzenden Prof. Dr. Irene Schneider, sind wir für die Unterstützung verbunden.

Vollers 399, f. 1v–2r. Universitätsbibliothek Leipzig

Verena Klemm*

Zur Gratulation

An seinem 65. Geburtstag kann Hans-Georg Ebert mit Stolz auf seinen Forschungs- und Lehrbereich innerhalb des Orientalischen Instituts der Universität Leipzig blicken. Zwanzig Jahre sind vergangen, seit er auf die Professur für islamisches Recht an der Fakultät für Geschichte, Kunst- und Orientwissenschaften berufen wurde. Diese 1998 geschaffene Professur knüpft an die mit der Wende aufgelösten Strukturen der Sektion Afrika- und Nahostwissenschaften an der Universität Leipzig an, in der regionalspezifische und systematische Fächer eng miteinander verbunden waren. Seit seiner Berufung hat Hans-Georg Ebert den Bereich zu einem profilierten Standort für islamisches Recht in Deutschland ausgebaut. In dieser langen Zeit hat er sich beständig und in ergiebiger Weise der Forschung, Lehre und Förderung des wissenschaftlichen Nachwuchses gewidmet.

Das islamische Recht nimmt eine zentrale Rolle in den Verfassungen sowie im Familien-, Straf- und Wirtschaftsrecht der islamischen Welt ein. Es ist angesichts der Einwanderung von Geflüchteten aus den Kriegs- und Krisengebieten der MENA-Region in Deutschland angekommen. Fachexperten für islamisches Recht haben für die damit einhergehenden politischen Prozesse und Probleme zentrale Bedeutung.

Als Institutskollegin von Hans-Georg Ebert möchte ich ihm gratulieren mit der Titelseite einer Handschrift des Werks *Taḥrīr al-aḥkām fī tadbīr ahl al-islām* des schafiitischen Juristen Badraddīn ibn Ǧamāʿa (1241–1333). Ich danke den Herausgebern, dass die Schmuckseite zugleich diese reichhaltige und bewundernswerte Festschrift eröffnen darf.

Der Autor des Werks steht im Zentrum einer berühmten Familie schafiitischer Juristen der Mamlukenzeit. Er wirkte in Kairo, Damaskus und Jerusalem. Die Handschrift, die als Teil der Bibliothek der Familie Rifāʿī 1853 von Damaskus in die Universitätsbibliothek Leipzig gelangte, wurde im Jahr 1730 angefertigt.[1] Sie ist, so Carl Vollers in seinem Katalogisat, in einem „schönen, turkisierenden Nasḫ“ verfasst. Das Werk, ein Kompendium des islamischen

* Professorin für Arabistik und Islamwissenschaft am Orientalischen Institut der Universität Leipzig.

1 Universitätsbibliothek Leipzig, Vollers 399.

Staats- und Verwaltungsrechts, ist ein Leitfaden für Beamte. Es ist ein eindrucksvolles Zeugnis der hoch entwickelten Schriften muslimischer Juristen der Vormoderne, die das islamische Recht auf die Erfordernisse der politischen Gegenwart bezogen. Zugleich informiert es Beamte in 17 Kapiteln kurz und bündig über wichtige Grundsätze und Erfordernisse in Regierung, Verwaltung und sozialem Miteinander von Muslimen, Christen und Juden.

Ich möchte hier eine kleine Verbindung zum Werk und Wirken von Hans-Georg Ebert, Jurist und Islamwissenschaftler, herstellen. Auch er ist ein Gelehrter, der systematisch fundierte Forschung immer wieder auf Probleme der Gegenwart hin orientiert. Dies verleiht seiner Professur insbesondere im Lichte aktueller Entwicklungen in der islamischen Welt und Europa eine ganz besondere Bedeutung. Das Institut ist ihm dankbar für seine planvolle und verlässliche Arbeit, mit der er diesen immens wichtigen Bereich nach dem Bruch, den die Wende für das Orientalische Institut mit sich brachte, aufgebaut und gestaltet hat.

Mit großer Anerkennung für sein Werk und sein Wirken wünsche ich ihm alles Gute zu diesem markanten Geburtstag, der einen Anlass zum Blick auf alles bisher Erreichte darstellt. Und „was Zukunft war, ist jetzt Gegenwart, und was Gegenwart war, ist jetzt Vergangenheit“ (Wilhelm Schmid). Nahe am Ende der institutionalisierten Berufstätigkeit angekommen, richtet sich der Blick aber auch zu neuen Ufern. In diesem Sinne wünsche ich ihm in der nun beginnenden Lebensphase weiterhin viel Schaffenskraft und Erfolg.

Lothar Rathmann*

Laudatio

Prof. Dr. Hans-Georg Ebert,

herzliche Glückwünsche zum 65. Geburtstag. Ihnen, lieber Hans-Georg, Ihrer lieben Frau und der Familie viele gute Jahre.

Akzeptieren Sie mich als Kompass, dann werden Sie in 26 Jahren auch hier in der Moritzbastei stehen, um einem Schüler oder einer Schülerin zum 65. zu gratulieren.

Aber nun das Jahr 1982: Verteidigung der Dissertation. Der Junge aus Schneeberg machte es sehr gut! Sein Vater hatte Tränen der Freude in den Augen. Das sind Momente, die man nicht vergisst.

1990 Habilitation mit *magna cum laude*. Doch ein Jahr zuvor: Montagsdemonstrationen. Ich lehnte 1989 die Forderung der Leipziger ‚Sechs' um Kurt Masur ab, Oberbürgermeister von Leipzig zu werden. Aber Sie baten mich, über Stadtfunk zu den Menschen zu sprechen. Der letzte Satz meiner Botschaft lautete: „Für einen Sozialismus mit absoluter Achtung aller Menschenrechte" – Hans-Georg schlug vor, das Wort ‚Sozialismus' durch ‚Gesellschaft' zu ersetzen.

1998/1999 Professur und vor- und nachher eine großartige Publikations- und Vortragsliste des Vorsitzenden der Gesellschaft für Arabisches und Islamisches Recht von 2009 und 2015, wo ich auch Gast des Präsidenten war.

Gestatten Sie mir ein persönliches Wort: Ich hatte mich vor 70 Jahren immatrikuliert. Ich habe in diesen sieben Jahrzehnten viele Menschen kommen und gehen sehen. Aber nun ist es auch für mich Zeit, mich öffentlich und in Demut von meiner geliebten *Alma Mater Lipsiensis, Universitas Litterarum* mit einem starken Beifall für Hans-Georg Ebert zu verabschieden.

Ihr Prof. Dr. Lothar Rathmann

---

* Professor für Geschichte der arabischen Länder an der Sektion Afrika- und Nahostwissenschaften bis 1990 sowie Rektor der Karl-Marx-Universität Leipzig von 1975 bis 1987.

Tabula Gratulatoria

Prof. Dr. oec. habil. Günter Barthel

Lehrstuhlleiter für das Fachgebiet Ökonomie
der Länder Nordafrikas und des Nahen Ostens

von 1975 bis 1996
am Orientalischen Institut
Universität Leipzig

Zum Geburtstag übermittle ich Kollegen Ebert auch auf diesem Weg meine herzlichste Gratulation sowie meine besten Wünsche für die Zukunft. Mit dem Jubilar verbindet mich seit seinem Studium viel Gemeinsames, u. a. die Publikation des Buches *Die Islamische Republik Iran*, das schon vor der Wende in der DDR und in der BRD erschien. Mit großer Aufmerksamkeit und uneingeschränkter Anerkennung verfolge ich sein editorisches Schaffen, das mittlerweile zur Herausgabe von 38 Bänden zum islamischen Recht im Rahmen der Leipziger Beiträge zur Orientforschung sowie zur Erarbeitung des Lehrbuchs Islamisches Recht führte. *Chapeau bas*!

Prof. (em.) Dr. Herbert Baumann

Bereichsleiter an der Akademie der Wissenschaften

von 1981 bis 1990
am Institut für Theorie des Staates und des Rechts
Berlin

Hans-Georg Eberts Hinwendung zu den Problemen der arabischen Welt war mutig und erforderte Sinn für Wesentliches. So ausgestattet, nutzte er die in Leipzig gebotenen Möglichkeiten, um die Grundzüge des Islamischen Rechts zu erfassen und dessen Wirken zu analysieren: ein wertvoller Gewinn, der nutzbringend sein kann und breite öffentliche Beachtung verdient. Gratulation!

Prof. Dr. Markus A. Denzel

Altdekan der Fakultät für Geschichte, Kunst- und Orientwissenschaften
Universität Leipzig

Hans-Georg Ebert habe ich in besonderer Weise schätzen gelernt, als er sich während meines Dekanats (2005–2008) als Studiendekan der Fakultät für Geschichte, Kunst- und Orientwissenschaften zur Verfügung gestellt hat. Ihm ist es gelungen, die damals anstehenden großen Veränderungen der Studienstrukturreform mit Verstand, Augenmaß, Durchsetzungskraft und immer einem verbindlichen Lächeln auf den Lippen umzusetzen. Dafür gebührt ihm der Dank der Universität Leipzig und unserer Fakultät. Ich habe in dieser Zeit in Dir, lieber Hans-Georg, einen Freund gefunden – bis heute! Und dafür danke ich Dir ganz besonders herzlich!

Prof. (em.) Dr. Werner Ende

Albert-Ludwigs-Universität Freiburg

Die Islamwissenschaft ist ein vielfältiges Fach. Sie umfasst mehr als das Studium der Scharia, aber ohne Forschung und Lehre auf diesem Felde verlöre sie eine ihrer wesentlichen Komponenten. Hans-Georg Ebert hat sehr erfolgreich dafür gearbeitet, diese (zeitweilig gefährdete) Erkenntnis zu bewahren und zu beleben. Dafür gebührt ihm großer Dank. Und eine Festschrift.

Prof. Dr. Dr. h. c. (Brüssel) Marie-Claire Foblets

Geschäftsführende Direktorin

Max-Planck-Institut für ethnologische Forschung,
Leiterin der Abteilung ‚Recht und Ethnologie' (Halle/Saale)

Zum 65. Lebensjahr wünsche ich dem Jubilar alles erdenklich Gute, Gesundheit und anhaltende Begeisterung für die Wissenschaft. Auf dass der Wissenschaftsstandort Halle-Leipzig auch in Zukunft von Ihrem Engagement profitieren möge. In besonderer Verbundenheit im Bereich der Forschung und Lehre die wissenschaftlichen Nachwuchskräfte weiterhin gemeinsam zu fördern: *Ad multos annos*!

Dr. Ingelore Goldmann

Dozentin für Arabisch (i. R.)

Orientalisches Institut
Universität Leipzig

Lieber Hans-Georg, als Deine Arabischlehrerin, die Dir einst das Alif-Ba nahegebracht hat, ist es mir eine Freude, Dir jetzt als hochgeschätztem Emeritus für viele Jahre kollegialer Verbundenheit zu danken und Dir für die Zukunft alles erdenklich Gute zu wünschen.

Prof. Dr. Baber Johansen

Professor für Islamische Religionsstudien an der Divinity School Harvard

Lieber Herr Ebert, die politische Geschichte Deutschlands hat es mit sich gebracht, dass wir uns erst spät persönlich kennengelernt haben. Ihre wichtigen Beiträge zur methodischen Erforschung des islamischen Rechts waren mir aber – wie Sie wissen – gut bekannt. Auch nachdem ich Deutschland verließ, habe ich viele Ihrer Arbeiten gelesen und Ihre Produktivität und Präzision immer hoch geschätzt. Mit meinen Glückwünschen zu Ihren wissenschaftlichen Leistungen verbinde ich heute den Wunsch, dass Sie auch weiterhin das Feld der Erforschung des islamischen Rechts durch Ihre Beiträge bereichern werden.

Dr. Regina Karachouli und Dr. Adel Karasholi / Karachouli

Arabistin, Literaturübersetzerin / Schriftsteller

Leipzig

Lieber Hans-Georg, anlässlich Deines 65. Geburtstages erinnern wir uns sehr gern der schönen gemeinsamen Zeiten an unserem Institut – ein halbes Leben! Wir haben zusammen gelehrt und geforscht, geprüft und publiziert, haben gearbeitet und gefeiert. Und in all diesen Jahren haben wir Dich nicht nur als kreativen Wissenschaftler, sondern auch als einen vielfältig über sein Fachgebiet hinaus interessierten Kollegen und liebenswerten Menschen geschätzt und geachtet. Wir drücken Dir herzlich die Hand und wünschen Dir für die Zukunft alles Gute – Gesundheit, wissenschaftliche Erfolge und Freude in der Familie!

Prof. Dr. Dr. h. c. (Athen) Dr. h. c. (Istanbul) Philip Kunig

Freie Universität Berlin / Türkisch-Deutsche Universität Istanbul

Berlin um die Wendezeit war eine besondere Begegnungsstadt, auch für Wissenschaftler. Prof. Ebert war ich begegnet aufgrund geteilter Interessen für Verfassungsrecht ausserhalb Europas. Jedes Gespräch und jeder Gedankenaustausch mit ihm, meist um die Zeitschrift *Verfassung und Recht in Übersee* und den zugehörigen Arbeitskreis herum, habe ich sehr genossen. Von Herzen alles Gute, lieber Herr Ebert, und Dankeschön.

Prof. Dr. Sebastian Maisel

Professor für Arabische Sprach- und Übersetzungswissenschaft

Orientalisches Institut
Universität Leipzig

Es ist vollbracht, aber noch nicht abgeschlossen. Zum 65. Geburtstag und dem Erreichen des legalen Eintritts in die (Un)Ruhephase wünsche ich Ihnen, lieber Herr Ebert, alles Gute. Ich bedanke mich für die bisherige gemeinsame Zeit am Orientalischen Institut der Universität Leipzig, Ihren Rat und Ihre Unterstützung. Auf die kommende Zusammenarbeit freue ich mich sehr, da ich nun wieder von Ihrer Art, Erfahrung und Klarsicht im islamischen, arabischen und universitären Paragraphendschungel profitieren kann.

Dr. Hanspeter Mattes und Dr. habil. Sigrid Faath

Wissenschaftlicher Mitarbeiter am Deutschen Orient-Institut / IMES,
Hamburg, 1983–2016 (Mattes)

Consultant für die Maghrebstaaten,
Hamburg / Berlin / Dresden seit 1983 (Faath)

Herausgeber der *Wuqûf-Analysen* seit 1995 (Dresden)

Lieber Herr Ebert, seit wir uns Anfang der 1990er Jahre in Hamburg anläßlich eines Maghreb-Workshops am Deutschen Orient-Institut kennenlernten, teilen wir das Interesse für den Maghreb und das Thema Rechtsentwicklung. Wir hoffen, dass wir auch in Zukunft Zeit für die Fortsetzung des stets inspirierenden Gedankenaustauschs finden.

Prof. Dr. Günter Meyer

Vorsitzender des World Congress for Middle Eastern Studies (WOCMES)
Präsident der European Association for Middle Eastern Studies (EURAMES)
Vorsitzender der Deutschen Arbeitsgemeinschaft Vorderer Orient (DAVO)
Leiter des Zentrums für Forschung zur Arabischen Welt (ZEFAW)

Johannes Gutenberg-Universität Mainz

Ihnen, lieber Herr Ebert, herzliche Gratulation zu Ihrem Jubiläum und weiterhin alles Gute! Diese Gelegenheit möchte ich nutzen, um Ihnen für Ihr langjähriges Engagement als ‚tragende Säule' für den Bereich Islamisches Recht innerhalb der DAVO zu danken. Zugleich freue ich mich auf ein Wiedersehen mit Ihnen bei zukünftigen wissenschaftlichen Veranstaltungen zur Orientforschung.

Dr. habil. Christian Müller

Directeur de Recherche am Institut de recherche et d'histoire des textes
CNRS, Paris

Dem Jubilar gebührt für sein Lebenswerk im Bereich des modernen arabischen Rechts höchster Respekt und Anerkennung. Ihnen, lieber Herr Ebert, wünsche ich viel Kraft und Freude auch für die Zukunft. Über weitere persönliche Treffen und Ihre Beiträge auf Tagungen und Konferenzen würde ich mich sehr freuen.

Prof. (em.) Dr. Helmut Nimschowski

Professor für Geschichte Nordafrikas
an der Fakultät für Kultur-, Sprach- und Erziehungswissenschaft
der Universität Leipzig

Meine Glückwünsche gelten Dir, verehrter Freund, als einem würdigen Vertreter der interdisziplinären Leipziger Nordafrika- / Nahost-Wissenschaften. Dein Werk ist ein profunder Beitrag zum Verständnis der Geschichte und der aktuellen gesellschaftlichen Entwicklung in islamischen Staaten. Möge die Diplomatie daraus Nutzen schöpfen!

Prof. Dr. Nobert Oberauer

Professor für Islamisches Recht

Institut für Arabistik und Islamwissenschaft
Westfälische Wilhelms-Universität in Münster

Schon während meiner wissenschaftlichen Ausbildung haben mir Hans-Georg Eberts Arbeiten zum islamischen Recht als Anregung und Vorbild gedient. Als ich später seine persönliche Bekanntschaft machen durfte, habe ich ihn als überaus inspirierenden und engagierten Kollegen kennengelernt. Herzlichen Glückwunsch zum 65. Geburtstag!

Prof. (em.) Dr. Rainer Oßwald

Lehrstuhlinhaber für Islamwissenschaft (1997–2018)

Universität Bayreuth

Ihnen, lieber Herr Kolllege Ebert, wünsche ich zum 65. Geburtstag alles erdenklich Gute. Auf dass Sie und Ihr Engagement in Lehre und Forschung zum islamischen Recht dem Orientalischen Institut der Universität Leipzig weiter erhalten bleiben. Dem Standort Leipzig wäre es zu wünschen. *Ad multos annos*!

Prof. Dr. Ulrich Rebstock (i. R.)

Orientalisches Institut
Universität Freiburg i. Br.

Die Bücher Hans-Georg Eberts zur neuzeitlichen Geschichte des islamischen Rechts bieten für Lehrende wie Lernende einen unverzichtbaren Einblick in die zeitgenössischen islamischen Gesellschaften – die Aussicht auf die Fortführung seines Schaffens im Ruhestand erfüllt mich mit freudiger Neugier.

Prof. Dr. Manfred Rudersdorf

Altdekan der Fakultät Geschichte, Kunst- und Orientwissenschaften

Universität Leipzig

Prof. Ebert gehörte zu den ersten Kollegen, die mich 1997 in der Fakultät sehr freundlich und aufgeschlossen empfangen haben. Vor allem schätze ich seine Gesprächsbereitschaft, seine Urteilskraft und seinen Sinn für Ausgleich und Gerechtigkeit. In seiner Funktion als Studiendekan hat er sich allseits große Verdienste erworben, für die ihm die Fakultät bis heute dankbar ist. *Ad multos annos* also, lieber Kollege Ebert!

Prof. (em.) Dr. mult. Kurt Rudolph

Philipps-Universität Marburg

An den Jubilar, Hans-Georg Ebert, der sich zwischenzeitlich als Islamwissenschaftler, Hochschullehrer und Spezialist für den Bereich des islamischen Rechts einen hervorragenden Namen in der Fachwelt erworben hat, kann ich mich aus meiner Zeit an der Universität Leipzig noch gut erinnern. Alles Gute zum 65. Geburtstag!

Prof. Dr. jur. Dr. phil. Peter Scholz

Präsident des Amtsgerichts Charlottenburg

Honorarprofessor der Freien Universität Berlin

Dir, lieber Hans-Georg, gratuliere ich herzlichst zu Deinem 65. Geburtstag. Ich danke Dir nicht nur für Deine herausragenden wissenschaftlichen Leistungen im Rahmen von Staat, Recht und Islam, insbesondere zum Personenstandsrecht der arabischen Staaten, sondern auch für Deine ausgeprägte Kollegialität und Hilfsbereitschaft, die ich über viele Jahre des wissenschaftlichen Austauschs und der Zusammenarbeit mit Dir erfahren habe. Ich wünsche Dir auch weiterhin gute Gesundheit und viel Schaffensfreude und freue mich auf künftige fruchtbare Diskussionen mit Dir.

Avihai Shivtiel, M. A. Ph. D.

formerly lecturer and senior researcher at Cambridge University

and Head of Department of Arabic Studies at Leeds University (Retired)

From our first meeting back in 1986 I have been impressed by Professor Ebert's seriousness of scholarship and wide knowledge of one of the most complex issues in Islamic studies: Islamic law. On the occasion of his retirement, I wish Hans-Georg, his wife Gerlinde and all his family many years of joy, and wish ourselves to continue to enjoy and benefit from his invaluable contribution to our knowledge of the world of Islam.

Prof. Dr. Beate A. Schücking

Rektorin

Universität Leipzig

Ich bin Ihnen, lieber Hans-Georg Ebert, von Herzen dankbar für Ihre Verdienste, die Sie sich um das Orientalische Institut unserer Alma Mater Lipisiensis erworben haben. Nicht zuletzt dank Ihrer wegweisenden Forschungsarbeiten, u. a. zu islamischen Staats- und Rechtskonzeptionen, genießt die Leipziger Orientalistik weltweit einen hervorragenden Ruf. Ihr Engagement in der Lehre und bei der Förderung des wissenschaftlichen Nachwuchses ist beispielgebend.

Dr. Udo Steinbach

Direktor des Deutschen Orient-Instituts
(1976–2006)

Hamburg

Von Hans-Georg Ebert (et al.): *Die Islamische Republik Iran* (1987) bis *Tendenzen der Rechtsentwicklung* in der 5. Auflage des Islam in der Gegenwart (2005) – immer waren Sie mir, lieber Herr Ebert, ein verlässlicher, kenntnisreicher, freundlicher und kollegialer Ratgeber. Ich danke Ihnen dafür und freue mich auf künftige – mit dem ebertschen Humor gewürzte – Gespräche.

Dr. Kristina Stock

Dozentin und freischaffende Übersetzerin für Arabisch

Orientalisches Institut
Universität Leipzig

Alles Gute für die Zukunft in Erinnerung an erfüllte Jahre und schöne Augenblicke an der Universität Leipzig. Wenn die Arbeitsroutine nicht mehr ruft, hast Du Zeit für die Familie und erlebnisreiche Reisen und bestimmt auch weiterhin genügend Impulse für Deinen analytischen Blick auf die Welt.

Hans-Georg Ebert – Promotionsbetreuungen und Gutachten (Auswahl)

2000	Anja Wünsch (Deutschland)	Wirkungen und Wirksamkeit der Strukturanpassung in der jordanischen Wirtschaft am Beispiel des Industrie- und Tourismussektors
2001	Thoralf Hanstein (Deutschland)	Islamisches Recht und Nationales Recht: Eine Untersuchung zum Einfluss des Islamischen Rechts auf die Entwicklung des modernen Familienrechts am Beispiel Indonesiens
2004	Almut Hinz (Deutschland)	Sanktionen im modernen Völkerrecht und in der Staatenpraxis: Ihre theoretische Begründung und ihre Anwendung gegenüber Libyen
2005	Fouad Khalil (Syrien)	Rechtskulturelle Grundlagen des syrischen Scheidungsrechts. Eine Untersuchung islamischer Rechtsgrundsätze
2005	Asep Jahar (Indonesien)	Reinterpreting Islamic Norms between Legal Paradigm and Socio-economic Challenge on *waqf* and *zakât* in Contemporary Indonesia
2005	Gottfried Plagemann (Deutschland)	Von Allahs Gesetz zur Modernisierung per Gesetz: Gesetz und Gesetzgebung im Osmanischen Reich und in der Republik Türkei
2008	Sameh Iskander (Ägypten)	Hinkende Ehe zwischen islamischem Recht und europäischem IPR – dargestellt am Beispiel Deutschlands und Ägyptens

2009	Abdelkarim Mouhssine (Marokko)	Friedens- und Toleranzerziehung in staatlichen Bildungseinrichtungen in Marokko. Eine Herausforderung für ein arabisch-islamisches Land
2010	Assem Hefny (Ägypten)	Religiös-politische Termini und muslimisches Verständnis von Herrschaft am Beispiel ägyptischer Autoren
2010	Mathias Saggau (Deutschland)	Eine Umweltanalyse islamischer Banken im internationalen Kontext
2010	Ibrahim Salama (Ägypten)	Recht und Rechtswissenschaft im Integrationsprozess der muslimischen Gemeinschaften in Deutschland
2012	Ilker Yavuz (Deutschland)	Ausgestaltung der absatzpolitischen Parameter im islamkonformen Retailgeschäft
2013	Mazin Mahde Mosa (Irak)	Der Westen aus arabisch-islamischer Sicht. Eine Untersuchung am Beispiel von Yusuf al-Qaradawi
2014	Ramona Evens (Deutschland)	Islamkonforme Versicherungen in Deutschland. Forschung zur Vermarktung des *takâful*-Modells
2014	Stephan Kokew (Deutschland)	Annäherung an Toleranz. Traditionelle Grundlagen und zeitgenössische Rezeption des modernen Toleranzbegriffs im zwölferschiitischen Islam
2014	Munazzah Masood (Pakistan)	Arabic in Pakistan. Problems and Solutions in the Field of Teaching and Testing
2014	Lena-Maria Möller (Deutschland)	Auf dem Weg zu einem modernen Recht für die Familie? Eine Studie zur Kodifikation des Ehe-, Scheidungs- und Kindschaftsrecht in Bahrain, Katar und den Vereinigten Arabischen Emiraten

2015	Oliver Ritter (Deutschland)	Das islamische Familienrecht und seine Relevanz für in Deutschland lebende Muslime
2016	Daniel Falk (Deutschland)	Migranten im Spiegel der arabischen Presse. Der Einwanderungsdiskurs der arabischen Golfstaaten am Beispiel der Vereinigten Arabischen Emirate
2017	Nasir Mahmood (Pakistan)	Teaching of Arabic Language in Pakistan: An Analytical Study of Selected Curricula
2017	Souheil Thabti (Deutschland)	Die Anwendung der *maqâsid ash-sharî'a* im Islamic Banking in Deutschland

Julia Heilen & Eckehard Schulz

Hans-Georg Ebert – Zur Verfasstheit und Person

Präambel

Der vorliegenden Festschrift anlässlich des 65. Geburtstages von Hans-Georg Ebert möchten wir* einige Worte zur Verfasstheit und Person des Jubilars hinzufügen.[1]

Doch wie soll eine solche Ehrung gestaltet und umgesetzt werden? Diese Frage bildete den Ausgangspunkt unserer Überlegungen. Denn anders als Hans-Georg Ebert, der die beiden Leipziger Orientalisten Johann Jakob Reiske (1716–1774) und Heinrich Leberecht Fleischer (1801–1888) in ehrenden Beiträgen würdigte,[2] sehen wir uns damit konfrontiert, im Gegenstand unserer Schrift zugleich ihren strengsten Rezensenten zu erwarten, und bitten daher für bereits Gesagtes und noch Folgendes um seine Nachsicht. Die äußere Form des Artikels lehnt sich an die Gestalt einer Verfassung an und greift somit ein Thema auf, das Hans-Georg Eberts wissenschaftlichen Werdegang maßgeblich geprägt und mitbestimmt hat (siehe dazu Art. 2 Abs. iii–iv).

Die beträchtliche Dauer und der immense Umfang seines bisherigen produktiven, akademischen Schaffens ließen uns davon Abstand nehmen, im Rahmen dieses Beitrages sämtliche Lehrer, Schüler und Weggefährten anzuführen, was die Betroffenen uns verzeihen mögen. Ihre schiere Anzahl erscheint zu

---

* Ein kurzes Plädoyer am Rande: Die Autoren bekennen sich der Parteilichkeit für schuldig. Julia Heilen ist Hans-Georg Eberts Schülerin, Co-Autorin und Mitarbeiterin am Orientalischen Institut der Universität Leipzig. Eckehard Schulz ist sein enger Freund, ehemaliger Kommilitone, langjähriger Weggefährte und Kollege am Orientalischen Institut der Universität Leipzig (Professur für Arabische Sprach- und Übersetzungswissenschaft).

1 Wir danken herzlichst Dr. Gerlinde Ebert für ihre Zeit, Geduld, Gesprächs- und Hilfsbereitschaft. Unser weiterer Dank gilt Charlotte Schmidt, da sich im Gespräch mit ihr wertvolle Anregungen zur Formfindung des Artikels ergaben. Für etwaige Fehler oder Unzulänglichkeiten sind jedoch allein die Autoren verantwortlich.

2 Siehe hierzu auch Art. 6 Abs. iii.

umfangreich und eine Auswahl kann nicht allen gerecht werden. Somit soll einzig der Jubilar im Mittelpunkt unserer Ausführungen stehen.

Art. 1 [„Familienrechtliches“]

(i) Hans-Georg Ebert wurde am 22. Juli 1953 im erzgebirgischen Aue geboren. Er wuchs in der Folge im benachbarten Schlema (heute: Bad Schlema) auf, einem vom Bergbau geprägten Ort im Westerzgebirge; gemeinsam mit seiner vier Jahre älteren Schwester. Das an der Silberstraße gelegene Bad Schlema befindet sich in einem Seitental der Zwickauer Mulde.[3] Sein Vater war Lehrer und zugleich der örtliche Schuldirektor, seine Mutter war gelernte Kindergärtnerin und einige Jahre als Grundschullehrerin tätig.

(ii) Seine Frau Gerlinde und er lernten sich während des Studiums an der Karl-Marx-Universität Leipzig kennen. Sie sind seit 1982 verheiratet und ihre Söhne wurden 1984 und 1988 geboren. Im Jahr 2015 wurden Hans-Georg Ebert und seine Frau erstmals Großeltern. Das zweite Enkelkind folgte im Sommer 2018.

Art. 2 [„Bildungsrechtliches“]

(i) Im Jahr 1972 legte Hans-Georg Ebert sein Abitur an der Erweiterten Oberschule (EOS) ‚Johann Gottfried Herder‘ in Schneeberg ab. Das heutige Johann-Gottfried-Herder-Gymnasium fühlt sich der Schneeberger Bildungstradition verbunden und führt seinen Ursprung auf das im Jahr 1888 eröffnete Gymnasium zurück.[4]

(ii) 1973 nahm er an der Karl-Marx-Universität Leipzig sein Studium im Doppelstudiengang Arabistik/Rechtswissenschaft auf. Solche Kombinationsmöglichkeiten aus einer Regionalwissenschaft und einer allgemeinen Disziplin wurden seit der zweiten Hälfte der 1960er Jahre angeboten und ermöglichten „[…] eine doppelte Spezialisierung – sowohl auf eine bestimmte Region als auch auf einen konkreten theoretisch-methodischen Zugang“.[5] Sein Studium an der Sektion Afrika- und Nahostwissenschaften schloss Hans-Georg Ebert im Sommer 1978 als Diplom Arabist/Jurist mit

---

3 Vgl. www.erzgebirge.de/ort/bad-schlema/2282.html (letzter Aufruf 17. 03. 2018).

4 Vgl. www.schneeberg.de/index.asp?katid_nr=06&seite=1006101200&bodystart=1 (letzter Aufruf 17. 03. 2018).

5 Preißler/Kinitz: Arabistik, S. 434.

seiner am 7. Juli angenommenen Diplomarbeit mit dem Titel *Die sozialen und politischen Grundlagen sowie die Organisation der Staatsmacht in Iran und Jordanien (Parallelen und Unterschiede, ihre Ursachen und Wirkungen)* ab, in welcher er die jeweiligen länderspezifischen Charakteristika herausarbeitete und eine vergleichende Studie der sozialen, politischen und staatsrechtlichen Verhältnisse darlegte.

(iii) Ebenfalls an der Sektion Afrika- und Nahostwissenschaften der Karl-Marx-Universität Leipzig verfasste Hans-Georg Ebert anschließend seine Dissertation zur Promotion A, deren Titel *Die Widerspiegelung islamischer Doktrinen schīʿitischer Prägung in der Verfassung sowie in der staatlich-rechtlichen Praxis der Islamischen Republik Iran* lautet. Im Herbst 1982 beendete er erfolgreich das Promotionsverfahren; seine Doktorarbeit wurde von den Dozenten Dr. jur. Ingo Schönfelder und Dr. sc. Holger Preißler[6] aus dem Lehr- und Forschungsbereich Nordafrika/Nahost der Sektion Afrika- und Nahostwissenschaften der Karl-Marx-Universität Leipzig sowie von Professor Dr. sc. Helmut Mardek vom Institut für Internationale Beziehungen an der Akademie für Staats- und Rechtswissenschaft der DDR in Potsdam-Babelsberg begutachtet.

(iv) Nach mehreren Jahren der Tätigkeit als wissenschaftlicher Assistent habilitierte Hans-Georg Ebert im Jahr 1990 zum Verhältnis von Staat, Verfassung und Islam in der arabischen Welt. Seine Habilitationsschrift erschien 1991 beim Verlag Peter Lang im Rahmen der Europäischen Hochschulschriften.[7]

Art. 3 [„Arbeitsrechtliches"]

(i) Im Jahr 1998 wurde Hans-Georg Ebert als Professor für Islamisches Recht am Orientalischen Institut der Universität Leipzig berufen. Wie Hilmar Krüger in seinem Artikel über das Studium des Islamischen Rechts in Deutschland betont, war diese neu geschaffene Professur die erste ihrer Art in Deutschland.[8] Nach wie vor hat Hans-Georg Ebert diese Professur inne und widmet sich mit großem Engagement und Produktivität den damit verbundenen Aufgaben in Forschung und Lehre. Seine Arbeitsgebiete umfas-

---

6 Siehe auch research.uni-leipzig.de/catalogus-professorum-lipsiensium/leipzig/Preissler_1823 (letzter Aufruf 17. 03. 2018).

7 Siehe Ebert: *Interdependenz von Staat, Verfassung und Islam.*

8 Vgl. Krüger: Study of Islamic Law, S. 7.

sen das Islamische Recht mit der dazugehörigen Rechtsquellenlehre, Rechtsliteratur und Rechtsgeschichte sowie den Rechtszweigen und das islamische Personalstatut, islamische Staats- und Rechtskonzeptionen sowie sunnitisches und schiitisches Recht; einen dritten Arbeitsschwerpunkt bildet das Recht arabischer Länder mit den jeweiligen Rechtsordnungen, der Rechtsvergleichung und Rechtsprechung und sein islamwissenschaftlicher Fokus richtet sich auf die entsprechenden Texte und Rituale sowie die Geschichte.[9]

(ii) Bereits vor der Schaffung dieses Lehrstuhls war das Islamische Recht in Leipzig innerhalb der Lehre und Forschung von Bedeutung. „Dies verbindet sich mit Gelehrten wie *Edgar Pröbster* (gest. 1942) und *Paul Koschaker* (gest. 1951), dessen hauptsächliches Interesse der Keilschriftrechtsgeschichte galt, aber auch *Gotthelf Bergsträsser* (gest. 1933), einem Schüler von *August Fischer* (gest. 1949), und *Joseph Schacht* (gest. 1969), der zwar selbst nicht in Leipzig gelehrt hat, aber als Schüler von Bergsträsser von der Leipziger Schule beeinflusst war.“[10] Das Orientalische Institut verfolgt seine Traditionslinie bis ins Jahr 1728 zurück; seit 1900 waren Studien zum Islamischen Recht am Semitistischen Institut beheimatet und nach der Schaffung der oben erwähnten Sektion Afrika- und Nahostwissenschaften in den 1960er Jahren waren sie im Lehr- und Forschungsbereich Nordafrika/Nahost angesiedelt.[11]

(iii) Vor seiner Berufung in Leipzig vertrat Hans-Georg Ebert im Wintersemester 1994/1995 die C3-Professur Islamwissenschaft an der Martin-Luther-Universität Halle-Wittenberg und im Sommersemester 1998 erhielt er den Lehrauftrag zur Vertretung der C4-Professur Orientalische Philologie (Islamwissenschaft) im Seminar für Orientalistik der Philosophischen Fakultät der Christian-Albrechts-Universität zu Kiel. Zwischen 1978 und 1990 war er zunächst als befristeter und später als unbefristeter wissenschaftlicher Assistent am Lehr- und Forschungsbereich Nordafrika/Nahost der Sektion Afrika- und Nahostwissenschaften der Karl-Marx-Universität Leipzig angestellt. 1990 wurde er wissenschaftlicher Oberassistent am Orientalischen Institut Leipzig, welches im Zuge der Umstrukturierungen zwi-

---

9 Vgl. www.orient.uni-leipzig.de/prof-dr-jur-habil-hans-georg-ebert (letzter Aufruf 17. 03. 2018).

10 Siehe www.orient.uni-leipzig.de/institut/struktur/islamisches-recht (letzter Aufruf 17. 03. 2018). Die Kursivschreibung entspricht der dortigen Darstellung.

11 Für einen konzisen Überblick über die historische Entwicklung vgl. Ebert: Geschichte des Instituts, abzurufen unter www.orient.uni-leipzig.de/institut/geschichte-des-instituts (letzter Aufruf 17. 03. 2018).

schen 1990 und 1994 seine Eigenständigkeit zurückerlangte und seit 1994 Teil der neugegründeten Fakultät für Geschichte, Kunst- und Orientwissenschaften ist.[12]

(iv) Die administrativen Belange des Instituts, der Fakultät sowie der Universität gestaltet Hans-Georg Ebert seit vielen Jahren in verschiedenen Funktionen mit. So war er von 1998 bis 2001, 2002 bis 2003, 2009 bis 2010 und 2011 bis 2012 Geschäftsführender Direktor des Orientalischen Instituts, eine Funktion, die er seit April 2018 erneut ausübt. Zwischen Oktober 2005 und 2008 war er zudem Studiendekan der Fakultät für Geschichte, Kunst- und Orientwissenschaften. Des Weiteren ist er seit dem Wintersemester 2008 Mitglied des Fakultätsrates der genannten Fakultät und seit November 2012 Berufungsbeauftragter der Universität Leipzig.

(v) Zahlreiche Studien- und Forschungsaufenthalte verbrachte Hans-Georg Ebert in islamischen Ländern. Zwischen 1983 und 1985 war er als Dolmetscher in Libyen tätig. Weitere Arbeits- und Studienreisen führten ihn u. a. nach Ägypten, Bahrain, Frankreich, Großbritannien, Indonesien, Irak, Iran, Jordanien, Kanada, Kuwait, Libanon, abermals nach Libyen sowie nach Marokko, Österreich, Russland, Saudi-Arabien, Spanien und Tunesien sowie in die Schweiz, die Türkei und die Vereinigten Arabischen Emirate. Hierbei kamen ihm – wie auch bei seiner Forschungstätigkeit – seine Kenntnisse der arabischen, persischen, englischen, französischen, russischen und lateinischen Sprache zugute.

Art. 4 [„Völkerrechtliches"]

(i) Die historischen Rahmenbedingungen machten Hans-Georg Ebert zum Bürger zweier Staaten. Geboren und aufgewachsen in der Deutschen Demokratischen Republik setzte er nach der Wiedervereinigung 1990 seine wissenschaftliche Karriere – in Form seiner zahlreichen Forschungs-, Lehr- und Publikationstätigkeiten, insbesondere aber durch seine Berufung als Professor für den neu geschaffenen Lehrstuhl für Islamisches Recht am Orientalischen Institut der Universität Leipzig im Jahr 1998 – in der Bundesrepublik Deutschland fort.

(ii) Der Schwerpunkt seiner wissenschaftlichen Tätigkeit blieb somit unverändert in Leipzig. Es änderte sich jedoch im Jahr 1991 der Name der Hoch-

12 Preißler/Kinitz: Arabistik, S. 437 f.

schule von ‚Karl-Marx-Universität Leipzig' zurück zu der bereits vor 1953 gültigen Bezeichnung ‚Universität Leipzig'.[13]

Art. 5 [„Vereinsrechtliches"]

(i) Hans-Georg Ebert engagiert sich seit vielen Jahren im wissenschaftlichen und zivilgesellschaftlichen Bereich in Form vielfältiger Mitgliedschaften und Ehrenämter. So gehört er zu den Gründungsmitgliedern der 1997 ins Leben gerufenen Gesellschaft für Arabisches und Islamisches Recht e. V. (GAIR), deren Ziel es ist, einen Beitrag zum gegenseitigen Verständnis der Rechtssysteme und der Rechtspraxis im europäischen und islamischen – und dabei insbesondere dem arabischen – Raum zu leisten.[14] Seit 1998 ist er im Vorstand tätig und zwischen 2009 und 2015 war er zudem erster Vorsitzender des Vereins. Die GAIR organisiert vielfältige Veranstaltungen, v. a. die auf wechselnde Schwerpunkte fokussierten Jahrestagungen, von denen Hans-Georg Ebert mehrere organisiert und geleitet hat, und realisiert somit Begegnungsräume für nationale und internationale Interessenten aus Wissenschaft und Praxis. Darüber hinaus fördert sie rechtswissenschaftliche und rechtspraktische Arbeiten und publiziert relevante Beiträge ihres Themenspektrums, z. B. im Rahmen der *Zeitschrift für Recht & Islam* (*Journal of Law & Islam*, *ZRI*)[15], für die Hans-Georg Ebert als Fachgutachter tätig ist.

(ii) Die Förderung wissenschaftlicher Aktivitäten in Forschung und Lehre stand auch im Mittelpunkt seines Engagements des am 2. Dezember 1998 gegründeten Vereins zur Pflege und Förderung der Orientwissenschaften e. V., dessen erster Vorsitzender Hans-Georg Ebert bis zur Vereinsauflösung war. Der Verein trug u. a. durch Mittelbeschaffung für wissenschaftliche Veranstaltungen und Publikationen, den Erwerb von Literatur und technischem Equipment sowie die Schaffung nationaler und internationaler Be-

---

13 Zur Geschichte der Universität Leipzig siehe auch www.uni-leipzig.de/universitaet/profil/leitbild-profil-geschichte/geschichte-der-universitaet.html (letzter Aufruf 17. 03. 2018).

14 Vgl. www.gair.de/verein/aktivitaten (letzter Aufruf 17. 03. 2018).

15 Die Zeitschrift erscheint seit dem Jahr 2009, zunächst unter dem Titel *GAIR-Mitteilungen*. Für weitere Informationen siehe zri.gair.de/index.php/de (letzter Aufruf 17. 03. 2018).

gegnungsräume zur aktiven Gestaltung und Förderung des wissenschaftlichen Lebens des Orientalischen Instituts der Universität Leipzig bei.[16]

(iii) Aktuell trägt Hans-Georg Ebert als Senior Research Fellow mit seiner Forschung zum Recht Religiöser Stiftungen (*waqf*; Pl.: *auqāf*)[17] zur Arbeit der 2016 gegründeten und von der Deutschen Forschungsgemeinschaft (DFG) geförderten Kolleg-Forschergruppe Multiple Secularities – Beyond the West, beyond Modernities an der Universität Leipzig bei.[18] Ferner ist er seit 2010 Mitglied des Vorstandes des interdisziplinären Centre for Area Studies (CAS) der Universität Leipzig; das 2009 gegründete Zentrum hat es sich zum Ziel gesetzt, die wissenschaftliche Zusammenarbeit zwischen den Regionalwissenschaften sowie den Geistes- und Sozialwissenschaften zu fördern.[19] Des Weiteren ist Hans-Georg Ebert Mitglied des Kuratoriums des Frankophonen Forschungsseminars der Universität Leipzig (FFSL),[20] dessen Fokus insbesondere auf dem Maghreb liegt.

(iv) Seit der Gründung im Jahr 1993 ist Hans-Georg Ebert Mitglied der Deutschen Arbeitsgemeinschaft Vorderer Orient für gegenwartsbezogene Forschung und Dokumentation (DAVO), deren Kassenprüfer er von 2001 bis 2008 war. Daneben bringt er sich seit 2008 als Präsidiumsmitglied in die Arbeit der Deutschen Gesellschaft für die Vereinten Nationen im Landesverband Sachsen, Sachsen-Anhalt und Thüringen e. V. ein und ist außerdem seit 2009 Beiratsmitglied der Zeitschrift *Spektrum Iran*.

Art. 6 [„Urheberrechtliches“]

(i) Hans-Georg Ebert zeichnet sich insbesondere durch seine rege und vielfältige Tätigkeit als Verfasser und Herausgeber wissenschaftlicher Publikationen aus. Eine ausführliche Übersicht seines Schaffens bietet der Beitrag von Beate Anam und Thoralf Hanstein in der vorliegenden Festschrift, daher seien an dieser Stelle lediglich einige exemplarisch ausgewählte Werke genannt.

---

16 Vgl. www.orient.uni-leipzig.de/institut/foerderverein (letzter Aufruf 06. 12. 2017; seit der Vereinsauflösung offline).

17 Vgl. www.multiple-secularities.de/team/prof-dr-hans-georg-ebert (letzter Aufruf 17. 03. 2018).

18 Für weitere Informationen zum Forschungsprogramm siehe www.multiple-secularities.de (letzter Aufruf 12. 02. 2018).

19 Siehe cas.sozphil.uni-leipzig.de/welcome (letzter Aufruf 17. 03. 2018).

20 Siehe home.uni-leipzig.de/ffsl/de (letzter Aufruf 17. 03. 2018).

(ii) Er ist der Herausgeber der von Günter Barthel ins Leben gerufenen Reihe *Leipziger Beiträge zur Orientforschung* (*LBO*)[21], deren erster Band im Jahr 1993 erschien. Sie umfasst ein breites Themenspektrum: von rechtlichen, religiösen, kulturellen, sprachlichen, politischen bis zu sozial-ökonomischen Fragen sowohl in zeitgenössischen als auch historischen Kontexten. In dieser Reihe erschienen in Zusammenarbeit mit der Gesellschaft für Arabisches und Islamisches Recht e. V. bislang bereits zwölf Tagungsbände. Hervorzuheben sind außerdem aufgrund der umfassenden und präzisen Darstellung u. a. der siebente Band[22] zum Personalstatut und der vierzehnte Band[23] zum Erbrecht wie auch die Übersetzungen und Kommentierungen der Kodifikationen von Muḥammad Qadrī Pāšā[24] (Bände 23, 31 und 35) oder des vielbeachteten Werks von ʿAlī ʿAbd ar-Rāziq[25] (Band 24).

(iii) Neben dem islamischen Familien- und Erbrecht befasst sich Hans-Georg Ebert auch mit dem sogenannten *Islamic Banking*[26]. Darüber hinaus arbeitete er zu den Leipziger Orientalisten Johann Jakob Reiske[27] und Heinrich Leberecht Fleischer[28]. Zudem erschien im März 2016 ein Lehrbuch[29] zum Islamischen Recht.

Art. 7 [„Privatrechtliches"]

(i) Neben den hier referierten Fakten zu Person und Verfasstheit des Jubilars sollen auch einige Bemerkungen zur Privatperson und den damit verbundenen Interessen nicht fehlen. Hans-Georg Eberts beeindruckendes wissenschaftliches Engagement und Interesse für sein Fachgebiet, dem Islamischen Recht, dem Recht der arabischen und islamischen Länder sowie der Islamwissenschaft, wurde bereits dokumentiert. Es soll zugleich jedoch nicht

---

21 Für einen umfassenden Überblick siehe www.peterlang.com/view/serial/LBO (letzter Aufruf 17. 03. 2018).

22 Ebert: *Personalstatut arabischer Länder*.

23 Ebert: *Erbrecht arabischer Länder*.

24 Ebert: *Qadrî-Pâshâ-Kodifikation*; Ebert/Hefny: *Islamisches Zivilrecht der hanafitischen Lehre*; Ebert: *Religiöse Stiftung*.

25 Ebert/Hefny: *Islam und die Grundlagen der Herrschaft*.

26 Stellvertretend für alle Schriften: Ebert/Thießen: *Das islamkonforme Finanzgeschäft*.

27 Ebert/Hanstein: *Johann Jakob Reiske* .

28 Ebert/Hanstein: *Heinrich Leberecht Fleischer*.

29 Ebert/Heilen: *Islamisches Recht*.

versäumt werden darauf hinzuweisen, dass er häufig in Gesprächen mit einem Augenzwinkern auf die wirklich wichtigen Dinge im Leben – den Fußball im Allgemeinen und RB Leipzig im Besonderen[30] – verweist. Dadurch gelingt es ihm zur großen Freude vieler seiner Kollegen und Mitarbeiter, so manches Gespräch humoristisch zu erden. Sein feiner Sinn für Humor beschränkt sich jedoch nicht allein auf diese Thematik, sondern manifestiert sich zu gegebenem Anlass in heiteren, auch selbstironischen Bemerkungen, die stets zu einem äußerst angenehmen Gesprächs- und Arbeitsklima beitragen.

(ii) Ungeachtet seiner zahlreichen Dienstreisen zählt das gemeinsame Reisen mit seiner Ehefrau zu seinen bevorzugten Freizeitaktivitäten. Gern dürfen solche Reisen auch mit längeren Autofahrten, zum Beispiel in Form von Rundreisen durch Kalifornien oder Japan, verbunden sein.

(iii) Zudem ist er auch passionierter Großvater, der sich in seiner Freizeit mit großer Begeisterung dem ‚Enkeldienst' widmet.

Schlussbemerkungen [Raum für Pathetisches und Sentimentales]

Wir möchten unsere Ausführungen zu Person und Verfasstheit des Jubilars mit einigen persönlichen Worten – zum einen aus der Sicht der Schülerin und zum anderen aus der Perspektive des langjährigen Freundes und Weggefährten – beschließen.

Mein Interesse für das Islamische Recht als Lehr- und Forschungsgegenstand verdanke ich dem Unterricht von Hans-Georg Ebert, welcher mich seit meinem ersten Semester im Jahr 2001 für diese Thematik begeistert hat. Ihm gelang es als Dozent stets die thematische Breite mit der inhaltlichen Tiefe des Islamischen Rechts zu verknüpfen, ein Bewusstsein für Probleme zu schaffen und die Vielschichtigkeit des Forschungsgegenstandes aufzuzeigen. Sein Unterrichtsstil ist wie er selbst: sachlich und souverän, doch zugleich blitzt auch hier immer wieder sein bereits erwähnter Sinn für Humor auf. Ich danke ihm für die gemeinsame Arbeit an unserem Lehrbuch, für seine stetige großzügige Hilfsbereitschaft und Anleitung in Fragen der Wissenschaft, Lehre und Forschung wie auch für seine Unterstützung als mein Doktorvater. Ich hoffe, auch in Zukunft noch viel von ihm lernen zu dürfen.

---

[30] Daneben gilt sein fußballerisches Interesse natürlich auch dem FC Erzgebirge Aue, vormals BSG Wismut Aue, aus seiner Heimatregion.

Wir haben beide 1973 an der Sektion Afrika- und Nahostwissenschaften unser Studium begonnen und waren dann für 45 Jahre zunächst Studien- und dann Fachkollegen, haben es also – ohne größere Ehekrisen – fast bis zur Goldenen Hochzeit geschafft. Die intensivsten waren die Jahre nach der ‚Wende', in denen wir beide mit wechselndem Erfolg daran gearbeitet haben, das Orientalische Institut und seine Reputation über die Grenzen Deutschlands hinaus zumindest in Grundzügen zu erhalten, unsägliche Streichkonzerte abzuwehren, immer wieder aus dem bürokratischen Treibsand herauszukommen und die Neuen an- und aufzunehmen.

Dass das zu großen Teilen gelungen ist, verdankt das Orientalische Institut vor allem auch dem Wirken von Hans-Georg Ebert. Möge ihm der schrittweise Übergang von Scharia- zu kulinarischen Gerichten gelingen und er mehr Zeit für die Freuden finden, die ihm bislang fehlten, auch für das Nachdenken über den Sinn der folgenden Sinnsprüche:

ما يريده الملك يريده القانون

بقدر ما تكثر القوانين يزداد عدد اللصوص

القوانين اللينة لا تتبع والقوانين القاسية لا تطبق

Zu guter Letzt möchten wir noch eine salvatorische Klausel aufnehmen: Sollten sich einzelne der hier genannten Ausführungen zur Verfasstheit und Person als nichtig erweisen, folgt daraus keineswegs die Nichtigkeit der übrigen Darlegungen; ferner treten anstelle der nichtigen Darstellungen ihnen in der Zielsetzung möglichst nahekommende wirksame Ausführungen.

Leipzig, im März 2018

Literaturverzeichnis

Ebert, Hans-Georg: *Die Interdependenz von Staat, Verfassung und Islam im Nahen und Mittlere Osten in der Gegenwart*, Europäische Hochschulschriften: Reihe 2, Rechtswissenschaft 1093, Frankfurt am Main et al. 1991.

—: *Das Personalstatut arabischer Länder. Problemfelder, Methoden, Perspektiven. Ein Beitrag zum Diskurs über Theorie und Praxis des Islamischen Rechts*, Leipziger Beiträge zur Orientforschung 7, Frankfurt am Main et al. 1996.

—: *Das Erbrecht arabischer Länder*, Leipziger Beiträge zur Orientforschung 14, Frankfurt am Main et al. 2004.

—: *Die Qadrî-Pâshâ-Kodifikation. Islamisches Personalstatut der hanafitischen Rechtsschule*, Leipziger Beiträge zur Orientforschung 23, Frankfurt am Main 2010.

—: *Die Religiöse Stiftung im Islam (waqf) nach hanafitischer Lehre. Die stiftungsrechtliche Kodifikation von Qadrî Pâshâ*, Leipziger Beiträge zur Orientforschung 35, Berlin 2018.

Ebert, Hans-Georg / Thoralf Hanstein: *Johann Jakob Reiske – Leben und Wirkung. Ein Leipziger Byzantinist und Begründer der Orientalistik im 18. Jahrhundert*, Beiträge zur Leipziger Universitäts- und Wissenschaftsgeschichte: Reihe B 6, Leipzig 2005.

Ebert, Hans-Georg / Assem Hefny: *Der Islam und die Grundlagen der Herrschaft. Übersetzung und Kommentar des Werkes von Alî Ab dar-Râziq*, Leipziger Beiträge zur Orientforschung 24, Frankfurt am Main et al. 2010.

Ebert, Hans-Georg / Friedrich Thießen: *Das islamkonforme Finanzgeschäft. Aspekte von Islamic Finance für den deutschen Privatkundenmarkt*, Wissenschaft für die Praxis: Abteilung 1, Forschung 23, Stuttgart 2010.

Ebert, Hans-Georg / Thoralf Hanstein: *Heinrich Leberecht Fleischer – Leben und Wirkung. Ein Leipziger Orientalist mit internationaler Ausstrahlung*, Leipziger Beiträge zur Orientforschung 30, Frankfurt am Main 2013.

Ebert, Hans-Georg / Assem Hefny: *Islamisches Zivilrecht der hanafitischen Lehre. Die zivilrechtliche Kodifikation des Qadrî Pâshâ*, Leipziger Beiträge zur Orientforschung 31, Frankfurt am Main et al. 2013.

Ebert, Hans-Georg / Julia Heilen: *Islamisches Recht. Ein Lehrbuch*, Leipzig: Edition Hamouda 2016.

von Hehl, Ulrich / Manfred Rudersdorf (Hgg.): *Geschichte der Universität Leipzig 1409–2009* 4: Fakultäten, Institute, Zentrale Einrichtungen, 1. Halbband, Leipzig 2009.

Krüger, Hilmar: The Study of Islamic Law in Germany: A Review of Recent Books on Islamic Law, in: *Journal of Law and Religion* 15 (2000–2001), S. 303–330.

Preißler, Holger / Daniel Kinitz: Arabistik, in: *Geschichte der Universität Leipzig 1409–2009* 4: Fakultäten, Institute, Zentrale Einrichtungen, 1. Halbband, hrsg. von Ulrich von Hehl und Manfred Rudersdorf, Leipzig 2009, S. 415–438.

Beate Anam* & Thoralf Hanstein**

Hans-Georg Ebert – Schriftenverzeichnis

Ein Verzeichnis mit Vollständigkeitsanspruch für alle Werke aus der Feder, Schreibmaschine und Tastatur von Hans-Georg Ebert zum Stand August 2018 stellt die Kompilatoren vor eine prinzipiell unlösbare Aufgabe – zu fleißig hat er in seiner bisherigen, langjährigen akademischen Karriere seine Gedanken ‚zu Papier gebracht'. Daher erhebt das folgende Verzeichnis trotz intensiven Recherchen in allen zugänglichen (und auch unzugänglichen) Bibliotheksverbundkatalogen[1] und Quellen keinen Anspruch auf Vollständigkeit, es wurde jedoch nach bestem Wissen und Gewissen zusammengetragen.

Hans-Georg Eberts ‚Portfolio' umfasst natürlich nicht nur die in einer Literaturliste verzeichenbaren Werke, denn als Arabist/Orientalist und Jurist erstellte er zahllose (Rechts-)Gutachten und erteilte Auskünfte an deutsche Gerichte und Behörden. Als Universitätsprofessor fertigte er Gutachten in Promotions- und Habilitationsverfahren an, schrieb Förderanträge und gab auch wiederholt Interviews in Funk, Fernsehen und Presse.

Ebenfalls ‚Legion' ist die Zahl der von ihm gehaltenen Vorträge, geleiteten Tagungen, Konferenzen, Workshops, Panels und Diskussionsrunden – von ar-Rass in Saudi-Arabien bis Zörbig in Sachsen.

Nicht mehr online einsehbar, aber sicher vielen noch in Erinnerung, sind seine frühen Aktivitäten zum Internetmapping für Orientalisten: der ‚Islamkatalog'. Nach Ländern geordnet wurden zu Zeiten mangelhafter Suchmaschinen (im Plural [sic!]) unter seiner Leitung im WWW und Gopher Informationen zusammengetragen und dem Interessierten in Form von Linklisten zur Verfü-

---

* Wissenschaftliche Mitarbeiterin in der Abteilung ‚Recht und Ethnologie' des Max-Planck-Instituts für ethnologische Forschung in Halle/Saale, Doktorandin am Orientalischen Institut der Universität Leipzig.

** Fachreferent für Arabistik, Islamwissenschaft, Osmanistik in der Orientabteilung der Staatsbibliothek zu Berlin – Preussischer Kulturbesitz.

1 So ist Hans-Georg Ebert im Katalog der Deutschen Nationalbibliothek in der Gemeinsamen Normdatei (GND) mit der ID 1043565264 verzeichnet (siehe d-nb.info/gnd/1043565264, letzter Aufruf 13. 06. 2018).

gung gestellt. Auch viele Generationen von Konzepten und Texten der Homepage des Orientalischen Instituts der Universität Leipzig gehen auf Hans-Georg Ebert zurück. Mögen noch viele zukünftige Zuwächse die folgende Liste ergänzen und sie veralten lassen!

1 Graduierungsarbeiten

Die sozialen und politischen Grundlagen sowie die Organisation der Staatsmacht in Iran und Jordanien (Parallelen und Unterschiede, ihre Ursachen und Wirkungen), Diplomarbeit, Leipzig 1978, 109 S.

Die Widerspiegelung islamischer Doktrinen schiitischer Prägung in der Verfassung sowie in der staatlich-rechtlichen Praxis der Islamischen Republik Iran, Dissertation A, Leipzig 1982, VI + 230 + XX S.

Die Interdependenz von Staat, Verfassung und Islam im Nahen und Mittleren Osten in der Gegenwart, Dissertation B, Leipzig 1989, 200 S., XXXVIII S. Lit.

2 Monographien und Herausgeberschaft

Die Islamische Republik Iran (gemeinsam mit G. Barthel, H. Fürtig und H.-G. Müller), Berlin: Akademie Verlag / Köln: Pahl-Rugenstein (Kleine Bibliothek 412, Dritte Welt) 1987, 502 S.

Die Interdependenz von Staat, Verfassung und Islam im Nahen und Mittleren Osten in der Gegenwart, Europäische Hochschulschriften: Reihe 2, Rechtswissenschaft 1093, Frankfurt am Main/Bern/New York/Paris: Peter Lang 1991, VIII + 247 S.

Das Personalstatut arabischer Länder: Problemfelder, Methoden, Perspektiven. Ein Beitrag zum Diskurs über Theorie und Praxis des Islamischen Rechts, Leipziger Beiträge zur Orientforschung 7, Frankfurt am Main/Berlin/Bern/New York/Paris/Wien: Peter Lang 1996, 187 S.

Beiträge zum Islamischen Recht (hrsg. von H.-G. Ebert), Leipziger Beiträge zur Orientforschung 9, Frankfurt am Main/Berlin/Bern/Bruxelles/New York/Oxford/Wien: Peter Lang 2000, 134 S.

Beiträge zum Islamischen Recht II (hrsg. von H.-G. Ebert und Th. Hanstein), Leipziger Beiträge zur Orientforschung 12, Frankfurt am Main/Berlin/Bern/Bruxelles/New York/Wien: Peter Lang 2003, 213 S.

Beiträge zum Islamischen Recht III (hrsg. von H.-G. Ebert und Th. Hanstein), Leipziger Beiträge zur Orientforschung 13, Frankfurt am Main/Berlin/Bern/Bruxelles/New York/Wien: Peter Lang 2003, 240 S.

Das Erbrecht arabischer Länder, Leipziger Beiträge zur Orientforschung 14, Frankfurt am Main/Berlin/Bern/Bruxelles/New York/Oxford/Wien: Peter Lang 2004, 209 S.

Johann Jacob Reiske – Leben und Wirkung. Ein Leipziger Byzantinist und Begründer der Orientalistik im 18. Jahrhundert (hrsg. von H.-G. Ebert und Th. Hanstein), Beiträge zur Leipziger Universitäts- und Wissenschaftsgeschichte: Reihe B 6, Leipzig: Evangelische Verlagsanstalt 2005, 222 S.

Beiträge zum Islamischen Recht VI (hrsg. von H.-G. Ebert und Th. Hanstein), Leipziger Beiträge zur Orientforschung 21, Frankfurt am Main/Berlin/Bern/Bruxelles/New York/Wien: Peter Lang 2007, 181 S.

Die Qadrî-Pâshâ-Kodifikation. Islamisches Personalstatut der hanafitischen Rechtsschule, Leipziger Beiträge zur Orientforschung 23, Frankfurt am Main/Berlin/Bern/Bruxelles/New York/Oxford/Wien: Peter Lang 2010, 215 S.

Der Islam und die Grundlagen der Herrschaft. Übersetzung und Kommentar des Werkes von Alî Abd ar-Râziq (gemeinsam mit A. Hefny), Leipziger Beiträge zur Orientforschung 24, Frankfurt am Main/Berlin/Bern/Bruxelles/New York/Oxford/Wien: Peter Lang 2010, 115 S.

Das islamkonforme Finanzgeschäft. Aspekte von Islamic Finance für den deutschen Privatkundenmarkt (gemeinsam mit Fr. Thießen), Wissenschaft für die Praxis: Abteilung 1, Forschung 23, Stuttgart: Deutscher Sparkassenverlag 2010, 315 S.

Heinrich Leberecht Fleischer – Leben und Wirkung. Ein Leipziger Orientalist des 19. Jahrhunderts mit internationaler Ausstrahlung (hrsg. von H.-G. Ebert und Th. Hanstein), Leipziger Beiträge zur Orientforschung 30, Frankfurt am Main/Bern/Bruxelles/New York/Oxford/Warszawa/Wien: Peter Lang 2013, 341 S.

Islamisches Zivilrecht der hanafitischen Lehre. Die zivilrechtliche Kodifikation des Qadrī Pâshâ (gemeinsam mit A. Hefny), Leipziger Beiträge zur Orientforschung 31, Frankfurt am Main/Bern/Bruxelles/New York/Oxford/Warszawa/ Wien: Peter Lang 2013, 308 S.

Beiträge zum Islamischen Recht X. Zu Ehren von Hilmar Krüger (hrsg. von H.-G. Ebert), Leipziger Beiträge zur Orientforschung 33, Frankfurt am Main/ Bern/Bruxelles/New York/Oxford/Warszawa/Wien: Peter Lang 2015, 180 S.

Islamisches Recht. Ein Lehrbuch (gemeinsam mit J. Heilen), Leipzig: Edition Hamouda 2016, 272 S.

Die Religiöse Stiftung im Islam (waqf) nach hanafitischer Lehre. Die stiftungsrechtliche Kodifikation von Qadrî Pâshâ, Leipziger Beiträge zur Orientforschung 35, Berlin/Bern/Bruxelles/New York/Oxford/Warszawa/Wien: Peter Lang 2018, 242 S.

Herausgeber der Reihe *Leipziger Beiträge zur Orientforschung*, Frankfurt am Main/Berlin/Bern/New York/Paris/Wien: Peter Lang; bis Band 8 (1996) gemeinsam mit G. Barthel, ab Band 9 (2000) Alleinherausgeber. Bisher erschienen: Bände 1–38.[2]

Mitherausgeber der Sammlung *Internationales Ehe- und Kindschaftsrecht. Mit Staatsangehörigkeitsrecht* (gemeinsam mit A. Bergmann, M. Ferid, D. Herich und A. Dutta; seit 2017), Frankfurt am Main/Berlin: Verlag für Standesamtswesen.

3 Aufsätze

Einige Aspekte der Rolle der schiitischen Geistlichen im Herausbildungsprozeß der Verfassung der Islamischen Republik Iran, in: *Verfassungsfragen junger Nationalstaaten*, Aktuelle Beiträge der Staats- und Rechtswissenschaft 229, hrsg. von G. Brehme und H. Graf, Potsdam-Babelsberg: Akademie für Staats- und Rechtswissenschaft der DDR, Lehrstuhl Staatsrecht junger Nationalstaaten 1980, S. 144–151.

---

2 Für eine Übersicht aller bislang in dieser Reihe erschienenen Werke siehe www.peterlang.com/view/serial/LBO (letzter Aufruf 28. 07. 2018).

Nordafrika/Nahost. Bilanz des Jahres 1979 (gemeinsam mit G. Barthel, H. Nimschowski, I. Schönfelder und D. Wagner), in: *Jahrbuch Asien Afrika Lateinamerika. Bilanz und Chronik des Jahres 1979*, Berlin: VEB Deutscher Verlag der Wissenschaften 1980, S. 121–152.

Einige Aspekte der Staatsauffassung Khomeinis und ihre Widerspiegelung in der Verfassung der Islamischen Republik Iran, in: *Die Herausbildung und Entwicklung junger Nationalstaaten. Tendenzen ihrer Verfassungsentwicklung*, Abhandlungen der Akademie der Wissenschaften der DDR: Abteilung Veröffentlichung der Wissenschaftlichen Räte, Jahrgang 1981, Nr. W 4, Berlin: Akademie Verlag 1982, S. 82–87.

On the Role of the Clergy during the Emergence of the Islamic Republic of Iran, in: *Islamic Studies in the German Democratic Republic. Traditions, Positions, Findings*, Asia Africa Latin America: Special Issue 10, hrsg. von H. Preißler und M. Robbe, Berlin: Akademie Verlag 1982, S. 116–122.

Certain Religious Aspects of the Genesis of the Constitution of the Islamic Republic of Iran, in: *Iran. From Monarchy to Republic*, Asia Africa Latin America: Special Issue 12, hrsg von G. Barthel, Berlin: Akademie Verlag 1983, S. 103–114.

Rol' nefti i neftjedollarov v obrazovanii i formirovanii Islamskoj Republiki Iran, in: *Arabskije strany: Neft' i differenciacija*, Sbornik statej, Moskva: Nauka 1984, S. 230–234.

Verfassung und Verfassungswirklichkeit in Ländern Asiens und Afrikas (Autorenkollektiv unter Leitung von G. Brehme; Kapitel 2 und 3 gemeinsam mit I. Schönfelder), Berlin: Staatsverlag der DDR 1984, S. 47–60.

Staatstheorie und -praxis in Libyen, in: *Asien Afrika Lateinamerika / Asia, Africa, Latin America* 6, Berlin: Akademie Verlag 1986, S. 1021–1033.

Aktuelle Entwicklungstendenzen in Saudi-Arabien (gemeinsam mit G. Barthel und H. Preißler), in: *Asien Afrika Lateinamerika. Bilanz und Chronik des Jahres 1985*, Berlin: VEB Deutscher Verlag der Wissenschaften 1986, S. 112–121.

Zu einigen Aspekten der Sprachsituation und -politik in der SLAVJ (Libyen) unter besonderer Berücksichtigung des Italienischen (gemeinsam mit G. Ebert), in: *Zeitschrift für Phonetik, Sprachwissenschaft und Kommunikationsforschung* 40.3, Berlin: Akademie Verlag 1987, S. 381–390.

Zu einigen staatlich-rechtlichen Aspekten der Säkularisierung in islamischen Ländern, in: *Asien Afrika Lateinamerika / Asia, Africa, Latin America* 4, Berlin: Akademie Verlag 1988, S. 639–648.

Zur Demokratiekonzeption der libyschen Führungskräfte, in: *Sozialer und politischer Inhalt der Demokratie in Entwicklungsländern. Materialien des bilateralen Symposiums DDR – UdSSR vom 18.–19. 11. 1987*, Konferenzmaterialien, Protokolle, Informationen / Institut für Theorie des Staates und des Rechts Berlin 12, hrsg. vom Institut für Theorie des Staates und des Rechts der Akademie der Wissenschaften der DDR, Berlin 1988, S. 158–163.

Gesetz und Gesetzgebung in Libyen, in: *Staat und Recht* 5, Berlin: Staatsverlag der DDR 1989, S. 401–405.

Zum Gerichtssystem in Libyen, in: *Verfassung und Recht in Übersee / Law and Politics in Africa, Asia and Latin America* 24.2, Baden-Baden: Nomos 1991, S. 143–152.

Familiengesetze im Maghreb. Das Spannungsverhältnis von islamisch-rechtlicher Tradition und soziokulturellem Wandel, in: *Orient. Zeitschrift des Deutschen Orient Instituts* 33.1, Opladen: Leske + Budrich 1992, S. 61–79.

Die libysche Republik am Beginn der 90er Jahre – Bilanz und Perspektiven, in: *Asien Afrika Lateinamerika / Asia, Africa, Latin America* 2, Berlin: Akademie Verlag 1992, S. 253–261.

Zur Anwendung der šarīʿa in Libyen, in: *Zeitschrift der Deutschen Morgenländischen Gesellschaft* 2, Stuttgart: Franz Steiner 1993, S. 362–370.

Resurgent Islam in Northern Africa – The Case of Islamic Family Legislation, in: *34th International Congress of Asian and North African Studies*, [Konferenzbericht], Hongkong: o. V. 1993, S. 27.

(Stichwörter zu Islamischem Recht, Recht der arabischen Länder, Staat, Familie, *šûrâ*, Ländern u. a.), in: *Lexikon arabische Welt. Kultur, Lebensweise, Wirtschaft, Politik und Natur im Nahen Osten und Nordafrika*, hrsg. von G. Barthel und K. Stock, Wiesbaden: Ludwig Reichert 1994, ca. 55 S.

Kontinuität und Wandel im Verständnis des jihâd, in: *Gedenkschrift Wolfgang Reuschel. Akten des III. Arabistischen Kolloquiums, Leipzig, 21.–22. November 1991*, Abhandlungen für die Kunde des Morgenlandes 51.1, hrsg. von D. Bellmann, Stuttgart: Franz Steiner 1994, S. 39–47.

Das Personenstandsrecht in Libyen unter besonderer Berücksichtigung der Stellung der Frau, in: *Libyen im 20. Jahrhundert. Zwischen Fremdherrschaft und nationaler Selbstbestimmung*, Mitteilungen des Deutschen Orient-Instituts 52, hrsg. von S. Frank und M. Kamp, Hamburg: Deutsches Orient-Institut 1995, S. 149–164.

Libyen, in: *Die Verfassungen der Mitgliedsländer der Liga der Arabischen Staaten*, Verfassungen der Länder Afrikas sowie des Nahen und Mittleren Ostens 1, hrsg. von H. Baumann und M. Ebert, Berlin: Arno Spitz 1995, S. 435–451.

Arabische Verfassungen und das Problem der „islamischen Menschenrechte", in: *Verfassung und Recht in Übersee / Law and Politics in Africa, Asia and Latin America* 30.4, Baden-Baden: Nomos 1997, S. 520–532.

Das Pflichttestament in arabischen Rechtsordnungen, in: *Zeitschrift der Deutschen Morgenländischen Gesellschaft. Supplementa* 11, Stuttgart: Franz Steiner 1998, S. 344–351.

Islam und *šarīʿa* in den Verfassungen der arabischen Länder, in: *Zeitschrift für Religionswissenschaft* 6.1, Marburg: Diagonal-Verlag 1998, S. 3–21.

The Problem of Adoption under Modern Islamic Legislation in the Arab States, in: *Islam, Popular Religion and Culture, Islamic Law, History of Arabic Studies, History of Islamic Art. Proceedings of the Arabic and Islamic Sections of the 35th International Congress of Asian and North African Studies (ICANAS) 22, Budapest, 1–7 July 1997*, The Arabist. Budapest Studies in Arabic 21–22, hrsg. von K. Dévényi und S. Fodor, Budapest: Eötvös Loránd University Chair for Arabic Studies & Csoma de Korös Society Section of Islamic Studies 1999, S. 205–212.

Rechtsfortbildung und Umgehung der gesetzlichen Erbfolge in arabischen Staaten, in: *Beiträge zum Islamischen Recht*, Leipziger Beiträge zur Orientforschung 9, hrsg. von H.-G. Ebert, Frankfurt am Main/Berlin/Bern/Bruxelles/New York/Oxford/Wien: Peter Lang 2000, S. 109–134.

Tendenzen der Rechtsentwicklung in den Ländern des Golf-Kooperationsrates unter besonderer Berücksichtigung des Familien- und Erbrechts, in: *Golf-Spiel im 20. Jahrhundert*, Hallesche Beiträge zur Orientwissenschaft 30, hrsg. von M. F. Mühlböck und W. Beltz, Halle (Saale): Institut für Orientalistik 2000, S. 63–100.

Das Verbot der Adoption im islamischen Recht, in: *Akten des 27. Deutschen Orientalistentages. Norm und Abweichung (Bonn – 28. September bis 2. Oktober 1998)*, Kultur, Recht und Politik in muslimischen Gesellschaften 1, hrsg. von St. Wild und H. Schild, Würzburg: Ergon-Verlag 2001, S. 459–472.

Wider die Schließung des „Tores des *iǧtihād*": Zur Reform der *šarīʿa* am Beispiel des Familien- und Erbrechts, in: *Orient. Zeitschrift des Deutschen Orient-Instituts* 43.3, Opladen: Leske+Budrich 2002, S. 365–381.

Internetmapping: Strategien und Problemstellungen (gemeinsam mit Th. Hanstein), in: *Orient. Zeitschrift des Deutschen Orient-Instituts* 44.2, Opladen: Leske+Budrich 2003, S. 189–204.

„Die letzte Krankheit": Muḥammad al-ʿAbbāsī al-Mahdī (gest. 1897) und die Reform der ägyptischen Rechtsordnung, in: *Der Islam* 81.2, Berlin/New York: De Gruyter 2004, S. 303–351.

Rechtsfortbildung und Umgehung der gesetzlichen islamischen Erbfolge in arabischen Ländern, in: *al-ʿArab wa-l-almān: abḥāṯ muʾtamar almānīya wa-l-ʿālam al-ʿarabī allaḏī ʿuqida bi-ǧāmiʿat al-imārāt al-muttaḥida, 30 sibtimbir – 2 uktūbir 2001 / Arabisch-Deutsche Begegnungen*, hrsg. von M. A. F. Badran und M. Malzahn, al-ʿAin: Ǧāmiʿat al-Imārāt al-ʿArabīya al-Muttaḥida 2004, S. 28–36.

Johann Jacob Reiske: Geist und Vermächtnis, in: *Johann Jacob Reiske – Leben und Wirkung. Ein Leipziger Byzantinist und Begründer der Orientalistik im 18. Jahrhundert*, Beiträge zur Leipziger Universitäts- und Wissenschaftsgeschichte: Reihe B 6, hrsg. von H.-G. Ebert und Th. Hanstein, Leipzig: Evangelische Verlagsanstalt 2005, S. 11–17.

Auswahlbibliographie gedruckter Schriften von und über Johann Jacob Reiske (gemeinsam mit S. Häußler, Th. Hanstein und D. Kinitz), in: *Johann Jacob Reiske – Leben und Wirkung. Ein Leipziger Byzantinist und Begründer der Orientalistik im 18. Jahrhundert*, Beiträge zur Leipziger Universitäts- und Wissenschaftsgeschichte: Reihe B 6, hrsg. von H.-G. Ebert und Th. Hanstein, Leipzig: Evangelische Verlagsanstalt 2005, S. 203–214.

Tendenzen der Rechtsentwicklung, in: *Der Islam in der Gegenwart. Entwicklung und Ausbreitung, Kultur und Religion, Staat, Politik und Recht*, hrsg. von W. Ende und U. Steinbach unter redaktioneller Mitarbeit von R. Laut, 5., aktualisierte und erweiterte Auflage, München: C. H. Beck / Bonn: Bundeszentrale für politische Bildung (Schriftenreihe 501) 2005, S. 199–228, 869–873 (Anmerkungen), 946–947 (Literaturverzeichnis).

Das neue Personalstatut Marokkos: Normen, Methoden, Problemfelder, in: *Orient. Deutsche Zeitschrift für Politik und Wirtschaft des Orients* 46.5, Baden-Baden: Nomos 2005, S. 609–631.

Das islamische Personalstatut zwischen Tradition und Reform, in: *Vom 11. September zum 20. März. Der Dialog mit dem Islam als Herausforderung an die westliche Welt*, hrsg. von P. Heine und H. Aiash, Berlin: Verlag für Integration und Wissenschaft 2006, S. 81–94.

Zum Personalstatut im Irak: Besonderheiten und Perspektiven, in: *Beiträge zum Islamischen Recht V*, Leipziger Beiträge zur Orientforschung 19, hrsg. von I. Schneider und Th. Hanstein, Frankfurt am Main/Berlin/Bruxelles/New York/Oxford/Wien: Peter Lang 2006, S. 85–115.

Islamisches Recht (gemeinsam mit W. Abd el-Gawad), in: *Muslimische Gesellschaften in der Moderne. Ideen – Geschichten – Materialien*, Konzepte und Kontroversen 5, hrsg. von G. Jonker, P. Hecker und C. Schnoy, Wien: StudienVerlag 2007, S. 44–50.

Islamic Banking – Wege für deutsche Banken (gemeinsam mit Fr. Thießen und N. Thurner), in: *Zeitschrift für das gesamte Kreditwesen* 61.5, Frankfurt am Main: Knapp 2008, S. 261–266.

Bahrain: Familienrechtliche Neuerungen und Bahrain; Verfahren der Eheschließung und Scheidung. Übersetzung, in: *Das Standesamt. Zeitschrift für Standesamtswesen, Familienrecht, Staatsangehörigkeitsrecht, Personenstandsrecht, internationales Privatrecht des In- und Auslands* 61.4, Frankfurt am Main/Berlin: Verlag für Standesamtswesen 2008, S. 104–106, 117–121.

Ägypten. Internationales Ehe- und Kindschaftsrecht mit Staatsangehörigkeitsrecht (gemeinsam mit A. Hefny), 178. Lieferung, in: *Internationales Ehe- und Kindschaftsrecht. Mit Staatsangehörigkeitsrecht*, hrsg. von A. Bergmann, M. Ferid und D. Henrich, Frankfurt am Main/Berlin: Verlag für Standesamtswesen 2008, S. 1–105; Aktualisierung: 188. Lieferung 2010, S. 23–24.

Ist das islamische Erbrecht reformierbar?, in: *GAIR-Mitteilungen* 1, Leipzig: Gesellschaft für Arabisches und Islamisches Recht 2009, S. 42–51.

Personal Status Laws in the Arab States: Traditions and Innovations, in: *Islamica. Studies in Memory of Holger Preißler (1943–2006)*, Journal of Semitic Studies: Supplement 26, hrsg. von A. Christmann und J.-P. Hartung, Oxford: Oxford University Press 2009, S. 151–169.

Islamische Bankprodukte: Quellen, Normen und Begriffe, in: *Das islamkonforme Finanzgeschäft. Aspekte von Islamic Finance für den deutschen Privatkundenmarkt*, hrsg. von H.-G. Ebert und Fr. Thießen, Wissenschaft für die Praxis: Abteilung 1, Forschung 23, Stuttgart: Deutscher Sparkassenverlag 2010, S. 46–81.

Islamic Finance – Facetten eines Phänomens (gemeinsam mit Fr. Thießen), in: *Das islamkonforme Finanzgeschäft. Aspekte von Islamic Finance für den deutschen Privatkundenmarkt*, Wissenschaft für die Praxis: Abteilung 1, Forschung 23, Stuttgart: Deutscher Sparkassenverlag 2010, S. 13–45.

Developments in Law, in: *Islam in the World Today. A Handbook of Politics, Religion, Culture, and Society*, hrsg. von W. Ende and U. Steinbach, Ithaca/London: Cornell University Press 2010, S. 193–220, 870–875 (Notes), 956–958 (Bibliography).

Bahrain. Internationales Ehe- und Kindschaftsrecht mit Staatsangehörigkeitsrecht (gemeinsam mit A. Hefny), 188. Lieferung, in: *Internationales Ehe- und Kindschaftsrecht. Mit Staatsangehörigkeitsrecht*, hrsg. von A. Bergmann, M. Ferid und D. Henrich, Frankfurt am Main/Berlin: Verlag für Standesamtswesen 2010, S. 1–62.

Toleranter Islam? Islamische Glaubenslehre und Islamisches Recht, in: *Diversität und Toleranz. Toleranz als Ordnungsprinzip?*, Fundamenta iuris 9, hrsg. von Chr. Enders und M. Kahlo, Paderborn: Mentis 2010, S. 87–108.

Rechtsreformen in der arabischen Welt am Beispiel des Personalstatuts, in: *Jahrbuch für Europäische Überseegeschichte* 10, hrsg. von M. A. Denzel, G. Dharampal-Frick, H. Gründer, H. Hiery, Kl. Koschorke, J. Meier, H. Pietschmann, Cl. Schnurmann und M. Zeuske, Wiesbaden: Harrassowitz 2010, S. 189–214.

Ägypten: Verfahren der Eheschließung und Scheidung (gemeinsam mit I. Salama), in: *Das Standesamt. Zeitschrift für Standesamtswesen, Familienrecht, Staatsangehörigkeitsrecht, Personenstandsrecht, internationales Privatrecht des In- und Auslands* 64.3, Frankfurt am Main/Berlin: Verlag für Standesamtswesen März 2011, S. 74–76, 83–91.

Rechtstransfer in der arabischen Welt am Beispiel des Familienrechts, in: *Rechtstransfer. Beiträge zum Islamischen Recht VII*, Leipziger Beiträge zur Orientforschung 29, hrsg. von M. Heckel, Frankfurt am Main/Berlin/Bern/Bruxelles/New York/Oxford/Wien: Peter Lang 2011, S. 23–46.

Rechtsreformen in Bahrain am Beispiel des Familienrechts, in: *GAIR-Mitteilungen* 3, Leipzig: Gesellschaft für Arabisches und Islamisches Recht 2011, S. 123–129.

Sparen und Anlegen im Islam – Islamic Banking in Deutschland (gemeinsam mit Fr. Thießen), in: *Wer spart wie? Sparverhalten und kulturelle Vielfalt*, Sparkassen in der Geschichte: Abteilung 1, Dokumentation 32, bearb. von Th. Wehber und Fr. Dreisch, Stuttgart: Deutscher Sparkassen Verlag 2011, S. 100–122.

Katar. Internationales Ehe- und Kindschaftsrecht mit Staatsangehörigkeitsrecht (gemeinsam mit A. Hefny), 194. Lieferung, in: *Internationales Ehe- und Kindschaftsrecht. Mit Staatsangehörigkeitsrecht*, hrsg. von A. Bergmann, M. Ferid und D. Henrich, Frankfurt am Main/Berlin: Verlag für Standesamtswesen 2011, S. 1–65.

Reiske, Johann Jacob, in: *Sächsische Biografie* (2013), hrsg. vom Institut für Sächsische Geschichte und Volkskunde e. V., saebi.isgv.de/biografie/Johann_Jacob_Reiske_(1716-1774) (letzter Aufruf 28. 08. 2018).

Heinrich Leberecht Fleischer: Portraits und Abbildungen (gemeinsam mit Th. Hanstein), in: *Heinrich Leberecht Fleischer – Leben und Wirkung. Ein Leipziger Orientalist des 19. Jahrhunderts mit internationaler Ausstrahlung*, Leipziger Beiträge zur Orientforschung 30, hrsg. von H.-G. Ebert und Th. Hanstein, Frankfurt am Main/Bern/Bruxelles/New York/Oxford/Warszawa/Wien: Peter Lang 2013, S. 9–18.

Heinrich Leberecht Fleischer: Geist und Vermächtnis, in: *Heinrich Leberecht Fleischer – Leben und Wirkung. Ein Leipziger Orientalist des 19. Jahrhunderts mit internationaler Ausstrahlung*, Leipziger Beiträge zur Orientforschung 30, hrsg. von H.-G. Ebert und Th. Hanstein, Frankfurt am Main/Bern/Bruxelles/New York/Oxford/Warszawa/Wien: Peter Lang 2013, S. 19–25.

Wege in eine zeitgemäße Rechtsordnung: Muḥammad Qadrī Pāšā (gest. 1886) und die Kodifikation des Islamischen Rechts, in: *GAIR-Mitteilungen* 6, Leipzig: Gesellschaft für Arabisches und Islamisches Recht 2014, S. 135–142.

Islamisches Recht vs. deutsches Recht? Rechtliche Herausforderungen und Erwartungen, in: *Muslime in Sachsen. Geschichte, Fakten, Lebenswelten*, hrsg. von M. Hakenberg und V. Klemm, Leipzig: Edition Leipzig 2016, S. 32–39.

Das Recht steht vor der Religion, in: *Sächsische Zeitung* (Ausgabe Dresden, 30. / 31. 1. 2016), S. 5.

Islamische Bankprodukte – Gemeinsamkeiten, Unterschiede und aufsichtsrechtliche Probleme, in: *Das islamische Wirtschaftsrecht*, Reihe für Osnabrücker Islamstudien 19, hrsg. von A. Kozali, I. Salam und S. Thabti, Frankfurt am Main/Bern/Bruxelles/New York/Oxford/Warszawa/Wien: Peter Lang 2016, S. 75–94.

Die „private" islamische Eheschließung, ihre Folgen und Herausforderungen, in: *Beiträge zum Islamischen Recht XI*, Leipziger Beiträge zur Orientforschung 34, hrsg. von I. Schneider und Th. Hanstein, Frankfurt am Main/Bern/Bruxelles/New York/Oxford/Warszawa/Wien: Peter Lang 2016, S. 109–123.

Verändern die Muslime Sachsen? Herausforderungen im Recht und im Alltag, in: *Flüchtlinge in Sachsen. Fakten, Lebenswege, Kontroversen*, hrsg. von O. Kittel, Leipzig: Edition Leipzig 2016, S. 19–27.

Zum 65. Geburtstag von Professor Dr. Eckehard Schulz. Ein Leben für die arabische Sprache (gemeinsam mit M. Jumaili), in: *Arabische Sprache im Kontext. Festschrift zu Ehren von Eckehard Schulz*, Leipziger Beiträge zur Orientforschung 37, hrsg. von B. Backe, Th. Hanstein und K. Stock, Berlin/Bern/Bruxelles/New York/Oxford/Warszawa/Wien: Peter Lang 2018, S. 15–22.

Die gesetzliche Vertretung (*an-niyāba aš-šarʿīya*) im islamischen Familienrecht: Normen, Veränderungen und Herausforderungen, in: *Arabische Sprache im Kontext. Festschrift zu Ehren von Eckehard Schulz*, Leipziger Beiträge zur Orientforschung 37, hrsg. von B. Backe, Th. Hanstein und K. Stock, Berlin/Bern/Bruxelles/New York/Oxford/Warszawa/Wien: Peter Lang 2018, S. 373–392.

4 Rezensionen, Annotationen, Konferenzberichte

Bericht über eine Arbeitstagung des Lehr- und Forschungsbereiches Nordafrika/Nahost der KMU Leipzig und der Abteilung Arabische Staaten des Orientinstituts der Akademie der Wissenschaften der UdSSR vom 21. bis 23. November 1978 in Leipzig, in: *Asien Afrika Lateinamerika / Asia, Africa, Latin America* 2, Berlin: Akademie Verlag 1979, S. 321–324.

M. S. Ivanov: Iran v 60–70–ch godach XX veka. Moskva 1977, 272 S., in: *Asien Afrika Lateinamerika / Asia, Africa, Latin America* 3, Berlin: Akademie Verlag 1979, S. 537–538.

Amad Farughy, Jean-Loup Reverier: Persien: Aufbruch ins Chaos? Eine Analyse der Entwicklung im Iran von 1953–1979. München 1979, 256 S., in: *Asien Afrika Lateinamerika / Asia, Africa, Latin America* 2, Berlin: Akademie Verlag 1980, S. 381–382.

Konferenzbericht zur Tagung „Tendenzen der Verfassungentwicklung in Asien und Afrika" am 13. und 14. November 1979 in Leipzig, in: *Staat und Recht* 5, Berlin: Staatsverlag der DDR 1980, S. 468–470.

Gerhard Konzelmann: Die Schiiten und die islamische Republik. München 1979, 280 S., in: *Asien Afrika Lateinamerika / Asia, Africa, Latin America* 3, Berlin: Akademie Verlag 1981, S. 566–567.

Iran in der Krise: Weichenstellungen für die Zukunft. Beiträge zur Diskussion der Zukunftsfragen der Islamischen Republik Iran. Bonn 1980, 253 S., in: *Asien Afrika Lateinamerika / Asia, Africa, Latin America* 6, Berlin: Akademie Verlag 1981, S. 1134–1135.

Viktor Lavrentevic Lavrentjev: Livija. Spravocnik. Moskva 1985, 232 S., in: *Asien Afrika Lateinamerika / Asia, Africa, Latin America* 1, Berlin: Akademie Verlag 1987, S. 181–183.

Vladimir Ilic Maksimenko: Politiceskije partii v perechodnom obscestve: Marokko, Alzir, Tunis 20–80–e gody XX v. Moskva, Nauka 1985, 232 S., in: *Asien Afrika Lateinamerika / Asia, Africa, Latin America* 2, Berlin: Akademie Verlag 1987, S. 370–371.

Gudmar Aneer: Imâm Rûhullah Khumainî, Šâh Muhammad Rizâ Pahlavî and the Religious Traditions of Iran. Acta Universitatis Upsaliensis. Historia Religionum 8 Stockholm: Almquist & Weksell International 1985, 93 S., 4 S. Bilder, in: *Asien Afrika Lateinamerika / Asia, Africa, Latin America* 3, Berlin: Akademie Verlag 1987, S. 580–581.

Sayed Hassan Amin: Commercial Law of Iran. Tehran: Vahid Publication 1986, VII+144 S. (gemeinsam mit G. Barthel), in: *Asien Afrika Lateinamerika / Asia, Africa, Latin America* 6, Berlin: Akademie Verlag 1987, S. 1120–1121.

James P. Piscatori: Islam in a World of Nation-States. Published in Association with The Royal Institute of International Affairs. Cambridge New York New Rochelle Melbourne Sydney: Cambridge University Press 1986, VII, 193 S., in: *Asien Afrika Lateinamerika / Asia, Africa, Latin America* 2, Berlin: Akademie Verlag 1988, S. 364–365.

Heinz Brill: Libyens Außen- und Sicherheitspolitik. Moamar el-Gaddafis Motive und Visionen. Baden-Baden: Nomos 1988, 138 S., in: *Wuqûf. Beiträge zur Entwicklung von Staat und Gesellschaft in Nordafrika* 3, Hamburg: Edition Wuqûf 1989, S. 388–390.

Post-Revolutionary Iran. Hrsg.: Hooshang Amirahmadi, Manoucher Parvin. Boulder and London: Westview Press 1988, VII, 262 S., in: *Asien Afrika Lateinamerika / Asia, Africa, Latin America* 4, Berlin: Akademie Verlag 1990, S. 748.

Martin Robbe: Dschihad – Heiliger Krieg. Der Islam in Konfliktsituationen der Gegenwart. Berlin: Militärverlag der DDR 1989, 206 S., in: *Asien Afrika Lateinamerika / Asia, Africa, Latin America* 5, Berlin: Akademie Verlag 1990, S. 946.

Bericht zum Kolloquium „Politische Liberalisierung und ökonomische Entwicklung im Großmaghreb" am 11. und 12. Oktober 1990 in Hamburg, in: *Asien Afrika Lateinamerika / Asia, Africa, Latin America* 2, Berlin: Akademie Verlag 1991, S. 366–368.

M. al-Maʿzûzî, J. Banʿajîba: Sabta wa Mililiya …: Hatâ lâ nansâ. Ar-Ribat 1986, in: *Wuqûf. Beiträge zur Entwicklung von Staat und Gesellschaft in Nordafrika* 4–5, Hamburg: Edition Wuqûf 1991, S. 558–559.

R. Badry, J. Niehoff: Die ideologische Botschaft von Briefmarken – dargestellt am Beispiel Libyens und des Iran. Tübingen 1988, in: *Wuqûf. Beiträge zur Entwicklung von Staat und Gesellschaft in Nordafrika* 4–5, Hamburg: Edition Wuqûf 1991, S. 554.

Europa und der Orient: 800–1900. Hrsg. v. G. Sievernich und H. Budde. Gütersloh, München 1989, in: *Wuqûf. Beiträge zur Entwicklung von Staat und Gesellschaft in Nordafrika* 4–5, Hamburg: Edition Wuqûf 1991, S. 492–493.

Institut de Recherches et d'Etudes sur le Monde Arabe et Musulman (IREMAM). Hrsg.: Annuaire de l'Afrique du Nord. XXVII 1988. Editions du Centre National de la Recherche Scientifique. Paris 1990. VII, 1149 S., in: *Orient. Zeitschrift des Deutschen Orient-Instituts* 32.2, Opladen: Leske+Budrich 1991, S. 300–301.

Bericht zum 2. Maghrebkolloquium „Sozio-kulturelle Transformationsprozesse im Maghreb" am 7.–8. November 1991 in Leipzig, in: *Orient. Zeitschrift des Deutschen Orient-Instituts* 33.1, Opladen: Leske+Budrich 1991, S. 33–36.

Andreas H. E. Kemke: Stiftungen im muslimischen Rechtsleben des neuzeitlichen Ägypten, Frankfurt am Main, Bern, New York, Paris: Peter Lang 1991, 181 S., in: *Orient. Zeitschrift des Deutschen Orient-Instituts* 3, Opladen: Leske+Budrich 1992, S. 486–487.

Ludger Kühnhardt: Stufen der Souveränität. Staatsverständnis und Selbstbestimmung in der „Dritten Welt". Bonn, Berlin: Bouvier Verlag 1992, 394 S., in: *Neue Zeit* (19. 2. 1993), S. 6.

Roger Owen: State, Power and Politics in the Making of the Modern Middle East. London, New York: Routledge 1992, 302 S., in: *Orient. Zeitschrift des Deutschen Orient-Instituts* 34.3, Opladen: Leske+Budrich 1993, S. 468–469.

Hubert Lang: Der Heiligenkult in Marokko. Formen und Funktionen der Wallfahrten. Passau: Passavia Universitätsverlag 1992, 235 S., in: *Asien Afrika Lateinamerika / Asia, Africa, Latin America* 21.3, Berlin: Akademie Verlag 1993, S. 313–314.

Institut de Recherches et d'Études sur le Monde Arabe et Musulman (I-REMAM). Hrsg.: Annuaire de l'Afrique du Nord. XXIX 1990. Editions du Centre National de la Recherche Scientifique. Paris 1992, VIII, 1197 S., in: *Orient. Zeitschrift des Deutschen Orient-Instituts* 34.4, Opladen: Leske + Budrich 1993, S. 652–654.

Institut de Recherches et d'Etudes sur le Monde Arabe et Musulman (I-REMAM), Hrsg.: Annuaire de l'Afrique du Nord. XXX 1991. CNRS Editions. Paris 1993, VIII, 1240 S., in: *Orient. Zeitschrift des Deutschen Orient-Instituts* 36.1, Opladen: Leske+Budrich 1995, S. 148–150.

Laila al-Zwaini and Rudolph Peters: A bibliography of Islamic law, 1980–1993. Leiden, New York and Köln: E. J. Brill 1994, IX, 239 S., in: *Orient. Zeitschrift des Deutschen Orient-Instituts* 36.3, Opladen: Leske+Budrich 1995, S. 530.

Ralf Elger: Zentralismus und Autonomie: Gelehrte und Staat in Marokko, 1900–1931. Berlin, Klaus Schwarz Verlag 1994 (Islamkundliche Untersuchungen, Band 181), 260 S., in: *Zeitschrift der Deutschen Morgenländischen Gesellschaft* 146.2, Stuttgart: Steiner 1996, S. 625–626.

Iris Glosemeyer: Liberalisierung und Demokratisierung in der Republik Jemen, 1990–1994. Hamburg, Deutsches Orient-Institut 1995 (Aktueller Informationsdienst Moderner Orient. Sondernummer 14), 311 S., in: *Zeitschrift der Deutschen Morgenländischen Gesellschaft* 146.2, Stuttgart: Steiner 1996, S. 634–635.

Silvia Tellenbach: Strafgesetze der Islamischen Republik Iran. Übersetzt und eingeleitet von Silvia Tellenbach. Sammlung außerdeutscher Strafgesetzbücher in deutscher Übersetzung, hrsg. vom Max-Planck-Institut für ausländisches und internationales Strafrecht in Freiburg i. Br., CVI, Berlin, New York: de Gruyter Verlag 1996, 190 S., in: *Verfassung und Recht in Übersee / Law and Politics in Africa, Asia and Latin America* 30.1, Baden-Baden: Nomos 1997, S. 103–105.

Lorenz Müller: Islam und Menschenrechte. Sunnitische Muslime zwischen Islamismus, Säkularismus und Modernismus. Mitteilungen des Deutschen Orient-Instituts Nr. 54. Deutsches Orient-Institut, Hamburg 1996, 361 S., in: *Verfassung und Recht in Übersee / Law and Politics in Africa, Asia and Latin America* 30.3, Baden-Baden: Nomos 1997, S. 413–415.

Sherman A. Jackson: Islamic law and state: the constitutional jurisprudence of *Shihâb al-Dîn al-Qarâfî*. Studies in Islamic law and society; Vol. 1. Ed. by Ruud Peters and Bernhard Weiss. Leiden, New York, Köln: E. J. Brill 1996. XLII + 249 S., in: *Wiener Zeitschrift für die Kunde des Morgenlandes* 87, Wien: Selbstverlag des Instituts für Orientalistik 1997, S. 312–315.

Rüdiger Lohlker: Schari'a und Moderne. Diskussionen über Schwangerschaftsabbruch, Versicherung und Zinsen. Abhandlungen für die Kunde des Morgenlandes. Hrsg. von der Deutschen Morgenländischen Gesellschaft. Bd. LI,3. Stuttgart: Kommissionsverlag Franz Steiner 1996, 156 S., in: *Wiener Zeitschrift für die Kunde des Morgenlandes* 87, Wien: Selbstverlag des Instituts für Orientalistik 1997, S. 315–317.

Joachim Müller: Islamischer Weg und islamistische Sackgasse. Die Debatte um Islam, islamische Wirtschaft und moderne Gesellschaft in Ägypten. Münster: Lit Verlag 1996. 168 S., in: *Zeitschrift der Deutschen Morgenländischen Gesellschaft* 148, Stuttgart: Steiner 1998, S. 420–421.

Ibn 'Aqîl, Abu-'l Wafâ' 'Alî: *Al-Wâdih fî usûl al-fiqh. Haqqaqahu wa-qaddama lahu wa-'allaqa 'alayhi Jûrj al-Maqdisî.* Arabic Text Edited with Introduction and Notes by George Makdisi. Volume I: Kitāb al-Madhhab. Bibliotheca Islamica Band 41a. Franz Steiner Verlag Wiesbaden GmbH, Sitz Stuttgart 1996. 26 S. engl., 17 und 163 S. arab. Text, 11 Tafeln, in: *Wiener Zeitschrift für die Kunde des Morgenlandes* 88, Wien: Selbstverlag des Instituts für Orientalistik 1998, S. 338–340.

Claudia Kickinger: Städtische Märkte des Nahen Ostens. Eine Untersuchung der vorindustriellen Organisation der Berufe. Europäische Hochschulschriften. Reihe XIX Volkskunde/Ethnologie, Abt. B. Ethnologie, Bd. 47. Peter Lang Verlag, Frankfurt am Main, Berlin, Bern, New York, Paris, Wien 1997, 402 S., in: *Wiener Zeitschrift für die Kunde des Morgenlandes* 88, Wien: Selbstverlag des Instituts für Orientalistik 1998, S. 340–342.

Nathan J. Brown: The rule of law in the Arab world. Courts in Egypt and the Gulf. (= Cambridge Middle East Studies 6). Cambridge University Press, Cambridge, New York, Melbourne 1997, XVII + 258 S., in: *DAVO-Nachrichten* 10, Mainz: DAVO, Sekretariat 1999, S. 98–99.

Bettina Dennerlein: Islamisches Recht und sozialer Wandel in Algerien. Zur Entwicklung des Personalstatuts seit 1962. (Islamkundliche Untersuchungen, Band 221). Klaus Schwarz Verlag, Berlin 1998, 305 S., in: *DAVO-Nachrichten* 10, Mainz: DAVO, Sekretariat 1999, S. 101.

Anneliese Böttcher: Syrische Religionspolitik unter Asad. Freiburger Beiträge zu Entwicklung und Politik 25. Arnold-Bergsträsser-Institut, Freiburg i. Br. 1998, 258 S., in: *Verfassung und Recht in Übersee / Law and Politics in Africa, Asia and Latin America* 32.4, Baden-Baden: Nomos 1999, S. 579–581.

Konferenzbericht zur Jahrestagung der „Gesellschaft für Arabisches und Islamisches Recht e. V." am Orientalischen Institut der Universität Leipzig am 12. und 13. 11. 1999, in: *Universität Leipzig. Mitteilungen und Berichte für die Angehörigen und Freunde der Universität Leipzig* 7, Leipzig: Universität Leipzig 1999, S. 29–30.

Roswitha Badry: Die zeitgenössische Diskussion um den islamischen Beratungsgedanken (*šûrâ*) unter dem besonderen Aspekt ideengeschichtlicher Kontinuitäten und Diskontinuitäten. Freiburger Islamstudien hrsg. von H. R. Roemer und W. Ende. Band XIX. Franz Steiner Verlag, Stuttgart 1998, 654 S., in: *Wiener Zeitschrift für die Kunde des Morgenlandes* 89, Wien: Selbstverlag des Instituts für Orientalistik 1999, S. 295–297.

Annelies Glander: Inheritance in Islam. Women's Inheritance in Sana'a (Republic of Yemen). Law, Religion, and Reality. European University Studies: Series 27, Asian and African Studies Vol. 69. Peter Lang Vlg., Frankfurt/M., Berlin, Bern, New York, Paris, Wien 1998, 141 S., in: *Wiener Zeitschrift für die Kunde des Morgenlandes* 89, Wien: Selbstverlag des Instituts für Orientalistik 1999, S. 297–299.

Baber Johansen: Contingency in a Sacred Law: legal and ethical norms in the Muslim fiqh. Studies in Islamic law and society; Vol. 7. Ed. by Ruud Peters and Bernhard Weiss. E. J. Brill, Leiden, Boston, Köln 1999, 521 S., in: *Wiener Zeitschrift für die Kunde des Morgenlandes* 89, Wien: Selbstverlag des Instituts für Orientalistik 1999, S. 299–301.

Islamic Law. Theory and Practice. Ed. by R. Gleave and E. Kermeli. I. B. Tauris Publishers, London, New York 1997, 248 S., in: *DAVO-Nachrichten* 11, Mainz: DAVO, Sekretariat 2000, S. 142.

Hamid Khosravi Sharoudi: Zur Problematik des Demokratisierungsprozesses in Iran. Eine sozio-kulturelle Analyse anhand von Entstehung und Scheitern der Konstitutionellen Bewegung von 1906. (Islamkundliche Untersuchungen Bd. 220). Klaus Schwarz Verlag, Berlin 1998, 266 S., in: *Asien Afrika Lateinamerika / Asia, Africa, Latin America* 28, Berlin: Akademie Verlag 2000, S. 341–344.

Asghar Schirazi: The Constitution of Iran. Politics and the State in the Islamic Republic. Translated by John O'Kane. I. B. Tauris Publishers, London, New York 1997, IX + 325 S., in: *Asien Afrika Lateinamerika / Asia, Africa, Latin America* 28.4, Berlin: Akademie Verlag 2000, S. 464–468.

Anna Würth: Aš-Šarî'a fî Bâb al-Yaman. Recht, Richter und Rechtspraxis an der familienrechtlichen Kammer des Gerichts Süd-Sanaa, (Republik Jemen) 1983–1995. Duncker und Humblot, Berlin 2000, 284 S., in: *DAVO-Nachrichten* 14, Mainz: DAVO, Sekretariat 2001, S. 102–103.

Rüdiger Lohlker: Das islamische Recht im Wandel. Ribâ, Zins und Wucher in Vergangenheit und Gegenwart. Waxmann Verlag GmbH, Münster, New York, München, Berlin 1999, 450 S., in: *Orient. Zeitschrift des Deutschen Orient-Instituts* 42.1, Opladen: Leske+Budrich 2001, S. 141–143.

Franz Kogelmann: Islamische fromme Stiftungen und Staat. Der Wandel in den Beziehungen zwischen einer religiösen Institution und dem marokkanischen Staat seit dem 19. Jahrhundert bis 1937. ERGON-Verlag, Würzburg 1999, 371 S., in: *Orient. Zeitschrift des Deutschen Orient-Instituts* 42.1, Opladen: Leske+Budrich 2001, S. 355–356.

Frank E. Vogel: Islamic Law and Legal System. Studies of Saudi Arabia. Studies in Islamic Law and Society; Vol. 8 Ed. by Ruud Peters and Bernard Weiss. Brill: Leiden, Boston, Köln 2000, XX + 404 S., in: *Wiener Zeitschrift für die Kunde des Morgenlandes* 91, Wien: Selbstverlag des Instituts für Orientalistik 2001, S. 448–451.

Achim Umstätter: Das Testament im ägyptischen Erbrecht. Eine Untersuchung unter Berücksichtigung des klassischen islamischen Rechts. P. Lang-Verlag Frankfurt am Main, Berlin u. a. 2000, 171 S., in: *Orientalistische Literaturzeitung. Zeitschrift für die Wissenschaft vom ganzen Orient und seinen Beziehungen zu den angrenzenden Kulturkreisen* 97.1, Berlin: De Gruyter 2002, S. 91–93.

Herbert Weide: Schariarechtliche Tendenzen in der Verfassungsgeschichte Mauretaniens. Deutsches Orient-Institut: Hamburg 2000, 257 S., in: *DAVO-Nachrichten* 15, Mainz: DAVO, Sekretariat 2002, S. 116–117.

Tariq Ramadan: Muslimsein in Europa. Untersuchung der islamischen Quellen im europäischen Kontext. Aus dem Franz. von Yusuf Kuhn. Mit einem Vorw. von Richard Friedli. Hrsg. von der Muslim Studenten Vereinigung Deutschland e. V. MSV Verlag: Köln, 331 S., in: *DAVO-Nachrichten* 15, Mainz: DAVO, Sekretariat 2002, S. 110–111.

Tilman Nagel: Das islamische Recht. Eine Einführung. Westhofen: WVA-Verlag Skulima, 388 S., in: *DAVO-Nachrichten* 17, Mainz: DAVO, Sekretariat 2003, S. 108–109.

Kamran Asdar Ali: Planning the Family in Egypt. New Bodies, New Selves. Austin, Tex.: University of Texas Press, 232 S., in: *DAVO-Nachrichten* 17, Mainz: DAVO, Sekretariat 2003, S. 90–91.

Konferenzbericht zum Reiske-Kolloquium am 5. und 6. 12. 2003 in Leipzig (gemeinsam mit S. Kraushaar), in: *DAVO-Nachrichten* 18, Mainz: DAVO, Sekretariat 2003, S. 66.

Studies in Islamic Legal Theory. Edited by Bernard G. Weiss. Studies in Islamic Law and Society; Vol. 15. Edited by R. Peters and B. Weiss. Leiden, Boston, Köln: Brill 2002, XXXI + 437 S., in: *Wiener Zeitschrift für die Kunde des Morgenlandes* 93, Wien: Selbstverlag des Instituts für Orientalistik 2003, S. 285–287.

Ludmila Hanisch: Die Nachfolger der Exegeten. Deutschsprachige Erforschung des Vorderen Orients in der ersten Hälfte des 20. Jahrhunderts. Harrassowitz-Verlag: Wiesbaden 2003, XII + 235 S., in: *DAVO-Nachrichten* 19, Mainz: DAVO, Sekretariat 2004, S. 59–60.

Jürgen Basedow, Nadjma Yassari (ed.): Iranian Family and Succession Laws and their Application in German Courts (Max-Planck-Institut für ausländisches und internationales Privatrecht, Materialien zum ausländischen und internationalen Privatrecht 43). Mohr Siebeck: Tübingen 2004, 183 S., in: *DAVO-Nachrichten* 20, Mainz: DAVO, Sekretariat 2004, S. 75–76.

Mawil Izzi Dien: Islamic Law. From Historical Foundations to Contemporary Practice. Edinburgh University Press: Edinburgh 2004, 178 S., in: *DAVO-Nachrichten* 23, Mainz: DAVO, Sekretariat 2006, S. 71–72.

Aly Khorshid: Islamic Insurance. A Modern Approach to Islamic Banking. Routledge Curzon: Abingdon 2004, 230 S., in: *DAVO-Nachrichten* 23, Mainz: DAVO, Sekretariat 2006, S. 74–75.

Sami Zubaida: Law and Power in the Islamic World. I. B. Tauris: London, New York 2005, 248 S., in: *DAVO-Nachrichten* 23, Mainz: DAVO, Sekretariat 2006, S. 82–83.

Gerhard Endreß: Der Islam in Daten. Verlag C. H. Beck: München, 157 S., in: *DAVO-Nachrichten* 24, Mainz: DAVO, Sekretariat 2006, S. 112–113.

Helen Mary Rizzo: Islam, Democracy, and the Status of Women. The Case of Kuwait. Routledge: New York & London 2005, xvi + 118 S., in: *DAVO-Nachrichten* 24, Mainz: DAVO, Sekretariat 2006, S. 122.

Knut S. Vikor: Between God and the Sultan. A History of Islamic Law. Hurst & Company: London 2005, vii + 387 S., in: *Die Welt des Islams* 47.2, Leiden/ Boston: Brill 2007, S. 251–254.

Muḥammad Bāqir aṣ-Ṣadr: Lessons in Islamic Jurisprudence, Translated and with an introduction by Roy Parviz Mottahedeh. Oneworld Publication: Oxford 2003, x + 208 S., in: *DAVO-Nachrichten* 25, Mainz: DAVO, Sekretariat 2007, S. 61–62.

Ahmed A. F. Ashker, Rodney Wilson, Islamic Economics. A Short History. Themes in Islamic Studies, vol. 3. Brill: Leiden, Boston 2006, xii + 450 S., in: *DAVO-Nachrichten* 27, Mainz: DAVO, Sekretariat 2008, S. 83–84.

Recht & Realität – Rechtswirklichkeit von Frauen in arabischen Ländern. Illustriert am Beispiel des Eherechts. Herausgeber: Deutsche Gesellschaft für Technische Zusammenarbeit. Eschborn 2007, 42 S., in: *Jemen-Report* 39.2, Frankfurt am Main: Deutsch-Jemenitische Gesellschaft 2008, S. 66.

Chibli Mallat, Introduction to Middle Eastern Law. Oxford University Press 2007, xxvii + 455 S., in: *DAVO-Nachrichten* 28, Mainz: DAVO, Sekretariat 2008, S. 98–99.

Standing Trial. Law and the Person in the Modern Middle East. Edited by Baudouin Dupret. I. B. Tauris: London, New York: 2004, x + 382 S., in: *Die Welt des Islams* 49.2, Leiden/Boston: Brill 2009, S. 254–256.

Astrid Meier, Johannes Pahlitzsch, Lucian Reinfandt (Hrsg.), Islamische Stiftungen zwischen juristischer Norm und sozialer Praxis, Stiftungsgeschichten Bd. 9. Akademie Verlag: Berlin 2009, 279 S., in: *DAVO-Nachrichten* 32, Mainz: DAVO, Sekretariat 2010, S. 98–99.

Jahrbuch für Verfassung, Recht und Staat im islamischen Kontext – 2011. Recht der Staaten im islamischen Kulturraum. Hrsg. von P. Scholz und N. Naeem. Baden-Baden: Nomos 2011, 233 S., in: *Verfassung und Recht in Übersee / Law and Politics in Africa, Asia and Latin America* 44.4, Baden-Baden: Nomos 2011, S. 617–622.

Miriam Younes, Diskussionen schiitischer Gelehrter über juristische Grundlagen von Legalität in der Safawidenzeit. Das Beispiel der Abhandlungen über das Freitagsgebet. Ergon Verlag: Würzburg 2010, 140 S., in: *Zeitschrift der Deutschen Morgenländischen Gesellschaft* 162.1, Wiesbaden: Harrassowitz 2012, S. 225–226.

Kabeh Rastin-Tehrani, Afghanisches Eherecht mit rechtsvergleichenden Hinweisen. Schriften zum deutschen und ausländischen Familien- und Erbrecht. Hrsg. von T. Helms, M. Löhnig, A. Röthel. Frankfurt am Main: Wolfgang Metzner Verlag 2012, 262 S., in: *Das Standesamt. Zeitschrift für Standesamtswesen, Familienrecht, Staatsangehörigkeitsrecht, Personenstandsrecht, internationales Privatrecht des In- und Auslands* 65.7, Frankfurt am Main/Berlin: Verlag für Standesamtswesen 2012, S. 218–219.

Lukas Wick, Islam und Verfassungsstaat. Theologische Versöhnung mit der politischen Moderne? Kultur, Recht und Politik und muslimischen Gesellschaften. Bd. 12. Würzburg: Ergon 2009, 196 S., in: *Der Islam. Zeitschrift für Geschichte und Kultur des islamischen Orients* 89.1/2, Berlin/New York: De Gruyter 2012, S. 256–259.

Muhammad Al-Atawneh, Wahhābī Islam Facing the Challenger of Modernity. Dār al-Iftā' in the Modern Saudi State. Studies in Islamic Law and Society, Vol. 32. Ed. by R. Peters and K. Reinhart. Brill: Leiden, Boston 2010, XXII + 270 S., in: *Wiener Zeitschrift für die Kunde des Morgenlandes* 102, Wien: Selbstverlag des Instituts für Orientalistik 2012, S. 412–414.

Money, Power and Politics in Early Islamic Syria. A review of current debates. Ed. by J. Haldon, Princeton University, USA. Farnham, Burlington: Ashgate Publishing Limited 2010, xv + 210 S., in: *Bankhistorisches Archiv. Banking and Finance in Historical Perspective* 38.1, Stuttgart: Steiner 2012, S. 76–78.

Olaf Farschid, *Zakāt* in der Islamischen Ökonomik. Zur Normenbildung im Islam. Beiruter Texte und Studien; Band 87. Herausgegeben vom Orient-Institut Beirut. Ergon Verlag Würzburg in Kommission 2012, 332 S., in: *Wiener Zeitschrift für die Kunde des Morgenlandes* 104, Wien: Selbstverlag des Instituts für Orientalistik 2014, S. 383–385.

Rüdiger Lohlker, Islamisches Recht. Facultats Verlags- und Buchhandels AG: Wien 2012, 263 S., in: *Zeitschrift der Deutschen Morgenländischen Gesellschaft* 164.3, Wiesbaden: Harrassowitz 2014, S. 847–849.

Andreas Neumann, Rechtsgeschichte, Rechtsfindung und Rechtsfortbildung im Islam. Enzyklopädien des islamischen Rechts unter besonderer Berücksichtigung Ägyptens und der Nasser-Enzyklopädie. Interdisziplinäre Schriftenreihe zur Islamwissenschaft, Bd. 6, Verlag Dr. Kovač: Hamburg 2012, XI + 309 S., in: *DAVO-Nachrichten* 36/37, Mainz: DAVO, Sekretariat 2014, S. 200–202.

Nadjma Yassari, Die Brautgabe im Familienvermögensrecht. Innerislamischer Rechtsvergleich und Integration in das deutsche Recht. Mohr Siebeck: Tübingen 2014, XXXIII, 580 S., in: *Rabels Zeitschrift für ausländisches und internationales Privatrecht* 79.2, Tübingen: Mohr Siebeck 2015, S. 453–456.

Sedigheh Vasmaghi, Women, Jurisprudence, Islam. Translated by Mr Ashna and Philip G. Kreyenbroek. Göttinger Orientforschungen. III. Reihe: Iranica. Neue Folge 11. Harrassowitz Verlag: Wiesbaden 2014, 162 S., in: *Wiener Zeitschrift für die Kunde des Morgenlandes* 105, Wien: Selbstverlag des Instituts für Orientalistik 2015, S. 497–499.

Wolfgang Fikentscher, Law and Anthropology. Second Edition. C. H. Beck: München, Oxford: Hart, Baden-Baden: Nomos 2016, XXXII, 547 S., in: *Rabels Zeitschrift für ausländisches und internationales Privatrecht* 81.1, Tübingen: Mohr Siebeck 2017, S. 239–242.

Norbert Oberauer, Islamisches Wirtschafts- und Vertragsrecht. Eine Einführung. Würzburg: Ergon Verlag GmbH 2017, 248 S., in: *Rabels Zeitschrift für ausländisches und internationales Privatrecht* 82.2, Tübingen: Mohr Siebeck 2018, S. 828–831.

Le Code Marocain de la Famille en Europe. Bilan comparé de dix ans d'application. Sous la direction de Marie-Claire Foblets, Bruxelles: La Charte Professional Publishing 2016, 719 S., in: *Zeitschrift für Recht und Islam / Journal of Law and Islam* 9, Göttingen: Gesellschaft für Arabisches und Islamisches Recht 2017 (im Erscheinen).

5 Bibliographien, Chronologien, Interviews, Verschiedenes

Chronologie Nordafrika-Nahost (Autorenkollektiv). Jahrbuch Asien Afrika Lateinamerika. Bilanz und Chronik des Jahres 1978, Berlin: Deutscher Verlag der Wissenschaften 1979, S. 145–193.

Chronologie Nordafrika-Nahost (Autorenkollektiv). Jahrbuch Asien Afrika Lateinamerika. Bilanz und Chronik des Jahres 1979, Berlin: Deutscher Verlag der Wissenschaften 1980, S. 153–189.

Iran heute – Theokratie und zugleich Fortschritt? In: *Universitätszeitung der Karl-Marx-Universität. Organ der SED-Kreisleitung der Karl-Marx-Universität* 4, Leipzig: Leipziger Volkszeitung 25. 1. 1980, S. 3.

Chronologie Nordafrika-Nahost (Autorenkollektiv). Jahrbuch Asien Afrika Lateinamerika. Bilanz und Chronik des Jahres 1980, Berlin: Deutscher Verlag der Wissenschaften 1981, S. 208–246.

Chronologie Nordafrika-Nahost (Autorenkollektiv). Jahrbuch Asien Afrika Lateinamerika. Bilanz und Chronik des Jahres 1986, Berlin: Deutscher Verlag der Wissenschaften 1987, S. 127–155.

Chronologie Nordafrika-Nahost (Autorenkollektiv). Jahrbuch Asien Afrika Lateinamerika. Bilanz und Chronik des Jahres 1987, Berlin: Deutscher Verlag der Wissenschaften 1988, S. 121–148.

Arabische Staaten. Bilanz Probleme Entwicklungstendenzen, Autorenkollektiv unter Leitung von L. Rathmann und M. Voigt, Berlin: Akademie 1988 (Mitarbeit an verschiedenen Länderabschnitten).

Schwieriger Frieden am Persischen Golf, in: *Leipziger Volkszeitung* (31. 12. 1988 / 1. 1. 1989), S. 5.

Chronologie Nordafrika-Nahost (Autorenkollektiv). Jahrbuch Asien Afrika Lateinamerika. Bilanz und Chronik des Jahres 1988, Berlin: Deutscher Verlag der Wissenschaften 1989, S. 156–186.

Besuch von Prof. Dr. Nasr Hamid Abu Zaid (Kairo/Leiden), in: *Universität Leipzig. Mitteilungen und Berichte für die Angehörigen und Freunde der Universität Leipzig* 2, Leipzig: Universität Leipzig 2001, S. 32–33.

Interview mit Prof. Dr. H.-G. Ebert, [schriftliches Interview zum Thema „Islamisches Recht"], in: *Der Kleine Advokat* 7.27 (2001), S. 23–28.

Scharia regelt religiöse Pflichten, in: *Leipziger Volkszeitung* (27./28. 5. 2006), S. M8.

Interview mit Prof. Dr. H.-G. Ebert, in: *Islamische Zeitung* 139 (April 2007), S. 1 f.

Halal statt Haram, in: *Die Zeit* (30. 4. 2008), S. 42.

Die arabische Welt vor neuen Herausforderungen, in: *Vereinigung Arabischer Studenten und Akademiker* (August 2008), S. 1.

Islamisches Recht in den Medien, in: *Al-Ain – Die Zeitschrift der Leipziger Arabistik* (November 2009), S. 7–9.

Gesellschaft für Arabisches und Islamisches Recht e. V., in: *DAVO-Nachrichten* 30, Mainz: DAVO, Sekretariat 2009, S. 75–76.

Mitarbeit am Band *Sources and Approaches across Disciplines in Near Eastern Studies. Proceedings of the 24th Congress, Union Européennne des Arabisants et Islamisants, Leipzig 2008*, hrsg. von V. Klemm und N. Al-Shaʿar, Leuven/Paris/Walpole, MA: Peeters 2013.

Leipziger Impulsgespräch: Über die Traditionen islamischer Konfliktlösung und ihren Wert für unsere Gesellschaft. Hans-Georg Ebert im Gespräch mit Gernot Barth, in: *Die Wirtschaftsmediation. Fachmagazin für Unternehmen und öffentliche Verwaltung* 1, Stuttgart: Steinbeis-Stiftung / München: GBI-Genios Deutsche Wirtschaftsdatenbank GmbH 2015, S. 12–15.

Interview mit der *Sächsischen Zeitung* (Ausgabe Dresden, 6./7. 5. 2017), S. 4.

Islamisches Recht [Podcast, 1. 3. 2018], tellmeahistory.net/tmah011-islamisches-recht (letzter Aufruf 19. 4. 2018).

Klassisch-Islamisches Recht

Hatem Elliesie*

Klassisches Islamisches Recht in der deutschen Hochschultradition: Genese und wissenschaftsgenealogische Einblicke

I Einleitung

Die deutschsprachige Hochschullandschaft kann auf eine reichhaltige Tradition im Bereich der Nahost- und Islamstudien zurückblicken,[1] die ihrerseits nicht autark agierte, sondern im internationalen, insbesondere europäischen Wissenschaftsaustausch stand.[2] Diese umfasst auch die Beschäftigung mit Grundzügen des islamischen Rechts, dessen Dogmatik sowie dessen geschichts- und sprachwissenschaftlichen Zugängen, welche auch das Genre des *fatwā*-Wesens mit einschließen. Eine eigens explizit auf das islamische Recht zugeschnittene Professur hat aber dennoch lange auf sich warten lassen und lässt sich erst in jüngerer Vergangenheit verzeichnen: Im Jahre 1998 wurde in Deutschland erstmalig eine Professur für Islamisches Recht am Orientalischen Institut der Universität Leipzig geschaffen.[3] Der Ruf erging an Hans-Georg Ebert, zu dessen Ehren diese Festschrift heuer erschienen ist. Dies stellt sich in der *longue durée* des deutschen Hochschulwesens als eine nicht selbstverständliche Entwicklung dar. Der vorliegende wissenschaftshistorische Beitrag befasst sich daher mit den die Spezialdisziplin prägenden Entwicklungsprozessen. Er soll in einer Momentaufnahme ausgewählte Rück-, Ein- und Ausblicke in das Feld der islamrechtlichen Studien in Deutschland gewähren.

---

* Projektleiter in der Abteilung ‚Recht und Ethnologie' des Max-Planck-Instituts für ethnologische Forschung, Halle/Saale.

1 Vgl. dazu Paret: *Arabistik und Islamkunde*; Mangold: *Weltbürgerliche Wissenschaft*; ead.: Anmerkungen zur deutschen Orientalistik; Wokoeck: *German Orientalism*; Rohe: Vorwort.

2 Paret: *Arabistik und Islamkunde*, S. 16; Krüger: Study of Islamic Law, S. 304; vgl. auch Rohe: *Islam in Deutschland*, S. 313–318.

3 Heilen/Schulz: Hans-Georg Ebert, S. 27–38; Krüger: Ernst Klingmüller, S. 23; id.: Study of Islamic Law, S. 308.

Der Reiz und die Schwierigkeit einer solchen Darstellung deutscher Hochschultradition liegen nahe beieinander. In einen historischen Abriss dieser Art, dessen entwicklungsgeschichtliche Wurzeln vor dem Kaiserreich lagen und der dann vom Kaiserreich ausgehend den Bogen weit über die erste deutsche Republik, die nationalsozialistische Ära, die Deutsche Demokratische Republik und die Bundesrepublik Deutschland sowie die Wiedervereinigung zu schlagen hat, fallen mehrere Wechsel des politischen Systems und teilweise kriegsbedingte Wirren[4]. Dies forderte nicht nur erhebliche institutionelle Anpassungsleistungen von der „Ordinariusuniversität zur Massenuniversität" ab, sondern konfrontierte insbesondere Hochschullehrer mit großen biographischen Herausforderungen und Risiken.[5] In der wesensnotwenigen Beschränkung eines Festschriftartikels lassen sich die damit einhergehenden Konstellationen schwerlich abbilden. Ebenso vermag der Artikel es nicht zu leisten, allen in Deutschland oder in deutscher Sprache verfassten Werken oder gar wissenschaftlichen Akteuren zum islamischen Recht Rechnung zu tragen.[6] Vielmehr wird ein Feld vorgestellt, das Standorte der Hochschullehre und Grundzüge akademischer Ausbildungswege an ausgewählten individual- und zuweilen gruppenbiographischen Betrachtungslinien entlang auffächert, um schließlich den wachsenden institutionellen Wissenschaftsbereich zu konturieren.

II Anfängliche Entwicklungen

Auch wenn sich die Geschichtswissenschaft und die Philologie in Deutschland anfänglich separat entwickelten, konturierten beide ihren Erkenntnisgegenstand zunächst unter Ausklammerung des Orients. Es war nicht nur der Historismus, der den Orient marginaliserte, sondern desgleichen die Philologie. Sie tat dies, indem sie Beschäftigung mit Latein und Griechisch als Vorbild inthronisierte. Die Beschäftigung mit vorderasiatischen Sprachen und deren Literaturen sowie der Levante entwickelte sich vielmehr aus theologischem Erkenntnisinteresse heraus.[7] Als maßgeblichen Impuls kann man den Beschluss des Konzils von Vienne (16. Oktober 1311 bis 6. Mai 1312) betrachten,[8] der sich aus

4 Vgl. beispielsweise Weil: Vorwort, S. VII; Huschens: *Der Bonner Bibliothekar*, S. 3.

5 Vgl. Daniels: Geschichtswissenschaft im 20. Jahrhundert, S. 9, 19.

6 Hierzu haben Erwin Pritsch, Otto Spies und Hilmar Krüger bereits wertvolle Beiträge geliefert. Siehe Spies/Pritsch: Klassisches Islamisches Recht, S. 270 ff.; Krüger: Study of Islamic Law.

7 Hanisch: Nachfolger der Exegeten, S. 15.

8 Siehe Barber: Vienne; Müller: *Konzil von Vienne*.

missionarischen Bestrebungen und Handelskontakten ergab und zur Folge hatte, dass an den Universitäten Paris, Oxford, Bologna und Salamanca die Lehre für Hebräisch, Arabisch und Chaldäisch eingerichtet wurden.

So verwundert es nicht, dass viele Arbeiten in Methode und Zielsetzung von den aus der Reformationszeit stammenden Bemühungen um ein neues Verständnis des Bibeltextes in seinen Ursprachen geprägt waren. Dies führte zu einer intensiveren Beschäftigung mit semitischen Sprachen wie dem Hebräischen, dem Syrischen, dem Arabischen und Altäthiopischen (*Gəʿəz*). Folge dessen war eine engere Verknüpfung orientwissenschaftlichen Erkenntnisgewinns mit der *sacra philologia*, von der sie die untergeordnete Rolle einer Art Hilfswissenschaft für die Bibelexegese zugewiesen bekam.[9] In Deutschland blieb die Bedeutung des Sprachunterrichts aber dennoch zunächst ephemer.[10] Die Loslösung von der Theologie während der Aufklärung löste die Orientalistik[11] – nach dem Pariser Vorbild – in weiten Teilen von den Erfordernissen theologischer Fragestellungen ab.[12] In der Folge führte dies zu deren allmählicher Ansiedlung in den philosophischen Fakultäten, wie es sich am Wechsel Heinrich Leberecht Fleischers (1801–1888) mit seinem Lehrstuhl von der

---

9 Fleischhammer: Orientalistik an der Universität Halle, S. 877 f.; Mangold: Anmerkungen zur deutschen Orientalistik, S. 226.

10 Hanisch: Nachfolger der Exegeten, S. 16.

11 Angesichts der akademischen Differenzierung und Spezialisierung an den deutschen Universitäten ist der Begriff ‚Orientalistik' heute wie auch im 19. Jahrhundert nicht unumstritten. Was genau darunter zu verstehen ist, unterliegt einem historischen Wandel und variiert von Sprecher zu Sprecher. Einer der frühesten Belege scheint aus dem Jahr 1889 zu stammen, wo er in einem Berufungsverfahren für den Leipziger Lehrstuhl für orientalische Sprachen benutzt wurde (vgl. Sächsisches Hauptstaatsarchiv, Ministerium für Volksbildung, Nr. 10281/285 [Personalakte des Leipziger Professors Albert Socin], Bl. 1: „Da in Halle die Orientalistik […] gut besetzt worden ist […]"). Statt ‚Orientalistik' war auch ‚Kunde des Morgenlandes', ‚Orientalische Studien', ‚Morgenländische Wissenschaften' oder ‚Orientalische Philologie' üblicher Sprachgebrauch. In Entsprechung zu Mangold: Anmerkungen zur deutschen Orientalistik, S. 223 f., wird der Begriff ‚Orientalistik' im Folgenden dennoch – wenngleich nicht durchgängig – verwendet, um in einem Ausdruck etwas zusammenzufassen, was umständlich umschrieben werden müsste. Hierzu ist die in der *Zeitschrift der Deutschen Morgenländischen Gesellschaft* jüngst publizierte Eröffnungsansprache zum 33. Deutschen Orientalistentag in Jena lesenwert, siehe Slaje: Morgenland, insb. S. 270 f. Vgl. dazu ferner Schulze: Orientalistik und Orientalismus, insb. S. 767.

12 Wokoeck: *German Orientalism*, S. 108 f.; Hanisch: *Nachfolger der Exegeten*, S. 16; Preißler: Arabistik in Leipzig, S. 92.

theologischen in die philologische Fakultät im Jahre 1840 in Leipzig exemplifizieren lässt.[13]

III Lehre und Forschung ab dem 19. Jahrhundert

An diesen Prozess knüpfte 1869 ein für die Darstellung der islamrechtlichen Entwicklung in der deutschen Hochschultradition nicht unwesentliches Ereignis an.

1 Wissenschaftsstandort Leipzig

Zu diesem Jahr vermerkte nämlich Ignaz Goldziher (1850–1921), der als einer der Mitbegründer der Islamwissenschaft und bedeutendsten Orientalisten seiner Zeit gilt,[14] in seinem Tagebuch: „Ab zu Fleischer! Drängte sich mir immer lauter auf […] So nahm ich denn im August 1868 [sic!][15] Abschied von Berlin […]“[16] nach Leipzig, wo er sich für das Wintersemester 1869/70 immatrikulierte[17] und rasch Teilnehmer eines größeren und aufgeschlossenen akademischen Kreises wurde,[18] der sich um den eingangs erwähnten Hochschullehrer Heinrich Leberecht Fleischer,[19] den man in diesem Zirkel auch als شيخ الشيوخ (*šaiḫ aš-šuyūḫ*) bezeichnete,[20] scharrte.[21] Goldziher verließ Leipzig zwar schon wieder 1871, betrachtete sich aber als ein Schüler Fleischers und sah sich damit der frühen „Leipziger-Schule“[22] verbunden.[23]

Für seine philologischen und orientalistischen Interessen hatte ihm Fleischer Entscheidendes mitgegeben. Fleischer hätte es daher wohl gerne gese-

---

13 Siehe u. a. Preißler: Arabistik in Leipzig, S. 92.

14 Schulze: Orientalistik und Orientalismus, S. 759; Rang: Geschichte der Deutschen Islamforschung, S. 11; Steinbach: Neuere Entwichlungen, S. 29.

15 Nach Preißler: Ignaz Goldziher in Leipzig, S. 293 (Fn. 1) ist „[d]ie Jahreszahl ein Versehen, denn nachweislich handelt es sich um das Jahr 1869.“

16 Goldziher: *Tagebuch*, S. 39; Simon: *Ignác Goldziher*, S. 35 f.

17 Preißler: Ignaz Goldziher in Leipzig, S. 293.

18 Vgl. Goldziher: *Tagebuch*, S. 41.

19 Fleischer galt und gilt unter Zeitgenossen wie Biographen als bedeutendster deutscher Orientalist des 19. Jahrhunderts, siehe Mangold: *„Weltbürgerliche Wissenschaft“*, S. 152; Ebert: Heinrich Leberecht Fleischer, S. 21 f.

20 Thorbecke: Dem Andenken Heinrich Leberecht Fleischer’s, S. 695; ähnlich Preißler: Arabistik in Leipzig, S. 94.

21 Preißler: Ignaz Goldziher in Leipzig, S. 296.

22 Mangold: Weltbürgerliche Wissenschaft, S. 91–100.

23 Vgl. Goldziher: *Tagebuch*, S. 47, 116.

hen, wenn Goldziher sich entsprechend mit der arabischen Sprachgelehrsamkeit befasst hätte, wie es sich in den ersten Arbeiten gezeigt hatte.[24] Doch dessen Interesse für das und die nachhaltige Hinwendung zum islamische(n) Recht entsprang genau dieser Zeit, wie er es in seinem Tagebuch zum Ausdruck brachte:

> Obwohl Fleischers Vorträge zumeist auf tiefes Eindringen in den Bau der Sprache und den Geist ihres Ausdrucks gerichtet waren, wurde ich durch den Besuch seiner Collegia und den privaten Umgang mit ihm gleich in der ersten Zeit zum Interesse für Geschichte und Institutionen des Islam angeregt und schon im ersten Leipziger Semester begann ich, mich im ‚muhammedanischen Recht' umzusehen.[25]

Fleischer hat sich also stark auf die strenge formale Philologie beschränkte und diese seinen Schülern vermittelte, stand jedoch in seiner weltoffenen Art auch anderen wissenschaftlichen Gedanken und neuen Tendenzen aufmerksam gegenüber.[26] Es ist daher auch nicht verwunderlich, dass sich Goldziher nach der Promotionszeit in Leipzig nicht mehr „nur" der Philologie widmete, sondern auch der islamischen Rechtsgeschichte annahm.[27] In seiner Monographie *Die Ẓāhiriten. Ihr Lehrsystem und ihre Geschichte*[28] führte er am Beispiel einer einzelnen Rechtsschule in die Methodologie der islamischen Rechtswissenschaft ein.[29] Neben seinen zahlreichen einschlägigen Publikationen steht er bis heute exemplarisch für den eingangs erwähnten internationalen islamrechtswissenschaftlichen Austausch in der deutschen Hochschultradition. Dies spiegelt sich beispielsweise darin wider, dass Goldziher als einer der ersten Europäer zum Studium an der Azhar-Universität zugelassen wurde[30] oder auf Einladung der St. Louis University 1904 gemeinsam mit 40 europäischen Wissenschaftlern an der Louisiana Purchase Exposition teilnahm. Eine weitere Einladung vom American Committee for Lectures of the History of Religions im Herbst 1908, im Rahmen des von ihm veranstalteten religionsgeschichtlichen Vorlesungszyklus eine Reihe von Vorträgen über den Islam zu halten,[31] lehnte er aus gesundheitlichen Gründen ab. Die für diese Einladung vorbereiteten Vorträge sind 1910 als *Vorlesungen über den Islam* erschienen,[32] deren Teilas-

---

24 Preißler: Ignaz Goldziher in Leipzig, S. 314.
25 Goldziher: *Tagebuch*, S. 41.
26 Preißler: Arabistik in Leipzig, S. 96.
27 So auch Khalfoui: Orientalismus und das islamische Recht, S. 27.
28 Goldziher: *Die Ẓāhiriten*.
29 Paret: *Arabistik und Islamkunde*, S. 16.
30 Indizien hierzu finden sich auch in Badawī: موسوعة المستشرقين, S. 198.
31 Goldziher: Vorwort.
32 Goldziher: *Vorlesungen über den Islam*.

pekt ‚Die Entwicklung des Gesetzes‘[33] bis heute Beachtung genießt.[34] Gemeinsam mit seinem niederländischen Fachgenossen und Freund Christian Snouck Hurgronje (1857–1936)[35], der sich intensiv mit dem *fiqh* beschäftgte[36] und von Goldziher achtungsvoll als „der Schöpfer der historischen Betrachtung des Fiḳh“[37] bezeichnet wurde,[38] beeinflusste er die islamrechtlichen Studien in Europa und ganz speziell in Deutschland nachhaltig.[39] Eine Rückkehr nach Leipzig zur Besetzung der Nachfolge von Albert Socin (1844–1899) wurde zwar in Erwägung gezogen, scheiterte nach der Aktenlage letztlich aber wohl an der jüdischen Glaubenszugehörigkeit.[40]

Es ist jedoch nicht nur das herausragende Wirken Goldzihers, das mit der Universität Leipzig in Verbindung gesetzt werden sollte. Weitaus weniger bekannt scheint die Bedeutsamkeit Ernst Friedrich Karl Rosenmüllers (1768–1835), ordentlicher Professor für orientalische Sprachen an der Universität, für das Feld islamrechtlicher Forschung zu sein. Er stand zwar noch in der eingangs erwähnten Hochschultradition der Bibelexegese und widmete sich dem Arabischen in diesem Zusammenhang. Aus der zu seiner Zeit neuartigen ‚Realienkunde‘ im deutschen Hochschulwesen heraus entwicklte er jedoch, wie es Holger Preißler (1943–2006) beschrieb, eine „fast enzyklopädische Gelehrsamkeit“. So verwundert es nicht, dass unter den kurzen arabischen Texten, die er mit hoher technischer Qualität in den *Analecta Arabica* herausgab, auch ein Werk aus dem Gebiet des islamischen Rechts war.[41] Dieser Text zum „kriegs-

---

33 Goldziher: Entwicklung des Gesetzes.

34 Scheiber: Max Nordau’s Letters, S. 199.

35 Bousquet: Christian Snouck Hurgronje.

36 Hierzu u. a. auch Pedersen: *Scientific Work of Snouck Hurgronje*, S. 17 ff.

37 Goldziher: Fiḳh, S. 110 (rechte Spalte).

38 Hurgronje publizierte nur teilweise auf Deutsch. Siehe u. a. Hurgronje: *Mohammedaansch recht en rechtswetenschap*; id.: *De Fikh en de vergelijkende rechtswetenschap*, S. 249 f.

39 Krüger: Study of Islamic Law in Germany, S. 304; siehe hierzu auch den abgedruckten Vortrag von Ignaz Goldziher vom 23. September 1904 im Congress of Arts and Sciences in St. Louis: Fortschritte der Islam-Wissenschaft, S. 456 f.; Pedersen: *Scientific Work of Snouck Hurgronje*, S. 30.

40 Commissionssitzung zur Wiederbesetzung der orientalischen Professur am 30. Juni 1899, Blatt 1, Universitätsarchiv Leipzig, Personalakte 22, August Fischer, Bl. 1.

41 *Analecta Arabica, Teil 1: Institutiones iuris mohammedani circa bellum contra eos qui ab islamo sunt alieni, e duobus al-Codurii codicibus.* = *as-Sair* [vielmehr: *as-Siyar*] *min Kitāb al-Qadūrī fi'l-fiqh / nunc primum arabice*, edidit, latine vertit, glossarium adiecit Ern. Frid. Car. Rosenmüller, Lipsiae 1825.

rechtlichen“ Traktat[42] des bekannten ḥanafitischen *faqīh* (Rechtsgelehrten) Abūl-Ḥusain Aḥmad b. Muḥammad b. Ḥamad al-Qudūrī (362–428/972–1037) dürfte zu den ältesten europäischen Publikationen zum islamischen Recht überhaupt gehören.[43]

Auch unter Socins Nachfolger August Fischer (1865–1949), ordentlicher Professor für Orientalische Philologie an der Philosophischen Fakultät der Universität Leipzig, bewahrte die Leipziger Orientalistik den Ruf strenger sprachbezogener historisch-philologischer Forschung und Lehre.[44] Von diesem Ansatz waren auch die damaligen wenigen Rechtsstudien unter den Orientalisten geprägt. Dies zeigt sich u. a. in der Dissertation *Das Familienrecht im Qorân*[45] von Robert Roberts, dem Fischer einige philologische Beobachtungen in der Endpublikation beifügte.[46] Auch wenn sich zu jener Zeit keine weiterreichenden besonderen rechtswissenschaftliche Stimuli feststellen lassen, so ist es doch in der Retrospektive bemerkenswert, dass – wie auch zuvor Goldziher und Carl Eduard Sachau (1845–1930) – bedeutende Protagonisten für das Wissenschaftsfeld des islamischen Rechts ihre sprachbezogene historisch-philologische Ausbildung in der „Hauptstätte orientalischer Gelehrsamkeit“[47] genossen haben. Hierzu zählen Gotthelf Bergsträsser (1886–1933) wie auch sein späterer Schüler Joseph Schacht (1902–1969),[48] der bei Richard Hartmann

---

42 Siehe al-Qudūrī: *Muḫtaṣar al-Qudūrī.*

43 Preißler: Studien zum islamischen Recht, S. 25.

44 Fischers Lehrveranstaltungen legen hierfür Zeugnis ab. Vgl. hierzu exemplarisch dessen Lehrveranstaltungsübersicht zwischen Sommersemester 1900 und Wintersemester 1913 *via* histvv.uni-leipzig.de/dozenten/fischer_august.html (letzter Aufruf 01. 01. 2018).

45 Robert Roberts: *Das Familienrecht im Qorân*, Inaugural-Dissertation der Hohen Philosophischen Fakultät der Universität Leipzig zur Erlangung der Doktorwürde, angenommen von der philologischen Sektion auf Grund der Gutachten der Herren Fischer und Zimmern am 11. Oktober 1905, Leipzig 1907 [aufgenommen in Universität Leipzig: Philosophische Dissertationen, 1907, Band 13: Ri-Schm; veröffentlicht durch eine erweiterte Darstellung des Sklaven- und Erbrechts in: *Leipziger Semitische Studien* 2.6, Leipzig 1909].

46 Ibid.

47 Universitätsarchiv Leipzig, PAL 904 (A. Socin), Schreiben der Kommission der philosophischen Fakultät zur Neubesetzung der Professur für oreintalische Sprachen vom 25. 4. 1888.

48 Joseph Schacht bezeichnete sich selbst als Schüler Bergsträssers, was er in seiner Publikation *Zu meinem Islam*, S. 5 sowie in Bergsträsser: *G. Bersträsser's Grundzüge des Islamischen Rechts*, S. VII, zum Ausdruck brachte. Schacht studierte aber auch

(1881–1965)[49] im Wintersemester 1919/20 in Leipzig an der damals angekündigten Lektüre eines arabischen Handbuchs des islamischen Rechts teilgenommen haben dürfte.[50]

Zu den orientwissenschaftlichen Zugängen zum islamischen Recht der bis dahin hergebrachten theologischen und philologischen Ausrichtungen gesellte sich spätestens 1926 auch ein rechthistorischer Zugang. Im Zuge der Bleibeverhandlungen an der Juristenfakultät konnte ein Seminar für orientalische Rechtsgeschichte eingerichtet werden. Hierdurch konnten fachübergreifende Partner hinzugewonnen werden.[51] Einer der prominentesten Persönlichkeiten war Edgar Pröbster (1879–1942), der klassisch philologisch, aber auch rechtswissenschaftlich in Jena, München, Berlin und Leipzig ausgebildet worden war, was sich in seinen Qualifikationsarbeiten widerspiegelte. Am 3. Juni 1902 promovierte er in Leipzig mit Arabisch als Hauptfach sowie Griechisch und Sanskrit als Nebenfach, legte 1904 in Jena die erste juristische Staatsprüfung ab und habilitierte 1932 in Leipzig in der Wirkzeit von Fischer, wo er Privatdozent für ‚Islamische Kultur und Sprachen unter besonderer Berücksichtigung der neuen Entwicklung' wurde.[52] In seiner Habilitationsschrift *Privateigentum und Kollektivismus im mohammedanischen Liegenschaftsrecht insbesondere des Maghrib*[53] befasste er sich mit der zu jener Zeit im deutschsprachigen Raum eher vernachlässigten mālikitischen Rechtsschule. Fischers Nachfolger Erich Bräunlich (1892–1945) bezeichnete Pröbster einige Jahre später als einen „der besten Kenner des muslimischen Rechtes in Deutschland" und verwies darauf, dass die Habilitation „im Hinblick auf das Bestehen des Seminars für orientali-

bei Snouck Hurgronje, wurde dann 1923 mit einer Edition eines klassischen arabischen Werks über die sogenannten Rechtskniffe promoviert und habilitierte sich schließlich nach weiteren Studien in Leipzig 1925 in Freiburg im Breisgau; vgl. hierzu Brunner: Schacht; Wakin: Remembering Joseph Schacht; siehe ferner Brunschvig: Joseph Schacht; Khalfaoui: Orientalismus und das islamische Recht, S. 30.

49 Planmäßiger außerordentlicher Professor für Islamkunde an der Philosophischen Fakultät der Universität Leipzig von 1918 bis 1922, siehe u. a. Roemer: Richard Hartmann in memoriam, S. 7; Dietrich: Richard Hartmann, S. 76.

50 So Preißler: Studien zum islamischen Recht, S. 27.

51 Ibid.

52 Jäschke: Edgar Pröbster.

53 *Privateigentum und Kollektivismus im mohammedanischen Liegenschaftsrecht insbesondere des Maghrib*, Leipzig ca. 192? [entnommen aus: Brockelmann-Nachlaß, aus *Islamica* IV.4 (1931), S. 343 ff.].

sche Rechtsgeschichte an unserer Universität" maßgeblich sei.[54] Seit dem Wintersemester 1932 bot Pröbster Lehrveranstaltungen zu Fragen des islamischen Rechts an. Im Wintersemester 1932/33, Sommersemester 1933 sowie im Wintersemester 1934/35 und Sommersemester 1935 bot er eine Einführung in das islamische Recht an. Ferner waren beispielsweise im Sommersemester 1932 Rechtsfälle nach Urkunden aus der islamischen Praxis und die Behandlung bekannter juristischer Texte wie der *Ahkām as-sultānīya* von al-Māwardī[55] Gegenstand seiner Lehre.[56]

2 Wissenschaftsstandort Berlin

Islamrechtliche Forschung in Berlin ist unweigerlich mit dem ersten Direktor des Seminars für Orientalische Sprachen, dem Ordinarius für orientalische Sprachen an der Friedrich-Wilhelms-Universität Carl Eduard Sachau, einem Schüler Fleischers (Leipzig) und Theodor Nöldekes (1836–1930, Kiel), verbunden. Obgleich das Seminar in der öffentlichen Wahrnehmung als Teil der Berliner Universität antizipiert wurde und in den Parlaments- und Eröffnungsreden am 27. Oktober 1887 als eine „Bereicherung der Universität"[57] dargestellt wurde, handelte es sich dabei keineswegs um ein inneruniversitäres Institut zur wissenschaftlichen Ausbildung. Daran änderte auch die personelle Verbindung Sachaus zur Friedrich-Wilhelms-Universität nichts. Das auf Grundlage des Reichsgesetzes vom 23. Mai 1887[58] gegründete Seminar für Orientalische Sprachen bildete vielmehr eine eigenständige, auch räumlich getrennte „öffentliche akademische Hochschule"[59], die je zur Hälfte vom preußischen Staat und vom Deutschen Reich finanziert wurde. Diese organisatorische Selbständigkeit des Seminars ergab sich letztlich aus seiner besonderen Funktion: Im Unterschied zu den Universitäten, die Wissenschaftler ausbildeten, sollten

---

54 Vgl. Universitätsarchiv Leipzig, Akte B 1/1441, Schreiben von Prof. E. Bräunlich an den Rektor der Universität Leipzig vom 9. 8. 1935.

55 al-Māwardī: *al-Aḥkām as-sultānīya.*

56 Hierzu insgesamt Keiper/Kröger: Pröbster, S. 522; Preißler: Studien zum islamischen Recht, S. 28.

57 Eröffnungsrede des Rektors der Friedrich-Wilhelms-Universität, Schwendener am 27. Oktober 1887, in Sachau: *Bericht über die Eröffnung des Seminars*, S. 5. Siehe auch die Eröffnungsrede von Goßlers am 27. Oktober 1887, ibid., S. 3.

58 Gesetz betreffend die Errichtung eines Seminars für orientalische Sprachen vom 23. Mai 1887 (Gesetz Nr. 1716), ausgegeben zu Berlin, den 2. Juni 1887, Reichsgesetzblatt, N°. 16 (1887) S. 193.

59 Vgl. Sachau: *Denkschrift*, S. 16 f., 21.

am Berliner Seminar für Orientalische Sprachen Studenten und Angehörige aller sonstigen Berufe „zum praktischen Gebrauch“[60] in den orientalischen Sprachen unterrichtet werden. In diesem Zusammenhang unterrichtete u. a. von 1887 bis zu seinem Tod 1918 Martin Hartmann (1851–1918) Arabisch. Seine Tätigkeit in der Ausbildung, nicht nur in Leipzig, wo auch Joseph Schacht an seinen Lehrveranstaltungen teilgenommen haben dürfte,[61] sondern auch im und für den Bereich der islamrechtlichen Studien[62] hat Nachhaltiges bewirkt.[63] Dies wirkte sich insbesondere auf den Standort Bonn aus, wo zunächst sein Schüler Wilhelm Heffenning (1894–1944)[64] und später sein Schüler Erich Pritsch (1887–1961)[65] tätig waren. Gleiches gilt für den Standort Köln, an dem sein Schüler Ernst Klingmüller (1914–2006)[66] wirkte.

Wissenschaftliche Ausbildung der Berufspraxis zugänglich zu machen, waren zentrale Gesichtspunkte, die sich bereits bei Betrachtung der Entstehungsgeschichte des Lehr- und Wissenschafsstandortes Berlin folgernd feststellen lassen:[67] Otto von Bismarck (1815–1898) beabsichtigte den Ausbau des diplomatischen Korps. So übernahm das Seminar für Orientalische Sprachen zunächst die Aufgabe, u. a. junge Juristen auf die Diplomatenlaufbahn im Auswärtigen Amt vorzubereiten, zu denen der bereits im Kontext des Lehr- und For-

---

60 Die Eröffnungsrede von Goßlers am 27. Oktober 1887, S. 4.

61 Vergleiche an dieser Stelle die vorherigen Ausführungen zur Fußnote 50.

62 Hier sei die bereits zu seiner Zeit als Hochschullehrer in Göttingen (1930–1936) angebotene Lehrveranstaltung zu Abū Jūsuf, Kitāb al-Ḫarāǧ (vgl. Fußnote 87) erwähnt. Siehe Friedrich-Wilhelms-Universität zu Berlin, Personal- und Vorlesungsverzeichnis, Wintersemester 1943/44, Berlin: Preußische Verlags-Druckerei, S. 94; Friedrich-Wilhelms-Universität zu Berlin, Personal- und Vorlesungsverzeichnis, 1. Trimester 1940, Berlin: Preußische Verlags-Druckerei, S. 66; Friedrich-Wilhelms-Universität zu Berlin, Personal- und Vorlesungsverzeichnis, Wintersemester 1943/44, Berlin: Preußische Verlags-Druckerei, S. 94; Humboldt Universität zu Berlin, Personal- und Vorlesungsverzeichnis, Sommersemester 1950. Philosophische Fakultät, 8. Orientalische Philologie, S. 50.

63 Nicht unerwähnt sollten an dieser Stelle auch die Kapitel ‚IV. Das Gesetz‘ (S. 51–64), ‚VI. Personen-, Familien- und Erbrecht‘ (S. 76–91), ‚VII. Zum Vermögens- und Verkehrsrecht, zum Straf- und Prozessrecht‘ (S. 92–99) sowie ‚VIII. Politische Gesetzesbestimmungen‘ (S. 100–111) in seiner Monographie *Die Religion des Islam. Eine Einführung* bleiben.

64 Vgl. Huschens: Der Bonner Bibliothekar.

65 Spies: Erich Pritsch zur Vollendung seines 70. Lebensjahrs, S. 2.

66 Krüger: Ernst Klingmüller zum 85. Geburtstag, S. 13.

67 Vgl. Sachau: Bericht über die Wirksamkeit des Seminars, S. 17 ff.

schungsstandortes Leipzig erwähnte Edgar Pröbster zu nennen ist. Er erwarb nach seiner Promotion in Leipzig 1902 und vor seinem juristischen Staatsexamen 1904 im Jahre 1903 an diesem Seminar ein Diplom zur marokkanisch-arabischen Sprache.[68] 1905 erfolgte schließlich die Einberufung in den Auswärtigen Dienst.[69] Denn im beginnenden Zeitalter des Imperialismus wuchs auch in Deutschland der Bedarf an Beamten, die mit einer Summe von Sprach- und Realienkenntnissen und Fertigkeiten[70] (wie derjenigen des Rechts) für den Dienst im Auswärtigen Amt oder für die Kolonialverwaltung aufwarten konnten.[71]

Vor diesem (exemplarisch dargestellten) Hintergrund wollte Sachau neben seinen Dialektstudien zum Umgangsarabisch den Beamten in den Kolonien wie den maßgebenden Stellen im Reich eine Handhabe zum Verständnis der Rechtsanschauungen in den deutschen Kolonien darreichen. Hieraus entstammte sein wohl berühmtestes Werk *Mohammedanisches Recht nach Schafiitischer Lehre*, das 1897 als 18. Band der Lehrbücher des Seminars für Orientalische Sprachen erschien.[72] Tatsächlich aber lieferte er „im wesentlichen eine Übersetzung des Kompendiums des Abū Šuǧāʿ[73] nebst Anmerkungen meist aufgrund des Kommentars des Bāǧūrī[74]".[75] Sachau blieb demnach trotz seines (rechts)praktischen Ansatzpunktes der Wissenschaftstradition der Orientalischen Philologie verpflichtet, was er selbst auch im Schlusssatz des vorangehend genannten Werkes folgendermaßen deutlich machte:

[68] Keiper/Kröger: Pröbster, S. 522.

[69] Ibid., S. 522.

[70] Siehe Sachau: *Bericht über die Wirksamkeit des Seminars*; id.: Seminar für orientalische Sprachen, S. 239.

[71] Mangold: *Weltbürgerliche Wissenschaft*, S. 226–236 (insb. 229 f.).

[72] Sachau: *Muhammedanisches Recht*. Weniger bekannt, aber durchaus als bedeutender Beitrag zu den islamrechtlichen Studien in Deutschland anzusehen, ist sein Sitzungsbeitrag vom 22. Juni 1870 in der Philosophisch-Historischen Classe der Kaiserlichen Akademie der Wissenschaften abgedruckt in den Sitzungsberichten unter Ed[uard] Sachau: Zur ältesten Geschichte des muhammedanischen Rechts, in: Sitzungsberichte der Kaiserlichen Akademie der Wissenschaften, Philosophisch-Historischen Classe, LXV. Band, I. Heft, Jahrgang 1870, Wien: K. K. Hof- und Staatsdruckerei, S. 699–723.

[73] Al-Aṣfahānī: Matn al-ġāya wa-t-taqrīb fi-l-fiqh aš-Šāfiʿī / متن الغاية والتقريب في الفقه الشافعي.

[74] Al-Bāǧūrī: *Ḥāšiyat al-Bāǧūrī ʿalā šarḥ Ibn Qāsim al-Ġaziy ʿalā matn Abī Šuǧāʿ fī šarḥ maḏhab al-Imām aš-Šāfiʿī*.

[75] Meissner: Gedächtnisrede auf Eduard Sachau, S. CXLI–CXLIV, CXLII.

> Um nicht missverstanden zu werden, schliesse ich dies Vorwort mit der Bemerkung, dass ich nicht geglaubt habe die Arbeit eines Juristen machen zu können, dass ich mich lediglich darauf beschränke als arabischer Philologe meine Auffassung des Originals so deutlich als möglich wiederzugeben und dass ich mich freuen werde, wenn arabistisch gebildete Juristen die Arbeit aufnehmen und weiterführen.[76]

Im zweiten Weltkrieg verwaltete er dann an dem von 1936 amtlich als Auslands-Hochschule der Universität Berlin bezeichneten Seminar für Orientalische Sprachen[77] Edgar Pröbster von Anfang April 1936 bis Ende Januar 1939, also nach seiner Habilitation und Lehrtätigkeit als Privatdozent in Leipzig, den außerordentlichen Lehrstuhl für arabische Nationenwissenschaft.[78]

3 Wissenschaftsstandorte Heidelberg und München

Der an dem zuvor dargestellten Wissenschaftsstandort Leipzig vor allem bei August Fischer ausgebildete und im Anschluss daran dort ab 1912 auch als Privatdozent für semitische Sprachen tätige Gotthelf Bergsträsser ist, was seine Befassung mit dem islamischen Recht betrifft, in erster Linie zwei Wissenschaftsstandorten verbunden: Heidelberg und München. Nach ordentlichen Professuren in Königsberg und Breslau wechselte er zunächst 1923 nach Heidelberg und dann im Jahre 1926 nach München.[79] An der Badischen Ruprecht-Karls-Universität Heidelberg lassen sich zwei Lehrveranstaltungen zum islamischen Recht nachweisen, die beide mit ‚Einführung in das islamische Recht' tituliert wurden und im Wintersemester 1924/25[80] sowie im Sommersemester 1925[81] angeboten wurden. In München hat er offensichtlich im Wintersemester

76 Sachau: *Muhammedanisches Recht*, S. XXIX.

77 Vgl. Kreiner: 100. Wiederkehr der Gründung.

78 Keiper/Kröger: Pröbster, S. 522.

79 Spitaler: Bergsträßer.

80 Badische Ruprecht-Karls-Universität Heidelberg, Verzeichnis der Vorlesungen sowie der Dozenten, Behörden und Institute der Badischen Ruprecht-Karls-Universität zu Heidelberg für das Winterhalbjahr 1924/25, IV. Philosophische Fakultät, B. Philologie, Altertumskunde und Geschichte der antiken Kunst, Heidelberg: Buch- und Kunstdruckerei Paul Braus 1924, S. 13.

81 Badische Ruprecht-Karls-Universität Heidelberg, Verzeichnis der Vorlesungen sowie der Dozenten, Behörden und Institute der Badischen Ruprecht-Karls-Universität zu Heidelberg für das Sommerhalbjahr 1925, IV. Philosophische Fakultät, B. Philologie, Altertumskunde und Geschichte der antiken Kunst, Heidelberg: Buch- und Kunstdruckerei Paul Braus 1924, S. 14.

1928/29 zudem die Vorlesung ‚Grundzüge des islamischen Rechts' gehalten.[82] Unter den unvollendeten Arbeiten, die Bergsträsser bei seinem vorzeitigen Tode am 16. August 1933 durch einen Absturz am Watzmann (Berchtesgardener Alpen)[83] hinterließ, befand sich auch das Manuskript dieser im Wintersemester gehaltenen Vorlesung. Ähnlich wie seine Einführung in die semitischen Sprachen (München 1928) hatte er wohl den Plan, aus einem Kolleg seine Niederschrift in Buchform zu gießen. Dem nahm sich postum sein Schüler Joseph Schacht mit dem Einverständnis der Witwe an. Er unternahm sachliche Berichtigungen und notwendige Ergänzungen und Formulierungen am hinterlassenen Manuskript. Schachts weitere Lehrer unterstützten ihn dabei: Snouck Hurgronje las das Buch Korrektur, ebenso H.-A. Fischer (Königsberg), der zudem den Index erstellte.[84]

In Heidelberg bot nahezu zeitgleich im Sommersemester 1928 Richard Hartmann ‚Arabische juristische Texte' an.[85]

4 Wissenschaftsstandort Göttingen

Richard Hartmann führte seine islamrechtliche Lehrtätigkeit nach dem Wechsel an die Georg-August-Universität zu Göttingen ab dem Wintersemester 1930/31 weiter. So bot er dort eine als ‚Lektüre eines arabischen Handbuchs des islamischen Rechts' bezeichnete Seminarveranstaltung an.[86] Im Wintersemester 1934/35 und Sommersemester 1935 lehrte er in einem ‚Islamisch Semitische[n] Seminar: Abū Jūsuf, Kitāb al-Ḫarāǧ',[87] welches er im Wintersemester

---

[82] Bergsträsser: *G. Bersträsser's Grundzüge*, S. VII.

[83] Spitaler: Bergsträsser, S. 92.

[84] Bergsträsser: *G. Bersträsser's Grundzüge*, S. VII.

[85] Badische Ruprecht-Karls-Universität Heidelberg, Verzeichnis der Vorlesungen sowie der Dozenten, Behörden und Institute der Badischen Ruprecht-Karls-Universität zu Heidelberg für das Sommerhalbjahr 1928, IV. Philosophische Fakultät, B. Philologie, Altertumskunde und Geschichte der antiken Kunst, Heidelberg: Buch- und Kunstdruckerei Paul Braus 1928, S. 18.

[86] Georg-August Universität zu Göttingen, Amtliches Namenverzeichnis, Verzeichnis der Vorlesungen, Orientalische Philologie, Winterhalbjahr 1930/31, Göttingen: Dieterichsche Universitätsbuchdruckerei (W. Fr. Kaestner), S. 20.

[87] Georg-August Universität zu Göttingen, Amtliches Namenverzeichnis, Verzeichnis der Vorlesungen, Orientalische Philologie, Winterhalbjahr 1934/35, Göttingen: Dieterichsche Universitätsbuchdruckerei (W. Fr. Kaestner), S. 21; Georg-August Universität zu Göttingen, Amtliches Namenverzeichnis, Verzeichnis der Vorlesungen, Orientalische Philologie, Sommerhalbjahr 1935, Göttingen: Dieterichsche Universitätsbuchdruckerei (W. Fr. Kaestner), S. 61.

1935/36 durch ‚Moderne arabische Texte zum islamischen Staatsrecht‘[88] weiter ausgestaltete. Insbesondere das Seminar zu ‚Abū Jūsuf, Kitāb al-Ḫarāǧ‘ führte Hartmann in seiner nachfolgenen Zeit als Hochschullehrer in Berlin (1936–1951) fort.[89]

5 Wissenschaftsstandort Bonn

Mit den beiden Berliner Hochschullehren Hartmann und Sachau ist der Name Wilhelm Heffening verbunden, welcher wiederum – wie bereits erwähnt – den Wissenschaftsstandort Bonn im Bereich der islamrechtlichen Lehre und Forschung prägte. Heffening war deren Schüler in den Jahren 1913 bis 1915. Nach seiner Dissertation zum islamischen Fremdenrecht[90] im Jahre 1921 und dem nachfolgenen Berufseinstieg als Bibliothekar, bemühte sich Heffening in Bonn darum, sich neben seinem Hauptberuf[91] auch auf seinem orientalischen Fachgebiet lehrend und forschend zu betätigen. Im Jahre 1926 erhielt er an der philosophischen Fakultät mit der Edition der *Ṭabaqāt al-fuqahā* des Abū Isḥāq aš-Šīrāzī die *Venia Legendi* für Islamkunde und semitische Philologie.[92] Die Publikation dieser Edition befand sich zwar 1934 „in Vorbereitung“, wie man es dem Lemma ‚S̲H̲ĪRĀZĪ‘ in der *Enzyklopaedie des Islam* entnehmen kann.[93] Dieses Werk ist aber weder in einem der damaligen Hochschulschriftenverzeichnisse noch im Gesamtverzeichnis des deutschen Schrifttums nachweisbar. Auch bei der Familie Heffening im Archiv der Universität Bonn hat sich kein Exemplar erhalten. Diese und weitere intensive Recherchen von Franz-Josef Huschens, die u. a. vergebliche Anfragen bei der Orientabteilung der Staatsbibliothek Preußischer Kulturbesitz Berlin und bei der Orientabteilung der Bayrischen Staatsbibliothek München einschlossen, blieben ohne Ergebnis.[94] Ein von Paul Kahle (1875–1964) erstelltes Gutachten scheint die einzige Quelle für den Inhalt zu sein.[95]

---

88 Georg-August Universität zu Göttingen, Amtliches Namenverzeichnis, Verzeichnis der Vorlesungen, Orientalische Philologie, Winterhalbjahr 1935/36, Göttingen: Dieterichsche Universitätsbuchdruckerei (W. Fr. Kaestner), S. 21.

89 Siehe hierzu Fußnote 62.

90 Heffening: *Das islamische Fremdenrecht*.

91 In seiner Beamtenlaufbahn als Bibliothekar wurde Heffening 1925 zum planmäßigen Bibliothekar und 1928 zu Bibliothekarsrat ernannt.

92 Vgl. Huschens: *Der Bonner Bibliothekar*, S. 28 f.

93 Heffening: SHĪRĀZĪ, S. 407.

94 Siehe weiterführend Huschens: *Der Bonner Bibliothekar*, S. 32 Fn. 24.

95 Ibid., S. 33 m. w. N.

Neben der Publikation seiner Dissertation und der Abfassung seiner Habilitationsschrift hat sich Heffening im Bereich des islamischen Rechts insbesondere durch Artikel in der *Enzyklopädie des Islam* hervorgetan, in denen er sich dem Leben und Werken islamischer Juristen des 9. bis 12. Jahrhunderts sowie diversen Einzelproblemen des islamischen Rechts widmete. Sein Engagement für dieses enzyklopädische Standardwerk, welches in einer englischen, französischen und deutschen Ausgabe erschien, hat ihm darüber hinaus als Mitherausgeber in internationalen islamwissenschaftlichen Fachzirkeln eine hohe Anerkennung eingebracht.

An der Rheinischen Friedrich-Wilhelms-Universität Bonn lehrte Heffening neben einer Vielzahl von arabischen, äthiopischen, persischen, syrischen und türkischen Sprachkursen ab dem Sommersemester 1933 zudem islamisches Recht, zunächst einstündig. Dieses Lehrangebot erweiterte und intensivierte er in den folgenden Jahren durch Einführungsvorlesungen in das islamische Recht und dessen Geschichte und System[atik] in den Wintersemestern 1934/35, 1936/37, die durch Lektürekurse zu einem [nicht genauer bezeichneten] islamischen Rechtswerk im Wintersemester 1934/35 sowie zu arabisch juristischen Texten im Wintersemester 1936/37 bereichert wurden.[96]

IV Lehre und Forschung nach dem Zweiten Weltkrieg

An allen Wissenschaftsstandorten Deutschlands führte die Machtübernahme der Nationalsozialisten zu massiven Einschränkungen des Lehr- und Forschungsbetriebs. Von den 17 orientalischen Seminaren waren zwischen 1933 und 1940 fünf Seminare[97] geschlossen worden. Durch die Wehrmachts- und Geheimdiensteinsätze der Lehrstuhlinhaber waren während des Krieges darüber hinaus die Lehrstühle in Bonn, Breslau, Göttingen, Leipzig und München verwaist, so dass an einen geregelten Lehrbetrieb an diesen Universitäten nicht mehr zu denken war. Es verblieben sieben orientalische Seminare – Berlin, Erlangen, Greifswald, Halle/Saale, Hamburg, Münster und Tübingen –, die einigermaßen funktionstüchtig geblieben waren und in denen die Lehraufgaben wahrgenommen werden konnten. Die personelle Ausstattung an den Seminaren in Erlangen, Greifswald, Halle/Saale, Münster und Tübingen war jedoch sehr gering

96 Ibid., Anlage 2: Übersicht zu Heffenings Lehrveranstaltungen, S. 7–9.

97 Frankfurt a. M., Gießen, Heidelberg, Kiel und Königsberg.

und auf einen Professor oder Lehrbeauftragten reduziert, in Hamburg wirkten zwei Professoren.[98]

Für das islamische Recht fehlten zwei der wichtigsten Spezialisten, nämlich Gotthelf Bergsträsser und sein Schüler Joseph Schacht.[99] Schacht, der 1939 emigriert war,[100] hatte aus dem Nachlass seines Lehrers 1935 das Manuskript der von Bergsträsser im Wintersemester 1928/29 gehaltenen systematischen Vorlesungen zu ‚Grundzüge[n] des islamischen Rechts' herausgegeben.[101] Das Buch beginnt mit der prägnanten Feststellung:

> Das islamische Recht in seinem weiteren, die Regelung des Kultus umfassenden Sinn, ist der Inbegriff des echt islamischen Geistes, die entscheidenste Ausprägung islamischen Denkens, der Wesenskern des Islam überhaupt.[102]

Diese Position fand keinen nennenswerten Widerhall. Wilhelm Heffening, der wie bereits erwähnt seine akademische Ausbildung in Berlin und in Bonn u. a. bei Carl Heinrich Becker (1876–1933) genossen hatte und sich speziell mit dem islamischen Recht befasste, wirkte weiterhin als Bibliothekar in Bonn und bekam zu diesem Zeitpunkt keinen weiteren Wirkungskreis. Seine späteren Arbeiten beschäftigen sich mehr mit Brauchtum als mit Recht.[103]

Das neue Ausbildungs- und Forschungsprofil der Deutschen Demokratischen Republik wurde von praktischen Erfordernissen der Außenpolitik von der Sprachbeherrschung bis zur Kenntnis der politischen Gegenwart bestimmt. Der Gegenwartsbezug und die Anwendung sozialwissenschaftlicher Methoden unterschied die ostdeutsche Orientalistik von der Orientwissenschaft im westlichen Teil Deutschlands, wo bis in die siebziger Jahre die klassisch-orientalische Philologie den Schwerpunkt bildete.

---

98 Vgl. u. a. Wokoeck: *German Orientalism*, S. 198; Ellinger: *Deutsche Orientalistik*, S. 163; Hanisch: *Nachfolger der Exegeten*, S. 134 ff.

99 Paret: *Arabistik und Islamkunde*, S. 62.

100 Schacht nutzte die Teilnahme an dem Begräbnis des niederländischen Kollegen Arent Jan Wensinck (1882–1939), um Deutschland den Rücken zu kehren. Erst 1943 wurde Schacht aus dem Beamtenverhältnis entlassen und seine Ausbürgerung verfügt, siehe Hanisch: *Nachfolger der Exegeten*, S. 138 (dort Fußnote 489 mit weiteren Verweisen auf Archivmaterial).

101 Paret: *Arabistik und Islamkunde*, S. 32.

102 Bergsträsser: *G. Bersträsser's Grundzüge*, S. 1.

103 Vgl. Hanisch: *Nachfolger der Exegeten*, S. 138; Wokoeck: *German Orientalism*, S. 194.

1 Wissenschaftsstandort Leipzig

Die Entwicklung in Leipzig ist unter diesem Blickwinkel zu sehen. Dort wurde das seit dem Wintersemester 1900/01 bestehende Semitistische Institut in das Orientalische Institut umgewandelt.[104] Die vormals gut ausgestattete Bibliothek des Instituts wurde zudem durch die anglo-amerikanische Bombadierung der Stadt Leipzig am 4. Dezember 1943 nahezu vollständig zerstört.[105] Die Lehr- und Forschungsaktivitäten brachten die angestoßenen rechtshistorischen Studien zum Erliegen. Mit der Neueröffnung der Universität im Herbst 1948 nahm die Arabisch-islamische Abteilung ihren Wissenschaftsbetrieb auf,[106] wobei erst mit dem Aufbau von größeren regionalwissenschaftlichen Instituten an der Karl-Marx-Universität Leipzig in den 1960er Jahren die juristischen Studien zum Nahen Osten und Afrika wieder in den institutionalisierten Wissenschaftsstandort Leipzig einzogen.[107] Bezeichnend hierfür war die dritte Hochschulreform ab 1968, im Zuge derer nicht zuletzt aus finanziellen Gründen kleinere Institute geschlossen und zu größeren Sektionen zusammengeführt wurden. Auf diese Weise wurden 960 Institute in 190 Sektionen „konzentriert" oder „aufgelöst".[108] Das Leipziger Orientalische Institut ging als Lehr und Forschungsbereich ‚Arabische Staaten', welcher 1973 in ‚Lehr- und Forschungsbereich Nordafrika/Nahost' umbenannt wurde, in die neu geschaffene Sektion Afrika- und Nahostwissenschaften ein, während beipielsweise in Halle/Saale die Sektion Orient- und Altertumswissenschaften und an der Humboldt-Universität zu Berlin die Sektion Asienwissenschaften eingerichtet wurden. Mit dieser Hochschulreform wurde

> quasi das Gesamtgewicht der arabischen Studien nach Leipzig verlagert und das Orientalische Institut zur einzigen Institution mit einem nahostwissenschaftlichen Regionalprofil in der Deutschen Demokratischen Republik. In der zweiten Hälfte der sechziger Jahre wurden dann auch erste Doppelstudiengänge, welche das Fach Arabistik mit einer allgemeinen ‚Mutterwissenschaft'[109] verbanden, eingeführt.[110]

---

104 Ebert: Johann Jacob Reiske, S. 14.

105 Ibid., S. 15; idem: Geschichte des [Orientalischen] Instituts.

106 Richter: Karl-Marx-Universität Leipzig, S. 517.

107 Preißler: Studien zum islamischen Recht, S. 27.

108 Usko: Hochschulen in der DDR, S. 35.

109 An dieser Stelle sei Hans-Georg Ebert für den Hinweis betreffend den Sprachduktus jener Zeit gedankt.

110 Preißler/Kinitz: Arabistik, S. 434.

Dieses „doppelte Strukturprinzip“ der DDR-Regionalwissenschaften in Ausbildung und Forschung war ein Unikat der deutschen Wissenschaftsgeschichte und unterschied sich demgemäß auch von dem universitären Ansatz in der Bundesrepublik Deutschland,[111] wo die sogenannten *area studies* anglo-amerikanischer Prägung erst später Eingang fanden.[112] Bei dieser Betrachtung gilt es aber auch zu berücksichtigen, dass die gegenwartsbezogene Forschung politischen Interessen untergeordnet wurde. In offizieller Darstellung bestand die regionalwissenschaftliche Ausbildung darin, Führungskräfte bzw. Kader für den auswärtigen Dienst heranzubilden. In Leipzig wurde man allerdings nicht konkret auf eine diplomatische Praxis vorbereitet. Dafür waren Institute in Moskau und Potsdam-Babelsberg zuständig.[113]

In der ersten Kohorte von Studierenden, denen drei Männer und eine Frau angehörte, die den Studiengang Dipl. Arabist/Jurist absolvierten, war der Jubilar, der den Doppelstudiengang von 1973 bis 1978 belegte, bevor er an seiner *Alma Mater* 1982 promoviert wurde und 1990 habilitierte.[114] Während dieser Zeit kam Hans-Georg Ebert in den Genuss, im Rahmen des Lehrangebots der Sektion Nahost/Afrika an rechtswissenschaftlichen Lehrveranstaltungen von Gerhard Brehme (1928–2007) teilzunehmen, Grundzüge des islamischen Rechts bei Herbert Baumann (geb. 1933) zu hören und innerhalb der Lehrveranstaltung zum Islam von Preißler islamrechtliche Bezüge vermittelt zu bekommen.[115] Einen beschränkten oder beschwerlichen Zugang zur deutschsprachigen Fachliteratur schien der Jubilar nach eigenen Angaben in jener Zeit jedenfalls in Leipzig nicht in der Weise gehabt zu haben, wie es Preißler und Kinitz beschreiben.[116] Baumann[117] war es auch, der als *door opener* für Ebert in die Akademie der Wissenschaften der DDR unter den Linden fungierte.

---

111 Richter: Karl-Marx-Universität Leipzig, S. 517.

112 Hafez/Höpp: Gegenwartsbezogene Orientwissenschaft in der DDR und den neuen Bundesländern: Kontinuität oder Nebeginn?, S. 96–163 (S. 103).

113 Preißler/Kinitz: Arabistik, S. 433.

114 Hierzu Art. 2 [„Bildungsrechtliches“] des Festschriftbeitrages von Heilen/Schulz: Hans-Georg Ebert im vorliegenden Band näher ausgeführt.

115 Auch an einschlägigen Lehrangebot von Ingo Schönfelder nahm er teil. Diese Angaben beruhen auf einer eingeholten persönlichen Auskunft beim Jubilar.

116 Preißler/Kinitz: Arabistik, S. 433 f. Im Übrigen war die Beschaffung von ausländischer Fachliteratur und Lehrmaterials nicht nur für die DDR bezeichnend. Auch in der BRD beschaffte man sich auf individueller Basis, bspw. in Freiburg i. Br., Lehrbücher aus der DDR und Frankreich. Dieser wertvolle Hinweis ist Silvia Tellenbach zu verdanken.

117 Vgl. Tabula Gratulatoria, S. 13.

2 Wissenschaftsstandort Berlin

Nach dem Zweiten Weltkrieg bot die Berliner Orientalistik in vielerlei Hinsicht das gleiche Bild wie die Hauptstadt selbst. So waren Bücher und wissenschaftliche Materialien vernichtet, verschwunden, ausgelagert; viele Gebäude, in denen sich früher die wissenschaftliche Arbeit vollzogen hatte, standen nicht mehr oder waren verwüstet. Insbesondere Richard Hartmann (1881–1965) nahm die Arbeit an der Universität und bei der Preußischen Akademie der Wissenschaften zu Berlin, ab 1946 Deutsche Akademie der Wissenschaften zu Berlin, der er seit dem 29. April 1939 als ordentliches Mitglied angehörte, wieder auf und wurde, als sich im April 1947 das Institut für Orientforschung konstituierte, zu dessen Direktor ernannt.[118] Das Aufgabengebiet dieses Instituts wurde folgendermaßen festgelegt:

> Zusammenfassung der Forschungsarbeiten, die früher die Akademie, die Universität Berlin, sowie teilweise die Museen und das Seminar für Orientalische Sprachen auf orientalistischem Gebiet durchführten, ferner eine Reihe neuer Unternehmungen auf dem Gebiet der orientalischen Philologie, Archäologie und Kulturgeschichte.[119]

Das Institut für Islamwissenschaft wurde 1948 als Teil der neugegründeten Freien Universität eingerichtet. Von Anfang an verstand sich die Islamwissenschaft an der Freien Universität im Zusammenhang mit der Diskussion über die politische, ökonomische und kulturelle Emanzipation der nichteuropäischen Länder als eine Sozialwissenschaft. Das bedeutete, den Akzent auf die Moderne zu legen, allerdings auf der Basis einer gründlichen Auseinandersetzung mit dem klassischen Islam.[120] Geleitet wurde das Institut bis zum Ende der 1960er Jahre von Walther Braune (1900–1989). Er war zunächst der einzige Ordinarius und die Islamwissenschaft existierte noch nicht als separate Institution, sondern nur als Sektion, zudem aber auch als Schwerpunkt der Re-

---

[118] Vgl. hierzu Roemer: Richard Hartmann in memoriam (1881–1965), S. [1]–10 (S. 9).

[119] Siehe Jahrbuch der Deutschen Akademie der Wissenschaften zu Berlin 1946–1949, S. 38.

[120] Deshalb schloss sich das Institut auch dem neugegründeten Fachbereich Philosophie und Sozialwissenschaften an, der dann in den 70er Jahren in Phil Soz I und II zerfiel. Im Zuge der letzten Umstrukturierung wurde das Institut dem Fachbereich Geschichts- und Kulturwissenschaften zugeordnet (und nicht etwa einem Fach Altertums- oder Kunstwissenschaften oder ähnlichem, was durchaus möglich gewesen wäre). Vgl. hierzu die Selbstdarstellung zur ‚Geschichte des Instituts' auf www.gesch - kult.fu-berlin.de/e/islamwiss/institut/Geschichte_des_Instituts/index.html (letzter Aufruf 03. 10. 2018); entsprechend auch Havemann/Johansen: Einleitung, S. 1.

ligionswissenschaft. Die Trennung in zwei Institute erfolgte erst in Braunes Nachfolge nach dessen Emeritierung im Jahre 1968, als für die Religions- und Islamwissenschaft jeweils zwei bzw. drei Professuren eingerichtet wurden. Die Professuren wurden dann für eine nicht unbeträchtliche Zeit fast ausnahmslos mit seinen Schülern besetzt, im Fall der Islamwissenschaft von 1969 bis 1990[121] mit Fritz Steppat (1923–2006) und danach mit Baber Johansen (geb. 1936), der Berlin 1995 gen Paris an die École des Hautes Études en Sciences Sociales als Directeur d'études verließ. Das Unverständnis, dass man Johansen als einen der weltweit profilitiertesten Wissenschaftler[122] in Forschung und Lehre im Bereich des islamischen Rechts nicht an der Freien Universität Berlin hielt, hat Hilmar Krüger an anderer Stelle kundgetan:[123]

> Berlin missed the splendid opportunity of becoming a top-flight research center for Islamic law, because the administration at the Freie Universität Berlin did not undertake serious efforts to retain the Islamicist, Baber Johansen. This extraordinary skilled scholar in Islamic law left Berlin and went to Paris.

Erste Lehrveranstaltungen zum islamischen Recht wurden an der Freien Universität Berlin zunächst allerdings, beginnend mit dem Sommersemester 1971, vom Fachbereich Rechtswissenschaften und nicht von der Islamwissenschaft in das Curriculum eingeführt. Hier hat sich Dr. iur. utr. Nasri Gabriel Salem[124] bis zum Wintersemester 1984/85 verdient gemacht. Er war am Fachbereich Rechtswissenschaften in der Wissenschaftlichen Einrichtung 6 – Internationales und Ausländisches Recht und Rechtsvergleichung tätig. Dies umfasste Grundlagenveranstaltungen wie ‚Islamisches Recht[125] und vom Sommersemes-

---

121 Vgl. Schanitz: Zwischen Beirut und Berlin; Reichmuth: Fritz Steppat.

122 Eine Auswahl seiner zentralen Schriften liegen uns im Sammelband Johansen: *Contingency in a Sacred Law* vor.

123 Krüger: Study of Islamic Law, S. 308.

124 Nasri Gabriel Salem wurde in den Vorlesungs- und Namensverzeichnissen der Freien Universität Berlin zunächst als promovierter, später auch habilitierter Wissenschaftlicher Mitarbeiter am Fachbereich (FB) Rechtswissenschaft in der Wissenschaftlichen Einrichtung (WE) 6 – Internationales und Ausländisches Recht und Rechtsvergleichung ausgewiesen.

125 Teilweise mit leicht modifizierten Lehrverantsaltungsbezeichnungen, vgl. Freie Universität Berlin, Namens- und Vorlesungsverzeichnis, Sommersemester 1971, S. 179, ibid.: Sommersemester 1974, S. 275; Studieninformation des Fachbereichs Rechtswissenschaft der Freien Universität Berlin, herausgegeben von der Ausbildungskommission des Fachbereichs Rechtwissenschaft der Freien Universität Berlin (SI FBRw) [PUB 55 Box 73 – KVV FB Rechtswissenschaft SoSe 1974–SoSe 1992], Sommerse-

ter 1973 bis zum Sommersemester 1980 ‚Seminaristische Übungen zur arabischen Rechtssprache‘[126], die er mit spezifischeren Themenfeldern ergänzte: Zunächst erfolgte dies durch zivilrechtliche Aspekte, wie bspw. ‚Probleme des islamischen Familienrechts (Kindschaftsrecht in Tunesien)‘,[127] was dann durch vereinzelte Lehrangebote im Bereich des islamischen Ehe-,[128] Straf-,[129] Staats- und Völkerrechts[130] erweitert und vertieft wurde. Ausgangspunkt seiner Betrach-

---

mester 1975, S. 115; ibid.: Wintersemester 1981/82, S. 34; ibid.: Sommersemester 1982, S. 52.

126 Vgl. Freie Universität Berlin, Namens- und Vorlesungsverzeichnis, Sommersemester 1973, S. 251), dazu ferner SI FBRw, Wintersemester 1974/75, S. 30; SI FBRw, herausgegeben von dem Vorsitzenden des Fachbereichsrates des Fachbereichs Rechtswissenschaft der Freien Universität Berlin im Auftrag des Präsidenten der Freien Universität Berlin, Sommersemester 1975, S. 57; ibid.: Wintersemester 1975/76, S. 40; ibid.: Sommersemester 1976, S. 49; ibid.: Sommersemester 1977, S. 53; ibid.: Wintersemester 1977/78, S. 48; ibid.: Sommersemester 1978, S. 48; ibid.: Wintersemester 1978/79, S. 37, mit dem Vermerk, dass die Lehrveranstaltung nicht im Namens- und Vorlesungsverzeichnis der Freien Universität Berlin aufgenommen wurde; ibid.: Sommersemester 1979, S. 48, mit dem Vermerk, dass die Lehrveranstaltung nicht im Namens- und Vorlesungsverzeichnis der Freien Universität Berlin aufgenommen wurde, ibid.: Sommersemester 1980, S. 38.

127 Vgl. Freie Universität Berlin, Namens- und Vorlesungsverzeichnisse, Sommersemester 1972, S. 177; ibid.: Wintersemester 1973/74, S. 220, 248.

128 Siehe SI FBRw, herausgegeben Fachbereichssprecher des Fachbereichs Rechtswissenschaft der Freien Universität Berlin im Auftrag des Präsidenten der Freien Universität Berlin, Sommersemester 1983, Vorlesung, S. 36 [mit dezidierter Vorlesungsgliederung].

129 Übung ‚Zur juristischen Funktion der unterschiedlichen Gleichheitsbegriffe im hanafitischen Strafrecht [mit dem wissenschaftlichen Mitarbeiter der Religionswissenschaft Olav Münzberg aus der WE 7 – Institut für Islamwissenschaft und Religionswissenschaft], siehe Freie Universität Berlin, Namens- und Vorlesungsverzeichnis, Sommersemester 1974; S. 359; SI FBRw, herausgegeben von dem Vorsitzenden des Fachbereichsrates des Fachbereichs Rechtswissenschaft der Freien Universität Berlin im Auftrag des Präsidenten der Freien Universität Berlin, Sommersemester 1974, S. 117.

130 Übung ‚Zum territorialen Rechtsbegriff im islamischen Reich: Das Verhältnis der Hanafiten zu den übrigen Rechtsschulen‘, siehe Freie Universität Berlin, Namens- und Vorlesungsverzeichnis, Sommersemester 1972; SI FBRw, herausgegeben von dem Vorsitzenden des Fachbereichsrates des Fachbereichs Rechtswissenschaft der Freien Universität Berlin im Auftrag des Präsidenten der Freien Universität Berlin, Sommersemester 1972, S. 112; Vorlesung – Islamrecht (Grundlinien des Islams auf dem Gebiet des Völkerrechts); ibid.: Wintersemester 1976/77, 3. Auflage, S. 23.

tungsweise in den Vertiefungsveranstaltungen scheint die ḥanafitische Rechtsschule gewesen zu sein, was sich an zwei herausgepickten Vorlesungskommentaren anschaulich exemplifizieren lässt. So beschreibt er seine Übung ‚Zum territorialen Rechtsbegriff im islamischen Reich: Das Verhältnis der Hanafiten zu den übrigen Rechtschulen' mit den Worten:[131]

> Die Übung soll anhand des ʿiṣma-Begriffs die territoriale Rechtskonzeption im hanafitischen Recht darstellen und am Verhältnis zwischen der hanafitischen und anderen Rechtsschulen die Spannung zeigen, die zwischen einem solchen Rechtsbegriff und einer universalen Religionskonzeption entsteht. Gleichzeitig soll versucht werden, die sachliche Bindung eines territorialen Rechtsbegriffs an die politische und militärische Zentralgewalt darzustellen.

Ähnlich lässt sich in dies in der Übung ‚Zur juristischen Funktion der unterschiedlichen Gleichheitsbegriffe im hanafitischen Strafrecht', welche er mit Olav Münzberg von der Religionswissenschaft anbot, feststellen:[132]

> Die Übung soll einerseits die immer noch umstrittene Verwendung des Begriffs ‚Strafrecht' im islamischen Recht definieren und rechtfertigen helfen. Im Ansatz folgt sie einer neueren, vor allem von arabischen Autoren vertretenen Forschungsrichtung, die nachdrücklich die prinzipiellen Unterschiede zwischen den einzelnen islamischen Rechtsschulen betont. Diese prinzipiellen Differenzen sind bisher vor allem für das Zivilrecht und das ‚Völkerrecht' nachgewiesen worden. Sie sollen in dieser Übung an den strafrechtlichen Bestimmungen exemplifiziert werden. Dabei soll die Übung sich auf die Frage konzentrieren, in welcher Weise unterschiedliche inhaltliche Bestimmungen des Gleichheitsbegriffs in den verschiedenen Rechtsschulen nicht nur zu unterschiedlichen materiellen Bestimmungen, sondern auch zu einer unterschiedlichen Gliederung des Strafrechts führen.

Im Sommersemester 1978 stiegen dann Johansen und Steppat in das Lehrangebot zum islamischen Recht mit dem staatsrechtlichen Seminarangebot ‚Zur Entwicklung der islamischen Staatskonzeption in Persien' ein.[133] Ab dem Wintersemester 1984/85 erfolgten dann regelmäßig gemeinsame islamrechtliche

---

[131] Vgl. SI FBRw, herausgegeben von dem Vorsitzenden des Fachbereichsrates des Fachbereichs Rechtswissenschaft der Freien Universität Berlin im Auftrag des Präsidenten der Freien Universität Berlin, Sommersemester 1972, S. 112.

[132] Vgl. SI FBRw, herausgegeben von dem Vorsitzenden des Fachbereichsrates des Fachbereichs Rechtswissenschaft der Freien Universität Berlin im Auftrag des Präsidenten der Freien Universität Berlin, Sommersemester 1974, S. 117.

[133] Vgl. Freie Universität Berlin, FB 11, Philosophie und Sozialwissenschaften, Kommentiertes Vorlesungsverzeichnis, SS 1978, herausgegeben vom Fachbeiratsrat des Fachbereichs 11 (Philosophie und Sozialwissenschaften), S. 71.

Lehrveranstaltungen der Islamwissenschaft und der Rechtswissenschaft, die Johansen bis zum Sommersemester 1992 gemeinsam mit Klaus Wähler, vereinzelt auch noch im Trio[134] oder Duo mit Nasri Gabriel Salem anbot.

Mit Wähler widmete sich Johansen ab dem Wintersemester 1985/86 einer erstaunlichen Bandbreite an Themen, die aus heutiger Sicht nicht weniger bedeutsame Gesichtspunkte aufgriff, die von der ‚Rechtsstellung der islamischen Religionsgemeinden in der Bundesrepublik Deutschland und anderen europäischen Staaten'[135] über ‚Institutionen des klassischen Islamrechts im Privatrecht der modernen Staaten des Vorderen Orients'[136] und ‚Politische Ökonomie und islamisches Recht'[137] bis hin zu staatsrechtlichen Lehrangeboten wie einem rechtsvergleichenden Seminar zu ‚Institutionen des klassischen Islamrechts der modernen Staaten des Vorderen Orients'[138] oder ‚Imamats- und Sultanatstheo-

---

134 So bspw. die Seminarveranstaltung ‚Reislamisierung im Recht der Staaten des Vorderen Orients', vgl. SI FBRw, herausgegeben vom Fachbereichssprecher des Fachbereichs Rechtswissenschaft der Freien Universität Berlin im Auftrag des Präsidenten der Freien Universität Berlin, Wintersemester 1984/85.

135 Vgl. SI FBRw, herausgegeben vom Fachbereichssprecher des Fachbereichs Rechtswissenschaft der Freien Universität Berlin im Auftrag des Präsidenten der Freien Universität Berlin, Wintersemester 1985/86, Stand September 1985, S. 56 f.; Freie Universität Berlin, FB 11, Philosophie und Sozialwissenschaften, Kommentiertes Vorlesungsverzeichnis, Wintersemester 1985/86, Stand 14. 6. 1985, herausgegeben vom Fachbereichsrat des Fachbereichs 11 (Philosophie und Sozialwissenschaften), S. 17.

136 Vgl. Kommentiertes Vorlesungsverzeichnis – KVV – für das Wintersemester 1987/88, herausgegeben vom Dekan des Fachbereichs Rechtswissenschaft im Auftrag des Präsidenten der Freien Universität Berlin, Stand 1987, S. 100, Freie Universität Berlin, FB 11, Philosophie und Sozialwissenschaften, Kommentiertes Vorlesungsverzeichnis, Wintersemester 1987/88, Stand 19. Juni 1987, herausgegeben vom Fachbereichsrat des Fachbereichs 11 (Philosophie und Sozialwissenschaften) im Auftrag des Präsidenten der Freien Universität Berlin, S. 13.

137 Vgl. Freie Universität Berlin, Wintersemester 1988/89, Stand 20. 5. 1988, herausgegeben vom Fachbereichsrat des Fachbereichs 11 (Philosophie und Sozialwissenschaften) im Auftrag des Präsidenten der Freien Universität Berlin, S. 15.

138 Vgl. Kommentiertes Vorlesungsverzeichnis Sommersemester 1992 im Auftrag Präsidenten der Freien Universität Berlin[,] herausgegeben vom Dekan, Stand 3. März 1992, S. 100, Freie Universität Berlin, FB 11, Philosophie und Sozialwissenschaften, Kommentiertes Vorlesungsverzeichnis, Sommersemester 1992, Stand 2. 1. 1992, herausgegeben vom Fachbereichsrat des Fachbereichs 11 (Philosophie und Sozialwissenschaften) im Auftrag des Präsidenten der Freien Universität Berlin, S. 19.

rien islamischer Juristen'[139] reichte, welche ihrerseits wohl an das Lehrangebot von Steppart zur Kalifatsteheorie im entsprechenden Vorsemester anschloss.[140]

Es war jedoch Baber Johansen, der die islamrechtliche Lehre in Berlin und in seiner Zeit wohl auch in Deutschland in unvergleichlicher Weise[141] von Mitte der 1980er bis Mitte der 1990er Jahre nachhaltig prägte. Als Propädeutikum bot er anfangs eine Überblicksvorlesung zum islamischen Recht mit begleitender Übung an,[142] deren Inhalt er während seiner Amtszeit in Berlin durch Veranstaltungen zu spezifischen Teilaspekten wie ‚Der Kaufvertrag im islamischen Recht – Zur islamischen Wirtschaftstheorie'[143] weiter vertiefte. Eine vollumfängliche Darstellung seines überaus abwechslungsreichen *Œuvre* allein

---

[139] Vgl. Freie Universität Berlin, FB 11, Philosophie und Sozialwissenschaften, Kommentiertes Vorlesungsverzeichnis, Wintersemester 1985/86, Stand 14. 6. 1985, herausgegeben vom Fachbereichsrat des Fachbereichs 11 (Philosophie und Sozialwissenschaften) im Auftrag des Präsidenten der Freien Universität Berlin, S. 17.

[140] Vgl. Freie Universität Berlin, FB 11, Philosophie und Sozialwissenschaften, Kommentiertes Vorlesungsverzeichnis, Sommersemester 1985, Stand 18. 1. 1985, herausgegeben vom Fachbereichsrat des Fachbereichs 11 (Philosophie und Sozialwissenschaften) im Auftrag des Präsidenten der Freien Universität Berlin, S. 15.

[141] An dieser Stelle sei den Johansen Schülern Kilian Bälz (Rechtsanwalt, Berlin/Kairo) und Christian Müller (Directeur de Recherche am Institut de recherche et d'histoire des textes, CNRS, Paris) für den Hinweis gedankt.

[142] Siehe u. a. Freie Universität Berlin, FB 11, Philosophie und Sozialwissenschaften, Kommentiertes Vorlesungsverzeichnis, Wintersemester 1978/79, herausgegeben vom Fachbereichsrat des Fachbereichs 11 (Philosophie und Sozialwissenschaften) im Auftrag des Präsidenten der Freien Universität Berlin, S. 80; Freie Universität Berlin, FB 11, Philosophie und Sozialwissenschaften, Kommentiertes Vorlesungsverzeichnis, Wintersemester 1981/82, Stand 27. 5. 1981, herausgegeben vom Fachbereichsrat des Fachbereichs 11 (Philosophie und Sozialwissenschaften) im Auftrag des Präsidenten der Freien Universität Berlin, S. 13; FU, Wintersemester 1987/88, Stand 19. Juni 1987, herausgegeben vom Fachbereichsrat des Fachbereichs 11 (Philosophie und Sozialwissenschaften) im Auftrag des Präsidenten der Freien Universität Berlin, S. 12.

[143] Vgl. Freie Universität Berlin, FB 11, Philosophie und Sozialwissenschaften, Kommentiertes Vorlesungsverzeichnis, Wintersemester 1982/83, Stand 28. 5. 1982, herausgegeben vom Fachbereichsrat des Fachbereichs 11 (Philosophie und Sozialwissenschaften) im Auftrag des Präsidenten der Freien Universität Berlin, S. 14. Eine Fortsetzung dieser Lehrveranstaltung erfolgte im Sommersemester 1983, siehe Freie Universität Berlin, FB 11, Philosophie und Sozialwissenschaften, Kommentiertes Vorlesungsverzeichnis, Sommesemester 1983, Stand 17. 1. 1983, herausgegeben vom Fachbereichsrat des Fachbereichs 11 (Philosophie und Sozialwissenschaften) im Auftrag des Präsidenten der Freien Universität Berlin, S. 17.

in der Hochschullehre würde den für diesen Festschriftbeitrag gewährten Rahmen sprengen, weshalb an dieser Stelle nur eine kleine Auswahl Erwähnung finden soll. Hierzu sind Lehrveranstaltungen mit einem klassisch-islamwissenschaftlichen Gegenstand wie zum ‚Urteil als Beweis. Zeugenaussage und Richterspruch im klassischen hanafitischen Recht',[144] zum ‚Ablauf des Zivilprozesses im malikitischen Recht',[145] zum *Waqf*[146] sowie stärker Gegenwartsbezogenes wie zur ‚Entstehungsgeschichte des neuen algerischen Familienrechts'[147] zu zählen. Die Lehrveranstaltungen unter dem Titeln ‚Gesetzesvorlagen zur Sozialgesetzgebung in Ägypten'[148] scheint sich vordergründig mit rein ‚arabischem Recht' zu befassen, weshalb es im Grunde genommen hier nicht aufzuführen wäre. Aber aus der Lektüre des Kommentars des Vorlesungsverzeichnisses wird deutlich, dass durchaus islamrechtliche Bezüge von Relevanz gewesen zu sein scheinen:

> In diesem Seminar sollen die Anfang der 80er Jahre von den zuständige Ausschüssen des ägyptischen Parlaments entworfenen Projekte für ein islamisches Wirtschafts- und Handelsrecht teileweise gelesen und diskutiert werden. Diese Projekte haben zwar nie Gesetzeskraft erlangt, sie zeigen aber, wie sich die Abgeordneten des ägyptischen Parlaments eine islamische Ordnung des ökonomischen und kommerziellen Lebens vorstellen.

---

144 Vgl. Freie Universität Berlin, FB 11, Philosophie und Sozialwissenschaften, Kommentiertes Vorlesungsverzeichnis, Wintersemester 1990/91, Stand 8. 10. 1990, herausgegeben vom Fachbereichsrat des Fachbereichs 11 (Philosophie und Sozialwissenschaften) im Auftrag des Präsidenten der Freien Universität Berlin, S. 19.

145 Vgl. Freie Universität Berlin, FB 11, Philosophie und Sozialwissenschaften, Kommentiertes Vorlesungsverzeichnis, Wintersemester 1990/91, Stand 8. 10. 1990, herausgegeben vom Fachbereichsrat des Fachbereichs 11 (Philosophie und Sozialwissenschaften) im Auftrag des Präsidenten der Freien Universität Berlin, S. 17.

146 Vgl. Freie Universität Berlin, FB 11, Philosophie und Sozialwissenschaften, Kommentiertes Vorlesungsverzeichnis, Sommersemester 1979, herausgegeben vom Fachbereichsrat des Fachbereichs 11 (Philosophie und Sozialwissenschaften) im Auftrag des Präsidenten der Freien Universität Berlin, S. 80, sowie Freie Universität Berlin, FB 11, Philosophie und Sozialwissenschaften, Kommentiertes Vorlesungsverzeichnis, Wintersemester 1991/92, Stand 3. 6. 1991, herausgegeben vom Fachbereichsrat des Fachbereichs 11 (Philosophie und Sozialwissenschaften), S. 18.

147 Vgl. Freie Universität Berlin, Wintersemester 1987/88, Stand 19. Juni 1987, herausgegeben vom Fachbereichsrat des Fachbereichs 11 (Philosophie und Sozialwissenschaften) im Auftrag des Präsidenten der Freien Universität Berlin, S. 12.

148 Vgl. Freie Universität Berlin, Sommersemester 1988, Stand 14. 12. 1987, herausgegeben vom Fachbereichsrat des Fachbereichs 11 (Philosophie und Sozialwissenschaften) im Auftrag des Präsidenten der Freien Universität Berlin, S. 14.

Hier zeigt sich konkret, wie auch an der Lehrveranstaltung ‚Der Rechtsstatus der Moschee im klassischen islamischen Recht und im Recht der arabischen Staaten der Gegenwart‘[149] zu sehen ist, dass der Akzent in der Lehre am Institut für Islamwissenschaft der Freien Universität Berlin auf die Moderne gelegt wurde, deren Beschäftigung auf der Basis einer gründlichen Auseinandersetzung mit dem klassischen Islam stattfand.[150] Mittelbar wurde damit der von Steppat geprägte Ansatz des Instituts umgesetzt, die sich in der Gegenwart vollziehende Geschichte des Nahen Ostens zum legitimen Gegenstand des Forschens und Lehrens in einer Disziplin zu machen, die sich nach dem zweiten Weltkrieg, insbesondere nach ihren historischen Traditionen, zu definieren suchte.[151]

Die letzte Lehrveranstaltung, die Johansen zum islamisch-rechtlichen Kontext an der Freien Universität anbot, lässt sich auf das Sommersemester 1993 datieren. In dem Lektürekurs ‚Sprache und Recht‘ wurden anhand der Werke des mālikitischen Juristen al-Qarāfī linguistische und rhetorische Begründungen juristischer Autoritäten untersucht mit dem Lernziel, aufzuzeigen, inwieweit von al-Qarāfī vorgenommene Klassifizierungen auf ältere juristische Traditionen zurückgreifen und wie weit sie eine eigene Theorie des Verhältnisses von Recht und Sprache implizieren.[152]

3 Wissenschaftsstandort Bonn

Nach Heffening sind mit dem Wissenschaftsstandort Bonn im Bereich des islamischen Rechts die Namen Otto Spies (1901–1981) und Erich Pritsch (1887–1961) eng verbunden. Beide, Spies und Pritsch, hatten sowohl Rechtswissenschaften als auch Orientalitik studiert. Letzterer, zunächst Senatspräsident am Obersten Gerichtshof für die britische Zone, von 1950 bis 1953 Senatspräsident am Bundesgerichtshof in Karlsruhe und seit 1948 Honorarprofessor für Rechtsvergleichung und Orientalisches Recht an der Rheinischen Friedrich-

---

149 Vgl. Freie Universität Berlin, Sommersemester 1989, Stand 8. 2. 1989, herausgegeben vom Fachbereichsrat des Fachbereichs 11 (Philosophie und Sozialwissenschaften) im Auftrag des Präsidenten der Freien Universität Berlin, S. 13.

150 Hierzu sei auf die Ausführungen zur vorherigen Fußnote 120 verwiesen.

151 So Havemann/Johansen: Einleitung, S. 1.

152 So im Vorlesungsverzeichnis angegeben. Siehe Freie Universität Berlin, FB 11, Philosophie und Sozialwissenschaften, Kommentiertes Vorlesungsverzeichnis, Sommersemester 1993, Stand 8. 1. 1993, herausgegeben vom Fachbereichsrat des Fachbereichs 11 (Philosophie und Sozialwissenschaften) im Auftrag des Präsidenten der Freien Universität Berlin, S. 21.

Wilhelms-Universität Bonn, baute gemeinsam mit Otto Spies (1901–1981) in Bonn eines der unmittelbaren Nachkriegszentren islamrechtlicher Lehre und Forschung in der deutschen Hochschullandschaft Westdeutschlands auf. Die juristischen Kenntnisse von Spies, der Orientalistik und Rechtswissenschaft in Bonn und Tübingen studiert hatte, 1923 in der Semitistik und Islamkunde bei Enno Littmann (1875–1958) in Tübingen, 1924 in Jura bei Hans Schreuer (1866–1931) mit der Dissertation *Das Depositum nach islamischem Recht* in Bonn promoviert wurde und sich unter Förderung von Paul Ernst Kahle (1875–1964) 1928 mit der Arbeit *Entstehung und Untergang von Sachen nach islamischem Recht* für die Fächer ‚Semitische Philologie' und und ‚Islamkunde' habilitierte,[153] befähigten ihn zur Mitsprache auf dem personen- und sachenrechtlichen Sektor des *fiqh.* Zahlreiche Abhandlungen zum islamischen Recht und ihre für die Rechtsforschung wichtigen Ergebnisse ließen ihn als geeigneten Herausgeber der *Zeitschrift für vergleichende Rechtswissenschaft* erscheinen,[154] an welcher auch Erich Pritsch ab 1911 als Autor und ab 1939 (Band 53) als geschäftsführender Mitherausgeber tätig war.[155]

Pritsch selbst bezeichnete seinen Bonner Kollege Spies als „echte[n] Rechtshistoriker", dem das klassische islamische Recht am Herzen liege. Einen trefflichen Überblick darüber bietet sein in Folge des auf dem am 23. September 1951 auf der Tagung der Gesellschaft für Rechtsvergleichung in Köln vor der Fachgruppe für vergleichende Rechtsgeschichte, orientalische Rechte und ethnologische Rechtsforschung gehaltenen Vortrages publizierter Aufsatz[156] *Vom Wesen des islamischen Rechts*.[157] Mit philologischer Genauigkeit und juristischem Scharfsinn hat Pritsch das Problem zu *tamīḏ al-aḥkām* durch die Geschichte der islamischen Rechtstheoretiker hindurch bis in die Gegenwart erfasst. Dies ist umso bemerkenswerter, da sich die Grundlagen seiner wissenschaftlichen Arbeit, sein ganzes Arbeitsmaterial, unvollendete Arbeiten, die

153 Noth: Otto Spies, S. 185, 188; Schützinger: Otto Spies, S. 11 f.

154 Hoenerbach: Vorwort des Herausgebers.

155 Spies: Erich Pritsch, S. 1.

156 Kruse: Bespr. v. Karl Bünger und Hermann Trimborn, S. 198.

157 Vom Wesen des islamischen Rechts [Sonderdruck in der Bibibliothek für Zivilrecht der Niedersächsischen Staats- und Universitätsbibliothek Göttingen, Standort: Juridicum Untergeschoss (Signatur D / Islam VII 8, 6321)], aus: *Religiöse Bindungen in frühen und in orientalischen Rechten*, hrsg. von Karl Bünger und Hermann Trimborn, Wiesbaden 1952, S. 35–43.

Privatbibliothek und Zettelkästen, im umkämpften und später unter polnischer Verwaltung stehenden Breslau befanden und verblieben.[158]

Auf Grund der arabischen Lektüre der großen islamischen Rechtswerke, welche Pritsch gemeinsam mit Spies ab dem Wintersemester 1949/50 an der Rheinischen Friedrich-Wilhelms-Universität abhielten, sind in Bonn die gemeinsamen Arbeiten *Der islamische Werklieferungsvertrag nach al-Kāsānī*[159] und *Das Findelkind im islamischen Recht nach al-Kāsānī*[160] hervorgegangen.[161] Als eine viel beachtete Abhandlung gilt zudem ihr *Klassisches Islamisches Recht* im Handbuch der Orientalistik.[162] Das erste gemeinsame Lehrangebot befasste sich mit der ‚Lektüre und Interpretation eines arabischen Juristen', welches sich anfangs in den Vorlesungsverzeichnissen explizit auf ‚Abschnitte as-Saraḫsīs Kitāb al-Mabsūṭ' bezog und bis zum Sommersemester 1961 in einer gewissen Regelmäßigkeit duchgeführt wurde.[163] Im Wintersemester 1953/54 boten sie anstatt dessen einmalig ‚Arabische Texte zum Religionsgesetz des Islam' an.[164] Im Sommersemester 1955 und 1960 fanden dann spezifische zivil-

158 Schützinger: Otto Spies, S. 12.

159 Siehe Pritsch/Spies: Der islamische Werklieferungsvertrag nach al-Kāsānī, S. 47–75.

160 Siehe Pritsch/Spies: Das Findelkind im islamischen Recht nach al-Kāsānī, S. 74–101.

161 Spies: Erich Pritsch, S. 8.

162 Spies/Pritsch: Klassisches Islamisches Recht, S. 220–343. Vgl. hierzu Paret: *Arabistik und Islamkunde*, S. 62.

163 Siehe Rheinische Friedrich-Wilhelms-Universität Bonn, Rechts- und Staatswissenschaftliche Fakultät, Rechtswissenschaften, Vorlesungsverzeichnisse für das Wintersemester 1949/50, S. 57; Sommersemester 1950, S. 61; Wintersemester 1950/51, S. 64; Sommersemester 1953, S. 61; Sommersemester 1954, S. 80; Wintersemester 1954/55, S. 91; Wintersemester 1955/56, S. 96; Sommersemester 1956, S. 96; Wintersemester 1956/57, S. 102; Sommersemester 1957, S. 105; Wintersemester 1957/58, S. 105; Sommersemester 1957, S. 105; Wintersemester 1957/58, S. 105; Sommersemester 1958, S. 104; Wintersemester 1958/59, S. 110; Sommersemester 1959, S. 110; Wintersemester 1959/60, S. 114; Sommersemester 1961, S. 129; und entsprechend: Rheinische Friedrich-Wilhelms-Universität Bonn, Philosophische Fakultät, Orientalische Philologie, Vorlesungsverzeichnisse für das Wintersemester 1949/50, S. 75; Sommersemester 1950, S. 81; Wintersemester 1950/51, S. 85; Sommersemester 1953, S. 99; Sommersemester 1954, S. 102; Wintersemester 1954/55, S. 114; Wintersemester 1955/56, S. 122; Sommersemester 1956, S. 123; Wintersemester 1956/57, S. 128; Sommersemester 1957, S. 131; Wintersemester 1957/58, k. A.; Sommersemester 1958, S. 132; Wintersemester 1958/59, S. 137; Sommersemester 1959, S. 136; Wintersemester 1959/60, S. 142; Sommersemester 1961, S. 159.

164 Siehe Rheinische Friedrich-Wilhelms-Universität Bonn, Rechts- und Staatswissenschaftliche Fakultät, Rechtswissenschaften, Vorlesungsverzeichnis für das Winterse-

rechtliche Lehrveranstaltungen zu ‚Islamisches Bürgschaftsrecht an Hand arabischer Quellen‘[165] und eine zum ‚Islamische[n] Sachenrecht‘[166] Eingang in das universitäre rechts- wie auch orientwissenschaftliche Bonner Lehrangebot. Ab dem Wintersemester 1960/61 wendeten sie sich in der Lehre dann auch noch öffentlich-rechtlich Fragestellungen der Gegenwart zu, was sich durch den Kurs ‚Lektüre und Interpretation eines modernen arabischen Verfassungstextes‘[167] auszeichnete. Nach dem Ableben von Pritsch reduzierte sich das Lehrangebot in Bonn deutlich. Spies knüpfte mit einschlägigen Veranstaltungen erst wieder im Sommersemester 1964 mit einem Seminar zur islamischen Staatslehre nach al-Māwardī an und hielt im Wintersemester 1964/65 (und damit noch vor seiner Emiritierung im Jahre 1966) an der philosophischen Fakultät ‚Die religiöse Pflichtenlehre des Islam‘ als Lehrveranstaltung ab.[168]

4 Wissenschaftsstandort Köln

An der benachbarten Rheinischen Friedrich-Wilhelms-Universität Bonn wirkte der bei Richard Hartmann promovierte Ernst Klingmüller, welcher wie seine

---

mester 1953/54, S. 80; Rheinische Friedrich-Wilhelms-Universität Bonn, Philosophische Fakultät, Orientalische Philologie, Vorlesungsverzeichnis für das Wintersemester 1953/54, S. 100.

[165] Siehe Rheinische Friedrich-Wilhelms-Universität Bonn, Rechts- und Staatswissenschaftliche Fakultät, Rechtswissenschaften, Vorlesungsverzeichnis für das Sommersemester 1955, S. 93; Rheinische Friedrich-Wilhelms-Universität Bonn, Philosophische Fakultät, Orientalische Philologie, Vorlesungsverzeichnis für das Sommersemester 1955, S. 117.

[166] Siehe Rheinische Friedrich-Wilhelms-Universität Bonn, Rechts- und Staatswissenschaftliche Fakultät, Rechtswissenschaften, Vorlesungsverzeichnis für das Sommersemester 1960, S. 120; Rheinische Friedrich-Wilhelms-Universität Bonn, Philosophische Fakultät, Orientalische Philologie, Vorlesungsverzeichnis für das Sommersemester 1960, S. 149.

[167] Siehe Rheinische Friedrich-Wilhelms-Universität Bonn, Rechts- und Staatswissenschaftliche Fakultät, Rechtswissenschaften, Vorlesungsverzeichnis für das Wintersemester 1960/61, S. 120; Rheinische Friedrich-Wilhelms-Universität Bonn, Philosophische Fakultät, Orientalische Philologie, Vorlesungsverzeichnis für das Wintersemester 1960/61, S. 149.

[168] Siehe Rheinische Friedrich-Wilhelms-Universität Bonn, Philosophische Fakultät, Orientalische Philologie, Vorlesungsverzeichnisse für das Sommersemester 1964, S. 188, und für das Wintersemester 1964/65, S. 194. In dem Vorlesungsverzeichnis Rechts- und Staatswissenschaftliche Fakultät, Rechtswissenschaften wurden diese Veranstaltungen nicht mehr ausgewiesen.

Kollegen in Bonn sowohl eine juristische wie auch eine orientalistische akademische Ausbildung absolviert hatte. Klingmüller habilitierte sich 1943 an der Auslandswissenschaftlichen Fakultät der Friedrich-Wilhelms-Universität Berlin neben seiner beruflichen Tätigkeit im Forschungsamt als Nahost-Referent / Regierungsassesor auf Kriegsdauer im Reichsluftfahrtministerium. Im Jahre 1961 zeichnete sich zwar für ihn ein Ruf auf einen orientalischen Lehrstuhl an der Universität Gießen ab, er entschied sich aber letztlich für die Kölner Rechtsfakultät, wo er mit Wirkung zum 1. Oktober 1961 zum ordentlichen Professor für Versicherungsrecht, Bürgerliches Recht und Handelsrecht ernannt wurde. Im Wintersemester 1961/62 – also in der Restrospektive zu einem Zeitpunkt, an dem am Wissenschaftsstandort Bonn die Lehre im islamrechtlichen Bereich allmählich abklang – gab er seine Lehr- und Forschungstätigkeit in Köln auf. Neben seinem universitären Standbein blieb er aber auch der Praxis verbunden. 1964 wurde er zum Oberlandesgerichtsrat am Oberlandesgericht Koblenz ernannt und wirkte dort rund zehn Jahre lang als Richter in dem für versicherungsrechtliche Streitigkeiten zuständigen Senat. Es verwundert daher auch nicht, dass ein Schwerpunkt seiner Tätigkeit im islamischen Recht – und insoweit steht Klingmüller in der ‚Nachfolge' des großen italienischen Orientalisten Carlo Alfonso Nallino (1872–1938)[169] – die Untersuchungen des Verhältnisses der *šarīʿa* zur Versicherung bildete. Die Problematik drängt sich für einen islamwissenschaftlich geschulten Versicherungsrechtler geradezu auf, da das Rechtsinstitut der Versicherung dort wegen seines aleatorischen Charakters und weil es auf keinen im islamischen Recht ausgebildeten Vertragstypus zurückgeführt werden kann, heikel ist, was 1997 der Wähler- und Johansen-Schüler Kilian Bälz (geb. 1968) in seiner Dissertation[170] an der Freien Universität Berlin gründlich zusammengefasst hat.[171]

Neben seinen üblichen Lehrverpflichtungen an der juristischen Fakultät begann Klingmüller in den 1960er Jahren sofort auch mit einer einstündigen Vorlesung über die Grundzüge des islamischen Rechts und setzte seine Aktivitäten auf diesem Gebiet ab dem Sommersemester 1962 mit seinem Jahrgangskollegen Erwin Gräf, der bei Heffening in Bonn promoviert hatte, mit der Arbeit *Jagdbeute und Schlachttier im islamischen Recht* in Köln 1952 habilitierte und

[169] Nallino: Delle assicurazioni in diritto musulmano hanfita, S. 446–461.
[170] Bälz: *Versicherungsvertragsrecht in den arabischen Staaten.*
[171] Krüger: Ernst Klingmüller zum 85. Geburtstag, S. 17, 20.

ebenfalls als einer der bedeutensten Kenner des islamischen Rechts[172] gilt[173] – damals noch Privatdozent in Köln, und seit 1964 Ordinarius und Direktor des Kölner Orientalischen Seminars –, bis zu dessen frühen Tod Anfang 1976 fort.[174] Gemeinsam boten sie beispielsweise ein Seminar zur Schuldlehre im islamischen Recht im Sommersemester 1962, eine Übung zum islamischen Kaufrecht mit Lektüre arabischer Texte im Wintersemester 1962/63 und ein Seminar über Sachenrecht im islamischen Recht im Sommersemester 1963 an. Nach dem Tod von Gräf setzte Klingmüller islamrechtliche Lehrveranstaltungen mit dem Gräf-Schüler-Abdoldjawad Falaturi (1926–1996) – auch über seine Emeritierung im Jahre 1982 hinaus – bis zum Tod Falaturis fort.[175] Neben der als ‚Islamisches Recht' titulierten regelmäßig stattfindenden Seminarveranstaltung unterschiedlicher Schwerpunktsetzungen[176], die Klingmüller bereits mit Gräf auf dem Lehrplan stehen hatte,[177] umfasste das Lehrverangebot in Köln Aspekte aus dem sachen- und familienrechtlichen Bereich wie ‚Islamisches Recht und moderne Gesellschaft nach Sanhuri: Masadir al Haqq II' im Sommersemester 1973,[178] ‚Der Begriff des Eigentums nach modernen muslimischen Arten' im Sommersemester 1974,[179] ‚Das Eigentum in der islamischen Jurispru-

172 Seine Abhandlung *Recht und Sprache im Islam* gilt als bedeutendste Arbeit neben seiner Habilitationschrift, was Formulierung und Systematisierung seiner Ansicht vom islamischen Recht angeht und sei als Lektüre daher an dieser Stelle empfohlen.

173 Meyer: Erwin Gräf, S. 12 f.

174 Meyer: Erwin Gräf; Krüger: Erwin Gräf.

175 Krüger: Ernst Klingmüller zum 85. Geburtstag, S. 17.

176 Vgl. beispielsweise Universität zu Köln, Rechtswissenschaftliche Fakultät, Vorlesungsverzeichnisse Sommersemester 1995, S. 333 Rn. 2105, Sommersemester 1984, S. 276, Rn. 2089 (mit einem begleitenden Kolloquium im Umfang von 2 Semesterwochenstunden, S. 371 Rn. 4766), Sommersemester 1979, S. 242, Rn. 2104 bzw. Wintersemester 1976/77 (zu ausgewählten Texten zum Familienrecht, siehe dort S. 222, Rn. 2101).

177 Vgl. beispielsweise Universität zu Köln, Rechtswissenschaftliche Fakultät, Vorlesungsverzeichnisse Sommersemester 1973, S. 186, Wintersemester 1974/75, S. 200, Rn. 2059, Sommersemester 1975, S. 221, Rn. 2087, Sommersemester 1976, S. 232, Rn. 2090, Sommersemester 1979, S. 242, Rn. 2104.

178 Ernst Klingmüller gemeinsam mit Erwin Gräf, siehe Universität zu Köln, Rechtswissenschaftliche Fakultät, Vorlesungsverzeichnis Sommersemester 1973, S. 271.

179 Ernst Klingmüller gemeinsam mit Erwin Gräf, siehe Universität zu Köln, Rechtswissenschaftliche Fakultät, Vorlesungsverzeichnis Sommersemester 1974, S. 306, Rn. 4683.

denz‘ im Sommersemester 1975[180] und zum ‚[R]echtlichen Verhältnis des Islam zur Technik‘ im Sommersemester 1996.[181]

Der von 1959 bis 1963 an der Universität zu Köln Rechtswissenschaft und Islamkunde studierende und bei Gerhard Kegel (1912–2006) und Erwin Gräf mit der Dissertation *Fetwa und Siyar: zur internationalrechtlichen Gutachtenpraxis des osmanischen Şeyh ül-Islām vom 17.–19. Jh. unter besondere Berücksichtigung der ‚Behcet ül-Fetāwā‘*[182] promovierte Hilmar Krüger (geb. 1938) setzte diese Lehrtradition in Köln fort. Diese Arbeit auf der Grundlage eines eingehenden philologischen Quellenstudiums brachte dem bekennenden Gräf-Schüler[183] nicht nur die Doktorwürde, sondern sie wurde zum Standardwerk im Bereich der Geschichte des islamischen Völkerrechts.[184] Seine auf die Dissertation folgenden Publikationen sind ebenso zahlreich wie die der zuvor dargestellten Fachvertreter im Bereich des islamischen Rechts. Das türkische Recht wurde, wie es Irene Schneider zutreffend darlegte, nach seiner Dissertation durch das Recht der als arabisch bezeichneten Staaten ergänzt. Neben seiner hauptberuflichen Tätigkeit als Leiter des Rechtsreferats der Bundesstelle für Außenhandelsinformation Köln (BfAI) war er zunächst von 1986 bis 1996 Lehrbeauftragter an der Rechtswissenschaftlichen Fakultät der Universität zu Köln, wo er dem Institut für Internationales und Ausländisches Privatrecht seit 1996 als Honorarprofessor verbunden ist. Aufgrund seiner umfangreichen Tätigkeit als Gutachter für deutsche und österreichische Gerichte, vielfältige Veröffentlichungen auf dem Gebiet des internationalen und ausländischen Zivil-, Handels-, Wirtschafts- und Staatsangehörigkeits-, Schieds- und Zivilprozessrechts der Staaten des Nahen und Mittleren Ostens (einschließlich Türkei) sowie des islamischen Rechts gilt er als *Grand Seigneur* des Internationalen Privatrechts.[185] Diese geographische und fachliche Bandbreite spiegelte sich auch im Titel seines regelmäßig wiederkehrenden Lehrangebots ‚Seminar über das Recht der is-

---

180 Ernst Klingmüller gemeinsam mit Erwin Gräf, siehe Universität zu Köln, Rechtswissenschaftliche Fakultät, Vorlesungsverzeichnis Sommersemester 1975, S. 317, Rn. 4723.

181 Ernst Klingmüller gemeinsam mit Abdoldjawad Falaturi, siehe Universität zu Köln, Rechtswissenschaftliche Fakultät, Vorlesungsverzeichnis Sommersemester 1996, S. 335, Rn. 2109.

182 Krüger: *Fetwa und Siyar*.

183 Siehe Krüger: Study of Islamic Law in Germany, S. 306.

184 Schneider: Zum 75. Geburtstag von Professor Dr. Hilmar Krüger, S. 9.

185 Ead., S. 10.

lamischen Staaten und der Türkei‘ wider.[186] Hilmar Krüger beschrieb seinen Ansatz als „[…] folgend u. a. aus einer jahrelangen Gutachterpraxis auf sehr vielen Gebieten der arabischen Zivil-, Handels-, Kollisions-, Zivilprozess- und Schiedsrechte[,] der eines dortigen Richters oder Schiedsrichters, also die *lex lata*, der *qānūn*: geltender Normtext nebst Rechtsprechung.“ Diese habe innerhalb der islamrechtlichen Nachkriegstradition in Köln insbesondere im Abgleich mit Klingmüller, der – gleichsam wie ein Azhar-Gelehrter – von einer zeitlich und räumlich nicht beschränkten Geltung der *šarīʿa* ausgegangen sein soll, zumindest teilweise zu unterschiedlichen Betrachtungsweisen und Ergebnissen geführt.[187]

5. Wissenschaftsstandort Heidelberg

Nahezu gleichzeitig etablierten sich an den Wissenschaftsstandorten Köln am Institut für internationales und ausländisches Privatrecht und in Heidelberg am Institut für ausländisches und internationales Privat- und Wirtschaftrecht ihre jeweiligen rechtswissenschaftlichen Fakultäten ab Mitte/Ende der 1960er Jahre sukzessive zu universitären Zentren im Bereich des Internationalen Privatrechts mit speziellem Fokus auf den Nahen und Mittleren Osten.[188] An der Universität Heidelberg ist dies letztlich dem damaligen Institutsdirektor Eduard Wahl (1903–1985)[189] zu verdanken, der Omaia Elwan (geb. 1932) nach Heidelberg holte, wo 1964 die Abteilung ‚Recht der Entwicklungsländer‘ neu gegründet wurde. Hierfür wurde Omaia Elwan als Leiter im Jahre 1966,[190] zuletzt als Akademischer Direktor tätig, gewonnen. Ab 1973 war er zudem in Nebentätigkeit für die Betreuung der Länderreferate ‚Arabische Staaten, Arabische Liga, Äthiopien und Iran‘ am Max-Planck-Institut für ausländisches öffentliches Recht und Völkerrecht zuständig. Sein Hauptarbeitsgebiet war und ist das islamische Recht.[191] Die Unterbringung der Literaturbestände im Institut für ausländisches und internationales Privat- und Wirtschaftrecht wurde durch einen Bibliotheksneubau gesichert: Die damals geschaffene Abteilungsstruktur

---

[186] Siehe Universität zu Köln, Rechtswissenschaftliche Fakultät, Vorlesungsverzeichnis für das Sommersemester 2005, S. 359, Rn. 2168; Universität zu Köln, Rechtswissenschaftliche Fakultät, Vorlesungsverzeichnis für das Wintersemester 2004/05, S. 342, Rn. 2140 etc.

[187] Krüger: Ernst Klingmüller zum 85. Geburtstag, S. 22.

[188] Krüger: Study of Islamic Law, S. 307.

[189] Siehe Reinhart: In memoriam Eduard Wahl.

[190] Kronke/Reinhart/Witteborg: Vorwort, S. V; Menhofer/Otto: Vorwort, S. 9.

[191] Kronke: Laudatio, S. 5 f.

blieb über viele Jahre erhalten, besteht aber heute nicht mehr fort.[192] Was aber auch weit über den Ruhestand und die Ernennung zum Professor Emeritus der Juristischen Fakultät in Kairo hinweg bis heute Bestand hat, ist das Angebot seiner Vorlesungen ‚Einführung in das islamische Recht‘ (traditionell in den Sommersemestern) und ‚Ausgewählte Fragen des islamischen Rechts in der Gegenwart‘ (in den Wintersemestern). Dieses Lehrangebot wurde an der Universität Heidelberg durch die Erteilung eines Lehrauftrags an Bawar Bammarny zum ‚arabischen Recht (Privatrecht und öffentliches Recht) und arabische Rechtsterminologie‘ erweitert. Er bietet seit dem Sommersemester 2006 regelmäßig die Lehrveranstaltung ‚Einführung in das arabische Recht und die arabische Rechtsterminologie‘ an.[193]

Wie auch Hilmar Krüger in Köln betreute Omaia Elwan zahlreiche Qualifikationsarbeiten im Bereich des islamisch geprägten Rechts, was sich in den darin enthaltenen Danksagungen widerspiegelt. Die Werke seiner literarischen und gutachterlichen[194] Arbeit in den vergangenen 50 Jahren lassen sich an dieser Stelle nicht im einzelnen würdigen. Zu weit ist die Bandbreite, der er sich annahm. Sie umfasst nicht nur familien-, erb-, handels- und wirtschaftsrechtliche Themen und Sachverhalte, sondern auch Staats- und Völkerrecht islamischer und arabischer Staaten. Seine jüngste Abhandlung mit einem seiner Heidelberger Schüler findet sich in der vorliegenden Festschrift.[195]

V Lehre und Forschung nach der Wiedervereinigung

Mit dem Fall der Berliner Mauer fielen auch die Schranken, die die Wissenschaft in beiden Teilen Deutschlands bis dahin getrennt hatten.[196] Aus gemeinsamen Wurzeln hatte sich die deutsche Nah- und Mittelostforschung nach 1945 zuvor auseinanderentwickelt. Die westdeutsche Forschung galt, wie bereits erwähnt, als weniger anwendungs- und nutzenorientiert als in der ausdrücklich um die arabische Freundschaft werbenden Deutschen Demokratischen Republik. Sie musste sich immer wieder in dem Spannungsfeld zwischen Nutzen (Politik,

---

192 Pfeiffer: Geschichte und Chronik des Instituts.

193 An dieser Stelle sei Bawar Bammarny für den Hinweis gedankt.

194 Hierzu lesenswert ist der von seinen beiden Schülern Menhofer und Otto herausgegebene Band *Gutachten zum ausländischen Familien- und Erbrecht*.

195 Elwan/Elliesie: Exequaturverfahren, S. 245–267.

196 Steinbach: Vorwort, S. 3.

Wirtschaft und Tourismus) und dem eigentlichen Anspruch (Theorie und Methode) einordnen und behaupten.[197]

1 Wissenschaftsstandorte im Osten der Bundesrepublik

Der Wiedervereinigungsprozess und die damit verbundene Umstrukturierung der ostdeutschen Hochschullandschaft brachte in den Jahren 1990 bis 1994 in der wissenschaftsgeschichtlichen Retrospektive erneut große personelle, institutionelle und fachliche Einschnitte mit sich, wohingegen in der westdeutschen Hochschullandschaft in den Anfangsjahren keine Veränderungen spürbar waren und der Lehr- und Forschungsbetrieb daher weitgehend seinen gewohnten Gang nahm.[198]

a) Wissenschaftsstandort Leipzig

So wurde im Kontext der in der ehemaligen Deutschen Demokratischen Republik verwalteten Universität Leipzig zunächst ein Großteil der wissenschaftlichen Mitarbeiter entlassen und eine Fachkommission zur Evaluierung der Sektion Nahost/Afrika einberufen, der u. a. der islamrechtlich versierte Fachkollege Tilmann Nagel von der Georg-August-Universität Göttingen angehörte.[199] Einer der letzten Schritte der Umstrukturierung bestand in der Eingliederung des Instituts in die neugegründete Fakultät für Geschichte, Kunst- und Orientwissenschaften im Jahre 1994. Durch die institutionelle Umstrukturierung erhielt das Orientalische Institut seine Eigenständigkeit zurück, die sich fachlich mit einer Hinwendung, und durchaus auch einer gewissen Kontinuität, zur gegenwartsbezogenen Arabistik verband, ohne das beschriebene traditionell philologische Erbe aufzugeben.[200] Dem Institut wurden vier Professuren für die Bereiche Kultur und Geschichte des Vorderen Orients, Arabische

---

197 So Schliephake: Orientforschung und Position der raumbezogenen Disziplinen – eine Einleitung, S. 5.

198 Aus diesem Grunde wird in der Folge bei der Darstellung der westdeutschen Wissenschaftsstandorten weitgehend kursorisch (unter Gliederungspunkt ‚2 Wissenschaftsstandorte im Westen der Bundesrepublik im Allgemeinen‘) und auch nur dann (unter Gliederungspunkt ‚3 Wissenschaftsstandorte im Westen der Bundesrepublik im Speziellen‘) explizit auf Einzelstandorte eingegangen, wenn entscheidende personelle wie institutionelle Änderungen im und für den Bereich der islamrechtlichen Studien erfolgten.

199 Auch für diese Information bin ich Hans-Georg Ebert verbunden.

200 Preißler: Arabistik, S. 437 f.

Sprach- und Übersetzungswissenschaft, Wirtschafts- und Sozialgeographie sowie Islamisches Recht zugesprochen. Insbesondere die Schaffung einer Professur für islamisches Recht stellte, wie bereits in der Einleitung dieses Festschriftbeitrags erwähnt, ein Novum in Deutschland dar. Möglicherweise wollte man etwas Neues schaffen und im Bereich der wiedervereinigten islamwissenschaftlichen Studien einen Akzent in einem neuen Bundesland, dem Freistaat Sachsen, setzen.

Bei genauerer Betrachtung lässt sich jedoch feststellen, dass die ‚Umstrukturierung' gar nicht so erstaunlich war, sondern durchaus als Erhalt der etablierten Strukturmerkmale der Sektion Nahost/Afrika gesehen werden kann. Dies erschließt sich durch einen Blick auf den historischen Entwicklungsprozess der Sektion, die am 1. Dezember 1958 den Orient- und Afrikawissenschaften als Regionalwissenschaft Asiens und Afrikas eine gemeinsame Verankerung verlieh.[201] Diese wurde bis Ende 1993 im ‚Fachbereich Orientalistik und Afrikanistik' wietergeführt. Zu letzterem, der auf Afrika bezogenen Lehre und Forschung, ist bemerkenswert, dass man sich ab 1960 in Leipzig, in Abgrenzung zu der stark linguistisch geprägten und als ‚bürgerlich' bewerteten Afrika-Forschung an der Berliner Humboldt-Universität, als multidisziplinär und marxistisch-leninistisch ausgerichtetes Zentrum der Afrika-Forschung in der DDR verstand. Das Afrika-Institut war (in den Verantwortlichkeiten spiegelbildlich zur heutigen Ausgestaltung) strukturprägend in drei Abteilungen – Geschichte, Afrikanische Sprachen und Literaturen sowie Ökonomie – gegliedert, wozu eine in Forschung und Lehre der ‚Mutterwissenschaften' aktive Arbeitsgemeinschaft ‚Staat und Recht', die 1967 den Status einer Abteilung erhielt, eingeführt wurde.[202] Dieser spezifische regionalwissenschaftliche Leipziger Vierklang im Akkord des Konzerts der Unterdisziplinen hat sich offensichtlich gehalten. Weshalb anstatt oder parallel zur Professur für Islamisches Recht keine Professur für Recht in Afrika geschaffen wurde, dürfte in politischen Entscheidungsfindungsprozessen des Bundeslandes zu beantworten sein[203] und soll an dieser Stelle nicht weiter vertieft werden. In jedem Falle erhielt aber die Universität Leipzig durch die fachliche Ausgestaltung und Besetzung des islamrechtlichen Lehrstuhls für einige Jahre ein Alleinstellungsmerkmal.

---

201 Brahm/Jones: Afrikanistik, S. 306.

202 Vgl. hierzu die Überblickstabelle in ibid., S. 309.

203 Indizien finden sich dazu bei ibid., S. 318 f.

b) Wissenschaftsstandort Berlin

Nachdem Baber Johansen den Wissenschaftsstandort Berlin 1995 Richtung Paris verlassen hatte, kam die islamrechtliche Forschung und Lehre in Berlin nahezu zum Erliegen. Lediglich Peter Heine (geb. 1944), Professor für Islamwissenschaft des nicht-arabischen Raumes von 1996 bis 2009 am Institut für Asien- und Afrikawissenschaften der Humboldt-Universität zu Berlin bot im Verlauf seiner Amtszeit vereinzelt einschlägige Lehrveranstaltungen (wie eine Vorlesung zu ‚Grundbegriffe des islamischen Rechts' oder einen als Übung ausgewiesenen Kurs ‚Lektüre zu islamischen Rechtsgutachten' im Wintersemester 2005/06 an, woraus eine Grundlagenarbeit zum unterforschten Bereich des islamischen Rechts in Äthiopien[204] von Katrin Seidel entstand.[205] Seit der Ernennung zum Honorarprofessor für Islamisches Recht und Internationales Privatrecht am Fachbereich Rechtswissenschaften im Jahre 2007 wird nun das Curriculum an der Freien Universität Berlin wieder kontinuierlich mit Lehrangeboten aus einer weiten Bandbreite islamrechtlicher Themen durch Peter Scholz (geb. 1961) bereichert.[206] Diese befassen sich mit Verfassungs-, Familien-, Erb- und Wirtschaftsrecht sowie rechtlichen Konstellationen von Musliminnen und Muslimen in Deutschland und Europa samt auslandsbezogenen Fragestellungen zum Internationalen Privatrecht. Scholz, Schüler von Albrecht Noth (1937–1999) in Hamburg,[207] steht insbesondere wie Pritsch in Bonn und Krüger in Köln in der Tradition von Juristen, die eine islamwissenschaftlich-philologische akademische Ausbildung genossen haben[208] und als Honorarprofessoren begleitend zu ihrem hauptberuflichen Richteramt[209] bzw. ihrer öffentlich-rechtlichen Amtstä-

---

204 Seidel: Rechtspluralismus in Äthiopien.

205 Für den Hinweis sei an dieser Stelle Katrin Seidel, PostDoc Fellow am Max-Planck-Institut für ethnologische Forschung in Halle/Saale, gedankt.

206 Eine Übersicht seiner Lehrveranstaltungen finden sich auf seiner Internetpräsentation unter www.jura.fu-berlin.de/fachbereich/einrichtungen/zivilrecht/lehrende/scholzp/index.html sowie in dem Online Vorlesungsverzeichnis des Fachbereichs Rechtswissenschaften der Freien Universität Berlin (www.jura.fu-berlin.de/studium/lehrplan/lehrveranstaltungsarchiv/index.html), beide zuletzt aufgerufen am 03. 10. 2018.

207 Ich danke Peter Scholz für diesen wertvollen Hinweis.

208 Er wurde 1996 an der Universität Hamburg mit einer Arbeit zum traditionellen islamischen Verfahrensrecht und im Fach Rechtswissenschaft 2006 an der Freien Universität Berlin mit einer Arbeit zum geltenden Erbrecht der maghrebinischen Staaten promoviert; siehe Scholz: *Malikitisches Verfahrensrecht*.

209 Peter Scholz ist seit 1995 Richter des Landes Berlin, wobei er von 2009 bis 2016 Vizepräsident des Amtsgerichts Tiergarten war und seit 2017 Präsident des Amtsge-

tigkeit wesentlich am Wissenschaftsbetrieb partizipieren.[210] Zwei Jahre später, also 2009, wurde dann im Rahmen der Exzellenzinitiative des Bundes und der Länder zur Förderung von Wissenschaft und Forschung an deutschen Hochschulen wieder eine islamwissenschaftliche Professur für Islamisches Recht an der Freien Universität Berlin eingerichtet. Den Ruf erhielt Birgit Krawietz. Ihre am Wissenschaftsstandort Freiburg angefertigte Doktorarbeit *Die Hurma: schariatrechtlicher Schutz vor Eingriffen in die körperliche Unversehrtheit nach arabischen Fatwas des 20. Jahrhunderts*[211] wurde von Hilmar Krüger als Juwel unter den deutschsprachigen Publikationen im Bereich des allgemeinen islamischen Rechts bezeichnet.[212] Ihre beeindruckende Habilitationsschrift *Hierarchie der Rechtsquellen im tradierten sunnitischen Islam*,[213] welche in Tübingen, Princeton und Harvard entstand,[214] stellt darüber hinaus die erste umfassende systematische Untersuchung in deutscher Sprache dar, die sich mit der sunnitisch-islamischen juristischen Methodik und Rechtsquellenlehre befasst. Neben dem wiederbelebten regelmäßigen Lehrangebot im Bereich des islamischen Rechts an der Freien Universität Berlin fanden an der Humboldt-Universität zu Berlin, abgesehen von im Rahmen mehrsemestrigen, an Hatem Elliesie vergebenen Lehrauftrags für ‚Islamisches Recht in Afrika und Asien' im Zeitraum vom Wintersemester 2010/11 bis zum Sommersemester 2013[215] nach Kenntnisstand des Verfassers keine einschlägigen Lehrveranstaltungen mehr statt.

---

richts Charlottenburg ist; siehe dazu Bezirksamt Charlottenburg-Wilmersdorf: Neuer Präsident des Amtsgerichts Charlottenburg (Pressemitteilung vom 22. Februar 2017).

210 Klingmüller in Köln und Rohe in Erlangen/Nürnberg wiesen, wie gezeigt, entsprechende Doppelqualifikationen, Schwerpunktausrichtungen in Forschung und Lehre wie auch die Begleitung eines Richteramts aus. Letzteres führten sie hingegen im Nebenamt aus, da sie eine ordentliche Professur innehatten bzw. einen Lehrstuhl führen.

211 Krawietz: Die Hurma.

212 Krüger: Study of Islamic Law in Germany, S. 311.

213 Krawietz: Hierarchie der Rechtsquellen im tradierten sunnitischen Islam.

214 Ead., S. X f.

215 ‚Islam und Islamisches Recht in Afrika und Asien' im Wintersemester 2010/11 sowie in den Sommersemestern 2011 und 2012, sowie ‚Theorie und Praxis des Islamischen Rechts in Afrika' im Sommersemester 2013.

2 Wissenschaftsstandorte im Westen der Bundesrepublik

Ergänzend zu den bereits dargelegten Wissenschaftsstandorten Westdeutschlands und deren Entwicklungen bis zur Wende, einschließlich derer der Freien Universität Berlin im vormaligen West-Berlin, sollte nicht unerwähnt bleiben, dass die rechtswissenschaftlich ausgerichteten Max-Planck-Institute die moderne arabische Rechtsentwicklung, die stark vom klassischen islamischen Recht mitbestimmt wird, als Schwerpunkt in die wissenschaftliche Befassung aufgenommen haben. Insbesondere die Institute für ausländisches öffentliches und internationales Privatrecht in Hamburg, das Institut für ausländisches und öffentliches Recht in Heidelberg und das Institut für ausländisches und internationales Strafrecht leisten bis heute beachtliche Arbeit.[216] Dass deren einschlägige Referentinnen und Referenten auch Verbindungen zu Lehre und Forschung an den lokalen Universitäten haben, wurde vorangehend bereits erwähnt (am Wissenschaftsstandort Heidelberg ist es seit 1973 der Referent für die arabischen Staaten, Arabische Liga, Äthiopien und Iran, Omaia Elwan, am Wissenschaftsstandort Freiburg im Breisgau seit 1984 die Referatsleiterin für die Türkei, den Iran und die arabischen Staaten, Silvia Tellenbach [geb. 1950]). In Hamburg wirkt ferner seit 2000 Nadjma Yassari (geb. 1971) als Referentin für das Recht islamischer Länder, die seit April 2009 zudem Leiterin der Forschungsgruppe ‚Das Recht Gottes im Wandel – Rechtsvergleichung im Familien- und Erbrecht islamischer Länder' ist. In der seit 2012 bestehenden Abteilung Recht & Ethnologie des Max-Planck-Instituts für ethnologische Forschung in Halle/Saale widmet man sich zudem verstärkt islamrechtlich-empirischer Forschungsansätze in europäischen Kontexten, was seit 2016 insbesondere durch die von Elliesie geleitete Doktorandengruppe „Scharia im genuin europäischen Setting: Konnex muslimischer Lebenspraxis zu islamischer Normativität" deutlich wird.

a) Hamburg

Am Wissenschaftsstandort Hamburg wirkte und förderte der 1980 aus Bonn gekommene Albrecht Noth bis zu seinem Tod im Jahre 1999 islamrechtliche Forschungsarbeiten. Zu seinen Forschungsschwerpunkten zählte die *šarīʿa* als geschichtsprägender Faktor. Hierzu gewährte er in seiner Publikation *Zum Verhältnis von Recht und Geschichte im Islam*[217] Einblicke in sein Verständnis und

[216] So auch Steinbach: Neuere Entwicklungen in der deutschen gegenwartsbezogenen Islam-Wissenschaft, S. 43.

[217] Noth: Zum Verhältnis von Recht und Geschichte im Islam, S. 341–346.

seinen Ansatz islamrechtlicher Forschung. In diesem Bereich betreute er als Doktorvater die von Benjamin Jokisch[218] 1994 und Peter Scholz[219] 1996 eingereichten Dissertationen. Einschlägige Lehraufträge ergingen dann ab 1999 an Benjamin Jokisch in der Islamwissenschaft an der Abteilung für Geschichte und Kultur des Vorderen Orients, wo er im Sommersemester 2008 auch als Gastprofessor tätig war, und an Nadjma Yassari zunächst in den Sommersemestern 1999 und 2002 an der rechtswissenschaftlichen Fakultät, wo sie seit dem Sommersemester 2016 regelmäßig die Vorlesung ‚Einführung in das islamische Recht' hält.[220] Von der Forschergruppe ‚Das Recht Gottes im Wandel – Rechtsvergleichung im Familien- und Erbrecht islamischer Länder' des Max-Planck Instituts für ausländisches öffentliches und internationales Privatrecht engagierte sich ebenfalls Lena-Maria Möller in der islamrechtlichen Lehre. Im Sommersemester 2011 und im Wintersemester 2012/13 erfolgte dies in Form eines Lehrauftrags und im Wintersemester 2013/14 als Vertretungsprofessorin zu Lehrveranstaltungen wie ‚Islamisches Familienrecht in Theorie und Praxis' oder ‚Rechtspraxis im Familienrecht'. Das islamische Familienrecht, Frauen- und Menschenrechtsbewegungen sowie Gender in Recht und Religion betreffend, setzte die Johansen-Schülerin[221] Bettina Dennerlein (geb. 1963) in Hamburg während ihrer Zeit als Professorin für Islamwissenschaft von 2007 bis 2009 Akzente. Mit einer ähnlichen Ausrichtung[222] nahm Serena Tolino 2016 ihre Juniorprofessur in der Islamwissenschaft an. Thomas Eich, Professor für Islamwissenschaft an der Universität Hamburg seit 2010, gilt als der Experte im Bereich der islamischen Normativität (Bioethik).[223] Zu seinem Lehrrepertoire zählen Veranstaltungen wie ‚Geschichte islamischer Rechtstexte' (Wintersemester 2011/12), ‚Menschenrechte, Frauenrechte und Islam im 20. Jahrhundert' (Sommersemester 2012), ‚Islamische Rechtsmethodologie (usul al-fiqh)' (Sommersemester 2012 / Winterse-

---

218 Jokisch: Islamisches Recht in Theorie und Praxis.

219 Scholz: Malikitisches Verfahrensrecht. Vgl. hierzu ferner die vorherigen Ausführungen zur Fußnote 207.

220 Im Wintersemester 2005 und im Sommersemester 2015 (zum Familien- und Erbrecht in islamisch geprägten Rechtsordnungen) lehrte sie zudem in der Islamwissenschaft an der Abteilung für Geschichte und Kultur des Vorderen Orients.

221 Für diesen Hinweis sei Kilian Bälz gedankt.

222 Siehe bspw. Tolino: Homosexual Acts in Islamic Law: *siḥāq* and *liwāṭ* in the Legal Debate, S. 187–205.

223 Vgl. Eich: *Islam und Bioethik: eine kritische Analyse der modernen Diskussion im islamischen Recht.*

mester 2014/15).[224] Islamische Rechtsmethodologie hat zudem seit 2016 am Wissenschaftsstandort Hamburg, welcher zu den gegenwärtigen Zentren islamrechtlicher Forschung und Lehre zu zählen ist, durch den Juniorprofessor für Islamische Theologie an der Akademie der Weltreligionen, Serdar Kurnaz, Eingang gefunden.

b) Göttingen

Auch die Georg-August-Universität Göttingen konnte sich ab Mitte der 1980er Jahre wieder in den Kreis der islamrechtlichen Zentren deutscher Hochschullandschaft einreihen. Wie auch Noth, vom Seminar für Orientalische Sprachen an der Universität Bonn kommend, lehrte und forschte Tilman Nagel (geb. 1942) von 1981 bis 2007 als Professor für Arabistik und Islamwissenschaft an der Georg-August-Universität. Er verfasste 2001 als erster Wissenschaftler Nachkriegsdeutschlands und nach der Wiedervereinigung eine grundlegende deutsche Einführung in das islamische Recht.[225] Ganz nach Göttinger Tradition griff er in einer seiner ersten islamrechtlichen Veranstaltungen den Gegenstand der Standardveranstaltung Hartmanns[226] zum ‚Verwaltungshandbuch des Abu Jusuf (gest. 798), Einführung und ausgewählte Lektüre' auf.[227] Seine erste der wäh-

[224] Lena-Maria Möller danke ich an dieser Stelle ebenfalls für Hinweise, welche im Online-Vorlesungsverzeichnis nicht ausgewiesen wurden.

[225] Nagel: *Das islamische Recht. Eine Einführung.*

[226] Siehe zu Göttingen: Georg-August Universität zu Göttingen: Amtliches Namenverzeichnis, Verzeichnis der Vorlesungen, Orientalische Philologie, Winterhalbjahr 1934/35, Göttingen: Dieterichsche Universitätsbuchdruckerei (W. Fr. Kaestner), S. 21; Georg-August Universität zu Göttingen: Amtliches Namenverzeichnis, Verzeichnis der Vorlesungen, Orientalische Philologie, Sommerhalbjahr 1935, Göttingen: Dieterichsche Universitätsbuchdruckerei (W. Fr. Kaestner), S. 61; sowie in der Folge zu Berlin: Friedrich-Wilhelms-Universität zu Berlin, Personal- und Vorlesungsverzeichnis, Wintersemester 1943/44, Berlin: Preußische Verlags-Druckerei, S. 94; Friedrich-Wilhelms-Universität zu Berlin, Personal- und Vorlesungsverzeichnis, 1. Trimester 1940, Berlin: Preußische Verlags-Druckerei, S. 66; Friedrich-Wilhelms-Universität zu Berlin, Personal- und Vorlesungsverzeichnis, Wintersemester 1943/44, Berlin: Preußische Verlags-Druckerei, S. 94; Humboldt Universität Berlin, Personal- und Vorlesungsverzeichnis, Sommersemester 1950, I. Philosophische Fakultät, 8. Orientalische Philologie, S. 50.

[227] Vgl. Georg-August Universität zu Göttingen: Amtliches Namenverzeichnis, Verzeichnis der Vorlesungen, Winterhalbjahr 1983/84, Orientalische Philologie, Göttingen: Dieterichsche Universitätsbuchdruckerei (W. Fr. Kaestner), S. 300.

rend seiner Amtszeit wiederkehrenden Vorlesung zum ‚Islamischen Recht‘[228] hielt er dann im folgenden Wintersemester 1983/84.[229] Zwischendurch wurde das Lehrangebot unter dem Titel ‚Grundfragen des islamischen Rechts I: Die Lehre von den Rechtsgeschäften‘ und ‚Grundfragen des islamischen Rechts II: Die Strafen‘ als Übung deklariert vom Lektor für arabische Sprache am historisch-philologischen Fachbereich (1985–1994), Elschazli, angeboten.[230] Dieser beteiligte sich zudem in der Lehre durch Veranstaltungen wie ‚Grundfragen des islamischen Rechts: Abhandlungen arabischer Texte aus der Enzyklopädie des Islamischen Rechts“.[231] Während sich Nagel in semesterübergreifenden Hauptseminaren u. a. ‚theoretischen Grundlagen des islamischen Rechts‘[232] und islamischem Recht im Osmanischen Reich[233] widmete, nahmen sich Elschazli und

---

[228] Vgl. Georg-August Universität zu Göttingen: Amtliches Namenverzeichnis, Verzeichnis der Vorlesungen, Winterhalbjahr 1983/84, Orientalische Philologie, Göttingen: Dieterichsche Universitätsbuchdruckerei (W. Fr. Kaestner), S. 300.

[229] Vgl. Georg-August Universität zu Göttingen: Amtliches Namenverzeichnis, Verzeichnis der Vorlesungen, Winterhalbjahr 1983/84, Orientalische Philologie, Göttingen: Dieterichsche Universitätsbuchdruckerei (W. Fr. Kaestner), S. 300; ibid.: Winterhalbjahr 1991/92, Orientalische Philologie, Göttingen: Dieterichsche Universitätsbuchdruckerei (W. Fr. Kaestner), S. 336; ibid.: Winterhalbjahr 1995/96, Orientalische Philologie, Göttingen: Dieterichsche Universitätsbuchdruckerei (W. Fr. Kaestner), S. 397; ibid.: Sommerhalbjahr 1996, Orientalische Philologie, Göttingen: Dieterichsche Universitätsbuchdruckerei (W. Fr. Kaestner), S. 398.

[230] Vgl. Georg-August Universität zu Göttingen: Amtliches Namenverzeichnis, Verzeichnis der Vorlesungen, Winterhalbjahr 1986/87, Orientalische Philologie, Göttingen: Dieterichsche Universitätsbuchdruckerei (W. Fr. Kaestner), S. 281; ibid.: Sommersemester 1987, Orientalische Philologie, Göttingen: Dieterichsche Universitätsbuchdruckerei (W. Fr. Kaestner), S. 286.

[231] Vgl. Georg-August Universität zu Göttingen: Amtliches Namenverzeichnis, Verzeichnis der Vorlesungen, Sommerhalbjahr 1995, Orientalische Philologie, Göttingen: Dieterichsche Universitätsbuchdruckerei (W. Fr. Kaestner), S. 379.

[232] Vgl. Georg-August Universität zu Göttingen: Amtliches Namenverzeichnis, Verzeichnis der Vorlesungen, Winterhalbjahr 1987/88, Orientalische Philologie, Göttingen: Dieterichsche Universitätsbuchdruckerei (W. Fr. Kaestner), S. 290; ibid.: Winterhalbjahr 1987/88, Orientalische Philologie, Göttingen: Dieterichsche Universitätsbuchdruckerei (W. Fr. Kaestner), S. 306.

[233] Vgl. Georg-August Universität zu Göttingen: Amtliches Namenverzeichnis, Verzeichnis der Vorlesungen, Winterhalbjahr 1991/92, Orientalische Philologie, Göttingen: Dieterichsche Universitätsbuchdruckerei (W. Fr. Kaestner), S. 336; ibid.: Sommerhalbjahr 1992, Orientalische Philologie, Göttingen: Dieterichsche Universitätsbuchdruckerei (W. Fr. Kaestner), S. 378.

Nagels Schüler Rüdiger Lohlker[234] (geb. 1959) familienrechtlichen Bezügen des islamischem Rechts an.[235]

Im Jahre 2003 erhielt die am Wissenschaftsstandort Tübingen mit der Arbeit *Das Bild des Richters in der adab al-qāḍī-Literatur* promovierte und an der Universität zu Köln mit der Arbeit *Kinderverkauf und Schulknechtschaft. Untersuchungen zur frühen Phase des islamischen Rechts* habilitierte vormalige Wissenschaftliche Assistentin am Orientalischen Seminar der Universität zu Köln (1990–1997), Irene Schneider, am Seminar für Arabistik/Islamwissenschaft ihren Ruf. Ihre Forschungsschwerpunkte liegen im Bereich des islamischen Rechts in allen Teilaspekten, in die Rechtsdisziplinen gewöhnlich aufgeteilt werden: dem Familien-, Straf- und Öffentlichen Recht. Entsprechend weitgefächert ist ihr laufender Lehrbetrieb aufgefächert. Die Veranstaltungen reichen von Islamischem Recht und Lektürekursen zu Rechtstexten über Lehrveranstaltungen mit familien- und erbrechtlich ausgestalteten Islambezügen bis hin zum Staatsrecht.[236] Die Zusammenstellung auf ihrer universitären Homepage[237] ist beeindruckend und lässt sich im Rahmen dieses Artikels schwerlich vollumfänglich abbilden. Gleiches gilt für ihre umfangreiche fachwissenschaftliche Publikationsliste. Was aber für die Georg-August-Universität Göttingen im

---

234 Im Jahre 2003 wurde Rüdiger Lohlker auf die Professur für Islamwissenschaften an der Universität Wien berufen und hat seither u. a. die *Bibliographie des islamischen Rechts* (=*Schriftenreihe Studien zur Rechtswissenschaft* 158), Hamburg: Kovač 2005; *Islamisches Völkerrecht. Studien am Beispiel Granada*, Kleio Humanities, Bremen 2006; *Islamisches Recht* (=*UTB.* 3562), Wien: Facultas.wuv 2012 im Bereich des islamischen Rechts publiziert.

235 Siehe hierzu exemplarisch: Georg-August Universität zu Göttingen: Amtliches Namenverzeichnis, Verzeichnis der Vorlesungen, Sommerhalbjahr 1998, Orientalische Philologie, Göttingen: Dieterichsche Universitätsbuchdruckerei (W. Fr. Kaestner), S. 423; ibid.: Winterhalbjahr 1997/98, Orientalische Philologie, Göttingen: Dieterichsche Universitätsbuchdruckerei (W. Fr. Kaestner), S. 425; ibid.: Sommerhalbjahr 1997, Orientalische Philologie, Göttingen: Dieterichsche Universitätsbuchdruckerei (W. Fr. Kaestner), S. 417.

236 Vgl. hierzu exemplarisch: Georg-August Universität zu Göttingen: Amtliches Namenverzeichnis, Verzeichnis der Vorlesungen, Winterhalbjahr 2003/04, Orientalische Philologie, Göttingen: Dieterichsche Universitätsbuchdruckerei (W. Fr. Kaestner), S. 404 f.; ibid.: Sommerhalbjahr 2004, Orientalische Philologie, Göttingen: Dieterichsche Universitätsbuchdruckerei (W. Fr. Kaestner), S. 424 f.; ibid.: Winterhalbjahr 2004/05, Orientalische Philologie, Göttingen: Dieterichsche Universitätsbuchdruckerei (W. Fr. Kaestner), S. 416 f.

237 Siehe www.uni-goettingen.de/de/lehrveranstaltungen/205989.html (letzter Aufruf 03. 10. 2018).

heutigen Wissenschaftswettbewerb einen hohen nachhaltigen Wert darstellt, ist der von ihr im Jahre 2011 eingerichtete Studienschwerpunkt ‚Islamisches Recht'. Dieser soll hier wegen der besonderen Bedeutung hervorgehoben werden: Die islamwissenschaftlichen Module werden nämlich durch eine enge Zusammenarbeit mit der Juristischen Fakultät und den Import einiger juristischer Module erweitert, was den in dieser Form wohl einzigartigen Charakter dieses Studienangebots in der gesamten Bundesrepublik Deutschland kennzeichnet. Er ermöglicht es Masterstudierenden, einen intensiven Einblick in die – auch von Schneider persönlich unterrichtete – islamische Rechtssprache als Fachsprache zu erhalten und zugleich Module der Juristischen Fakultät zu belegen (wie zum Menschenrechtsschutz oder zur Staatslehre). Zielgruppen dieses Studienangebots sind Studierende der Arabistik/Islamwissenschaft mit besonderem Interesse an islamischem Recht, Studierende der Rechtswissenschaften oder einer verwandten Disziplin sowie Studierende anderer Masterstudiengänge, welche die spezifischen Zugangsvoraussetzungen erfüllen.

c) Wissenschaftsstandort Münster

Ein besonderes Alleinstellungsmerkmal kann sich unter dem Blickwinkel islamrechtlicher Studiengangsentwicklungen an deutschen Hochschulen auch die Westfälische Wilhelms-Universität Münster auf die Fahne schreiben. Dort wurde ein Zertifikatskurs ‚Islamisches Recht' in das universitäre Lehrangebot eingegliedert. *Spiritus rector* dessen ist Norbert Oberauer (geb. 1968). Er promovierte 2002 bei Ulrich Rebstock (geb. 1951) an der Albert-Ludwigs-Universität Freiburg 2002 zu *Religiöse Verpflichtung im Islam. Ein ethischer Grundbegriff und seine theologische, rechtliche und sozialgeschichtliche Dimension*[238] und wurde 2008 während seiner Tätigkeit am Lehrstuhl für Islamwissenschaft der Universität Bayreuth als Wissenschaftlicher Assistent (ab 2009 akademischer Oberrat) von Rainer Oßwald (geb. 1952) an der Sprach- und Literaturwissenschaftlichen Fakultät habilitiert.[239] Nachdem er 2010 im Zuge der Exzellenzinitiative, ähnlich wie Birgit Krawietz an der Freien Universität Berlin, in Münster auf eine islamwissenschaftliche Professur mit islamrechtlichem Schwerpunkt berufen wurde, setzte er den Zertifikationskurs auf. Dabei handelt es sich um

---

238 Oberauer: Ein ethischer Grundbegriff und seine theologische, rechtliche und sozialgeschichtliche Dimension.

239 Diese Arbeit entstand im Rahmen des Bayreuther Sonderforschungsbereichs SFB/FK 560 *Lokales Handeln in Afrika im Kontext globaler Einflüsse*, siehe Oberauer: Waqf im kolonialen Sansibar, S. 11.

ein Fortbildungsangebot des Instituts für Arabistik und Islamwissenschaft für fachfremde Studierende. Das Angebot richtet sich insbesondere an Juristen, die einen grundlegenden Einblick in das islamische Recht gewinnen wollen (sei es aus rechtsvergleichendem Interesse oder mit Blick auf die Bedeutung islamischer Rechtsnormen für das Internationale Privatrecht), aber auch z. B. an Studierende einer Theologie, der Religionswissenschaft oder der Kultur- und Sozialanthropologie. In dem Kurs werden neben rechtlichen Inhalten aber auch generelle Kenntnisse zum Islam vermittelt. Er ist daher für Studierende aller Fachrichtungen interessant, die in interkulturellen oder internationalen Zusammenhängen tätig werden wollen. Weder juristische noch islamwissenschaftliche Vorkenntnisse werden hierfür vorausgesetzt. Die zu erbringenden Studienleistungen sind im Einzelnen Vorlesungen zu Grundbegriffen des Islams und der Islamwissenschaft, zu Religion und Theologie des Islam, zu islamischem Recht 1 & 2 sowie ein Seminar zum islamischen Recht. Für die Forschungsfreisemester wurde hierfür Nobert Oberauer im Sommersemester 2016 von Lena-Maria Möller (Max-Planck-Institut für ausländisches und internationales Privatrecht) und im Sommersemester 2017 von Hatem Elliesie (Max-Planck-Institut für ethnologische Forschung, Halle/Saale) vertreten.

d) Wissenschaftsstandort Erlangen

Im Bereich der islamrechtlichen Lehre hat sich zudem an der Friedrich-Alexander-Universität Erlangen-Nürnberg Mathias Rohe (geb. 1959) hervorgetan, was sich bei einem ersten Blick auf die Lehrstuhlbezeichnung ‚Lehrstuhl für Bürgerliches Recht, Internationales Privatrecht und Rechtsvergleichung', ähnlich wie vormals bei Klingmüller in Köln[240] oder Wähler in Berlin,[241] nicht hätte vermuten lassen. Tatsächlich aber bietet Rohe seit Jahren turnusgemäß im Wintersemester eine Vorlesung zu den Grundlagen und der Geschichte des Islamischen Rechts und im Sommersemester eine zu den modernen Entwicklungen des islamischen Rechts an. In jedem Semester wird zudem eine Seminarveranstaltung zum islamischen Recht angeboten und in den Sommersemestern eine Veranstaltung zu Islam und Recht in Europa, was sich im Lehrdeputat in den Wintersemestern mit vier Semesterwochenstunden und in den Sommersemestern mit sechs Semesterwochenstunden niederschlägt. Dies ist umso beein-

[240] Lehrstuhl für Bürgerliches Recht, Internat. Privatrecht und Rechtsvergleichung an der Rechtswissenschaftlichen Fakultät der Universität zu Köln.

[241] Lehrstuhl für Rechtsvergleichung, Internationales Privatrecht und Kirchenrecht am Fachbereich der Freien Universität Berlin.

druckender, wenn man bedenkt, dass er von 2001 bis 2007 Richter im Nebenamt am Oberlandesgericht Nürnberg war und von 2004 bis 2006 das Amt des Dekans der Juristischen Fakultät bekleidete. Das von ihm im Jahre 2009 publizierte Buch *Das islamische Recht. Geschichte und Gegenwart*[242] dürfte auf absehbare Zeit seinesgleichen suchen.

Das von ihm jedoch darüber hinaus geschaffene Unikum in der deutschen Hochschullandschaft ist das Erlanger Zentrum für Recht und Islam (EZIRE). Das EZIRE wurde zum 1. Januar 2009 aus dem Innovationsfonds des Bayerischen Wissenschaftsministeriums errichtet und ist eine zentrale Einrichtung der Friedrich-Alexander-Universität Erlangen-Nürnberg. Mit dieser Einrichtung wurde die vielfältige und traditionsreiche Islam- und Nahost-Forschung der Friedrich-Alexander-Universität nachhaltig gestärkt. Die am EZIRE forschenden Wissenschaftlerinnen und Wissenschaftler unterschiedlicher Fachrichtungen wie bspw. aus den Rechtswissenschaften, der Politikwissenschaft und der Islamwissenschaft, untersuchen grundlegende Fragestellungen zum Islam und der muslimischen Bevölkerung in Europa, wobei zu erwähnen ist, dass ein Teil der Forschung in Form wissenschaftlicher Qualifikationsarbeiten (Promotion, Habilitation) durchgeführt wird. Auch beteiligt sich das EZIRE im Bereich der universitären Lehre. So ist Jörn Thielmann (geb. 1966), Geschäftsführer des EZIRE, seit dem Wintersemester 2013/14 Studienkoordinator des Master-Studiengangs ‚Nahoststudien'.

e) *Wissenschaftsstandort Tübingen*

Mathias Rohe ist einer Reihe von Wissenschaftlerinnen und Wissenschaftlern im Bereich des islamischen Rechts zuzuordnen, die ihre orient- und islamwissenschaftliche Ausbildung an der Eberhard Karls Universität Tübingen u. a. bei Heinz Halm (geb. 1942) und bei Josef van Ess (geb. 1934) genossen haben.[243] Soweit nicht bereits vorgestellt,[244] werden nachfolgend einige derer Erwähnung finden, die aus der Tübinger Hochschulausbildung stammend in der deutschen Wissenschaftslandschaft im Bereich des islamischen Rechts wirkten.

Auch wenn in Tübingen rechtliche Fragestellungen nicht zentraler Bestandteil in Forschung und Lehre waren und sich – nicht nur am Wissenschafts-

242 Rohe: *Das islamische Recht. Geschichte und Gegenwart.*

243 Letzterer hatte ein von der Theologie herrührendes Interesse an Recht und Normenlehre, auch wenn es nicht ein Schwerpunkt seiner Lehre und Forschung war. Für diesen Hinweis danke ich an dieser Stelle Mathias Rohe.

244 Wie Irene Schneider und Birgit Krawietz.

standort Tübingen – viele islamrechtlich interessierte Studierende den Stoff autodidaktisch erarbeiten mussten, so soll es dennoch, insbesondere unter van Ess, Raum für Entfaltung wissenschaftlicher Ideen und deren Umsetzung gegeben haben.[245] Rohe soll beispielsweise für die Weiterentwicklung seiner Magisterarbeit ‚Die Behandlung des Diebstahls nach den Vier Schulen' während seiner Studienzeit zwischen 1981–1989 vier Doppelstunden für die Vorstellung und Diskussion im Rahmen einer regulär stattfindenden Lehrveranstaltung gewährt bekommen haben. Während ihrer Lehrstuhlvertretung[246] soll lediglich Rotraud Wielandt[247] (geb. 1944) über zwei Semester eine Lehrveranstaltung zum islamischen Recht in Tübingen angeboten haben, von der nach eigenen Angaben Rohe sehr profitiert habe.[248]

f) Wissenschaftsstandort Bamberg

Entsprechende Lehrveranstaltung von Wielandt ließen sich in der Folge nur in den Anfangsjahren und vereinzelt während ihrer Professur in Bamberg in den Vorlesungsverzeichnissen wie im Wintersemester 1985/86 zu ‚Der Islam und das Recht Ägyptens seit 1945', im Sommersemester 1986 ‚Grundzüge des islamischen Rechts' und im Wintersemester 1986/87 ‚Die Megelle, ein Dokument der neuzeitlich islamisch-türkischen Rechtsgeschichte (Lektüre und Interpretation)' eruieren.[249] Ein reger Austausch bzw. Stellenwechsel an wissenschaftlichem Personal bestand offensichtlich zwischen den Wissenschaftsstandorten Freiburg und Tübingen, was sich u. a. in den akademischen Werdegängen von Badry, Rebstock und Krawietz abzeichnen lässt. Die hervorragenden Bestände des Sondersammelgebiets ‚Vorderer Orient/Nordafrika' dürfte ein Standortvorteil für Tübingen gewesen sein.[250]

---

[245] So dankenswerter Weise übereinstimmend Birgit Krawietz, Mathias Rohe, Roswitha Badry und Ulrich Rebstock.

[246] Ich danke Ulrich Rebstock für diese Auskunft.

[247] Von 1985 bis 2009 Professorin für Islamkunde und Arabistik an der Universität Bamberg

[248] Ich danke Mathias Rohe für diesen Hinweis.

[249] Siehe Universität Bamberg, Personal- und Vorlesungsverzeichnis, Wintersemester 1985/19, S. 225; ibid.: Sommersemester 1986, S. 248; ibid., S. 256.

[250] Siehe Krawietz: *Hierarchie der Rechtsquellen im tradierten sunnitischen Islam*, S. x.

g) Wissenschaftstandort Freiburg i. Br.

Islamrechtliche Lehre fand insbesondere in Freiburg unter Anleitung von Rebstock seit seinem Amtsantritt 1993 bis zu seinem Ausscheiden 2017 statt und auch Badry bediente die Lehre durch entsprechende Seminarveranstaltungen mit Einzelaspekten. Von 2004 bis 2005 war zudem Jokisch zeitweise Lehrstuhlvertreter in Freiburg, was sich auch im islamrechtlichen Lehrangebot niedergeschlagen haben soll.[251] Aber auch Werner Ende (geb. 1932) hat beispielsweise im Wintersemster 1986/87 am Orientalischen Seminar eine Lehrveranstaltung zu ‚Arabische Fatwas als kulturgeschichtliche Quelle' angeboten und im Sommersemester 1989 Krawitz Impulse bei der Erforschung von Aspekten im islamwissenschaftlichen Bereich von Recht und Medizin mit auf den Weg gegeben.[252] Auch Albin Eser (geb. 1935), Direktor des Max-Planck-Instituts für ausländisches und internationales Strafrecht in Freiburg i. Br. (1982–2003) hat entsprechende Arbeiten im islamrechtlichen Bereich begleitet.[253]

h) Wissenschaftstandort Bayreuth

Von Freiburg weg begab sich bei Betrachtung der akademischen Vitae auch Oberauer nach seiner Dissertation, um – wie bereits dargestellt – bei Oßwald am Lehrstuhl in Bayreuth als Wissenschaftlicher Assistent und später akademischer Oberrat tätig zu werden. Oßwald, in den 70er und 80er Jahren Kommilitone von Oberauers Doktovater und Schneider in Tübingen, hat nach eigenen Angaben an der Universität Bayreuth 20 Jahre lang, von 1997 bis 2017, jedes Sommersemester eine Vorlesung ‚Einführung in das islamische Recht' gehalten, jedoch wurde dieser Themenbereich nach seiner Emeritierung in Bayreuth nicht ‚institutionalisiert'.[254]

IV Ausblick und Fazit

Ganz allgemein lässt sich feststellen, dass, solange islamwissenschaftliche Erkenntnisse (und damit auch die der islamrechtlichen Forschung) Ergebnis historisch-philologischer Forschung waren, der Gegenstands- und Aufgaben-

---

251 Für die Mitteilung dieser Informationen danke ich Roswitha Badry und Ulrich Rebstock.

252 Krawietz: *Die Hurma*, S. 6.

253 Siehe ibid.; Tellenbach: Untersuchungen zur Verfassung der islamischen Republik Iran vom 15. November 1979, S. 12.

254 Ich danke Rainer Oswald für diese schriftlich mitgeteilte Auskunft.

bereich relativ überschaubar blieb. Die allmählich wahrnehmbare Neuausrichtung der Islamwissenschaft als zunehmend problembezogenes Geflecht historischer und systematischer wissenschaftlicher Ansätze sowie die in den letzten Jahren – mit Blick auf die Hochschultradition des geteilten Deutschlands nicht neue, aber wohl heutzutage – wichtig gewordene Definition der Islamwissenschaft als *area studies* bedingen eine Erweiterung des Aufgabenfeldes, das bei oftmals geringer Personalausstattung die Struktur des Faches überfordern dürfte.[255] Vor diesem Hintergrund sind daher grundsätzlich die an der Humboldt-Universität zu Berlin ausgeschriebene Professur für Islamisches Recht für eine sich institutionell in der Gründung befindliche Islamische Theologie am Wissenschaftsstandort Berlin, die noch nicht besetzte Juniorprofessur für den von Çefli Ademi geleiteten Arbeitsbereich ‚Islamische Normenlehre und ihre Methodologie' am Zentrum für Islamische Theologie der Westfälischen Wilhelms-Universität in Münster, die derzeit vakante Professur für ‚Islamische Rechtswissenschaften und Glaubenspraxis' am Zentrum für Islamische Theologie der Universität Osnabrück (vormals Abdurrahim Kozali, derzeit vertreten durch Martin Keller und Mahmoud Haggag Rashidy), die Professur für ‚Islamischen Recht' am Zentrum für Islamische Theologie an der Eberhard Karls Universität Tübingen (Mouez Khalfaoui), die Professur für ‚Islamisch-Religiöse Studien mit textwissenschaftlichem Schwerpunkt und Normenlehre' (Mohammed Nekroumi) am Department Islamisch-Religiöse Studien der Friedrich-Alexander Universität Erlangen-Nürnberg und der dort von Abbas Poya geleiteten Nachwuchsforschergruppe ‚Norm, Normativität und Normenwandel', die Juniorprofessur für ‚Normenlehre' (Rana Alsoufi) am Institut für Studien der Kultur und Religion des Islam an der Johann Wolfgang Goethe-Universität Frankfurt am Main und die islamrechtlich ausgerichtete Juniorprofessur für ‚Islamische Theologie' (Serdar Kurnaz) an der Akademie der Weltreligionen der Universität Hamburg zu begrüßen. Daraus könnte sich im Bereich des islamischen Rechts ein wissenschaftlicher Mehrwert in und für die deutsche Hochschullandschaft generieren lassen. Positiv zu bewerten ist diesbezüglich bereits die Verleihung eines Dissertationspreises zum islamischen Recht der Gesellschaft für Arabisches und Islamisches Recht (GAIR) an den letztgenannten Stelleninhaber Serdar Kurnaz auf der GAIR-Jahrestagung 2018 in Halle/Saale, in deren Rahmen zudem auf Initiative von Hatem Elliesie die konstituierende Sitzung

---

255 Vgl. Wissenschaftsrat: Empfehlungen zur Weiterentwicklung von Theologien und religionsbezogenen Wissenschaften an deutschen Hochschulen (Drs. 9678-10), Berlin 2010, S. 73.

einer fächer- und disziplinübergreifenden Arbeitsgruppes Junges Netzwerk Recht & Islam unter der Ägide der GAIR unmittelbar nach der Übergabe dieser Festschrift am 9. November 2018 stattfinden soll.

Bei aller Euphorie sollten aber auch die Herausforderungen dieser jüngsten Entwicklungen im Auge behalten werden. Es sollte uns nachdenklich stimmen, wenn in einer öffentlichen Probevorlesung im Zuge eines Berufungsverfahrens einer einschlägigen, islamrechtlich ausgelegten Professur ein Kandidat bei der Beantwortung einer Frage zur Lebenswirklichkeit des Propheten und ihrer Übertragung auf die Gegenwart Methoden der empirischen Sozialforschung als denkbare Forschungsansätze einbringt, dafür aber in einer im Umgangston inadäquaten Art und Weise u. a. von Vertretern islamischer Verbände mit dem Vorwurf konfrontiert wird, dadurch die *šarīʿa* aussetzen zu wollen und dass man sich nicht vom ‚türkischen Obstverkäufer' sagen lassen werde, wie die islamische Religion funktioniere. Diese für den wissenschaftlichen Diskurs wenig gewinnbringende Reaktion sollte uns die von Angelika Hartmann vor über 25 Jahren zutreffend auf den Punkt gebrachte Prämisse vergegenwärtigen:[256]

> Nicht allein einem normativen und statischen Islam, wie ihn muslimische Dogmatiker aus Gründen der Orthodoxie ihres Geschichtsbildes heraus [mehr oder minder quellen(un)kritisch] beschreiben, und wie ihn der nicht-muslimische Kulturhistoriker und Philologe lange Zeit dargestellt hat, sondern ebenso den verschiedenen Gesellschaften und Kulturen eines gelebten, poly-interpretablen Islam [sollte] sich die [islamrechtliche] Forschung heute [annehmen].

In anderen Worten sollten in der Forschung und Lehre islamischer Normativität[257] neben den in der islamrechtlichen Hochschultradition in Deutschland typischen Quellenstudium mit den geschichtswissenschaftlichen, philologischen und theologischen Zugängen und ihren unterschiedlichen intellektuellen Theorieebenen verstärkt methodische und methodologische Neubesinnungen zugelassen werden. Soziologische, theologische und/oder religionswissenschaftliche Theorienbildung könnte man durchaus deutlicher auf Empirie fußen lassen, um muslimische Lebenswelten und Alltagspragmatiken diachron wie synchron ins Verhältnis zu setzen. Gerade das Wechselspiel und gegenseitige Durchdringen heterogener Elemente aus der Frühzeit des Islam bis hin in die Gegenwart sollte als ein tragendes Wesensmerkmal für die Entwicklung der islamischen Theologie, Rechts- und Gesellschaftstheorie erkannt werden. Eine Überbetonung des Formalismus in jeglicher Art der Argumentation muslimi-

---

256 Hartmann: Orientalistik und Islambegriff heute, S. 126.

257 Hierzu lesenswert Ademi: Lehrstühle für „Islamisches Recht"?, S. 165–192.

scher Rechts- und Gesellschaftsordnung(en) betreffend verkennt, dass – wie es uns Texte und Realien zeigen – der gelebte Islam zu keiner Zeit eine vollständig normierte, monolithische Einheit gewesen ist.[258] In der islamwissenschaftlichen Fortführung und multidisziplinären Weiterentwicklung klassisch islamischer Rechtsdiskurse sollte man daher – nicht nur, aber insbesondere auch – deutscher Hochschultradition verpflichtend dem reichhaltigen wissenschaftlichen Fundus bewusst begegnen.

---

258 Vgl. hierzu bspw. Elliesie: Binnenpluralität des Islamischen Rechts: Diversität religiöser Normativität rechtsdogmatisch und -methodisch betrachtet; Hartmann: Orientalistik und Islambegriff heute, S. 130 f.

Literaturverzeichnis

Hinsichtlich der nachfolgenden bibliographischen Zusammenstellung sei voranstehend angemerkt, dass insbesondere Archivmaterialien wie Aktenvermerke, Protokolle, Sitzungsberichte sowie Vorlesungsverzeichnisse zum Zwecke der besseren Übersichtlichkeit in vollständiger Zitierung im Fußnotenapparat belassen wurden und sich nicht im Literaturverzeichnis finden. Dies ergab sich aus der Notwendigkeit, die genannten Quellen aufgrund unterschiedlicher Auflagen möglichst präzise und fachadäquat wiederzugeben.

ʿAbd-ar-Raḥmān Badawī: *Mausūʿat al-mustašriqīn* / موسوعة المستشرقين, Beirut: Dār al-ʿIlm li-l-Malāyīn 1993.

Abū Šuǧāʿ Aḥmad b. al-Ḥusain b. Aḥmad al-Aṣfahānī: *Matn al-ġāya wa-t-taqrīb fi-l-fiqh aš-Šāfiʿī* / متن الغاية والتقريب في الفقه الشافعي, ediert von Maʿāḏ al-Ḥamawī, Beirut: Dār Ibn Ḥazm 1994.

Abū-l-Ḥusain Aḥmad b. Muḥammad al-Qudūrī: *Muḫtaṣar al-Qudūrī fi-l-fiqh al-ḥanafī* / مختصر القدوري في الفقه الحنفي, ediert von Sāʾid Bakdāš, Medina: Dār as-Sirāǧ 2014.

Ademi, Çefli: Lehrstühle für „Islamisches Recht“? Eine kritische Begriffsanalyse bzw. die Frage nach einer substanzadäquaten Lehrstuhlbezeichnung, in: *Jahrbuch für Islamische Theologie und Religionspädagogik*, 1. Jahrgang, hrsg. von Milad Karimi und Muhanad Kourchide, Freiburg i. Br.: Kalām 2012, S. 165–192.

Akademie der Wissenschaften zu Göttingen (Hg.): *Jahrbuch der Akademie der Wissenschaften in Göttingen 1965*, Göttingen 1965.

ʿAlī b. Muḥammad al-Māwardī: *al-Aḥkām as-sulṭānīya wa-l-wilāyāt ad-dunyawīya* / الأحكام السلطانية والولايات الدنيوية, Kuwait: Maktabat Dār Ibn Qutaiba 1989.

Analecta Arabica, Teil 1: Institutiones iuris mohammedani circa bellum contra eos qui ab islamo sunt alieni, e duobus al-Codurii codicibus. = as-Sair [vielmehr: as-Siyar] min Kitāb al-Qadūrī fi'l-fiqh / nunc primum arabice, edidit, latine vertit, glossarium adiecit Ern. Frid. Car. Rosenmüller, Lipsiae 1825.

Auswärtiges Amt – Historischer Dienst: *Biographisches Handbuch des deutschen Auswärtigen Dienstes 1871–1945* 3: L–R, Paderborn/München/Wien/Zürich 2008.

Bälz, Kilian Rudolf: *Versicherungsvertragsrecht in den arabischen Staaten; der Versicherungsvertrag im islamischen Recht und den modernen arabischen Zivilrechtskodifikationen; unter besonderer Berücksichtigung des ägyptischen ZGB (1948) und des jordanischen ZGB (1976)*, Karlsruhe 1997.

Barber, Malcolm Charles: Vienne, Konzil von, in: *Theologische Realenzyklopädie* 35: Vernunft III – Wiederbringung aller, hrsg. von Gerhard Müller, Horst Balz, James K. Cameron et al., Berlin/New York 2003, S. 76–79.

Bellmann, Dieter: *Gedenkschrift Wolfgang Reuschel. Akten des III. Arabistischen Kolloquiums, Leipzig, 21.–22. November 1991*, Abhandlungen für die Kunde des Morgenlandes 51,1, Stuttgart 1994.

Bergsträsser, Gotthelf: *G. Bersträsser's Grundzüge des Islamischen Rechts*, bearb. und hrsg. von Joseph Schacht, Lehrbücher des Seminars für Orientalische Sprachen zu Berlin 35, Berlin/Leipzig 1935.

Bezirksamt Charlottenburg-Wilmersdorf: Neuer Präsident des Amtsgerichts Charlottenburg, Pressemitteilung vom 22. Februar 2017, www.berlin.de/ba-charlottenburg-wilmersdorf/aktuelles/pressemitteilungen/2017/pressemitteilung.563769.php (letzter Aufruf am 03. 10. 2018).

Bousquet, Georges-Henri: Christian Snouck Hurgronje (1857–1936), in: *Oeuvres choisies de C. Snouck Hurgronje / Selected Works of C. Snouck Hurgronje*, hrsg. von Georges-Henri Bousquet und Joseph Schacht, Leiden 1957, S. xi–xxi.

Bousquet, Georges-Henri / Joseph Schacht (Hgg.): *Oeuvres choisies de C. Snouck Hurgronje / Selected Works of C. Snouck Hurgronje*, Leiden 1957.

Brahm. Felix / Adam Jones: Afrikanitsik, in: *Geschichte der Universität Leipzig* 4: Fakultäten, Institute und Zentrale Einrichtungen, 1. Halbband, hrsg. von Ulrich von Hehl, Uwe John und Manfred Rudersdorf, Leipzig 2009, S. 295–324.

Brunner, Rainer: Schacht, Joseph, in: *Neue Deutsche Biographie* 22, hrsg. von der Historischen Kommission bei der Bayerischen Akademie der Wissenschaften, Aachen 2005, S. 491–492.

Brunschvig, Robert: Joseph Schacht (1902–1969), in: *Studia Islamica* 31 (1970), S. iv–ix.

Bünger, Karl / Hermann Trimborn (Hgg.): *Religiöse Bindungen in frühen und in orientalischen Rechten*, Wiesbaden 1952.

Daniels, Mario: *Geschichtswissenschaft im 20. Jahrhundert. Institutionalisierungsprozesse und Entwicklung des Personenverbandes an der Universität Tübingen 1918–1964*, Contubernium – Tübinger Beiträge zur Universitäts- und Wissenschaftsgeschichte 71, Stuttgart 2009.

Desomogyi, Joseph (Hg.): *Ignác Goldziher. Gesammelte Schriften* 4, Hildesheim 1970.

Dietrich, Albert: Richard Hartmann, 8. Juni 1881–5. Februar 1965, in: *Jahrbuch der Akademie der Wissenschaften in Göttingen 1965*, hrsg. von der Akademie der Wissenschaften zu Göttingen, Göttingen 1965, S. 74–82.

Ebert, Hans-Georg: *Geschichte des [Orientalischen] Instituts*, www.orient.uni-leipzig.de/institut/geschichte-des-instituts/ (letzter Aufruf am 01. 10. 2018).

—— (Hg.): *Beiträge zum Islamischen Recht*, Leipziger Beiträge zur Orientforschung 9, Frankfurt am Main/Berlin/Bern et al. 2000.

——: Johann Jacob Reiske: Geist und Vermächtnis, in: *Johann Jacob Reiske. Leben und Wirken*, hrsg. von Hans-Georg Ebert und Thoralf Hanstein, Leipzig 2005, S. 11–17.

——: Heinrich Leberecht Fleischer: *Geist und Vermächtnis, in: Heinrich Leberecht Fleischer. Leben und Wirkung; ein Leipziger Orientalist des 19. Jahrhunderts mit internationaler Ausstrahlung*, Leipziger Beiträge zur Orientforschung 30, hrsg. von Hans-Georg Ebert und Thoralf Hanstein, Frankfurt am Main et al. 2013, S. 19–25.

—— (Hg.): *Beiträge zum Islamischen Recht X. Zu Ehren von Hilmar Krüger*, Leipziger Beiträge zur Orientforschung 33, Frankfurt am Main 2015.

Ebert, Hans-Georg / Thoralf Hanstein (Hgg.): *Johann Jacob Reiske. Leben und Wirken*, Leipzig 2005.

—— / —— (Hgg.): *Heinrich Leberecht Fleischer. Leben und Wirkung; ein Leipziger Orientalist des 19. Jahrhunderts mit internationaler Ausstrahlung*, Leipziger Beiträge zur Orientforschung 30, Frankfurt am Main et al. 2013.

Eich, Thomas: *Islam und Bioethik: eine kritische Analyse der modernen Diskussion im islamischen Recht*, Heidelberger Centrum für Euro-Asiatische Studien: Aktuelle Debatte, Wiesbaden 2005.

Elliesie, Hatem: *Binnenpluralität des Islamischen Rechts: Diversität religiöser Normativität rechtsdogmatisch und -methodisch betrachtet*, SFB-Governance Working Paper Series 54, Berlin: Sonderforschungsbereich 700 „Governance in Räumen begrenzer Staatlichkeit" 2014.

Elliesie, Hatem / Beate Anam / Thoralf Hanstein (Hgg.): *Islamisches Recht in Wissenschaft und Praxis. Festschrift zu Ehren von Hans-Georg Ebert*, Berlin/Bern/Wien 2018.

Ellinger, Ekkehard: *Deutsche Orientalistik zur Zeit des Nationalsozialismus 1933–1945*, Edingen-Neckarhausen 2006.

Elwan, Omaia / Hatem Elliesie: Exequaturverfahren syrischer Urteile in Deutschland, in: *Islamisches Recht in Wissenschaft und Praxis. Festschrift zu Ehren von Hans-Georg Ebert*, hrsg. von Hatem Elliesie, Beate Anam und Thoralf Hanstein, S. 245–267.

Ende, Werner / Udo Steinbach (Hgg.): *Der Islam in der Gegenwart*, München: Beck [5]2005.

Fleischhammer, Manfred: Die Orientalistik an der Universität Halle (1694–1937) – eine Skizze, in: *Wissenschaftliche Zeitschrift der Martin-Luther-Universität Halle-Wittenberg* VII/4 (1958), S. 877–884.

Goer, Charis / Michael Hofmann (Hgg.): *Der Deutschen Morgenland. Bilder des Orients in der deutschen Literatur und Kultur von 1770 bis 1850*, Paderborn/München 2008.

Goldziher, Ignác: *Die Ẓāhiriten. Ihr Lehrsystem und ihre Geschichte; Beitrag zur Geschichte der muhammedanischen Theologie*, Leipzig 1884.

—: Vorwort, in: *Vorlesungen über den Islam*, Religionswissenschaftliche Bibliothek 1, hrsg. von Wilhelm Streitberg und Richard Wünsch, Heidelberg 1910, S. ix–x.

—: Fiḳh, in: *Enzyklopaedie des Islām: Geographisches, ethnographisches und biographisches Wörterbuch der muhammendanischen Völker* II: E–K, hrsg. von Martijn Theodor Houtsma et al., Leiden/Leipzig 1927, S. 106–111.

——: Die Entwicklung des Gesetzes, in: *Vorlesungen über den Islam*, Religionswissenschaftliche Bibliothek 1, hrsg. von Wilhelm Streitberg und Richard Wünsch, Heidelberg 1910, S. 35–79.

——: Die Fortschritte der Islam-Wissenschaft in den letzten drei Jahrzehnten, in: *Ignác Goldziher. Gesammelte Schriften* 4, hrsg. von Joseph Desomogyi, Hildesheim 1970, S. 443–469.

——: *Tagebuch. Ignaz Goldziher*, hrsg. von Alexander [Sándor] Scheiber, Leiden 1978.

Gräf, Erwin: Recht und Sprache im Islam, in: *Zeitschrift für vergleichende Rechtswissenschaft* (1974), S. 66–123.

Hafez, Kai / Gerhard Höpp: Gegenwartsbezogene Orientwissenschaft in der DDR und den neuen Bundesländern: Kontinuität oder Nebeginn?, in: Wissenschaft und Wiedervereinigung: Asien- und Afrikawissenschaften im Umbruch, hrsg. von Wolf-Hagen Krauth, Berlin: Akademie Verlag 1998, S. 96–163.

Hanisch, Ludmila: *Die Nachfolger der Exegeten. Deutschsprachige Erforschung des Vorderen Orients in der ersten Hälfte des 20. Jahrhunderts*, Wiesbaden 2003.

Hartmann, Angelika: Orientalistik und Islambegriff heute: Konzept und Gegenstand der Forschung – von Würzburg aus betrachtet, in: *Angewandte interdisziplinäre Orientforschung. Stand und Perspektiven im westlichen und östlichen Deutschland*, Mitteilungen des Deutschen Orient-Instituts 41, hrsg. von Angelika Hartmann und Konrad Schliephake, Hamburg 1991, S. 121–148.

Hartmann, Angelika / Konrad Schliephake (Hgg.): *Angewandte interdisziplinäre Orientforschung. Stand und Perspektiven im westlichen und östlichen Deutschland*, Mitteilungen des Deutschen Orient-Instituts 41, Hamburg 1991.

Hartmann, Richard: *Die Religion des Islam. Eine Einführung*, Berlin 1944.

Havemann, Havemann / Baber Johansen: Einleitung, in: *Gegenwart als Geschichte – islamwissenschaftliche Studien. Fritz Steppat zum fünfundsechzigsten Geburtstag*, hrsg. von Axel Havemann und Baber Johansen, Leiden et al. 1988, S. 1 f.

—— / —— (Hgg.): *Gegenwart als Geschichte – islamwissenschaftliche Studien. Fritz Steppat zum fünfundsechzigsten Geburtstag*, Leiden et al. 1988.

Heffening, Wilhelm: *Das islamische Fremdenrecht bis zu den islamisch-fränkischen Staatsverträgen. Eine rechtshistorische Studie zum Fiqh*, Beiträge zum Rechts- und Wirtschaftsleben des islamischen Orients 1, Hannover 1925.

——: SHĪRĀZĪ, Abū Isḥāḳ Ibrāhīm b. ʿAlī b. Yūsuf al-Fīrūzābādī, in: *Enzyklopaedie des Islām. Geographisches, ethnographisches und biographisches Wörterbuch der Muhammedanischen Völker* IV: S–Z, hrsg. von Martijn Theodor Houtsma, Arent Jan Wensinck et al., Leiden/Leipzig 1934, S. 406 f.

Heilen, Julia / Eckehard Schulz: Hans-Georg Ebert – zur Verfasstheit und Person, in: *Islamisches Recht in Wissenschaft und Praxis. Festschrift zu Ehren von Hans-Georg Ebert,* hrsg. von Hatem Elliesie, Beate Anam und Thoralf Hanstein, Berlin/Bern/Wien 2018, S. 27–38.

Historische Kommission bei der Bayerischen Akademie der Wissenschaften (Hg.): *Neue Deutsche Biographie* 22, Aachen 2005.

Hoenerbach, Wilhelm (Hg.): *Der Orient in der Forschung. Festschrift für Otto Spies zum 5. April 1966*, hrsg. von Wilhelm Hoenerbach, Wiesbaden 1967.

——: Vorwort des Herausgebers, in: *Der Orient in der Forschung. Festschrift für Otto Spies zum 5. April 1966*, hrsg. von Wilhelm Hoenerbach, Wiesbaden 1967, S. vii.

Houtsma, Martijn Theodor / Arent Jan Wensinck et al. (Hgg.): *Enzyklopaedie des Islām. Geographisches, ethnographisches und biographisches Wörterbuch der Muhammedanischen Völker* IV: S–Z, Leiden/Leipzig 1934.

Huschens, Franz-Josef: *Der Bonner Bibliothekar und Orientalist Wilhelm Heffening (1894–1944). Eine bio-bibliographische Studie nebst einem Verzeichnis der aus seiner Privatbibliothek stammenden Druckschriften in den Beständen der Universitäts- und Landesbibliothek Bonn,* Abschlussarbeit für das postgraduale Fernstudium zum Wissenschaftlichen Bibliothekar am Institut für Bibliothekswissenschaften der Humboldt-Universität zu Berlin, Berlin 1997.

Ibrāhīm b. Muḥammad al-Bāǧūrī: *Ḥāšiyat al-Bāǧūrī ʿalā šarḥ Ibn Qāsim al-Ġaziy ʿalā matn Abī Šuǧāʿ fī šarḥ maḏhab al-Imām aš-Šāfiʿī* / حاشية الباجوري على شرح ابن أبي قاسم الغزي على متن أبي شجاع في شرح مذهب الإمام الشافعي, Beirut: Dār al-Kutub al-ʿIlmīya 1999.

Jäschke, Gotthard: Edgar Pröbster, in: *Die Welt des Islams* 24 (1942), S. 129–131.

Johansen, Baber: *Contingency in a Sacred Law. Legal and Ethical Norms in the Muslim Fiqh*, Studies in Islamic Law and Society 7, Leiden et al. 1999

Jokisch, Benjamin: *Islamisches Recht in Theorie und Praxis: Analyse einiger kaufrechtlicher Fatwas von Taqī'd-Dīn Aḥmad b. Taymiyya*, Berlin: Schwarz 1996.

Keiper, Gerhard / Martin Kröger: Pröbster, Edgar, in: *Biographisches Handbuch des deutschen Auswärtigen Dienstes 1871–1945* 3: L–R, hrsg. vom Auswärtigen Amt – Historischer Dienst, Paderborn/München/Wien/Zürich 2008, S. 521 f.

Khalfaoui, Mouez: Orientalismus und das islamische Recht: Debatten über den Ursprung und das Wesen des islamischen Rechts, in: *Islamisches Recht in Theorie und Praxis. Neue Ansätze zu aktuellen und klassischen islamischen Rechtsdebatten*, Reihe für Osnabrücker Islamstudien 21, hrsg. von Mouez Khalfaoui und Bülent Ucar, Frankfurt am Main 2016, S. 17–40.

Khalfaoui, Mouez / Bülent Ucar (Hgg.): *Islamisches Recht in Theorie und Praxis. Neue Ansätze zu aktuellen und klassischen islamischen Rechtsdebatten*, Reihe für Osnabrücker Islamstudien 21, Frankfurt am Main 2016.

Krawietz, Birgit: *Die Hurma: schariatrechtlicher Schutz vor Eingriffen in die körperliche Unversehrtheit nach arabischen Fatwas des 20. Jahrhunderts*, Berlin: Duncker & Humblot 1991.

——: *Hierarchie der Rechtsquellen im tradierten sunnitischen Islam*, Schriften zur Rechtstheorie 208, Berlin: Duncker & Humblot 2002.

Kreiner, Josef: Zur 100. Wiederkehr der Gründung des Seminars für Orientalische Sprachen, Berlin/Bonn, in: *Orientierungen. Neue Mitteilungen des Seminars für Orientalische Sprachen* 1, Bonn 1989, S. 1–24.

Kronke, Herbert: Laudatio auf Professor emeritus Dr. iur. Omaia Elwan, in: *Islamisches und arabisches Recht als Problem der Rechtsanwendung. Symposium zu Ehren von Professor Emeritus Dr. iur. Omaia Elwan, veranstaltet vom Institut für ausländisches und internationales Privat- und Wirtschaftsrecht der Universität Heidelberg und der Gesellschaft für Arabisches und Islamisches Recht e. V.*, Studien zum vergleichenden und internationalen Recht – Comparative and International Law Studies 60, hrsg. von Herbert Kronke, Gert Reinhart und Nika Witteborg, Frankfurt am Main 2011, S. 5–9.

Kronke, Herbert / Gert Reinhart / Nika Witteborg (Hgg.): *Islamisches und arabisches Recht als Problem der Rechtsanwendung. Symposium zu Ehren von Professor Emeritus Dr. iur. Omaia Elwan, veranstaltet vom Institut für ausländisches und internationales Privat- und Wirtschaftsrecht der Universität Heidelberg und der Gesellschaft für Arabisches und Islamisches Recht e. V.*, Studien zum vergleichenden und internationalen Recht – Comparative and International Law Studies 60, Frankfurt am Main 2011.

——/——/——: Vorwort, in: *Islamisches und arabisches Recht als Problem der Rechtsanwendung. Symposium zu Ehren von Professor Emeritus Dr. iur. Omaia Elwan, veranstaltet vom Institut für ausländisches und internationales Privat- und Wirtschaftsrecht der Universität Heidelberg und der Gesellschaft für Arabisches und Islamisches Recht e. V.*, Studien zum vergleichenden und internationalen Recht – Comparative and International Law Studies 60, hrsg. von Herbert Kronke, Gert Reinhart und Nika Witteborg, Frankfurt am Main 2011, S. v.

Krüger, Hilmar: Erwin Gräf (1914–1976), in: *Zeitschrift für vergleichende Rechtswissenschaft* 77 (1978), S. 311–314.

——: *Fetwa und Siyar. Zur internationalrechtlichen Gutachtenpraxis des osmanischen Şeyh ül-Islâm vom 17.–19. Jh. unter besonderer Berücksichtigung der ‚Behcet ül-Fetâvâ*, Wiesbaden 1978.

——: Ernst Klingmüller zum 85. Geburtstag, in: *Beiträge zum Islamischen Recht*, Leipziger Beiträge zur Orientforschung 9, hrsg. von Hans-Georg Ebert, Frankfurt am Main/Berlin/Bern et al. 2000, S. 11–23.

——: The Study of Islamic Law in Germany: A Review of Recent Books on Islamic Law, in: *Journal of Law and Religion* 15.1/2 (2000–2001), S. 303–330.

Kruse, Hans: Bespr. v. Karl Bünger und Hermann Trimborn: Religiöse Bindungen in frühen und in orientalischen Rechten. Wiesbaden (Otto Harrassowitz) 1952, in: *Zeitschrift der Deutschen Morgenländischen Gesellschaft* 104.1 (1954), S. 198–201.

Lenz, Max: *Geschichte der königlichen Friedrich-Wilhelms-Universität zu Berlin* 3, Halle 1910.

Lohlker, Rüdiger: *Bibliographie des islamischen Rechts, Schriftenreihe Studien zur Rechtswissenschaft* 158, Hamburg: Kovač 2005.

—: *Islamisches Völkerrecht. Studien am Beispiel Granada*, Kleio Humanities, Bremen 2006.

—: *Islamisches Recht*, UTB 3562, Wien: Facultas.wuv 201

Mangold, Sabine: *Eine „weltbürgerliche Wissenschaft". Die deutsche Orientalistik im 19. Jahrhundert*, Stuttgart 2004.

—: Anmerkungen zur deutschen Orientalistik im frühen 19. Jahrhundert und ihrem Orientbild, in: *Der Deutschen Morgenland. Bilder des Orients in der deutschen Literatur und Kultur von 1770 bis 1850*, hrsg. von Charis Goer und Michael Hofmann, Paderborn/München 2008, S. 223–241.

Menhofer, Bruno / Dirk Otto (Hgg.): *Gutachten zum ausländischen Familien- und Erbrecht. Naher und Mittlerer Osten, Afrika und Asien*, Frankfurt am Main/Berlin 2005.

— / —: Vorwort, in: *Gutachten zum ausländischen Familien- und Erbrecht. Naher und Mittlerer Osten, Afrika und Asien*, hrsg. von Bruno Menhofer und Dirk Otto, Frankfurt am Main/Berlin 2005, S. 9 f.

Meyer, Egbert: Erwin Gräf (1914–1976), in: *Zeitschrift der Deutschen Morgenländischen Gesellschaft* 128.1 (1978), S. 12–19.

Müller, Ewald: *Das Konzil von Vienne 1311–1312. Seine Quellen und seine Geschichte*, Vorreformationsgeschichtliche Forschungen 12, Münster 1934.

Müller, Gerhard / Horst Balz / James K. Cameron et al. (Hgg.): *Theologische Realenzyklopädie* 35: Vernunft III – Wiederbringung aller, Berlin/New York 2003.

Nagel, Tilman: *Das islamische Recht. Eine Einführung*, Westhofen 2001.

Nallino, Alfonso: Delle assicurazioni in diritto musulmano hanfita, in: *Oriente Moderno* 7 (1927), S. 446–461.

Noth, Albrecht: Otto Spies (1901–1981). Nachruf, in: *Der Islam* 59.2 (1982), S. 185–188.

—: Zum Verhältnis von Recht und Geschichte im Islam, in: *Saeculum: Jahrbuch für Universalgeschichte* 26.4, S. 341–346.

Oberauer, Norbert: *Ein ethischer Grundbegriff und seine theologische, rechtliche und sozialgeschichtliche Dimension*, Mitteilungen zur Sozial- und Kulturgeschichte der islamischen Welt 18, Würzburg: Ergon 2004.

——: *Waqf im kolonialen Sansibar. Der Wandel einer islamischen Stiftungspraxis unter britischer Protektoratsherrschaft*, Kultur, Recht und Politik in muslimischen Gesellschaften 25, Würzburg: Ergon 2012.

Paret, Rudi: *Arabistik und Islamkunde an Deutschen Universitäten. Deutsche Orientalisten seit Theodor Nöldeke*, Wiesbaden 1966.

Pedersen, Johannes: *The Scientific Work of Snouck Hurgronje*, Leiden 1957.

Pfeiffer, Thomas: *Geschichte und Chronik des Instituts* [Selbstdarstellung des Instituts für ausländisches und internationales Privat- und Wirtschaftsrecht der Juristischen Fakultät der Universität Heidelberg], www.ipr.uni-heidelberg.de/institut/geschichte.html (03. 10. 2018).

Preißler, Holger: Arabistik in Leipzig vom 18. Jahrhundert bis zur Mitte des 20. Jahrhunderts, in: *Wissenschaftliche Zeitschrift der Karl-Marx-Universität Leipzig* 28.1 (1979), S. 87–105.

——: Studien zum islamischen Recht – Bemerkungen zur Wissenschaftsgeschichte der Orientalistik, in: *Beiträge zum Islamischen Recht*, Leipziger Beiträge zur Orientforschung 9, hrsg. von Hans-Georg Ebert, Frankfurt am Main 2000, S. 25–28.

——: Ignaz Goldziher in Leipzig – Ein ungarischer Jude studierte Orientalistik, in: *Leipziger Beiträge zur jüdischen Geschichte und Kultur* 3, hrsg. vom Simon-Dubnow-Institut für jüdische Geschichte und Kultur an der Universität Leipzig, München 2005, S. 293–315.

Preißler, Holger / Daniel Kinitz: Arabistik, in: *Geschichte der Universität Leipzig* 4: Fakultäten, Institute und Zentrale Einrichtungen, 1. Halbband, hrsg. von Ulrich von Hehl, Uwe John und Manfred Rudersdorf, Leipzig 2009, S. 415–438.

Pritsch, Erich: Vom Wesen des islamischen Rechts [Sonderdruck in der Bibliothek für Zivilrecht der Niedersächsischen Staats- und Universitätsbibliothek Göttingen, Standort: Juridicum Untergeschoss (Signatur D / Islam VII 8, 6321)], aus: *Religiöse Bindungen in frühen und in orientalischen Rechten*, hrsg. von Karl Bünger und Hermann Trimborn, Wiesbaden 1952, S. 35–43.

Pritsch, Erich / Otto Spies: Der islamische Werklieferungsvertrag nach al-Kāsānī, in: *Zeitschrift für vergleichende Rechtswissenschaft einschließlich der ethnologischen Rechtsforschung* 56 (1953), S. 47–75.

——/——: Das Findelkind im islamischen Recht nach al-Kāsānī, in: *Zeitschrift für vergleichende Rechtswissenschaft* 57 (1954), S. 74–101.

Pröbster, Eduard: *Privateigentum und Kollektivismus im mohammedanischen Liegenschaftsrecht insbesondere des Maghrib*, Leipzig ca. 192? [entnommen aus: Brockelmann-Nachlaß, aus Islamica IV.4 (1931), S. 343 ff.].

Rang, Helene (Hg.): *Orient- und Islamforschung an deutschen Universitäten. Eine Bestandsaufnahme*, Berlin 2011.

Rang, Helene et al.: Geschichte der Deutschen Islamforschung, in: *Orient- und Islamforschung an deutschen Universitäten. Eine Bestandsaufnahme*, hrsg. von Helene Rang, Berlin 2011, S. 10–14.

Reichmuth, Stefan: Fritz Steppat 24 June 1923–7 August 2006, in: *Die Welt des Islams* 47.1 (2007), S. 1–6.

Reinhart, Gerd: In memoriam Eduard Wahl 1903–1985, in: *JuristenZeitung* 40.9 (1985), S. 425 f.

Richter, I.: Karl-Marx-Universität Leipzig. Ein Zentrum der Nordafrika- und Nahostwissenschaften, in: *Wissenschaftliche Zeitung der Karl-Marx-Universität Leipzig*, Gesellschaftswissenschaftliche Reihe 34.6 (1985), S. 513–529.

Roberts, Robert: *Das Familienrecht im Qorân*, Inaugural-Dissertation der Hohen Philosophischen Fakultät der Universität Leipzig zur Erlangung der Doktorwürde, angenommen von der philologischen Sektion auf Grund der Gutachten der Herren Fischer und Zimmern am 11. Oktober 1905, Leipzig 1907 [aufgenommen in Universität Leipzig: Philosophische Dissertationen, 1907, Band 13: Ri–Schm; veröffentlicht durch eine erweiterte Darstellung des Sklaven- und Erbrechts in: *Leipziger Semitische Studien* 2.6, Leipzig 1909].

Roemer, Hans Robert: Richard Hartmann in memoriam (1881–1965), in: *Zeitschrift der Deutschen Morgenländischen Gesellschaft* 117 (1967), S. [1]–10.

Rohe, Mathias: *Das islamische Recht. Geschichte und Gegenwart*, München 2009.

——: Vorwort, in: *Orient- und Islamforschung an deutschen Universitäten. Eine Bestandsaufnahme*, hrsg. von Helene Rang, Berlin 2011, S. 8.

——: *Der Islam in Deutschland. Eine Bestandsaufnahme*, München 2016.

Sachau, Eduard: *Bericht über die Eröffnung des Seminars für Orientalische Sprache an der Königlichen Friedrich-Wilhelms-Universität zu Berlin und einige auf das Seminar bezügliche Schriftstücke*, Berlin 1888.

—: *Bericht über die Wirksamkeit des Seminars für Orientalische Sprachen an der Königlichen Friedrich Wilhelms-Universität zu Berlin während der ersten fünf Jahre seines Bestehens von 1887–1892*, Berlin: Reichsdruckerei 1893.

—: *Muhammedanisches Recht nach schafiitischer Lehre*, Lehrbücher des Seminars für Orientalische Sprachen zu Berlin 35, Stuttgart/Berlin 1897.

—: Das Seminar für orientalische Sprachen, in: Max Lenz: *Geschichte der königlichen Friedrich-Wilhelms-Universität zu Berlin* 3, Halle 1910, S. 239–247.

—: *Denkschrift über das Seminar für Orientalische Sprachen an der Königlichen Friedrich-Wilhelms-Universität zu Berlin 1887–1912*, Berlin 1912.

Schacht, Joseph: *Zu meinem Islam. Lesebuch*, Religionsgeschichtliches Lesebuch 16, Tübingen 1933.

Schanitz, Wolfgang G.: Zwischen Beirut und Berlin: Zum Tod von Fritz Steppat, in: *Der Tagesspiegel* (16. 08. 2006), S. 23.

Scheiber, Alexander [Sándor] / Max Simon Nordeau: Max Nordau's Letters to Ignace Goldziher, in: *Jewish Social Studies* 18.3 (1956), S. 199–207.

Schliephake, Konrad: Orientforschung und Position der raumbezogenen Disziplinen – eine Einleitung, in: *Angewandte interdisziplinäre Orientforschung. Stand und Perspektiven im westlichen und östlichen Deutschland, Mitteilungen des Deutschen Orient-Instituts* 41, hrsg. von Angelika Hartmann und Konrad Schliephake, Hamburg 1991, S. 5–12.

Schneider, Irene: Zum 75. Geburtstag von Professor Dr. Hilmar Krüger (geb. 19. 7. 1938), in: *Beiträge zum Islamischen Recht X. Zu Ehren von Hilmar Krüger*, Leipziger Beiträge zur Orientforschung 33, hrsg. von Hans-Georg Ebert, Frankfurt am Main 2015, S. 9–12.

Scholz, Peter: *Malikitisches Verfahrensrecht: eine Studie zu Inhalt und Methodik der Scharia mit rechtshistorischen und rechtsvergleichenden Anmerkungen am Beispiel des malikitischen Verfahrensrechts bis zum 12. Jahrhundert*, Europäische Hochschulschriften, Reihe 2: Rechtswissenschaft 2177, Frankfurt a. M.: Lang 1997.

——: *Erbrecht der maghrebinischen Staaten und deutscher ordre public*, Hamburg: Kovač 2006.

Schulze, Reinhard: Orientalistik und Orientalismus, in: *Der Islam in der Gegenwart*, hrsg. von Werner Ende und Udo Steinbach, fünfte, aktualisierte und erweiterte Auflage, München: Beck 2005, S. 755–767.

Schützinger, Heinrich: Otto Spies (1901–1981), in: *Zeitschrift der Deutschen Morgenländischen Gesellschaft* 133.1 (1983), S. 10–17.

Seidel, Katrin: *Rechtspluralismus in Äthiopien : Interdependenzen zwischen islamischem Recht und staatlichem Recht*, Schriftenreihe Recht in Afrika 4, Köln: Köppe 2013.

Simon, Róbert: *Ignác Goldziher. His Life and Scholarship as Reflected in his Works and Correspondences*, Budapest 1986.

Simon-Dubnow-Institut für jüdische Geschichte und Kultur an der Universität Leipzig (Hg.): *Leipziger Beiträge zur jüdischen Geschichte und Kultur* 3, München 2005.

Slaje, Walter: Morgenland: Zum Unpolitischen im Namen der DMG: Eröffnungsansprache zum 33. Deutschen Orientalistentag in Jena, in: *Zeitschrift der Deutschen Morgenländischen Gesellschaft* 168.2 (2018), S. 265–274.

Snouck Hurgronje, Christian: *Mohammedaansch recht en rechtswetenschap*, Leiden 1886.

——: *Verspreide Geschriften,* Deel 2: Geschriften betr. het mohammedaansche Recht, Bonn/Leipzig 1923.

——: De Fikh en de vergelijkende rechtswetenschap, in: id.: *Verspreide Geschriften,* Deel 2: Geschriften betr. het mohammedaansche Recht, Bonn/Leipzig 1923, S. 249 f.

Spies, Otto: Erich Pritsch zur Vollendung seines 70. Lebensjahrs, in: *Zeitschrift für vergleichende Rechtswissenschaft einschließlich der ethnologischen Rechtsforschung* 60 (1957), S. 1–12.

Spies, Otto / Erwin Pritsch: Klassisches Islamisches Recht, in: *Orientalisches Recht, Handbuch der Orientalistik*, Abteilung 1: Der Nahe und Mittlere Osten / The Near and Middle East, Ergänzungsband 3, hrsg. von Bertold Spuler, Leiden/Köln 1964, S. 220–343.

Spitaler, Anton: Bergsträßer, Gotthelf, in: *Neue deutsche Biographie* 2: Behaim–Bürkel, hrsg. von Otto zu Stolberg-Wernigerode, Berlin 1955, S. 92 f.

Spuler, Bertold (Hg.): *Orientalisches Recht*, Handbuch der Orientalistik, Abteilung 1: Der Nahe und Mittlere Osten / The Near and Middle East, Ergänzungsband 3, Leiden/Köln 1964.

Zu Stolberg-Wernigerode, Otto (Hg.): *Neue deutsche Biographie,* 2: Behaim–Bürkel, Berlin 1955.

Steinbach, Udo: Neuere Entwicklungen in der deutschen gegenwartsbezogenen Islam-Wissenschaft, in: *Angewandte interdisziplinäre Orientforschung. Stand und Perspektiven im westlichen und östlichen Deutschland*, Mitteilungen des Deutschen Orient-Instituts 41, hrsg. von Angelika Hartmann und Konrad Schliephake, Hamburg 1991, S. 29–45.

—: Vorwort, in: *Angewandte interdisziplinäre Orientforschung. Stand und Perspektiven im westlichen und östlichen Deutschland*, Mitteilungen des Deutschen Orient-Instituts 41, hrsg. von Angelika Hartmann und Konrad Schliephake, Hamburg 1991, S. 3 f.

Streitberg, Wilhelm / Richard Wünsch (Hgg.): *Vorlesungen über den Islam*, Religionswissenschaftliche Bibliothek 1, Heidelberg 1910.

Tellenbach, Silvia: *Untersuchungen zur Verfassung der islamischen Republik Iran vom 15. November 1979*, Berlin: Schwarz 1985.

Thorbecke, August: Dem Andenken Heinrich Leberecht Fleischer's, geb. 21. Februar 1801, gest. 10. Februar 1888, in: *Zeitschrift der Deutschen Morgenländischen Gesellschaft* 42 (1888), S. 695–700.

Tolino, Serena: Homosexual Acts in Islamic Law: Siḥāq and Liwāṭ in the Legal Debate, in: *Zeitschrift für Recht & Islam / Jouranl of Law & Islam [vormals GAIR-Mitteilungen]* 6 (2014), S. 187–205.

Usko, Marianne: *Hochschulen in der DDR*, Berlin 1974.

von Hehl, Ulrich / Uwe John / Manfred Rudersdorf (Hgg.): *Geschichte der Universität Leipzig* 4: Fakultäten, Institute und Zentrale Einrichtungen, 1. Halbband, Leipzig 2009.

Wakin, Jeanette: Remembering Joseph Schacht (1902–1969), in: *Islamic Legal Studies Program. Harvard Law School. Occasional Publications* (4. Januar 2003), S. 2 f.

Weil, Gotthold (Hg.): *Festschrift Eduard Sachau zum siebzigsten Geburtstag*, Berlin 1915.

—: Vorwort, in: *Festschrift Eduard Sachau zum siebzigsten Geburtstag*, hrsg. von Gotthold Weil, Berlin 1915, S. vii.

Wokoeck, Ursula: *German Orientalism. The Study of the Middle East and Islam from 1800 to 1945*, London/New York 2009.

Abdelghafar Salim*

Einblicke in klassisch islamische Rechtsdiskurse zu *ḫamr*: Ein Beitrag zum Verhältnis von Theorie und Praxis

I Einleitung

Islamische Speisevorschriften im Kontext des klassisch islamischen Rechts sind nicht erst in den letzten Jahren Gegenstand eines ausgiebigen islamwissenschaftlichen und islamtheologischen Wissenschaftsdiskurses.[1] Demgegenüber haben die Getränkevorschriften im wissenschaftlichen Bereich vergleichsweise geringere Aufmerksamkeit erfahren.[2] Auch die Anzahl kulturgeschichtlicher und die Philologie betreffender Untersuchungen zum Thema ‚Alkohol' im Allgemeinen und ‚Wein' im Besonderen fällt im Vergleich zu entsprechenden Forschungsansätzen bezüglich der Speisevorschriften geringer aus.[3]

Zunächst lässt sich konstatieren, dass beide Aspekte, d. h. Speisevorschriften und Getränkevorschriften, islamrechtsdogmatisch getrennt voneinander

---

* Wissenschaftlicher Mitarbeiter in der Abteilung ‚Recht und Ethnologie' des Max-Planck-Instituts für ethnologische Forschung, Halle/Saale; Doktorand am Orientalischen Institut der Universität Leipzig.

1 Siehe Ebert/Heilen: *Islamisches Recht*; Halm et al.: *Islamisches Gemeindeleben*; Möhring: *Fremdes Essen*; Schrode: *Sunnitisch-islamische Diskurse*; Bonne/Verbeke: Muslim Consumer Trust; Bonne/Vermeir/Bergeaud-Blackler/Verbeke: *Determinants*; Brettfeld/Wetzels: *Muslime in Deutschland*; Şen/Sauer: *Islam in Deutschland*; Mourad/Toumi: *Methodenlehre*; Bergeaud-Blackler: Halal; ead.: Social Definitions; ead.: La viande halal; Reidegeld: *Handbuch Islam*; Benkheira: *Islâm et interdits Alimentaires*; Zaidan: *At-Tafsir*; Eickelman: Islamic Religious Commentary; Andelshauer: *Schlachten im Einklang mit der Scharia*; Schacht: Mayta; Yūsuf al-Qaraḍāwī: *al-Ḥalāl wa-l-ḥarām*; Cook: Early Islamic Dietary Law; id.: Magian Cheese und Gräf: *Jagdbeute und Schlachttier*.

2 Siehe Heine: *Weinstudien*; Brückner: *Fatwas zum Alkohol* und ʿAlī al-Maqrī: *al-Ḫamr wa-n-nabīḏ*.

3 Heine: *Weinstudien*, S. XI f. In Ergänzung zu diesem Argument weist Heine darauf hin, dass handschriftlich vorliegende Werke zum Thema im wissenschaftlichen Bereich nur wenig Beachtung gefunden haben.

verankert sind.[4] Dieser Beitrag wird sich aus dem dargelegten Grund dem zuwielen vernachlässigten Diskurs zu Getränkevorschriften fokussierter annehmen. Ausgehend von einer jüngst durch Intellektuelle angestoßenen und in der ägyptischen Öffentlichkeit daraufhin wiederbelebten Debatte werden relevante Gesichtspunkte durchdekliniert. Eine zentrale Rolle für diesen öffentlichen Diskurs spielen entsprechende Verlautbarungen der Azhar-Universität, welche der Autor dieses Festschriftbeitrags seine *Alma Mater* nennen kann. Ausgangspunkt der Debatte war eine Stellungnahme von Prof. Saʿd ad-Dīn al-Hilālī, Professor für vergleichende Rechtswissenschaft (*ustāḏ al-fiqh al-muqāran*) an der Azhar-Universität. Im Jahre 2012 hatte er in einer TV-Sendung, welche sich mit islamrechtlichen Fragen befasste, erklärt, dass laut ḥanafitischer Lehre Wein (*ḫamr*) aus Datteln und Bier aus Gerste und anderen Getreiden nicht verboten seien, solange man vom Genuss nicht berauscht werden würde. Nur ein Genuss im berauschenden (*muskir*) Maß sei demnach verboten.[5] ‚Richtiger' *ḫamr* sei aus Sicht der Ḥanafiten (*al-ḥanafīya*) ausschließlich vergorener Traubensaft, den man nicht trinken dürfe, unabhängig davon, ob er eine berauschende Wirkung habe oder nicht.

Nach dieser Verlautbarung wurde Saʿd ad-Dīn al-Hilālī in den öffentlichen Medien von zahlreichen Rechtsgelehrten der Azhar kritisiert.[6] Der sich daraufhin entwickelnde islamrechtliche und mit unterschiedlichen Argumentations-

---

4 Paret: *Koran*, Sure 2:173: إِنَّمَا حَرَّمَ عَلَيْكُمُ الْمَيْتَةَ وَالدَّمَ وَلَحْمَ الْخِنْزِيرِ وَمَا أُهِلَّ بِهِ لِغَيْرِ اللَّهِ فَمَنِ اضْطُرَّ غَيْرَ بَاغٍ وَلَا عَادٍ فَلَا إِثْمَ عَلَيْهِ إِنَّ اللَّهَ غَفُورٌ رَحِيمٌ / „Verboten hat er euch nur Fleisch von verendeten Tieren, Blut, Schweinefleisch und Fleisch, worüber (beim Schlachten) ein anderes Wesen als Allah angerufen worden ist. Aber wenn einer sich in einer Zwangslage befindet, ohne (von sich aus etwas Verbotenes) zu begehren (*ghaira baaghin*) oder eine Übertretung zu begehen, trifft ihn keine Schuld. Allah ist barmherzig und bereit zu vergeben." und Sure 5:90: يَا أَيُّهَا الَّذِينَ آمَنُوا إِنَّمَا الْخَمْرُ وَالْمَيْسِرُ وَالْأَنصَابُ وَالْأَزْلَامُ رِجْسٌ مِّنْ عَمَلِ الشَّيْطَانِ فَاجْتَنِبُوهُ لَعَلَّكُمْ تُفْلِحُونَ / „Ihr Gläubigen! Wein, das Losspiel (*maisir*), Opfersteine (*ansaab*) und Lospfeile (*azlaam*) sind (ein wahrer) Greuel (*ridschs*) und Teufelswerk. Meidet es! Vielleicht wird es euch (dann) wohl ergeben."

5 Siehe www.youtube.com/watch?v=I8MihZQY59Y (letzter Aufruf 15. 09. 2018).

6 Saʿd ad-Dīn al-Hilālī wurde nicht selten wegen seiner umstrittenen Stellungnahmen in öffentlichen Medien angegriffen. Auch die islamische Forschungsakademie hat eine Gegenauffassung abgegeben, als er erklärte, dass das Glaubensbekenntnis „Ich bezeuge: Es gibt keinen Gott außer Allah" (أشهد أن لا إله إلا الله) alleine genüge, um als Muslim anerkannt zu werden. Man müsse den zweiten Teil des Glaubensbekenntnisses „Und ich bezeuge, dass Muḥammad der Gesandte Gottes ist" (وأشهد أن محمدا رسول الله) nicht aussprechen. Siehe: www.elwatannews.com/news/details/1130726 (letzter Aufruf 25. 08. 2018).

strängen geführte Diskurs soll nachfolgend aufgefächert werden. Dabei wird der tatsächliche Weinkonsum ebenso zu beleuchten sein wie die angeführten Belege und deren jeweilige historische Kontexte, die in der Auseinandersetzung mit dem Alkoholverbot zuweilen ein eher marginalisiertes Dasein führen.[7] Es sei darauf hingewiesen, dass dieser Beitrag bewusst im Konjunktiv verfasst worden ist, da nach einer einführenden quellenkritischen Auseinandersetzung die Meinungsvielfalt innerhalb der islamischen *fuqahā'* in den wesentlichen Grundzügen wissenschaftlich aufbereitet illustriert wird. Es würde den Rahmen dieses Artikels sprengen, die im Detail noch weiter ausschattierten, von den Grundzügen abgeleiteten Argumentationslinien mit einzubeziehen. Dies bleibt einer weiterführenden monografischen Arbeit vorbehalten.[8]

II Definition des Begriffs *ḫamr*

Eine eingehende Untersuchung bedarf zunächst einer begrifflichen Klärung, auf deren Grundlage die Auseinandersetzung mit dem spezifizierten Diskurs erfolgt.

Der bereits in früherer arabischer Dichtung verwendete Begriff ‚Wein' (*ḫamr*) dürfte aus dem Aramäischen stammen.[9] Weiterführender, arabischer Literatur folgend, leitet sich *ḫamr* (Pl. *ḫumūr*) vom Verbum *ḫamara* ab, was etwa ‚verdecken', ‚benebeln', ‚sich mit etwa vermengen' oder ‚an etwas nah kommen' bedeutet. Dieser Wortsinn wird in der Bezeichnung des eigentlichen Gärungsprozesses (*iḫtimār*) verdeutlicht. In etymologischer Hinsicht geht die einschlägige arabisch-sprachige Literatur daher davon aus, dass der Ursprung der semantischen Konnotation von *ḫamr* in der Annahme gründet, dass der gesunde Menschenverstand verdeckt bleibe.[10] Schariatsrechtlich wird mit *ḫamr* weiter-

7 Eine interessante Studie, die sich diesem Diskurs aus verschiedenen Perspektiven nähert, liefert die Publikation von ʿAlī al-Maqrī: *al-Ḫamr wa-n-nabīḏ*, der den klassisch islamrechtlichen Diskurs in seiner Vielschichtigkeit und Komplexität dargestellt hat und den Fokus auf die soziale gesellschaftliche Praxis des Weinkonsums gelegt hat.

8 *Nota bene*:
نود الإشارة هنا إلى أنه تم استخدام صيغة الإنشاء الألمانية في هذا الطرح، وهي صيغة عادة ما تستخدم في الكتابات العلمية لعرض تعددية الآراء بشكل حيادي دون الانحياز لبعضها. وأخيرا نقول إن تلك المحاولة مراعاة للنطاق المحدود لمقالة علمية لا تدعي الكمال وإن كنا قد بذلنا الجهد بحثاً ومقارنةً وتحليلاً سواء عن طريق المراجع العربية أو المراجع الألمانية المتاحة لعرض التعددية الفكرية عند فقهاء وعلماء الإسلام، ولن ندخر جهداً في المستقبل لتقييد ما شرد أو إضافة ما يتجدد وتصويب أي خطأ وسد أي نقص وقبول أي نقد بناء، وربما يكون هذا التنقيح على نطاق أوسع، في كتاب منفرد.

9 Wensinck: Khamr, S. 298–301; siehe auch Houtsma et al.: Khamr, S. 959–962.

10 Ibn Manẓūr: *Lisān al-ʿarab*, S. 255 f.

führend demzufolge alles bezeichnet, was den Verstand verbirgt und verschleiert (اسم لكل ما يخمر العقل ويغطيه / *ism li-kull ma yaḫmur al-ʿaql wa-yuġaṭīh*).[11] Nach al-Qaraḍāwī bezeichnet *ḫamr* all jene alkoholischen Getränke, die berauschen (الخمر هو المادة الكحولية التي تحدث الإسكار / *al-ḫamr huwa al-māda al-kuḥūlīya al-lati tuḥdiṯ al-iskār*).[12] Andere Rechtsgelehrte führen als weiteres Merkmal von Wein an, dass sein Genuss auch bei Menschen die für berauschende Substanzen typischen „Charakteristika" (Rausch *iskār*, Ergötzen *ṭarab* und Genuß *laḏda*) hervorrufen würden. Durch ihre Einnahme werde der Konsument berauscht (*našiya*), und er begehre (*ištahā*) das Rauschmittel. Im Rauschzustand sei der Verstand bedeckt (*ġuṭṭiya*) und verborgen (*ġuyyiba*).[13]

III Klassische Rechtsauffassungen zu *ḫamr*

Weingenuss scheint in der Tradition vorislamischen Zeit und auch in der Frühzeit des Islam nicht unüblich und zudem weit verbreitet gewesen zu sein.[14] Demgemäß florierte zu jener Zeit der Weinhandel in Mekka und dem Ḥiǧāz.[15] Der *Qurʾān* nahm zu *ḫamr* zunächst keine Stellung. Bezogen auf die Offenbarungsphase der mekkanischen Suren scheinen somit sowohl Muslime wie auch Nichtmuslime *ḫamr* konsumiert zu haben.[16] Erst für spätere Offenbarungszeiträume lassen sich widersprüchliche Aussagen zu *ḫamr* in den koranischen Versen attestieren. Dieser Widerspruch wird von den Korankomentatoren (Singular: *mufassir*, Plural: *mufassirūn*) und Rechtsgelehrten (Singular: *fāqih*, Plural: *fuqahāʾ*) mit dem Abrogationsprinzip (*nasḫ*, نسخ) erklärt, womit die Aufhebung einer normativen Bestimmung aus *Qurʾān* oder Sunna (Singular: *ḥadīṯ*, Plural: *aḥādīṯ*) durch eine entsprechend andere, zeitlich nachfolgende Bestimmung bezeichnet wird.[17] Einige Rechtsgelehrte, wie Ibn Bāz[18] (1910–1999), unterschie-

---

11 Maḥmūd Šaltūt: *Dirāsa*, S. 320 f., siehe auch Opwis: *Schariatrechtliche Stellungnahmen*, S. 162.

12 Yūsuf al-Qaraḍāwī: *al-Ḥalāl wa-l-ḥarām*, S. 65 ff.

13 Vgl. Iḥsān ʿĪdān [ʿAidān] as-Sīmrī: *al-Muḥaḍarāt*, S. 299.

14 Houtsma et al.: *Enzyklopaedie des Islam*, Khamr, S. 959; siehe auch Kramers/Wensinck: *Handwörterbuch des Islam*, Khamr, S. 298–301; Muḥammad ʿUwais: *al-Muǧtamaʿ al-ʿabbāsī*, S. 370 und ʿAlī al-Maqrī: *al-Ḫamr wa-n-nabīḏ*, S. 47.

15 Muḥammad ʿUwais: *al-Muǧtamaʿ al-ʿabbāsī*, S. 370 und ʿAlī al-Maqrī: *al-Ḫamr wa-n-nabīḏ*, S. 47.

16 ʿAlī al-Maqrī: *al-Ḫamr wa-n-nabīḏ*, S. 47.

17 Das Abrogationsprinzip ist unter den Korankommentatoren und Rechtsgelehrten sehr umstritten. Diejenigen Gelehrten, die die Abrogation für verbindlich halten, berufen sich auf Sure 2:106 und 16:101. Andere Gelehrte nehmen dieses Prinzip nicht zur

den zwischen dem dieseitigen *ḫamr* und dem vermeintlichen *ḫamr* im Jenseits. Seiner Ansicht nach sei der *ḫamr* im Diesseits schädlich für Geist und Körper, wohingegen der *ḫamr* im Jenseits wohlschmeckend sei und weder Rauschzustand noch gesundheitliche Beeinträchtung verursache.[19]

Im Detail sind es die folgenden koranischen Verse, die bei der Auseinandersetzung mit *ḫamr* Beachtung verdienen. In dem als mekkanisch zu qualifizierenden Vers 16:67 wird der irdische Weinkonsum gelobt:

وَمِن ثَمَرَاتِ النَّخِيلِ وَالْأَعْنَابِ تَتَّخِذُونَ مِنْهُ سَكَرًا وَرِزْقًا حَسَنًا ۗ إِنَّ فِي ذَٰلِكَ لَآيَةً لِّقَوْمٍ يَعْقِلُونَ

> Und (wir geben euch) von den Früchten der Palmen und Weinstöcke (zu trinken), woraus ihr euch einen Rauschtrank (sakar) macht, und (außerdem) schönen Unterhalt. Darin liegt ein Zeichen für Leute, die Verstand haben.[20]

In diesem Vers wird der irdische Weinkonsum und mithin Wein als eines der Zeichen gepriesen, die Allahs Wohlwollen für die Menschheit erkennen lassen.[21] Auch in anderen Versen (Suren 76:5 und 37:45–47) wird Wein (allerdings dem jenseitigen) die Eigenschaft einer Belohnung für die Gläubigen zugesprochen. Hierbei wird von einem Getränk gesprochen, welches weiß und wohlschmeckend sei und einen Genuß (*laḏḏa*) für die Trinkenden darstelle. Dieses Getränk erzeuge weder Rausch noch Kopfschmerzen.

إِنَّ الْأَبْرَارَ يَشْرَبُونَ مِنْ كَأْسٍ كَانَ مِزَاجُهَا كَافُورًا

> Die Frommen (dagegen) trinken (im Paradies Wein) aus einem Becher, dessen Mischwasser (mizaadsch) (mit) Kampfer (gewürzt) ist.[22]

يُطَافُ عَلَيْهِم بِكَأْسٍ مِّن مَّعِينٍ (45) بَيْضَاءَ لَذَّةٍ لِّلشَّارِبِينَ (46) لَا فِيهَا غَوْلٌ وَلَا هُمْ عَنْهَا يُنزَفُونَ (47)

> während man mit einem Becher (voll) von Quellwasser unter ihnen die Runde macht, einem weißen, aus dem zu trinken ein Genuß ist, bei dem es keinen Schwindel gibt, und von dem sie nicht betrunken werden.[23]

Kenntnis. Dabei berufen sie sich auf Sure 3:7, 18:27 und 41:42. Siehe dazu ʿAlī al-Maqrī: *al-Ḫamr wa-n-nabīḏ*, S. 10 ff. Ferner auch Bobzin: *Koran*, S. 76 und Hefny: Hermeneutik.

18 Ibn Bāz war Großmufti von Saudia-Arabien und Vorsitzender des ständigen Komitees für Rechtsfragen (*al-Lağna ad-Dāʾima li-l-Buḥūṯ al-ʿIlmīya wa-l-Iftāʾ*).

19 Siehe islamqa.info/ar/127938 (letzter Aufruf 24. 09. 2018).

20 Paret: *Koran*, Sure 16:67.

21 Houtsma et al.: *Enzyklopaedie des Islam*, *Khamr*, S. 959.

22 Paret: *Koran*, Sure 76:5.

23 Ibid., Sure 37:45–47.

Beide Verse sind der mekkanischen Zeit zuzuordnen. Es gibt nur einen einzigen medinensischen Vers (Sure 47:15), welcher den jenseitigen Wein beschreibt:

مَّثَلُ الْجَنَّةِ الَّتِي وُعِدَ الْمُتَّقُونَ ۖ فِيهَا أَنْهَارٌ مِّن مَّاءٍ غَيْرِ آسِنٍ وَأَنْهَارٌ مِّن لَّبَنٍ لَّمْ يَتَغَيَّرْ طَعْمُهُ وَأَنْهَارٌ مِّنْ خَمْرٍ لَّذَّةٍ لِّلشَّارِبِينَ وَأَنْهَارٌ مِّنْ عَسَلٍ مُّصَفًّى ۖ وَلَهُمْ فِيهَا مِن كُلِّ الثَّمَرَاتِ وَمَغْفِرَةٌ مِّن رَّبِّهِمْ ۖ كَمَنْ هُوَ خَالِدٌ فِي النَّارِ وَسُقُوا مَاءً حَمِيمًا فَقَطَّعَ أَمْعَاءَهُمْ

> Das Paradies, das den Gottesfürchtigen versprochen ist, ist so beschaffen: In ihm sind Bäche mit Wasser, das nicht faul ist, andere mit Milch, deren Geschmack sich nicht verändert, andere mit Wein, den zu trinken ein Genuß ist und (wieder) andere mit geläutertem Honig. Sie haben darin allerlei Früchte und Vergebung von ihrem Herrn (zu erwarten). (Sind die Insassen eines so herrlichen Paradieses etwa) Leuten gleich, die (ewig) im Höllenfeuer weilen und heißes Wasser zu trinken bekommen, das ihnen die Eingeweide zerreißt?[24]

In seiner Erläuterung des *Qurʾān* hat Rassoul diesen Text wie folgt kommentiert:

> Gemeint ist, dass der Wein ein reiner Genuss ist, den weder Bewusstseinschwund noch Kater noch Kopfschmerzen noch irgendwelche üble Folgen des Weines begleiten.[25]

Hinsichtlich der hier aufgeführten Verse mit rechtlichem Charakter[26] ist davon auszugehen, dass *ḫamr* zu dieser Zeit erlaubt (*ḥalāl*) war. Demgemäß haben Muslime zur Zeit des Propheten *ḫamr* getrunken, bis ʿUmar, Muʿāḏ und eine Gruppe von Prophetengefährten gesagt haben sollen: „O Gesandter Allāhs! Erstatte uns ein Gutachten über das Berauschende; denn dieser nimmt den Verstand und raubt das Vermögen!“[27] Daraufhin sei der als medinensisch qualifizierte Vers 2:219 offenbart worden:

يَسْأَلُونَكَ عَنِ الْخَمْرِ وَالْمَيْسِرِ ۖ قُلْ فِيهِمَا إِثْمٌ كَبِيرٌ وَمَنَافِعُ لِلنَّاسِ وَإِثْمُهُمَا أَكْبَرُ مِن نَّفْعِهِمَا ۗ وَيَسْأَلُونَكَ مَاذَا يُنفِقُونَ قُلِ الْعَفْوَ ۗ كَذَٰلِكَ يُبَيِّنُ اللَّهُ لَكُمُ الْآيَاتِ لَعَلَّكُمْ تَتَفَكَّرُونَ

> Man fragt dich nach dem Wein und dem Losspiel (maisir). Sag: In ihnen liegt eine schwere Sünde. Und dabei sind sie für die Menschen (auch manchmal) von Nutzen. Die Sünde, die in ihnen liegt, ist aber größer als ihr Nutzen. Und man fragt dich, was man spenden soll. Sag: Den Überschuß (von dem, was ihr besitzt)! So macht Allah euch die Verse klar. Vielleicht würdet ihr nachdenken.[28]

---

24 Ibid., Sure 47:15.

25 Rassoul: *Tafsīr Al-Qurʾān*, S. 801.

26 Zu dem Komplex rechtlich relevanter Koranverse siehe Elliesie: *Binnenpluralität*, S. 10 (mit weiteren Verweisen).

27 Rassoul: *Tafsīr Al-Qurʾān*, S. 110, siehe auch o. A.: *al-Mausūʿa al-fiqhīya*, S. 15.

28 Paret: *Koran*, Sure 2:219.

Auch nach der Offenbarung dieses Verses sei *ḫamr* jedoch nicht als verboten angesehen worden.[29] Al-ʿAšmāwī hebt in seinem Buch *Uṣūl aš-šarīʿa* hervor, dass obwohl die Offenbarung nur auf Nutzen und Schaden des *ḫamr* hingewiesen habe, einige Zeitgenossen den Weinkonsum infolgedessen unterlassen hätten, während andere ihm weiterhin gefrönt hätten.[30] Daraufhin sei der zweite medinensische Vers 4:43 offenbart worden:

يَا أَيُّهَا الَّذِينَ آمَنُوا لَا تَقْرَبُوا الصَّلَاةَ وَأَنتُمْ سُكَارَىٰ حَتَّىٰ تَعْلَمُوا مَا تَقُولُونَ

Ihr Gläubigen! Kommt nicht betrunken zum Gebet (salaat), ohne vorher (wieder zu euch gekommen zu sein und) zu wissen, was ihr sagt![31]

Dieser Vers sei verkündet worden, als ʿAbd ar-Raḥmān Ibn ʿAuf eine Gruppe von Prophetengefährten zum Essen eingeladen hatte, bei dem sie sich alkoholisch berauscht haben sollen. Während des anschließenden Gebets habe einer von ihnen beim Gebet falsch rezitiert:[32] „Sag: Ihr Ungläubigen! Ich verehre [statt: Ich verehre nicht] was ihr verehrt".[33] Nach der Verkündung des Verses habe die Anzahl der Weintrinkenden abgenommen. Da der Text nicht als verbindliches Verbot zu verstehen sei, hätten einige *ḫamr* außerhalb der Gebetszeiten getrunken.[34] Schließlich seien die letzten medinensischen Verse 5:90–91 zu *ḫamr* offenbart worden, die die Gläubigen aufrufen, *ḫamr* zu meiden:

يَا أَيُّهَا الَّذِينَ آمَنُوا إِنَّمَا الْخَمْرُ وَالْمَيْسِرُ وَالْأَنصَابُ وَالْأَزْلَامُ رِجْسٌ مِّنْ عَمَلِ الشَّيْطَانِ فَاجْتَنِبُوهُ لَعَلَّكُمْ تُفْلِحُونَ
(90) إِنَّمَا يُرِيدُ الشَّيْطَانُ أَن يُوقِعَ بَيْنَكُمُ الْعَدَاوَةَ وَالْبَغْضَاءَ فِي الْخَمْرِ وَالْمَيْسِرِ وَيَصُدَّكُمْ عَن ذِكْرِ اللَّهِ وَعَنِ
الصَّلَاةِ ۖ فَهَلْ أَنتُم مُّنتَهُونَ (91)

Ihr Gläubigen! Wein, das Losspiel (maisir), Opfersteine (ansaab) und Lospfeile (azlaam) sind (ein wahrer) Greuel (ridschs) und Teufelswerk. Meidet es! Vielleicht wird es euch (dann) wohl ergeben. Der Satan will (ja) durch Wein und das Losspiel (mai-

---

29 Siehe Houtsma et al.: *Enzyklopaedie des Islam*, *Khamr*, S. 959. Zu diesem Vers kommentiert Rassoul: *Tafsīr Al-Qur'ān*, S. 109: „Da Allāh indessen auf die Frage mit einem Hinweis auf die Sündhaftigkeit antwortet, liefert die spezielle Ausrichtung der Antwort einen Beweis dafür, dass die Frage sich auf die Erlaubnis und die Sündhaftigkeit richtete."

30 Muḥammad Saʿīd al-ʿAšmāwī: *Uṣūl aš-šarīʿa*, S. 71. Siehe auch ʿAlī al-Maqrī: *al-Ḫamr wa-n-nabīḏ*, S. 48 ff.

31 Paret: *Koran*, Sure 4:34.

32 Muḥammad Saʿīd al-ʿAšmāwī: *Uṣūl aš-šarīʿa*, S. 71. Siehe auch ʿAlī al-Maqrī: *al-Ḫamr wa-n-nabīḏ*, S. 49 ff.; Rassoul: *Tafsīr Al-Qur'ān*, S. 110 und o. A.: *al-Mausūʿa al-fiqhīya*, S. 15.

33 Paret: *Koran*, Sure 109:1–2.

34 O. A.: al-Mausūʿa al-fiqhīya, S. 15.

sir) nur Feindschaft und Haß zwischen euch aufkommen lassen und euch vom Gedenken Allahs und vom Gebet (salaat) abhalten. Wollt ihr denn nicht (damit) aufhören?[35]

Unter Rechtsgelehrten wird die Aufassung vertreten, dass diese Offenbarung ein striktes Weinverbot erlassen habe.[36] Sie ist jedoch mit einem historischen Anlass der Offenbarung (Plural: *asbāb an-nuzūl*, أسباب النزول) verbunden. Dieser weist auf einen Konflikt zwischen den Prophetengefährten hin, welcher wegen Wein (*ḫamr*) und Glückspiel (*maisir*) zustande gekommen sei und zu Feindschaft (*ʿadāwa*) und Hass (*baġḍaʾ*) geführt habe.[37] Die Ḥanafiten gehen davon aus, dass der Grund (*ʿilla*) des Vebots das sozialschädigende Verhalten (*ʿadāwa* und *baġḍaʾ*) und die Entferung vom Kult (*aṣ-ṣad ʿan ḏikr Allah*) sei.[38] Diese *ʿilla* resultiere nur aus der Berauschung, welche dementsprechend verboten sein müsse. Die *ratio legis* (*ʿilla*) des Verbots bestünde nach Šaltūt[39] aber in den sozialen, wirtschaftlichen, gesundheitlichen und ethisch-moralischen Schäden für den Menschen.[40] Auch al-Qaraḍāwī ist derselben Ansicht wie Šaltūt, wonach das Verbot des Weingenusses dem Wohle des Menschen diene.[41] Die dargestellte Argumentation (*ʿilla*) von Šaltūt und al-Qaraḍāwī stimmt mit dem Themenspektrum „Schutz der fünf Notwendigkeiten" (*aḍ-ḍarūrīyāt al-ḫamsa / al-kullīyāt al-ḫamsa / al-uṣūl al-ḫamsa*) überein: Schutz der Religion (*ḥifẓ ad-dīn*), Schutz des Lebens (*ḥifẓ an-nafs*), Schutz der Vernunft (*ḥifẓ al-ʿaql*), Schutz der Nach-

---

35 Paret: *Koran*, Sure 5:90–91.

36 Yūsuf al-Qaraḍāwī: *al-Ḥalāl wa-l-ḥarām*, S. 65 f. verdeutlicht, dass der Islam einen weisen Weg der Erziehung und Bildung angewandt hat, indem er den *ḫamr* stufenweise verboten hat. Zunächst macht er deutlich, dass der Weingenuss mehr Schaden als Nutzen verursacht. Dann untersagt er den Gläubigen, in einem Rauschzustand das Gebet zu verrichten und abschließend verbietet er ihnen den Weingenuss.

37 Sure 5:91. Rassoul: *Tafsīr Al-Qur'ān*, S. 110 hat in seinem Kommentar die kontextbezogene Auslegung dieser Offenbarung ausführlicher dargestellt: „Nun kamen einige von den Al-Anṣār zusammen, darunter Sa'd Ibn Abī Waqqāṣ. Als sie betrunken waren, prahlten sie und trugen sich gegenseitig Gedichte vor, bis schließlich Sa'd ein Gedicht hersagte, das eine Schmähung der Al-Anṣār enthielt. Da nun einer der Al-Anṣār mit dem Kinnknochen eines Kamels auf Sa'd einschlug und ihm eine tiefe Kopfwunde beibrachte, beklagte sich dieser beim Gesandten Allāhs, und 'Umar sagte: ‚O Allāh! Gib uns eine zureichende Erklärung über die Al-Ḫamr (das Berauschende)!' "

38 Ibn Rušd: *Bidāyat al-muǧtahid* 2, S. 526.

39 Von 1958 bis 1963 war Maḥmūd Šaltūt Großscheich der Azhar.

40 Maḥmūd Šaltūt: *Dirāsa*, S. 321 ff.

41 Yūsuf al-Qaraḍāwī: *al-Ḥalāl wa-l-ḥarām*, S. 66.

kommen (*ḥifẓ an-nasl*) und Schutz des Besitzes (*ḥifẓ al-māl*).[42] Diese *ḍarūrīyāt* gelten als die wichtigste Stufe des *maṣlaḥa*-Prinzips (Menschenwohl/Allgemeinwohl).[43]

In den Versen 2:219 und 5:90–91 wird der Weinkonsum mit Glückspiel in Verbindung gebracht. Bobzin geht von der Annahme aus, dass in diesen Versen weniger der Weinkonsum als vielmehr die Begleitumstände des Weingenusses gemeint seien. Demgemäß sei ein vermeintliches Verbot nur im Kontext von Glücksspiel zu verstehen. In Übereinstimmung mit Bobzins Annahme legt al-ʿAlawī dar, dass das Weinverbot in Vers 5:90 nur mit den hier[44] erwähnten historischen Ereignissen verbunden sei. Dies ergebe sich aus Vers 5:90:[45]

إِنَّمَا يُرِيدُ الشَّيْطَانُ أَن يُوقِعَ بَيْنَكُمُ الْعَدَاوَةَ وَالْبَغْضَاءَ فِي الْخَمْرِ وَالْمَيْسِرِ

> Der Satan will (ja) durch Wein und das Losspiel (maisir) nur Feindschaft und Haß zwischen euch aufkommen lassen.

Al-ʿAlawī zufolge ist das Verbot gemäß den beiden Versen nicht allumfassend und damit statisch zu verstehen. So könne Vers 5:90 (فَاجْتَنِبُوهُ لَعَلَّكُمْ تُفْلِحُونَ / „Meidet es! Vielleicht wird es euch [dann] wohl ergeben.") auch lediglich als Aufruf, den Weingenuss zu meiden, gesehen werden. Dies begründet er damit, dass die Verbote im *Qurʾān* durch zwei Elemente gekennzeichnet seien: Erstens werde das Wort ‚Verbot' im Text ausdrücklich erwähnt, so wie es in Vers 5:3 der Fall ist (حُرِّمَتْ عَلَيْكُمُ الْمَيْتَةُ وَالدَّمُ وَلَحْمُ الْخِنزِيرِ / „Verboten ist euch [der Genuß von] Fleisch von verendeten Tieren, Blut, Schweinefleisch."). Al-Qaraḍāwī widerspricht dieser Argumentation, dass nach dem Konses der Rechtsgelehrten viele Ausdrücke im Qurʾān, wie Verfluchung, Greuel, Teufelswerk usw., auf das Verbot hinwei-

---

42 Siehe aš-Šāṭibī: *al-Muwāfaqāt* 2, S. 20 ff.; Kurnaz: Maqāṣid aš-šarīʿa, S. 19 ff.; Krawietz: *Hierarchie der Rechtsquellen*, S. 229 und *Maǧallat maǧmaʿ al-fiqh al-islamī*, shamela.ws/browse.php/book-8356/page-3495 (letzter Aufruf 24. 09. 2018).

43 Kurnaz: Maqāṣid aš-šarīʿa, S. 19. al-Ġazālī: *al-Mustaṣfā min ʿilm al-uṣūl*, S. 481 definiert *maṣlaḥa* im engeren Sinne als Förderung des Nützlichen (*manfaʿa*) und Abwehren des Schädlichen (*maḍarra*). Im weiteren Sinne ist *maṣlaḥa* die ultimative Absicht des offenbarten Gesetzes, dessen Ziel die Bewahrung der Religion, des Lebens, der Nachkommenschaft, des Verstandes und des Vermögens der Menschen ist: عبارة عن جلب منفعة أو دفع مضرة ويعني بها المحافظة على مقصود الشرع وهو المحافظة على الدين والنفس والمال والعقل والنسل, وهذه الأمور الخمسة هي معيار المصلحة فما يفوقها فهو مفسدة (Die Übersetzung ist Opwis: *Schariatrechtliche Stellungnahmen*, S. 169 f. entnommen.)

44 Siehe hierzu auch Fußnote 37.

45 Hādī al-ʿAlawī: *Min qāmūs at-turāṯ*, S. 107.

sen würden.[46] Zweitens umfasse die Nichteinhaltung des Verbots eine *ḥadd*-Strafe (Singular: *ḥadd*, ‚Grenze', Plural: *ḥudūd*), genauso wie im Falle der Bestrafung von Ehebruch (*zinā*) und Diebstahl (*sariqa*). Die *ḫamr*-Verse beinhalteten damit weder einen wörtlichen Verbotsausdruck (*ḥarām*, verboten) noch eine Sanktion.[47] In Ergänzung zu diesen Argumenten ist in diesem Zusammenhang auf den Vers 5:93 hinzuweisen, welcher nach den *ḫamr*-Versen offenbart worden ist und von Rechtsgelehrten umstrittene Interpretationen erfahren hat:

قُل لَّا أَجِدُ فِي مَا أُوحِيَ إِلَيَّ مُحَرَّمًا عَلَىٰ طَاعِمٍ يَطْعَمُهُ إِلَّا أَن يَكُونَ مَيْتَةً أَوْ دَمًا مَّسْفُوحًا أَوْ لَحْمَ خِنزِيرٍ

> Sag: In dem, was mir (als Offenbarung) eingegeben worden ist, finde ich nicht, daß etwas für jemand zu essen verboten wäre, es sei denn Fleisch von verendeten Tieren, oder Blut, das (beim Schlachten) ausgeflossen ist, oder Schweinefleisch.[48]

Während einige diesen Vers damit interpretieren, dass er nur diejenigen betreffe, die *ḫamr* vor dem vermeintlichen Verbot konsumiert haben sollen, argumentieren andere dagegen, dass der *Qur'ān* den Weingenuss mit diesem Vers toleriert habe, zumal er zu den letzten offenbarten Versen gehöre.[49] Weiterhin wird argumentiert, dass wenn *ḫamr* verboten worden sei, dieser Rechtsbegriff (حرام, *ḥarām*, verboten) im Text so ausdrücklich erwähnt worden wäre (حرمت عليكم الخمر / „Verboten ist euch [der Genuß von] Wein"), genau so wie es in Vers 5:3 der Fall ist (حُرِّمَتْ عَلَيْكُمُ الْمَيْتَةُ وَالدَّمُ وَلَحْمُ الْخِنزِيرِ / „Verboten ist euch [der Genuß von] Fleisch von verendeten Tieren, Blut, Schweinefleisch.").[50]

Obgleich der angeführte Argumentationsstrang von al-ʿAlawī zur Frage des Weingenusses vom *Mainstream* der klassischen Rechtsgelehrten abweicht, bietet er eine weitestgehend ausdifferenzierte Betrachtung nicht nur zur Frage des Weinverbots, sondern allgemein auch zur hermeneutischen Auslegung von

---

46 Yūsuf al-Qaraḍāwī: *Fatāwā muʿāṣira*, S. 1019. Als weiteres Argument führt al-Qaraḍāwī an, dass *ḫamr* in Sure 7:33 ausdrücklich verboten worden sei (قُلْ إِنَّمَا حَرَّمَ رَبِّيَ الْفَوَاحِشَ مَا ظَهَرَ مِنْهَا وَمَا بَطَنَ وَالْإِثْمَ وَالْبَغْيَ بِغَيْرِ الْحَقِّ): „Sag: Mein Herr hat nur die abscheulichen Handlungen verboten, (gleichviel) was davon äußerlich sichtbar oder verborgen ist, ferner die Sünde (*ithm*), und in unberechtigter Weise gewalttätig zu sein (baghy)". Diesem Vers zufolge sei *iṯm* verboten, was im Analogieschluss bedeute, dass *ḫamr* aufgrund der Bezeichnung als *iṯm* in Sure 2:219 auch verboten sei.

47 Ibid., S. 107 ff.

48 Paret: *Koran*, Sure 6:145.

49 Hādī al-ʿAlawī: *Min qāmūs at-turāṯ*, S. 108, siehe auch Ibn Qutaiba: *Kitāb al-ašriba*, S. 28 f. und ʿAlī al-Maqrī: *al-Ḫamr wa-n-nabīḏ*, S. 51 f.

50 Ibn Qutaiba: *Kitāb al-ašriba*, S. 29.

Qurʾān und Sunna.[51] Ungeklärt bleibt, wem bezüglich eines klassisch rechtlichen Rechtsdiskurses die (autoritative) Deutungshoheit über die religiösen Texte (*Qurʾān* und *aḥādīṯ*) zukäme und inwieweit eine solche ausdifferenzierte Betrachtung als normativ anzusehen wäre.

IV Diskurs der Rechtsgelehrten zu *ḫamr*

Eine eindeutige Beantwortung wird dadurch erschwert, dass unter den Rechtsgelehrten umstritten ist, was konkret als *ḫamr* qualifiziert werden kann und welche Stoffe er umfasst. Nach wohl überwiegender Auffasssung der damit befassenden Rechtsgelehrten (*ǧumhūr al-fuqahāʾ*)[52], die mehrheitlich den Rechtsschulen der *mālikīya, šāfiʿīya* und *ḥanābila* angehören, scheint jedes berauschende Getränk, unabhängig von seiner substanziellen Zusammensetzung,[53] mit umfasst zu sein. Dabei spiele es keine Rolle, ob der Wein aus Traubensaft oder aus anderen für die Gärung geeigneten Lebensmitteln wie Datteln, Rosinen, Weizen und Gerste gewonnen worden sei. Dies gelte auch dann, wenn man selbst durch kleine Mengen nicht berauscht werden könne.[54] Dieser überlieferte Argumentationsstrang stützt sich auf den im *Ṣaḥīḥ Muslim*[55] überlieferten *ḥadīṯ*:

كل مسكر خمر وكل مسكر حرام

Alles, was berauscht, gilt als *ḫamr* und alles Berauschende ist verboten.

Herangezogen wird ferner der von Abū ʿAbd ar-Raḥmān ʿAbdallāh Ibn ʿUmar überlieferte *ḥadīṯ*[56], dass ʿUmar in einer Predigt gesagt habe:

إنه قد نزل تحريم الخمر وهي من خمسة أشياء:
العنب والتمر والحنطة والشعير والعسل، والخمر ما خامر العقل

Der Wein ist durch den Koran verboten worden; er wird aus fünf verschiedenen Früchten gewonnen:

51 Zum Zusammenhang zwischen Koraninterpretation und hermeneutischen Ansätzen, siehe den sehr relevanten Beitrag von Hefny: Hermeneutik.

52 Das sind die Rechtsgelehrten, die mehrheitlich den Rechtsschulen der *mālikīya, šāfiʿīya* und *ḥanābila* angehören.

53 Muḥammad Bahǧat ʿUtaiba: *Muḥaḍarāt fi-l-fiqh*, S. 334 ff.

54 Ibid. Siehe auch o. A.: al-Mausūʿa al-fiqhīya, S. 12.

55 An-Naisābūrī: *Ṣaḥīḥ Muslim*, kitāb al-ašriba, ḥadīṯ 2003/74.

56 Al-Buḫārī: *Ṣaḥīḥ al-Buḫārī*, ḥadīṯ Nr. 5588.

> aus Trauben, aus Datteln, aus Weizen, aus Gerste und aus Honig; Wein ist alles, was den Geist verdunkelt.[57]

Hiervon weicht die ḥanafitische Lehre ab, die *ḫamr* nur auf vergorenen Traubensaft bezieht. Der im *Qur'ān* erwähnte Wein (*ḫamr*) umfasse dementsprechend nur diese Sorte.[58] Andere zur Gärung geeignete Lebensmittel seien nicht *ḫamr* zuzuordnen und in der Konsequenz auch dann als „verboten" (حرام, *ḥarām*) anzusehen, wenn man dadurch berauscht werde. Die berauschende Wirkung sei in diesem Fall der einzige Grund für das Verbot von *ḫamr*.[59] Vertreter dieser Ansicht stützen sich auf den von Ibn ʿAbbās überlieferten *ḥadīṯ*[60]:

حرمت الخمر لعينها، قليلها وكثيرها، والسكر من كل شراب

> Der Wein ist an sich verboten worden, in großen Mengen wie in kleinen Mengen. Nur das Berauschende aus anderen Getränken ist verboten worden.[61]

Diese vom dargelegten zugrundeliegenden Begriffsverständnis ausgehenden Argumentationslinien zu *ḫamr* implizieren, welche Stellung die verschiedenen Rechtsschulen zu *ḫamr* einnehmen würden.

Ausgehend davon sei *ḫamr* aus Sicht der meisten Rechtsgelehrten *ḥarām* (verboten). Der Grund (*ʿilla*) des Verbots sei die berauschende Wirkung. Dementsprechend seien alle alkoholischen Gertränke per Analogieschluss (*qiyās*) auch *ḥarām*, weil sie die *ʿilla* berauschende Wirkung haben.[62] Nach der Auffassung von Bassiouni muss jedes Verbot im islamischen Recht eine *ʿilla* haben.[63] Diese Auffassung stellt Hefny in Frage: Wenn der Grund des Verbots des Weinkonsums „die rauscherzeugende Wirkung" wäre, wäre dann das Trinken einer kleinen, nicht berauschenden Alkoholmenge erlaubt?[64]

Nach dem hier dargestellten Begriffsverständnis ḥanafitischer Rechtsgelehrter sei nur *ḫamr* aus vergorenem Traubensaft *ḥarām*, in großer wie in kleiner Menge. Alle anderen zur Gärung geeigneten Lebensmittel seien nicht *ḫa-*

---

57 Die Übersetzung dieses *ḥadīṯ* ist aus Houtsma et al.: *Enzyklopaedie des Islam*, *Khamr*, S. 960, entnommen.

58 An-Nawawī: *al-Maǧmūʿ*, S. 273, siehe auch Muḥammad Saʿīd al-ʿAšmāwī: *Uṣūl aš-šarīʿa*, S. 124 ff.

59 Sarḥān: *al-Musāmara wa-l-munādama*, S. 67 f., siehe auch ʿAlī al-Maqrī: *al-Ḫamr wa-n-nabīḏ*, S. 54 f. und Brückner: *Fatwas zum Alkohol*, S. 2 ff.

60 Muḥammad Bahǧat ʿUtaiba: *Muḥaḍarāt fi-l-fiqh*, S. 335.

61 Dieser *ḥadīṯ* wurde vom Autor des vorliegenden Beitrags übersetzt.

62 Mehr dazu siehe den Beitrag von Kurnaz: Maqāṣid aš-šarīʿa.

63 Bassiouni: Menschenrechte S. 143, zit. nach Hefny: Mahmoud Bassiouni, S. 331.

64 Hefny: Mahmoud Bassiouni, S. 331.

rām, solange man dadurch nicht berauscht werde. Weiter argumentieren sie, dass wenn der in Sure 16:67 erwähnte Rauschtrank (*sakar*) aus Datteln und Trauben an sich verboten worden sei, Gott ihn nicht im selben Vers als Wohltat hätte bezeichnen können.[65] Al-Qaraḍāwī ist hingegen der Ansicht, dass der Prophet Muḥammad keinerlei Substanzen des Weines definiert habe, sondern dessen berauschende Auswirkung, d.h. alle zur Gärung geeigneten Lebensmittel als *ḫamr* gelten.[66] Dementsprechend seien Bier und ähnliche Getränke auch *ḥarām*. Weiterhin führt al-Qaraḍāwī an, dass der Islam eine kompromisslose Haltung zur Frage der nichtberauschenden Menge an alkoholischen Getränken eingenommen habe: Alle berauschenden Getränke seien *ḥarām*, in großer wie in kleiner Menge. Dabei beruft er auf den *ḥadīṯ*:

ما أسكر كثيره فقليله حرام

Das, was in großer Menge berauscht, ist auch in kleiner Menge *ḥarām*.[67]

Wie der Weingenuss sanktioniert wird, ist im rechtlichen Diskurs ein sehr kontroverses Thema, zumal der *Qur'ān* explizit zur Sanktion des Weingenusses keine Stellung bezieht.[68] Al-ʿAlawī geht von der Annahme aus, dass es keine glaubwürdigen Quellen gebe, welche die Sanktionierung des Weingenusses während der Lebenszeit vom Propheten Muḥammad belegen würden.[69] Auch dass der Prophet Muḥammad den Betrunkenen bestraft haben soll, wird bezweifelt.[70] Ibn Rušd (1126–1198) weist ferner darauf hin, dass zur Zeit des Propheten keine *ḥadd*-Strafe für den Weingenuss vorgeschrieben gewesen sei.[71] Der Prophet habe, so eine vertretene Auffassung, den Weingenuss nur mit

---

65 Ibn Rušd: *Bidāyat al-muǧtahid* 2, S. 524.

66 Yūsuf al-Qaraḍāwī: *al-Ḥalāl wa-l-ḥarām*, S. 67.

67 At-Tirmiḏī: *Sunan at-Tirmiḏī*, ḥadīṯ Nr. 1865.

68 Die rechtliche Debatte bezieht sich nicht nur darauf, ob der Prophet eine Sanktionierung durchgesetzt habe, sondern auch auf die Art und das Maß der Strafe. Hier ist auch das Begriffsverständnis der jeweiligen Rechtsschule für die Sanktionierung von Bedeutung für die islamrechtliche Qualifikation.

69 Es gibt einige Taten, die im Qur'ān als Sünde (*iṯm*) bezeichnet wurden, für die jedoch keine Sanktion ausgesprochen wurde (wie der Weingenuss). Für diese Taten wird im islamischen Strafrecht eine Verwarnungsstrafe (*taʿzīr*) verhängt. Ein *taʿzīr*-Delikt ist jene Straftat, die weder im Qur'ān noch in der Sunna genannt ist. Sie ist damit nicht genau definiert. Die Sanktionierung einer solchen Tat erfolgt meistens nach dem Ermessen der weltlichen Obrigkeit oder des Rechtssprechenden, vgl. Ünal: *Rechtfertigung der juristischen Urteile*, S. 90.

70 Vgl. bspw. Muḥammad Saʿīd al-ʿAšmāwī: *Uṣūl aš-šarīʿa*, S. 124.

71 Ibn Rušd: *Bidāyat al-muǧtahid* 4, S. 394 f.

Schlägen geahndet, deren genaue Zahl jedoch nicht festgelegt gewesen sei.[72] Die islamrechtlichen Stellungnahmen zur Bestrafung des Weingenusses beruhen auf einigen Überlieferungen des Propheten wie auf den Taten der Prophetengefährten. In Anlehnung an die Überlieferung von Abū Ḥamza Anas Ibn Mālik sollen der Prophet und Abū Bakr 40 Peitschenhiebe geschlagen haben:

عَنْ أَنَسِ بْنِ مَالِكٍ ـ رضى الله عنه ـ أَنَّ النَّبِيَّ صلى الله عليه وسلم ضَرَبَ فِي الْخَمْرِ بِالْجَرِيدِ وَالنِّعَالِ، وَجَلَدَ أَبُو بَكْرٍ أَرْبَعِينَ.

> Die Bestrafung wegen des Alkoholtrinkens wurde von dem Propheten, Allahs Segen und Friede auf ihm, durch Schlagen mit Palmzweigen und Schuhen vollzogen und Abu Bakr vollzog sie mit vierzig Peitschenhieben.[73]

ʿUmar habe die Strafe auf 80 Hiebe erhöht, als Ḫālid Ibn al-Walīd ihm mitteilte, dass das Volk den verbotenen Getränken fröne.[74] Daraufhin soll ʿUmar die Prophetengefährten (*ṣaḥāba*) konsultiert haben und ʿAlī Ibn Abī Ṭālib soll vorgeschlagen haben, die Zahl der Schläge auf 80 festzusetzen.[75] Diese Erhöhung soll ʿAlī damit begründet haben, dass wenn man berauscht sei, halluziniere und wenn man halluziniere, verleumde (فَإِنَّهُ إِذَا شَرِبَ سَكِرَ، وَإِذَا سَكِرَ هَذَى، وَإِذَا هَذَى افْتَرَى).[76] Ausgehend von dieser Begründung sei die Strafe des Weingenusses mit der Strafe der Verleumdung (*qaḏf*) gleichzusetzen.[77] Diese Erhöhung wird im Gesamtdiskurs kritisch bewertet. Sie stünde im Widerspruch zur Tat des Propheten.[78] Der vollzogene Analogieschluss sei in diesem Fall dogmatisch unverhältnismäßig und demnach bedenklich. Nach Auffassung von Ibn Abī al-Ḥadīd (1190–1258) sollen die *ṣaḥāba* auf bestimmte Gebote im *Qurʾān* ausgehend von *al-maṣlaḥa* verzichtet haben oder jene Gesetzgebungen erlassen haben, obwohl sie keine Erwähung im *Qurʾān* oder in der Sunna gefunden hätten, wie die *Ḥadd*-Strafe des Weingenusses.[79] Der Prophet habe die Betrunkenen nicht sanktioniert.[80]

---

72 Ibid. Siehe auch Ünal: Rechtfertigung der juristischen Urteile, S. 90.

73 Al-Buḫārī: *Ṣaḥīḥ al-Buḫārī*, ḥadīṯ Nr. 6773.

74 Siehe auch Ünal: Rechtfertigung der juristischen Urteile, S. 90 f.

75 Muḥammad Saʿīd al-ʿAšmāwī: *Uṣūl aš-šarīʿa*, S. 124.

76 Muḥammad Bahǧat ʿUtaiba: *Muḥaḍarāt fi-l-fiqh*, S. 343, siehe auch Muḥammad Saʿīd al-ʿAšmāwī: *Uṣūl aš-šarīʿa*, S. 124.

77 Die Verleumdung des Ehebruchs werde gemäß Sure 24:4 mit 80 Hieben geahndet.

78 Muḥammad Bahǧat ʿUtaiba: *Muḥaḍarāt fi-l-fiqh*, S. 344 und Muḥammad Saʿīd al-ʿAšmāwī: *Uṣūl aš-šarīʿa*, S. 124 f.

79 Al-Ḥadīd: *Šarḥ nahǧ al-balāġa*, S. 83.

80 Ibid.

Die Rechtsschulen der *ḥanafīya* und *mālikīya* beschlossen in Anlehnung an ʿUmars Tat 80 Hiebe zur Sanktionierung des Weingenusses,[81] die *šāfiʿīya* hingegen nur 40 Hiebe.[82] Unter den Anhängern der *ḥanābila* herrscht hingegen kein Konsens.[83] Weiterhin unterscheidet Abū Ḥanīfa bei der Sanktionierung des Alkoholgenusses zwischen *Ḥadd*-Strafe des Weingenusses (*ḥadd aš-šurb*) und *Ḥadd*-Strafe des Rausches (*ḥadd as-sukr*).[84] Unter den Ḥanafiten wird die Frage des berauschenden Maßes, bei dem eine *Ḥadd*-Strafe vorgesehen sei, kontrovers diskutiert. Abū Ḥanīfa geht davon aus, dass der Betrunkene derjenige sei, der seinen Verstand verloren habe, so dass er nicht zwischen Erde und Himmel und zwischen Mann und Frau unterscheiden könne,[85] wohingegen Abū Yūsuf (731–798) und Muḥammad Ibn al-Ḥasan (749–805)[86] denjenigen als Betrunkenen betrachteten, der wegen einer Bewusstseinsstörung seinen Sprechakt nicht mehr kontrollieren könne.[87] Dabei berufen sie sich auf Vers 4:34:

يَا أَيُّهَا الَّذِينَ آمَنُوا لَا تَقْرَبُوا الصَّلَاةَ وَأَنتُمْ سُكَارَىٰ حَتَّىٰ تَعْلَمُوا مَا تَقُولُونَ

> Ihr Gläubigen! Kommt nicht betrunken zum Gebet (salaat), ohne vorher (wieder zu euch gekommen zu sein und) zu wissen, was ihr sagt![88]

Anhand der breitgefächerten Stellungnahmen zu *ḫamr* zieht al-ʿAlawī die Schlussfolgerung, dass die Rechtsschulmeinung (*maḏhab*) von Abū Ḥanīfa im Vergleich zu allen anderen Rechtsschulen durchaus am praktikabelsten sei: *ḫamr* sei verboten, man werde aber nur bestraft, wenn man dadurch berauscht werde.[89] Diese Ansicht sei mit gegenwärtigen Strafgesetzbüchern von ‚modernen' Staaten vereinbar.[90] Gesetze dieser Art legten fest, dass der Mensch bestraft werden könne, wenn er gegen die Rechte anderer verstoßen habe. Dies gelte auch dann, wenn man im Rauschzustand eine rechtswidrige Tat begangen habe.[91]

---

81 Muḥammad Bahǧat ʿUtaiba: *Muḥaḍarāt fi-l-fiqh*, S. 343.
82 Ibid., S. 344.
83 Ibid.
84 Ibid., S. 335.
85 Ibid.
86 Zwei Schüler von Abū Ḥanīfa.
87 Muḥammad Bahǧat ʿUtaiba: *Muḥaḍarāt fi-l-fiqh*, S. 335 f.
88 Paret: *Koran*, Sure 4:34.
89 Hādī al-ʿAlawī: *Min qāmūs at-turāṯ*, S. 111.
90 Ibid.
91 Siehe das deutsche Strafgesetzbuch (StGB) § 323a Vollrausch, www.gesetze-im-internet.de/stgb/__323a.html (letzter Aufruf 04. 09. 2018).

V Umsetzung des islamrechtlichen Diskurses in Geschichte und Gegenwart

Der Weingenuss war sowohl in der vor- als auch in der frühislamischen Zeit sehr verbreitet.[92] Und auch nachdem im *Qur'ān* Verse offenbart worden waren, die die Gläubigen davon abhalten sollten, nicht betrunken zum Gebet zu kommen (Vers 4:43) oder die darauf hinwiesen, dass die Schäden des Weingenusses höher als dessen Nutzen seien (Vers 2:219), verzichteten einige Muslime nicht auf den Genuss von Wein. Des Weiteren konsumierten einige Prophetengefährten (so al-Walīd Ibn Uqba, Qudāma Ibn Maẓ'ūn, Muḥammad Ibn Abī Bakr und die drei Söhne von 'Umar Ibn al-Ḫaṭṭāb 'Āṣim, 'Abdullāh und 'Abd ar-Raḥmān[93]) trotz dem vermeintlichen Alkoholverbot in Vers 5:90 weiterhin Wein.[94] Davon lässt ableiten, dass die Durchsetzung des Weinverbots von der jeweils herrschenden Obrigkeit abhängig gewesen sein dürfte. So wurde offenichtlich ein strenges Weinverbot zur Zeit der ersten Kalifen (Singular: *ḫalīfa*, Plural: *ḫulafā'*) durchgesetzt. Dies gilt, wie es uns die Quellen überliefern, insbesondere für die Herrschaft von 'Umar, der die Betrunkenen auspeitschen ließ und die Bestrafung auf 80 Peitschenhiebe erhöhte. Unter der Herrschaft nachfolgender Kalifen soll wiederum Wein weiter konsumiert und sogar Weinzeremonien abgehalten worden seien, wie unter den Kalifen der Umayyaden (*al-Umawīyūn*)[95] Yazīd Ibn Mu'āwiya, Yazīd Ibn 'Abd al-Malik, al-Walīd Ibn Yazīd und 'Abd al-Malik Ibn Marwān sowie den Kalifen der Abbasiden (*al-'Abbāsīyūn*)[96] al-

---

92 So hebt Stefanie Brinkmann, Islamwissenschaftlerin an der Universität Hamburg, in einer NDR-Sendung hervor, dass es eine gelebte Weinkultur in der Geschichte des Islam existierte: „Wir haben im 9. Jahrhundert Prosaschriften zur Weinzeremonie. Welchen Wein trinkt man zu welchem Essen? Wir haben Listen zu Weinnamen, wir wissen von vielen Herrschern, die Wein konsumiert haben. Aus all diesen Berichten wissen wir: Wein gab es, Wein wurde getrunken." Siehe www.ndr.de/ndrkultur/Wein-oder-nicht-Wein-Islam-und-Alkohol,audio323458.html (letzter Aufruf 04. 09. 2018).

93 Ibn Qutaiba: *Kitāb al-ašriba*, S. 45 weist darauf hin, dass Ibn al-Ḫaṭṭāb von seinem Vater zum Weingenuss geahndet wurde, bis er ums Leben gekommen ist. Siehe auch 'Alī al-Maqrī: *al-Ḫamr wa-n-nabīḏ*, S. 55.

94 Ibn Qutaiba: *Kitāb al-ašriba*, S. 43 ff.

95 Aḥmad Amīn: *Faǧr al-islam*, S. 179 f.; Muḥammad Sa'īd al-'Ašmāwī: *Uṣūl aš-šarī'a*, S. 144 und 'Alī al-Maqrī: *al-Ḫamr wa-n-nabīḏ*, S. 96 ff.

96 Aḥmad Amīn: *Ḍuḥa al-islam*, S. 111 f. und 'Alī al-Maqrī: *al-Ḫamr wa-n-nabīḏ*, S. 105 ff.

Mahdī, al-Amīn, al-Wāṯiq und al-Mutawakkil.[97] Auch im Osmanischen Reich ließ sich nicht immer ein striktes Weinverbot durchsetzen. Unter Murad IV. (1623–1640) wurde der Genuss von alkoholischen Getränken strafrechtlich sanktioniert.[98] Verboten war dabei nicht nur der Genuss von Wein, sondern auch derjenige von Tabak und Kaffee.[99] Es gab aber auch im Osmanischen Reich Phasen, in denen zumindest an den Höfen in Istanbul kräftig ‚gebechert' worden sein soll.[100] Seit dem 13. Jahrhundert sei nach Heine hingegen der Konsum von alkoholischen Getränken in muslimisch geprägten Ländern deutlich zurückgegangen.[101] Ein strenges Alkohlverbot lasse sich nur theoretisch in vollem Umfang durchsetzen. In einigen islamisch geprägten Ländern wie Saudi-Arabien, Kuwait, Iran, Sudan und Libyen ist der Alkoholkonsum gesetzlich verboten. Saudi-Arabien und Iran ahnden den Alkoholkonsum mit drakonischen Strafen. Für wiederholten Alkoholkonsum ist im iranischen Strafgesetzbuch vom Juli 1991 gemäß Artikel 179 sogar die Todesstrafe vorgesehen.[102] Trotz der vorgesehenen Sanktionierung wird Alkohol in Saudi-Arabien und im Iran dennoch konsumiert.

Laut Studien der Weltgesundheitsorganisation (WHO) lag der Konsum von reinem Alkohol in Saudi-Arabien zwischen 2008 und 2010 bei 0,2 Liter pro Jahr und Person.[103] Im Iran sei der Konsum von Alkohol mit 1,0 Liter pro Jahr und Person deutlich höher.[104] In anderen muslimisch geprägten Ländern (wie

---

97 In vielen Werken über den Weingenuss unter den Kalifen der Abbasiden wurde die Frage oft diskutiert, ob Hārūn ar-Rašīd, der fünfte abbasidische Kalif, Wein konsumiert habe. Siehe Aḥmad Amīn: *Ḍuḥa al-islam*, al-Qaṭṭān/az-Zīn: *Hārūn ar-Rašīd*; ʿAlī al-Maqrī: *al-Ḫamr wa-n-nabīḏ*. Ibn Ḫaldūn hat ihn diesbezüglich in seinem Werk *al-Muqaddima*, S. 304, verteidigt.

98 O. A.: Murad IV.

99 Ibid.

100 Heine: NDR-Sendung: Wein oder nicht Wein? Islam und Alkohol, www.ndr.de/ndrkultur/Wein-oder-nicht-Wein-Islam-und-Alkohol.audio323458.html (letzter Aufruf 16. 09. 2018).

101 Ibid.

102 Art. 179: Trinkt jemand mehrmals berauschende Getränke und wurde nach jedem Mal eine *ḥadd*-Strafe verhängt, so wird er beim drittenmal getötet. Siehe: www.igfm.de/themen/scharia/gesetzestexte/auszuege-aus-den-strafgesetzen-der-islamischen-republik-iran (letzter Aufruf 25. 09. 2018).

103 Siehe www.who.int/substance_abuse/publications/global_alcohol_report/profiles/sau.pdf (letzter Aufruf 16. 09. 2018).

104 Siehe www.who.int/substance_abuse/publications/global_alcohol_report/profiles/irn.pdf (letzter Aufruf 16. 09. 2018).

Marokko, Algerien, Ägypten, Jordanien, Libanon und Tunesien) wird demnach nicht nur Wein konsumiert, sondern auch offiziell angebaut. Marokko gehört zu den wichtigsten Weinanbaugebieten unter den muslimischen Ländern. Der höchste Anteil von in Marokko hergestelltem Alkohol wird im Land selbst konsumiert.[105] Zwischen 2008 und 2010 betrug der Konsum von Alkohol in Marokko 0,9 Liter pro Jahr und Person.[106] Obwohl das 1967 in Kraft getretene marokkanische Strafgesetzbuch (التشريع الجنائي-القرار للمدير العام للديوان الملكي بتنظيم الاتجار في المشروبات الكحولية أو الممزوجة بالكحول) in Artikel 28 den Verkauf von Alkohol an muslimische Marokkaner verbietet, enthält es weder eine Bewertung von Weingenuss als solches noch statuiert es eine Sanktionierung als tatbestandliche Rechtsfolge:

الفصل 28

يمنع على مستغل كل مؤسسة تتوقف على رخصة أن يبيع أو يقدم مجانا مشروبات كحولية أو ممزوجة بالكحول إلى المغاربة المسلمين.
ويعاقب عن المخالفات للمقتضيات السابقة بالحبس لمدة تتراوح بين شهر واحد وستة اشهر وبغرامة تتراوح بين 300 و1.500 درهم أو بإحدى هاتين العقوبتين فقط.
وفي حالة العود إلى المخالفة يمكن أن تضاعف عقوبة الحبس والغرامة المنصوص عليهما أعلاه.

In Ägypten liegt den WHO-Studien nach der Konsum von reinem Alkohol bei 0,4 Liter pro Jahr und Person.[107] Alkohol soll demnach in Ägypten insbesondere zu bestimmten Anlässen und Feierlichkeiten, wie dem Fest des Fastenbrechens und Hochzeiten, konsumiert werden.[108] Gemäß Artikel 2 des ägyptischen Gesetzes Nr. 63 von 1967 sind der Genuss und der Verkauf von Alkohol in der Öffentlichkeit nicht erlaubt. Hotels und touristische Einrichtungen, welche vom Tourismusministerium als solche genehmigt wurden, sind von dieser Regelung ausgenommen:

مادة 2:

يحظر تقديم أو تناول المشروبات الروحية أو الكحولية أو المخمرة فى الأماكن العامة أو المحال العامة، ويستثنى من هذا الحكم :
(أ) الفنادق والمنشآت السياحية المحددة طبقا لأحكام القانون رقم 1 لسنة 1973 فى شأن المنشآت الفندقية والسياحية.

---

105 Siehe www.catetouan.ma/ar/legislation/categorie.aspx?ty=2&id_l=52&id_ca=242&id_sca=116 (letzter Aufruf 16. 09. 2018).

106 Siehe www.who.int/substance_abuse/publications/global_alcohol_report/profiles/mar.pdf (letzter Aufruf 16. 09. 2018).

107 Siehe www.who.int/substance_abuse/publications/global_alcohol_report/profiles/egy.pdf (letzter Aufruf 17. 09. 2019).

108 Siehe www.elmwatin.com/454687 (letzter Aufruf 17. 09. 2019).

(ب) الأندية ذات الطابع السياحى التى يصدر بتحديدها قرار من وزير السياحة طبقا لأحكام القانون رقم 77 لسنة 1975 باصدار قانون الهيئات الأهلية لرعاية الشباب والرياضة.

Für den Genuss von Alkohol in der Öffentlichkeit ist eine Freiheitsstrafe von 2 Wochen bis 6 Monate oder eine Bußgeld von 20 Pfund bis 100 Pfund vorgesehen.

مادة 5: يعاقب كل من يخالف أحكام المادة (2) من هذا القانون بالحبس مدة لا تزيد على ستة أشهر وبغرامة لا تجاوز مائتى جنيه أو باحدى هاتين العقوبتين.

Man wird gemäß Artikel 7 desselben Gesetzes allerdings nur bestraft, wenn man sich in der Öffentlichkeit in einem deutlichen Rauschzustand befindet. Es ist hier allerdings nicht klar, wen genau diese Bestrafung betrifft und ob sich diese Strafe nur auf muslimische Ägypter oder auch auf Nicht-Muslime und Touristen bezieht:

مادة 7: يعاقب كل من يضبط فى مكان عام أو محل عام فى حالة سكر بين بالحبس الذى لا تقل مدته عن أسبوعين ولا تزيد على ستة أشهر أو بغرامة لا تقل عن عشرين جنيها ولا تجاوز مائة جنيه.

Ausgehend von diesem Gesetz wird der Genuss von Alkohol in Ägyptens Öffentlichkeit nicht in vollem Umfang bestraft. In Kairo ist Alkohol leicht erhätlich und wird meist versteckt konsumiert.[109] In einigen muslimisch geprägten Ländern (wie Libanon oder der Türkei) sind der Verkauf und der Konsum von Alkohol zulässig. Es soll auch generell Muslime geben, die sich zum Alkoholkonsum bekennen und dies in Einklang mit ihrem Glauben verstehen.[110] Ausschlaggebend sei nach Schrode dabei, in welcher Situation man sich befinde und wie der Konsum vom jeweiligen gesellschaftlichen Kreis wahrgenommen werde.

VI Schlussbetrachtung und Ausblick

Wie die hier skizzierte Darstellung des klassischen Rechtsgelehrtendiskurses zeigt, gibt es unter den Gelehrten keinen Konsens zu *ḫamr*. Hier offenbart sich

---

109 Vgl. munchies.vice.com/de/article/4xbbqj/der-alkoholkonsum-ist-in-agypten-ein-offenes-geheimnis-938 (letzter Aufruf 17. 09. 2018).

110 Vgl. Schrode: *Sunnitisch-islamische Diskurse*, S. 12. An der Stelle ist auf eine aktuelle Debatte vom letzten Jahr in Ägypten hinzuweisen: Nachdem der ägyptische Schauspieler Aḥmad al-Fīšāwī auf sozialen Netzwerken ein Foto mit einem Glas Bier veröffentlicht hat, wurde er von vielen auf sozialen Medien kritisiert. In einer Fernsehsendung sagt er, dass er dieses Foto mitten in der ägyptischen Gesellschaft aufgenommen habe und es die Realität der ägyptischen Gesellschaft widerspiegele. Siehe www.youtube.com/watch?v=Df542OYgNkc (letzter Aufruf 17. 09. 2018).

die Binnenpluralität des islamischen Rechts und Rechtsdenkens.[111] Die Rechtsgelehrten sind sich darüber uneinig, was konkret als *ḫamr* zu qualifizieren ist. *Ḫamr* wurde im Verlauf der islamischen Geschichte im *Qurʾān* unterschiedlich und in widersprüchlicher Bewertung dargestellt. Diese Diskrepanz wurde teilweise rechtsdogmatisch mit dem Abrogationsprinzip aufgelöst, was allerdings unter den Rechtsgelehrten und Korankommentatoren nicht unumstritten ist und bleibt. Gleiches gilt auch für eine Betrachtung aus der *ratio legis* (*ʿilla*) heraus: Während einige die Ansicht vertreten, dass der Grund für das Verbot des Weingenusses die rauscherzeugende Wirkung sei, argumentieren andere mit den körperlichen, seelischen, geistigen, sozialen und wirtschaftlichen Schäden für den Menschen und die Gesellschaft. Darauf aufbauend herrscht zudem keine Einigkeit darüber, ob und wie der Weingenuss sanktioniert werden soll, zumal der *Qurʾān* keinen Vers zur expliziten Sanktionierung des Weingenusses beinhaltet.

Gleichermaßen unterliegt auch bis heute alle um den Genuss als solchen und damit in Verbindung stehenden Aktivitäten einer weitgefächerten Meinungsvielfalt. Hierzu zählen u. a. Aspekte wie der Weinhandel, Alkohol in Nahrungsmitteln, Wein als und in Medizin etc.[112] Dies stellt offenbar für die in der Diaspora bzw. einem nicht primär islamisch geprägten Umfeld lebenden Muslime besondere Herausforderungen in der Alltagspraxis dar. Diese Divergenz zwischen Wissenschaft und Praxis, dem Oberthema, welches dieser Festschrift gewidmet ist, lässt sich – wie dargelegt – aber aus der historischen Betrachtungsweise belegen: Ein strafrechtlich sanktionoiertes Alkoholverbot hat es beispielsweise trotz strafrechtlich entwickelter Vorgaben im Osmanischen Reich nicht vermocht, den Konsum zu unterbinden. Dies lässt sich den WHO-Studien auch heutzutage in Saudi-Arabien und im Iran belegen. In dieser Hinsicht hebt Heine hervor, dass der Grund für den geringen Erfolg, Wein aus allen Bereichen des Lebens zu verdrängen, darin liegen könne, dass der Islam mit dem Alkoholverbot einer hergebrachten Tradition entgegengesetzt sei und dass die Struktur der Gesellschaft die Durchsetzung des Weinverbots deshalb herausfordernde Aspekte mit sich bringe.[113]

---

[111] Grundlegend hierzu Elliesie: Binnenpluralität des islamischen Rechts.

[112] Dazu siehe Brückner: *Fatwas zum Alkohol*. In seinem Werk befasst er sich mit dem Alkoholverbot im klassich islamischen Recht und wie das Thema unter veränderten Rahmenbedingungen in der Moderne behandelt wird.

[113] Heine: *Weinstudien*, S. 114.

Man darf gespannt sein, wie sich dieses Spannungsverhältnis im Zuge der zunehmenden Globalisierung und der Zuwanderung einer großen Anzahl von Muslim*innen nach Europa weiterentwickeln wird.[114]

[114] Brückner: *Fatwas zum Alkohol*, S. 109 stellt fest, dass sich das islamische Recht unter Einfluss neuer Medien wie dem Internet teilweise weiterentwickelt habe. Eine wichtige Rolle hierbei spielten die Muftis, die versuchten, die Bedürfnisse der Muslime in einer modernen Welt nahezubringen. Dazu gehören beispielsweise Themen wie der Verkauf von Alkohol, die Arbeit in Restaurants und Hotels, in denen Alkohol angeboten wird, Alkohol in Nahrungsmitteln, Alkohol als und in Medizin etc.

Literaturverzeichnis

Abū Ḥāmid Muḥammad Ibn Muḥammad al-Ġazālī: *al-Mustaṣfā min ʿilm al-uṣūl* 2, hrsg. von Ḥamza Ibn Zuhair Ḥāfiẓ, Medina: al-Madīna al-munawwara 1992.

Abū Isḥāq Ibrāhīm Ibn Mūsā Aš-Šāṭibī: *al-Muwāfaqāt* 2, al-Ḫubar: Dār Ibn ʿAffān 1997.

Abū Muḥammad ʿAbdullāh Ibn Muslim Ibn Qutaiba: *Kitāb al-ašriba wa-ḏikr iḫtilāf an-nās fīhā*, hrsg. von Yasīn Muḥammad as-Sawās, Beirut: Dār al-fikr 1999.

Abū al-Walīd Muḥammad Ibn Aḥmad Ibn Muḥammad Ibn Rušd: *Bidāyat al-muǧtahid wa-nihāyat al-muqtaṣid* 2, Kairo: Maktabat Ibn Taimīya 1994.

Aḥmad Amīn: *Ḍuḥa al-islam* 1, Kairo: Maktabat an-nahḍa al-maṣrīya 1964.

—: *Faǧr al-islam*, Beirut: Dār al-kitāb al-ʿarabī 1969.

ʿAlī al-Maqrī: *al-Ḫamr wa-n-nabīḏ fi-l-islām*, Beirut: Riyāḍ ar-rayīs li-l-kutub wa-n-našr 2007.

Aḥmad al-Qaṭṭān / Muḥammad Ṭāhir az-Zīn: *Hārūn ar-Rašīd, al-ḫalīfa al-maẓlūm*, Alexandrien: Dār al-īmān 2001.

Andelshauer, Beate: *Schlachten im Einklang mit der Scharia. Die Schlachtung von Tieren nach islamischem Recht im Lichte moderner Verhältnisse*, Sinzheim 1996.

Bassiouni, Mahmoud: *Menschenrechte zwischen Universalität und islamischer Legitimität*, Berlin: Suhrkamp 2014.

Benkheira, Mohammed Hocine: *Islâm et interdits Alimentaires. Juguler l'Animalité*, Paris 2000.

Bergeaud-Blackler, Florence: La viande halal peut-elle financer le culte musulman?, in: *Journal des anthropologues* 84 (2001), S. 145–171.

—: Social Definitions of halal Quality: The Case of Maghrebi Muslims in France, in: *Qualities of Food*, hrsg. von Alan Warde, Andrew McMeekin und Mark Harvey, Manchester 2004, S. 94–107.

—: Halal: d'une norme communautaire à une norme institutionnelle in: *Journal des anthropologues* 106–107 (2004), S. 77–103.

Bonne, Karijn / Iris Vermeir / Florence Bergeaud-Blackler / Wim Verbeke: Determinants of halal Meat Consumption in France, in: *British Food Journal* 109.5 (2007), S. 367–386.

Bonne, Karijn / Wim Verbeke: Muslim Consumer Trust in Halal Meat Status and Control in Belgium, in: *Meat Science* 79.1 (2008), S. 113–123.

Bobzin, Hartmut: *Der Koran. Eine Einführung*, München [8]2014.

Brettfeld, Katrin / Peter Wetzels: *Muslime in Deutschland. Integration, Integrationsbarrieren, Religion und Einstellungen zu Demokratie, Rechtsstaat und politisch-religiös motivierter Gewalt; Ergebnisse von Befragungen im Rahmen einer multizentrischen Studie in städtischen Lebensräumen*, Bonn 2007.

Brückner, Matthias: *Fatwas zum Alkohol unter dem Einfluss neuer Medien im 20. Jhdt.*, Arbeitsmaterialien zum Orient 7, Würzburg 2001.

Cook, Michael: Magian Cheese: An Archaic Problem in Islamic Law, in: *Bulletin of the School of Oriental and African Studies* 47/3 (1984), S. 449–467.

—: Early Islamic Dietary Law, in: *Jerusalem Studies in Arabic and Islam* 7 (1986), S. 218–277.

Ebert, Hans-Georg: *Die Interdependenz von Staat, Verfassung und Islam im Nahen und Mittlere Osten in der Gegenwart*, Europäische Hochschulschriften: Reihe 2, Rechtswissenschaft 1093, Frankfurt am Main et al. 1991.

Ebert, Hans-Georg / Julia Heilen: *Islamisches Recht. Ein Lehrbuch*, Leipzig 2016.

Eickelman, Dale F.: Islamic Religious Commentary and Lesson Circles: Is there a Copernican Revolution?, in: *Commentaries / Kommentare*, hrsg. von Glenn W. Most, Göttingen 1999, S. 121–146.

Elliesie, Hatem: *Binnenpluralität des Islamischen Rechts. Diversität religiöser Normativität rechtsdogmatisch und -methodisch betrachtet*, Sonderforschungsbereich Governance in Räumen Begrenzter Staatlichkeit – Neue Formen des Regierens?: SFB-Governance Working Paper Series 54, Berlin 2014.

Ǧamāl ad-Dīn Muḥammad Ibn Manẓūr: *Lisān al-ʿarab* 4, Beirut: Dār ṣār 2003.

Ǧamāl Sarḥān: *al-Musāmara wa-l-munādama ʿind al-ʿarab ḥatta al-qarn ar-rābiʿ al-hiǧrī*, Beirut: Dār al-waḥda 1981.

Gräf, Erwin: *Jagdbeute und Schlachttier im islamischen Recht. Eine Untersuchung zur Entwicklung der islamischen Jurisprudenz*, Bonn 1959.

Hādī al-ʿAlawī: *Min qāmūs at-turāṯ*, Damaskus: al-Ahālī 1988.

Halm, Dirk et al. (Hgg.): *Islamisches Gemeindeleben in Deutschland*, Bundesamt für Migration und Flüchtlinge: Forschungsbericht 13, hrsg. vom Bundesamt für Migration und Flüchtlinge / Zentrum für Türkeistudien und Integrationsforschung, Nürnberg 2012.

Hefny, Assem: Hermeneutik, Koraninterpretation und Menschenrechte, in: *Beiträge zum Islamischen Recht VII: Islam und Menschenrechte*, Leipziger Beiträge zur Orientforschung 26, hrsg. von Hatem Elliesie, Frankfurt am Main 2010, S. 73–98.

—: Mahmoud Bassiouni: Menschenrechte zwischen Universalität und islamischer Legitimität, Berlin: Suhrkamp 2014, Broschur, 390 S., € 18,00 [Rezension], in: *Zeitschrift für Recht und Islam / Journal for Law and Islam* 8 (2016), S. 331–333.

Heine, Peter: *Weinstudien. Untersuchungen zu Anbau, Produktion und Konsum des Weins im arabisch-islamischen Mittelalter*, Wiesbaden 1982.

Houtsma, Martijn Theodor et al. (Hgg.): *Enzyklopaedie des Islām* 2: E–K, Leiden 1927.

Iḥsān ʿĪdān [ʿAidān] as-Sīmrī / احسان عيدان السيمري: *al-Muḥaḍarāt baina ad-dīn wa-l-qānūn wa-ṭ-ṭib*, Basra: Kullīyat aṭ-ṭib 2011.

ʿIzz ad-Dīn ʿAbd al-Ḥamīd Ibn Hibatallāh Ibn Abī al-Ḥadīd: *Šarḥ nahǧ al-balāġa* 12, www.haydarya.com/maktaba_moktasah/07/book_12/index.htm (letzter Aufruf 05. 09. 2018).

Khoury, Adel Theodor / Ludwig Hagemann / Peter Heine: *Lexikon des Islam. Geschichte, Ideen, Gestalten*, Digitale Bibliothek 47, Berlin 2004.

Kramers, Johannes H. / Wensinck, Arent J. (Hgg.): *Handwörterbuch des Islam*, Leiden 1941.

Krawietz, Birgit: *Hierarchie der Rechtsquellen im tradierten sunnitischen Islam*, Berlin 2002.

Kurnaz, Serdar: Maqāṣid aš-šarīʿa: Eine kurze historische Skizze der islamischen Rechtsphilosophie, in: *Zeitschrift für Islamische Studien* 2 (2011), S. 12–54.

Maǧallat maǧmaʿ al-fiqh al-islamī, shamela.ws/browse.php/book-8356/page-3495 (letzter Aufruf 24. 09. 2018).

Maḥmūd Šaltūt: *Dirāsa li-muškilāt al-muslim al-muʿāṣir fī ḥayātihi al-yaumīya al-ʿāmma*, Kairo: dār aš-Šurūq 2004.

Möhring, Maren: *Fremdes Essen. Die Geschichte der ausländischen Gastronomie in der Bundesrepublik Deutschland*, München 2012.

Most, Glenn W. (Hg.): *Commentaries / Kommentare*, Göttingen 1999.

Mourad, Samir / Said Toumi: *Methodenlehre der Ermittlung rechtlicher Bestimmungen aus Koran und Sunna. Usul al-fiqh – maqasid asch-scharia – al-qawaʿid al-fiqhijja; wie aus Koran und Sunna die islamischen Bestimmungen abgeleitet werden; Ziele der islamischen Gesetzgebung; allgemeine Grundprinzipien der islamischen Bestimmungen*, Karlsruhe 2006.

Muḥammad Bahǧat ʿUtaiba: *Muḥaḍarāt fi-l-fiqh al-ǧināʾī al-islamī*, Kairo: Dār aš-šabāb 1987.

Muḥammad Ibn ʿĪsā Ibn Saura as-Sulamī at-Tirmiḏī: *Sunan at-Tirmiḏī*, Beirut: Dār al-ġarb al-islamī 1996.

Muḥammad Ibn Ismāʿīl al-Buḫārī: *Ṣaḥīḥ al-Buḫārī*, Beirut: Dār Ibn Kaṯīr 2002.

Muḥammad Saʿīd al-ʿAšmāwī: *Uṣūl aš-šarīʿa*, Kairo: Maktabat madbūlī 2003.

Muḥammad ʿUwais: *al-Muǧtamaʿ al-ʿabbāsī min ḫilāl kitābāt al-ǧaḥẓ*, Kairo: Dār aṯ-ṯaqāfa 1977.

Muḥyī ad-Dīn Abū Zakarīyā Yaḥyā Ibn Šaraf an-Nawawī: *al-Maǧmūʿ, šarḥ al-Muhaḏḏab li-š-Šīrāzī* 22, Dschidda: Maktabat al-iršād [o. J.].

Muslim Ibn al-Ḥaǧǧāǧ an-Naisābūrī: *Ṣaḥīḥ Muslim*, Medina: Dār ṭība 2006.

o. A.: *al-Mausūʿa al-fiqhīya* 5, Kuwait: Wizārat al-auqāf wa-š- šuʾūn al-islāmīya 1986.

o. A.: Murad IV, in: *Encyclopaedia Britannica*, www.britannica.com/biography/Murad-IV (letzter Aufruf 16. 09. 2018).

Opwis, Felicitas: Schariatrechtliche Stellungnahmen zum Drogenverbot, in: *Die Welt des Islams* 39 (1999), S. 159–182.

Paret, Rudi: *Der Koran*, Stuttgart [4]1985.

Rassoul, Abū-r-Riḍā Muḥammad Ibn Aḥmad: *Tafsīr Al-Qur'ān Al-Karīm. Monolinguale Ausgabe; Erläuterung des Al-Qur'ān Al-Karīm in deutscher Sprache*, Köln 2009.

Reidegeld, Ahmad A.: *Handbuch Islam. Die Glaubens- und Rechtslehre der Muslime*, Kandern im Schwarzwald 2005.

Schacht, Joseph: Mayta, in: *Encyclopaedia of Islam* VI, Leiden 1990, S. 924–926.

Schrode, Paula: *Sunnitisch-islamische Diskurse zu Halal-Ernährung. Konstituierung religiöser Praxis und sozialer Positionierung unter Muslimen in Deutschland*, Würzburg 2010.

Şen, Faruk / Martina Sauer: *Islam in Deutschland. Einstellungen der türkischstämmigen Muslime; religiöse Praxis und organisatorische Vertretung türkischstämmiger Muslime in Deutschland*, Essen 2006.

Ünal, Halid: *Die Rechtfertigung der juristischen Urteile des zweiten Kalifen ʿUmar Ibn al-Hattab*, Inaugural-Dissertation, Köln 1985.

Walī ad-Dīn ʿAbd ar-Raḥmān Ibn Muḥammad Ibn Ḫaldūn: *al-Muqaddima* 1, hrsg. von Alī ʿAbd al-Wāḥid Wāfī, Ǧīza: Dār nahḍat maṣr [7]2014.

Warde, Alan / Andrew McMeekin / Mark Harvey (Hgg.): *Qualities of Food*, Manchester 2004.

Wensinck, Arent Jan: Khamr, in: *Enzyklopaedie des Islām* 2: E–K, hrsg. von Martijn Theodor Houtsma et al., Leiden 1927, S. 959–962.

—: Khamr, in: *Handwörterbuch des Islam*, hrsg. von Arent Jan Wensinck und Johannes H. Kramers, Leiden 1941, S. 298–301.

Wensinck, Arent Jan / Johannes H. Kramers (Hgg.): *Handwörterbuch des Islam*, Leiden 1941.

Yūsuf al-Qaraḍāwī: *Fatāwā muʿāṣira*, Kairo: Maktabat wahba 1990.

—: *al-Ḥalāl wa-l-ḥarām fi-l-islām*, Kairo: Maktabat wahba 1997.

Zaidan, Amir M. A.: *At-Tafsir. Eine philologisch, islamologisch fundierte Erläuterung des Quran-Textes*, Offenbach 2000.

Rudolph Peters*

Sex against Property: the Conceptualization of Marriage by Premodern Islamic Jurists

> Marriage is the exchange of sex for goods.[1]
>
> The husband is entitled to forbid his wife to eat food like garlic but she cannot forbid her husband to do so, even if she herself has not eaten it; the difference is because 'Men are in charge of women […]' (Sura 4:34)[2]

Introduction

Most Western countries, nowadays, have laws, based on the principle of legal equality of men and women. This is the result of a social and political struggle that lasted for more than a century. Although this principle has now been recognized by most states in the fields of social, economic and political relations, this is not the case regarding family law. Many countries, among them most Muslim ones, have signed and ratified international human rights conventions such as the Convention for the Elimination of all Forms of Discrimination Against Women (CEDAW, 1979) but have declared to have reservations to gender equality in the field of family law.[3] Here the religious and cultural beliefs and views, rooted in history, prevail over this principle. In this essay I will analyze the legal archeology of the juridical doctrines opposed to gender legal equality in Islamic law. I'll do so by focusing on the writings of premodern Sunnite scholars, regarding the logical reasonings, conceptualizations and analogies pertaining the marriage contract and its dissolution. These reflect globally the dominating ideas on what marriage means in their time, with the caveat, how-

---

* Prof. (em.) an der Universiteit van Amsterdam; *bijzonder hoogleraar* for the Law of Islam and the Middle East (1992–2010).

1 Abū Bakr al-Kāsānī: *Badā'i'*, p. 275; the phrase is rather direct and plastic: the word translated by me as sex is *buḍ'*, i. e. 'vagina'. This definition can be found in many other Ḥanafite juridical texts.

2 Muḥammad 'Arafa ad-Dasūqī (d. 1815): *Ḥāšiya*, pp. 511 f.

3 Mayer: Internationalizing the Conversation on Women's Rights, pp. 133–161; Peters: (In)Compatibility of Religion and Human Rights.

ever, that these scholars are all men and these ideas therefore, are those of men. Unfortunately very few women have left writings in this field and, therefore, it is difficult to discover what views women held in this field.

Examining the dominating premodern ideas on marriage in Islamic law seems to be purely academic and of little relevance to present society. This, however, is not the case. Many of the present-day family codes in the Muslim world are still informed by these ideas and it is my conviction that if one would like to reform the legal position of women in Islam towards the standards of international human rights, it is necessary to engage with premodern doctrines and notions. Reforming Islamic jurisprudence just by picking texts from the Koran and the *ḥadīṯ* while ignoring the Islamic juridical tradition cannot be a successful way of change.[4] Studying this tradition will make clear that so many rules of family law are not directly based on the foundational texts but are created by human reasoning and based on human authority. By identifying and specifying the notions and concepts found through analogies or other reasonings, I hope that Muslims become more aware of the possibilities of change of the *fiqh*.[5]

Objectives of Marriage

Under the *šarīʿa*, marriage is established by a simple, oral agreement. The only formal requirement is that two male witnesses must be present. According to most schools of jurisprudence (*maḏhab*), women cannot conclude their own marriages and must be represented by a matrimonial guardian, usually a male close relative, such as the father, grandfather or brother. Normally her consent is required, but in exceptional cases – if she marries for the first time and her matrimonial guardian is her father or grandfather – her agreement is irrelevant and she may be married out against her will.[6] This is a remnant of the limited legal capacity of women, prevailing in the pre-Islamic time. We'll later return to this. In contrast to marriages in the most Western countries, the presence of a state or church official is not required, although it was customary in many regions that a religious scholar or mosque official was present in order to check

4 Many Muslim authors, in spite of their different approaches, agree with his point, e. g. Ali (see *Sexual Ethics*), el-Hibri (see e. g. her Islam, Law, and Custom) and Abou El Fadl (see his *Speaking in God's Name*).

5 Ali: *Sexual Ethics*, p. xx.

6 Except under Ḥanafite law under which all legally capable women may conclude their own marriages and their consent is always required.

on the used formulas and formalities required for the validity of the marriage or, if desired, in order to put the contract to writing.

The main objective of marrying is providing lawful sexual intercourse. The Roman Catholic notion that sex is only lawful in marriage if it has the possibility to result in pregnancy is totally alien to Islam: producing offspring is clearly secondary. This is illustrated clearly in the text, written by the Mālikite scholar ad-Dardīr (d. 1786), translated hereunder. It formulates not legal, but moral and religious guidelines under which conditions marriage will entail reward or punishment in the Hereafter:

> Marriage is **obligatory** for a man who yearns for it, if he is afraid that he will commit fornication, even if he has to provide his wife's maintenance by illicit methods. If he is not afraid that he will commit fornication, marriage is **commendable** for him, unless he has to provide his wife's maintenance by illicit methods, for in that case marriage is forbidden for him. For a man who does not yearn for it, it is **reprehensible** if being married would result in giving up commendable acts. But if that is not the case, it is **indifferent**, unless he marries hoping for offspring or intending to perform a charitable act, such as providing maintenance to a destitute woman or protecting her. In those cases it is **commendable** provided it does not result in committing illicit acts (such as providing his wife's maintenance by illicit methods, or neglecting obligatory prayers because he is too busy with earning her maintenance), for then marriage is **forbidden** too. The principal rule as to marriage is that it is **commendable**.[7]

The text is enlightening at two levels. The first is that it lists a priorities of religious objectives of marriage. The religiously most highly valued aim is providing lawful sex. If a man's libido might push him to illegal intercourse, he must marry, even if he can only acquire by unlawful means the funds to maintain his wife and pay her bride price. If he has sexual longings but not to the extent that they compel him to fornication, marriage is commendable, unless he cannot provide lawfully the necessary financial means. Only in case a man does not experience sexual lust at all, then secondary aims of marrying come into play: marrying is indifferent and only commendable if he intends to achieve a socially or charitable aim such as getting children or financially helping a poor woman or protecting her. The other level is that the text is written by and addresses only males. It seems that the active role in marrying is a man's, and the woman's role is merely passive and that her being married does not entail

---

7 Aḥmad Dardīr (d. 1786): *Aš-Šarḥ al-Kabīr*, pp. 214 f. This text is not singular. In most standard works on Islamic jurisprudence you may find very similar passages, with small variations in details. Emphasis added.

religious or moral consequences in the Hereafter. And just as important, the opinions expressed here, as in other parts of the law, are those of men.

Marriage as a Reciprocal Contract

The importance of marriage as a legal institution for making sex lawful appears clearly in the jurists' definition of marriage: a reciprocal contract (*muʿāwaḍa*) in which the bride gives the bridegroom exclusive access to sexual intercourse against his payment of the bride price (*mahr* or *ṣadāq*). The Ḥanafite jurist al-Kāsānī (d. 1191) expresses it lapidarily: "Marriage is the exchange of the vagina for property."[8] This view became dominant, but dissenting opinions existed in the formative period of Islamic law. Some Šāfiʿite jurists[9] have construed the reciprocity of the marriage contract without considering the bride price as an element in the engagements of the parties. These engagements, in their view, are the spouses' persons, i. e. the enjoyment of the other spouse's body since both husband and wife find pleasure in the act of sex. The bride price, in this view, is regarded not a part of the reciprocal contract but as a gift, by virtue of Sura 4:4:

وَآتُوا النِّسَاءَ صَدُقَاتِهِنَّ نِحْلَةً ۚ فَإِن طِبْنَ لَكُمْ عَن شَيْءٍ مِّنْهُ نَفْسًا فَكُلُوهُ هَنِيئًا مَّرِيئًا.

> And give women their dowries as a free gift, but if they of themselves be pleased to give up to you a portion of it, then eat it.

In this view the function of this gift, donated by the bridegroom for having a socially superior economic position, is to win his bride's affection. In addition to the Koran, they have several arguments for this view such as the validity of a marriage agreement even if the bride price is not mentioned by the parties or if the clause on the bride price is null and void. One of the consequences of this stand is that a wife is entitled to demand intercourse from her husband, whereas other ways of construing the contract lead to the opinion that she has only a restricted moral right to intercourse.

The view that prevailed, however, is that only the husband's obligation is to pay a bride price. One of the textual arguments is Sura 4:24, "[…] give them (fem. pl.) their wages as an obligation […]", which refers to the bride price as *uǧūr*, wages, which implies that it is an obligatory engagement of the recipro-

---

8 "*An-nikāḥ muʿāwaḍat al-buḍʿ bi-l-māl*", Abū Bakr al-Kāsānī: *Badāʾiʿ*, p. 234.

9 Ibn al-ʿArabī (d. 1138–1139 H.): *Aḥkām al-Qurʾān*, pp. 316 f. at Sura 4:4; Ibrāhīm al-Bāǧūrī (d. 1859): *Ḥāšiya*, pp. 91, 118.

cal contract.[10] The bridegroom's primary engagement is clear: handing over the bride price, i. e. a sum of money or certain goods. The bride price is due by virtue of the marriage contract followed by sexual intercourse. That the bride is entitled to economic compensation is justified by two arguments. Firstly, she is compensated for giving her husband the right to sexual intercourse. Secondly, it is a recompense for the fact that she accepts a legally (and socially) subordinate position by entering her husband's marital authority.[11] For the legal scholars, the bride price is of great importance, due to the engagement for which it is exchanged: the right to have sex. Therefore, most scholars assert that the bride price must have a minimal value. Moreover, a marriage contract cannot be without it: if the spouses stipulate that the wife will not receive a bride price or if the bride price is not mentioned in the contract, the wife, after the first sexual intercourse, is entitled to a 'proper bride price' (*mahr al-mitl*), i. e. the amount a woman from similar descent and personal qualities would usually receive.

Finding the law for complicating situations related to the marriage contract, such as hidden defects in a bride price or its destruction before its delivery, the jurists would look at how such situations were solved in the law of sale and then argue their adoption or rejection, since they were well aware of the difference between marriage and sale. An enlightening example (showing also the casuistic and often fictive method of reasoning of the jurists) is this case: if a woman, after her marriage but before consummation cuts off her husband's penis, is she then entitled to get a divorce of the ground of his impotency? The answer, of course, is negative: the jurists compare this case with other fields of contract law: if a tenant of a house demolishes it, or if the seller of a good before delivery destroys it, they are not entitled to demand dissolution of their contracts.[12] One of the differences between sale and marriage is that if the bride price is destroyed before payment or if it turns out to have had hidden defects, the other engagement (sexual intercourse) could not be returned after consummation, whereas in an annulled sale both the price and the commodity could be restored. In such a situations the schools of jurisprudence differ: some

10 Ibn al-ʿArabī: *Aḥkām al-Qurʾān*, pp. 317.
11 Abū Bakr al-Kāsānī: *Badāʾiʿ*, pp. 275.
12 Ibn ʿĀbidīn (d. 1836): *Radd al-Muḥtār*, p. 816 (Bāb al-ʿInnīn).

assert that here the wife is entitled to her proper bride price, others hold that she can claim the value of the bride price if it was undamaged.[13]

The bride's engagement is also clear, but more difficult to classify legally. It has a market value, as shown in the concept of proper bride price, but it is not a commercial commodity that can be alienated or inherited. But what is common between the husband's rights and ownership of a good is the right of enjoyment (here both in the juridical and the sexual way). In analogy with sale, in which each party transfers property to the other, the jurists call the rights that the bride gives to the bridegroom ownership: ownership of her vagina or of enjoyment (*milk al-buḍ'* or *milk al-mut'a*). However, this cannot be the property of her person because she does not become a slave as a result of her marriage and there is controversy among the jurists on how to qualify this right: is it a form of ownership of just his wife's vagina or permission to have intercourse with her (*ibāḥa, ḥall al-istimtā'*).

Šāfi'ite jurists defend the view that the husband's right, although they also called it *milk* (ownership), is no more than permission to use and reject the notion that he has real ownership of parts of her body. They adduce two arguments: if a man swears that he has no property, he does not break his oath if he is married but has no property. The other argument is that if his wife has sex with a third party, under circumstances that prevent the imposition of the *ḥadd* penalty,[14] then the damages (the proper bride price) to be paid by that party goes to the wife and not to her husband, which you would expect if it was a matter of violation of property rights.[15] In contrast to the Šāfi'ite jurists the Ḥanafite jurists regard the husband's right over his wife as a form of ownership. Their argument against qualifying it as permission is that permission does not imply exclusiveness: it could be granted to more than one person. The Ḥanafites define this ownership (*milk*) here as "the exclusive right to use the wife's vagina and other parts of the body for sexual intercourse" or "the ownership of the wife's person as far as it regards intercourse."[16] But the jurists are

13 Kecia Ali analyzes the juristic discourse on the analogy between sale and marriage and shows that these jurists were fully aware of the legal difference. Ali: *Marriage and Slavery*, pp. 53–62.

14 For instance because there was uncertainty (*šubha*), because she erroneously thought that the other person was her husband, or because she was asleep.

15 Ibrāhīm al-Bāǧūrī: *Ḥāšiya*, pp. 91.

16 "*Milk al-mut'a huwa iḫtiṣāṣ az-zauǧ bi-manāfi' buḍ'ihā wa-sā'ir a'ḍā'ihā istimtā'an*," and "*milk aḏ-ḏāt wa-n-nafs fī ḥaqq at-tamattu'.*" Ibn 'Ābidīn: *Radd al-Muḥtār* II, p. 355.

well aware of the difference between this form of ownership and that in other fields of the law (such as the ownership of a female slave). It consists only in an exclusive right to use, but not in the right to alienate it: the husband it not entitled to sell or rent out the rights over his wife.

The jurists assert that marriage is not a commercial transaction (*tiğāra*) like sale, which consists in the exchange of commodities. Marriage is the exchange of a commodity with the vagina (*buḍʿ*), i. e. access to intercourse. One of the arguments for this statement is that if a slave has been granted by his master to trade (*maʾḏūn li-t-tiğāra*) she is not empowered to conclude a marriage without her master's consent.[17] Johansen explains the analogies of marriage with ownership and sale by pointing out that the property that the husband acquires in exchange of his bride price is not an economic but a social good, i. e. a social relation or social status: "The social property of marriage establishes an unequal, hierarchical relationship between the husband and his wife, whose body becomes his exclusive property as far as sexual intercourse and all lustful exchanges are concerned."[18] However, in spite of the awareness of the jurists that the marriage contract was not identical to sale and did not result in the wife's slavery, the comparisons and analogies, at a deeper level, did play a role in juristic discourse, both in juridical conceptualization of marriage and, as a consequence, in finding the law. In defining the unequal and hierarchical relationship between the spouses, the notion that the husband has purchased control over his wife and that the wife in some respects is not a person but property was never far away.[19]

Legal Relations between the Spouses

The marriage contract creates a relationship between the spouses that is not only hierarchical, but also asymmetrical. The lack of symmetry appears for instance in the right that the husband has to exclusive sexual intercourse with his wife, whereas the wife has not, since a man may marry more wives and have intercourse with an unlimited number of his female slaves. Moreover, the husband can unilaterally dissolve the marriage and the wife cannot. The hierarchical character consists mainly in the husband's marital authority. On the other hand, a wife has financial rights: she is entitled to the bride price and mainte-

---

17 Abū Bakr al-Kāsānī: *Badāʾiʿ*, pp. 234, 245.

18 Johansen: The Valorization of the Human Body, p. 77.

19 Ali: *Sexual Ethics*, p. xxv.

nance (regardless of her own financial situation). The rights of the spouses are legally interconnected. The full bride price becomes incumbent as a consequence of the first incidence of sexual intercourse and the right to maintenance is related to the man's authority over his wife (*ʿiṣma ṭāʿa*) and his sexual access to her body. After the conclusion of the marriage contract, maintenance (*nafaqa*) becomes due, not as a direct effect of the contract, but only after she makes herself available to him (*tamkīn*) at his request, i. e. puts herself under her husband's authority by moving to an accommodation provided by the husband and being available for intercourse with him. Usually there is some time between the concluding the marriage contract and the moment the bride moves to the matrimonial home. From that moment she is entitled to food, clothing and housing. The jurists were clear about the relationship between the right to maintenance and, on the other hand, the husband's right to enjoy her sexually and to restrict his wife's freedom. "Maintenance is an obligation [of the husband] because of his sexual pleasure or because she is detained (*maḥbūsa*) under his control," says Ibn Rušd (d. 1198), the famous philosopher, who was also an excellent jurist.[20] The Mālikite scholar ad-Dardīr explains the correspondence in no uncertain terms: "If she refuses her husband to have sex with her or to take pleasure with her otherwise, or if she leaves his authority (*ṭāʿatuhu*) without her permission or in situations in which he cannot prevent [leaving her], her right of maintenance lapses on the day on which she refused him. […]."[21]

The Šāfiʿites mention the husband's right to intercourse as the first ground for the obligation of maintenance,[22] whereas the Ḥanafites assert that maintenance is a compensation for the wife the restriction of her mobility.[23] This difference of opinion has legal consequences: A wife's disobedience (*nušūz*), which entails her forfeiture of maintenance, is for the Šāfiʿites her refusal to have intercourse with her husband, either at home or by leaving the marital residence,[24] whereas for the Ḥanafites it is crucial that she leaves the matrimonial home. Her "detention" is a result of her husband's authority over her: she must live where he tells her to, she may not leave the house without his permission, she must be available for intercourse with him, and if she disobeys him, he may discipline her. The obligation to provide maintenance is construed by the

---

20 Ibn Rušd: *Bidāyat al-Muǧtahid*, p. 54.

21 Ad-Dardīr in the margin of *Ḥāšiyat ad-Dasūqī*, p. 514.

22 "She is not under (his) authority (*bi-ṭ-ṭāʿa*) as long as he does not (sexually) enjoy her (*yastamtiʿ bihā*)." Ibrāhīm al-Bāǧūrī: *Ḥāšiya*, p. 189.

23 Abū Bakr al-Kāsānī: *Badāʾiʿ*, p. 16; Ibn ʿĀbidīn: *Radd al-Muḥtār*, p. 887.

24 Ibrāhīm al-Bāǧūrī: *Ḥāšiya*, p. 133.

Ḥanafites as a result of the principle that if a person is restricted in his movements because of the interest of another person – think of a slave or a debtor imprisoned for debt – this other person, the owner of a slave or the creditor, is obliged to provide maintenance.

In the marriage relationship wives can lawfully enforce their rights. Of course, this could be done in court, such as claiming maintenance, but there are also other ways, recognized by the law, by which she can put pressure on her husband, such as refusing him to have sex with her or leaving the marital home, i. e. suspending her husband's control over her. In the latter case the wife will demand her maintenance and the court can assess whether she left the marital home lawfully and, accordingly, award maintenance to her. And in certain cases, as we shall see, she is entitled to a divorce if her husband violates her rights, for instance if he fails to provide maintenance or, under Mālikite law, treats her harmfully (*ḍarar*).

As we have seen, the husband is entitled to have sexual intercourse with his wife at any time, unless there are religious interdictions (menstruation, fasting during Ramadan), or if she is seriously ill. However, the question remains to what extent this is reciprocal: does a woman also has right to sexual intercourse with her husband? Under the older Šāfiʿite doctrine mentioned below, the reciprocity of the marriage contract consists in that the spouses give the enjoyment of their bodies to one another. Under this opinion women are fully entitled to demand sex from their husband. However, this is not the case in the dominant doctrines. What is clear is that the jurists do recognize the importance of female sexuality: sexual abstinence of women is regarded as harmful and must be remedied. If a husband swears not to have intercourse with his wife (*īlāʾ*), she can demand a divorce after four months and marry another man. Moreover, as we shall see, the Šāfiʿites and Mālikites justify that a wife may get a divorce from her husband if he is unable to provide maintenance since that may lead to the want of sex for her. The argument given by the jurists is based on the link between maintenance and intercourse: if a man cannot provide maintenance, his wife may refuse to have sex with him and the ensuing sexual abstinence must be remedied by a divorce at the wife's request.[25] Finally, all schools assert that the husband's impotency is a ground of divorce for his wife. However, this ground is rather restricted: the impotency must have existed at the time of the marriage contract; impotency occurring after the consummation

25 Ibn Rušd: *Bidāyat al-Muǧtahid*, p. 52.

of the marriage is no legal ground anymore. As one Ḥanafite author bluntly phrased this:

> If after consummation a husband's penis is cut off or if he becomes impotent, the judge may not separate them since she has obtained her right of intercourse, even if it was only once. Beyond that it is only a moral duty (*diyānat*[an]) not a legally enforceable one (*qaḍā'*[an]). And he sins if he stubbornly neglects this moral injunction although he is able of complying [to have sex with her].[26]

The aversion of *šarīʿa* against sexual abstinence of women, however, is not motivated by her right to sexual gratification, but rather by the prevailing notions of female sexuality, which is regarded as insatiable. If she has no sex, there is the danger of temptation and thus social disruption and chaos.[27]

Dissolution of Marriage

Šarīʿa recognizes several ways to dissolve marriage (apart from death of one of the spouses). They are very different but make sense against the background of several distinctive legal conceptions of the marriage contract. One of these is ownership, i. e. the husband's rights on his wife (*milk*, *ʿiṣma*). The other conceptions are based on contract. Such a contract can be dissolved by agreement of the spouses, or by the court for default of one of the spouses. Judicial dissolution may be based on the model of sale, i. e. the acquisition of a right against a consideration (the bride price), or as a lasting legal relationship in which both spouses have rights against the other.

Let us first have a look at the non-judicial procedures. The first is a consensual dissolution, the *ḫulʿ*. This is undoing the marriage by a procedure that mirrors the conclusion of the marriage contract: the spouses – usually at the wife's request – agree to dissolve the marriage in exchange of her payment of a consideration. The agreement is conceived as the husband renouncing his rights on his wife against a compensation paid by her (*izālat al-milk bi-badal*). The amount of the consideration is not subject to legal restrictions, although there are some moral principles. One of them is that it is appropriate that, if the bride price has been paid, the consideration is less than the bride price, "so that the sexual intercourse [that took place during the marriage] does not become for free (*ḥattā lā yaḫlū al-waṭʾ ʿan al-māl*)."[28] The other form of extrajudicial disso-

---

26 Ibn ʿĀbidīn: *Radd al-Muḥtār*, p. 887; Ali: *Sexual Ethics*, p. 13.

27 Ali: *Sexual Ethics*, pp. 8 f.

28 Shaykhzāde: *Mağmaʿ al-Anhur*, p. 418.

lution is unilateral: the husband's repudiation of his wife (*ṭalāq*). Just by expressing his will, without any formalities, the marriage will be terminated. There is no need for witnesses and for its validity it is not required that his wife be informed, although it is, of course, practical to do so, in view of the consequences of this legal step. Most legal systems recognize that certain contracts can be terminated unilaterally, but with the notification of the other party as an essential element. The exceptional aspect of repudiation under *šarīʿa* is the absence of the wife's procedural role or her notification. The explanation is that *ṭalāq* is regarded not as terminating a contract, but as the husband relinquishing rights, comparable to freeing a slave, for which the slave's will is neither required, or to abandoning any type of property.

Other forms of unilateral dissolution are judicial. Under Ḥanafite law this option is restricted: a husband cannot benefit from this option and the wife has only the option to demand a divorce for impotency of her husband. The Mālikites and Šāfiʿites recognize more options and the spouses who can invoke one of these grounds are entitled either to continue the marriage or cancel it. The first group of options are based on physical defects that make sexual contact impossible or repugnant to one of the spouses (*ḫiyār al-ʿuyūb*) and both husband and wife can invoke these grounds These defects prevent achieving the essential objective of marriage and, just like the absence of essential qualities of goods in the case of sale, are a ground for nullification of the contract. By analogy with sale, the defects must exist at the time of the marriage and unknown to the other party. The jurists give as instances insanity, leprosy (*baraṣ*, *ǧuḏām*), and all illnesses and defects in the male and female bodies that obstruct or prevent intercourse. The analogy with sale, however, exists only before consummation: then the contract can be annulled and the bride price returned. After consummation, the marriage can be dissolved but the man has forfeited the bride price for having had sex with the woman. The principle that sexual intercourse may not be for free prevails over the analogy with the cancellation of sale, after which each party would receive his original goods. However, under Mālikite law he may recover it from the bride's matrimonial guardian for deceit if the latter knew of his ward's defect.[29]

Two other options, recognized in Mālikite and Šāfiʿite law, are related to the husband's financial obligations and can only be invoked by women: the option that the husband is insolvent and not capable to pay the bride price (*iʿsār aṣ-ṣadāq*) or maintenance (*iʿsār an-nafaqa*). The first option can only be

29 Ibn Rušd: *Bidāyat al-Muǧtahid*, p. 51.

invoked before consummation. Afterwards, a wife who has not received the bride price becomes a creditor but cannot cancel the marriage because her husband is in default. This is different from the option of insolvency to provide maintenance: that, of course, can only be invoked after consummation, since only then the husband is bound to provide maintenance. In such a situation the wife can request the court to set a term, after which it will pronounce a divorce, if the husband continues to be insolvent. The *ratio legis* of this rule is as follows: maintenance is related to sexual intercourse and all jurists accept that a wife who does not receive her maintenance is entitled to refuse sexual access to her husband. Since sexual abstinence of women is harmful must be remedied and her marriage may be dissolved so that she can acquire a new husband.[30] The Ḥanafites, however, do not regard the husband's insolvency as a ground for cancelling a reciprocal contract in analogy with the contract of sale.

Finally there is one ground for divorce, recognized by the Mālikites School only, and directly linked to the social relationship between the spouses: verbal or physical harm (*ḍarar*) inflicted to the wife by her husband. If the wife cannot establish harm in court, the judge may appoint arbiters from both families and if they find out that one of them is the cause decided that the spouses always quarrel and that one of them it the cause of that dissension, by inflicting harm (*ḍarar*) to the other, the arbiters may dissolve the marriage. The argument of the Mālikites is that the state (*sulṭān*) or the judge must remove harm from society, whereever possible[31] and that the arbiters here can be compared to the state.[32]

The Nature of Marriages in the *šarīʿa*

From the foregoing it will be clear that, under premodern Islamic jurisprudence, women have a legal status inferior to men. Nowadays, apologetic authors will claim that, indeed, under *šarīʿa* women, because of their biological and related social functions, do not have identical rights as men but their rights are complementary and equivalent. This might be argued for the law of succession, where apologists point out that the lower share for women is compensated by her rights to the bride price and maintenance during her marriage. But

30 Ibid., p. 52.

31 The Mālikite jurists have elaborated this principle especially in the field of the relationship between neighbours. See e. g. al-Qāḍī ʿIyāḍ (d. 1149)/Muḥammad Ibn ʿIyāḍ: *Maḏāhib al-ḥukkām*, pp. 87–100.

32 Ibn Rušd: *Bidāyat al-Muǧtahid*, p. 98.

their being a legal witness of a value lower than men, or their lower compensation if killed, are not easy to regard as equivalent. A closer look at the doctrines of Islamic family law elucidates that the different rights of men and women are only partially related to sexual functions, but rather intended to maintain and justify a social order based on a culture of male superiority. Complementarity here does not exist in equivalent social relations but rather in male domination of women. In this part of the essay I will analyze the juridical conceptualizations of women that inform the legal doctrine underlying male domination, by examining the analogies and argumentations used to legitimize certain rules or doctrines.

One of these conceptualizations is that women are not legal subjects, but rather objects of the rights of men. The most telling instance of the wife being an object of the legal transaction rather than a party to it, is the husband's right of repudiation. Here the legal act focuses only on the husband's rights, comparable to those of the owner of a slave, and not on the legal relationship established by the marriage contract. Just like the freeing of a slave, this is a unilateral act to which the wife is no party and whose validity is not conditional to her notification. Another instance is that according to all schools but the Ḥanafites, women cannot conclude their own marriage contract and must leave that to their male relatives. This must go back to a stage in legal history during which the marriages of women were essentially tribal or family alliances forged by men. *Šarīʿa* reformed this institution and required that the bride give her prior consent (except if she marries for the first time and het matrimonial guardian is her father). Another instance of the wife being just an object of another person's rights is the notion that through the marriage contract a woman transfers the right of use of her body to her husband, which implies that although she remains a legal subject, her physical person is controlled by her husband and becomes an object of his rights.

In other fields of family law women are presented as legally capable legal subjects, however, with rights and obligations that are distinct from those of men. This legal inequality imbues all parts of *šarīʿa* and especially family law, dating back to the Koranic reforms of family law by which the legal personality of women are improved but not made equal to man. The marriage contract creates a relationship between the spouses, which grants legal and enforceable rights to the bride, but is asymmetric and hierarchical as we have seen before. The asymmetrical character is already evident in the legal definitions of the marriage contract: a reciprocal contract in which sex is exchanged for goods. The essence of the relationship is that the husband has the right to control his wife's sexuality and mobility and that the wife is entitled to economic advantages: the bride price and maintenance. Apart from these essential parts, the husband has, as we have seen, more rights than his wife: for instance he may legally marry three more wives, and can without formalities repudiate them.

Finally we can observe that in some parts of the law, including family law, women are presented as legally capable persons with rights similar to men. This is true in the law of property and obligations and, to a small extent, in family law. The Ḥanafites, for instance, regard legally capable women as competent to conclude their marriage, with the argument that she is entitled to negotiate economic transactions and that her legal capability extends to marriage. All schools accept that women can independently go to court to demand their enforceable matrimonial rights, such as the bride price, maintenance and divorce. That in many fields of the law women are legally equal to men appears to be the result of juridical reasoning and systematization by the jurists of the formative period. They seem to have been inclined to treat men and women equally whenever there were no foundational texts imposing different legal positions.

The analysis of the status of women in Islamic law and the conceptualizations that inform them, shows that this is the result of a complex and layered history. The basis is found in the reforms of family law in the beginning of Islam, as laid down in the Koran. But pre-Islamic notions, as recorded in the *ḥadīṯ*, continue to play a role. The material found in Koran and *ḥadīṯ* was subjected to systematization and Islamization by the first generations of jurists. The notions and analogical reasonings they used to elaborate the law witness their social and cultural notions of gender. The historical examination to identify the different historical layers that have eventually created Islamic family law is not only of academic interest. Just as important is the awareness that a very large part of Islamic family law is not divine but has been constructed and interpreted by clever legal experts, highly intelligent and knowledgeable, but still human and and therefore open to change. Moreover, some rejected doctrines or opinions might be more suitable to present-day society and culture. These insights open the door of reform but these are essentially a juridical and political issues, rather than religious ones.

References

Ibn ʿĀbidīn: *Radd al-Muḥtār Ḥāšiya ʿalā ad-Durr al-Muḫtār Šarḥ Tanwīr al-Abṣār* II, Bulaq: Dār aṭ-Ṭibāʿa al-Amīrīya 1299 H (1881–1882 CE).

Abou El Fadl, Khaled: *Speaking in God's Name: Islamic Law, Authority and Women*, Oxford 2001.

Ali, Kecia: *Sexual Ethics and Islam. Feminist Reflections on Qur'an, Hadith, and Jurisprudence*, Oxford 2006.

—: *Marriage and Slavery in Early Islam*, Cambridge, MA 2010.

Ibn al-ʿArabī: *Aḥkām al-Qurʾān*, vol. I, ed. by ʿAlī Muḥammad al-Bağāwī, Cairo: ʿIsā al-Bābī al-Ḥalabī [2]1967.

Ibrāhīm al-Bāğūrī: *Ḥāšiya ʿalā Šarḥ Ibn Qāsim al-Ġazzī ʿalā Matn Abī Šuğāʿ*, vol. II, Cairo: Dār Iḥyāʾ al-Kutub al-ʿArabīya s. d.

Aḥmad Dardīr: *Aš-Šarḥ al-Kabīr ʿalā Muḫtaṣar Ḫalīl b. Isḥāq* [in the margin of *Ḥāšiyat ad-Dasūqī*, vol. II, Cairo: Dār al-Iḥyāʾ al-Kutub al-ʿArabīya s. d.].

Muḥammad ʿArafa ad-Dasūqī: *Ḥāšiya ʿalā aš-Šarḥ al-Kabīr li-Aḥmad ad-Dardīr ʿalā Muḫtaṣar Ḫalīl b. Isḥāq*, vol. I, Cairo: Dār al-Iḥyāʾ al-Kutub al-ʿArabīya s. d.

el-Hibri, Azizah: Islam, Law, and Custom: Redefining Women's Rights, in: *American University Journal of International Law and Policy* 12 (1997), pp. 1–44.

al-Qāḍī ʿIyāḍ / Muḥammad Ibn ʿIyāḍ: *Maḏāhib al-ḥukkām fī nawāzil al-aḥkām*, ed. by Muḥammad b. Šarīfa, Beirut: Dār al-Ġarb al-Islāmī 1990.

Johansen, Barber: The Valorization of the Human Body in Muslim Sunni Law, in: *Law and Society in Islam*, ed. by Devin J. Stewart, Baber Johansen and Amy Singer, Princeton 1996, pp. 71–112.

Abū Bakr al-Kāsānī: *Badāʾiʿ aṣ-Ṣanāʾiʿ fī Tartīb aš-Šarāʾiʿ* II, Beirut: Dār al-Kutub al-ʿIlmīya 1986.

Mayer, Ann Elizabeth: Internationalizing the Conversation on Women's Rights: Arab Countries Face the CEDAW Committee, in: *Islamic Law and the Challenges of Modernity*, ed. by Yvonne Yazbeck Haddad and Barbara Freyer Stowasser, Walnut Creek, Ca. 2004, pp. 133–161.

Peters, Rudolph: (In)Compatibility of Religion and Human Rights: The Case of Islam, in: *Human Rights and the Impact of Religion*, Empirical Research in Religion and Human Rights 3, ed. by Johannes A. van der Ven and Hans-Georg Ziebertz, Leiden 2013, pp. 75–96.

Ibn Rušd: *Bidāyat al-Muǧtahid wa-Nihāyat al-Muqtaṣid* II, Cairo: Maktabat Muṣṭafā al-Bābī al-Ḥalabī [3]1960.

Shaykhzāde: *Maǧmaʿ al-Anhur Šarḥ Multaqā al-Abḥur* I, Istanbul: Dār al-ʿĀmira li-ṭ-Ṭibāʿa 1882–1883.

Stewart, Devin J. / Baber Johansen / Amy Singer: *Law and Society in Islam*, Princeton 1996.

Van der Ven, Johannes A. / Hans-Georg Ziebertz (eds.): *Human Rights and the Impact of Religion*, Empirical Research in Religion and Human Rights 3, Leiden 2013.

Yazbeck Haddad, Yvonne / Barbara Freyer Stowasser (eds.): *Islamic Law and the Challenges of Modernity*, Walnut Creek, Ca. 2004.

ISLAMISCH GEPRÄGTES RECHT IN DER GEGENWART

Irene Schneider[*]

Divorce Gaza Style: Regulations and Discussions in Gaza and the West Bank (2013–2017)[1]

In 2012 the Supreme Judge (*Qāḍī al-Quḍāt*, QQ) and Head of Sharia Court High Council (SCHC; *Ra'īs al-Maǧlis al-a'lā li-l-qaḍā' aš-šar'ī*) of the West Bank, Yūsuf Id'īs, issued a regulation (*ta'mīm*) with regard to *ḫul'*-divorce giving women the right to redemption against the husband's will and therefore broadening women's access to divorce.[2] Other than in the Egyptian law of 2000,[3] women could profit from this regulation only before consummation of marriage. After consummation, women were given the possibility of turning to the court and gaining a divorce based on 'dispute and discord' (*an-nizā' wa-š-šiqāq*) without having to prove their claim. Yūsuf Id'īs, therefore, actually reformed the law in force, which in the West Bank is the Jordanian Law of Personal Status of 1976.[4] His counterpart in Gaza, Head of Higher Sharia Court Council (HSCC; *Ra'īs al-Maǧlis al-a'lā li-l-qaḍā' aš-šar'ī*), judge Ḥasan al-Ǧūǧū, denied this regulation its legitimacy. In a TV programme he argued that in such a case one should go through the legislative channels and he accused his brethren (*iḫwān*) in the West Bank of having turned their *iǧtihād* into an of-

* Professorin an der Georg-August-Universität Göttingen.

1 I want to thank all persons in Palestine who were willing to conduct interviews with me and give me information and insight into their legal system, among them representatives of the Palestinian Authority, i. e. the state, of the *šarī'a* establishment and of the civil society. My special thanks go to the Qāḍī al-Quḍāt, Yūsuf Id'īs, who allowed me to be present in his class in winter 2013 and to the legal advisor to the President, Ḥasan al-'Ūrī, who conducted two interviews with me about the development of family law in Palestine in 2014 and 2017. I regret I did not have the possibility to travel to Gaza as planned during my stay in winter 2017.

2 Schneider: Recht und Geschlechterordnung, pp. 45–69.

3 Denker: Wiedereinführung des *ḫul'*, pp. 125–209.

4 JLPS Artt. 102–112 and 132. For most legal texts see muqtafi.birzeit.edu/en (last access 20. 12. 2017).

ficial ruling.[5] *Ḫul'*, he said, was already present in Gaza in the applicable Egyptian Family Rights Law (EFRL) of 1954. Stating this he overlooked, first, that due to the split between HAMAS (*Ḥamās, Ḥarakat al-muqāwama al-islāmīya) and FATAH (Fatḥ, Ḥarakat at-taḥrīr al-waṭanī al-filasṭīnī*) and, because the parliament had not sat since 2007, there was no official legislative channel that could have been used easily.[6] Second, he ignored the fact that the West Bank regulation went further than anything regulated in the EFRL and the Jordanian Personal Status Law of 1976 (JLPS, applicable in the West Bank) because it allowed redemption against the husband's will before consummation and made divorce for women based on 'dispute and discord' after consummation easier. Divorce against the husband's wish without having to give a reason was the kernel of the new law in Egypt in 2000 and was seen as a landmark result for women's rights. For the first time women gained a similar but not equal agency as men. Similar because they needed no reason and no consent from the husband to go to court and file a claim. Not equal because they had to pay for it, mostly in giving back their dower, and they had to go to court and a court order was necessary. Yūsuf Id'īs argued that whereas the man has the right to *ṭalāq*, women have the right to *ḫul'* and he called this 'equality' because whoever wants to break up the marriage has to pay.[7]

Even though it did not go as far as the Egyptian law and did not include women after consummation, the new regulation was highly welcomed and praised in the West Bank in 2012 by lawyers and women's organizations because it was seen as the solution to a particular socio-legal problem:[8] As was the habit, young women signed the marriage contract with the engagement. With this signature marriage was established according to law[9] and could only be ended by a divorce. But the social perception was different: As long as the marriage ceremony with the wedding night (*lailat ad-duḫla*), and the consummation of the marriage, did not follow, society did not consider the couple to be fully married. During this interim time many couples found out that they did not match and did not want to stay together. In this situation the husbands refused to give *ṭalāq* to the women and instead reclaimed money for the presents in addition to

5 Lāzim Naḥkī: *ḫul'*.

6 Schneider: Recht und Geschlechterordnung, pp. 47–49.

7 Schneider: Recht und Geschlechterordnung, p. 63. There is also no legal equality with regard to the access to divorce according to JLPS, even after the issuing of the *ta'mīm* of 2012. See Schneider: Recht und Geschlechterordnung, pp. 63 f.

8 See Schneider: Recht und Geschlechterordnung.

9 JLPS Artt. 14–16.

the restitution of costs for invitations to dinner etc. allegedly paid by them. For this practice Yūsuf Idʿīs found harsh and clear words and coined the expression of 'blackmailing (*ibtizāz*)'. His critique was outspoken as was his wish to help young women in this situation. The question arose: What to do in a not-yet state, which had had no working parliament since 2007 and where two different governments with different ideological backgrounds were ruling in addition to two Heads of the *Maǧlis al-aʿlā li-l-qaḍāʾ aš-šarʿī*: Ḥasan al-Ǧūǧū in Gaza (HSCC) and Yūsuf Idʿīs (*Qāḍī al-Quḍāt* and Head of SCHC) in Ramallah? It was in this politically, socially and legally complex situation that the *šarīʿa* judges under Yūsuf Idʿīs' heading found the above-mentioned solution and that the *Maǧlis al-aʿlā li-l-qaḍāʾ aš-šarʿī*[10] in Ramallah issued the new regulation, which was soon applied in the *šarīʿa* courts of the West Bank.[11]

Not long after the West Bank regulation had been issued, a heated debate started in the media, and among women's organizations in Gaza, with the aim to pressure the Gaza government to reform the law on *ḫulʿ* in Gaza, too.[12] Women's organizations complained that there was no *ḫulʿ*-law or no legal regulation of *ḫulʿ* in Gaza and demanded that there be one. Women's agency was at the centre of the debate: Women should have the opportunity to apply for di-

---

10 See for the website of Ramallah *Dīwān Qāḍī al-Quḍāt* / Supreme Judge Department and *al-Maǧlis al-aʿlā li-l-qaḍāʾ aš-šarʿī* which is translated into English in Ramallah as: Sharia Court High Council (SCHC) www.kudah.pna.ps (last access 19. 10. 2017); for the website in Gaza City see www.ljc.gov.ps (last access 19. 10. 2017); *al-Maǧlis al-aʿlā li-l-qaḍāʾ aš-šarʿī* which is translated as Higher Sharia Court Council (HSCC) in Gaza. Ḥasan al-Ǧūǧū is named *Raʾīs al-Maǧlis al-aʿlā li-l-qaḍāʾ aš-šarʿī* / Head of Higher Sharia Court Council as is Yūsuf Idʿīs in Ramallah, but he seems not to have the title of "*Qāḍī al-Quḍāt*" as Yūsuf Idʿīs (until 2014). Both, Ḥasan al-Ǧūǧū and Yūsuf Idʿīs, are *Raʾīs al-Maḥkama al-ʿulyā aš-šarʿīya* / Chairman of the Sharia High Court.

11 Schneider: Recht und Geschlechterordnung, pp. 45–47.

12 Divorce used, according to Berger, to be rare in Gaza, but has now became a topic of frequent public concern and is seen as an indicator of how bad Gaza's humanitarian and sociopolitical crises have become; see Berger: Divorced in Gaza, but see for earlier and more detailed research Welchman: *Islamic Family Law*, pp. 135–199. According to Al-Waheidi: Gaza Dating Site a very new development in matchmaking can be seen: special dating sites organize mostly polygamous marriages often for widows of 'martyrs'. In case the widow's husband was affiliated with a political party, it is reported that this party might intervene and pressure the woman to marry a man from the same groups, and she will often agree because she is struggling financially and the group will pay her a salary.

vorce without giving reasons for their demand of separation.[13] No such regulation has been issued to date in Gaza (March 2018). Instead, Ḥasan al-Ǧūǧū, issued a *taʿmīm* in 2016[14] that gave men the right to apply for divorce based on 'dispute and discord' (*an-nizāʿ wa-š-šiqāq*) – a form of divorce that originally could be initiated by women only.[15] Women's organizations protested vehemently and asked why men should get, on top of the full and only very marginally restricted right to repudiation, the right to claim divorce under the heading of 'dispute and discord' whereas women as the vulnerable part of society had to wait for years to get a divorce from the court based on 'dispute and discord'. And why men and not women should be strengthened in the battle of the sexes, in which women objectively, and measured against international law (CEDAW),[16] did not have the same rights to initiate divorce.

It is obvious that *šarīʿa* representatives and organs such as the *Maǧlis al-aʿlā li-l-qaḍāʾ aš-šarʿī*, the *Qāḍī al-Quḍāt*[17], the Dīwān of Sharʿī Jurisdiction (DQSH)[18] and the HSCC – organs that exist more or less in parallel in Gaza and Ramallah – and Muslim scholars play an important role and interpret and apply Islamic law differently, especially in the area of family law. At the same time, civil society, and especially women's organizations are often an active and critical counterpart of the *šarīʿa* establishment. All social actors in Palestine – West Bank and Gaza – are united in the wish to end the split and to create one common Palestinian family law. But what will this law look like and who is going to determine how it looks? Or, as an Arabic proverb says, *Man yuʿalliq al-ǧaras*, lit.: who rings the bell?[19] The question became more important when in fall 2017 HAMAS made the declaration to step back from government and hand over power to Fatah in Gaza. The end of the political split,[20]

13 Othman: Divorce at Gaza.

14 *Taʿmīm* 08/2016, see also 07/2016. See the website of the *Dīwān al-qaḍāʾ aš-šarʿī*: www.ljc.gov.ps/images/court2016.pdf (last access 15. 09. 2017).

15 EFRL (Egyptian Family Rights Law) Artt. 97–107.

16 President Maḥmūd ʿAbbās has signed CEDAW without reservations, see UNHCHR: Press Briefing Notes.

17 This title is obviously only used in Ramallah, not in Gaza.

18 For the English translation and the Arabic versions in Gaza and Ramallah as well as the websites see fn. 10.

19 It was the Legal Advisor to President Maḥmūd ʿAbbās, Ḥasan al-ʿŪrī, who quoted this proverb to characterize the problem in his interview with me on November 28, 2017.

20 See: Hamas Leader Invites Abbas to Resume Control of Gaza.

and therefore a unification, elections and a parliament seemed possible in the near future.

In this article I focus on the legal regulation as well as the legal language and the arguments used in Gaza in comparison with the West Bank and I follow the debates between representatives of the *šarīʿa* establishment and women's organizations.[21] How do representatives of the *šarīʿa* establishment and of the civil society structure their arguments around the *ḫulʿ*-debate? And which are the gender models they strive to implement? It is also interesting to compare influential persons in the West Bank and in Gaza: Yūsuf Idʿīs (until 2014) and Ḥasan al-Ǧūǧū, both heads of the *Maǧlis al-aʿlā li-l-qaḍāʾ aš-šarʿī*.[22] My hypothesis, which I deal with in my forthcoming publication *Gender and Legislation* (2019) more extensively, is that having a legislative vacuum in both the West Bank and Gaza with the paralysis of the legislative organ, the parliament, the position of the *šarīʿa* establishment in general, and the organs and institutions connected with Islamic law more specifically in both parts became stronger.[23] I think it is even justified to talk of the the Heads of the SCHC/HSCC as quasi-legislators when taking into account the regulations that both of them issued to amend and reform the law.

Sources are official information (e. g. the *taʿmīmāt*) of the DQSH in Gaza, reports in the media and information material on the website of the Gaza government as well as conference reports on the websites of women's organizations and TV programmes. My article is structured as follows: In the first paragraph I deal with the legal background of Palestine (West Bank and Gaza) generally with regard to the Basic Law of Palestine of 2003 and the situation of legislation in the realm of family law with focus on *ḫulʿ* and 'dispute and discord' (1). Following this is a thorough analysis of the Gaza regulations[24] (2) and the heated debate following its issuing (3) as well as a final conclusion (4).

---

21 For the West Bank see Schneider: Recht und Geschlechterordnung and my forthcoming book: *Gender and Legislation.*

22 Yūsuf Idʿīs is considered to be the initiator of the ruling. In 2014 he was named Minister of Waqf. New *Qāḍī al-Quḍāt* became Maḥmūd Habbāš.

23 See also Schneider: Recht und Geschlechterordnung.

24 *Taʿmīm* 8/2016, taking into consideration also *taʿmīm* 7/2016.

1 The Legal Background of Palestine (West Bank and Gaza) and Legislation in the Realm of Family Law

1.1 Basic Law and Legislation

Asem Khalil, Professor of Law at Birzeit University, describes Palestine as a "state in waiting"[25]. The legal system this 'state' inherited is a mixture of Ottoman, British, Jordanian, Egyptian and Israeli law.[26] Personal status issues were regulated by religious communities themselves. The separation between the West Bank and Gaza between 1948 and 1967 polarized the differences in the legal cultures. The West Bank legal system can be qualified as a civil law with a continental European law system, while Gaza, with most of British law intact, was much closer to a common law system. In 1967, both parts fell under Israeli occupation.[27] After the Oslo Agreements and the establishment of the Palestinian Authority (PA), the PA started in 1994 a process of law-changing, with at least one clear legislative policy: legal unification. Legally speaking, however, the PA itself is not a state but it started to produce laws and bylaws, much as states do.[28] However, a family law was not among the laws that were drafted and enacted. Religious/*šarīʿa* courts kept their independence.[29] According to Art. 47 of the Basic Law of 2003, the Parliament is the elected legislative authority[30] but, as mentioned above, has not sat since 2007.[31] The President has, according to Art. 43, the right to issue decrees amending the existing law but does not do it in the realm of family law. According to Art. 4 (1) of the Basic Law, Islam is the official religion in Palestine and according to Art. 4 (2) of the same article the principles of Islamic *šarīʿa* are 'a' principal source of legislation.[32]

25 Khalil: Constitution-Making, p. 587.

26 Khalil: Formal and Informal Justice, p. 172.

27 Ibid.

28 Ibid.

29 Ibid., pp. 172 f.

30 See muqtafi.birzeit.edu/en/Legislation/GetLegFT.aspx?LegPath=2003&MID=14138&lnk=2 (last access 14. 12. 2014).

31 Khalil: Beyond the Written Constitution, p. 41.

32 See muqtafi.birzeit.edu/en/Legislation/GetLegFT.aspx?LegPath=2003&MID=14138&lnk=2 (last access 26. 09. 2017).

1.2 Personal Status Law in the West Bank and Gaza: a Comparison: Divorces of *Ḫul*ʿ and Dispute and Discord (*an-Nizā*ʿ *wa-š-Šiqāq*)

As a Weberian ideal type, Islamic classical marriage and inheritance belong to the patriarchal type.[33] The husband is head of the family, he represents his family in public and controls his wife's body while having prerogatives such as polygyny, repudiation rights and guardianship, and inheriting twice as much as a woman may. Money and sexuality are tightly connected. Dower is the property of the wife[34] and the woman can "refuse access to herself till he pays the dower" according to Abū Ḥanīfa.[35] But after having taken the dower, during marriage and when receiving maintenance (*nafaqa*), the woman is obliged not only to have sex with her husband but also to obey him in more general issues of marital life, for example, not to leave the house if he does not want her to do so. If she does not obey, the husband can stop paying the maintenance. This is what Sonneveld calls the "maintenance-obedience-relation"[36]. Ibn Rušd argued that maintenance (*nafaqa*) is either seen as a counter-value of sexual utilization (*istimtā*ʿ, lit. 'enjoyment') or as compensation for the fact that the wife is confined (*maḥbūsa*, lit. 'captive').[37] Thus, Islamic marriage can be seen as a relationship based on money in exchange for the obligation of sexual service and obedience. The property separation being a special Islamic flavour of patriarchal family structure may not be taken as an expression of gender equality, as

---

33 Schneider: *Gender and Legislation*.

34 For the JLPS in Palestine see Moors: *Mahr* Meanings, pp. 23 f.: the JLPS deals extensively with the dower in 22 articles. Under the heading *The Dower Is the Entitlement of the Wife* it not only states explicitly that the "dower is the property of the wife", but adds to this that "she cannot be pressured to use it for her jihaz" (Art. 61), see Moors: *Mahr* Meanings, p. 23. The JLPS considers the dower as an effect of the contract, rather than as a condition for its validity. The code also indicates that consummation of the marriage is another source of the right to dower. This becomes visible both in the case of an irregular (*fāsid*) marriage and in the case of divorce before consummation. If an irregular marriage has not been consummated, it has no legal effects and no dower needs to be paid. However, if the marriage has been consummated, then the wife is entitled to a dower (Art. 42). Second, in the case of divorce (*ṭalāq*) before consummation, the wife is only entitled to half the dower (Art. 48). The JLPS explicitly refers to the possibility of deferral of payment of the dower (Artt. 45 f.).

35 Ibn Rušd's (IR) reference is given first to the Arabic text and second to the English translation. IR II, pp. 51, 60.

36 Sonneveld: Khulʿ Divorce in Egypt.

37 IR II, pp. 54, 63.

is sometimes argued. This is nicely demonstrated in the present West Bank practice in which a couple who wants to marry and goes to the court in Ramallah is informed by the notary (*maʾḏūn*) about the woman's obligation of obedience (*ḍarūrat aṭ-ṭāʿa*) and the husband-to-be's obligation of maintenance (*ḍarūrat al-infāq*).[38]

Ḫulʿ generally and classically was conceptualized as a form of separation based on mutual consent between husband and wife and based on the wife paying back the dower. Therefore this kind of separation can be called 'redemption'. Its justification is based on the Qurʾān but even more on one *ḥadīṯ* according to which the wife of Ṯābit b. Qais approached the Prophet and declared that she wanted a separation. Several versions of this *ḥadīṯ* would have allowed it to interpret this form of separation in different ways and Denker concluded from the textual evidence that the husband's consent to *ḫulʿ* cannot be seen as an absolute precondition.[39] However, the husband's consent has been considered as necessary in classical Islamic law.[40] The judge's presence was not seen as necessary; *ḫulʿ* could take place in a private setting.

The most important points of the Egyptian new regulation in 2000 was that the woman files a claim; she returns the dower and waives all other legal rights; the court organizes an arbitration procedure in two phases, consulting arbiters from the families of the partners; if this arbitration procedure fails, the woman has to declare in court that for her the continuation of the marriage is impossible and she cannot keep God's law. She does not have to give any reason. *Ḫulʿ* will than take place and it has the legal effect of *ṭalāq bāʾin* with no appeal possible.[41] The main difference from classical law was seen in the change from the husband's (necessary) consent to the court's decision against his will and the fact that women gained agency in getting a divorce not connected to a specific reason.

West Bank

Muḫālaʿa/ḫulʿ is regulated in the JLPS Artt. 102 to 112. Unlike unilateral *ṭalāq*, *muḫālaʿa* in the JLPS of 1976 requires the consent of both spouses – both can file the claim. In JLPS the husband must fulfil the normal conditions of

---

38 Abū Ṭaʿīma: *Taḥqīq ṣaḥafī*: See the video attached at the end of the article (last access 09.09.2017).

39 Denker: Wiedereinführung des *ḫulʿ*, pp. 138 f.

40 Ibid., p. 141.

41 Ibid., pp. 173 f.

competence and the woman must be contracted to him in a legal marriage.[42] According to Art. 103, each party shall be entitled to revoke the offer in the *muḫālaʿa* prior to the acceptance of the other. When the woman is under the age of legal majority *ḫulʿ* is not valid unless her legal guardian gives his consent.[43] These articles were amended by *taʿmīm* 59/2012. The *taʿmīm* 59/2012 can be considered a reinterpretation of classical *ḫulʿ* but differs from the Egyptian version because it gives the woman the right to obtain a *ḫulʿ*-divorce without the husband's consent only before consummation of the marriage. In combination with the right to divorce based on 'dispute and discord' in the same *taʿmīm* without obligation for proof, women gain easier – but not equal! – access to divorce. Giving proof was seen as difficult as marital strife happens in the home, most often without witnesses, and therefore women had a hard time to prove their claim of 'dispute and discord'. The *ḫulʿ*-regulation is surprising and legally difficult to explain because the legal regulation according to which a *ṭalāq* before consummation gives the woman the right to half of the dower[44] is completely ignored and the classical unrestricted husband's right to *ṭalāq* is not affected by this ruling. With the introduction of new *ḫulʿ* regulation we can observe a blurring of the boundaries between marriage and betrothal in law and society.[45] In effect, the *Qāḍī* regulated a special Palestinian custom, according to which engagement, which in Islamic law and in both family laws is not binding,[46] is combined with the signature of the marriage contracts. But as the consummation does not immediately follow a legal and social space of 'in-betweeness' is created, which has the above described social consequences. In the arguments used in the debate[47] marriage is 'economized', i. e. it is argued that whoever of the spouses wants divorce has to pay: with *ṭalāq* the husband, with *ḫulʿ* the wife. But this allegedly gender equal economic argument is not congruent with the general underlying relation of husband/wife, the maintenance-obedience-relation and the still unequal access of women to divorce.[48] Men always maintain the unrestricted right to repudiation. They only have to

42 Art. 102; Welchman: Beyond the Code, pp. 347 f.
43 Art. 102 § b.
44 Art. 48.
45 For a more detailed discussion of the significance of the sexual act / consummation see Schneider: Recht und Geschlechterordnung, p. 67.
46 JLPS Art. 3, ELRF Art. 2.
47 See Schneider: Recht und Geschlechterordnung.
48 Ibid., pp. 63–67; Schneider: How is the Past Used.

register the repudiation (*ṭalāq*) within 15 days.[49] Besides, they have to agree to being divorced by the judge in such cases as, for example, non-payment of maintenance etc. and the proceeding of dispute and discord after passing through a proceeding of reconciliation. With the new regulation the court and the judges gained an important position of regulating this form of divorce.

Gaza

According to the Egyptian Family Law applicable in Gaza, Art. 97 is to be quoted, which deals with 'dispute and discord':

> **Article 97: Separation of the wife by divorce due to dispute and discord**
>
> In the event *the wife claims* that her husband caused damage [*iḍrār*] to her in a manner with which the continuance of the marital life has become impossible amongst the like of her, she may request separation from the judge. Thenceforth, the judge shall separate her by divorce in case the damage [*ḍarar*] is proven and he is incapable of reconciling them. If the request was first rejected, then the complaint was repeated and the damage was not demonstrated, the judge shall dispatch two arbiters and shall rule in the manner expounded under Articles 98, 99, 100, 101 and 102 [italics added by the author].

Artt. 98, 99, 101 and 102 deal with terms, conditions, and obligations of the arbiters, disagreement between them and the reporting of the arbiters' decision to the judge. Other than in the JLPS according to EFRL Art. 97 only the woman can request separation. The connection to *ḫulʿ* is interesting because *ḫulʿ* is not regulated in a special article of the law but it is left by default based on the classical Ḥanafī regulation[50] and it is part of the procedure of 'dispute and discord', as can be seen from Art. 100:

> **Article 100: Arbiters' incapability of reconciliation between the spouses**
>
> If the two arbiters are incapable of reconciliation and if the wrongdoing is on the part of the husband or on the part of both of them or if the situation was unidentifiable, they shall decide on the separation between them by one pronouncement of irrevocable divorce. *In the event the wrongdoing is on the part of the wife, they shall decide to submit her to Mukhala'ah* [italics added by the author] [divorce in return for a monetary compensation to be paid by the wife to the husband] for the whole of the dowry or for a portion thereof.

---

[49] JLPS Art. 101, in ELRF Art. 77 no time is given: "The husband who divorces his wife shall notify the judge thereof".

[50] Welchmann: *Islamic Family Law*, p. 161.

This means: *ḫulʿ* or *muḫālaʿa* is regulated in the EFRL as an effect of the divorce due to dispute and discord and the connected proceeding of reconciliation of the spouses. The idea of a separation based on mutual consent is not to be found in the text of EFRL. It is what the women's organizations criticized; there is no own '*ḫulʿ*-law' and not even an article in the applicable law according to which husband and wife can file the *ḫulʿ* claim. The woman has to go through 'dispute and discord' and to prove 'damage' and if she cannot prove her case she has to wait for the second round. On the one hand this procedure secures the woman's right to get the dower whenever the husband is seen as guilty or as the wrongdoer in the marriage. But on the other hand divorce is not easily accessible for her and she has to go through the process twice if she cannot prove the 'damage'. It has been reported that women had to wait sometimes for years in Gaza to get a divorce based on 'dispute and discord'.[51] Women in the West Bank who had not consummated their marriages were given a quick solution out of the contract, and women who had consummated their marriage were spared the proof from the beginning and thus could get a quicker divorce – if the judge agreed.

Ḥasan al-Ǧūǧū's critique of his West Bank brethren gave the impression that the government in Gaza would approach legal problems only through 'legislative channels', which could at least be a reason to not reform the law through rulings by his organ (HSCC). Howevelr, this is not correct. The website of the HSCC of Gaza contains *taʿmīmāt*, as does the West Bank website,[52] and an in-depth comparison of what has been regulated – how and what the differences and similarities might be between Ramallah and Gaza would be of utmost interest.

With regard to our topic, two *taʿmīms* are of importance: *taʿmīm* 33/2009 and *taʿmīm* 09/2012.

– In *taʿmīm* 33/2009, article 97 is quoted and it is stated that this article gives the woman the right to file a suit in the case that she cannot continue the marriage because of damage (*ḍarar*), which is explained as harm done by word and deed etc. In cases where this damage is proved and the judge cannot mediate between the spouses, the judge can divorce her with minor irrevocable divorce.

– In case her claim was rejected and she wants to resubmit, the text of Art. 97 is quoted: "If the request was first rejected, then the complaint was repeated and the damage was not demonstrated." It is also explained what this repetition means, i. e. the ongoing marital dispute and the husband's damaging

---

51 Othman: Divorce at Gaza.

52 See www.ljc.gov.ps (last access 27. 09. 2017).

of her. In this case the *Qāḍī* can proceed according to Artt. 98 to 102. This *taʿmīm* is thus only a clarification of what 'damage' means exactly and an explanation or clarification of the law's wording, "the complaint was repeated".

– *Taʿmīm* 09/2012 (with reference to 33/2009) regulates, in addition, that the wife can file the claim again if she has new 'causes and facts' (*asbāb wa-waqāʾiʿ ǧadīda*) but, if not, she has to wait six months before refiling the claim after the judgement has become final. This *taʿmīm* clarifies the law's text, too, in saying that the wife can resubmit her claim if she has new 'causes and facts' but, if not, forces her to wait for six month before resubmitting the claim. It therefore obliges her to wait another half a year, a time that was not mentioned in the text of the law.

To sum up:

– Ḥasan al-Ǧūǧū explained in the TV programme[53] that there is *ḫulʿ* in Gaza – which is according to him the classical version based on mutual consent. In the JLPS of 1976 it is regulated, whereas in EFRL it is not explicitly mentioned as a paragraph of its own.

– *Muḫālaʿa* in the EFRL is only part of the procedure of 'dispute and discord' and a woman will pay back her dower in the case that she was found to be the wrongdoer in a claim filed by herself with regard to 'dispute and discord'. This is, however, not the original idea of *ḫulʿ* in which classically both spouses agree to separate and women pay. It can perhaps be seen as an interesting version of how to codify classical '*ḫulʿ*'[54] by integrating it into another form of divorce.

– This means that women cannot file the *ḫulʿ*-claim but have to go through 'dispute and discord' and, in cases where they do not have proof, have to wait and see what the arbiters make out of it. Generally, it is argued – and this was one of the main aims to reform the JLPS in 2012 – that proof in those matters concerning 'damage' is extremely difficult because 'damage' mostly happens in the marital house without witnesses. Yūsuf Idʿīs' 2012-*taʿmīm* took this into consideration and spared women the obligation to provide proof and put the matter into the hands of the judge. Women thus have different options: to file for a claim based on *ḫulʿ* or based on 'dispute and discord'.

– It is exactly this 'agency' of women that – as we will see – was discussed widely in the West Bank as well as in Gaza as an important factor of the 'new'

53 Lāzim Naḥkī: *ḫulʿ*.

54 See Ebert: *Das Personalstatut arabischer Länder*, pp. 113 f.

*ḫul*ʿ and that sometimes was even constructed as 'equality': men have *ṭalāq* and women *ḫul*ʿ.[55]

– In contrast, 'dispute and discord' is to be filed according to the EFRL by the woman, and she has to bring the proof, whereas both 'discord' and *ḫul*ʿ in JLPS can be filed by both husband and wife.

– Both *taʿmīm*s regulate Art. 97. 33/2009, which only explains what it means to repeat the complaint – i. e. that the marital strife continues, whereas *taʿmīm* 9/2012 regulates in addition that the wife can file the claim again when she has new 'facts and causes'. If not, she can also file the claim again but has to wait six months. Thus, it amended the law – filing is possible without proof – and the proceeding, but only after another half a year of suffering.

2 Social Debates and the Issuing of Two *Taʿmīms* in 2016

Ḥasan al-Ǧūǧū explained that in Gaza there is only *ḫul*ʿ on the basis of mutual consent.[56] When both spouses agree, the court decides on the separation on the basis of *ṭalāq bāʾin bainūna ṣuġrā* after the question of the money, i. e. the dower (*mahr*) is solved. He did not refer explicitly to the EFRL but argued that there was no difference whether this happened before or after first intercourse whereas the West Bank regulation is, according to him, as quoted above, *iǧtihād* of "the brethren (*al-iḫwān*)" stating that 'we' (in Gaza) desire (*naṭmaʿu*) that this *iǧtihād* goes via legislative channels (*yamurr ʿabr qanawāt tašrīʿīya*).[57] In case of damage and when all the necessary steps were taken, he argued, then the judge separates the wife from her husband. The woman is the person who has been hurt (*maḥǧūra*) but with this decision her dignity (*karāma*) is preserved. The mentioning of the wife's 'dignity' evokes the impression that the Gaza version of divorce is ethically higher and better than the West Bank-*taʿmīm*.

Critique of Yūsuf Idʿīs ruling did not only come from his Gaza colleague but also from the PA. Ḥasan al-ʿŪrī, legal advisor to President Maḥmūd ʿAbbās in Ramallah[58] regarded the *Qāḍī al-Quḍāt's* regulation as 'non-constitutional'. In a modern state he, the *Qāḍī*, is bound, he said, by the law until there is a new law (*qānūn ǧadīd*). If the religious scholars (*fuqahāʾ*) see it necessary to have *ḫul*ʿ, then they should create official amendments to the law. This sup-

[55] Schneider: Recht und Geschlechterordnung, p. 57.
[56] Lāzim Naḥkī: *ḫul*ʿ.
[57] Ibid.
[58] Interview (13. 10. 2014).

port of Ḥasan al-Ǧūǧū's position by a jurist in the governmental team of Maḥmūd ʿAbbās may be considered as one of the rare points of agreement between the Gaza and the West Bank government. Neither of the two, however, said anything about the way this reform of the law could be reached when the parliament did not work and President Maḥmūd ʿAbbās was obviously not ready to give presidential decrees in the matters of family law. Furthermore, it should be noted again, that Ḥasan al-Ǧūǧū's statement that such amendments should go via legislative channels stands in clear contradiction to the amount of own regulations (*taʿmīmāt*) issued in Gaza by his organ.

Gaza lawyer Fāṭima ʿAšūra expressed in the same TV programme[59] that she was surprised to hear of *ḫulʿ*. The question of whether it is applied and used is denied by her explicitly. It is not applied at all, she states with great emphasis (*ġair muṭabbaq muṭlaqan*) and nobody talks about it, neither lawyers nor the people.

Whereas in *Lāzim Naḥkī* in April 2013 both Judge Ḥasan al-Ǧūǧū and the lawyer Fāṭima ʿĀšūra more or less denied that *ḫulʿ* was a great topic in Gaza or a legal solution sought by women, in the following years several reports in the media reflect a different development. The Center for Women's Legal Research and Consulting – Gaza (CWLRC)[60] had already in 2012 published a paper entitled *Legal Document: Towards Justice and Fairness for the Woman in the Family Rights* (*Waṯīqa ḥuqūqīya: naḥw al-ʿadāla wa-l-inṣāf li-l-marʾa fī-l-ḥuqūq al-ʿāʾilīya*) based on research on *Divorce of Young Women, Reasons and Forms* (*Ṭalāq aš-šābbāt, al-asbāb wa-l-āṯār*). Based on this research, which, as the report, was supported by the German Heinrich Böll Foundation, the Center developed many amendments to the applicable law in Gaza. It is argued that the Basic Law of 2003 guaranteed in Art. 9 equality of all citizens before the law and the judiciary and non-discrimination of women and that the applicable law of 1954 was outdated and in contradiction to the Basic Law and therefore had to be amended.

It argued that 40 % of all divorces happened with young men and women before the actual consummation of the marriage in the time of engagement, in which, however, there is already a contract.[61] The Center's suggestion for this case was that both partners should have in this case – having a contract but not having consummated the marriage – the chance to cancel the contract. If the

59 Lāzim Naḥkī: *ḫulʿ*.

60 See www.cwlrc.ps/en/about (last access 07. 07. 2017).

61 CWLRC: *Waṯīqa ḥuqūqīya*, pp. 1 f.

husband wished to cancel the contract he should bear the financial consequences, there would be no refunding of the payed *mahr* and presents. The woman, on the other hand, wanting to cancel the contract would have to pay back what she received. In certain cases the husband had to bear the consequences, e. g. in case of his sterility or if he behaved badly or took drugs.[62]

According to a report of Dunyā al-waṭan from August 22, 2013[63] Ḥasan al-Ǧūǧū announced a reform (*ta ʿdīl*) of the law with regard to *ḫul ʿ* at the end of the coming year (i. e. 2014) in the form of a *ta ʿmīm*. On November 13, 2013 there was a final conference of CWLRC with Ḥasan al-Ǧūǧū and Sa ʿīd Abū al-Ǧabīn, Judge of the High Sharia Court in Gaza (*al-Maḥkama al- ʿulyā aš-šar ʿīya*) according to which *ḫul ʿ* should come for the woman also in cases in which the husband did not agree. In these cases the woman could file a claim at the court.[64] In addition, CWLRC had announced in a paper[65] that the HSCC in Gaza had agreed to the requests of the CWLRC made in their paper quoted above to make divorce (*ṭalāq*) before consummation easier and at the same time not to change the marital status (*al-ḥāla al-iǧtimā ʿīya*) and the name in the identity card.

Two years later nothing had happened. In a report from April 13, 2015 in Al-Monitor, Mohammad Othman stated[66] that *ḫul ʿ* was now a topic in Gaza, but obviously was not regulated. *Šarī ʿa* courts in Gaza sought to find a balance when it came to the right to file for divorce, so as to change the traditional concept that the sole eligibility to divorce comes from the husband. Ḥasan al-Ǧūǧū was quoted with the statement that the Islamic faith advocated partnership between spouses. Both individuals have a say in their marriage because marriage can only be consensual. "When marriage ends, it should also be consensual," he told Al-Monitor, forgetting to mention that this is in contradiction to the husband's prerogative to *ṭalāq*, which is anchored in the EFRL, Artt. 67 to 68. With regard to *ḫul ʿ* it would mean opting for the classical form of *ḫul ʿ* based on mutual agreement. The statement is also beside the point and not helpful for women because he chose to ignore the reality on the grounds according to

62 Ibid., p. 5.

63 See Dunyā al-waṭan: *Taṭbīq al-ḫul ʿ*.

64 See CWLRC (13. 11. 2013): www.cwlrc.ps/en/news/women's-rights-on-khula-file-claim-(-women's-right-to-divorce-her-husband)before-the-shariah-courts-in-gaza-strip (last access 07. 07. 2017). See also Ma ʿan: *Liqā ʾ Samāḥat ra ʾīs al-Maǧlis*.

65 I thank CWLRC and especially Zainab al-Ġunaimī for this paper which I received in March 2018. It however does not have a date and is not to be found on the website of CWLRC.

66 See Othman: Divorce at Gaza.

which marriages hardly ever end in consent and men have the unrestricted right to *ṭalāq*. Women wanted a way to end the marriage themselves, to have agency, without being forced to bring proof– be it of the absence of the husband for years, be it his non-payment of maintenance, be it his damaging her.[67] Whereas Ḥasan al-Ǧūǧū criticized the regulation and obviously ignored the social need of change, Idʿīs was well aware of the underlying social problem and wanted to develop a solution for it.

Ḥasan al-Ǧūǧū continued his reasoning:

> Although the Islamic Sharia gave men the right to divorce however and whenever they want, restrictions were imposed on this right. Women also have the right in some cases to divorce. The man cannot, for example, divorce his woman arbitrarily. We seek to have a law that compensates women for any arbitrary divorce.[68]

The compensation given in Gaza, however, did not include what the women's organizations had fought for.

Still Ḥasan al-Ǧūǧū stuck to his opinion, also given in *Lāzim Naḥkī*,[69] that to change this and create the judicial *ḫulʿ* would need a change in legislation that he saw as not possible at the time.[70] He ignored the fact that many women had been waiting sometimes for several years to get a divorce and instead argued that in the case that such a law was passed it would serve high-income women only.[71]

Although hundreds of women would benefit from a *ḫulʿ* law, conservative Palestinian culture[72] remains an obstacle, Muhammed Othman wrote in his article. He interviewed civil and *šarīʿa* lawyer Iṣlāḥ Ḥusnīya who explained that many women who want a divorce instead endure unhappy marriages[73] to protect their homes: "When serious problems occur and women reach a stalemate, they file for divorce," she said. She continued:

---

67 EFRL Artt. 84–102.

68 Othman: Divorce at Gaza.

69 Lāzim Naḥkī: *ḫulʿ*.

70 Ṣafā: al-Ḫulʿ, Othman: Divorce at Gaza.

71 Othman: Divorce at Gaza.

72 See www.al-monitor.com/pulse/originals/2015/03/palestinian-female-singers-gaza-fatwas.html (last access 22.07.2018).

73 See www.al-monitor.com/pulse/originals/2015/03/gaza-hamas-conservative-rise-of-polygamy.html (last access 22. 07. 2018).

> Most women have to stay due to financial and familial conditions. Many sacrifice to stay with their children. In addition, financial status does not allow [some] women to divorce by khula [sic! IS]. This is why they do not opt for this option.[74]

Dunyā al-Amal Ismāʿīl, a writer, feminist activist and head of Gaza's Creative Women Association, said that *ḫulʿ* in Gaza has helped women who can pay back their husbands for the dower and gifts. However, financially unprivileged women cannot benefit from this kind of divorce, she argued and added: "Even elite women in Gaza have to watch out for social traditions that prevent them from opting for divorce by khula [sic!]." She continued: "These traditions apply to them as much as they apply to normal women. Fear of how their behaviour might be religiously interpreted may also constitute an impediment".[75] Ismāʿīl said social acceptance of *ḫulʿ* could lead many women to embrace this option but fearing the stigma of divorce, women have second thoughts when considering it. For divorce by *ḫulʿ* to be effective women would need an open social culture.[76]

The Legal Regulations

So how can the process in Gaza between 2012 and 2016 be described? Obviously there was much critique of women's organizations and lobbying for change – in contradiction to what Ḥasan al-Ǧūǧū and Fāṭima ʿĀšūra stated in the TV programme *Lāzim Naḥkī*. Either it only really became a topic of discussion just after the programme or Fāṭima ʿĀšūra did not realize its social impact. However this may be, the social debate and iterations went on and were controversial.

Two *taʿmīms*, 07/2016 and 08/2016, were issued in February 2016. *Taʿmīm* 07/2016 exempts in Art. 1 a woman whose marriage has not yet been consummated and who did not have privacy from keeping the period of six month for [re]submitting the claim without new causes and facts and refers in Art. 2 to *taʿmīm* 09/2012, issued on May 29, 2012. The legal regulation in this *taʿmīm* actually cancelled the regulation of *taʿmīm* 9/2012, which had introduced a six-month period for repeating the complaint and goes back to the original text of the law but only for women before consummation. Now women without consummated marriage can repeat their complaint, also in the case that they have no new facts and reasons, without having to wait six months.

---

74 Quoted in Othman: Divorce at Gaza.

75 Ibid.

76 Ibid.

It belongs to the absurdities of this legal development, that Ḥasan al-Ǧūǧū spoke out against *taʿmīmāt*, but issued regulations only to reverse them then again but only for women before consummation.

Taʿmīm 08/2016 regulated in Art. 1 that the husband has, like the wife, the right to claim separation in case dispute and discord come up between him and his wife and when he claims that she damages him (*iḍrāruhā bihī*) in word or act and when he does not see himself fit to continue the marriage because of this damage. Art. 2 regulates: When the husband proves (*ṯabata*) this 'dispute and discord' the judge will take pains to reconcile the spouses. If there is no reconciliation he sets a time not less than a month hoping for improvement (*muṣālaḥa*) and when the husband still holds up his claim after this time and there is no reconciliation the judge transmits the case to the two arbiters. According to Art. 3 the court will proceed after the transmission of the claim to the two arbiters as laid down in the Artt. 98, 99, 100, 101 and 102 of the EFRL. This regulation seems to be a step towards gender equal legislation, because now the husband, as the wife, has the right to claim divorce based on dispute and discord, as it is also the case in JLPS with regard to *ḫulʿ*[77] and with regard to dispute and discord.[78] But this is not the case, because first there is no access for women directly to *ḫulʿ* as in the JLPS[79] and second the husband still has the general right to *ṭalāq*.[80]

The agency is with the man; women cannot file *ḫulʿ* claims. This new regulation now might be preferable for the husband, because in cases where the arbiters find the wife 'guilty' she will have to pay back her dower which the husband would have to hand over to the wife in cases of *ṭalāq*. Thus, the husband's position is improved by two points: his access to a divorce is broadened and he can gain a financially better divorce. As the dower is normally the only sum a woman receives after the divorce, and as it is usually considered as her security to make a living after a divorce, this decision of the Gaza judiciary matters and makes women financially more dependent on their husbands.

77 Artt. 102, 103.

78 Art. 132.

79 Artt. 102 f. That it is not regulated in the Law means, that it is accepted according to the classical Ḥanafī ruling – left as default, as Welchman: *Islamic Family Law*, p. 161, writes. Ḥasan al-Ǧūǧū also explains that there is *ḫulʿ* but not in court – which is the classical version of mutual consent out of court.

80 Artt. 67 and 68 of ELFR.

A comparison between the legal regulation in the West Bank and Gaza reveals the following results. The following table shows the greater agency and options regarding divorce for women in the West Bank:

	West Bank	**Gaza**
1.	*Ḫul'* can be initiated by both the husband and the wife and is based on mutual consent (JLPS Artt. 102–112).	*Ḫul'* is not mentioned in the EFRL as an independent form of separation but only as part of the procedure in 'dispute and discord' (EFRL Art. 100) when the arbiters decide that the wife should undergo *ḫul'* because the wrongdoing is on her side. Classical *ḫul'* is applicable by default.
2.	*Ḫul' ta'mīm* (59/2012): redemption before consummation against the husband's will is possible.	There is no such regulation.
3.	Dispute and discord can be claimed by both spouses (Art. 132 JLPS with proof).	Dispute and discord can be claimed by the woman (Art. 97 EFRL). This right is given to the man too in *ta'mīm* 8/2016.
4.	Dispute and discord without proof (*ta'mim* 59/2012) is possible for the woman. The judge decides.	No such regulation. In 'dispute and discord' proof is necessary (Art. 100); resubmission is possible. According to *ta'mīm* 9/2012 this term is six months in cases where there are no new facts; according to *ta'mīm* 7/2016 the six months term was cancelled for women before consummation.

3 Standing Up for a New *Ḫul'* Law in Gaza: The Civil Society Debate in Gaza 2012 to 2017

The civil society had lobbied hard to get a regulation similar or perhaps even better for women in Gaza as in the West Bank. Despite the announcement of the HSCC that 'the law of judicial *ḫul'*' would be applied (*sa-yuṭabbaq qānūn al-ḫul' al-qaḍā'ī*) at the beginning of the year, only the abovementioned two *ta ʿmīms* were issued.[81] So what happened after the issuing of the two regulations? Did the women's organizations react positively to *ta ʿmīm* 7/2016 in which women before consummation were spared the six-month term for resubmitting the claim? The answer is of course 'no'. The reactions varied between surprise and outrage and Ḥasan al-Ǧūǧū was attacked from different sides. The women's organizations again vehemently opted for a *ḫul ʿ* law or at least for a regulation of *ḫul ʿ*. The director of CWLRC, Zainab al-Ġunaimī, for example complained that there is no special *ḫul ʿ*-law in Gaza and that the only form of *ḫul ʿ* is consensual *ḫul ʿ*.[82]

The regulation giving the husband the right to request a divorce (judicial divorce: *taṭlīq*) was criticized and seen as "against the principle of equality and non-discrimination".[83] CWLRC called this ruling not constitutional (*ġair dastūrī*), stating that the applicable law in Gaza already gives the husband the unrestricted right to divorce whenever and however he wants, and that

> there is no need for the right to file the suit for *ṭalāq*, whereas the woman only has the legal right to file the claim for separation (*tafrīq*) for specific reasons, among them 'dispute and discord' because she does not have the same right as the husband.

CWLRC warned that this ruling would encourage husbands to file suits against the women whereas the women would bear the burden of 'dispute and discord' to get a divorce in which her financial rights are waived. It regarded this ruling as an attack on women's rights.[84] In a meeting that was organized by CWLRC,[85] which included lawyers, and representatives from women's organizations, the media, the DQSH and Parliament (*al-Maǧlis at-tašrīʿī*), Iṣlāḥ Ḥasanīya made it clear that she aimed to gain a decision with regard to *ḫul ʿ* and the abolishment of the abovementioned regulation (*ta ʿmīm*). She also demanded a Palestinian Law and uniform legislation as well as unification of thc organization of the Palestinian *šarīʿa* jurisdiction. She pointed to the fact that all this could only be realized when separation ended. Hudā Naʿīm, representative of the *Maǧlis at-tašrīʿī* in Gaza, supported this necessity to revise the law especially with regard to *ḫul ʿ* to correct deficiencies and give women the right to claim judicial *ḫul ʿ* and to harmonize the texts and the *šarīʿa* rulings. The draft law should be looked at with regard to *ḫul ʿ* considering several points as the finality– should this di-

81 Duḥān: Ḫabar.
82 Ibid.
83 Ibid.
84 Ibid.
85 CWLRC: *Markaz al-abḥāṯ*.

vorce be final or open to appeal – the procedure for returning the dower, the role of the guardian etc. Hudā Naʿīm did not mention the most important aspect: the regulation of *ḫulʿ* against the husband's will only before or also after consummation of marriage. But she did, too, point to the necessity to regulate *ḫulʿ* and ensure an end to delaying legal cases and procrastination (*mumāṭala*) through the husband and his peers. CWLRC and others, such as the lawyer Suʿād al-Mašnī, demanded that women under pressure of their husbands should have the right to file a claim with *ḫulʿ* and again pointed to the fact that there is no law of *ḫulʿ* in Gaza and *ḫulʿ* is not applied in the courts. Mašnī mentioned other forms of judicial divorce for women connected to special circumstances.[86]

In the end of the day, *taʿmīm* 8/2016 was considered as the healing of a special legal problem: the husband as victim and violated person (*ad-ḍaḥīya au al-muʿannaf*). There was surprise and it was considered as strange (*ġarīb*) for the Palestinian society that the husband should be considered as such.[87] Aiman Ḥammād, judge at the *šarīʿa* court of Rafaḥ, explained that in February 2016 for the first time a man submitted a claim for divorce based on ‚dispute and discord' and described it as a new matter.[88] Saʿīd Abū al-Ǧabīn tried to explain that the reason of the ruling (*taʿmīm*) issued by the Gaza government of HAMAS with regard to the husband's right to claim divorce based on *nizāʿ wa-šiqāq* against the wife, i. e. *taʿmīm* 8/2016, were many cases of insults of a woman towards her husband and even her beating him in the court. Not women but men, and especially husbands, as victims and violated persons, even beaten by their wives in the court were now the focus of the legal and social debate. Saʿīd Abū al-Ǧabīn had to admit, however, that only 11 cases had been filed by men in 2016 whereas 205 had been filed by women. He furthermore explained that this regulation was different from the regulation for women in so far as there is no resubmission as for women and in cases where the women's right was confirmed (*iṯbāt az-zauǧa li-daʿwāhā*) she would get all the rights, much as if she had been divorced normally by *ṭalāq*.[89]

In a TV programme with a discussion between Ḥasan al-Ǧūǧū and Zainab al-Ġunaimī[90] Zainab al-Ġunaimī stated that 'we' – meaning the women's organization or her organization – demanded the '*judicial ḫulʿ*' and that they – the

---

86 Dūḥān: Ḫabar.

87 Ibid.

88 Ibid.

89 CWLRC: *Markaz al-abḥāṯ*.

90 Maʿan: *Liqāʾ Samāḥat raʾīs al-Maǧlis*. I thank Ġāda ʿĪsā for her transcription of the video.

women's organizations – obviously cooperated with Ḥasan al-Ǧūǧū but without success. She very much attacked him for ignoring the problem of women whose cases are stuck in the courts and who need help to get a divorce. If things would be as easy, as he, Ḥasan al-Ǧūǧū said, there would not be this problem – but in reality there are these women who need help, she argued. Ḥasan al-Ǧūǧū answered many points evasively but he did admit that he had wanted to widen the space for *ḫulʿ*-divorce with the proposal put forward by Zainab al-Ġunaimī. It does not become clear from the programme why this did not work out. After a very intensive and controversial debate between Zainab al-Ġunaimī and Ḥasan al-Ǧūǧū, the audience was allowed to ask questions, too. These questions were quite critical with regard to the non-regulation of *ḫulʿ* in Gaza.

A man named Kārim stood up and explicitly spoke out against *ḫulʿ* only for virgins – i. e. the West Bank solution – because it would discriminate against the rest of the women who cannot resort to *ḫulʿ*. He referred to the well-known *ḥadīṯ* of Ṯābit b. Qais' wife,[91] arguing that *ḫulʿ* is not connected to the consent of the husband and there is no need for two arbiters, because the Prophet's question is: "Do you give him back his garden?" and when she responded positively he, i. e. the Prophet, gave her the *ṭalāq*. From this Kārim concluded that as the husband has the right to *ṭalāq* without giving reasons, the woman has the right to *ḫulʿ* without giving reasons – "unless we don't have equality in the matter (*illā iḏā kāna ʿindanā ʿadam musāwāt fi-l-qaḍīya)*". Interestingly, Ḥasan al-Ǧūǧū did not take up this argument and did not react explicitly to this suggested interpretation of the *ḥadīṯ*; an answer that would have revealed his position towards *ḫulʿ*. Referring to the order "give him back his garden" he only said that this could not be applied without looking at the custom (*ʿan al-ʿurf wa-ʿan al-ʿāda*) and the surrounding conditions of the society at that time without explaining what exactly he intended with this remark.

4 Conclusion

Which gender relation is reflected in the Gaza regulation in comparison with the West Bank? In a future Palestinian state, what will the legislation in family matters look like? Comparing the two legislations – if they can be labelled as such – it can be stated that, despite contrary utterances of Ḥasan al-Ǧūǧū, in Gaza as well as in the West Bank the influence of juridical regulations issued by the two Dīwāns is undeniable and that those regulations complete, explain,

91 For a detailed analysis see Denker: Wiedereinführung des *ḫulʿ*.

amend and sometimes even reform the applicable law shaping gender relations with regard to rights and access to divorce and financial rights. This is true for the West Bank regulation, which improved the position of young women before consummation. It is, however, also true in the non-implementation of a regulation in Gaza, which left the women in Gaza behind their sisters in the West Bank with regard to access to divorce. In the area of family law there are no presidential decrees but only *šarīʿa taʿmīmāt*, which can be read for a great part as a reinterpretation of classical law, as "uses of the past".[92] Whereas Yūsuf Idʿīs, with the regulation of 2012, responded to social distress in trying to help young women by broadening their agency – if only before consummation – and applied it in the *šarīʿa* courts, Ḥasan al-Ǧūǧū, who obviously had tried to get an agreement in the *ḫulʿ* matter with the women's organizations in Gaza, did not reform the Gaza law with regard to this point and thus did not solve the social problem on the ground.

So what came out of the protest of the women's organizations who demanded more (not even equal!) access to divorce and a *ḫulʿ*-law?

Legally, Ḥasan al-Ǧūǧū decided to issue a ruling to give men the additional right to file a claim according to 'dispute and discord', too. In addition to unlimited *ṭalāq*, men could now actively file a suit for judicial divorce based on 'dispute and discord'. Whereas the general gender equal access to the divorce of 'dispute and discord'[93] might not be a problem, Ḥasan al-Ǧūǧū's regulation in this context gains a special flavour for men in Gaza because of the connection to *muḫālaʿa* as mentioned in Art. 100 of ELRF and the chance to get back the dower they would have to spend in case of *ṭalāq*.[94] It was not the idea that whoever wants divorce has to pay – men with *ṭalāq* and women with *ḫulʿ* – but whoever is guilty of the breaking up of the marriage or, better, whoever is considered by the arbiters as guilty, has to pay. The idea of *ḫulʿ*, which in classical law was considered to be a separation based on mutual consent and connected with the obligation of the woman to pay back her dower, but is not based on any condition or 'guilt', is not reflected explicitly in EFRL. Instead, it is only a consequence of the woman's claim to 'dispute and discord' in case she is considered as the 'wrongdoer', that she is obliged to pay, and this is called *ḫulʿ*.

92 Schneider: Recht und Geschlechterordnung, pp. 63–66, ead.: How is the Past Used.

93 Art. 100 EFRL.

94 In Art. 132 (c) of JLPS, it is also regulated that the arbiters decided on the percentage of 'wrongdoing' and give their decision on the appropriate compensation "not less than the dowry".

Woman's agency in this version of the codified *ḫulʿ* and her access to a form of divorce not connected to a specific reason is simply non-existent.

The debate furthermore was fuelled by the introduction of a new concept into Gaza society, the idea that the husband should be considered the victim and the violated one in marriage.[95] This idea was considered generally as strange and something new for the Palestinian society[96] a feeling which somehow reflects an awareness of the patriarchal structure of the society and the generally weaker position of women in law, politics and society. But in the end this concept overruled the women's demands for more access to divorce. This was seen by the women's organizations as a misinterpretation of the power relations in the Islamic marriage as pinned down in both laws: the EFRL and JLPS, and as reflected in legal practice. It was seen as a deepening reification of the gender hierarchy.

It is therefore evident that the debate is even more conservative with regard to gender relations and gender hierarchies in Gaza and that Gaza's women have fewer rights with regard to divorce. Filing the claim for 'dispute and discord' a second time without new proof after having been rejected and an exemption from the six-months term for women without consummation surely cannot be called generous and supportive for women's agency and obviously did not solve the problem that women remain in court for a long time, sometimes for years. The general basis of the classical Islamic marriage which regulates that women have to obey – in sexual relations as well as in other points – whereas men have to pay was not touched, neither by the West Bank regulation nor of course by the Gaza regulation.

All – women's organizations, the Heads of the Sharia Court High Councils (SCHC/HSCC) of the West Bank and Gaza and the representatives of the state – agreed that there should be one Palestinian Family law. But given the quasi legislative power of the two Heads of the SCHC/HSCC the question is, who "rings the bell", as Ḥasan al-ʿŪrī put it. What will be the influence of international treaties as President Maḥmūd ʿAbbās signed the women's convention (CEDAW) without stipulations? CEDAW prescribes in Artt. 2 and 16 the equality of men and women with equal access to divorce. How strong is the influence of the *šarīʿa* establishment given the fact that *šarīʿa* is anchored in the Basic Law as a principle of legislation? To nail it down more concretely: if the influence of Islamic law is as strong as it seems, given the legal developments

95 Dūḥān: Ḫabar.

96 Ibid.

described: whose interpretation of Islamic law will prevail in the end? The discrepancy between Gaza and the West Bank with regard to women's rights and gender hierarchy is obvious, even if the general and basic 'maintenance-obedience' relation is untouched in both parts of Palestine. If CEDAW should be applied and gender equal access to divorce should be the aim, then there is still a long way to go.

With regard to this question Ḥasan al-Ǧūǧū should be quoted for a last time: "We are in favor of CEDAW as long as it does not allow forbidden things and forbids allowed things (*naḥnu maʿa īttifāqīyat Sīdāw mā dāmat lā tuḥalilu ḥarāman wa-lā tuḥarrimu ḥalālan*)".[97] But looking at this quotation the question of what is defined as religiously 'allowed' and what is 'forbidden' still has to be negotiated.

[97] Maʿan: *Liqāʾ Samāḥat raʾīs al-Maǧlis*.

References

Abou El Fadl, Khaled (ed.): *Handbook of Islamic Law*, Abingdon 2019 (in print).

Abū Ṭaʿīma, Nāhid: *Taḥqīq ṣaḥafī – ʿabāʾa ar-raʾīs wa-l-maḥākim aš-šarʿīya, in: Maʿan* (June 23, 2013), maannews.net/Content.aspx?id=607478 (last access 09. 09. 2017).

Al-Muqtafi: *Palestinian Legal and Judicial System*, muqtafi.birzeit.edu/en (last access 28. 12. 2017).

Al-Waheidi, Majd: Gaza Dating Site Matches Widows to Men seeking 2nd (or 3rd) Wife, in: *New York Times* (04. 06. 2017), www.nytimes.com/2017/06/04/world/middleeast/gaza-palestinians-hamas-wesal-polygamy.html?mcubz=0 (last access 27. 09. 2017).

Basic Law Palestine 2003 (amended 2005), www.venice.coe.int/webforms/documents/default.aspx?pdffile=CDL(2009)008-e (last access 15. 09. 2017).

Berger, Miriam: Divorced in Gaza because of Reality, in: *US News* (22. 05. 2017), www.usnews.com/news/best-countries/articles/2017-05-22/conflict-feeds-rising-divorce-rates-across-gaza (last access 15. 09. 2017).

Cuno, Kenneth M. / Manisha Desai (eds.): *Family, Gender, and Law in a Globalizing Middle East and South Asia*, New York 2009.

CWLRC: *Waṯīqa ḥuqūqīya. Naḥw al-ʿadāla wa-l-inṣāf li-l-marʾa fi-l-ḥuqūq al-ʿāʾilīya*, Gaza 2012, www.cwlrc. ps/files/trainings/_1.pdf (last access 09. 03. 2018).

—: (13. 11. 2013) www.cwlrc.ps/en/news/women's-rights-on-khula-file-claim-(-women's-right-to-divorce-her-husband)before-the-shariah-courts-in-gaza-strip (last access 07. 07. 2017).

—: *Markaz al-abḥāṯ wa-l-istišārāt al-qānūnīya wa-l-ḥimāya li-l-marʾa yanfuḏ liqāʾ bi-ʿunwān „Naḥw taġyīrāt munṣifa wa-ʿādila li-n-nisāʾ fī qānūn ḥuqūq al-ʿāʾila"* (01. 03. 2017), www.cwlrc.ps/ar/news (last access 09. 09. 2017).

Denker, Hendrik: Die Wiedereinführung des *ḫulʿ* und die Stärkung der Frauenrechte. Eine Studie zur Reform des Personalstatusrechts im islamischen Rechtskreis am Beispiel des ägyptischen Gesetzes Nr. 1 von 2000; in: *Beiträge zum Islamischen Recht* IV, Leipziger Beiträge zur Orientforschung 15, ed. by Silvia Tellenbach and Thoralf Hanstein, Frankfurt am Main 2004, pp. 125–209.

Dunyā al-Waṭan: *Taṭbīq al-ḫulʿ fī Gazza qarīban* (22. 08. 2013), m.alwatanvoi ce.com/show/427715.html (last access 07. 07. 2017).

Ebert, Hans-Georg: *Das Personalstatut arabischer Länder. Problemfelder, Methoden, Perspektiven; ein Beitrag zum Diskurs über Theorie und Praxis des Islamischen Rechts*, Leipziger Beiträge zur Orientforschung 7, Frankfurt am Main et al. 1996.

Edres, Nijmi / Irene Schneider (eds.): *Gender and Sharia in Muslim Legal Theory and Practice. The Cases of Israel and Palestine*, Wiesbaden 2018 (in print).

EFRL: *Al-bāb aṯ-ṯānī. Qānūn ḥuqūq al-ʿāʾila; amr raqm 303*, www.ljc.gov.ps/images/stories/family_court2.pdf (last access 23. 01. 2018).

Grote, Rainer / Tilmann Röder (eds.): *Constitutionalism in Islamic Countries. Between Upheaval and Continuity*, Oxford 2012.

Hamas Leader Invites Abbas to Resume Control of Gaza, in: *Haaretz* (20. 09. 2017): www.haaretz.com/middle-east-news/palestinians/1.813472 (last access 10. 10. 2017).

Hanstein, Thoralf / Irene Schneider (eds.): *Beiträge zum Islamischen Recht XI*, Leipziger Beiträge zur Orientforschung 34, Frankfurt am Main 2016.

Jordanian Personal Status Law 1976, muqtafi.birzeit.edu/en/Legislation/GetLeg FT.aspx?LegPath=1976&MID=15058&lnk=2 (last access 15. 09. 2017).

Khalil, Asem: Formal and Informal Justice in Palestine: Dealing with the Legacy of Tribal Law, in: *Études Rurales* 184 (2009), pp. 169–184.

——: Constitution-Making and State-Building. Redefining the Palestinian Nation, in: *Constitutionalism in Islamic Countries. Between Upheaval and Continuity*, ed. by Rainer Grote and Tilmann Röder, Oxford 2012, pp. 583–596.

——: Beyond the Written Constitution: Constitutional Crisis of, and the Institutional Deadlock in, the Palestinian Political System as Entrenched in the Basic Law, in: *I*CON* 11.1 (2013), pp. 34–73.

Lāzim Naḥkī: *ḫulʿ* (30. 04. 2013), www.youtube.com/watch?v=EXvQuK8TDU0 (last access 06. 09. 2017).

Maʿan: *Liqāʾ Samāḥat raʾīs al-Maǧlis al-aʿlā maʿa Qanāt Maʿan ḥawla at-tašrīʿāt wa-l-qawānīn al-ḫāṣṣa bi-l-aḥwāl aš-šaḫṣīya*, al-ḥalqa 1 (15. 02. 2017), www.youtube.com/watch?v=V_3OVKe3eEs (last access 20. 08. 2018).

Moors, Annelies: *Mahr* Meanings – Dower Dealings: Reflections from Palestine, in: *Embedding Mahr in the European Legal System*, ed. by Rubya Mehdi and Jorgen S. Nielsen, Copenhagen 2011, pp. 21–34.

Muṣṭafā Duḫān: Ḫabar "al-ḫulʿ fī Gaza" … akṯar min 2500 ḥālat ḫulʿ bi-tarāḍī sanawīyan fi-l-qiṭāʿ, in: *Samanews* (10. 05. 2016), samanews.ps/ar/post/269725 (last access 09. 09. 2017).

Othman, Mohammad: Divorce at Gaza Comes at Steep Price, in: *Al-Monitor* (13. 04. 2015), www.al-monitor.com/pulse/originals/2015/04/gaza-divorce-sharia-courts-khul-wealthy-women.html (last access 07. 07. 2017); also: lifethrudivorce.com/divorce-in-gaza-comes-at-steep-price-al-monitor (last access 10. 03. 2018).

Ibn Rušd: *Bidāyat al-muǧtahid wa-nihāyat al-muqtaṣid*, 2 vols., ed. by ʿAbd al-Ḥalīm Muḥammad, Beirut: Dār al-Kutub al-Islāmīya 1403/1983.

——: *The Distinguished Jurist's Primer. A Translation of Bidāyat al-mujtahid*, 2 vols., transl. by Imran Ahzan Khan Nyazee, Reading, UK 1994–1996.

Ṣafāʾ: Al-ḫulʿ yaṣi Filasṭīn, in: *Ṣafā* (2. 12. 2013), safa.ps/post/123609/الخلع-يصل-فلسطين (last access 07. 09. 2017).

Schneider, Irene: Recht und Geschlechterordnung: Gesellschaftliche Debatten um die *ḫulʿ*-Scheidung in Palästina 2012–2014, in: *Beiträge zum Islamischen Recht XI*, Leipziger Beiträge zur Orientforschung 34, ed. by Thoralf Hanstein and Irene Schneider, Frankfurt am Main 2016, pp. 45–69.

——: How is the Past Used to Construct Gender Concepts in the Present? The Example of the Textbook for the Course on Personal Status Law at Birzeit University/West Bank (Winter Semester 2013/14), in: *Gender and Sharia in Muslim Legal Theory and Practice. The Cases of Israel and Palestine*, ed. by Nijmi Edres and Irene Schneider, Wiesbaden 2018 (in print).

——: Family Law and Succession, in: *Handbook of Islamic Law*, ed. by Khaled Abou El Fadl, Abingdon 2019 (in print).

——: *Gender and Legislation. Translating the Past into the Present: Jurisgenerative Iterations and the Case of khulʿ in Palestine*, Wiesbaden (forthcoming).

Sonneveld, Nadia: *Khulʿ Divorce in Egypt. Public Debates, Judicial Practices, and Everyday Life*, Kairo 2012.

Taʿmīm 33/2009, www.ljc.gov.ps/images/stories/pdf/2.pdf (last access 20. 08. 2018).

Taʿmīm 9/2012, www.ljc.gov.ps/images/stories/final19122012.pdf (last access 20. 08. 2018).

Taʿmīm 7/2016, www.ljc.gov.ps/images/court2016.pdf (last access 20. 08. 2018).

Taʿmīm 8/2016, www.ljc.gov.ps/images/court2016.pdf (last access 20. 08. 2018).

Tellenbach, Silvia / Thoralf Hanstein (eds.): *Beiträge zum Islamischen Recht IV*, Leipziger Beiträge zur Orientforschung 15, Frankfurt am Main 2004.

UNHCHR: Press Briefing Notes on Palestine, 2014, unispal.un.org/DPA/DPR/unispal.nsf/0/262AC5B8C25B364585257CCF006C010D (last access 01. 12. 2017).

Welchman, Lynn: *Islamic Family Law. Test and Practice in Palestine*, Jerusalem 1999.

——: *Beyond the Code*, The Hague 2000.

——: Family, Gender, and Law in Jordan and Palestine, in: *Family, Gender, and Law in a Globalizing Middle East and South Asia*, ed. by Kenneth M. Cuno and Manisha Desai, New York 2009, pp. 126–144.

Almut Besold*

Gesetzgebungsnovellierung für Sikhs im islamisch geprägten Pakistan: The Punjab Sikh Anand Karaj Act 2018

I Vorbemerkung

Das Standardwerk für internationales Ehe- und Kindschaftsrecht, dessen Mitherausgeber der mit der vorliegenden Festschrift geehrte Professor Hans-Georg Ebert im Übrigen ist, weist neben anderen auch eine Abhandlung zu Pakistan (und zwar in der Bearbeitung von Axel Weishaupt) auf. Der Stand dieses Artikels ist vom 01. 01. 2003 und damit teilweise veraltet.[1] Eine neuere umfassende Bearbeitung für Pakistan liegt bislang nicht vor.

In diesem Artikel soll es lediglich um die 2017/2018 erfolgten Neuerungen für die Angehörigen des Sikhismus gehen: Das Parlament der pakistanischen Provinz Punjab verabschiedete im März 2018 das weltweit erste Ehegesetz[2] für Sikhs. Wie konnte dieses Gesetz, das als ein großer Erfolg im mehrheitlich islamischen Pakistan gewertet werden kann, zustande kommen?

Ein knapper Überblick über das Ehe- und Kindschaftsrecht in Pakistan in enger Anlehnung an den vorgenannten Beitrag Weishaupts dient der besseren Einordnung dieses neuen Gesetzes in den komplexen pakistanischen Kontext.

II Einführung

Die geschichtliche Entwicklung im heutigen Pakistan lässt sich weit zurückverfolgen. Rund 2500 v. Chr. bildete sich die Indushochkultur[3] heraus. Zwi-

---

* Dr. Almut Besold lebte von 2014 bis 2018 in Pakistan und leitete das Büro der Friedrich-Naumann-Stiftung für die Freiheit in Islamabad. Derzeit ist sie in gleicher Position für Indonesien und Malaysia zuständig.

1 Weishaupt: Pakistan.

2 Es gibt ältere ehegesetzliche Bestimmungen für Angehörige des Sikhismus, doch waren diese nicht dergestalt konzipiert, dass die Sikhs hieraus einen Nutzen für sich hätten ziehen konnten.

3 Siehe z. B. Embree: *Indien*. Auch: Kulke/Rothermund: *Indien*.

schen 400 v. Chr. und 400 n. Chr. entwickelte sich im heutigen Norden Pakistans mit der Einführung des Frühhinduismus die buddhistische Ghandarakultur. 712 n. Chr. ist das Ausgangsjahr für die Eroberung der Araber unter Muḥammad b. al-Qāsim. Der Islam breitete sich rasch auf dem Subkontinent aus und kam während der Moghul-Dynastie (Mitte 16. bis 19. Jahrhundert) zu seiner Blüte.

Im 19. Jahrhundert wurde das Gebiet des heutigen Pakistans von den Briten in Besitz genommen. Die Unzufriedenheit der Bevölkerung wuchs mit den Jahren und nach zahlreichen Aufständen der Bevölkerung gegen die britische Oberherrschaft kam es zur Teilung Britisch-Indiens: Indien und auch Pakistan (damals noch West- und Ostpakistan) wurden 1947 unabhängig. 1971 trennte sich Ostpakistan als Bangladesch von Pakistan ab. Seitdem besteht Pakistan aus den vier Provinzen Punjab, Sindh, Khyber Pakhtunkhwa[4] und Belutschistan. Darüber hinaus gibt es vier Gebiete ohne Provinzstatus: Gilgit-Baltistan,[5] das Hauptstadtgebiet Islamabad,[6] die bundesstaatlich- sowie die provinzverwalteten Stammesgebiete (FATA/PATA)[7] und der von Pakistan verwaltete Teil Kaschmirs[8].

Die Urbanisierungsrate ist gering und liegt bei 36,4 %.[9] Das mag mit eine Erklärung dafür sein, warum das Familienrecht, um das es in diesem Artikel geht, inhomogen vorliegt.

---

4 Bis 2010: North-West Frontier Province.

5 Gilgit-Baltistān wurde bis zum 29. 08. 2009 Nordgebiete / Northern Areas genannt. Es ist ein pakistanisches Sonderterritorium, das unter direkter Bundesverwaltung steht.

6 Das Islamabad Capital Territory / Hauptstadtterritorium Islamabad wurde 1970 eingerichtet. Es hat eine eigene Verwaltung.

7 Federally Administered Tribal Areas (FATA) sind Stammesgebiete unter Bundesverwaltung im Grenzgebiet zu Afghanistan. Es ist ein pakistanisches Sonderterritorium, das nach der Unabhängigkeit Pakistans von den Briten übernommen wurde. Die Provincially Administered Tribal Areas (PATA), näher bezeichnet in Artikel 246 (b) der Verfassung, hingegen liegen in den Provinzen Khyber Pakhtunkhwa, Belutschistan und Punjab. Der Gouverneur der jeweiligen Provinz hat dieselben Rechte wie sie der Präsident Pakistans in Hinblick auf die FATA hat. Für Literatur siehe z. B. *Local Government in FATA: Past Failures*.

8 Azad Kaschmir steht unter pakistanischer Oberhoheit, ist aber teilautonom mit einer eigenen vorläufigen Verfassung (28. 04. 1974): The Azad Jammu and Kashmir Interim Constitution Act, 1974, die seit 1974 mit mehreren Zusätzen versehen wurde.

9 Gemäß dem Zensus von 2017, siehe www.pbscensus.gov.pk (letzter Aufruf 25. 04. 2018).

III Interlokales, interreligiöses und intergentiles Familienrecht

In Pakistan ist das Familienrecht interlokal und interpersonal (interreligiös/intergentil) gespalten. Es existieren parallel:

a) Gesetze für Gesamtpakistan,
b) nur territorial geltende Gesetze,
c) Gesetze für einzelne Gruppen,
d) Gesetze für einzelne Religionen,
e) kodifizierte religiöse Rechte,
f) unkodifizierte religiöse Rechte,
g) Vorschriften mit gesetzlichem Charakter bei den verschiedenen Glaubensrichtungen innerhalb einer Religion (Islam, Christentum) sowie
h) territorial geltendes ungeschriebenes Gewohnheitsrecht in den Stammesgebieten.[10]

Konkret stellt sich das wie folgt dar:

a) Anwendung des für Gesamt-Pakistan ausnahmslos geltenden staatlichen Rechts

The Guardians and Wards Act 1890,[11] The Child Marriage Restraint Act 1929,[12] The Dowry and Bridal Gift Restriction Act 1976,[13] The Majority Act 1875[14] und der Code of Civil Procedure 1908[15] gelten für Gesamtpakistan.

b) Territoriales Gesetzesrecht

In den Provinzen wurden bis 1983 etliche Gesetze in Hinblick auf die Durchsetzung von muslimischem Recht gegenüber lokalem Gewohnheitsrecht verab-

---

10 Weishaupt: Pakistan, S. 23 f. Die hier genannte Gliederung mit ihren Erläuterungen wird im Folgenden zusammengefasst wiedergegeben.

11 Gesetz Nr. 5/1980, in Kraft getreten am 01. 01. 1909. Ibid., S. 87–94.

12 Gesetz Nr. 19/1929, in Kraft getreten am 01. 10. 1929. Siehe punjablaws.gov.pk/laws/147a.html (letzter Aufruf 24. 08. 2018).

13 Gesetz Nr. 43/1976, in Kraft getreten am 17. 08. 1976. Siehe kpcode.kp.gov.pk/uploads/Dowry_and_Bridal_Gifts_(Restriction)_Rules_1976.pdf (letzter Aufruf 24. 08. 2018).

14 Gesetz Nr. 9/1875, in Kraft getreten am 02. 03. 1876. Weishaupt: Pakistan, S. 96.

15 Gesetz Nr. 5/1908, in Kraft getreten am 21. 03. 1908. Siehe www.ma-law.org.pk/pdf law/CODE%20OF%20CIVIL%20PROCEDURE%201908.pdf (letzter Aufruf 24. 08. 2018).

schiedet. Das kodifizierte Gesetzesrecht ist allerdings in den Stammesgebieten[16] bislang nicht durchsetzbar, selbst wenn die Gesetze des pakistanischen Bundesgesetzgebers dort durch offizielle Mitteilung des Präsidenten oder Gouverneurs gelten sollten.[17]

c) Interreligiöse Rechtsspaltung

Im Hinblick auf die einzelnen Religionen bzw- religiösen Gruppen (d. h. Muslime, Hindus, Christen, Parsen,[18] Jainas,[19] Sikhs, Buddhisten, Bahais[20] und sonstige Gruppen sowie Glaubenslose) gilt, dass deren kodifiziertes bzw. ungeschriebenes Recht gültig ist, insofern keine für alle Glaubensrichtungen gleichermaßen geltende stattliche Gesetzgebung vorliegt.[21]

d) Für einzelne Gruppen geltendes staatliches Recht

Die wichtigsten Gesetze sind The Special Marriage Act 1872,[22] The Muslim Family Laws Ordinance 1961,[23] The Dissolution of Muslim Marriages Act

---

16 Eine Reform steht jedoch bevor. Vermutlich werden in absehbarer Zeit die Stammesgebiete (FATA) der Provinz Khyber Pakhtunkhwa angegliedert. Aziz: History of FATA reforms.

17 Hier kam es am 13. 04. 2018 zu einer Änderung mit der Supreme Court and High Court (Extension Jurisdiction to Federally Administered Tribal Areas) Bill 2018 die vom Justizminister Mahmood Bashir Virk in den Senat eingebracht und einstimmig angenommen worden ist. Mit der Zustimmung des Präsidenten Pakistans am 18. 04. 2018 ist sie Gesetz geworden. Die juristische Zukunft für die FATA wird sich allerdings nicht leicht gestalten. Siehe dazu online Shah: View from the courtroom.

18 Persisch بهائي (*bahā ʾī*), Bahai-Transkription *Bahá'.*

19 Sanskrit जैन.

20 Persisch پارسی (*pārsī*).

21 Weishaupt: Pakistan, S. 24.

22 Gesetz Nr. 3/1872 (siehe bdlaws.minlaw.gov.bd/print_sections_all.php?id=25 [letzter Aufruf 24. 08. 2018]). In Pakistan gilt nach wie vor die ursprüngliche Fassung vom 22. 03. 1872. Eheschließungen nach diesem Gesetz sind nur auf zweierlei Art möglich: 1) Keiner der Verlobten gehört der christlichen, jüdischen, hinduistischen, islamischen, parsischen, buddhistischen, Sikh- oder Jaina-Religion an. Hauptanwendungsfall ist somit nur die religiöse Gemeinschaft der Bahais. 2) Außerdem findet das Gesetz Anwendung auf Ausländer, die Naturreligionen anhängen, oder auf Glaubenslose und auf Personen, welche, um religiösen Ehehindernissen zu entgehen, aus der jeweiligen Glaubensgemeinschaft austreten. Die tatsächliche Bedeutung des Special Marriage Act ist somit gering. Vgl. Weishaupt: Pakistan, S. 67 f.

1939,[24] The Parsi Marriage and Divorce Act 1936,[25] The Christian Marriage Act 1872,[26] The Divorce Act 1869[27] und im Erbrecht The Succession Act 1925.[28] Die drei letztgenannten Gesetze finden in Verbindung mit dem Special Marriage Act auch Anwendung auf Angehörige sonstiger Religionen (Naturreligionen) und Glaubenslose.[29] Für die Hindus relevant sind der Sindh Hindu Marriage Act 2016[30] sowie der Hindu Marriage Act 2017.[31]

e) Kodifizierte religiöse Rechte

Die Bahai, die römisch-katholische Kirche und die anglikanische Kirche haben ihr eigenes religiöses Recht verschriftlicht. Diese religiösen Normen finden allerdings nur Anwendung, wenn staatliches Recht nicht vorrangig ist.[32]

f) Unkodifizierte religiöse Rechte

Das islamische Recht, das für rund 96 % der Bevölkerung gilt, ist in weiten Teilen nicht normiert. Für die Hindus, Jainas und Buddhisten ist das religiöse Recht in Pakistan ebenfalls nicht kodifiziert und familienrechtliche Fragen

---

23 Gesetz Nr. 8/1961, in Kraft getreten am 02. 03. 1961. Siehe www.refworld.org/docid/4c3f1e1c2.html (letzter Aufruf 25. 08. 2018), ferner Weishaupt: Pakistan, S. 104–106.

24 Gesetz Nr. 7/1939, in Kraft getreten am 07. 03. 1939. Siehe www.refworld.org/docid/4c3f1c632.html (letzter Aufruf 25. 08. 2018), ferner Weishaupt: Pakistan, S. 108.

25 Gesetz Nr. 3/1936, in Kraft getreten am 23. 04. 1936. Siehe bdlaws.minlaw.gov.bd/pdf_part.php?id=168 (letzter Aufruf 25. 08. 2018).

26 Gesetz Nr. 15/1872, in Kraft getreten am 18. 07. 1872. Siehe www.punjabcode.punjab.gov.pk/public/dr/CHRISTIAN%20MARRIAGE%20ACT,%201872.doc.pdf (letzter Aufruf 25. 08. 2018).

27 Gesetz Nr. 4/1869, in Kraft getreten am 26. 02. 1869. Siehe bdlaws.minlaw.gov.bd/pdf_part.php?id=20 (letzter Aufruf 25. 08. 2018).

28 Gesetz Nr. 34/1925, in Kraft getreten am 30. 09. 1925. Siehe www.bwdb.gov.bd/archive/pdf/221.pdf (letzter Aufruf 24. 08. 2018).

29 Weishaupt: Pakistan, S. 24.

30 Gesetz Nr. 5/2016, in Kraft getreten am 07. 04. 2016. Siehe www.zaheeradvocate.com/429-2/#THE_SINDH_HINDUS_MARRIAGE_ACT_2016 (letzter Aufruf 25. 08. 2018).

31 Gesetz Nr. 7/2017, in Kraft getreten am 22. 03. 2017. Siehe www.na.gov.pk/uploads/documents/1491458181_468.pdf (letzter Aufruf 25. 08. 2018), ferner Weishaupt: Pakistan (Ergänzungen von 2017).

32 Weishaupt: Pakistan, S. 25: Für die Katholiken ist das der Codex Iuris Canonici vom 27. 11. 1983 in der englischen Fassung als The Code of Canon Law, für die Anglikaner The Canons of the Church of England von 1969, für die Bahais das Kitab-i-Aqdas (Das überaus heilige Buch).

werden intern gelöst. Die Sikhs, auch wenn sie in vielem dem Hindurecht folgen, kennen eine andere als die hinduistische Form der Eheschließung. Diese wurde durch den Anand Marriage Act 1909[33] ausdrücklich für gültig erklärt.[34] Für die Parsen muss dabei alles, was nicht im Parsi Marriage and Divorce Act 1936 kodifiziert ist, als unkodifiziert gelten.

g) Verschiedene Glaubensrichtungen/Rechtsschulen

Im Islam wird zwischen sunnitischem und schiitischem Recht unterschieden. Es bestehen Unterschiede in Hinblick auf familienrechtliche und erbrechtliche Bestimmungen. Auf die Sunniten – und auch die Ahmadis trotz eigenen religiösen Regeln – wird ausschließlich ḥanafitisches Recht angewendet. Auf die Schiiten (inklusive der Ismailiten) findet das Recht der Zwölferschiiten Anwendung. Für Hindus[35] gilt das Recht der Mitakshara-Schule mit geringfügigen Abweichungen. Buddhisten, Jainas und Sikhs folgen dem Hindurecht.[36] Die Sikhs verfügen aber – derzeit zumindest in Punjab – seit 2018 über ein Ehegesetz.[37]

h) Lokales nichtkodifiziertes Gewohnheitsrecht

Dieses wird in den Stammesgebieten, in Gilgit-Baltistan und in Azad Kaschmir angewendet.[38]

---

33 Gesetz Nr. 7/1909, in Kraft getreten am 22. 10. 1909, Artikel 2. Siehe bdlaws.minlaw.gov.bd/print_sections_all.php?id=92 (letzter Aufruf 25. 08. 2018). Das Wort ‚Bangladesh' wurde 1973 mit ‚Pakistan' ersetzt.

34 Vgl. Weishaupt: Pakistan, S. 63.

35 Es kommt wohl immer wieder in Pakistan vor, dass Hindus zum Sikhismus konvertieren, da die Sikhs weniger Regeln als die Hindus hätten und sich die Religion übersichtlicher gestalte (Informationen von Sardar Ramesh Singh Arora, 04. 05. 2017).

36 Auch in der indischen Verfassung ist das so verankert: The Hindu Marriage Act 1955 (25/1955, in Kraft getreten am 18. 05. 1955) Abschnitt 2 (a–c) besagt, dass sich das Gesetz neben Hindus auch auf Jainas, Buddhisten und Sikhs bezieht sowie auf all diejenigen, die nicht Christen, Parsen, Muslime oder Juden sind. Siehe highcourtchd.gov.in/hclscc/subpages/pdf_files/4.pdf (letzter Aufruf 24. 08. 2018).

37 The Punjab Sikh Anand Karaj Marriage Act 2018, Gesetz Nr. 6/2018, in Kraft getreten am 20. 03. 2018. Siehe punjablaws.gov.pk/laws/2698.html (letzter Aufruf 02. 05. 2018).

38 Weishaupt: Pakistan, S. 25. Unter hh) sind hier auch die Hindus genannt.

IV Ehe-, scheidungs- und familienrechtliche Bestimmungen

Eheschließungen

Die allgemeine Grundlage des Personenstandswesens ist der Births, Deaths and Marriages Registration Act 1886.[39] Durch diesen wurde die freiwillige Registrierung von Geburts-, Todes- und Heiratsfällen eingeführt und zivile Standesämter errichtet. Allerdings wurden die Vorschriften über die Registrierung von Eheschließungen 1938 wieder aufgehoben. Seit 1961 regelt die Muslim Family Laws Ordinance die Registrierung der Heiraten von Muslimen.[40] Christliche Eheschließungen unterliegen dem Christian Marriage Act 1872 und werden von einem Standesbeamten oder Geistlichen vorgenommen (Artikel 5). Gemäß dem Parsi Marriage and Divorce Act 1936 registriert der parsische Geistliche die Heiraten (Artikel 3[b]). Bei Hinduehen muss der staatlich bestellte Hindu-Standesbeamte die Eheurkunde ausstellen und ist für deren Registrierung zuständig. Für alle anderen Religionen oder Religionslose registrieren Standesbeamte oder Richter von ihnen vorgenommene Eheschließungen nach dem Special Marriage Act 1872. Die Bahais haben eigene Standesbeamte.[41]

Registrierung von Eheschließungen

Die Standesbeamten haben für die Beurkundung von Eheschließungen seit 1938 keine originäre Zuständigkeit mehr. Diese Zuständigkeit kann ihnen aber

---

39 Gesetz Nr. 6/1886, in Kraft getreten am 08. 03. 1886. Siehe bdlaws.minlaw.gov.bd/print_sections_all.php?id=56 (letzter Aufruf 25. 08. 2018).

40 Siehe Fußnote 20. Für Punjab kamen 2015 drei Gesetze mit Familienrechtsbezug dazu: der Punjab Marriage Restraint (Amendment) Act 2015 (Gesetz Nr. 7/2015, in Kraft getreten am 18. 03. 2015. Siehe www.punjabcode.punjab.gov.pk/public/dr/PUNJAB%20CHILD%20MARRIAGE%20RESTRAINT%20(AMENDMENT)%20ACT%202015.doc.pdf [letzter Aufruf 25. 08. 2018]) zur Beschränkung der Kinderehe, der Punjab Muslim Family Laws (Amendment) Act 2015 (Gesetz Nr. 8/2015, in Kraft getreten am 18. 03. 2015. Siehe www.punjabcode.punjab.gov.pk/public/dr/PUNJAB%20MUSLIM%20FAMILY%20LAWS%20(AMENDMENT)%20ACT%202015.doc.pdf [letzter Aufruf 25. 08. 2018]) u. a. zur Erhöhung der Strafe bei Nichtregistrierung von Eheschließungen) und der Punjab Family Courts (Amendment) Act 2015 (Gesetz Nr. 11/2015, in Kraft getreten am 18. 03. 2015. Siehe www.punjabcode.punjab.gov.pk/public/dr/PUNJAB%20FAMILY%20COURTS%20(AMENDMENT)%20ACT% 202015.doc.pdf [letzter Aufruf 25. 08. 2018]) u. a. mit verschiedenen der Beschleunigung dienenden Veränderungen für familienrechtliche Verfahren.

41 Weishaupt: Pakistan, S. 26.

durch ein Spezialgesetz zugewiesen werden. Heiraten von Muslimen werden gemäß der Muslim Family Laws Ordinance 1961 von islamischen *Nikāḥ*-Standesbeamten vorgenommen und registriert (Artikel 5 Absatz 1–2). Ohne einen solchen *Nikāḥ*-Standesbeamten vorgenommene Eheschließungen sind dennoch wirksam und können von ihm nachbeurkundet werden (Artikel 5 Absatz 3).

Eheschließungen nach dem Christian Marriage Act 1872 werden von dem Geistlichen registriert, der die Eheschließung vorgenommen hat. Er stellt eine Heiratsurkunde aus und trägt die Heirat im Kirchenregister ein (Artikel 8).

Auch nach dem Parsi Marriage and Divorce Act 1936 werden die Eheschließungen von dem entsprechenden Geistlichen registriert und durch eine Heiratsurkunde dokumentiert (Artikel 6).

Eheschließungen nach dem Hindu-Recht waren bis 2016 nicht geregelt. Das änderte sich aufgrund eines Urteils des Obersten Gerichtshofs vom 19. 06. 2014.[42] Die Regierungen auf Bundes- und auch auf Provinzebene wurden angewiesen, die Rechte der religiösen Minderheiten zu garantieren. Infolgedessen wurde 2016 der Sindh Hindu Marriage Act verabschiedet und 2017 der für das Hauptstadtgebiet Islamabad sowie die Provinzen Belutschistan, Punjab und Khyber Pakhtunkhwa geltende Hindu Marriage Act 2017.[43]

Ein ‚*Anand-Karaj*-Standesbeamter' (*Anand Karaj registrar*) registriert gemäß dem Punjab Sikh Anand Karaj Act 2018 die Eheschließung von Sikhs.[44]

Die Bahais haben eigene Standesbeamte.

Bei Eheschließungen nach dem Special Marriage Act 1872 stellt der trauende Standesbeamte/Richter eine Heiratsurkunde aus (Artikel 13).

Alle genannten Urkunden erbringen in Pakistan vollen Beweis über die erfolgte Eheschließung. Mit Ausnahme der Muslim Familiy Laws Ordinance 1961 sehen alle anderen entsprechenden Gesetze die Übersendung von Kopien von Heiratsurkunden an den Hauptstandesbeamten vor. Allerdings ist den entsprechenden Bestimmungen in der Vergangenheit selten oder nie nachgekommen worden.[45] Mit den o. g. neuen Ehegesetzen für Hindus und Sikhs ändert sich das nun.

---

42 C.M.A.139-K/2014, siehe www.supremecourt.gov.pk/jsearch/default.asp (letzter Aufruf 26. 08. 2018).

43 Siehe den Artikel von Jatoi: Sindh Hindu Marriage Act. Hier wird deutlich, dass es sich bei dem Sindh Hindu Marriage Act 2016 um ein reines Registrierungsgesetz handelt. Der Hindu Marriage Act of 2017 hingegen regelt zusätzlich zumindest noch die Auflösung einer Hinduehe, des Weiteren wird derzeit (Stand: Mai 2018) auf Bundesebene eine Ausführungsverordnung ausgearbeitet.

44 Vgl. Abschnitt 5 (2) bis 5 (6).

45 Weishaupt: Pakistan, S. 84c, 84d.

Ehescheidungen

Bei Muslimen werden Ehescheidungen nach der Muslim Family Laws Ordinance 1961 vom jeweiligen Schiedsgericht registriert (Artikel 7 Absatz 4 und Artikel 8). Dieses stellt dann eine Bescheinigungüber die Rechtskraft der Scheidung durch Verstoßung aus. Gerichtliche Scheidungen von Muslimen werden nach dem Dissolution of Muslim Marriages Act 1939 durch das Gerichtsurteil nachgewiesen. Das gilt auch für Scheidungen von Christen (Divorce Act 1869 Artikel 14), für Parsen (Parsi Marriages and Divorce Act 1936 Artikel 10), für die gerichtliche Auflösung von Ehen der Bahais und für sonstige nach dem Special Marriage Act 1872 geschlossene Ehen (Special Marriage Act 1872 Artikel 17). Hinduehen sind in Sindh derzeit unauflöslich, nach dem für das Hauptstadtgebiet Islamabad sowie für die Provinzen Belutschistan, Punjab und Khyber Pakhtunkhwa geltenden Hindu Marriage Act 2017 ist eine Auflösung möglich (Artikel 9, 12, 14, 15). Ehen von Sikhs können ebenfalls aufgelöst werden. Gestattet ein Gewohnheitsrecht die Beendigung einer Ehe, ist diese von der entsprechenden religiösen Instanz bzw. vom Gericht zu bestätigen.[46]

Kindschaftsrecht

Wie das Eherecht richtet sich das Kindschaftsrecht nach der Religion der Eltern. Das Bekenntnis des Vaters dominiert. Das Vormundschafts- und Pflegerecht ist hingegen einheitlich im Guardians and Wards Act 1890 festgelegt. In der Praxis wird jedoch für die Auslegung das jeweilige religiöse Recht hinzugezogen.[47] Für Personen, die gemäß Artikel 2 Absatz 2 den Hindus, Buddhisten, Sikhs oder Jainas angehören, gelten im Bereich des Kindschaftsrechts die Regeln des religiösen Hindurechts. Aber auch hier sind Maßnahmen nach dem Guardians and Wards Act 1890 möglich.[48]

Die Rechtsprechung liegt in der Hand erstinstanzlicher Gerichte. In Familienangelegenheiten wird die Rechtsprechung durch Familiengerichte, Distriktgerichte sowie die obersten Gerichte der vier Provinzen, in Auslegungsfragen in Hinblick auf islamisches Recht durch den Federal Shariat Court und durch den Obersten Gerichtshof Pakistans ausgeübt. Azad Kaschmir und Gilgit-Baltistan verfügen über eigene Gerichte.[49]

---

46 Ibid., S. 26. Vgl. auch Sindh Hindu Marriage Act 2016, Hindu Marriage Act 2017 sowie Punjab Sikh Anand Karaj Act 2018.

47 Ibid., S. 73.

48 Ibid., S. 83.

49 Ibid., S. 6.

Gesetze und Verordnungen auf Bundes- und Provinzebene werden in der Gazette of Pakistan und in den All Pakistan Legal Documents veröffentlicht.

Die Rechtsprechung beschäftigt sich im Bereich des Familien- und Erbrechts weitestgehend nur mit Fragen des muslimischen Rechts. Die anderen Religionsgemeinschaften (Christen, Hindus, Parsen, Bahais, Sikhs) regeln ihre Angelegenheiten eigenständig. Streitfälle gelangen nur im Ausnahmefall vor die obersten Gerichte der Provinzen oder den Obersten Gerichtshof von Pakistan.[50] Deswegen hat sich kein Fallrecht entwickelt.[51]

V Sikhs in Pakistan

Pakistan ist ein islamischer Staat. Gemäß Artikel 2 ist der Islam die Staatsreligion. Die Artikel 20, 21 und 22 der Verfassung der Islamischen Republik Pakistan[52] garantieren jedoch die Religionsfreiheit.

In Artikel 20 heißt es:

> Gemäß dem Recht, der öffentlichen Ordnung und Moral: a) soll jeder Staatsangehörige das Recht haben, sich zu seinem eigenen Glauben zu bekennen, ihn auszuüben und zu verbreiten; und b) jede religiöse Glaubensrichtung und jede Sekte soll das Recht haben, ihre religiösen Einrichtungen zu schaffen, zu unterhalten und zu verwalten.[53]

Dieser Artikel ist von großer Bedeutung, da die pakistanische Bevölkerung in Hinblick auf Religion keine homogene ist. Die Mehrheit der rund 213 Millionen Pakistaner[54] ist zu etwa 96 % muslimischen Glaubens, wovon wiederum 5 bis 20 % Schiiten sind. Alle anderen Religionen sind in einer Minderheitenposition, angeführt von den Hindus mit 2,12 % (4,4 Millionen), gefolgt von den Christen mit 1,59 % (3,4 Millionen), den Bahais (40 000 bis 79 000), den etwa

---

50 Ibid., S. 22.

51 Ibid., S. 61.

52 Verfassung der Islamischen Republik Pakistan i. d. F. v. 12. 04. 1973, www.pakistani.org/pakistan/constitution (letzter Aufruf 25. 04. 2018).

53 Verfassung der Islamischen Republik Pakistan i. d. F. v. 12.04.1973.

54 2017 fand die sechste Volkszählung in Pakistan statt. Die genannte Bevölkerungszahl inkludiert Azad Kaschmir und Gilgit-Baltistan und ist bislang nur vorläufig. Der Abschlussbericht zur Volkszählung wird im Laufe des Jahres 2018 veröffentlicht werden. Siehe www.pbscensus.gov.pk (letzter Aufruf 16. 04. 2018).

25 000 Sikhs, den Parsen (Anhängern Zarathustras) mit bis zu 20 000 Gläubigen, einigen Jainas[55], den rund 3000 Kalasha[56] und den um die 1500 Buddhisten.

Seit der Unabhängigkeit Pakistans im Jahre 1947 veränderte sich das Gefüge von nichtmuslimischen Minderheiten und der muslimischen Mehrheit stark – der Anteil der Muslime nahm zu, und die Angehörigen religiöser Minderheiten fühlen sich von der muslimischen Mehrheitsgesellschaft oft nicht akzeptiert. Juden, Buddhisten und Kalashas sind nicht oder fast nicht mehr vertreten, und viele Hindus, Christen sowie Ahmadis versuchen, in für sie sicherere Länder zu emigrieren. Genaue Zahlen gibt es nicht. Laut Schätzungen machte zum Zeitpunkt der Teilung von Indien und Pakistan 1947 der muslimische Bevölkerungsanteil rund 25 % aus – im Vergleich zu 4 % heute.[57]

Nach der Teilung Indiens 1947 und der damit einhergehenden Unabhängigkeit Pakistans verließen nicht nur viele Hindus, sondern auch fast alle Sikhs Pakistan in Richtung Indien. Laut der pakistanischen Verfassung ist der Sikhismus eine monotheistische Religion und damit den anderen monotheistischen Religionen wie Christentum oder Judentum ebenbürtig.[58] Dennoch war es Angehörigen der Sikhs über Jahrzehnte hin unmöglich, z. B. in die pakistanische Armee einzutreten. So war Harcharan Singh der erste Sikh nach 58 Jahren, der in die pakistanische Armee aufgenommen wurde. Pakistanische Christen hingegen waren schon immer selbst in den höheren Offiziersrängen vertreten. Auch andere Vertreter der zahlenmäßig kleinen Gemeinschaft der Parsen dienen in den Streitkräften. Aufsehen hingegen erregte, als 2007 erstmalig ein junger Sikh in Lahore Verkehrspolizist wurde.[59]

---

55 Die Jainas sind Anhänger des Jainismus/Jinismus, der im 6./5. Jh. v. Chr. in Indien entstand. Die große Mehrheit der rund 4,5 Mio. Anhänger lebt in Indien, einige wenige leben in Pakistan. Siehe z. B. Mette: *Die Erlösungslehre der Jaina*.

56 Die Kalasha (Eigenschreibweise *Kalaśa*) sind eine Ethnie in der Hindukuschregion Pakistans. Sie folgen einer ursprünglich polytheistischen Religion. Viele Kalasha sind aufgrund der schwierigen Lebensbedingungen zu anderen Religionen, i. d. R. dem Islam, konvertiert. Siehe dazu die Publikation Human Rights Commission of Pakistan: *Preserve Kalash Rights*.

57 Vgl. zum Beispiel Talbot: Pakistan, S. 24; Slade: *Census of Pakistan*, S. 6 Tabelle 6.

58 Teil VII „Vermischtes", Kapitel 5 „Interpretationen", Nr. 686, Ziffer 3, Buchstabe b der Verfassung der Islamischen Repubik Pakistan: "[N]on-Muslim means a person who is not a Muslim and includes a person belonging to the Christian, Hindu, Sikh, Buddhist or Parsi community [...]" Präsidialdekret 24/1985 (in Kraft getreten am 19. 03. 1985) [3. Verfassungszusatz].

59 Siehe www.sikhiwiki.org/index.php/Gulab_Singh (letzter Aufruf 25. 04. 2018).

In Pakistan leben rund 20 000 bis 25 000 Sikhs. Etwa 90 % von ihnen leben in den Stammesgebieten (FATA/PATA), der Rest in Peshawar und Lahore. Aufgrund der zunehmenden Intoleranz ziehen jedoch vermehrt die Sikhs aus den Stammesgebieten nach Peshawar oder auch Lahore.[60] Zwar wurden die Gleichbehandlung sowie der Schutz von Minderheiten besonders unter General Pervez Musharraf (Präsident Pakistans von 2001 bis 2008) vorangetrieben, die Umsetzung der vorhandenen Bestimmungen war allerdings nur marginal.

Die Religion des Sikhismus hat sich im 15. Jahrhundert in Nordindien (Punjab) herausgebildet. Sie geht auf Guru Nanak Dev (1469 geboren in Nankana Sahib bei Lahore, 1539 gestorben in Narowal bei Lahore) zurück. Die Mehrzahl ihrer auf 26 Millionen geschätzten Anhänger lebt in Indien. Charakteristisch für den Sikhismus ist die Abkehr von traditionellen religiösen Riten[61] und abergläubischen Praktiken. Es geht nicht um das Einhalten religiöser Dogmen, sondern um die Nutzung religiöser Weisheit für den Alltag.[62] Das hinduistische Kastensystem wird abgelehnt, die Einheit der Schöpfung mit einem gestaltlosen Schöpfergott steht im Vordergrund. Im Sri (oder auch Siri) Guru Granth Sahib (Śrī Gurū Granth Sāhib Jī, Panjabi ਸ਼੍ਰੀ ਗੁਰੂ ਗ੍ਰੰਥ ਸਾਹਿਬ ਜੀ)[63] sind die Einsichten von Guru Nanak Dev und den neun ihm nachgefolgten Gurus („Lehrer" im Sinne eines religiösen Vorbildes, „Sikh" mit der Bedeutung „Schüler") als deren spirituelles Vermächtnis festgehalten. Deutlich ist die Distanzierung von Buddhismus, Hinduismus und Islam; der Sikhismus versteht sich als eine Religion, die über diese vorgenannten Religionen hinausgeht: Askese wird abgelehnt und stattdessen die Wichtigkeit der Befriedigung materieller Bedürfnisse betont; ehrliche Arbeit gilt als ein Weg zur Erlösung; die Brüderlichkeit mit allen Menschen wird betont, weshalb das Prinzip des Teilens hochgehalten

---

60 Informationen gemäß einem Gespräch mit Sardar Ramesh Singh Arora (04. 05. 2017).

61 Es werden Pilgerfahrten abgelehnt, aber auch der Verzehr von rituell geschlachtetem Tier. Viele Sikhs pflegen eine vegetarische Lebensweise, doch ist diese nicht obligatorisch. Vgl. z. B. Meru: *Sikhs und Sikhismus*.

62 Tabak, Alkohol und Drogen werden abgelehnt, da ihr Konsum den Geist beeinflusse. Vgl. Stukenberg: *Die Sikhs*.

63 Während der gemeinsamen Andachten wird aus dem Siri Guru Granth Sahib vorgelesen. Es ist als heiliges Buch, als „der ewige Guru", mit Liedern, Hymnen und Gedichten die höchste Instanz der Sikhs und wird von einem ausgebildeten Granthi (einem Mann oder einer Frau) vorgetragen. 1604 wurde der Siri Guru Granth Sahib vom 5. Guru, Guru Arjan, zusammengetragen. Es wurde später noch ergänzt und genießt seit 1708 die Autorität und Würde eines Gurus. Siehe z. B. Grewal: *The Sikhs of the Punjab*.

wird; das Streben nach Wohlstand und Ansehen wird als Tugend angesehen, mittels derer man anderen zum Vorbild gereichen könne.[64]

Etwa 80 % aller Sikhs leben in Indien und bilden dort mit 2 % die viertgrößte religiöse Gemeinschaft. Sie leben überwiegend in den Bundesstaaten Punjab (75 % aller in Indien lebenden Sikhs) und Haryana, außerdem in den Unionsterritorien Delhi und Chandigarh. Rund 1 Million Sikhs leben in Nordamerika, Großbritannien, Malaysia, Singapur und Thailand. In Deutschland gibt es etwa 25 000 Sikhs.

Männliche Sikhs erkennt man meist an einem Turban (*dastar*)[65], der das ungeschnittene Haar[66] bedeckt und Weltgewandtheit, Nobilität und Schöpfungsrespekt ausdrücken soll. Ihren ersten Turban dürfen Jungen im Alter von 12 bis 16 Jahren nach der in einem Gurdwara[67] stattfindenden Dastar-bandi-Zeremonie tragen.

Problematisch sind immer wieder in Pakistan vorkommende Zwangskonversionen. Diese folgen meist demselben Muster: Ein junges Sikh- oder Hindumädchen wird entführt. Sie heiratet – in der Regel eher unfreiwillig – einen Muslim und kann dann von ihrer eigenen Familie nicht mehr zurückgenommen werden, da sonst der Vorwurf drohte, dass sie vom Islam abgefallen sei und somit im Einklang mit dem Blasphemiegesetz (Abschnitt 295 b und 295 c im pakistanischen Strafgesetzbuch) getötet werden dürfe.[68]

---

64 Siehe z. B. Meru: *Sikhs und Sikhismus*.

65 Es gibt auch turbantragende Frauen (vor allem in Großbritannien), siehe Gupta: Why Are Some Sikh Women Now Wearing Turban?

66 Das Haar soll ungeschnitten sein, aber gepflegt. Damit grenzt sich der Gläubige von asketischen Traditionen ab und zeigt seinen Respekt für die Schöpfung, in dem er sich nicht gegen die von Gott geschaffenen Naturgesetze auflehnt.

67 Gurdwara („Tor zum Guru“, *Gurdvārā* ਗੁਰਦਵਾਰਾ oder *gurudu'ārā* ਗੁਰਦੁਆਰਾ) werden die religiösen Stätten der Sikhs genannt. Sie werden immer dort errichtet, wo die Anzahl der dort lebenden Sikhs es als erforderlich erscheinen lässt. Gurdwaras stehen allen Menschen offen. Beim Betreten muss von jedem eine Kopfbedeckung getragen werden. Der berühmteste Tempel der Sikhs, der Goldene Tempel, befindet sich in Amritsar/Indien. Vgl. z. B. Meru: *Sikhs und Sikhismus*.

68 So geschehen im April 2017 in Buner. Siehe Rana: 17-yr-old Sikh Girl Kidnapped. Siehe auch Pakistan Penal Code (Gesetz Nr. 55/1860, in Kraft getreten am 06. 10. 1860) i. d. F. v. 2011, www.pakistani.org/pakistan/legislation/1860/actXLVof1860.html (letzter Aufruf 25. 08. 2018).

VI The Punjab Anand Karaj Act 2018

Als Großbritannien 1661 begann, sich eine eigene Verwaltung auf dem Subkontinent aufzubauen, blieben neben dem englischen Recht die religiösen Rechte der verschiedenen Bevölkerungsgruppen bestehen. Sie waren weder von der kolonialen Gesetzgebung noch von der Rechtsprechung tangiert. Erst im 19. und 20. Jahrhundert erfolgte eine Normierung des Familien- und Erbrechts der christlichen Bevölkerung und auch der Parsen. Das Recht der Hindus und Muslime blieb bis zur Unabhängigkeit 1947 nahezu unangetastet. Für Menschen, die keiner Religion, verschiedenen Glaubensrichtungen oder Kasten der Hindus, Buddhisten, Jainas oder Sikhs angehörten, wurde eine eigene Heiratsgesetzgebung geschaffen.[69] Auch das Wiederverheiratungsverbot für Hinduwitwen, das im Regelfall zu Selbstverbrennungen führte, wurde abgeschafft. Mit dem Entstehen Pakistans wurde das im Gebiet des damaligen Britisch-Indien geltende Recht übernommen[70] und gilt bis zur eigenen Rechtsetzung des pakistanischen Gesetzgebers. Bis heute hat dieser allerdings den übernommenen Rechtszustand nur geringfügig verändert. Mit der Ausdehnung des muslimischen Rechts auf das gesamte Staatsgebiet (die Stammesgebiete sind ausgenommen) wurde lokales Gewohnheitsrecht beseitigt, das Ehefrauen stark benachteiligt hatte. Mit dem Erlass der Muslim Family Laws Ordinance von 1961 wurde die Registrierung islamischer Eheschließungen angestrebt.[71] Gesetzgebungsakte im Bereich der übrigen Religionsgemeinschaften sind – mit Ausnahme von The Sindh Hindu Marriage Act 2016, The Hindu Marriage Act 2017 und The Punjab Anand Karaj Act 2018 – praktisch nicht erfolgt.[72]

---

69 Im Wesentlichen finden die familien- und erbrechtlichen Bestimmungen der christlichen Bevölkerung dabei Anwendung.

70 Artikel 18 (3) des Indian Independance Act 1947 (10 & 11 Geo 6. CH 30.), www.legislation.gov.uk/ukpga/1947/30/pdfs/ukpga_19470030_en.pdf (letzter Aufruf 24. 08. 2018). und Artikel 2–4 Pakistan Order 1947.

71 Zwar geht es hier nur um die Registrierung muslimischer Eheschließungen und Scheidungen, doch führte der Erlass dazu, dass zunehmend für die Vornahme der Eheschließung eine Geburtsurkunde, ein Personalausweis oder ein Pass vorgelegt werden muss. Deswegen ist die Zahl der Beurkundungen seit 1961 stark gestiegen. Seit 1961 werden auch regelmäßig Nachbeurkundungen für Geburten- und Sterbefälle vorgenommen. Vgl. Weishaupt: Pakistan, S. 84c.

72 Weishaupt: Pakistan, S. 22 f. 2007 hatte die World Muslim Sikh Federation einen Gesetzesentwurf – The Sikh Anand Marriage Act 2007 – in der Nationalversammlung eingebracht. Dieses Gesetz hätte allen Sikhs in Pakistan, aber auch allen Sikhs außerhalb Pakistans, erlaubt, ihre Ehe in Pakistan gemäß dem genannten Gesetz zu

Die historischen Stätten der Sikhs sowie die ihnen heiligen Orte stehen unter der Obhut des Pakistan Sikh Gurdwara Parbandhak Committee (PSGPC)[73]. Von 2009 bis 2013 war dessen Generalsekretär Sardar[74] Ramesh Singh[75] Arora. Von diesem Komitee ging unter der Ägide Aroras der entscheidende Anstoß für das Ehegesetz für die Sikhs in Punjab aus, auf das die dortigen Sikhs seit Jahrzehnten gewartet hatten. Das Vorgängergesetz, The Anand Marriage Act 1909, war noch von den Briten 1909 verabschiedet worden. Hier ging es jedoch ausschließlich darum, die damals umstrittene Gültigkeit von Sikh-Eheschließungen zu bekräftigen. Die Registrierung der Eheschließung, die Auflösung der Ehe oder auch der Kindsunterhalt wurden nicht behandelt. Damit genügte das Gesetz nach 109 Jahren schon lange nicht mehr den Ansprüchen der in Pakistan lebenden Sikhs.[76]

VII Bewertung

Am 14. 03. 2018 verabschiedete das Provinzparlament von Punjab einstimmig ein Ehegesetz für Sikhs, den Punjab Sikh Anand Karaj Act 2018. Damit wurde

registrieren. Zur Verabschiedung kam es jedoch nicht, da der Gesetzesentwurf zu wenig ausgereift war.

73 Es ist auch die Schreibweise ‚Prabandhak‘ zu finden, sowohl in Pakistan als auch Indien. Das Pakistan-Komitee zur Verwaltung von den Gurdwaras der Sikhs mit Sitz in Lahore wurde vom staatlichen Evacuee Trust Property Board (ETPB), selbst 1960 gegründet, eingerichtet. Es ist somit keine eigenständige Sikh-Organisation im Unterschied zum in Indien ansässigen Komitee zur Verwaltung von den Gurdwaras der Sikhs, das sich als alleiniger Hüter der Religion und der Einrichtungen der Sikhs sieht. Dieses in den 1920ern geschaffene Komitee wird aller vier Jahre in Form von Wahlen, an den die Sikhs aus allen Ländern der Erde teilnehmen können, mit diesen Aufgaben betraut.

74 *Sardar* ist die Anrede für männliche Sikhs, für Frauen ist es *Sardarni*.

75 Seit dem 17. Jahrhundert (eingeführt von Guru Gobind Singh) tragen Sikh-Männer als Ausdruck von Geschwisterlichkeit den Name *Singh* (‚Löwe‘). Sikh-Frauen tragen den Namen *Kaur* (‚Prinzessin‘). Damit soll die soziale Hierarchisierung ausgehebelt werden. In der Praxis tragen die Sikhs dennoch meist einen Namen, der den Herkunftsort, den Namen des Vaters oder den Beruf offenbart.

76 Vgl. Weishaupt: Pakistan, S. 114d) Das Anand Heiratsgesetz (The Anand Marriage Act) 1909; siehe auch die ausführliche Übersicht zur Entwicklung dieses Gesetzes von Talwar: *The Anand Marriage Act*.

der noch aus der britischen Kolonialzeit stammende Anand Marriage Act 1909 für die Provinz aufgehoben.[77] Dem neuen Ehegesetz zufolge setzt

> [e]ine Eheschließung [...] Verschiedengeschlechtlichkeit und Volljährigkeit sowie geistige Gesundheit und Einwilligungsfähigkeit voraus. Für verbotene Verwandtschaftsgrade wird auf Sikh-Gewohnheitsrecht verwiesen, dem eine Eheschließung auch in sonstiger Hinsicht nicht widersprechen darf.[78] Vorgesehen ist überdies eine Möglichkeit zur Auflösung der Ehe sowie ein – allerdings nur rudimentär geregeltes – Unterhaltsrecht von Ehegatten und Kindern.[79]

Ein weiterer Grund für die vergleichsweise rasche Verabschiedung dieses Gesetzes war das Bestreben des Provinzparlaments von Punjab, angesichts einer zwar noch geringen (5%), jedoch stetig wachsenden Anzahl extremistisch orientierter Menschen ein Zeichen setzen, dass die große Mehrheit der Pakistaner friedliebend und durchaus auf eine Koexistenz der Religionen bedacht ist. Ferner lässt sich die Qualität einer Demokratie grundsätzlich daran bemessen, wie sie ihre Minderheiten behandelt. Die Gesetzgebung in Pakistan ist durchaus minderheitenfreundlich. Die Umsetzung der Bestimmungen ist allerdings häufig noch verbesserungsfähig.

Mit der Wahl zum Abgeordneten im Mai 2013 ins Provinzparlament von Punjab versprach der Sikh Sardar Ramesh Singh Arora seiner Glaubensgemeinschaft, sich eines Ehegesetzes für Sikhs anzunehmen.[80] 2014/2015 wurde ein Unterkomitee des Pakistan Sikh Gurdwara Prabandhak Committee dazu beauftragt, eine Vorlage für ein Ehegesetz unter der Leitung Aroras zu entwerfen. Für dieses Gesetz gab es weltweit kein Vorbild. Arora sprach mit vielen Parlamentariern darüber und machte sich schließlich zusammen mit der pakis-

---

77 Siehe: Ehegesetz für Sikhs erlassen.

78 Polygynie ist im Personenrecht der Sikhs nicht vorgesehen. Dennoch gehen in Pakistan etliche Sikhs Zweit- oder Drittehen ein, da das insbesondere in den Stammesgebieten Brauch ist (Gespräch am 4. 05. 2017 mit Sardar Ramesh Singh Arora).

79 Siehe: Ehegesetz für Sikhs erlassen. Das Sorgerecht folgt laut Sardar Ramesh Singh Arora in der Regel dem jeweiligen Landesrecht (Gespräch am 04. 05.2017).

80 Sardar Ramesh Singh Arora, Jahrgang 1974, aus Nankana Sahib bei Lahore, wurde 2013 – nach 63 Jahren – der erste Sikh-Abgeordnete des Provinzparlaments von Punjab. Er war von 2011 bis 2013 Mitglied der Nationalen Kommission für Minderheiten, von 2009 bis 2013 Generalsekretär des Pakistan Sikh Gurdwara Prabandhak Komitees und ist derzeit der Vorsitzende des Ständigen Ausschusses für Menschenrechte und Minderheitenangelegenheiten.

tanischen Rechtsanwältin Benazir Jatoi[81] – im regen Austausch mit Sikhs weltweit – an die Aufgabe. Im Juni 2017 war es so weit: Die Gesetzesvorlage wurde eingebracht. Nach gut einem halben Jahr lagen von allen beteiligten Abteilungen positive Rückmeldungen vor. Diese wurden im Ständigen Ausschuss für Menschenrechte und Minderheitenangelegenheiten (Standing Committee on Human Rights and Minority Affairs)[82] diskutiert. Zusammen mit Sikh-Priestern wurde erneut alles geprüft und am 14. 03. 2018 kam es schließlich zu der genannten durchaus aufsehenerregenden einstimmigen Verabschiedung des Gesetzes. Was waren die entscheidenden Faktoren für den Erfolg nach so vielen Jahren?

a) Erstmalig seit 1947 ist ein Sikh – Sardar Ramesh Singh Arora – Abgeordneter im Provinzparlament von Punjab.
b) Darüber hinaus ist er auch der Vorsitzende des Ständigen Ausschusses für Menschenrechte und Minderheitenangelegenheiten im Provinzparlament von Punjab.
c) Er hatte der Gemeinschaft der Sikh während seiner Kandidatur versprochen, alles für das Zustandekommen eines Ehegesetzes für die Sikhs zu tun.
d) Sardar Ramesh Singh Arora ging das Gesetzesvorhaben strategisch an – sowohl mit Politikern als auch Bürokraten führte er viele konstruktive und damit richtungsweisende Gespräche, immer unter der Maßgabe, dass dieses Gesetz keinem schade und darüber hinaus gut für die Außenwirkung Pakistans sei.

Sardar Ramesh Singh Aroras Bemühungen waren somit von Erfolg gekrönt. Ein Gesetzesvorhaben in Pakistan durchzubringen dauert häufig Jahre. Dank Sardar Ramesh Singh Aroras Überzeugungskraft und seinem strategischen Vorgehen dauerte der gesamte Prozess jedoch weniger als ein Jahr. Das Gesetz ist zwar nur für wenige Pakistaner – nämlich ausschließlich für diejenigen, die dem Sikhismus anhängen – von Bedeutung, doch wurde es umwendend von den Sikhs weltweit als erstes wirkliches Sikh-Ehegesetz begrüßt. Im Hinblick darauf könnte es damit anderen Ländern als Vorbild dienen.

---

[81] Benazir Jatoi ist eine pakistanische Anwältin, die ihren Arbeitsschwerpunkt auf Menschenrechten, mit einem besonderen Fokus auf Frauen, Minderheiten und Rechtsstaatlichkeit hat. Siehe auch www.insanfoundationtrust.org/thedatabase/law-judiciary/benazir-jatoi (letzter Aufruf 25. 04. 2018).

[82] Siehe www.punjab.gov.pk/human_rights_and_minorities_affairs_department (letzter Aufruf 12. 04. 2018).

In Pakistan selbst hat die Gesetzeslage zum Ehe- und Kindschaftsrecht in den letzten Jahren über den Punjab Sikh Anand Karaj Act 2018 hinaus große Veränderungen zum Positiven hin erfahren. Eine Aktualisierung von Weishaupts, dem diesem Aufsatz zugrundeliegenden Artikel ist daher dringend notwendig, damit die diesbezüglichen Veränderungen in Pakistan zumindest im deutschsprachigen Raum wahrgenommen werden können. In Bergmann/Ferid/Henrich wurden dahingehend bereits wertvolle und weiterzuverfolgende Grundlagen gelegt, aufgrund derer Einblicke in rechtliche Welten eröffnet werden, die bei manchen Ländern nur schwer gewonnen werden können. Hans-Georg Eberts Einsatz und Verdienst als sein Mitherausgeber gebührt damit höchste Anerkennung.

Literaturverzeichnis

Aziz, Sartaj: History of FATA reforms, in: *The News* (09. 03. 2017).

Bergmann, Alexander / Murad Ferid / Dieter Heinrich (Hgg.): *Internationales Ehe- und Kindschaftsrecht. Niederlande – Panama*, Frankfurt am Main 2003.

Code of Civil Procedure 1908, www.ma-law.org.pk/pdflaw/CODE%20OF%20 CIVIL%20PROCEDURE%201908.pdf (letzter Aufruf 24. 08. 2018).

Ehegesetz für Sikhs erlassen, in: *Bergmann Aktuell* (28. 03. 2018), www.bergmann-aktuell.de/news/ehegesetz-sikhs-erlassen (letzter Aufruf 31. 03. 2018).

Embree, Ainslie F.: *Indien. Geschichte des Subkontinents von der Induskultur bis zum Beginn der englischen Herrschaft*, Fischer-Weltgeschichte 17, Frankfurt am Main 1993.

Grewal, Jagtar Singh: *The Sikhs of the Punjab*, New Delhi 1994.

Gupta, Rajeev: Why Are Some Sikh Women Now Wearing Turban?, in: *BBC News* (14. 02. 2016), www.bbc.com/news/magazine-35563415 (letzter Aufruf 25. 03. 2018).

Human Rights Commission of Pakistan: *A Call to Preserve Kalash Rights and Culture*, Lahore 2017.

Indian Independance Act 1947 (10 & 11 Geo 6. CH 30), www.legislation.gov.uk/ukpga/1947/30/pdfs/ukpga_19470030_en.pdf (letzter Aufruf 24. 08. 2018).

Jatoi, Shahid: Sindh Hindu Marriage Act – Relief or Restraint?, in: *The Express Tribune* (08. 06. 2017), tribune.com.pk/story/1429958/sindh-hindu-maria ge-act-relief-restraint (letzter Aufruf 04. 08. 2018).

Kulke, Hermann / Dietmar Rothermund: *Indien*, München 2018.

Local Government in FATA: Past Failures, Current Challenges and Future Prospects, Islamabad 2014, frc.com.pk/wp-content/uploads/2014/04/Local-Govt-final-repor-dated-April-17-2014-1.pdf (letzter Aufruf 24. 04. 2018).

Meru, Elisabeth: *Sikhs und Sikhismus. Religion, Riten und der Goldene Tempel*, Aachen 2009.

Mette, Adelheid: *Die Erlösungslehre der Jaina. Legenden, Parabeln, Erzählungen*, Berlin 2010.

Pakistan Order 1947.

Präsidialdekret 24/1985 (in Kraft getreten am 19. 03. 1985) [3. Verfassungszusatz].

Rana, Yudhvir: 17-yr-old Sikh Girl Kidnapped, Forcibly Married to Muslim in Pak, in: *The Times of India* (29. 04. 2017), timesofindia.indiatimes.com/city/chandigarh/17-yr-old-sikh-girl-kidnapped-forcibly-married-to-muslim-in-pak/articleshow/58424690.cms (letzter Aufruf 13. 04. 2018).

Shah, Waseem Ahmad: View from the Courtroom: Extensions of Courts' Jurisdiction to Fata Still Depends on Govt, in: *Dawn* (23. 04. 2018), www.dawn.com/news/1403259 (letzter Aufruf 04. 08. 2018).

Slade, E. H.: *Census of Pakistan 1951* 1, Karachi 1951.

Stukenberg, Marla: *Die Sikhs. Religion, Politik, Geschichte*, München 1995.

Talbot, Ian: *Pakistan. A Modern History*, Lahore 1991.

Talwar, K. S.: *The Anand Marriage Act*, archive.org/stream/TheAnandMarriageAct/TheAnand MarriageAct_djvu.txt (letzter Aufruf 30. 04. 2018).

The Anand Marriage Act 1909, bdlaws.minlaw.gov.bd/print_sections_all.php?id=92 (letzter Aufruf 25. 08. 2018).

The Births, Deaths and Marriages Registration Act 1886, bdlaws.minlaw.gov.bd/print_sections_all.php?id=56 (letzter Aufruf 25. 08. 2018).

The Child Marriage Restraint Act 1929, punjablaws.gov.pk/laws/147a.html (letzter Aufruf 24. 08. 2018).

The Christian Marriage Act 1872, www.punjabcode.punjab.gov.pk/public/dr/CHRISTIAN%20MARRIAGE%20ACT,%201872.doc.pdf (letzter Aufruf 25. 08. 2018).

The Dissolution of Muslim Marriages Act 1939, www.refworld.org/docid/4c3f1c632.html (letzter Aufruf 25. 08. 2018).

The Divorce Act 1869, bdlaws.minlaw.gov.bd/pdf_part.php?id=20 (letzter Aufruf 25. 08. 2018).

The Dowry and Bridal Gifts (Restriction) Rules 1976, kpcode.kp.gov.pk/uploads/Dowry_and_Bridal_Gifts_(Restriction)_Rules_1976.pdf (letzter Aufruf 24. 08. 2018).

The Hindu Marriage Act 1955, highcourtchd.gov.in/hclscc/subpages/pdf_files/4.pdf (letzter Aufruf 24. 08. 2018).

The Hindu Marriage Act 2017, www.na.gov.pk/uploads/documents/1491458181_468.pdf (letzter Aufruf 25. 08. 2018).

The Muslim Family Laws Ordinance 1961, www.refworld.org/docid/4c3f1e1c2.html (letzter Aufruf 25. 08. 2018).

The Pakistan Penal Code, www.pakistani.org/pakistan/legislation/1860/actXLVof1860.html (letzter Aufruf 25. 08. 2018).

The Parsi Marriage and Divorce Act 1936, bdlaws.minlaw.gov.bd/pdf_part.php?id=168 (letzter Aufruf 25. 08. 2018).

The Punjab Family Courts (Amendment) Act 2015, www.punjabcode.punjab.gov.pk/public/dr/PUNJAB%20FAMILY%20COURTS%20(AMENDMENT)%20ACT%202015.doc.pdf (letzter Aufruf 25. 08. 2018).

The Punjab Marriage Restraint (Amendment) Act 2015, www.punjabcode.punjab.gov.pk/public/dr/PUNJAB%20CHILD%20MARRIAGE%20RESTRAINT%20(AMENDMENT)%20ACT%202015.doc.pdf (letzter Aufruf 25. 08. 2018).

The Punjab Muslim Family Laws (Amendment) Act 2015, www.punjabcode.punjab.gov.pk/public/dr/PUNJAB%20MUSLIM%20FAMILY%20LAWS%20(AMENDMENT)%20ACT%202015.doc.pdf (letzter Aufruf 25. 08. 2018).

The Punjab Sikh Anand Karaj Marriage Act 2018, punjablaws.gov.pk/laws/2698.html (letzter Aufruf 02. 05. 2018).

The Sindh Hindu Marriage Act 2016, www.zaheeradvocate.com/429-2/#THE_SINDH_HINDUS_MARRIAGE_ACT_2016 (letzter Aufruf 25. 08. 2018).

The Special Marriage Act 1872, bdlaws.minlaw.gov.bd/print_sections_all.php?id=25 (letzter Aufruf 24. 08. 2018).

The Succession Act 1925, www.bwdb.gov.bd/archive/pdf/221.pdf (letzter Aufruf 24. 08. 2018).

Verfassung der Islamischen Republik Pakistan i. d. F. v. 12. 04. 1973, www.pakistani.org/ pakistan/constitution (letzter Aufruf 25. 04. 2018).

Weishaupt, Axel: Pakistan, in: *Internationales Ehe- und Kindschaftsrecht. Niederlande – Panama*, hrsg. von Alexander Bergmann, Murad Ferid und Dieter Henrich, Frankfurt am Main 2003, mit Ergänzungen von 2017, www.vfst.de/apps/elbib/IEK_PAK (letzter Aufruf 02. 05. 2018).

Silvia Tellenbach*

Streiflichter zum neuen afghanischen Strafgesetzbuch

I Einführung

Der Jubilar hat sich in einem langen erfolgreichen Berufsleben besonders dem Familien- und Erbrecht vieler arabischer Länder und dem Verfassungsrecht im Nahen Osten gewidmet. Er steht aber in dem Ruf, dass er sich dennoch den Blick für andere Materien stets offengehalten hat, und so ist zu hoffen, dass er auch einem Streifzug ins afghanische Strafrecht nicht abgeneigt ist.

Nach dem Sturz der Taliban und der Errichtung der neuen Herrschaft wurden zahlreiche Gesetze neu erlassen oder geändert. Das Strafgesetzbuch von 1976 aber hatte die russische Invasion und die Talibanherrschaft überstanden und blieb auch jetzt mit nur wenigen Änderungen in Kraft. Erst im Jahr 2010 wurde von dem damaligen Präsidenten Karzai eine Kommission eingesetzt, die ein neues Strafgesetzbuch erarbeiten sollte, und es dauerte bis 2017, bis das gesamte fertige Gesetz der Öffentlichkeit vorgelegt werden konnte. Mohammad Ashraf Rasooli, der Präsident der Kommission, erläuterte, dass das bisherige Strafrecht sich nicht nur aus dem Strafgesetzbuch ergeben hätte, sondern aus insgesamt elf Strafgesetzen und zahlreichen weiteren Gesetzen, in denen sich einzelne Strafnormen befunden hätten. Das hätte die Rechtsanwendung sehr erschwert. Darum hätte man versucht, all diese Bestimmungen in das neue Gesetz zu integrieren und zu vereinheitlichen. Ferner sei eine Reihe neuer Straftatbestände aufgenommen worden, vor allem solche, durch die eine bisher fehlende Übereinstimmung der geltenden Gesetze mit den Verpflichtungen aus internationalen Abkommen erreicht werden sollte, denen Afghanistan beigetreten sei.[1] Für das neue Gesetz seien zahlreiche ausländische Strafgesetze herangezogen worden, so etwa Strafgesetzbücher aus Ägypten, Frankreich, Deutsch-

---

* Leiterin des Referats Türkei, Iran, arabische Staaten am Max-Planck-Institut für ausländisches und internationales Strafrecht, Freiburg i. Br.

1 Beispielsweise das Internationale Abkommen über bürgerliche und politische Rechte (1966), die Antifolterkonvention (1984), das Übereinkommen zur Beseitigung jeder Form von Diskriminierung der Frau (1981), das Übereinkommen gegen grenzüberschreitende organisierte Kriminalität (2000) und andere.

land, Iran, Malaysia, der Türkei und andere.[2] Das Strafgesetzbuch ist unter dem Datum des 25. 02. 1396 (15. 05. 2017) im afghanischen Amtsblatt veröffentlicht[3] und laut Art. 916 Abs. 1 neun Monate nach der Veröffentlichung in Kraft getreten.[4]

II Zum Aufbau des Strafgesetzbuchs

Ein erster Blick auf das neue afghanische Strafgesetzbuch zeigt, dass es mit 916 Artikeln nicht nur gegenüber dem Strafgesetzbuch von 1976 mit 523 Artikeln, sondern auch im internationalen Vergleich ausgesprochen umfangreich ist. Das liegt nicht nur an der Einarbeitung zahlreicher strafrechtlicher Nebengesetze, sondern auch an einer großen Zahl von Definitionen und einer ausgeprägten Kasuistik, die den Rechtsanwendern die Arbeit erleichtern soll.

Im Folgenden können natürlich nur einige wichtige Punkte herausgegriffen werden, vieles, was ebenfalls aufschlussreich wäre, muss weggelassen werden.

Wie im Gesetzbuch von 1976 gibt es zwei Bücher; einen Allgemeinen Teil für die Vorschriften, die für alle Delikte gelten, und einen Besonderen Teil, der die einzelnen Straftatbestände enthält. Während der Besondere Teil des alten Gesetzbuchs in zwei große Kapitel (Straftaten gegen öffentliche Interessen und Straftaten gegen Personen) mit zahlreichen Abschnitten gegliedert ist, deren Aufeinanderfolge häufig wenig logisch erscheint, fasst das neue Strafgesetzbuch in seinen Kapiteln und Unterabschnitten ähnliche Straftaten zusammen und ordnet sie systematisch. Neben traditionellen Straftatengruppen wie Straftaten gegen Personen (Artt. 546–635), gegen das Vermögen (Artt. 699–772) oder gegen die Rechtspflege (Artt. 461–494) finden sich aber auch Kapitel zum Völkerstrafrecht (Artt. 332–343), zur Organisierten Kriminalität (Artt. 495–545), mit den Unterabschnitten Geldwäsche, Menschenhandel, Migrantenschmuggel und

---

2 Siehe www.loc.gov/law/foreign-news/article/afghanistan-government-announces-new-draft-penal-code (letzter Aufruf 24. 03. 2018). Siehe auch z. B. Qānūn-i ğadīd-i ğazā-yi Afġānistan,8am.af/x8am/1395/12/30/afghanistan-new-judicial-law (letzter Aufruf 24. 03. 2018) und Pīšnawīs-i kūd-i ğazā-yi Afġānistan nihāyī šud, 8am.af/x8am/1395/02/13/afghanistan-was-the-final-draft-criminal-cod. (letzter Aufruf 24. 03. 2018).

3 Hier wurde jedoch zuerst nur der Name des Gesetzes mit dem Hinweis auf die demnächst erfolgende Einfügung des Textes veröffentlicht, die dann im Hochsommer 2017 erfolgte. Aus Praktikabilitätsgründen liegt es nahe anzunehmen, dass die Neunmonatsfrist ab dem 15. 05. 2017 lief, völlig gesichert ist das aber nicht.

4 Siehe moj.gov.af/content/files/Pages/OfficialGazetteIndex_D-header.htm, Nr. 1260 (letzter Aufruf 24. 03. 2018).

Waffendelikte, ferner Straftaten gegen die Rechte von Kindern (Artt. 609–618) oder Cyber Crime (Artt. 851–879), die erkennen lassen, dass sie ihre Existenz den Verpflichtungen aus internationalen Abkommen verdanken. Auch in diesem Gesetz ist die systematische Einordnung bestimmter Straftaten an einigen Stellen allerdings auffallend. So werden Religionsdelikte (Artt. 323–325) im selben Kapitel wie Terrorismus und Terrorismusfinanzierung (Artt. 263–283) oder Rauschgiftschmuggel (Artt. 299–322) behandelt. In einem Kapitel namens Straftaten gegen die Sittlichkeit und die guten Sitten (Artt. 636–698) werden Abschnitte über Taten mit Sexualbezug, Beleidigung, Alkoholgenuss, Glückspiel und Störung der Totenruhe zusammengefasst, zwischen dem Kapitel Straftaten gegen Personen (Artt. 546–635) und dem Kapitel Vermögensdelikte (Artt. 699–714).

III Zum Allgemeinen Teil des Strafgesetzbuchs

Wenn man sich dem Inhalt des Gesetzes im Einzelnen nähert, so ist zunächst Art. 2 zu betrachten. Er stimmt sinngemäß mit Art. 1 des Strafgesetzbuchs von 1976 überein und legt fest, dass das vorliegende Gesetz diejenigen Straftaten regelt, die mit *taʿzīr*-Strafen zu bestrafen sind. Dagegen bestimmt das Gesetz, dass Taten, die mit *ḥadd*-Strafen, *qiṣāṣ* oder *diya* zu ahnden sind, nicht nur allgemein nach der Scharia, sondern ausdrücklich nach den Regeln der ḥanafitischen Schule zu bestrafen sind. Das bedeutet, dass Voraussetzungen für die Bestrafung einiger wichtiger Straftaten nicht im Wortlaut im Gesetz festgelegt sind.[5] Das aber legt einen Konflikt mit Art. 7 StGB nahe, der das Gesetzlichkeitsprinzip regelt. Dort heißt es zur Tat: „Kein Handeln darf als Straftat angesehen werden, außer aufgrund einer gesetzlichen Vorschrift, die vor der Tat in Kraft war“ (Abs. 1). Zu Strafen heißt es in Abs. 2: „Keine Strafe darf angewendet werden, wenn sie nicht in diesem Gesetz vorgesehen ist“. Abs. 3 ergänzt: „Niemand darf bestraft werden, außer durch Urteil eines zuständigen Gerichts in Übereinstimmung mit gesetzlichen Vorschriften, die vor der Begehung der vorgeworfenen Tat in Kraft waren.“ Art. 8 sieht ferner ein ausdrückliches Analogieverbot vor. Dieses Spannungsverhältnis zwischen dem Gesetzlichkeitsprinzip und der Anwendung von nicht kodifiziertem Recht der ḥanafitischen Rechtsschule ist aber bereits in der Verfassung angelegt.[6] Art. 27 garantiert das

---

5 Bei einigen von ihnen, z. B. bei unerlaubtem Geschlechtsverkehr (*zinā*) oder Tötungsdelikten, sind nur ergänzend *taʿzīr*-Straftatbestände vorgesehen, wenn aus irgendwelchen Gründen keine *ḥadd, qiṣāṣ oder diya*-Strafen verhängt werden können.

6 Zu dieser Problematik eingehend Knust, die der Geltung des Legalitätsprinzips den Vorrang einräumt: The Case of an Afghan Apostate.

Gesetzlichkeitsprinzip in ähnlichen Formulierungen wie das Strafgesetzbuch. Art. 130 Abs. 2 besagt jedoch, dass in dem Falle, dass sich keine Vorschrift in der Verfassung oder den sonstigen Gesetzen findet, ein Gericht nach dem *fiqh* der ḥanafitischen Rechtsschule und in den Grenzen der Verfassung in der Wiese zu entscheiden hat, die der Gerechtigkeit in der bestmöglichen Weise dient.[7] Aber was ist Gerechtigkeit? Man könnte diese Norm so interpretieren, dass dann, wenn die Gerechtigkeit der oberste Wert sein soll, bei etwaigen Widersprüchen zwischen *fiqh* und Verfassung bisweilen die Lösung nach dem *fiqh* maßgeblich sein soll, bisweilen eine Lösung nach dem *fiqh* hinter einer Regelung der Verfassung zurücktreten muss. Das war möglicherweise auch die Vorstellung mancher westlich geprägter Mitautoren an dem Verfassungstext. Andererseits dürfte für viele afghanische Muslime die islamische Lösung *eo ipso* diejenige sein, die der Gerechtigkeit am besten dient. Und schließlich legt die Verfassung nicht nur das Gesetzlichkeitsprinzip fest, sondern bestimmt auch in Art. 3, dass kein Gesetz, also auch nicht die Verfassung, gegen Glaubensüberzeugungen und Vorschriften der geheiligten Religion des Islams verstoßen darf, also auch Verfassungsvorschriften immanent durch das Erfordernis der Islamkonformität begrenzt sind. Auch das spricht dafür, dass im Zweifelsfall die Lösung nach dem ḥanafitischen *fiqh* den Vorzug vor den kodifizierten Vorschriften erhalten dürfte.

Der Allgemeine Teil des Strafgesetzbuchs, der außer einleitenden Grundprinzipien (z. B. Unschuldsvermutung, Art. 5; Gleichheit vor dem Gesetz, Art. 6) Grundfragen wie Täterschaft und Teilnahme, Versuch, Rechtfertigungs- und Entschuldigungsgründe, aber auch Strafen sozusagen vor die Klammer zieht, ähnelt in den meisten Fällen den Regelungen im Strafgesetzbuch von 1976, das vor allem auf ägyptischem und damit indirekt auf französischem Vorbild beruhte, und gehört so insgesamt zum kontinentaleuropäischen Rechtskreis. Hier soll nur das Kapitel über Strafen eingehender behandelt werden.

Art. 2 mit seinem Verweis auf die Anwendung des Rechts der ḥanafitischen Rechtsschule verweist damit auch auf die Körperstrafen des islamischen Rechts. Das könnte auch wiederum einen Konflikt mit Art. 29 S. 3 der Verfassung und Art. 12 Strafgesetzbuch auslösen, die sich zum Verbot menschenunwürdiger Strafen bekennen. In der Praxis werden die Körperstrafen des islami-

7 Ein ähnlicher Konflikt im iranischen Strafrecht ist seit Erlass des Strafgesetzbuchs von 2013 durch Verweis auf Art. 167 der Verfassung in dem Sinne geklärt, dass *ḥadd*-Strafen, die nicht im Strafgesetzbuch geregelt sind, direkt durch den Richter aus authentischen islamischen Rechtsquellen und Fatwas zu ermitteln sind, Art. 220, vgl. Tellenbach: Strafgesetzbuch der Islamischen Republik, S. 778 f.

schen Rechts in Afghanistan seit dem Ende der Talibanherrschaft nicht mehr angewendet und eine Diskussion 2013, die Steinigungsstrafe wiedereinzuführen, löste in weiten Kreisen so viel Empörung aus,[8] dass dieser Plan fallengelassen wurde. Dennoch bleibt festzuhalten, dass der Verweis des Art. 2 die Möglichkeit einer Steinigungs- oder Amputationsstrafe offenlässt.

Die Todesstrafe besteht weiterhin, auch wenn sie seltener vorgesehen ist als im Strafgesetzbuch von 1976.[9] Ihre Verhängung gegen Personen, die zur Tatzeit noch keine 20 Jahre alt waren,[10] ist ausdrücklich verboten (Art. 114). Freiheitsstrafen sind detailliert gestaffelt in dauernde Freiheitsstrafe 1. oder 2. Grades, lange, mittellange und kurze Freiheitsstrafen (Art. 146).[11] In den einzelnen Strafvorschriften ist dann oft als Strafrahmen nur noch lange oder kurze Freiheitsstrafe ohne weitere Angaben der Dauer angegeben. Daneben sind Geldstrafen möglich, ferner Nebenstrafen und Nebenfolgen. Neu in das Strafgesetzbuch aufgenommen sind auch Regelungen zur Strafaussetzung zur Bewährung (Artt. 221–236). Besonderes Augenmerk richtet das Gesetz aber auf Alternativen zur Freiheitsstrafe (Artt. 148–168). Solche wurden international viel diskutiert und sind besonders für Länder attraktiv, bei denen Gefängnisse überfüllt und in schlechtem Zustand sind.[12] In Afghanistan können Alternativen zur Freiheitsstrafe unter Berücksichtigung der Tat, der Persönlichkeit des Täters, der Situation des Opfers, der Folgen der Tat und weiterer gesetzlich genannter Gründe bei Straftaten verhängt werden, die mit bis zu fünf Jahren Gefängnis bedroht sind. (Artt. 149, 151 Abs. 3). Sie bestehen in einer Zeit der Aufsicht, die bis zu fünf Jahren dauern kann und mit Weisungen für das Verhalten des Verurteilten verbunden ist, in gemeinnütziger Arbeit, Entzug von Rechten oder Strafvollzug in der eigenen Wohnung (Art. 150).

Für Jugendliche gibt es besondere Sanktionen (Artt. 97, 98,109–112), die für Erwachsene geltenden Sanktionen Todesstrafe, Gefängnisstrafen und Geldstrafen sind ausgeschlossen (Art. 99). Jugendliche sind eingeschränkt strafmün-

---

8 Vgl. statt anderer: Menschenrechtler fürchten Wiedereinführung der Steinigung.

9 Das wird besonders bei den Delikten gegen die äußere und innere Sicherheit des Staates deutlich.

10 Die Altersgrenze liegt also zwei Jahre höher als die international verlangten 18 Jahre.

11 Dauernde Freiheitsstrafe ersten Grades geht von mehr als 20 bis zu 30 Jahren aus, dauernde Freiheitsstrafe zweiten Grades von mehr als 16 bis zu 20 Jahren, lange Freiheitsstrafe von über fünf bis 15 Jahren (sic!), mittlere Freiheitsstrafe von mehr als einem Jahr bis zu fünf Jahren und kurze Freiheitsstrafe von drei Monaten bis zu einem Jahr (Art. 147).

12 Vgl. z. B. Iran, Artt. 64–87 Strafgesetzbuch von 2013.

dig; es gibt zwei Stufen, von 12 bis zu 16 und ab 16 bis zu 18 Jahren. Die volle Strafmündigkeit beginnt mit Vollendung des 18. Lebensjahres (Artt. 95–98).[13]

IV Zum Besonderen Teil des Strafgesetzbuchs

Aus dem Besonderen Teil seien hier die Religionsdelikte und die Straftaten mit sexuellem Bezug herausgegriffen.

Der Abschnitt über die Herabwürdigung von Religionen stellt ähnlich wie Artt. 347 f. des Strafgesetzbuchs von 1976 die vorsätzliche Beleidigung von Religionen unter Strafe (Art. 323). Das vorsätzliche Stören oder zum Abbruch bringen von religiösen Zeremonien, die Beschädigung oder Zerstörung ihrer Kultstätten (Art. 324 Abs. 1 und 2) sowie öffentliche Beleidigungen oder Angriffe gegen Personen, die religiöse Handlungen vollziehen (Art. 325 Abs. 2), werden mit leichter Freiheitsstrafe oder Geldstrafe bedroht. In diesen Vorschriften wird keine Religion namentlich erwähnt, aber wie ein roter Faden ziehen sich durch alle Vorschriften Begriffe, die die Gesetzeskonformität der herabgewürdigten Religionsausübung betonen, z. B. eine erlaubte Kultstätte (Art. 324 Abs. 1 Nr. 2), eine Zeremonie im Rahmen der Gesetze (Artt. 324 Abs. 1 Nr. 1, 325 Nr. 2). Das legt nahe, dass die nichtislamischen Religionen nur eingeschränkten Schutz genießen. Bemerkenswert ist ein Verweis auf die Vorschriften über vorsätzliche Tötung und Körperverletzung, wenn es bei der Störung religiöser Zeremonien zu Ausschreitungen kommt (Art. 324 Abs. 3). Neu ist die Vorschrift des Art. 325 Abs. 1, welche die Herabwürdigung oder Verfälschung von Glaubenssätzen und Vorschriften der heiligen Religion des Islams mit mittelschwerer Freiheitsstrafe bedroht. Damit wird die Blasphemie unter Strafe gestellt und die Grenze von Blasphemie zu Apostasie kann sich häufig verwischen. Die Apostasie findet keine ausdrückliche Erwähnung im Gesetz. Die ḥanafitische Rechtsschule sieht für den Apostaten die Todesstrafe vor, eine Apostatin wird mit Freiheitsstrafe bestraft, bis sie wieder zum Islam zurückkehrt. Bei den Ḥanafiten gilt zwar der Abfall vom Islam (*irtidād*) nicht als

[13] Da viele Personen in Afghanistan nicht über einen Personalausweis verfügen, ist die Feststellung des genauen Alters häufig mit Schwierigkeiten verbunden. Daher sieht das Strafgesetzbuch diesbezüglich Regelungen vor. Das Alter eines Jugendlichen ist nach dem Personalausweis festzustellen; ist ein solcher nicht vorhanden oder stehen dessen Angaben im Widerspruch zu dem Erscheinungsbild des Jugendlichen, so ist ein Sachverständiger heranzuziehen. Wird dessen Auffassung von Gericht, Staatsanwaltschaft, Angeklagtem oder Verteidiger bezweifelt, so ist ein Gremium von mindestens drei ärztlichen Sachverständigen einzusetzen (Artt. 101–102).

ḥadd-Delikt[14] und demnach wäre keine Verurteilung direkt über Art. 2, sondern allenfalls über Art. 130 Abs. 2 der Verfassung möglich. Tatsächlich hat es, wenn auch selten, in den letzten Jahren Strafverfahren wegen Apostasie in Afghanistan gegeben[15] und wird sie möglicherweise weiter geben. Eine weitere Vorschrift zur Herabwürdigung von Religionen findet sich schließlich im Kapitel über Cyber Crimes: Wer unter Nutzung des Möglichkeiten des Computers die im Lande vorhandenen Religionen und die islamischen Rechtsschulen herabwürdigt, wird mit mittlerem Gefängnis bestraft (Art. 871).

Deutliche Änderungen zeigen sich im Bereich der Sexualdelikte. Das Gesetzbuch von 1976 behandelt diese sehr kurz. Art. 426 stellt fest, dass im Falle von *zinā* und *liwāṭ*, den Formen des verbotenen Geschlechtsverkehrs, wenn aus irgendwelchen Gründen eine *ḥadd*-Strafe ausfällt, die folgenden wenigen Vorschriften gelten: Art. 427 (i.d.F. v. 1978) sagt, dass *zinā* oder *liwāṭ* mit Gefängnis zu bestrafen ist (Abs. 1) und führt in Abs. 2 eine Reihe von Strafschärfungsgründen auf, die überwiegend an Merkmale in der Person des Opfers (z. B. Alter unter 18 Jahren), die Folgen für das Opfer (z. B. Entjungferung oder Tod des Opfers, Art. 428) oder die Beziehung zwischen Täter und Opfer anknüpfen (z. B. Verwandtschaft). Täterbezogen sind etwa die Strafschärfungsmerkmale der Tatbegehung durch mehr als einen Täter nacheinander oder durch Begehung mit Unterstützung anderer (Art. 427 Abs. 2 lit. f). Schließlich wird Verletzung der Geschlechtsehre einer Frau oder eines Mannes mit Gewalt, Drohung oder List unter Strafe gestellt (Art. 429). In diesen knappen Bestimmungen bleibt vieles undeutlich. In dem alten afghanischen Strafgesetzbuch ist nur von *zinā* die Rede, ohne weitere Ausführungen. Nur bei einigen der Strafschärfungsgründe werden Konstellationen sichtbar, in denen von der Existenz eines Täters und eines Opfers ausgegangen wird, vor allem bei der Tat durch mehrere, die auf eine Gruppenvergewaltigung hinzielt, oder bei Fällen der Ausnutzung der Schwäche des Opfers. Gewalt, Drohung oder List sind nur bei sexuellen Handlungen unterhalb der Ebene von *zinā* ein Tatbestandsmerkmal.

Das neue Gesetzbuch ist in seinen Regelungen viel detaillierter. Zunächst unterscheidet es deutlich zwischen Vergewaltigung und dem einvernehmlichen unerlaubten Geschlechtsverkehr, *zinā*. Beide werden genau definiert, und die Regelungen zur Vergewaltigung, nicht zur *zinā,* bilden den ersten Abschnitt

14 Peters: *Crime and Punishment in Islamic Law*, S. 65.

15 International bekannt wurde der Fall des Konvertiten Abdurrahman, der schließlich als unzurechnungsfähig aus der Untersuchungshaft entlassen wurde. Siehe: Abdul Rahman aus dem Gefängnis entlassen.

des Kapitels, eine Anordnung, die wohl den grundlegenden Unterschied beider Delikte präsent machen soll, der in Afghanistan bei vielen noch nicht im Bewusstsein verankert zu sein scheint. Vergewaltigung bedeutet Geschlechtsverkehr durch Einführen eines Körperglieds oder eines Gegenstands in die Scheide oder den After einer Frau oder eines Mannes. Zu diesem Zweck muss der Täter gegen das Opfer Gewalt oder irgendein anderes einschüchterndes Mittel oder Drohung angewendet, die physische oder psychische Schwäche des Opfers oder seine Unfähigkeit, seinen eigenen Willen kundzutun, ausgenutzt oder ihm ein Betäubungsmittel oder ein anderes Mittel, das seine Verstandeskräfte schwächt, eingegeben haben (Art. 636). Auf die Tat steht Gefängnis (Art. 637). In einer besonderen Vorschrift wird festgelegt, dass die Tat eines Mannes gegenüber einer Person, die das gesetzliche Alter noch nicht erreicht hat (gemeint ist wohl das gesetzliche Heiratsalter von 16 Jahren bei Mädchen) immer als sexueller Übergriff anzusehen ist und eine etwaige Einwilligung des Opfers unbeachtlich ist (Art. 638). Die Strafschärfungsgründe ähneln denen des Art. 427 Abs. 2 des früheren Strafgesetzbuchs, weggefallen sind die Strafschärfungen wegen Verheiratetseins oder Entjungferung des Opfers, neu hinzugekommen sind Strafschärfungen wegen Auslösens einer Fehlgeburt und Verursachens von Verletzungen (Art. 639). Die Gruppenvergewaltigung ist jetzt als eigener Tatbestand ausgestaltet und kann mit Gefängnis von über 20 Jahren, aber auch mit der Todesstrafe geahndet werden (Art. 641). Ein weiterer Tatbestand betrifft sexuelle Handlungen, die nicht bis zum Geschlechtsverkehr gehen. Hier kann das Opfer nur eine Frau sein (Art. 640 Abs. 1). Abs. 2 und 3 dieser Vorschrift betrifft Jungfräulichkeitstests. Sie wurden bisher routinemäßig bei Frauen durchgeführt, die wegen ‚Moralvergehen' verfolgt wurden, obwohl sie keinen wissenschaftlichen Wert haben und gegen die Würde der Frau verstoßen.[16] Nach dem neuen Gesetz sind sie ohne Einwilligung der Frau oder Anordnung durch das zuständige Gericht verboten. Wer sie trotzdem durchführt, ist mit kurzem Gefängnis zu bestrafen (Abs. 2), strafschärfend ist der Einsatz von Gewalt, Drohung und Einschüchterung. Bemerkenswert in diesem Abschnitt ist Art. 642, der bestimmt, dass wegen all der oben genannten Delikte keine strafrechtliche Verfolgung gegen das Opfer stattfinden darf, was bisher aus der Praxis immer wieder berichtet wird.[17] Ursache dieser Norm ist die Bekämpfung der Vorstellung,

---

16 Human Rights Watch (HRW): Afghanistan.

17 A. a. O.

die dem Begriff der *zinā* zugrunde liegt, dass beide Beteiligte die Tat freiwillig begehen, dass es also regelmäßig zwei Täter gibt.[18]

Im folgenden Abschnitt über *zinā* wird diese zunächst definiert, nämlich als Geschlechtsverkehr zwischen einem Mann und einer Frau, die nicht durch das Band der Ehe verbunden sind, und wiederum darauf verwiesen, dass die folgenden Strafvorschriften nur anzuwenden sind, wenn eine Strafe nach *ḥadd*-Grundsätzen aus irgendeinem Grund entfällt. Bei den Strafen wird auch hier unterschieden, ob die Täter ledig oder verheiratet sind, und im ersten Fall Gefängnis bis zu zwei Jahren, im zweiten Gefängnis von mindestens zwei Jahren vorgesehen. Strafschärfungen bis zu sieben Jahren Gefängnis sind im Falle von Verwandtschaft oder Ausnutzen eines Autoritätsverhältnisses zu verhängen (Art. 644). Sexuelle Handlungen unterhalb der Ebene des Geschlechtsverkehrs werden mit kurzem Gefängnis bestraft (Art. 645).

Die Tathandlung des Art. 646, der *liwāṭ* bestraft, wird im Gesetz definiert als Einführen des Gliedes eines Mannes in den After eines anderen Mannes oder einer Frau, d. h. der Begriff des *liwāṭ* wird auch für den Afterverkehr mit einer Frau benutzt (Art. 646). Wie in manchen älteren Gesetzbüchern[19] geht es hier um einen ‚widernatürlichen' Geschlechtsverkehr, und der homosexuelle Akt wird als Unterfall eines solchen aufgefasst. Ebenso werden sonstige sexuelle Handlungen zwischen Männern bestraft (Art. 649). Sexuelle Handlungen zwischen Frauen werden dagegen nicht unter Strafe gestellt.

In Afghanistan spielt das Weglaufen von Frauen auch in der öffentlichen Wahrnehmung eine zunehmende Rolle. Seit einigen Jahren wurden zunehmend Fälle bekannt, dass Frauen und junge Mädchen von zu Hause wegliefen, um häuslicher Gewalt, Vergewaltigung durch ihren Ehegatten oder einer Zwangsverheiratung zu entgehen. Dieses Weglaufen ist im afghanischen Recht kein Straftatbestand, und ein solcher wäre nach dem auch im afghanischen Strafrecht bestehenden Grundsatz *nulla poena sine lege* – keine Strafe ohne Gesetz-, Voraussetzung für eine Bestrafung. Dennoch sehen Polizei und Staatsanwälte das Weglaufen häufig als strafbar an, manchmal als versuchte *zinā,* und immer wieder wurden Frauen, die weggelaufen waren, in Untersuchungshaft genommen und lange festgehalten. Auf die Proteste von Menschenrechtsorganisationen, die sich dem Schutz von Frauenrechten widmen, hat zwar der Staatspräsident Ashraf Ghani im Februar 2016 in einem Schreiben an die Menschenrechts-

---

18 Während es im westlichen Recht bei Sexualdelikten stets einen Täter und ein Opfer gibt, gegen dessen Willen die Tat verübt wird.

19 Vgl. z. B. Art. 520 syr. Strafgesetzbuch.

organisation Human Rights Watch (HRW) versprochen, dafür zu sorgen, dass weggelaufene Frauen nicht mehr inhaftiert würden. HRW begrüßte diese Erklärung, hielt aber die Erteilung einer strikten präsidentiellen Order für nötig, um diese Praxis zu beenden.[20] HRW berichtet zwar, dass die afghanische Regierung ihr mitgeteilt habe, dass der Oberste Gerichtshof auf Veranlassung des Präsidenten, die Praxis der Verfolgung von weggelaufenen Frauen für unzulässig erklärt hätte, dass sie ihr aber trotz Bitten keine Kopie des entsprechenden Dokuments zur Verfügung gestellt hätte.

Ein Exkurs sei hier noch zum Gesetz zur Eliminierung der Gewalt gegen Frauen[21] gemacht, das nicht zu den Gesetzen gehört, die durch das Strafgesetzbuch ersetzt wurden, sondern weiterbesteht. Schon die Aufzählung der dort unter Strafe gestellten Handlungen lässt erahnen, was Frauen in Afghanistan so häufig zu ertragen haben, dass es selbst in einem Land, in dem viele Angriffe auf Frauen schon aus Scham verschwiegen werden, Eingang ins Gesetz findet: Vergewaltigung (Art. 17), Zwang zur Prostitution (Art. 18), Aufzeichnung und Veröffentlichung der Taten der Artt. 17 bis 18 (Art. 19), Verbrennen, Chemikalien einsetzen, Vergiften (Art. 20), zu Selbstverbrennung oder Selbstmord zwingen (Art. 21), Zufügen von Verletzungen (Art. 22), Schlagen (Art. 23), Kaufen oder Verkaufen zum Zweck oder unter dem Vorwand einer Heirat (Art. 24), Verheiratung im Rahmen einer Streitschlichtung, besonders an Stelle von Blutgeld (Art. 25), Zwangsehe (Art. 26), Verhinderung einer Ehe (Art. 27), Verheiratung unter dem gesetzlichen Heiratsalter (Art. 29), sexuelle Belästigung (Art. 30), erzwungene Isolation (Art. 31), Zwang zum gewohnheitsmäßigen Rauschgiftkonsum (Art. 32), Entzug des Erbes (Art. 33), Hindern am Erlangen von Eigentum (Art. 34), Hinderung am Zugang zu Erziehung, Arbeit und medizinischer Versorgung (Art. 35), Zwangsarbeit (Art. 36), Heirat einer zweiten Frau ohne Erfüllung der dafür nötigen gesetzlichen Voraussetzungen (Art. 37), Ableugnen einer Verwandtschaft, um eine Frau um ihr Erbe oder sonstige gesetzliche Rechte zu bringen (Art. 38). Aber nur die schwersten Delikte der Artt. 17 bis 21 sind von Amts wegen zu verfolgen. All die anderen Taten der Artt. 22 bis 38 werden nur auf Antrag des Opfers oder seines Vertreters verfolgt, und ein solcher Strafantrag kann auch noch zurückgenommen werden (Art. 39). Mit anderen Worten: die Opfer solcher Taten werden nur selten die Möglichkeit haben, sich gegen die Täter zur Wehr zur setzen, und der Schutz vor derartigen Taten bleibt ihnen weiterhin versagt.

---

20 HRW: Afghanistan, Anm. 16.

21 Afgh. Amtsblatt (10. 05. 1388 [2009]).

Ein weiterer Abschnitt, der sich im früheren Strafgesetzbuch nicht findet, befasst sich mit dem sogenannten Knabenspiel (*bačabāzī*). Dabei handelt es sich um eine seit Jahrhunderten in Mittelasien und bis heute in einigen Regionen Afghanistans noch verbreitete Form der Kinderprostitution. Ein erwachsener, vermögender Mann, der *bačabāz*, engagiert einen Jungen im Alter von 12 bis 16 Jahren, meist aus armen Verhältnissen stammend. Er muss für ihn sorgen, ihm materielle Zuwendungen und eine Ausbildung zukommen lassen. Dafür muss ihn der Junge in seine Männerrunden begleiten, ihn bedienen, ihm Zärtlichkeiten erweisen – manchmal kommt es auch zu sexuellen Handlungen – und oft in Frauenkleidern vor ihm und anderen Männern tanzen. Ein schöner Knabe erhöht das Ansehen des *bačabāz*. Wenn der Junge 16 Jahre oder etwas darüber ist und der Bartwuchs nicht mehr zu verbergen ist, wird er fallengelassen und gerät oft ins Elend. Versuche, die *bačabāzī* zurückzudrängen, gibt es auch in Afghanistan seit langem, unter der Herrschaft der Taliban war sie streng verboten.[22] Jetzt sieht das neue Strafgesetzbuch eingehende Verbotsvorschriften vor (Artt. 653–667).

Das Gesetz definiert den Täter der *bačabāzī* als eine Person, die ein männliches oder intersexuell veranlagtes Kind zum Zwecke des sexuellen Lustgewinns oder um es an einem öffentlichen oder privaten Ort tanzen zu lassen, bei sich hat oder der eine der sonstigen in diesem Abschnitt genannten Taten verübt (Art. 653). Wer ein solches Kind zum Lustgewinn oder zum Tanzenlassen bei sich hat, wird mit Gefängnis bis zu drei Jahren bestraft, wer es zum Zweck der *bačabāzī* zum Tanzen ausbildet, mit bis zu zwei Jahren Gefängnis (Artt. 654, 655). Wer das Kind in öffentlichen oder privaten Gesellschaften tanzen lässt, um es auszubeuten, wird mit mindestens drei Jahren Gefängnis bestraft (Art. 656). Weitere Strafbestimmungen betreffen das Umfeld, in dem es zu der Ausbeutung des Kindes kommen kann. Bestraft wird, wer Möglichkeiten für das Stattfinden derartiger Gesellschaften zur Verfügung stellt (Art. 657) oder an ihnen teilnimmt (Art. 658). Strafschärfungen für Mitglieder der Streitkräfte (Art. 660) und eine besondere Vorschrift für militärische Vorgesetzte, die von Fällen von *bačabāzī* unter ihren Untergebenen wissen und vorsätzlich nicht dagegen einschreiten, weisen auf die häufig berichteten Fälle unter den Streitkräften hin.[23] Weitere Vorschriften verweisen ausdrücklich auf die Bestimmungen über Menschenhandel und Sexualstraftaten, die in Zusammenhang mit *bačabāzī* häufig vorkommen (Artt. 662–664). Bei einer Reihe von Strafschärfungsgründen für

22 Siehe dazu Geiser: Afghanistan, m. w. N.

23 Siehe Nordland: Afghan Pedophiles.

alle Delikte dieses Abschnitts sind besonders das Ausnutzen der schwierigen wirtschaftlichen Situation des Opfers sowie das Erleiden eines körperlichen oder seelischen Schadens zu nennen, Situationen, die häufig gegeben sein dürften. Schließlich findet sich am Ende dieses Abschnitts wiederum eine Vorschrift, dass in all diesen Fällen kein Strafverfahren gegen das Opfer eingeleitet werden darf (Art. 667).

V Schlussbemerkung

Im Wesentlichen basiert das neue afghanische Strafgesetzbuch auf dem Strafgesetzbuch von 1976, auch wenn eine Reihe von Neuregelungen ins Auge fallen, die einerseits speziell afghanische Verhältnisse ins Auge fassen, z. B. *bačabāzī*, andererseits vor allem Vorschriften zur Erfüllung von Verpflichtungen aus internationalen Verträgen (z. B. zum Terrorismus oder zur Geldwäsche) bringen. Auch die Verringerung von Tatbeständen, die die Todesstrafe vorsehen, ist festzuhalten. Wieweit die Vorschriften dieses und vieler anderer Gesetze aber tatsächlich im Lande Anwendung finden werden, muss bei den derzeitigen Verhältnissen leider dahin gestellt bleiben.

Literaturverzeichnis

Abdul Rahman aus dem Gefängnis entlassen, in: *Frankfurter Allgemeine Zeitung* (28. 03. 2006), www.faz.net/aktuell/politik/ausland/afghanistan-abdul-rahman-aus-dem-gefaengnis-entlassen-1308087.html (letzter Aufruf 24. 03. 2018).

Bogdandy, Armin von / Rüdiger Wolfrum (Hgg.): *Max Planck Yearbook of United Nations Law* 10, Leiden/Boston 2006.

Geiser, Alexandra: *Afghanistan: Bacha Bazi. Auskunft der SFH-Länderanalyse*, www.fluechtlingshilfe.ch/assets/herkunftslaender/mittlerer-osten-zentralasien/afghanistan/afghanistan-bacha-bazi-knabenspiel.pdf (letzter Aufruf 24. 03. 2018).

Human Rights Watch: *Afghanistan: End "Moral Crimes", Charges "Virginity Tests*, www.hrw.org/news/2016/05/25/afghanistan-end-moral-crimes-charges-virginity-tests (letzter Aufruf 24. 03. 2018).

Knust Rassekh Afshar, Mandana: The Case of an Afghan Apostate – The Right to a Fair Trial Between Islamic Law and Human Rights in the Afghan Constitution, in: *Max Planck Yearbook of United Nations Law* 10, hrsg. von Armin von Bogdandy und Rüdiger Wolfrum, Leiden/Boston 2006, S. 591–605.

Menschenrechtler fürchten Wiedereinführung der Steinigung, in: *Süddeutsche Zeitung* (25. 11. 2013), www.sueddeutsche.de/panorama/neues-strafrecht-in-afghanistan-menschenrechtler-fuerchten-wiedereinfuehrung-der-steinigung-1.1827768 (letzter Aufruf 24. 03. 2018).

Nordland, Rod: Afghan Pedophiles Get Free Pass From U.S. Military, Report Says, in: *The New York Times* (23. 01. 2018), www.nytimes.com/2018/01/23/world/asia/afghanistan-military-abuse.html (letzter Aufruf 24. 03. 2018).

Peters, Rudolph: *Crime and Punishment in Islamic Law*, Cambridge 2005.

Tellenbach, Silvia: Zum Strafgesetzbuch der Islamischen Republik Iran von 2013, in: *Zeitschrift für die gesamte Strafrechtswissenschaft* 126 (2014), S. 775–801.

Omaia Elwan* & Hatem Elliesie**

Exequaturverfahren syrischer Urteile in Deutschland

I Einleitung

Die Anerkennung und Vollstreckbarkeitserklärung ausländischer Urteile und Schiedssprüche gehört zu den zentralen Themen des internationalen Rechtsverkehrs.[1] Ob ein im Ausland ergangenes Urteil gegen den Schuldner im Inland vollstreckbar ist, richtet sich dabei grundsätzlich nach inländischem Anerkennungs- und Vollstreckungsrecht, soweit nicht vorrangig ein Staatsvertrag die gegenseitige Anerkennung von Urteilen im Verhältnis zwischen dem anerkennenden Staat und dem Staat, in dem das Urteil gesprochen wurde, regelt. Nimmt man vor diesem Hintergrund aus deutscher Perspektive syrische Urteile in den Blick, so ist zunächst festzustellen, dass die Arabische Republik Syrien Vertragspartei einer großen Anzahl bilateraler Übereinkommen über die Anerkennung und Vollstreckung ausländischer Urteile vorweisen kann.[2] Darüber hinaus gilt für die Staaten der Arabischen Liga (LAS), deren Mitglied Syrien ist, das Übereinkommen von Riad über die Justizzusammenarbeit vom 19. Oktober 1983. Allerdings besteht mit der Bundesrepublik Deutschland kein Übereinkommen. Das bilaterale Rechtshilfeübereinkommen mit der Deutschen Demokratischen Republik ist durch die Wiedervereinigung hinfällig geworden.[3] Damit ausländische Titel, wie eben solche aus Syrien, in Deutschland vollstreckt werden können, müssen diese grundsätzlich zunächst in Deutschland durch einen inländischen Hoheitsakt für vollstreckbar erklärt werden (Exequaturverfahren). Auf dieses Verfahren wird mit Blick auf die Spezifika Syriens nachfolgend unter III. eingegangen, woran dann unter IV. die für die Rechts-

---

* Professor em. Dr. akad. Dir. i. R. an der Juristischen Fakultät der Universität Kairo sowie am Institut für ausländisches und internationales Privat und Wirtschaftsrecht der Universität Heidelberg.

** Projektleiter in der Abteilung ‚Recht und Ethnologie' des Max-Planck-Instituts für ethnologische Forschung, Halle/Saale.

1 Bälz: Anerkennung und Vollstreckung, S. 335.

2 Vgl. Auflistung bei Börner: Länderbericht Syrien, S. 1135/8 Fn. 44.

3 Ibid.

praxis nicht unerhebliche Frage der Zustellung von Klageschriften aus Syrien beziehungsweise dort ergangener Urteile anknüpft.

II Vollstreckung ausländischer Urteile in Deutschland

Wenn mit Bezug auf deutsches Recht also kein vorrangiger Staatsvertrag vorliegt, richtet sich das Verfahren nach den §§ 722, 723 Zivilprozessordnung (ZPO). Danach kann die Vollstreckung ausländischer Urteile in Deutschland nur dann stattfinden, wenn ihre Zulässigkeit durch ein Urteil ausgesprochen wurde. Das notwendige Urteil des zuständigen Gerichts wird dabei gemäß § 723 Absatz 1 ZPO ohne Prüfung der Gesetzmäßigkeit der ausländischen Entscheidung erlassen. Es setzt aber voraus, dass die ausländische Entscheidung nach dem für sie geltenden Recht nach § 723 Absatz 2 Satz 1 ZPO rechtskräftig ist und vor allem, dass die Anerkennung nicht nach § 328 ZPO ausgeschlossen ist, ergebend aus § 723 Absatz 2 Satz 2 ZPO. Die Vorschrift § 328 Absatz 1 ZPO regelt dem Wortlaut nach nur negativ, wann die Anerkennung ausgeschlossen ist, sie stellt aber entgegen diesem Wortlaut eine abschließende Regelung der positiven Voraussetzungen für die Anerkennung ausländischer Urteile dar.[4] Damit setzt die Vollstreckbarerkennung eines ausländischen Urteils voraus:

1. die Rechtskraft des ausländischen Gerichtsurteils nach Maßgabe des für dieses Gericht geltenden Rechts,[5]
2. die internationale Zuständigkeit des ausländischen Gerichts nach dem ‚Spiegelbidlichkeitsgrundsatz' (was der Fall wäre, wenn in diesem Staat die ZPO anwendbar wäre),[6]
3. die ordnungsmäßige und somit rechtzeitige Zustellung der verfahrenseinleitenden Schriftstücke an den Beklagten und dass dieser sich verteidigen konnte, wenn er sich nicht auf das Verfahren eingelassen hat und sich hierauf beruft,[7]
4. die Vereinbarkeit mit einer früheren deutschen oder anzuerkennenden ausländischen Entscheidung oder dem ihm zugrunde liegende Verfahren mit einem früher hier rechtshängig gewordenen Verfahren,[8]
5. die Vereinbarkeit mit wesentlichen Grundsätzen des deutschen Rechts, insbesondere den Grundrechten (*ordre public*)[9] sowie

---

4 Thomas/Putzo: *Zivilprozessordnung*, § 328 ZPO, Rn. 7; Hartmann*:* § 328, Rn. 1.

5 § 723 Abs. 2 S. 1 ZPO.

6 §§ 723 Abs. 2, 328 Abs. 1 Nr. 1 ZPO.

7 §§ 723 Abs. 2 S. 2, 328 Abs. 1 Nr. 2 ZPO.

8 §§ 723 Abs. 2 S. 2, 328 Abs. 1 Nr. 3 ZPO.

6. die Verbürgung der Gegenseitigkeit, d. h. die Schaffung von im Wesentlichen gleichwertigen Bedingungen für die Vollstreckung eines deutschen Urteils gleicher Art[10] durch den Urteilsstaat.[11]

Die Erfüllung der Voraussetzungen nach § 723 Absatz 2 Satz 1 ZPO sowie nach §§ 723 Absatz 2, 328 Absatz 1 Nr. 1 bis 4 ZPO ist jeweils eine Frage des Einzelfalls, während sich das Erfordernis der Gegenseitigkeit im Unterschied dazu abstrakt zu bestimmen ist.[12]

III Anerkennungvoraussetzungen syrischer Urteile nach deutschem Recht

Für vollstreckbar erklärt werden können nur streitbeendende Entscheidungen ausländischer staatlicher Gerichte, die in justizförmigen Verfahren entschieden wurden, in denen beide Verfahrensseiten Gelegenheit zum rechtlichen Gehör geboten wurde.[13] Zu diesen gehören Urteile, Beschlüsse und Vollstreckungsbescheide.[14] Zudem muss die Entscheidung von einem staatlichen Gericht erlassen worden sein, wobei es nicht auf die völkerrechtliche Anerkennung des Staates ankommt.[15] Für vollstreckbar erklärt werden können zudem nur Entscheidungen in Zivil- und Handelssachen.

1 Ausländische Rechtskraft

Eine solche Entscheidung syrischer Gerichte muss für eine Vollstreckbarerklärung zudem in Rechtskraft erwachsen sein. Diese Voraussetzung ist in § 723 Absatz 2 Satz 1 ZPO ausdrücklich genannt und ergibt sich daraus, dass nur Urteile, die eine gewisse Bestandskraft erlangt haben, in Deutschland wirken sollen.[16] Umstritten könnte dabei jedoch sein, ob über die nach dem syrischen Recht als sog. Urteilsstaat[17] für die Vollstreckbarerklärung einer ausländischen

---

9 §§ 723 Abs. 2 S. 2, 328 Abs. 1 Nr. 4 ZPO.

10 BGH, Urteil vom 30. September 1964 – VIII ZR 195/61; BGHZ 42, S. 194, 196.

11 §§ 723 Abs. 2 S. 2, 328 Abs. 1 Nr. 5 ZPO.

12 Dörner: § 328, Rn. 60.

13 RGZ 16, S. 427 f.

14 Schack: *Internationales Zivilverfahrensrecht*, Rn. 900.

15 Ibid., Rn. 813.

16 Ibid., Rn. 821.

17 Ibid., Rn. 776.

Entscheidung erforderlichen formelle Rechtskraft hinaus,[18] auch die sog. Materielle Rechtskraft zu fordern ist.[19] Formelle Rechtskraft liegt dabei vor, wenn das Urteil als streitbeendende Entscheidung in der Sache ergangen ist und gegen dieses Urteil keine ordentlichen Rechtsbehelfe mehr möglich sind. Nach syrischem Recht kommt als ordentlicher Rechtsbehelf bei Urteilen in Zivil- und Handelssachen nur die Berufung in Betracht; eine mögliche Kassationsbeschwerde stellt dagegen kein ordentliches, sondern ein außerordentliches Rechtsmittel dar.[20] Auch im Falle eines nach Aktenlage ergangenen Versäumnisurteils kennt das syrische Recht als ordentliches Rechtsmittel nur die Berufung:[21] Das Versäumnisurteil ergeht als reguläres kontradiktorisches Sachurteil. Hierbei ist ferner zu beachten, dass die Frist für das Einlegen der Berufung gegen erstinstanzliche Urteile in Syrien gemäß Art. 229 Abs. 1 syrZPO a. F.[22] (Art. 230 Abs. 1 n. F. – *Qānūn uṣūl al-muḥākamāt* /قانون أصول المحاكمات) 15 Tage beträgt:[23]

ميعاد الاستئناف خمسة عشر يوماً للأحكام البدائية والصلحية القابلة للاستئناف وخمسة أيام لأحكام قاضي الأمور المستعجلة.

Im Falle einer Auslandszustellung kommt nach Art. 36 syrZPO a. F. ein Entfernungszuschlag von 60 Tagen hinzu:[24]

ميعاد المسافة لمن يكون موطنهم في الخارج ستون يوماً.

Nach Art. 37 syrZPO n. F. beträgt die Entfernungsfrist nur noch 30 Tage. Diese Entfernungsfrist kann jedoch je nach den zwischen Syrien und dem ausländi-

---

18 Vgl. Börner: *Anerkennung*, S. 146. In einer Entscheidung des LG Karlsruhe vom 20. 10. 2015 (Az. 11 O 58/11) hat dieses sich mit Fragen der Rechtskraft und der Zustellung von Gerichtsschriftstücken per Post aus Syrien befasst. In dem Fall wurden mehrere Gutachten von Omaia Elwan zu dieser Frage erstattet.

19 Kallmann: *Anerkennung und Vollstreckung*, S. 15 ff.

20 Rizq Allāh Anṭakī: *Uṣūl al-muḥākamāt*, S. 704 ff.; Börner: *Anerkennung*, S. 147.

21 Börner, S. 397; Īsṭanbūlī/Ṭuʿma: *Taqnīn* 2, S. 1477 f. (zu Art. 113 syrZPO a. F., Art. 114 syrZPO n. F.).

22 Die Angaben zu den einschlägigen Vorschriften der syrischen ZPO beziehen sich auf die alte Fassung vom 28. 09. 1953. Diese sind jedoch durch die neue syrische ZPO, erlassen am 03. 01. 2016, abgelöst worden und sind im Wortlaut unverändert, jedoch änderte sich manchmal die Nummerierung. Die neue Fassung wird ebenso angegeben.

23 Īsṭanbūlī/Ṭuʿma: *Taqnīn* 3, S. 597 ff. (zu Art. 229 ZPO a. F.).

24 Börner: *Anerkennung*, S. 397; vgl. Īsṭanbūlī/Ṭuʿma: *Taqnīn* 1, S. 389 f. (zu Art. 36 syrZPO a. F., Art. 37 syrZPO n. F.).

schen Staat verfügbaren Verkehrsmitteln und der Dringlichkeit des Verfahrens verkürzt werden.[25] Allerdings beginnt die Berufungsfrist erst am Tag nach der ordnungsgemäßen Zustellung des Urteils zu laufen, was sich aus Art. 229 Absatz 2 syrZPO a. F. ergibt:

يبدأ الميعاد في اليوم الذي يلي تاريخ تبليغ الحكم ما لم ينص القانون على خلاف ذلك.

In jedem Falle kann jedoch mit Ablauf der Frist keine Berufung mehr eingelegt werden.[26]

2 Internationale Zuständigkeit

In der Rechtspraxis ist bei der Anerkennung und Vollstreckung von Entscheidungen aus Drittstaaten zu beachten, dass sie nicht durch das europäische Zivilprozessrecht geregelt werden.[27] Da in Syrien und Deutschland – wie bereits dargelegt wurde – kein bilaterales oder internationales Abkommen über die Anerkennungszuständigkeit besteht, bestimmt sich die Anerkennung grundsätzlich nach dem deutschen autonomen Recht.[28] Eine Anerkennung könnte allenfalls dann ausgeschlossen sein, wenn die Gerichte des Staates, dem sie angehören, den deutschen Gesetzen nach nicht zuständig sind.[29] Die Anerkennungszuständigkeit ist gemäß § 328 Absatz 1 Nr. 1 ZPO in Verbindung mit § 723 Absatz 2 Satz 2 ZPO zu prüfen, indem man das eigene (deutsche) Zuständigkeitsrecht ins Ausland spiegelt.[30] Während das ausländische Gericht des Urteilsstaates für die Prüfung seiner Zuständigkeit sein eigenes (im vorliegenden Fall syrisches) Zuständigkeitsrecht, anwendet, beurteilt sich die Anerkennungszuständigkeit gemäß den inländischen (hier deutschen) Zuständigkeitsnormen.[31] Gespiegelt wird also nicht der Sachverhalt, sondern das Zuständigkeitsrecht.

Hierbei sind unterschiedliche Konstellationen denkbar. So können bspw. Syrische Gerichte ihre Zuständigkeit Art. 4 b syrZPO entnehmen. Laut dieser

---

25 Börner: *Anerkennung*, S. 397; Īsṭanbūlī/Ṭuʿma: *Taqnīn* 1, S. 389 f. (zu Art. 36 syrZPO a. F., Art. 37 syrZPO n. F.).

26 Vgl. hierzu Börner: *Anerkennung*, S. 397.

27 Hartmann: § 328, 29, Rn. 16; Geimer: § 328, Rn. 102a; Roth: § 328, Rn. 74; Schärtl: Spiegelbildprinzip, S. 442.

28 Kern: Anerkennungsrechtliches Spiegelbildprinzip, S. 36; Musielak: § 328, Rn. 8; Schmidt/Fernández Arroyo: Spiegelbildprinzip, S. 499.

29 Geimer: § 328, Rn. 102.

30 Kern: Anerkennungsrechtliches Spiegelbildprinzip, S. 39; Hartmann: § 328, Rn. 16; Roth: § 328, Rn. 73; Schmidt/Fernández Arroyo: Spiegelbildprinzip, S. 499 f.

31 Kern: Anerkennungsrechtliches Spiegelbildprinzip, S. 39; Roth: § 328, Rn. 74.

Vorschrift sind syrische Gerichte für Klagen gegen Ausländer u. a. dann zuständig, wenn der Vertrag in Syrien geschlossen[32] oder dort erfüllt wurde bzw. erfüllt werden sollte.[33] Die erste Alternative in dieser Vorschrift kennt die deutsche ZPO zwar nicht, jedoch ist dies insofern nicht von Bedeutung, als dass es nicht darauf ankommt, auf welcher Grundlage das ausländische Gericht seine Zuständigkeit bejaht hat, sondern ob sich die Zuständigkeit bei entsprechender Anwendung des deutschen Rechts auf irgendeine Weise begründen ließe. Da sich die Anerkennungszuständigkeit folglich nach dem deutschen Zuständigkeitsrecht richtet, muss nach den deutschen örtlichen Zuständigkeitsnormen der §§ 12 ff. ZPO[34] mindestens ein Gericht im Urteilsstaat international zuständig gewesen sein.[35] Ist dies nicht der Fall, so steht der Anerkennung § 328 Absatz 1 Nr. 1 ZPO entgegen.

Ein syrisches Gericht könnte nach § 29 Absatz 1 ZPO aber auch zuständig sein. Danach ist bei Streitigkeiten aus einem Vertragsverhältnis das Gericht desjenigen Ortes anzurufen, an dem die streitige Verpflichtung nach der *lex causae* zu erfüllen ist.[36] Zu Streitigkeiten aus einem Vertragsverhältnis gehören dabei auch Klagen auf Schadensersatz wegen Nicht- oder Schlechterfüllung von Haupt- oder Nebenleistungen.[37] Streitige Verpflichtung im Sinne von § 29 ZPO ist bei Klagen auf Schadensersatz nicht die Ersatzpflicht, sondern die Primärpflicht, deren Nicht- oder Schlechterfüllung die Pflicht zum Schadensersatz begründen würde.[38] Maßgeblicher Erfüllungsort ist in diesen Fällen der Klage auf Schadensersatz daher nicht der Erfüllungsort des Schadensersatzes, sondern der Erfüllungsort der Primärleistungspflicht. Ein syrisches Gericht wäre

---

32 Nach Art. 4 lit. b) syrZPO ist die internationale Zuständigkeit syrischer Gerichte bei Klagen gegen Ausländer ohne Wohnsitz bzw. ohne Wohnung in Syrien gegeben, wenn es sich um einen Vertrag handelt, der in Syrien geschlossen oder dort erfüllt wurde oder erfüllt werden sollte, vgl. dazu Īsṭanbūlī/Ṭuʿma: *Taqnīn*, S. 53 ff., 389 f. Zur internationalen Zuständigkeit der syrischen Gerichte bei Klagen nach syrischem Recht betreffend Verträge, die in Syrien geschlossen oder erfüllt wurden oder zu erfüllen sind (Art. 4 b syrZPO) gegen Ausländer, die weder Wohnsitz noch Wohnung in Syrien haben, vgl. Īsṭanbūlī/Ṭuʿma: *Taqnīn*, S. 250 ff.

33 Rizq Allāh Anṭakī: *Uṣūl al-muḥākamāt*, S. 411, 702 ff.; Börner: *Anerkennung*, S. 188 f.

34 BGH *IPrax* 2006, S. 254 ff.; Musielak: *Kommentar zur Zivilprozessordnung*, Rn. 10.

35 Geimer: § 328, Rn. 103.

36 Markus: *Tendenzen beim materiellrechtlichen Vertragserfüllungsort*, S. 107; Martiny, Rn. 359; Nagel/Gottwald: *Internationales Zivilprozessrecht*, § 3 Rn. 342; Schmidt/Fernández Arroyo: Spiegelbildprinzip, S. 499 f.

37 Vollkommer, § 29, Rn. 20.

38 Ibid., Rn. 23.

demnach dann international zuständig, wenn der Erfüllungsort einer Pflicht (wie z. B. die Installation des Kaufgegenstandes) in Syrien läge. Läge der Erfüllungsort jedoch nicht in Syrien, so wäre nach § 328 Absatz 1 Nr. 1 ZPO bei spiegelbildlicher Anwendung der deutschen Zuständigkeitsnormen (§ 29 ZPO) eine internationale Zuständigkeit eines syrischen Gerichts nicht gegeben. In diesem Fall stünde § 328 Absatz 1 Nr. 1 ZPO der Anerkennung entgegen.

Ferner gilt es in diesem Kontext zu bedenken, dass sowohl die Bundesrepublik Deutschland als auch die Arabische Republik Syrien Vertragsstaaten der Convention on Contracts for the International Sale of Goods (CISG)[39] sind. Demgemäß findet dieses Regularium grundsätzliche auf einen zwischen den Parteien geschlossenen Kaufvertrag nach Maßgabe des Art. 1 Absatz 1 lit. a CISG Anwendung. Anders gestaltet sich dies nur dann, wenn die Parteien die Anwendung des CISG nach dessen Art. 6 ausgeschlossen haben oder der überwiegende Teil der Leistungspflichten des Vertrages keinen kaufvertraglichen, sondern dienst- oder werkvertraglichen Charakter hat.[40] Die Vertragsparteien könnten dann den Ort, an dem der Verkäufer seine Lieferpflicht zu erbringen hat, also den Erfüllungsort, frei festlegen.[41]

3 Rechtzeitige und ordnungsgemäße Zustellung

Des Weiteren ist prozessual zu berücksichtigen, dass die Vollstreckbarerklärung eines ausländischen Urteils nach §§ 723 Absatz 2 Satz 2, 328 Absatz 1 Nr. 2 ZPO ausscheidet, wenn dem Beklagten das verfahrenseinleitende Dokument nicht ordnungsgemäß oder nicht rechtzeitig zugestellt wird. Dieser Ausschlussgrund für die Vollstreckbarerklärung schützt allerdings nur denjenigen Beklagten, der sich in keiner Weise am Verfahren beteiligt hat. Schädlich ist jede Prozesshandlung des Beklagten, die zum Ausdruck bringt, dass er sich am Verfahren beteiligen will.[42] Dagegen besteht – anders als nach Art. 34 Nr. 2 EuGVVO[43] –

---

39 Wiener UN-Übereinkommen über Verträge über den internationalen Warenkauf vom 11. April 1980, veröffentlicht im Bundesgesetzblatt (BGBl.) 1989 II, S. 588 ff.

40 Art. 3 Abs. 2 CISG.

41 Art. 31 CISG.

42 Schack: *Internationales Zivilverfahrensrecht*, Rn. 933.

43 Verordnung (EG) Nr. 44/2001 des Rates vom 22. Dezember 2000 über die gerichtliche Zuständigkeit und Anerkennung und Vollstreckung von Entscheidungen in Zivil- und Handelssachen, veröffentlicht im Amtsblatt der Europäischen Gemeinschaft (ABl) L 12/01 am 16. Januar 2001, S. 1 ff. Die Verordnung wurde am 10. Januar 2015 von der Verordnung (EU) Nr. 1215/2012 des Europäischen Parlaments und des Rates vom 12. Dezember 2012 über die gerichtliche Zuständigkeit und die Anerken-

keine Obliegenheit des Beklagten, einen Rechtsbehelf gegen das Urteil einzulegen.[44]

Ob eine Zustellung ordnungsgemäß erfolgte, ist zivilprozessual nach dem Recht des Urteilsstaates[45] (also nach syrischem Recht) zu prüfen. Als rechtzeitig ist eine Zustellung dann zu qualifizieren, wenn der Beklagte noch ausreichend Zeit hat, um ein Versäumnisurteil zu verhindern; entscheidend hierfür sind die Umstände des konkreten Falls.[46] Maßgebend sind dabei die deutschen Vorstellungen, nicht diejenigen des Urteilsstaats.[47] Hierbei zu berücksichtigen sind etwa der Zeitbedarf für eine Übersetzung, für die Kontaktaufnahme mit einem deutschen Korrespondenz- und einem ausländischen Anwalt sowie für eine sachgerechte Prozessvorbereitung, ferner die Tatsache, ob ein Eilverfahren oder ein gewöhnliches Verfahren in Betracht gezogen wird sowie auch die Komplexität des Sachverhalts an sich und eventuelle sprachliche Verständigungsschwierigkeiten.[48] Untergrenze der noch rechtzeitigen Zustellung sollte mindestens die in Deutschland gemäß § 274 Absatz 3 Satz 1 ZPO geltende Einlassungsfrist von zwei Wochen sein.[49] Als Anhaltspunkt für den Normalfall wird eine Zeitdifferenz von zwei bis drei Wochen zwischen Zustellung und Verhandlungstermin vorgeschlagen.[50]

4 Vereinbarkeit mit wesentlichen Grundsätzen des deutschen Rechts (*ordre public*)

Bei der Prüfung, ob ein anzuerkennendes Urteil wesentlichen Grundsätzen des deutschen Rechts nach Maßgabe von §§ 723 Absatz 2 Satz 2 sowie 328 Ab-

---

nung und Vollstreckung von Entscheidungen in Zivil- und Handelssachen (ABl L 351 S 1, kurz ‚Brüssel Ia-VO') ersetzt und aufgehoben. Sie gilt allerdings weiterhin für die in der Praxis noch weitgehend relevanten ‚Altfälle', d. h. insbesondere Gerichtsverfahren, die vor dem 10. Januar 2015 eingeleitet wurden (vgl. Art. 66 Abs. 1 EuGVVO), aber auch für alle Titel, die vor diesem Stichtag geschaffen wurden. Für diese gilt weiterhin das Vollstreckbarerklärungserfordernis gemäß Art. 38 EuGVVO a. F.; siehe Geimer; Art. 39 EUGVVO, Rn. 4 m. w. N.

44 Ibid., Rn. 941.

45 Ibid., Rn. 936.

46 Schack: *Internationales Zivilverfahrensrecht*, Rn. 934; Gottwald: § 328, Rn. 103; Dörner: § 328, Rn. 37; Stadler: § 328, Rn. 18; Bach: § 328, Rn. 23.

47 Gottwald: § 328, Rn. 103; Dörner: § 328, Rn. 37.

48 Schack: *Internationales Zivilverfahrensrecht*, Rn. 940; Bach: § 328, Rn. 23.

49 Gottwald: § 328, Rn. 103; Dörner: § 328, Rn. 37; Stadler: § 328, Rn. 18.

50 Bach: § 328, Rn. 23.

satz 1 Nr. 4 ZPO widerspricht, ist unerheblich, ob das Urteil in der vorliegenden Form durch ein deutsches Gericht hätte ergehen dürfen. Der Maßstab ist hier weniger streng, zumal es nicht um ein von einem deutschen Gericht zu erlassendes Urteil geht, sondern nur um die Anerkennung einer von einem ausländischen Gericht bereits ausgesprochenen Entscheidung, deren Rechtskraft es zu achten gilt. Mithin hat der anerkennungsrechtliche *ordre public* im Vergleich zum internationalen Privatrecht eine abgeschwächte Wirkung.[51] Eine Anerkennung ist demnach in der Rechtspraxis erst dann zu versagen, wenn die Grenze zwischen grundsätzlich hinzunehmender ausländischer ‚Andersartigkeit' und wirklich unerträglichem *ordre-public*-Verstoß überschritten sein sollte.

5 Verbürgung der Gegenseitigkeit, §§ 723 Absatz 2 Satz 2, 328 Absatz 1 Nr. 5 ZPO

Das Anerkennungserfordernis der Verbürgung der Gegenseitigkeit bezieht sich – anders als die übrigen Voraussetzungen für die Anerkennung ausländischer Urteile – nicht auf das konkrete Urteil, sondern ist abstrakt zu prüfen.[52] Die Gegenseitigkeit nach § 328 Absatz 2 ZPO in Verbindung mit § 328 Absatz 1 Nr. 5 ZPO gilt als verbürgt, wenn der Urteilsstaat im Wesentlichen gleichwertige Bedingungen für die Vollstreckung eines deutschen Urteils gleicher Art schafft.[53] Würde verlangt werden, dass vollständig identische Voraussetzungen für die Anerkennung ausländischer Urteile im Erststaat vorliegen, käme dies einer weitgehenden Absage an die Anerkennung ausländischer Urteile gleich. Entscheidend ist demzufolgedie tatsächliche Übung im Erststaat.[54] Nach syrischem Recht setzt die Vollstreckungs- und Rechtskraftwirkung eines ausländischen Titels voraus, dass ein syrisches Gericht eine Entscheidung bezüglich des Antrags auf Erteilung oder Verweigerung der Vollstreckbarkeitserklärung des ausländischen Urteils (Exequatur) getroffen hat.[55] Nach Art. 307 syrZPO a. F. (Art. 309 syrZPO n. F.) findet grundsätzlich ein reguläres erstinstanzliches Verfahren statt, für das nach den Rechtswegvorschriften für inländische Verfahren die Verwaltungsgerichte oder ordentliche Bezirksgerichte sachlich zuständig sind:

---

51 Martiny: *Anerkennung ausländischer Entscheidungen* 3, Rn. 1014.

52 Dörner: § 328, Rn. 60.

53 Gottwald: § 328, Rn. 131; Dörner:§ 328, Rn. 61.

54 Gottwald: § 328, Rn. 133; Dörner: § 328, Rn. 61. Denkbar ist auch eine partielle, auf einzelne Urteilsarten beschränkte Verbürgung der Gegenseitigkeit, ibid., Rn. 132.

55 SyrVollstrGericht: Nr. 1990 b [ohne Datum], in: *al-Muḥāmūn* (1984), S. 1397.

يطلب الحكم بالتنفيذ بدعوى ترفع أمام المحكمة البدائية التي يراد التنفيذ في دائرتها.

Die örtliche Zuständigkeit des Gerichts richtet sich nach dem Bezirk, in dem der Ort der Vollstreckung liegt.[56] Ferner ist nach Art. 306 syrZPO eine Entscheidung ausländischer Gerichte in Syrien unter denselben Voraussetzungen für vollstreckbar zu erklären, wie es auch für Entscheidungen syrischer Gerichte in dem Urteilsstaat möglich wäre (Prinzip der elastischen Gegenseitigkeit):[57]

الأحكام الصادرة في بلد أجنبي يجوز الحكم بتنفيذها بنفس الشروط المقررة في قانون ذلك البلد لتنفيذ الأحكام السورية فيه.

Unabhängig davon statuiert Art. 308 syrZPO einige Mindestvoraussetzungen für die Anerkennung ausländischer Urteile:[58]

a. gegen das ausländische Urteil darf kein Rechtsmittel mehr zulässig sein,
b. erforderlich ist der Nachweis ordnungsmäßiger Ladung und Vertretung des Beklagten im ausländischen Verfahren, wobei auch Versäumnisurteile[59] anerkannt werden, wenn nach Aktenlage entschieden worden ist,
c. das Gericht des Erststaats muss nach dessen Verfahrensrecht für die Entscheidung zuständig gewesen sein,
d. es darf keine entgegenstehende Entscheidung eines syrischen Gerichts vorliegen und
e. die ausländische Entscheidung darf nicht gegen die guten Sitten und den *ordre public* verstoßen, weshalb das gesamte zwingende Recht und insbesondere die Vorschriften über die internationale Zuständigkeit syrischer Gerichte zu beachten sind.

لا يجوز الحكم بالتنفيذ إلا بعد التحقق مما يأتي:

أ- أن الحكم صادر عن هيئة قضائية مختصة وفقاً لقانون البلد الذي صدر فيه وأنه حاز قوة القضية المقضية وفقاً لذلك القانون .

ب- أن الخصوم قد كلفوا الحضور ومثلوا تمثيلاً صحيحاً.

ج- أن الحكم لا يتعارض مع حكم أو قرار سبق صدوره عن المحاكم السورية .

د- أن الحكم لا يتضمن ما يخالف الآداب أو قواعد النظام العام في سورية.

---

56 Börner: Länderbericht Syrien, S. 1135/9; El-Hakim: Enforcement of Foreign Judgements, S. 140.

57 Börner: Länderberichte Syrien, S. 1135/10; El-Hakim: Enforcement of Foreign Judgements, S. 137 f. Zum Prinzip der elastischen Gegenseitigkeit eingehend Börner: *Anerkennung*, S. 130 ff.

58 Siehe dazu Börner: Länderbericht Syrien, S. 1135/10; Bälz: *Anerkennung und Vollstreckung*, S. 334, 359; El-Hakim: Enforcement of Foreign Judgements, S. 137 f.

59 Siehe zur Anerkennung von Versäumnisurteilen in Syrien auch Börner: *Anerkennung*, S. 220 ff.

Aus deutscher Sicht gilt die Gegenseitigkeit im Verhältnis zu Syrien nach der Entscheidung des Bundesgerichsthofs (BGH) vom 15. November 1967 als verbürgt.[60] An dieser Entscheidung dürfte solange festzuhalten sein, bis eine Entscheidung des syrischen Kassationshofes vorliegt, die eine anerkennungshindernde Wirkung aller oder eines wesentlichen Teils der internationalen Entscheidungszuständigkeiten syrischer Gerichte ausspricht. Dies ist bislang nicht geschehen.

Trotz der allgemein verbürgten Gegenseitigkeit kann diese jedoch im Einzelfall ausgeschlossen sein, wenn im konkreten Fall mit der Anerkennung einer deutschen Entscheidung im jeweiligen Entscheidungsstaat nicht zu rechnen ist.[61]

IV Die Zustellung einer Klageschrift aus Syrien

Weder ist Syrien Vertragsstaat des Haager Übereinkommens über die Zustellung gerichtlicher und außergerichtlicher Schriftstücke im Ausland in Zivil- und Handelssachen vom 15. November 1965[62] noch besteht ein entsprechendes bilaterales Zustellungsabkommen mit der Bundesrepublik Deutschland. Demnach richten sich aus der Sicht des deutschen Rechts die Voraussetzungen für die wirksame Zustellung nach autonomem, hier syrischem Recht.

1 Zustellung per Post ins Ausland laut syrischem Recht

Gemäß Art. 113 syrZPO a. F. (Art. 114 syrZPO n. F.) darf ein Gerichtsverfahren nur in einem kontradiktorischen oder einem diesem gleichgestellten Verfahren geführt werden.[63] Letzteres Verfahren liegt vor, wenn der Beklagte trotz erster Zustellung nicht am angekündigten Termin vor Gericht erscheint. In diesem Falle ist durch das Gericht eine zweite Zustellung mit einem neuen Termin und dem Hinweis darauf, dass selbst bei Nichterscheinen mit der Gleichstellung mit einem kontradiktorischen Verfahren zu rechnen ist.

Die syrische ZPO sieht in den Artt. 17 bis 32 n. F. (Artt. 19–32 n. F.) mehrere Zustellungsmethoden Schriftstücke betreffend vor, je nachdem ob der Zustellungsadressat seinen Wohnsitz im Inland oder im Ausland hat. Während

[60] BGH vom 15. November 1967 – VIII ZR 50/65, S. 357 sowie BGHZ, S. 49 f.; Börner: Länderbericht Syrien, S. 1135/12; Bälz: Anerkennung und Vollstreckung, S. 334, 359; Gottwald: § 328, Rn. 153.

[61] Bälz: Anerkennung und Vollstreckung, S. 334, 359.

[62] Veröffentlicht im Bundesgesetzblatt (BGBl.) 1977 Teil II Nr. 54, S. 1452 ff.

[63] Im Wortlaut: لا يجوز أن تجري المحاكمة إلا بصورة وجاهية أو بمثابة الوجاهي

die Zustellung an Adressaten mit inländischem Wohnsitz nach Art. 18 syrZPO a. F. (Art. 19 syrZPO n. F.) in der Regel durch den Gerichtsvollzieher beziehungsweise die ‚Justizpolizei‘ (المحضرين أو رجال الضابطة العدلية / *al-muḥḍirīn aw riǧāl aḍ-ḍābiṭa al-ʿadlīya*) erfolgt, kann die Zustellung von gerichtlichen Schriftstücken an Adressaten mit bekanntem Wohnsitz im Ausland durch die Post mittels Einschreiben mit Rückschein (إشعار بالوصول / *išʿār bi-l-wuṣūl*) stattfinden (siehe Art. 28 Buchstabe a syrZPO n. F.).[64] Außer der Zustellung im Ausland sieht dieselbe Vorschrift auch die Möglichkeit einer inländischen Zustellung per Post in bestimmten aufgeführten Fällen vor. Die syrZPO regelt in den Artt. 29 und 30 ausführlich die Art und Weise der inländischen Zustellung durch den Briefträger.

Die Zustellung erfolgt nach Maßgabe des Art. 31 syrZPO a. F. (Art. 32 syrZPO n. F.) mit der Aushändigung des Umschlages oder mit Verweigerung des Empfanges:

يتم التبليغ بتسليم الرسالة أو بالامتناع عن تسلمها ويعتبر علم الوصول حجة على ذلك، ما لم يثبت تزويره.

Der Rückschein gilt als Beweis dafür, sofern dessen Fälschung nicht nachgewiesen wird. Nach Art. 28 Buchstabe a syrZPO a. F. (Art. 29 Buchstabe a syrZPO n. F.) sendet die Gerichtsstelle per Einschreiben eine Kopie des zuzustellenden Schriftstückes in einem versiegelten Umschlag (versehen mit Namen, Vornamen, Wohnsitz und Adresse des Adressaten) an den Adressaten:

يرسل ديوان المحكمة صورة الورقة المطلوب تبليغها مع البريد المضمون في غلاف مختوم محرر عليه اسم المرسل إليه ولقبه وموطنه وعنوانه.

Gemäß Art. 28 Buchstabe b syrZPO a. F. (Art. 29 Buchstabe b syrZPO n. F.) hat der Leiter der Geschäftsstelle am Ende des Originalschriftstücks zu vermerken, dass er die Kopie des Schriftstückes an das Postamt in der oben beschriebenen Weise übergeben hat.

Bei Inlandszustellungen per Einschreiben und Rückschein hat der Briefträger den Rückschein mit Vermerk der Übergabe bzw. der Verweigerung an die Geschäftsstelle zurückzugeben, was der Leiter der Geschäftsstelle nach Art. 30

---

64 Vgl. dazu Īsṭanbūlī/Ṭuʿma: *Taqnīn* 1, S. 364 (zu Art. 31 syrZPO). Die Zustellung per Einschreiben mit Rückschein lehnt sich stark an die früheren Artt. 115 ff. der ägyptischen ZPO von 1949 an, deren Regelung bereits durch Gesetz Nr. 100 von 1962 wegen ihrer Nichtbewährung aufgehoben wurde. Vgl. dazu Īsṭanbūlī/Ṭuʿma: *Taqnīn* 1, S. 359 (zu Art. 31 syrZPO a. F.); zu der aufgehobenen ägyptischen ZPO vgl. Musallam: *at-Tanẓīm al-qaḍāʾī*, S. 417 ff., dazu Fatḥī Walī: *al-Mabsūṭ* 1, S. 806. Ihm zufolge kennt das heute geltende ägyptische Verfahrensrecht eine Zustellung per Post nur in wenigen Ausnahmefällen.

syrZPO a. F. (Art. 31 syrZPO n. F.) ebenfalls auf dem Originalschriftstück vermerken muss:

> يعيد ساعي البريد لديوان المحكمة علم الوصول مؤشراً عليه بما جرى وعلى رئيس الديوان التأشير بما يتم في ذلك على أصل الورقة ثم يسلمها إلى مرجعها مع علم الوصول.

Betrifft die Zustellung eine Person mit bekanntem Aufenthaltsort im Ausland, dann erfolgt sie nach Art. 32 syrZPO a. F. (Art. 33 syrZPO n. F.) mittels eines Einschreibens oder entsprechend den vom lokalen Recht (d. h. dem Recht des Staats, in dem sich der Adressat aufhält, hier also dem deutschen Recht) vorgesehenen Maßnahmen, sofern nichts anderes in einem völkerrechtlichen Vertrag vorgesehen ist:

> إذا كان التبليغ موجهاً إلى شخص مقيم في بلد أجنبي يجري تبليغه برسالة مضمونة أو بمقتضى الإجراءات المقررة في القانون المحلي ما لم يرد نص في اتفاق دولي على خلاف ذلك.

In Art. 33 syrZPO n. F. ist anstatt von „völkerrechtlichen Übereinkünften“ die Rede von „sofern keine Verfahrensmaßnahmen in arabischen, regionalen oder internationalen Vereinbarungen vorgesehen sind“.

Nach syrischer Rechtsliteratur erfolge die Zustellung nach den Zustellungsmaßnahmen des Staates, in dem die Zustellung erfolgt, falls dessen Recht der von Syrien aus vorgenommenen Zustellung per Einschreiben an den Adressaten widerspreche. Das Abstellen auf die Maßnahmen des Rechts des Staats, in dem der Adressat seinen Aufenthaltsort hat, diene dem syrischen Recht zufolge somit als Alternative, falls das Recht jenes Staats einer Auslandszustellung per Post das Recht entgegenstehen sollte.[65]

In diesem Sinne hat auch das syrische Kassationsgericht zur Frage des bestehenden Widerspruchs zwischen den in Syrien und den im Irak geltenden Regelungen der Zustellung per Einschreiben mit Rückschein entschieden. Nach den Ausführungen des Kassationsgerichts entspreche die Zustellung einer beim syrischen Gericht eingereichten Klageschrift im Irak per Einschreiben Art. 3 des in Syrien und Irak geltenden Abkommens zwischen den arabischen Staaten über die Zustellungen und Rechtshilfe von 1953[66] und verstoße ferner gegen das irakische autonome Recht. Art. 3 des Abkommens sieht nur die Zustellung von Schriftstücken und Gerichtsurkunden auf dem diplomatischen Weg vor. Ferner bestimmt Art. 37 Abs. 4 der irakischen ZPO die Unzulässigkeit der Zustellung an die Parteien per Einschreiben und sanktioniert Verstöße in Anwendung des Art. 41 Abs. 1 irakZPO mit der Nichtigkeit. Aus dem Wider-

---

65 Īsṭanbūlī/Ṭuʿma: *Taqnīn* 1, S. 365 f. (zu Art. 32 syrZPO a. F.).

66 Syrien hat mit Gesetz Nr. 155 vom 27. Dezember 1955 dieses Abkommen ratifiziert.

spruch, der sich zwischen dem im Irak geltenden Recht und Art. 32 syrZPO a. F. (Art. 33 syrZPO n. F.) ergab, der als Alternative eine Zustellung per Einschreiben im Ausland vorsieht, folgerte das Kassationsgericht, dass die nach syrischem Recht vorgenommene Zustellung mit einem wesentlichen Fehler behaftet sei. Dies hat die Nichtigkeit, die insbesondere der Beklagte in seinem Antrag vor dem Kassationshof nach Art. 39 syrZPO a. F. (Art. 40 syrZPO n. F.) geltend gemacht hatte, zur Folge.[67]

Da nach der dargelegten Rechtsprechung des syrischen Kassationshofes die Ordnungsmäßigkeit einer Zustellung per Einschreiben ins Ausland – hier also Deutschland – voraussetzt, dass das deutsche Recht dieser Zustellungsmethode nicht widerspricht, ist die im Folgenden die Einstellung des autonomen deutschen Rechts zu dieser Frage zu erörtern.

2 Zustellung per Post im deutschen Recht

Da die Zustellung von gerichtlichen und außergerichtlichen Schriftstücken aus Drittstaaten nicht durch das europäische Zustellungsrecht geregelt wird, kommt für die Zustellung von Schriftstücken in Zivil- und Handelssachen nicht die Regelung der Verordnung EG 1393/2007 (EUZustVO)[68] in Betracht, die das Zustellungsrecht in der EU weitgehend regelt.[69] Auch eine besondere Zustellungsvereinbarung aufgrund einer staatsvertraglichen Vereinbarung liegt hier nicht vor:

Syrien ist, wie bereits erwähnt, weder Partei und somit im Gestaltungsbereich des Haager Zustellungsübereinkommens noch bestehen hinsichtlich der Zustellung bilaterale Abkommen zwischen Deutschland und Syrien. Die Zustellung ausländischer gerichtlicher Schriftstücke in Deutschland kann in einem solchen Fall im Wege des Rechtshilfeverfahrens erfolgen.[70] Hierfür sieht

---

[67] Maḥkamat an-Naqḍ as-Sūrīya [Syrisches Kassationsgericht]: Beschluss Nr. 332/646 vom 27. Juli 1974, in: *al-Muḥāmūn* (1974), S. 221.

[68] Verordnung (EG) Nr. 1393/2007 des Europäischen Parlaments und des Rates vom 13. November 2007 über die Zustellung gerichtlicher und außergerichtlicher Schriftstücke in Zivil- oder Handelssachen in den Mitgliedstaaten (Zustellung von Schriftstücken) und zur Aufhebung der Verordnung (EG) Nr. 1348/2000 des Rates; Verordnung (EG) Nr. 1393/2007 des Europäischen Parlaments und des Rates vom 13. November 2007 über die Zustellung gerichtlicher und außergerichtlicher Schriftstücke in Zivil- oder Handelssachen in den Mitgliedstaaten (Zustellung von Schriftstücken) und zur Aufhebung der Verordnung (EG) Nr. 1348/2000 des Rates.

[69] Schütze: *Rechtsverfolgung im Ausland*, S. 137, Rn. 261.

[70] § 5 Rechtshilfeordnung für Zivilsachen (ZRHO).

§ 111 Absatz 1 der Rechtshilfeordnung für Zivilsachen (ZRHO) sowohl eine förmliche als auch eine formlose Zustellung vor.[71] Die förmliche Zustellung ist jedoch „[i]m vertragslosen Rechtshilfeverkehr", wie er im Verhältnis zu Syrien besteht, nach § 114 Absatz 2 ZRHO „unzulässig" und damit ausgeschlossen, da hierfür nach dem Vorbehalt des Gesetzes eine formell-gesetzliche Grundlage erforderlich ist.[72] Die damit im vorliegenden Fall in einem Rechtshilfeverfahren einzig zulässige formlose Zustellung ist jedoch nach dem Wortlaut des § 112 Absatz 2 ZRHO[73] nur statthaft, wenn der Empfänger zur Annahme des zuzustellenden Schriftstücks bereit ist. Dies gilt selbst bei Schriftstücken in deutscher Sprache oder wenn dem Schriftstück eine deutsche Übersetzung beiliegt. Auch eine Ersatzzustellung nach §§ 178, 180 oder 181 ZPO ist im Falle der formlosen Zustellung im Rechtshilfeverfahren unzulässig.[74] Bei alleiniger Zulässigkeit der formlosen Zustellung ist dem Empfänger ferner gemäß § 113 Absatz 3 ZRHO per Belehrung mitzuteilen, dass er nicht zur Annahme verpflichtet ist, ein ausländisches Verfahren unter Umständen jedoch ohne Rücksicht hierauf durchgeführt werden kann.[75]

---

71 § 111 Absatz 1 ZRHO:
Die Zustellung wird bewirkt
1. formlos durch einfache Übergabe, wenn der Empfänger zur Annahme bereit ist (formlose Zustellung), oder
2. förmlich entweder unter Anwendung der dafür geltenden inländischen Vorschriften oder in einer besonderen, die Wünsche der ersuchenden Behörde beachtenden Form (förmliche Zustellung).

72 Geimer: *Neuordnung*, S. 59; im Einzelnen ebenso Schütze: Formlose Zustellung, S. 21.

73 § 111 Absatz 1 ZRHO:
Die formlose Zustellung ist nur durch Übergabe an den Empfänger möglich, wenn dieser zur Annahme bereit ist. Auf die formlose Zustellung sind die Vorschriften der ZPO über die Zustellung nicht anzuwenden. Insbesondere ist eine Zustellung gegen den Willen des Empfängers (§ 179 ZPO) unzulässig, selbst wenn das zuzustellende Schriftstück in deutscher Sprache abgefasst oder von einer Übersetzung in die deutsche Sprache begleitet ist. Eine Ersatzzustellung nach den §§ 178, 180 und 181 ZPO ist nicht zulässig.

74 Ebenso Schütze: Formlose Zustellung, S. 21 f.

75 Vgl. § 113 Absatz 3 ZRHO:
Dem Empfänger ist zunächst Gelegenheit zu geben, sich das Schriftstück anzusehen und über die Annahme zu entscheiden. Ist nur die formlose Zustellung zulässig, so ist er darüber aufzuklären, dass er zur Annahme nicht verpflichtet sei, dass aber unter Umständen das ausländische Verfahren ohne Rücksicht auf die Annahmeverweigerung durchgeführt werden und er auch sonst Nachteile erleiden könne. Die Belehrung ist aktenkundig zu machen und im Begleitbericht (§ 24) zu vermerken.

In diesem Zusammenhang ist hervorzuheben, dass eine Zustellung ausländischer verfahrenseinleitender Dokumente auf einfachem Postweg in Deutschland als problematisch einzustufen ist. Von ihr ist zunächst die schlichte postalische Mitteilung über die bereits erfolgte Zustellung des Dokuments im Urteilsstaat zu unterscheiden, die mangels rechtlicher Wirkung unproblematisch möglich ist.[76] Problematisch hingegen ist wiederum die unmittelbare Zustellung eines verfahrenseinleitenden Dokumentes per Post an den im Ausland ansässigen Antragsgegner, da diese Zustellung nach überwiegender Ansicht als Hoheitsakt des Verfahrensstaats zu qualifizieren ist.[77] Die im Ausland durchgeführte Zustellung stellt daher einen fremden Hoheitsakt auf dem Hoheitsgebiet des Ansässigkeitsstaats dar, da dessen Souveränität berührt wird.[78] Die Entscheidung über die Zulässigkeit einer unmittelbaren postalischen Zustellung im Ausland liegt daher beim Ansässigkeitsstaat. Zwar besteht aufgrund der sehr unterschiedlichen Haltungen der einzelnen Staaten hinsichtlich der Akzeptanz einer unmittelbaren postalischen Zustellung kein völkergewohnheitsrechtliches Verbot einer solchen unmittelbaren Zustellung im Ausland,[79] doch kann aus demselben Grund ebenso wenig eine völkergewohnheitsrechtliche Pflicht zu ihrer Akzeptanz bestehen.[80] Demnach obliegt es der autonomen Entscheidung jeden Staates, ob er auf seinem Gebiet die unmittelbare postalische Zustellung gestattet oder nicht.[81] Dies dient zugleich dazu, die den Beklagten schützenden Mindestanforderungen an eine rechtsstaatliche Zustellung zu gewährleisten.[82] Deutschland lehnt eine solche Akzeptanz, trotz anderslautenden Vorschlägen *de lege ferenda*,[83] in Bezug auf Staaten außerhalb der EU ab.[84] Demnach er-

---

76 Hierzu ausführlich Geimer: *Neuordnung*, S. 140 ff.; Geimer: *Internationales Zivilprozessrecht*, Rn. 416; Pfennig: *Internationale Zustellung*, S. 35.

77 Karaaslan: *Internationale Zustellungen*, S. 7.

78 Pfennig: *Internationale Zustellung*, S. 65 f.; Bischof: *Zustellung im internationalen Rechtsverkehr*, S. 174 f., 186.

79 Karaaslan: *Internationale Zustellungen*, S. 8; Geimer: *Internationales Zivilprozessrecht*, Rn. 417, 419, 2174.

80 Geimer: *Neuordnung*, S. 138; Bischof: *Zustellung im internationalen Rechtsverkehr*, S. 186 f.

81 Geimer: *Neuordnung*, S. 138 f. m. w. N.; Geimer: *Internationales Zivilprozessrecht*, Rn. 2174; Bischof: *Zustellung im internationalen Rechtsverkehr*, S. 186.

82 BT-Drucks. 9/68, S. 32; Pfennig: *Internationale Zustellung*, S. 66.

83 Bischof: *Zustellung im internationalen Rechtsverkehr*, S. 186 ff.; Geimer: *Neuordnung*, S. 217 ff.

84 BT-Drucks. 9/68, S. 32; Linke: Probleme der internationalen Zustellung, S. 107; vgl. auch Geimer: *Neuordnung*; Pfennig: *Internationale Zustellung*, S. 66.

scheinen die Zustellung einer Klageschrift, anderer schriftliche gerichtliche Schriftstücke sowie Urteile durch den syrischen Staat auf unmittelbarem Postweg an einen Beklagten in Deutschland aus Sicht des deutschen Rechts unzulässig.

3 Mögliche Verfahrensrechtliche Nichtigkeitsgründe

Verstöße gegen die dargelegten Artt. 17 bis 30 und Artikel 33 bis 36 syrZPO a. F. (Artt. 18–30 und Artt. 33–37 syrZPO n. F.), welche die Zustellung sowie die zu beachtenden Fristen regeln, gelten nach Art. 38 syrZPO a. F. (Art. 39 syrZPO n. F.) als Nichtigkeitsgründe der betroffenen Prozesshandlung.

Art. 39 syrZPO a. F. (Art. 40 syrZPO n. F.) regelt die Nichtigkeit von Verfahrenshandlungen. Zur Erläuterung dieser Vorschrift greift die syrische Literatur auf die Lehre zur ägyptischen ZPO aus dem Jahre 1975 zurück. Das Erläuterungsmemorandum zu der Nichtigkeitsbestimmung im ägyptischen Recht wird deshalb in einem Kommentar zur syrischen ZPO vollständig wiedergegeben. Unter Anlehnung an die ägyptische Lehre ist die Sanktion der Nichtigkeit der Prozesshandlung in zwei Fällen anzuordnen:

a) wenn das Gesetz die Nichtigkeit ausdrücklich bestimmt, hat der Richter sie anzuordnen, selbst dann, wenn sie Dritten keinen Schaden zufügt;
b) wenn die Prozesshandlung mit einem wesentlichen Fehler behaftet ist, der Dritten Schaden zufügt, hat das Gericht die Nichtigkeit anordnen, selbst dann, wenn das Gesetz dies nicht ausdrücklich vorsieht.

Das Gericht kann nach Art. 39 letzter Satz syrZPO a. F. (Art. 40 syrZPO a. F.) von Anordnungen der Nichtigkeit absehen, wenn das Gesetz sie ausdrücklich bestimmt, sofern die Gegenpartei nachweist, dass der von der Prozesshandlung verfolgte Zweck realisiert wurde. Daraus folgert man, dass die nach dem Gesetz festgelegte Nichtigkeit lediglich als eine Vermutung hinsichtlich der Zweckvereitelung der Prozesshandlung darstellt. Diese Vermutung ist jedoch durch die Gegenpartei widerlegbar. Beruft sich hingegen die Partei auf die Nichtigkeit einer von der anderen Partei vorgenommenen Prozesshandlung, wobei die Nichtigkeit nicht *expressis verbis* im Gesetz bestimmt ist, sondern auf einen wesentlichen Fehler zurückgeht, der zudem der anderen Partei Schaden zufügt, so trägt letztgenannte Partei die Beweislast sowohl für das Vorliegen des Fehlers als auch für das Vorliegen eines aus diesem resultierenden Schaden. Ein wesentlicher Fehler liegt dabei vor, wenn die Wesentlichkeit in einem Gesetz, das einen Bezug zum *ordre public* hat, bestimmt ist, oder die Prozesshandlung dem zuzustellenden Schriftstück seine besondere kennzeichnende Eigenschaft verleiht, ohne die der von ihm verfolgte Zweck nicht erreicht werden könnte. Nach der Lehre ist unter Schaden zu verstehen, dass die Prozesshandlung aufgrund eines Fehlers eine ihrer besonderen und kennzeichnenden Eigenschaften verliert, sodass der von ihr gesetzlich gewollte Zweck nicht realisiert und das gesetzlich geschützte Interesse der Partei verletzt wird. Der Nachweis dieser Interessensverletzung ersetzt den Nachweis eines besonderen Schadens. Von der geforderten Voraussetzung des Schadens werden zwei Ausnahmen gemacht:

a) die Nichtigkeit ist auf einen Verstoß gegen den *ordre public* zurückzuführen, das Gericht hat sie in diesem Fall *ex officio* und ohne Antrag der geschädigten Partei anzuordnen;
b) die Nichtigkeit betrifft ein Urteil.

Wird jedoch von der Gegenpartei nachgewiesen, dass der Zweck tatsächlich realisiert wurde, sieht das Gericht von einer Nichtigkeitsanordnung ab.

V Auswirkungen verfahrensrechtlicher Nichtigkeitsgründe auf anderweitige Prozesshandlungen

Die abschließend zu klärende Frage ist die nach der rechtlichen Qualifizierung von weiteren für ein Gerichtsverfahren mitumfassten Prozesshandlungen.

Die nach der nichtigen Handlung vorgenommenen Maßnahmen entfallen, falls sie auf der nichtigen Handlung basieren. Wird z. B. die Nichtigkeit der Klageschrift angeordnet, so hat dies die Nichtigkeit aller Verfahrenshandlungen des Streits einschließlich des hierzu ergangenen Urteils zur Folge.

Wird z. B. die Nichtigkeit der Klageschrift angeordnet, so hat dies die Nichtigkeit aller Verfahrenshandlungen des Streits einschließlich des hierzu ergangenen Urteils zur Folge.[85] Die Nichtigkeit von Prozesshandlungen (sieht man von Nichtigkeit aufgrund eines *ordre-public*-Verstoßes ab) tritt nicht *ipso iure* ein, sondern muss vom Gericht auf Antrag der betroffenen Partei hin angeordnet werden.[86] Die fehlerhafte Prozesshandlung bleibt bestehen und hat ihre Folgen, bis deren Nichtigkeit gerichtlich angeordnet wird. Ausgenommen sind allerdings diejenigen Fälle, in denen die Nichtigkeit einen Bezug zum *ordre public* hat. Betrifft die Nichtigkeit ein ergangenes Urteil, wird sie durch das Einlegen des gesetzlich vorgesehenen Rechtsmittels geltend gemacht.[87]

---

85 Vgl. dazu Adīb Īsṭanbūlī/Šafīq Ṭuʿma: *Taqnīn* 1, S. 410 f. (zu Art. 39 syrZPO a. F.).
86 Vgl. dazu ibid., S. 407.
87 Vgl. dazu ibid., S. 408.

Die nichtige Prozesshandlung kann aber auch durch den ausdrücklichen Verzicht auf Geltendmachung ihrer Nichtigkeit durch die betroffene Partei geheilt werden. Ebenso kann sie durch ein konkludentes Einverständnis durch das Verhalten einer Partei geheilt werden, aus dem sich schließen lässt, dass sie von der Gültigkeit der Prozesshandlung ausgeht (Art. 40 syrZPO).[88] Dies ist der Fall, wenn die Partei eine Prozesshandlung vornimmt, die die in Frage stehende Prozesshandlung als gültig voraussetzt. Von der Heilungsmöglichkeit durch Zustimmung der betroffenen Partei ausgenommen sind allerdings solche Nichtigkeitsfälle, die auf Verstöße des *ordre public* zurückzuführen sind.

---

88 Vgl. dazu ibid., S. 418.

Literaturverzeichnis

Adīb Īsṭanbūlī / Šafīq Ṭuʿma: *Taqnīn uṣūl al-muḥākamāt al-madanīya* 1, o. O. o. J., 2, [Damaskus] 1990, 3, [Damaskus] 1992.

Aḥmad Musallam: *at-Tanẓīm al-qaḍāʾī wa-l-iǧrāʾāt wa-l-aḥkām fi-l-mawād al-madanīya wa-t-tiǧārīya wa-š-šaḫṣīya*, Kairo 1961.

Bach, Ivo: § 328, in: *Beck'scher Online-Kommentar ZPO*, hrsg. von Volker Vorwerk und Christian Wolf, Rn. 23, beck-online.beck.de/?vpath=bibdata/komm/beckok_22_BandZPO/cont/beckok.glossary1.htm (letzter Aufruf 04. 06. 2018).

Bälz, Kilian: Anerkennung und Vollstreckung von ausländischen Zivilurteilen und Schiedssprüchen in arabischen Staaten: Ägypten, Jordanien, Libanon, Syrien und Irak, in: *RIW* 6 (2012), S. 334–360.

Baumbach, Adolf / Wolfgang Lauterbach / Jan Albers / Peter Hartmann (Hgg.): *Zivilprozessordnung. Mit FamFG, GVG und anderen Nebengesetzen*, München ^{68}2010.

Bischof, Thomas Pius: *Die Zustellung im internationalen Rechtsverkehr in Zivil- und Handelssachen*, Zürich 1997.

Bork, Reinhard / Herbert Roth (Hgg.): *Kommentar zur Zivilprozessordnung*, Tübingen ^{22}2006.

Börner, Andreas: *Die Anerkennung ausländischer Titel in den arabischen Staaten*, Heidelberg 1996.

—: Länderbericht Syrien, in: *Internationaler Rechtsverkehr in Zivil- und Handelssachen*, hrsg. von Reinhold Geimer und Rolf A. Schütze, München 2012.

Dörner, Heinrich: § 328, in: *Zivilprozessordnung. Familienverfahren, Gerichtsverfassung, europäisches Verfahrensrecht*; Handkommentar, hrsg. von Ingo Saenger, Baden-Baden ^{5}2013.

El-Hakim, Jacques: Enforcement of Foreign Judgements and Arbitral Awards in Syria, in: *Arab Law Quarterly* 5.2 (1990), S. 137–142.

Fatḥī Walī: *al-Mabsūṭ fi-l-qaḍāʾ al-madanī*, Kairo 2017.

Geimer, Gregor: *Neuordnung des internationalen Zustellungsrechts. Vorschläge für eine neue Zustellungskonvention*, Berlin 1999.

Geimer, Reinhold: *Internationales Zivilprozessrecht*, Köln [6]2009.

—: Art. 39 EUGVVO, in: *Zivilprozessordnung. Mit Gerichtsverfassungsgesetz und den Einführungsgesetzen, mit internationalem Zivilprozessrecht, EG-Verordnungen, Kostenanmerkungen; Kommentar*, begr. von Richard Zöller, Köln [32]2018.

—: § 328, in: *Zivilprozessordnung. Mit Gerichtsverfassungsgesetz und den Einführungsgesetzen, mit internationalem Zivilprozessrecht, EG-Verordnungen, Kostenanmerkungen; Kommentar*, begr. von Richard Zöller, Köln [32]2018.

Geimer, Reinhold / Rolf A. Schütze (Hgg.): *Internationaler Rechtsverkehr in Zivil- und Handelssachen*, München 2012.

Gottwald, Peter: § 328, in: *Münchner Kommentar zur Zivilprozessordnung. Mit Gerichtsverfassungsgesetz und Nebengesetzen*, hrsg. von Thomas Rauscher, Joachim Wenzel und Peter Wax, München [4]2013.

Hartmann, Peter: § 328, in: *Zivilprozessordnung. Mit FamFG, GVG und anderen Nebengesetzen*, hrsg. von Adolf Baumbach, Wolfgang Lauterbach, Jan Albers und Peter Hartmann, München [68]2010.

Kallmann, François: *Anerkennung und Vollstreckung ausländischer Zivilurteile und gerichtlicher Vergleiche*, Basel 1946.

Karaaslan, Varol: *Internationale Zustellungen nach der EuZVO und der ZPO und ihre Auswirkungen auf die Anerkennung der Entscheidungen*, Aachen 2007.

Kern, Christoph: Anerkennungsrechtliches Spiegelbildprinzip und europäische Zuständigkeit, in: *ZZP* 1 (2007), S. 31–71.

Linke, Hartmut: Die Probleme der internationalen Zustellung, in: *Grundfragen der Gerichtsverfassung. Internationale Zustellung; ein Forschungsbericht*, hrsg. von Konrad Schiemann, Peter Gottwald und Peter Gummer, Bielefeld 1999, S. 95–134.

Markus, Alexander R.: *Tendenzen beim materiellrechtlichen Vertragserfüllungsort im internationalen Zivilverfahrensrecht*, Basel 2009.

Martiny, Dieter: *Anerkennung ausländischer Entscheidungen nach autonomem Recht. Handbuch des Internationalen Zivilverfahrensrechts* 3, Tübingen 1984.

—: *Internationales Vertragsrecht. Das internationale Privatrecht der Schuldverträge*, hrsg. von Christoph Reithmann und Dieter Martiny, Köln: 2010.

Musielak, Hans-Joachim (Hg.): *Kommentar zur Zivilprozessordnung. Mit Gerichtsverfassungsgesetz*, München [4]2005.

—: § 328, in: *Kommentar zur Zivilprozessordnung. Mit Gerichtsverfassungsgesetz*, hrsg. von Hans Joachim Musielak, München [4]2005.

Nagel, Heinrich / Peter Gottwald: *Internationales Zivilprozessrecht*, Köln [6]2006.

Pfennig, Günter: *Die internationale Zustellung in Zivil- und Handelssachen*, Köln et al. 1988.

Rauscher, Thomas / Joachim Wenzel / Peter Wax (Hgg.): *Münchner Kommentar zur Zivilprozessordnung. Mit Gerichtsverfassungsgesetz und Nebengesetzen*, München [4]2013.

Reithmann, Christoph / Dieter Martiny (Hgg.): *Internationales Vertragsrecht. Das internationale Privatrecht der Schuldverträge*, Köln 2010.

Rizq Allāh Anṭakī: *Uṣūl al-muḥākamāt al-madanīya wa-t-tiǧārīya*, Damaskus 1984.

Roth, Herbert: § 328, in: *Kommentar zur Zivilprozessordnung*, hrsg. von Reinhard Bork und Herbert Roth, Tübingen [22]2006.

Saenger, Ingo (Hg.): *Zivilprozessordnung. Familienverfahren, Gerichtsverfassung, europäisches Verfahrensrecht*; Handkommentar, Baden-Baden [5]2013.

Schack, Haimo: *Internationales Zivilverfahrensrecht. Mit internationalem Insolvenz- und Schiedsverfahrensrecht*; ein Studienbuch, München [6]2014.

Schärtl, Christoph: Bezieht sich das „Spiegelbildprinzip“ des § 328 I Nr. 1 ZPO auch auf die Zuständigkeitsvorschriften der EuGVO?, in: *IPRax* 26.5 (2006), S. 438–442.

Schiemann, Konrad / Peter Gottwald / Peter Gummer (Hgg.): *Grundfragen der Gerichtsverfassung. Internationale Zustellung; ein Forschungsbericht*, Bielefeld 1999.

Schmidt, Jan Peter / Diego P. Fernández Arroyo: Das Spiegelbildprinzip und der internationale Gerichtsstand des Erfüllungsortes, in: *IPRax* 29.6 (2009), S. 499–503.

Schütze, Rolf A.: Formlose Zustellung im internationalen Rechtsverkehr, in: *RIW* (2000), S. 20 f.

—: *Rechtsverfolgung im Ausland. Prozessführung vor ausländischen Gerichten und Schiedsgerichten*, Berlin/Boston [5]2016.

Stadler, Astrid: § 328, in: *Kommentar zur Zivilprozessordnung. Mit Gerichtsverfassungsgesetz*, hrsg. von Hans-Joachim Musielak, München [10]2013.

Thomas, Heinz / Hans Putzo: *Zivilprozessordnung. Kommentar*, München [34]2013.

Vollkommer, Max: § 29, in: *Zivilprozessordnung. Mit Gerichtsverfassungsgesetz und den Einführungsgesetzen, mit internationalem Zivilprozessrecht, EG-Verordnungen, Kostenanmerkungen; Kommentar*, begr. von Richard Zöller, Köln [32]2018.

Zöller, Richard: *Zivilprozessordnung. Mit Gerichtsverfassungsgesetz und den Einführungsgesetzen, mit internationalem Zivilprozessrecht, EG-Verordnungen, Kostenanmerkungen; Kommentar*, Köln [32]2018.

Islamische Normativität im Wandel

Mathias Rohe*

Zum Wandel islamrechtlicher Normen im Kontext des säkularen Rechtsstaats

I Einführung

1 Hintergründe des Wandels islamrechtlicher Normen

Die Gründe für Normenwandel sind vielfältig. Grundlegende Veränderungen der sozioökonomischen und politischen Lage in der ‚islamischen Welt' seit dem 19. Jahrhundert haben das islamische Recht tiefgreifend umgestaltet, was sich nicht zuletzt aus den Forschungen des hier zu ehrenden Jubilars ablesen lässt. Der Kolonialismus und die internen, auf Europa ausgerichteten Erneuerungsbewegungen haben das islamische Recht von einer personell und inhaltlich außergewöhnlich pluralistischen Ordnung in staatliche, weitgehend erstmalig kodifizierte Rechtsordnungen transformiert – ein Säkularisierungsprozess *par excellence*.[1] Dadurch wurden einerseits notwendige Anpassungen an die gewandelten gesellschaftlichen Verhältnisse erzielt, z. B. bei den vielfältigen Reformen des Familienrechts.[2] Andererseits verringerte sich der Spielraum für systeminterne Lösungen durch Nutzung der breiten Meinungsvielfalt.[3]

Nicht nur die Inhalte des Rechts, sondern auch die damit verbundenen Institutionen haben einen fundamentalen Wandel erlebt. Das betrifft schon das Ausbildungssystem. An die Stelle informeller Lehrzirkel und Medressen sind staatliche Bildungseinrichtungen getreten, in vielen Staaten zweigeteilt in juristische und Scharia-Fakultäten. Die letzteren sind weitgehend auf personenstands- und Erbrecht reduziert. Vergleichbares gilt für die Gerichtsbarkeit: Das

---

* Lehrstuhlinhaber für Bürgerliches Recht, Internationales Privatrecht und Rechtsvergleichung sowie Direktor des Erlanger Zentrums für Islam und Recht an der Friedrich-Alexander-Universität Erlangen-Nürnberg.

1 Vgl. nur An-Naʿim: Shariʿa and Positive Legislation, S. 29 ff. und id.: *Islam and the Secular State*.

2 Vgl. hierzu Ebert: *Das Personalstatut arabischer Länder*; Rohe: *Das islamische Recht*, S. 207 ff. m. w. N.

3 Vgl. die Auswertung syrischer und palästinensischer Gutachten und Gerichtsakten aus dem 17. und 18. Jahrhundert bei Tucker: *In the House of the Law*, S. 179 ff.

vormalige System von Einzelrichtern – in größeren Städten unterschiedlicher Schulen[4] – mit sehr beschränkten Möglichkeiten von Rechtsbehelfen wurde zu einem staatlichen Gerichtswesen mit mehreren Instanzen ausgebaut, oft mit Verfassungsbildung. Der Kreis der Akteure erweiterte sich, was zum einen auf eine soziale Öffnung, zum anderen auf den erstmaligen Zugang von Frauen zu Lehre, Forschung und Justiz zurückzuführen ist.[5] Auch die Internationalisierung des Ausbildungs- und Wissenschaftsbetriebs seit dem 20. Jahrhundert hat sich auf die rechtspolitische Debatte in der islamischen Welt niedergeschlagen. Beispielsweise hat ein prominenter Vertreter der islamischen Entwicklungsbank in Jeddah in Kanada Bankwirtschaft studiert, was ihm ökonomische Erkenntnisse hinsichtlich der Funktionen von Zinsen (Ausgleich für den Zeitwert von Kapital) verschafft hat, die ihn zu einer Neubewertung der Interpretation von *ribā* veranlasst hat.[6]

An Publikationen über Rechtspluralismus und Normentransplantation herrscht kein Mangel. Sie orientieren sich häufig an zwei Polen: Zum einen handelt es sich um grundsätzliche Erörterungen der Legitimität bzw. der notwendigen Begrenzung des Rechtspluralismus an sich, zum anderen geht es um Untersuchungen der Mechanismen und Auswirkungen konkreter Übertragungsmaßnahmen in andere Rechtskontexte. Der vorliegende Beitrag soll etwas anderes leisten: Er soll den Versuch unternehmen, diejenigen Rechtsbereiche zu systematisieren, in denen Normenkollisionen auftreten können, welche wiederum zum Normenwandel führen können, und jene anhand von Beispielen aus der islamischen Normenlehre illustrieren. Der Wandel vollzieht sich dabei teils aus intrinsischen Motiven der Normgebundenen, teils aufgrund äußeren Drucks durch zwingende Vorschriften des territorial geltenden Rechts. Nicht zuletzt hat sich eine grundlegend neue Lage aus dem Umstand ergeben, dass ein erheblicher Teil der muslimischen Bevölkerung heute häufig aufgrund eigener oder familiärer Lebensplanung außerhalb von muslimischen Mehrheitsgesellschaften lebt.[7] Vor allem mit diesem letztgenannten Aspekt soll sich dieser Beitrag befassen.

---

4 Zu den damit verbundenen Zuständigkeitsproblemen vgl. Rohe: *Das islamische Recht*, S. 34 ff.

5 Vgl. Rohe: *Das islamische Recht*, S. 256 f. m. w. N.

6 Dr. El-Fatih Hamid, General Counsel & Director des Legal Department der Islamic Development Bank, Jeddah (Saudi Arabien), bei der Tagung ‚Islamic Law and its Reception by the Courts in the West' vom 22. bis zum 24. 10. 1998 in Osnabrück.

7 Zu den Auswirkungen auf die Normenlehre vgl. etwa die Beiträge in Nielsen/Christoffersen: *Shari'a As Discouse*; Korteweg/Selby: *Debating Sharia*.

2 Normenwandel im Kontext des säkularen Rechtsstaats

Säkulare Rechtsstaaten sind ein Produkt der Neuzeit. Die Umwälzungen im Entstehungsprozess haben auch das Recht und seine Institutionen maßgeblich neu gestaltet. Das gilt nicht zuletzt für die Legitimation von Recht und Herrschaft: Religiöse Letztbegründungen und Inhalte wurden grundlegend säkularisiert, vom Vertrags-, Familien- und Erbrecht über das Strafrecht bis hin zu Feiertagsregelungen, dem Verhältnis zwischen Staat und Religionen sowie freier Religionsausübung. Wie fügen sich islamisch geprägte Normen in einen solchen Kontext?

In einigen Staaten mit muslimischer Bevölkerungsmehrheit wurden islamische Rechtsnormen gänzlich oder weitestgehend abgeschafft, so z. B. in Albanien, Bosnien-Herzegowina, der Türkei, Aserbaidschan und den zentralasiatischen Staaten der ehemaligen Sowjetunion. In vielen anderen herrscht ein gewisses Spannungsverhältnis zwischen Verfassungsregelungen, die einerseits Volkssouveränität, Gewaltenteilung zwischen säkularen Instanzen und Gleichheit aller Bürger vorsehen, die aber andererseits den Islam zur Staatsreligion erklären, Prinzipien oder die Vorschriften der Scharia als Quelle und/oder Kontrollmechanismus der Gesetzgebung festlegen oder religiösen Institutionen Mitwirkungsrechte bei Gesetzgebung oder Regierung zumessen.[8]

Zweifellos ist auch hier ein Normenwandel erkennbar, wenn z. B. im Parteiprogramm der ägyptischen Partei für Freiheit und Gerechtigkeit (*ḥizb al-ḥurrīya wa-l-ʿadāla*) von 2011 die Grundlagen der Scharia neu ausgedeutet werden: Die Scharia bezwecke die Wahrung der nationalen Einheit, fordere Demokratie im Gegensatz zu Militärherrschaft oder Theokratie,[9] Gewaltenteilung, Wahrung der Menschenrechte, Bekämpfung von Korruption und staatlicher Willkür usw.[10] Gelebte Wirklichkeit ist dies allerdings in weiten Teilen der islamisch geprägten Welt nicht. Deshalb verspricht der Blick auf die Situation in europäischen säkularen Rechtsstaaten mehr Erkenntnisgewinn darüber, wie und inwieweit islamisch geprägte Normen sich in diesen rechtlichen Bezugsrahmen einfügen, sich dort möglicherweise sogar erst entfalten. Hierbei

---

8 Vgl. nur die Darstellungen in Grote/Röder: *Constitutionalism in Islamic Countries*.

9 Vgl. auch die Erklärung der Azhar-Universität zur Zukunft Ägyptens vom Juni 2011 in Englisch, Französisch, Deutsch und Arabisch (abrufbar unter www.bibalex.org/At tachments/english/elazhar.pdf [letzter Aufruf 24. 09. 2018]); hierzu Hefny: Religious Authorities.

10 Zu den Hintergründen vgl. Rohe/Skøvgaard-Petersen: Ambivalent Embrace of Liberalism.

wirken sowohl externe Einflüsse (Anforderungen der geltenden Rechtsordnung und soziale Erwartungen) wie auch interne Entwicklungen (geänderte Rahmenbedingungen und freie Debattenmöglichkeiten in großer Pluralität ohne staatlichen Machtanspruch).

Die folgenden Überlegungen sind zum einen danach unterteilt, ob es sich um Normen aus dem Bereich zwischenmenschlicher Beziehungen (*muʿāmalat*) handelt, die wir am ehesten mit dem heute in Europa geläufigen Verständnis von Rechtsnormen erfassen können, oder um solche, die primär das Verhältnis zwischen Gott und Menschen bestimmen (*ʿibādāt*), die demnach mit dem gegenwärtigen Verständnis von ‚Religion' korrespondieren. Zum anderen sind unterschiedliche Rechtsbereiche abzuschichten, die unterschiedliche Funktionen erfüllen und deshalb auch nicht in gleicher Weise für die Anwendung ‚fremder' Normen offenstehen. Darüber hinaus eröffnet sich ein breiter Bereich der informellen Anwendung von Normen, also außerhalb staatlicher Institutionen. Normen des islamischen Rechts wandeln sich dabei zu Sozialnormen, deren Verbindlichkeit nicht mit den Mitteln staatlicher Durchsetzung garantiert wird, sondern gegebenenfalls allein durch soziale Konvention, im schlechtesten Fall auch durch rechtswidrigen Druck bis hin zur Gewaltanwendung.

Bei religiösen Normen stellt sich die Frage, inwieweit sich die rechtlichen, ökonomischen und sozialen Rahmenbedingungen auf die Lebenspraxis auswirken (dürfen). Die von Hanafiten[11] vertretene Ansicht, wonach Muslime außerhalb islamisch beherrschten Territoriums nicht an entsprechende Normen gebunden seien, war schon in der Vergangenheit nicht mehrheitsfähig[12]. Zudem würde sich heute die Frage stellen, ob die in vergangenen Zeiten unbekannte säkulare Staatsorganisation mit Gewährleistung weitgehender Religionsfreiheit nicht dazu führen muss, dass auch entsprechend strukturierte Staaten als ‚islamisch' angesehen werden müssen in dem Sinne, dass dort muslimisches religiöses Leben jedenfalls im Grundsatz geführt werden kann. Zudem entspinnen sich Debatten darüber, was das eigentlich vom Islam Geforderte ausmacht, wenn formale Vorschriften und materielle Inhalte im Konflikt stehen (zu einschlägigen Debatten im Wirtschaftsrecht vgl. unten 3. c). So hat sich in den vergangenen Jahren in Brasilien eine breit geführte Debatte unter Muslimen über die Praktiken der *ḥalāl*-Fleischproduktion entfaltet. Brasilien ist einer der weltweit bedeutendsten Exporteure solchen Fleisches. Da nach vielen *ḥalāl*-

11 Vgl. Abū Bakr Muḥammad b. Aḥmad as-Saraḫsī: *Kitāb al-mabsūṭ*, S. 96 („*li-annahum ġair multazamīn aḥkām al-islām fī dār al-ḥarb*").

12 Vgl. Salem: *Islam und Völkerrecht*, S. 150 f.

Standards die Schlachtung ausschließlich durch Muslime gebilligt wird, werden Gastarbeiter vorwiegend aus Krisen- und Armutsgebieten angeworben, z. B. aus Senegal. Ghana, Sudan, Syrien, Irak, Afghanistan, Pakistan und Bangladesch. Sie erhalten oft nur Kurzfristverträge, werden sehr schlecht bezahlt, arbeiten unter sehr harten Bedingungen und sind häufig der Willkür der Arbeitgeber ausgeliefert – sklavenähnlich Verhältnisse. Imame, welche die Lage kennen, äußern sich dahingehend, dass hieran nichts *ḥalāl* sein könne.[13]

3 Bereiche des Wandels islamrechtlicher Normen

a) Einführung

Das grundsätzliche Potential zum Normenwandel im Islam und dessen Instrumente müssen hier nicht eigens begründet und erläutert werden. Nicht zuletzt der Jubilar hat hierzu Maßgebliches vorgelegt. Vielmehr sollen beispielhaft einige Bereiche benannt werden, in denen unter Anwendung säkularer Rechtsvorschriften islamisch-normative Regelungen umgesetzt, aber auch inhaltlich verändert werden können.

Eine Anwendung fremder rechtlicher Normen – auch solcher mit religiöser Selbstlegitimation – kommt in drei Erscheinungsformen in Betracht: Erstens findet im Rahmen des Internationalen Privatrechts (IPR), also aufgrund eines im deutschen Recht verankerten Rechtsanwendungsbefehls, eine echte ‚Fremdrechtsanwendung' statt. Zweitens können solche Normen im Rahmen der Anwendung deutschen Bürgerlichen Sachrechts erfolgen, soweit dieses inhaltliche Gestaltungsfreiheit eröffnet (sog. dispositives Sachrecht).[14] Grenzen für die direkte Anwendung fremder Normen im Rahmen des IPR als auch für die ‚indirekte' Anwendung durch Privatrechtsgestaltung im Rahmen des deutschen Sachrechts zieht der sog. *ordre public* (international bzw. interne[15]) zum Zweck

---

13 Informationen von Prof. Dr. Shadia Husseini de Araújo bei einem Vortrag zu ‚Global Halal Assemblages, Halal Standards und die muslimische Arbeitsmigration nach Brasilien' an der Friedrich-Alexander-Universität Erlangen-Nürnberg (09. 01. 2018).

14 Ausführlicher hierzu Rohe: *Das islamische Recht*, S. 368 ff. m. w. N.

15 Der *ordre public international* respektiert ein gewisses Maß an Bewertungsunterschieden zwischen verschiedenen Rechtsordnungen, um private Interessen an der Stabilität von Rechtsbeziehungen im grenzüberschreitenden Bereich zu schützen; bedeutsam ist dabei die Intensität des Inlandsbezuges: je intensiver sie ist, desto strenger wird die Beurteilung von Abweichungen. Das nationale Sachrecht kennt generell strengere Begrenzungen für Abweichungen von gesetzlichen Modellen (insbes. §§ 138, 242 BGB) (vgl. nur Kegel/Schurig: *Internationales Privatrecht*, insbes. S. 521 ff.).

der Wahrung inneren Rechtsfriedens. Zu große Bewertungsunterschiede im Einzelfall werden also nicht hingenommen. Damit verengt sich der mögliche Anwendungs- und Interpretationsspielraum islamrechtlicher Normen, was als eine Form äußerlich erzwungenen Wandels gedeutet werden mag.

b) Internationales Privatrecht

Das Privatrecht dient ganz vorwiegend der Gestaltung und Sicherung von Rechtsverhältnissen zwischen Privaten, auch dann, wenn sie im Ausland begründet wurden oder wenn die Beteiligteninteressen vorwiegenden Bezug zu einer ausländischen Rechtsordnung aufweisen. Das IPR eröffnet für solche grenzüberschreitenden Sachverhalte breiten Raum für die Anwendung ausländischer Normen. Grundgedanke dieser Regelungen ist die Annahme einer prinzipiellen Gleichwertigkeit aller Privatrechtsordnungen und der Umstand, dass man aus Gründen der Rechtssicherheit nicht in einmal wirksam entstandene Rechtsbeziehungen eingreifen möchte, auch wenn diese nicht in jeder Hinsicht den Regelungen des deutschen Sachrechts entsprechen.

Die Begrenzung islamrechtlicher Normen durch die Anwendung des *ordre public* war und ist Gegenstand vieler Publikationen[16] und soll hier nicht nochmals aufgenommen werden. Im Hinblick auf den Normenwandel sind hier zwei Aspekte von besonderer Bedeutung: Zum einen können Institute des anwendbaren ausländischen Rechts durch die fallbezogene Transplantation einen Bedeutungswandel erfahren, der nicht immer erkannt wird.[17] Das praktisch bedeutsamste Beispiel ist die Brautgabe (*mahr*, *ṣadāq*; türk. *mehir*) nach traditionellem, bis heute weitgehend beibehaltenem islamischem Recht.[18] Auch in Staaten wie der Türkei, in denen islamisches Recht seit langem abgeschafft wurde, haben sich solche Zahlungen bis in die Gegenwart verbreitet erhalten.

Grund dafür ist, dass bei diesen Sachverhalten in der Regel kein Auslandsbezug besteht und die innere Rechteinheit damit einen höheren Stellenwert erhält. Allerdings sehen wir zunehmende Zahlen hybrider Inlandssachverhalte mit einem gewissen Auslandsbezug, z. B. islamisch inspirierte Eheverträge nach deutschem Sachrecht, die auch im Ausland durchsetzbar sein sollen. Hierbei ist an einen ‚Auslandsbezug' zu denken, welcher die strengen Inlandsmaßstäbe abmildern könnte, wenn die Abweichungen vom deutschen Sachrecht wegen der besseren Anerkennungsfähigkeit im Ausland erfolgen.

16 Vgl. nur Scholz: *Erbrecht der maghrebinischen Staaten*; Pattar: *Islamisch inspiriertes Erbrecht*; Rohe: *Das islamische Recht*, S. 349 ff. m. w. N.

17 Vgl. hierzu z. B. Rohe: Marriage in Islam.

18 Hierzu umfassend Yassari: *Brautgabe im Familienvermögensrecht*.

Je nach Höhe und Zahlungsmodalitäten kommen der Brautgabe unterschiedliche Funktionen zu. Bei geringen Beträgen hat sie nur Symbolcharakter. Häufig jedoch werden beträchtliche Summen in vier- bis sechsstelliger Höhe vereinbart. Sie dienen im traditionellen System des islamischen Rechts der finanziellen Absicherung der Ehefrau, die angesichts sehr leichter einseitiger Scheidungsmöglichkeiten durch den Ehemann und eines meist nur sehr kurzen nachehelichen Unterhaltsanspruchs einer solchen Absicherung bedarf. Dieser Kontext wird insbesondere dort deutlich, wo die Hauptsumme erst mit Ausspruch der Scheidung fällig wird. Als weitere Funktion kann die Verbesserung der Verhandlungsposition für Ehefrauen im Hinblick auf das Sorgerecht für gemeinsame Kinder hinzutreten. Der Verfasser hat von iranischen Rechtsanwältinnen erfahren, dass z. B. die Vereinbarung einer Zahlung von 600 Goldstücken Azadi, eine verbreitete Klausel, solche Zwecke erfüllen kann: Die Ehefrau verzichtet auf die Zahlung und erhält dadurch einen Ausgleich für das sie strukturell benachteiligende Sorgerecht.

In all diesem Fällen wird die Eingebundenheit in einen patriarchalisch grundierten Gesamtrechtskontext deutlich, der so in Europa gerade nicht mehr besteht. Sorgerechts- und Unterhaltsfragen richten sich weitgehend nach dem Recht des gewöhnlichen Aufenthalts. Wenn aber z. B. die Ehefrau im Falle einer inländischen gerichtlichen Scheidung erhebliche nacheheliche Unterhaltsansprüche und einen Versorgungsausgleich erhält, wird der Funktionswandel der Brautgabe evident, soweit sie gerade das Fehlen solcher Ansprüche kompensieren sollte. Dasselbe gilt für Sorgerechtsfragen im europäischen Rechtskontext, wenn allein das Kindeswohl der Maßstab für die Sorgerechtszuweisung darstellt. Ein generelles Festhalten am einmal vereinbarten Betrag würde dann letztlich zu Doppelzahlungen führen, was dem Sinn und Zweck (*telos*) der Regelung widerspräche. Statt in solchen Fällen in unpassender Weise mit dem *ordre public* zu argumentieren oder sich in nur noch ergebnisorientierte Konstruktionen zu flüchten[19], sind hier schlicht Anpassungen vorzunehmen, die zum klassischen Instrumentarium des IPR zählen. So mag man sich schon die Frage stellen, ob vereinbarte Brautgabenzahlungen anlässlich eines *ṭalāq* auch dann fällig werden, wenn eine gerichtliche Ehescheidung unter Anwendung europäischer Sachrechtsvorschriften erstrebt wird.

Zum anderen billigen viele neuere Normen des IPR den Beteiligten Wahlrechte zu, welche gerade die von islamrechtlichen Vorschriften besonders in-

---

[19] Vgl. nur AG Darmstadt FamRZ 2015, 408 mit zutreffend krit. Anm. Henrich, a. a. O., S. 409 f.

tensiv geregelten Bereiche des Familien- und Erbrechts betreffen. Für das Ehegüterrecht[20], das Ehescheidungsrecht[21] und das Erbrecht[22] besteht die Möglichkeit, zwischen dem Recht des gewöhnlichen Aufenthalts und demjenigen der Staatsangehörigkeit von Beteiligten zu wählen. Ersteres setzt sich bei Nichtausübung des Wahlrechts durch. Damit mag sich für Muslime in Europa die Frage stellen, ob sie für das islamrechtlich geprägte Heimatrecht optieren sollen oder ob das an ihrem Lebensmittelpunkt geltende säkulare Recht zur Anwendung kommen soll. Dabei soll nicht verkannt werden, dass diese Möglichkeiten vielen Betroffenen vermutlich überhaupt nicht bekannt sind. Auch mögen kostenträchtige Formalien von der Rechtswahl abschrecken. Immerhin aber wird die Frage aufgeworfen, ob auch das säkulare Recht der Umgebung schlicht als (auch unter religiösen Aspekten) angemessen gelten kann (hierzu noch unten unter 7).

c) Dispositives Sachrecht

Vormals ‚ausländische' Lebenssachverhalte werden zunehmend zu inländischen. Das hat zweierlei Ursachen: Zum einen reagiert die Gesetzgebung auf den Umstand, dass Deutschland wie viele andere EU-Staaten Einwanderungsland ist. Einwanderungsländer wollen typischerweise vermeiden, dass die Anwendung ausländischen Rechts zum Regelfall wird.[23] Andernfalls geriete die innerstaatliche Rechtsordnung als Maßstab für individuellen und gesellschaftlichen Interessenausgleich, mithin als Friedensordnung, in Gefahr. Deshalb wird nicht mehr die Staatsangehörigkeit der Beteiligten als primär maßgeblich angesehen, sondern ihr gewöhnlicher Aufenthalt und damit die deutsche Rechtsumwelt. Zum anderen nimmt die Zahl deutscher Muslime im Lande zu.[24] Die freiheitliche Rechtsordnung Deutschlands eröffnet breite Gestaltungsspielräume durch das sogenannte dispositive Sachrecht. Vertragsinhalte können beispielsweise weitgehend frei vereinbart werden. Grenzen werden auch hier durch zwingendes Recht gezogen. Praktische Anwendungsfälle finden sich insbesondere im Vertrags-, Ehe- und Familienrecht sowie im Erbrecht. Dabei stellen sich wiederum Fragen des Normenwandels innerhalb veränderter rechtlicher Rahmenbedingungen.

---

20 Art. 22 EuGüVO vom 24. 06. 2016.

21 Art. 5 Rom III-VO vom 20. 12. 2010.

22 Artt. 21, 22 EuErbVO vom 04. 07. 2012.

23 Vgl. Rohe: Staatsangehörigkeit oder Lebensmittelpunkt?, S. 1 ff., insbes. S. 25 ff.

24 Vgl. dazu Rohe: Europäisches Kollisionsrecht und religiöses Recht.

Ein wichtiges Beispiel bietet das Erbrecht. Wie sind z. B. die koranischen Erbrechtsvorschriften im hiesigen Kontext auszulegen? Soll man am Wortlaut festhalten, welcher den männlichen Angehörigen das Doppelte dessen zuweist, was vergleichbar verwandten weiblichen Angehörigen zusteht? Solche Gestaltungen sind nach deutschem Erbrecht im Ergebnis möglich[25] und werden teilweise auch völlig unreflektiert für den hiesigen Kontext empfohlen, so bis vor kurzem auf der Website des Zentralrats der Muslime (ZMD)[26]. Muslimische Rechtsgelehrte wenden nun gegen den Vorwurf ungerechter Benachteiligung von Frauen im Erbrecht ein, die geringere Beteiligung stelle nur eine Kompensation für die islamrechtliche Bevorzugung von Frauen gegenüber Männern im Unterhaltsrecht dar: Frauen müssten – anders als Männer – keinen finanziellen Beitrag für den Familienunterhalt leisten, selbst wenn sie vermögend seien. In Deutschland allerdings gelten für Unterhaltsansprüche weitgehend die sachrechtlichen Regelungen am Ort des gewöhnlichen Aufenthalts des Unterhaltsberechtigten. Zudem stellt das deutsche Unterhaltsrecht unabhängig vom Geschlecht nur auf Bedürftigkeit des Berechtigten und Leistungsfähigkeit des Verpflichteten ab. Damit verliert jedenfalls die erbrechtliche Benachteiligung für Menschen mit gewöhnlichem Aufenthalt im Inland auch aus einer innerislamischen Perspektive ihren angegebenen Sinn. Der bayerische Imam Benjamin Idriz sieht daher die islamische Lösung im Deutschland unserer Zeit auf der Grundlage einer an Sinn und Zweck orientierten Auslegung hinsichtlich der erbrechtlichen Gleichstellung der Geschlechter.[27]

Ein Gegenbeispiel bietet der Bereich Islamic Finance.[28] Ein Normenwandel ist hier nicht eigentlich ersichtlich, auch nicht aufgrund der kapitalmarktrechtlichen Rahmenbedingungen. Vielmehr teilt der Verfasser die Auffassung des Jubilars, dass es sich (zumindest in Teilen) um zwar in westlichen Ländern von Ökonomen und Juristen entwickelte Produkte handelt, die aber doch eine ethi-

---

25 Vgl. nur Pattar: *Islamisch inspiriertes Erbrecht*, S. 477 ff. m. w. N.

26 So offenbar die Empfehlung auf der Website des Zentralrats der Muslime in Deutschland (ZMD), FAQ-Antwortseite I. Ehe und Familie 3. unter www.islam.de/1641.php #euf/heirat03.html (letzter Aufruf 10. 05. 2016). Die Website wird gegenwärtig (September 2018) überarbeitet.

27 Idriz: *Grüß Gott, Herr Imam!*, S. 143 ff.

28 Aus der abundanten Literatur vgl. nur Mahlknecht: *Islamic Finance*; Ebert/Theissen: *Das islamkonforme Finanzgeschäft*; Gassner: *Islamic Finance*; Al-Roubaie/lvi: *Islamic Banking and Finance*; Sacarcelik: *Rechtsfragen islamischer Zertifikate*; Kozali/Salama/Thabti: *Das islamische Wirtschaftsrecht*. Grundlegend zum islamischen Wirtschaftsrecht Wichard: *Zwischen Markt und Moschee*.

sche Verankerung im Islam aufweisen können.[29] Ein kritischer muslimischer Autor[30] kommt auf der Grundlage tiefgründiger Recherchen allerdings zu dem Schluss, dass sich die gängige „„creative Sharīʿah-compliance" als Wiedergängerin klassischer *ḥiyal*-Konstruktionen[31] von den nicht-islamischen, schuldenbasierten Finanzkonstrukten nur dadurch unterscheide, dass sie teurer seien. Die eigentlich interessante Diskussion über *Islamic Finance* dürfte sich bei der Wiechenstellung ergeben, ob die wirtschaftsrelevanten Normen der Scharia ethisch auszulegen und so im Alltag nicht zwingend mit islamischem Label umzusetzen sind oder ob man die sehr wortlautorientierte und häufig rein formalistische Kunst der Rechtskniffe fortschreiben will. Hoffnungen auf breiteres Publikumsinteresse haben sich einstweilen zerschlagen. Die vom Land Sachsen-Anhalt im Jahre 2005 aufgelegte *Ṣukūk*-Anleihe, die Kapital aus den Golfstaaten anziehen sollte, wurde tatsächlich weitgehend an europäische Investoren verkauft.[32] Zudem lassen sich einige Probleme im Rahmen der geltenden Kapitalmarktvorschriften schlicht nicht regelkonform bewältigen, so etwa der obligatorische Einlegerschutz.

d) Inkorporation in europäische Rechtsordnungen

In einzelnen europäischen Staaten wurden islamrechtliche Vorschriften in die nationale Rechtsordnung inkorporiert. Aus historischen Gründen erfolgte dies in Griechenland im Hinblick auf die türkische Minderheit in Thrakien, wo das 1914 und in den Folgejahren geschaffene Recht für Muslime (Personenstands- und Erbrecht in den Händen der Muftiate) auf Grundlage des Vertrags von Lausanne 1923 beibehalten wurde.[33] Die inhaltlichen Kollisionen im Bereich des patriarchalisch grundierten islamischen Erbrechts mit dem fortentwickelten griechischen Recht, einschließlich der Europäischen Menschenrechtskonvention (EMRK), stehen gegenwärtig zur gerichtlichen Überprüfung an.[34] Das grie-

---

29 So die kritische Würdigung der Aussage, es handele sich nur noch um Mutationen des islamischen Rechts, durch den Jubilar in seinem Beitrag Islamische Bankprodukte, S. 75 ff., 90.

30 Alkhamees: *Critique of Creative Sharīʿah Compliance*, S. 37 ff., 233.

31 Vgl. hierzu nur Horii: Reconsideration of Legal Devices.

32 Information von einem Anwalt, der an der Ausarbeitung des Instruments beteiligt war, bei einer Tagung in Leuven im Dezember 2017.

33 Vgl. Tsitselikis: Legal Status of Islam, S. 402, 417 ff.; id.: *Old and New Islam in Greece*, insbes. S. 119 ff, 390 ff.

34 Vgl. zum im EGMR anhängigen Verfahren Molla Sali gegen Griechenland (Antrag 20452/14) den kurzen Bericht des European Council vom 09. 07. 2017, abrufbar un-

chische Parlament hat jüngst (Anfang 2018) ein Gesetz verabschiedet, das den Weg zu säkularen griechischen Gerichten geöffnet und die Zuständigkeit der Muftiate auf Fälle beschränkt hat, in denen alle Beteiligten dies wünschen.[35] Ein Modell für Europa lässt sich aus der historisch bedingten bisherigen Regelung in keinster Weise ableiten. In geringem Umfang (Form der Eheschließung) wurden in Spanien[36] und in Großbritannien (spezielle Form der Adoption ohne Statusfolge) islamrechtlich inspirierte Regelungen in das geltende Recht übernommen.[37] Weitergehende Forderungen im Sinne der Etablierung eines Personalrechtssystems wurden bislang v. a. im Vereinigten Königreich erhoben. Eine religiös-personale Rechtsspaltung entspricht jedoch nicht der gefestigten europäischen Rechtstradition und ist aus vielerlei Gründen auch nicht wünschenswert.[38] Das nötige Maß an Gestaltungsfreiheit eröffnet das geltende Sachrecht, für grenzüberschreitende Fälle auch das IPR. Bemerkenswerterweise hat der spanische Gesetzgeber seine oben erwähnte ‚Öffnung' deutlich relativiert, indem er mit dem neu gefassten Art. 107 Código Civil (CC) für Fälle mit starkem Inlandsbezug explizit die Anwendung von Vorschriften ausgeschlossen hat, die im Bereich von Ehescheidung und Trennung zur Benachteiligung von Frauen führen. Dies betrifft Fälle, in denen mindestens einer der Beteiligten die spanische Staatsangehörigkeit besitzt oder seinen gewöhnlichen Aufenthalt in Spanien hat. Aus der Gesetzesbegründung[39] ergibt sich, dass hiermit insbesondere muslimische Ausländerinnen geschützt werden sollen, welche eine Trennung oder Ehescheidung erstreben.[40]

---

ter www.humanrightseurope.org/2017/06/greece-grand-chamber-to-rule-on-sahria-law-application-to-inheritance-dispute (letzter Aufruf 24. 09. 2018).

35 Vgl. den Artikel Greece's Muslim Minority.

36 Vgl. Martinez-Torrón: Legal Status of Islam in Spain, S. 47, 50 ff.

37 Vgl. hierzu Rohe: *Muslim Minorities*, S. 92 m. w. N.

38 Ausführlich hierzu Rohe: Religiös gespaltenes Zivilrecht in Europa, S. 409 ff., insbes. S. 415 ff.

39 Ley Orgánica 11/2003, de 29 de septiembre, BOE 30-09-2003 in der Präambel unter 4.: „En concreto, se modifica […] el artículo 107 del Código Civil para solventar los problemas que encuentran ciertas mujeres extranjeras, fundamentalmente de origin musulmán: que solicitan la separación o el divorcio." Vgl. hierzu Casals/Ribot: Neue Entwicklungen, S. 1433 ff.

40 Das traditionelle islamisch geprägte Recht ist hier sehr restriktiv, insbesondere in seiner Ausprägung durch die hanafitische Rechtsschule, vgl. Rohe: Das neue ägyptische Familienrecht, S. 193 ff.

4 Religiöse Normen

Besondere Herausforderungen stellen sich im Hinblick auf religionspraktische Normen. Zwar unterliegt auch ihre Ausübung der grund- und menschenrechtlich garantierten Religionsfreiheit (vgl. nur Art. 4 GG; Art. 9 EMRK[41]). Die täglichen Ritualgebete (die wohl überall in Gänze nur von einer kleinen Minderheit ausgeführt werden) samt zugehörigem Gebetsruf, das Fasten im Monat Ramadan, die Meidung von Alkohol usw. sind jedoch in muslimischen Mehrheitsgesellschaften weit leichter einzuhalten als in einer säkularen, ganz mehrheitlich nicht-muslimischen Umgebung, deren Tages- und Arbeitsabläufe nicht auf derlei Anliegen abgestimmt sind. In dieser Hinsicht sind permanente Adaptationsprozesse erkennbar, die auch in vielfältiger Weise auf Gewohnheiten und Erwartungen der Umgebung reagieren. Eine praktische islamische Theologie, die auf diese Rahmenbedingungen abgestimmt ist und Suchenden Orientierung geben kann, steht noch in den Anfängen. Insoweit knüpfen sich Hoffnungen an die in Deutschland, Österreich und der Schweiz seit einigen Jahren im Aufbau befindlichen universitären Einrichtungen für islamische Theologie. Die Qualität der bislang zur Verfügung stehenden Quellen (Websites muslimischer Organisationen, Broschüren etc.) ist insgesamt ernüchternd, der Handlungsbedarf ist manifest.[42]

5 Gutachtenwesen und Institutionen außergerichtlicher Streitbeilegung

Besonders unter arabischstämmigen Muslimen in Europa hat sich ein Gutachtenwesen etabliert, das in religiös-rechtlichen Fragen Antworten auf Alltagsfragen entwickeln will. Als „Minderheitenjurisprudenz" (*fiqh al-aqallīyāt*) ist es zu einem neuen Genre islamischer Normativität geworden.[43] Die Ausrich-

---

41 Zur unterschiedlichen Reichweite vgl. nur von Campenhausen/de Wall: *Staatskirchenrecht*, S. 338 ff. m. w. N.

42 Der Verfasser hat beispielsweise in einem islamwissenschaftlichen Gutachten zur Frage der Ausübung des Ritualgebets in deutschen Schulen festgestellt, dass junge Muslime mit Informationsbedarf für ihre Lebensführung in Deutschland weitestgehend weder auf den Websites größerer muslimischer Organisationen noch in Publikationen Antworten erhalten, die auf ihre Lebenssituation zugeschnitten sind. Dabei scheint auch eine erhebliche Scheu davor auf, sich öffentlich zu positionieren: Der Verfasser hat von einigen Imamen und anderen Vertretern muslimischer Organisationen mündliche Hinweise erhalten, die auf eine Erleichterung der Ritualpraxis abzielen, die aber explizit nicht verschriftlicht und zur Weitergabe autorisiert wurden.

43 Vgl. nur Albrecht: *Islamisches Minderheitenrecht*; ead.: *Wie „islamisch" ist Europa?*, insbes. S. 40 ff.; Caeiro: Power of European Fatwas. Jüngstes in Deutschland

tungen und Akzentsetzungen wichtiger Protagonisten sind durchaus unterschiedlich. Ihnen gemeinsam ist die Mobilisierung von Mechanismen eigenständiger Neuinterpretation von Normen (*iǧtihād*).[44] Häufig wird betont, dass man keine universell gültigen Aussagen treffen wolle, sondern solche, die der Lebenssituation von Muslimen in einer säkularen, mehrheitlich nicht-muslimischen Umgebung gerecht werden sollen. Damit werden zugleich Skeptiker aus den alten Zentren muslimischer Gelehrsamkeit beruhigt, die eine Verwässerung/Christianisierung des Islam in der ‚Diaspora' befürchten. Darin scheinen uralte Vorbehalte auf, welche die Urängste von Migranten widerspiegeln: den Verlust der Familie und der eigenen Kultur/Religion in der neuen Mehrheitsgesellschaft.[45] Deshalb haben muslimische Gelehrte der Vergangenheit zwar gut begründbare Aufenthalte in einer nicht-muslimischen Umgebung für zulässig erklärt, aber vor zu langem Verbleib in einer solchen Umgebung gewarnt: So schrieb der malikitische Rechtsgelehrte al-Qairawānī im Zusammenhang mit Gebetsvorschriften, es könne keinen festen Aufenthalt außerhalb des islamisch beherrschten Territoriums geben.[46] Der Korankommentator al-Qurṭubī[47] wie auch der Gelehrte und Richter Ibn Rušd[48] sind schlicht der Auffassung, dass jeder, der den Islam angenommen habe, dazu verpflichtet sei, aus nicht-islamischem Herrschaftsterritorium auszuwandern. Zum Teil werden hier die historischen Erfahrungen mit der Reconquista[49] widergespiegelt.

Zudem wird betont, dass die Entscheidungen und Ratschläge des *fiqh al-aqallīyāt* nicht mit Hilfe von staatlichen Zwangsmitteln durchgesetzt werden können. Anders sehen dies nur Extremisten, welche die säkulare Sphärentrennung zwischen Religionen und staatlicher Machtausübung nicht anerkennen.

---

geschaffenes Gremium ist der Fatwa-Ausschuss in Deutschland, ein Ableger des European Council for Fatwa and Research (Website www.fatawa.de/ueber-uns [letzter Aufruf 24. 09. 2018]).

44 Vgl. hierzu Krawietz: *Hierarchie der Rechtsquellen*, insbes. S. 18–29, 59–62, 353–372; Poya: *Anerkennung des Iǧtihād*; zur schiitischen Literatur Muḥammad al-Ḥusainī aš-Šīrāzī: *al-Fiqh*.

45 Vgl. Abū l-Walīd Muḥammad b. Aḥmad b. Rušd: *al-Muqaddima*, S. 286; Abū Muḥammad ʿAbdallāh b. Abī Zaid al-Qairawānī: *Kitāb al-iǧtihād*, S. 486; Khoury: *Islamische Minderheiten*, S. 128 ff.; Miller: Muslim Minorities, S. 258 ff.

46 Abū Muḥammad ʿAbdallāh b. Abī Zaid ʿAbd ar-Raḥmān al-Qairawānī: *Kitāb al-ǧihād*, S. 373: „*dār al-ḥarb laisat bi-dār iqāma*".

47 ʿAbdallāh Muḥammad b. Aḥmad al-Qurṭubī: *al-Ǧāmiʿ*, S. 309. Vgl. zu anderen vergleichbaren, aber auch abweichenden Quellen Lohlker: *Islamisches Völkerrecht*.

48 Abū l-Walīd Muḥammad b. Aḥmad b. Rušd: *al-Muqaddima*, S. 285 ff.

49 Vgl. nur Dressendörfer: *Islam unter der Inquisition*.

Folgerichtig arbeitet man mit religiös konnotierten Kategorien wie *ḥarām* (,sündig', ,verboten im religiösen Sinne') anstelle des diesseitsgerichteten Pendants *bāṭil* (,nichtig', ,unwirksam').[50] Normen, die staatlicher Durchsetzung bedürfen (insbesondere solche strafrechtlicher Natur), werden im hiesigen Kontext für unanwendbar erklärt.

Zu den Instrumenten der Entscheidungsfindung zählt einerseits die primäre Orientierung an den *rationes legum* (*maqāṣid aš-šarīʿa*) in einer kontextbezogenen Betrachtung (*fiqh al-wāqiʿ*), die Loslösung von einer bestimmten Schulmeinung (*taḥarrur madhabī*) sowie die koranisch angedeutete[51] Option, es den Menschen leicht zu machen, nicht schwer (*taisīr*). Das führt beispielsweise zu Erleichterungen in familienrechtlichen oder religionspraktischen Fragen (Darf man seinen Lebensunterhalt im Umgang mit Alkohol verdienen? Darf man Investitionen wie einen Immobilienerwerb mit zinswirtschaftlichen Instrumenten durchführen?[52]).

Andererseits ist die Tendenz erkennbar, durch unumgängliche Erleichterungen im Einzelfall nach Möglichkeit eine islamische Identität – insbesondere innerhalb der Familie – zu wahren, die auch deutlich segregierende Tendenzen aufweisen kann. Eine insgesamt patriarchalische Grundierung ist auffällig: Sehr häufig geht es um die Frage, was Frauen (nicht) tun dürfen – etwa das Färben der Haare ohne Einwilligung des Ehemannes.[53] Wie beim Wirtschaftsrecht zeigt sich hier ein struktureller Gegensatz zwischen traditionalistischen Positionen auf der Grundlage patriarchalischen Denkens in Verbindung mit dem Festhalten am Wortlaut von Normen und gegenwärtigen Neuorientierungen im Sinne dynamischer Lesarten der Quellen, welche eine dem Islam immanente Aufforderung zur ständigen Verbesserung der Position von Frauen hin zur Gleichberechtigung erkennen.[54]

Der von manchen Traditionalisten in muslimischen Mehrheitsgesellschaften kritisierte Aufenthalt in der ,Diaspora' wird defensiv damit begründet, dass man sich auf einem Territorium aufhalte, auf dem für den Islam noch geworben werden müsse (*dār ad-daʿwā*). Damit verbunden ist eher die Hinnahme als die innerliche Annahme der geltenden Rechtsordnung. So betont der 1997 von prominenten Muslimen geschaffene Europäische Rat für Rechtsgutachten und Studien, die in nicht-islamischen Ländern lebenden Muslime seien (aus Sicht

50 Vgl. Rohe: Formation of a European Sharīʿa, S. 161, 179.
51 Bobzin: *Der Koran*, Sure 2:185.
52 Rohe: Formation of a European Sharīʿa, S. 161, 178 f., 181 f.
53 Vgl. ibid., S. 161, 180.
54 Vgl. nur Rohe: *Das islamische Recht*, S. 171 ff., 206 ff., 254 f. m. w. N.

der Scharia) verpflichtet, Person, Ruf und Vermögen der Nichtmuslime als unantastbar zu betrachten. Diese Pflicht entspreche dem erteilten Aufenthaltsrecht im betreffenden Land.[55] Unter anderem wird hierbei auf die Auswanderung einer Gruppe von Muslimen zu Lebzeiten Muḥammads aus dem noch vorislamischen Mekka in das christliche Äthiopien verwiesen.[56] Dies sei ein Vorbild für den Aufenthalt in einer nicht-islamischen, aber gerechten Umwelt.[57] Seinen Gutachten ist jedoch insgesamt eine Tendenz inhärent, einen religiösen ‚Schutzwall' gegen die Anfechtungen der Umgebungsgesellschaft aufzurichten, mit letzterer zwar freundlichen Kontakt zu pflegen, sich aber doch besser intern zu orientieren.

Aus juristischer Sicht reicht die Hinnahme im Sinne des Einhaltens ihrer Regeln grundsätzlich aus: Überzeugungen werden nur selten rechtlich relevant, etwa bei der Übernahme staatlicher Funktionen. Dennoch behindert es den gesellschaftlichen Zusammenhalt, wenn eine grundlegende innere Distanz zu den Strukturelementen der geltenden Rechtsordnung gepflegt wird. Die Vermittlung der gemeinsamen Bedeutung dieser Strukturelemente – in der Gesamtgesellschaft[58] – zählt daher zu den maßgeblichen Bildungsaufgaben. Aus sozialpsychologischer Sicht dürfte der *fiqh-al-aqallīyāt*-Ansatz häufig das Leben in einer Art permanenten Ausnahmezustands beschreiben. Dies ist der grundlegende Unterschied zu anderen Ansätzen, die muslimische Normativität als ‚einheimisches' Phänomen betrachten und gestalten (dazu noch unten 7.).

Die innermuslimische Debatte über diese Grundlagenentscheidung – ‚Diaspora' oder neue Heimat – dürfte sich noch länger fortsetzen. Dabei geht es neben inhaltlichen Positionierungen gewiss auch um gesellschaftliche (nicht: staatliche) Macht. Beim Versuch, innermuslimische Autorität zu generieren, besteht lebhafte Konkurrenz. Die Zusammensetzung der Akteure ist stark von der Migrationsgeschichte vieler Muslime in Europa geprägt; das Bild unterscheidet sich von Staat zu Staat deutlich. ‚Alteingesessene' Autoritäten wie etwa solche aus Bosnien konkurrieren mit staatlichen oder staatlich geförderten Organisationen in Anbindung an die Türkei, Marokko, Algerien oder Iran. Hinzu treten Gruppierungen mit intensiven Verbindungen zum arabischen oder südasiati-

---

55 Al-Maǧlis al-urubī li-l-iftā' wa-l-buḥūṯ: *Fatāwa*, S. 19 f.

56 Vgl. Elliesie/Seidel: Current State of Research, S. 74.

57 A. a. O., S. 27.

58 Eine Untersuchung der Bertelsmann-Stiftung (Pollack/Müller: *Religionsmonitor*, S. 24) hat z. B. ergeben, dass die Demokratieaffinität der muslimischen Bevölkerung in Deutschland (80 %) gleichauf mit derjenigen der Atheisten und höher als diejenige der Ostdeutschen (76 %) liegt.

schen Raum. Die Förderung des extrem intoleranten Wahhabismus durch Saudi-Arabien und andere Akteure schlägt sich gleichfalls nieder, insbesondere auf dem Balkan.

6 Anwendung islamischer Normen in Distanz zu staatlichen Konfliktlösungsmechanismen und als Identitätsmarker

Für muslimische Extremisten ist die Scharia – in ihrer eigenwilligen Auslegung – zum Identitäts- und Abgrenzungsmarker gegenüber den sogenannten *kuffār* muslimischen wie nicht-muslimischen Hintergrunds geworden. Auch diese Politisierung kann als Facette des Normenwandels begriffen werden. Kein Normenwandel, sondern die Beibehaltung religiös-traditioneller Gepflogenheiten ist z. B. in der unter Muslimen in Europa verbreiteten religiösen Eheschließung zu erkennen, soweit sie zur rechtlich relevanten Zivilehe nur hinzutritt oder in religiösen Formen durchgeführt wird, die auch zur rechtlichen Anerkennung führen, wie z. B. in Großbritannien oder in Dänemark. Nachdem der deutsche Gesetzgeber im Jahre 2009 das Verbot der religiösen Voraustrauung (vormals § 67 PStG) aufgehoben hatte[59], waren bis zur Neuregelung von 2017 (bußgeldbewehrtes Verbot religiöser oder traditioneller Voraustrauung bei Beteiligten unter 18 Jahren gemäß §§ 11 Abs. 2, 70 Abs. 1 PStG)[60] rein religiös geschlossene Ehen mit den Mitteln des deutschen Rechts kaum zu greifen. Soweit keine Verstöße gegen das Voraustrauungsverbot vorliegen[61], sind die eventuellen zivilrechtlichen Elemente (z. B. Vereinbarungen über eine Brautgabe[62] und deren Rückzahlung bei einem Scheidungsbegehren der Ehefrau) grundsätzlich justitiabel. In gewissem Umfang sind sie mit dem deutschen Recht durchaus vereinbar, die Grenzziehung ist allerdings im Einzelfall schwierig.[63] Zudem herrscht in vielen Fällen Hilflosigkeit z. B. unter gutwilligen, aber überforderten Ima-

---

59 Vgl. hierzu Ebert: Die „private" islamische Eheschließung, S. 109, 119 ff.

60 Unter anderem hat sich auch die Kinderrechtskommission des Deutschen Familiengerichtstags 2016 für eine Wiedereinführung ausgesprochen. Die Stellungnahme ist abrufbar unter www.dfgt.de/resources/SNKiKo_Stellungnahme%20Kinderehen%20 22.02.2017 (letzter Aufruf 24. 09. 2018), S. 3.

61 Ein Verstoß dürfte dazu führen, dass hierbei getroffene zivilrechtliche Vereinbarungen gemäß § 134 BGB jedenfalls nicht zu Lasten minderjähriger Beteiligter geltend gemacht werden können.

62 Vgl. hierzu die umfassende Monographie von Yassari: *Brautgabe im Familienvermögensrecht*.

63 Ausführlicher hierzu Rohe: Islamisches Familienrecht in Deutschland, S. 71, 80 ff. Am Lehrstuhl des Verfassers entsteht hierzu eine Dissertation.

men oder anderen religiösen Autoritäten.[64] Auch besteht verbreitet Unkenntnis sowohl hinsichtlich des deutschen als auch des islamischen Rechts.

Extremistische, religiös begründete Abgrenzung ist nur dort erkennbar, wo den zivilen Institutionen europäischer Staaten generell die Anerkennung versagt wird, wie in manchen salafistischen Milieus. Umgekehrt finden sich viele muslimische Stimmen, welche Institutionen wie die Zivilehe in ihrer angebotenen Form als islamkonform betrachten und deshalb auf zusätzliche Zeremonien verzichten[65], zumal islamisch inspirierte Regelungen auch nach deutschem Eherecht vereinbart werden können.[66] Viele Organisationen und Moscheevereine weigern sich generell, an religiösen Eheschließungen[67] ohne vorherige Zivilehe mitzuwirken. Der typische Kommentar eines Berliner Imams zu Praktiken einer ausschließlich religiösen Eheschließung: „Das beginnt mit *b-ismi-llāh* und endet mit *ḥarām*.“

7 Ausblick

Was bedeuten all diese Erkenntnisse für den Umgang mit islamischen Normen in Europa? Soweit es um deren Anwendung, Anpassung oder Ausschluss im Rahmen europäischer Rechtsordnungen geht, ist schlichte rechtsstaatliche Normalität bei der Beurteilung gefordert. Gegen Extremismus muss sich der Rechtsstaat zur Wehr setzen. Unverhältnismäßige Einschränkungen und zeitgeistgeschwängertes Hyperventilieren stünden ihm schlecht an. So ist die abgewogene Entscheidung des Bundesarbeitsgerichts (BAG) aus dem Jahre 2011[68] zu loben, welche die Kündigung eines muslimischen Arbeitnehmers zurückgewiesen hat, der sich geweigert hatte, nach einer Umsetzung Alkoholflaschen in Regale einzuräumen[69]: Der Arbeitgeber hatte es nämlich versäumt zu prüfen, ob es für diesen Arbeitnehmer nicht eine schonendere Lösung gegeben hätte.

64 Vgl. hierzu Malik/Rehman: Islamic Law and Mediation, S. 226.

65 Vgl. Rohe/Jaraba: *Paralleljustiz*, S. 113 ff.

66 Vgl. z. B. BGH NJW 1999, S. 574 ff.; Yassari: *Brautgabe im Familienvermögensrecht*. Ausführlich zum Verhältnis zwischen deutscher Rechtsordnung und islamischer Scharia Rohe: Scharia und deutsches Recht, S. 272 ff. m. w. N.

67 Im Islam ist die Ehe ein zivilrechtlicher Vertrag; sie hat jedoch auch eine darüber hinausgehende religiöse Dimension; ausführlicher Rohe: *Das islamische Recht*, S. 81 ff. und id.: Marriage in Islam.

68 BAG NJW 2011, S. 3319.

69 Eine strenge traditionelle Auffassung folgt der Regel „was zu Verbotenem führen kann (hier: Die Versuchung, bei Kontakt mit Alkohol diesen zu konsumieren), ist selbst verboten“, sog. *sadd aḏ-ḏarāʾiʿ*; vgl. Rohe: *Das islamische Recht*, S. 71 f.

Die Öffentlichkeitswirkung dieser Entscheidung stand in eigenartigem Kontrast zu dem vergleichsweise wenig debattierten Umstand, dass Millionen deutscher Arbeitnehmer sich mit Alkoholismusproblemen plagen, die massive volkswirtschaftliche und auch menschliche Schäden verursachen. Vergleichbares gilt für die Aufgeregtheiten um die Zulässigkeit einer fachgerechten Beschneidung von Knaben[70], wie sie traditionell in Judentum und Islam vorgesehen ist. In der Tat handelt es sich dabei um einen (nach allem, was wir wissen: vergleichsweise geringfügigen) Eingriff in die körperliche Integrität. Allerdings handeln die Erziehungsberechtigten hierbei in der Motivation, ihr Kind in einer religiösen Gemeinschaft zu sozialisieren, die ihm Halt im Leben geben soll. Es geht also um das grundrechtlich geschützte Definitionsrecht der Eltern bei der Umsetzung des Kindeswohls. Über die Entscheidung zur Beschneidung kann und möge man streiten. Das Argument jedoch, es handle sich hierbei um einen irreversiblen Eingriff in die körperliche Integrität und sei schon deshalb zu verbieten, übersieht in schon grotesker Weise, wie viele Elternentscheidungen noch weit massivere Auswirkungen auf die Zukunft von Kindern haben. Man denke nur an die verbreitete, in keinster Weise mit Kindeswohlerwägungen zu rechtfertigende Fehlernährung mit verheerenden Dauerfolgen für Gesundheit und Fortkommen. Wie stets muss also der Verhältnismäßigkeitsgrundsatz als maßgeblicher Entscheidungsparameter beachtet werden.

Für Muslime stellen sich im Kontext säkularer Rechtsstaaten mit überwiegend nicht-muslimischer Bevölkerung neue Fragen: Was macht das Recht ‚islamisch'? Ist es die Religionszugehörigkeit derer, welche die Gesetze formulieren oder verabschieden, oder aber deren Inhalt? Der prominente bosnische Gelehrte Enes Karić beispielsweise hat sich, gestützt auf die genannte bahnbrechende Schrift *al-Islām wa-uṣūl al-ḥukm* / الإسلام و أصول الحكم (*Der Islam und die Grundlagen der Herrschaft*[71]) des ägyptischen Gelehrten ʿAlī ʿAbd ar-Rāziq aus dem Jahre 1925[72], dahingehend geäußert[73], dass das Kalifat, also die weltliche Herrschaft durch einen muslimischen Herrscher, kein Teil der Religion des Islam sei. Die Scharia (das islamische Normensystem) sei ein Kompendi-

---

70 Das Fehlurteil des LG Köln vom 07. 05. 2012 (NStZ 2012, 449) wurde durch die Einführung des § 1631 d BGB schnell korrigiert; vgl. zur Thematik statt vieler Beulke/ Dießner: […] ein kleiner Schnitt für einen Menschen, S. 338 ff., Rohe: Scharia und deutsches Recht, S. 281–283 m. w. N.

71 Eine kommentierte Übersetzung wurde von Ebert und Hefny vorgelegt: *Der Islam und die Grundlagen der Herrschaft*.

72 Vgl. hierzu Rohe: *Das islamische Recht*, S. 197, 248 f. m. w. N.

73 Bei einer Konferenz an der Theologischen Fakultät in Sarajewo im Jahre 2007.

um von Regeln mit moralischen Zielen, welche von säkularen Staaten umgesetzt werden können. Ein Staat, der ein ausreichendes Sozialsystem, z. B. finanzielle Unterstützung für Studierende und für Rentner bereithält, der wirtschaftliche und soziale Gerechtigkeit herstellen will und der die Menschenrechte respektiert und durchsetzt, sei ein islamischer Staat in solchem Sinne. Er zitierte in diesem Zusammenhang das Sprichwort: „*ʿadl ad-daula īmānuhā, ẓulm ad-daula kufruhā*" – der Glaube eines Staats ist Gerechtigkeit, Ungerechtigkeit sein Unglaube.

Muslimische Wissenschaftler[74] haben vor einigen Jahren einen Economic Islamicity Index entwickelt, der nach 113 aus der Religion des Islam abgeleiteten Indikatoren die ‚Islamität' von 208 Staaten analysiert. Kriterien sind etwa wirtschaftliche Gerechtigkeit und nachhaltiges Wachstum, breiter Wohlstand und Zugang zu Arbeit, hohe Bildungsinvestitionen, Armutsbekämpfung und Bereitstellung einer Grundversorgung, wenig Konsumverschwendung, hohe moralische Standards, Aufrichtigkeit und Vertrauen bei ökonomischem Handeln, Risikoteilung und Beseitigung bloßer Spekulationen.[75] Die Rangfolge der untersuchten Staaten in ihrer Islamität mag überraschen (nicht den Verfasser): Die ersten drei Plätze belegen Irland, Dänemark und Luxemburg, Frankreich belegt Platz 17, Deutschland direkt vor Israel Platz 26, der erste Staat mit muslimischer Bevölkerungsmehrheit ist Malaysia (Platz 33), Kuwait erreicht Platz 42, die Vereinigten Arabischen Emirate Platz 64, die Türkei Platz 71, Saudi-Arabien Platz 91, Ägypten Platz 128, Iran Platz 139, Pakistan Platz 145, die letzten zwei Dutzend Plätze werden fast zur Hälfte von überwiegend muslimische bevölkerten Staaten eingenommen. Wer wird sich im europäischen Kontext solcher Untersuchungen und Debatten annehmen? Welches Potential haben hierbei islamische Theologie und Islamwissenschaft?

Und schließlich: Wie kann es europäischen Rechtsordnungen und Gesellschaften gelingen, so viel an inhaltlichem Konsens bei wichtigen Bedingungen des Zusammenlebens zu formulieren, dass tiefgreifende Konflikte vermieden werden, und wie lässt sich zugleich die demokratisch-rechtsstaatliche Normalität von Differenz und Konflikt erhalten? Allseitiger menschlicher Respekt und republikanische Gelassenheit sind dafür unverzichtbar.

Nach alledem wird aus wissenschaftlicher Sicht deutlich, wie komplex und wie wandlungsfähig islamisches Recht sein kann, aber auch, welche Schwie-

---

74 Rehman/Askari: An Economic Islamicity. Vgl. zu diesem Thema auch Albrecht: *Wie „islamisch" ist Europa?*, insbes. S. 21 ff. m. w. N.

75 Rehman/Askari, S. 13 f.

rigkeiten sich im Wandlungsprozess stellen. Islamisches Recht ist aus solcher Sicht weder Heils- noch Horrorbotschaft, sondern wie jedes Recht eine Materie, die sich bemüht, eine stabile gesellschaftliche Friedensordnung herzustellen, wobei die Inhalte wie überall gesellschaftlichen Wandlungsprozessen unterliegen. Dem Jubilar sei dafür gedankt, dass er über Jahrzehnte hinweg wichtige Beiträge geleistet hat, die komplexe Materie des islamischen Rechts zu erschließen und all denen verständlich zu machen, die überhaupt verstehen können und wollen.

Literaturverzeichnis

Albrecht, Sarah: *Islamisches Minderheitenrecht*, Würzburg 2010.

—: *Wie „islamisch" ist Europa? Muslimische Perspektiven auf die Vereinbarkeit islamischer Normen mit dem Leben in westlichen Gesellschaften*, Gütersloh 2016.

Alkhamees, Ahmad: *A Critique of Creative Sharīʿah Compliance in the Islamic Finance Industry*, Leiden/Boston 2017.

Arnold, Stefan (Hg.): *Grundfragen des europäischen Kollisionsrechts*, Tübingen 2016.

Al-Azhar and the Bibliotheca Alexandrina Coordinating Committee: *al-Azhar Declaration on the Future of Egypt* (June 2011), www.bibalex.org/Attachments/english/elazhar.pdf (letzter Aufruf 24. 09. 2018).

Berger, Maurits S. (Hg.): *Applying Shariʿa in the West*, Leiden 2013.

Beulke, Werner / Annika Dießner: „(...) ein kleiner Schnitt für einen Menschen, aber ein großes Thema für die Menschheit", in: *Zeitschrift für internationale Strafrechtsdogmatik* 7/2012, S. 338–346, www.zis-online.com/dat/artikel/ 20127_685.pdf (letzter Aufruf 24. 09. 2018).

Bobzin, Hartmut: *Der Koran*, München 2010.

Caeiro, Alexandre: The Power of European Fatwas: The Minority Fiqh Project and the Making of an Islamic Counterpublic, in: *International Journal of Middle East Studies* 42.3 (2010), S. 435–449.

Campenhausen, Axel Freiherr von / Heinrich de Wall: *Staatskirchenrecht. Eine systematische Darstellung des Religionsverfassungsrechts in Deutschland und Europa; ein Studienbuch*, München [4]2006.

Cotran, Eugene / Chibli Mallat (Hgg.): *Yearbook of Islamic and Middle Eastern Laws* 5 (1998–1999), Leiden 2004.

Dressendörfer, Peter: *Islam unter der Inquisition. Die Morisco-Prozesse in Toledo 1575–1610*, Wiesbaden 1971.

Ebert, Hans-Georg: *Das Personalstatut arabischer Länder. Problemfelder, Methoden, Perspektiven; ein Beitrag zum Diskurs über Theorie und Praxis des islamischen Rechts*, Leipziger Beiträge zur Orientforschung 7, Frankfurt am Main et al. 1996.

——: Die „private“ islamische Eheschließung, ihre Folgen und Herausforderungen, in: *Beiträge zum Islamischen Recht XI*, Leipziger Beiträge zur Orientforschung 34, hrsg. von Irene Schneider und Thoralf Hanstein, Frankfurt am Main et al. 2016, S. 109–124.

——: Islamische Bankprodukte – Gemeinsamkeiten, Unterschiede und aufsichtsrechtliche Probleme, in: *Das islamische Wirtschaftsrecht*, Reihe für Osnabrücker Islamstudien 19, hrsg. von Abdurrahim Kozali, Ibrahim Salama und Souheil Thabti, Frankfurt am Main et al. 2016, S. 75–94.

Ebert, Hans-Georg / Friedrich Theissen: *Das islamkonforme Finanzgeschäft. Aspekte von Islamic Finance für den deutschen Privatkundenmarkt*, Wissenschaft für die Praxis: Abteilung 1, Forschung 23, Stuttgart 2010.

Ebert, Hans-Georg / Assem Hefny: *Der Islam und die Grundlagen der Herrschaft. Übersetzung und Kommentar des Werkes von Alî Abd ar-Râziq*, Leipziger Beiträge zur Orientwissenschaft 24, Frankfurt am Main et al. 2010.

Elliesie, Hatem (Hg.): *Multidisciplinary Views on the Horn of Africa. Festschrift in Honour of Rainer Voigt's 70th Birthday*, Köln 2014.

Elliesie, Hatem / Katrin Seidel: The Current State of Research on Contemporary Islam in Ethiopia: A Critical Assessment, in: *Multidisciplinary Views on the Horn of Africa. Festschrift in Honour of Rainer Voigt's 70th Birthday*, hrsg. von Hatem Elliesie, Köln 2014, S. 73–89.

Engel, Christoph / Helmut Weber (Hgg.): *Festschrift für Dietrich Rothoeft zum 65. Geburtstag*, München 1994.

Ferrari, Silvio / Anthony Bradney (Hgg.): *Islam and European Legal Systems*, Aldershot et al. 2000.

Gassner, Michael: *Islamic Finance. Islam-gerechte Finanzanlagen und Finanzierungen*, Köln 2010.

Gephart, Werner / Jenny Hellmann / Raja Sakrani (Hgg.): *Rechtskulturen im Übergang / Legal Cultures in Transition*, Frankfurt am Main 2015.

Greece: Grand Chamber to Rule on Sharia Law Application to Inheritance Dispute, in: Human Rights Europe (09. 06. 2017), www.humanrightseurope.org/2017/06/greece-grand-chamber-to-rule-on-sahria-law-application-to-inheritance-dispute (letzter Aufruf 24. 09. 2018).

Greece's Muslim Minority Hails Change to Limit Power of Sharia Law, in: *The Guardian* (11. 01. 2018), abrufbar unter www.theguardian.com/world-/2018/jan/10/historic-step-greek-pm-hails-change-to-limit-power-of-sharia-law (letzter Aufruf 24. 09. 2018).

Grote, Rainer / Tilman J. Röder (Hgg.): *Constitutionalism in Islamic Countries between Upheaval and Continuity*, Oxford 2012.

—— / —— (Hgg.): *Constitutionalism, Human Rights, and Islam after the Arab Spring*, Oxford 2016.

Hatina, Meir / Christoph Schumann (Hgg.): *Arab Liberal Thought after 1967. Old Dilemmas, New Perceptions*, New York 2015.

Hefny, Assem: Religious Authorities and Constitutional Reform: The Case of the Al-Azhar in Egypt, in: *Constitutionalism, Human Rights, and Islam after the Arab Spring*, hrsg. von Rainer Grote und Tilmann J. Röder, Oxford 2016, S. 89–121.

Horii, Satoe: Reconsideration of Legal Devices (Ḥiyal) in Islamic Jurisprudence: The Ḥanafīs and their „Exits" (*Makhārij*), in: *Islamic Law and Society* 9.3 (2002), S. 312–357.

Idriz, Benjamin: *Grüß Gott, Herr Imam! Eine Religion ist angekommen*, München 2010.

Kegel, Gerhard / Klaus Schurig: *Internationales Privatrecht. Ein Studienbuch*, München ^{9}2004.

Khoury, Adel Theodor: *Islamische Minderheiten in der Diaspora*, Mainz et al. 1985.

Korteweg, Anna C. / Jennifer A. Selby (Hgg.): *Debating Sharia. Islam, Gender Politics, and Family Arbitration*, Toronto et al. 2012.

Kozali, Abdurrahim / Ibrahim Salama / Souheil Thabti (Hgg.): *Das islamische Wirtschaftsrecht*, Reihe für Osnabrücker Islamstudien 19, Frankfurt am Main 2016.

Krawietz, Birgit: *Hierarchie der Rechtsquellen im tradierten sunnitischen Islam*, Berlin 2002.

Ley Orgánica 11/2003, de 29 de septiembre, BOE 30-09-2003.

Lohlker, Rüdiger: *Islamisches Völkerrecht. Studien am Beispiel Granada*, Bremen 2006.

Al-Mağlis al-urubī li-l-iftā᾿ wa-l-buḥūt: *Fatāwa* 1, Kairo o. J. [1999].

Mahlknecht, Michael: *Islamic Finance. Einführung in Theorie und Praxis*, Weinheim 2009.

Malik, Jamal (Hg.): *Muslims in Europe. From the Margin to the Centre*, Religionswissenschaft: Forschung und Wissenschaft 1, Münster 2004.

Malik, Jamal / Musbahur Rehman: Islamic Law and Mediation, in: *Rechtskulturen im Übergang/Legal Cultures in Transition*, hrsg. von Werner Gephart, Jenny Hellmann und Raja Sakrani, Frankfurt am Main 2015, S. 202–230.

Martín Casals, Miquel / Jordi Ribot: Neue Entwicklungen im Bereich des Familienrechts in Spanien, in: *Zeitschrift für das gesamte Familienrecht* 51.18 (2004), S. 1433–1438.

Martinez-Torrón, Javier: The Legal Status of Islam in Spain, in: *Islam and European Legal Systems*, hrsg. von Silvio Ferrari und Anthony Bradney, Aldershot et al. 2000, S.47–72.

Miller, Kathryn A.: Muslim Minorities and the Obligation to Emigrate to Islamic Territory: two fatwās from Fifteenth-Century Granada, in: *Islamic Law and Society* 7.2 (2000), S. 256–288.

An-Naʿim, Abdullahi: Shari'a and Positive Legislation: is an Islamic State Possible or Viable?, in: *Yearbook of Islamic and Middle Eastern Laws* 5 (1998–1999), hrsg. von Eugene Cotran und Chibli Mallat, Leiden 2004, S. 29–41.

—: *Islam and the Secular State*, Cambridge et al. 2008.

Nielsen, Jørgen S. / Lisbet Christoffersen (Hgg.): *Shariʿa As Discouse. Legal Traditions and the Encounter with Europe*, Farnham 2010.

Pattar, Andreas Kurt: *Islamisch inspiriertes Erbrecht und deutscher Ordre public*, Berlin 2007.

Pollack, Detlef / Olaf Müller: *Religionsmonitor verstehen was verbindet. Religiosität und Zusammenhalt in Deutschland*, Gütersloh 2013.

Poya, Abbas: *Anerkennung des Iǧtihād. Legitimation der Toleranz; Möglichkeiten innerer und äußerer Toleranz im Islam am Beispiel der Iǧtihād-Diskussion*, Berlin 2003.

Abū Muḥammad ʿAbdallāh b. Abī Zaid al-Qairawānī: *Kitāb al-iǧtihād*, Stuttgart 1994.

ʿAbdallāh Muḥammad b. Aḥmad al-Qurṭubī: *al-Ǧāmiʿ li-aḥkām al-qurʾān* 5, Kairo [2]1996.

Rehman, Scheherezade / Hossein Askari: An Economic Islamicity Index (EI^2), in: *Global Economy Journal* 10.3 (2010), S. 1–37.

Rohe, Mathias: Staatsangehörigkeit oder Lebensmittelpunkt? Anknüpfungsgerechtigkeit im Lichte neuerer Entwicklungen, in: *Festschrift für Dietrich Rothoeft zum 65. Geburtstag*, hrsg. von Christoph Engel und Helmut Weber, München 1994, S. 1–40.

—: Das neue ägyptische Familienrecht: Auf dem Weg zu einem zeitgemäßen Islamischen Recht, in: *Das Standesamt* 54.7 (2001), S. 193–207.

—: Religiös gespaltenes Zivilrecht in Europa?, in: *Bürgerliche Freiheit und christliche Verantwortung. Festschrift für Christoph Link zum siebzigsten Geburtstag*, hrsg. von Heinrich de Wall und Michael Germann, Tübingen 2003, S. 409–429.

—: The Formation of a European Sharīʿa, in: *Muslims in Europe. From the Margin to the Centre*, Religionswissenschaft: Forschung und Wissenschaft 1, hrsg. von Jamal Malik, Münster 2004, S. 161–184.

—: *Muslim Minorities and the Law in Europe*, New Delhi 2007.

—: *Das islamische Recht. Geschichte und Gegenwart*, München [3]2011.

—: Scharia und deutsches Recht, in: *Handbuch Christentum und Islam in Deutschland. Erfahrungen, Grundlagen und Perspektiven im Zusammenleben* 1, hrsg. von Mathias Rohe et al., Freiburg im Breisgau 2014, S. 272–303.

—: Europäisches Kollisionsrecht und religiöses Recht, in: *Grundfragen des europäischen Kollisionsrechts*, hrsg. von Stefan Arnold, Tübingen 2016, S. 67–86.

——: Islamisches Familienrecht in Deutschland im Wandel, in: *Beiträge zum Islamischen Recht* XI, Leipziger Beiträge zur Orientforschung 34, hrsg. von Irene Schneider und Thoralf Hanstein, Frankfurt am Main et al. 2016, S. 71–88.

——: Marriage in Islam and its Treatment under European Laws, in: *Escola de Direito da Universidade do Minho, Código Civil de 1966 – Novos Desafios*, Braga 2017, S. 249–276.

Rohe, Mathias et al. (Hgg.): *Handbuch Christentum und Islam in Deutschland. Erfahrungen, Grundlagen und Perspektiven im Zusammenleben* 1, Freiburg im Breisgau 2014.

Rohe, Mathias / Mahmoud Jaraba: *Paralleljustiz. Eine Studie im Auftrag des Landes Berlin, vertreten durch die Senatsverwaltung für Justiz und Verbraucherschutz*, Erlangen/Berlin 2015, abrufbar unter www.berlin.de/sen/justiz/service/broschueren-und-info-materialien (letzter Aufruf 24. 09. 2018).

Rohe, Mathias / Jakob Skøvgaard-Petersen: The Ambivalent Embrace of Liberalism: The Draft Program of the Freedom and Justice Party in Egypt, in: *Arab Liberal Thought after 1967. Old Dilemmas, New Perceptions*, hrsg. von Meir Hatina und Christoph Schumann, New York 2015, S. 195–214.

Al-Roubaie, Amer / Shafiq Alvi (Hgg.): *Islamic Banking and Finance*, 4 Bde., Abingdon 2010.

Abū l-Walīd Muḥammad b.Aḥmad b. Rušd: *al-Muqaddima al-mumahhida* 2, Kairo 1907.

Sacarcelik, Osman: *Rechtsfragen islamischer Zertifikate (Sukuk)*, Schriften zum Gesellschafts-, Bank- und Kapitalmarktrecht 43, Baden-Baden 2010.

Salem, Isam Kamel: *Islam und Völkerrecht*, Berlin 1984.

Abū Bakr Muḥammad b. Aḥmad as-Saraḫsī: *Kitāb al-mabsūṭ* 10, Beirut 1986.

Muḥammad al-Ḥusainī aš-Šīrāzī: *al-Fiqh* 1: *Kitāb al-iǧtihād wa-t-taqlīd*, Beirut [2]1987.

Schneider, Irene / Thoralf Hanstein (Hgg.): *Beiträge zum Islamischen Recht XI*, Leipziger Beiträge zur Orientforschung 34, Frankfurt am Main et al. 2016.

Scholz, Peter: *Erbrecht der maghrebinischen Staaten und deutscher ordre public*, Hamburg 2006.

Tsitselikis, Konstantinos: The Legal Status of Islam in Greece, in: Mathias Rohe: Sharī'a in Europe, in: *Die Welt des Islams* 44.3 (2004), S. 402–431.

—: *Old and New Islam in Greece*, Leiden/Boston 2012.

Tucker, Judith E.: *In the House of the Law. Gender and Islamic Law in Ottoman Syria and Palestine*, Berkeley et al. 1998.

Wall, Heinrich de / Michael Germann (Hgg.): *Bürgerliche Freiheit und christliche Verantwortung. Festschrift für Christoph Link zum siebzigsten Geburtstag*, Tübingen 2003.

Wichard, Christian: *Zwischen Markt und Moschee. Wirtschaftliche Bedürfnisse und religiöse Anforderungen im frühen islamischen Vertragsrecht*, Paderborn et al. 1995.

Yassari, Nadjma: *Die Brautgabe im Familienvermögensrecht*, Tübingen 2014.

Birgit Krawietz[*]

Re-Form normativen islamischen Erbes: Großer Wandel der kleinen Dinge

Der Beitrag zeigt auf, wie scheinbar autoritative Texte islamischer Jurisprudenz (*fiqh*) durch unterschiedliche publizistische Präsentation auf dem arabischen Buchmarkt in ihrem Sinn modifiziert werden. Zwar liegt der Fokus auf gedruckten Werken von Ibn Taymīya und Ibn Qaiyim al-Ǧauzīya, doch haben diese hier lediglich exemplarischen Charakter. Es geht im Wesentlichen um paratextuelle Elemente, aber es werden auch ein paar weiter reichende intertextuelle Manöver angesprochen sowie Anmerkungen gemacht zur performativen Dimension des Umgangs mit normativem Schrifttum. Im Anschluss an Gérard Genette soll ein kleiner Auftakt geboten werden zur Entwicklung einer Typologie kreativer Nutzungsformen. Es geht somit um ubiquitäre Mikro-Re-Form, deren Wirkungsweisen in diesem Bereich oft übersehen werden.

Wechsel der Blickrichtung

Wenn von der notwendigen Reform(ation) des Islam die Rede ist, dann dominieren meist zwei Betrachtungsweisen: Zum einen fokussiert sich die (wissenschaftliche) Publizistik auf *große Namen* und prospektive Retter. Dies gilt vorzugsweise für die Ausrufung heutiger muslimischer Äquivalente von Martin Luther. Als historischer Vorläufer – sogar von Luther selbst – ist verschiedentlich der Damaszener Theologe und Jurist Taqī ad-Dīn Aḥmad Ibn Taymīya (gest. 1328)[1] als *der* zentrale Reform-Kandidat genannt worden. Allerdings

---

[*] Professorin am Institut für Islamwissenschaft der Freien Universität Berlin.

[1] „Like Protestant Christian reformers two centuries later in Europe, Ibn Taymīya placed the rational responsibility for reforming and purifying religion on the individual believer, for he lost faith in the ability of the established authorities to reform themselves", Martin/Woodward: *Defenders of Reason in Islam*, S. 124. Vgl. Olesen: Étude comparé. Zur historischen und dogmatischen Vergleichbarkeit s. Amīn al-Ḫūlī: *Verbindung des Islam*, insbes. S. 174–181. Wesentliche Teile zu diesem Beitrag entstanden im Rahmen des von der German-Israeli Foundation for Scientific Research and Development (GIF) geförderten und zusammen mit Livnat Holtz-

passt er vielen nicht in die moderne politische Landschaft, weil er aufgrund seiner besonderen Popularität bei verschiedenen radikalen Akteuren in die Extremismus-Ecke geschoben und zum Brandbeschleuniger deklariert worden ist. Einige meist „im Westen“ lebende Gelehrte, wie der liberale Religionsphilosoph Abdolkarim Soroush (ʿAbdo l-Karīm Sorūš, geb. 1945) aus dem Iran, werden dagegen als zeitgenössische Thronanwärter präsentiert.[2] Diese hoffnungsvolle Blickrichtung bedient – zumal im Luther-Jahr 2017 – auch der algerienstämmige muslimische Freiburger Islamwissenschaftler, Theologe und Religionspädagoge Abdel-Hakim Ourghi mit seinem „Anschlag“ von immerhin vierzig Thesen in einer vom Verfassungsschutz beobachteten Moschee in Berliner Stadtteil Neukölln.[3] In islamischer Kulturgeschichte ist die Zahl 40 unter den größeren Zahlen von besonderer Bedeutung,[4] so dass diese Geste alles andere als bescheiden wirkt. Der hohe Anspruch scheint allerdings nicht geholfen zu haben. In der Publizistik steht bei einschlägigen Anmahnungen von Reform meist ohnehin von vornherein fest, dass deren weitgehendes Ausbleiben zu beklagen sei. Wenn nicht der Kandidat selbst durchfällt, dann sorgt spätestens seine mangelnde Akzeptanz bei muslimischen Gemeinden zur Verfestigung des Topos eines fortgesetzten Fehlens von muslimischen Ansprechpartnern auf Augenhöhe. Fast könnte gemutmaßt werden, der Platz solle unbesetzt bleiben. Zum anderen wird der *Missbrauch* vormoderner islamischer Gelehrsamkeit beklagt. Das bezieht sich im Extremfall auf Terroristen bzw. als gefährlich eingestufte Fundamentalisten oder aber es wird Kritik geübt an minder bemittelten Naivlingen mit beschränkter Bildung, welche berühmte Autoritäten für ihre niederen Zwecke vereinnahmen. Dieser Diskursstrang bedient sich oft tadelnden

---

man getragenen Projektes ‚Patterns of Argumentation and Rhetorical Devices in the Legal and Theological Works of Ibn Qayyim al-Jawziyya‘. Erste Vorüberlegungen und Recherchen gehen sogar noch weiter zurück auf das DFG-finanzierte Projekt von Birgit Krawietz über ‚Mittelalterliche islamische Gelehrsamkeit als Steinbruch der Neuzeit‘, das 2006 bis 2008 am Zentrum Moderner Orient (ZMO, Berlin) angesiedelt war.

2 Nabielek: Muhammad Schahrur. Dagegen wendet sich jedoch beispielsweise Amirpur: *Ein iranischer Luther*. Zu den weiteren Prätendenten zählt auch Ǧamāl ad-Dīn al-Afġānī (gest. 1897); groteskerweise wurde sogar Irshad Manji (geb. 1968) als weiblicher Luther ins Gespräch gebracht. Powers hat in *You Say You Want a Reformation*, S. 46–66, das Chaos näher sortiert.

3 Ourghi: *Reform des Islam*; siehe auch das Facebook-Video des Sonntagsblatts *Bayern* zu Ourghis 40 Thesen. Luther selbst hatte in Wittenberg im Jahre 1517 insgesamt ‚95 Thesen‘ angeschlagen.

4 Schimmel: *Zeichen Gottes*, S. 117 f.

Vokabulars von Manipulation bis hin zu ‚highjacking' oder geistigem Diebstahl.

Die Vorwürfe mögen sich überlappen und gelten insbesondere für militante Anhänger besagten Ibn Taymīyas. Das wissenschaftliche Schrifttum hat bislang jedoch vor allem zwei Paradebeispiele seiner problematischen Inanspruchnahme systematisch analysiert: Im Anschluss an das Attentat am ägyptischen Staatspräsidenten Muḥammad Anwar as-Sādāt im Jahre 1981 übten Johannes Jansen[5] und weitere Autoren mehrfach Kritik am vermeintlichen Blankoscheck Ibn Taymīyas für terroristische bzw. gewalttätige Übergriffe diverser Art. Jon Hoover wiederum zeigte auf, dass möglicherweise weder Ibn Taymīya noch Ibn Qaiyim al-Ǧauzīya (gest. 1350) Nichtmuslime dahingehend radikal exkludieren, dass sie diese vom finalen Eingang ins Paradies in eindeutiger Weise kategorisch ausgeschlossen hätten. Er verfolgt, wie es jedoch einem saudischen Studenten partout nicht in den Kopf will, dass seine berühmten, sozusagen proto-salafitischen/-wahhabitischen Idole diesbezüglich keine klaren Ansagen zur inferioren Stellung der Ungläubigen gemacht haben sollen.[6]

Besonderes Interesse verdient vor diesem Hintergrund ein 2016 erschienener Sammelband *Reclaiming Islamic Tradition: Modern Interpretations of the Classical Heritage*,[7] dessen Titel vergleichsweise offen wirkt. Die Einzelbeiträge setzen jedoch jeweils unterschiedliche Akzente in ihrer Be- und Verurteilung der untersuchten post-modernen Verwendungsstrategien. Hier sei lediglich derjenige von Hoover herausgegriffen, welcher sich seinseits intensiv mit der Ehrenrettung Ibn Taymīyas durch den Islamwissenschaftler Yahya Michot auseinander setzt. Letzterer präsentiert den Damaszener Gelehrten emphatisch als Quietisten. Hoover hebt dem gegenüber im Ergebnis hervor: „Ibn Taymiyya's utilitarianism readily lends itself to different appropriations, and a wide spectrum of modern Muslims find within it the resources and flexibility to support their diverse visions of the religious good."[8] Dies ist eine deutliche Absage an die Erwartung eines wahren Ibn Taymīya und seiner einzig verbindlichen authentischen Deutung, wie sie von Michot & Co. verfochten wird. Es bedeutet weiterhin, dass vormoderne islamische Gelehrsamkeit heutzutage in

5 Jansen: Creed of Sadat's Assassins; id.: *Neglected Duty*; id.: Ibn Taymiyyah and the Thirteenth Century; id.: *Dual Nature*.

6 Zum komplizierten Hintergrund siehe Hoover: Against Islamic Universalism. Beide Beispiele sind auch von anderen Wissenschaftlern aufgegriffen worden, was hier außer Acht bleiben kann.

7 Hrsg. von Kendall/Khan.

8 Hoover: Ibn Taymiyya, S. 195.

multipler Weise appropriiert oder angeeignet und dadurch für ganz unterschiedliche Zwecke nutzbar gemacht wird (bzw. auch selbst immer schon so vorgegangen ist).

In diesem Sinne propagiert bereits „Appropriation of Ibn Taymiyya and Ibn Qayyim al-Ǧauzīya: Challenging Expectations of Ingenuity“[9] das Konzept der Aneignung, um die Verwendung oder Weiterentwicklung kultureller Äußerungen nicht nur rhetorisch zu entbiologisieren[10] und die direkt oder indirekt Zitierten zu enttadeln, sondern um Formen des Anschlusses vielmehr als Normalfall anzusehen und sogar zu würdigen. Die mangelnde Wertschätzung solcher Darstellungsmuster ist wohl im Rahmen eines in der westlichen Welt weit verbreiteten „Kreativitätsdispositivs“[11] und der romantischen Vorstellung eines solipsistisch agierenden schöpferischen Genies verständlich – eine Haltung, welche die explizite Bezugnahme und scheinbar enge Anlehnung an vorgegebene Größen lange Zeit als intellektuell unzulänglich und kleinmütig missbilligt hat. Mittlerweile wird jedoch die Handlungsmacht von scheinbar bloßen Adepten oder Rezipienten viel stärker erkannt und anerkannt, was sich auch an Begriffen wie *prosumer* oder ‚Bastelexistenz‘ zeigt.

Auch dieser Beitrag hier steht in Zusammenhang mit dem zunehmenden Unbehagen,[12] dass beim Thema Reform allzu oft entweder von besagten großen Gelehrten und deren expliziter grundlegender Programmatik die Rede ist oder aber Manipulationsverdacht am normativen islamischen Erbe allzu sehr in den Vordergrund gestellt wird. Solche Analysen sind nicht überflüssig, nur sollte sich die Wissenschaft darauf nicht fokussieren. Stärker als das bislang geschieht, wäre es an der Zeit, die unendlich vielen Arten zu thematisieren, in denen sich Wandel in mehr oder wenig expliziter Anlehnung an religiöse Autoritäten vollzieht. Das heisst, die Warentest-Perspektive: Wieviel Ibn Taymīya usw. steckt in XY?, ist nur bedingt produktiv. Es kann nicht primär darum gehen, unlauteren publizistischen Anbietern das Handwerk zu legen. Vielmehr käme es gerade darauf an, auch die beträchtliche Varianz and Transformations-

---

9 Kokoschka/Krawietz: Appropriation of Ibn Taymiyya.

10 Krawietz: Ibn Taymiyya, S. 76 f.

11 Reckwitz: *Erfindung der Kreativität*, S. 39. Diese prägende Grundhaltung zeigt sich auch bei der extrem negativen Wahrnehmung von *taqlīd* und der weiten Missachtung des so genannten *shopping for fatwas*.

12 Spätestens seit *Das Unbehagen in der Islamwissenschaft. Ein klassisches Fach im Scheinwerferlicht der Politik und der Medien*, hrsg. von Poya/Reinkowski, gelten verstärkte emotionale Befindlichkeiten zumindest als kognitive Ausgangssitution von Untersuchungen auch in dieser Disziplin als salonfähig.

kapazität von (Um-)Gestaltungsprozessen anzuerkennen, selbst wenn die so gewonnenen Positionen inhaltlich betrachtet höchst bedenklich erscheinen mögen. Die weiter reichende Zielvorstellung wäre, eine weiter ausdifferenzierte Typologie von Aneignungen normativen islamischen Schrifttums zu entwickeln.

Paratextuelle Einstimmung

In namentlich der Kunstgeschichte und Literaturwissenschaft wird wie selbstverständlich davon ausgegangen, dass Vorläufer immer wieder aufgegriffen und deren Beiträge und Anregungen eigenmächtig neu konfiguriert werden.[13] Bei muslimischen Rechtsgelehrten soll das jedoch ein Problem sein, außer sie sorgen für besagten grundsätzlichen Umschwung. Ohne nähere kunsthistorische Kenntnisse beanspruchen zu können, scheint es mir doch ersichtlich, dass insbesondere die Konstruktion der griechisch-römischen Antike sowie der in vielerlei Hinsicht transformierten christlichen Motivwelt schier unerschöpfliche Ressourcen der Aneignung gewesen sind und z. T. noch bleiben. Ein aus der Kunstgeschichte entborgtes Mapping einer abstrakt gehaltenen Formensprache von Aneignungen zur Behandlung von Fragestellungen der Islamwissenschaft mit Blick auf sozusagen proto-salafitische Autoren ist mir allerdings nicht bekannt. Die Islamwissenschaft ist somit wohl auf das Instrumentarium der Literaturwissenschaft verwiesen, insbesondere auf deren Ausführungen zu Intertextualität, die Bezüge zwischen Texten untersucht. Die Arabistik mit ihren ausgeprägten literarischen Interessen ist da schon sehr viel weiter durch ihren engen Anschluss an westliche Philologien, wobei Intertextualität jedoch nicht nur für Belletristik relevant ist. Als Schnittmenge mit der Islamwissenschaft untersucht die Disziplin auch islamische Gelehrtenkultur mit ihren unzähligen Handschriften, welche zu allen möglichen Manuskripteinheiten zusammengefügt worden sind. Erforscht wurden bislang vor allem Kompilationstechniken diverser *Adab*-Anthologien und von Geschichtswerken.[14] Anregungen dieser Art sind nach meinem Kenntnisstand jedoch noch nicht systematisch für alle möglichen Formen und Facetten islamischer Normativität genutzt worden. Ein umfassender Entwurf zur Anwendung auf gedrucktes Schrifttum islamischer Jurisprudenz – geschweige denn von dessen digitaler Aufbereitung –

---

13 Berndt/Tonger-Erk: *Intertextualität*, S. 7–11.

14 Franz: *Kompilation in arabischen Chroniken*, S. 265–275; Hirschler: *Medieval Arabic Historiography*, S. 86–114. Vgl. id.: Catching the Eel.

kann hier ohnehin nicht geleistet werden. Auf den verbliebenen Seiten soll aber zumindest ein kurzer Auftakt zu vornehmlich Mikro-Reformen juristischer Publikationen vorgeschlagen werden. Der Fokus liegt dabei im Wesentlichen auf einigen Anmerkungen zu Paratextualität als Untersparte von Intertextualität. Solche Maßnahmen dürften die von der Islamwissenschaft am wenigsten beachteten Arten konkreter und dadurch letztlich auch normativer Veränderung darstellen. Das heißt, es geht zunächst um in wörtlichem Sinne ‚Re-Form' von gedruckten Beiträgen zu vormodernem islamischen Recht und dadurch erzeugte Sinnveränderungen. Dieses Anliegen soll als Forschungsaufgabe durch den Bindestrich gezielt hervorgehoben werden.[15] Das breitere Themenfeld überlagert sich mit Intertextualität allgemein sowie mit weit gespannten Konzepten wie der ‚great tradition' und der ‚little tradition', dem Tod des Autors oder seiner Multiplizität[16] als auch dem Verständnis von Differenz und Wiederholung, ferner mit Übersetzungswissenschaft und (Inter-)Medialität. Entsprechende Einbettungen sollen hier aber nicht weiter vorgenommen, sondern lediglich besagte konkrete Vorschläge zur Typologie im normativen Bereich des *fiqh* in Angriff genommen werden – nach einigen Vorbemerkungen zu Paratextualität:

Texte funktionieren zunächst einmal dadurch als erkennbare Einheit, dass sie flankiert werden durch Begleittexte, welche der französische Literaturtheoretiker Gérard Genette (geb. 1930) als ‚Paratexte' bezeichnet. Darunter versteht die Literaturwissenschaft im Anschluss an ihn jene Elemente, „die einem literarischen Werk auf seinem Weg durch die Öffentlichkeit zur Seite gehen: Titel und Zwischentitel, Vorworte und Nachworte, Widmungen und Motti und natürlich alle Arten von Anmerkungen".[17] In *Palimpsestes: La littérature au second degré* von 1982 unterscheidet Genette zwischen fünf Kategorien transtextueller Beziehungen,[18] wobei hier vordringlich die zweite interessiert, welche er als ‚Paratext' bezeichnet. In besagtem Werk geht es Genette jedoch vor allem um seine vierte Kategorie bestehend aus Parodie, Travestie und Persiflage. Erst 1987 veröffentlichte Genette dann unter dem Titel *Seuils* eine Monogra-

---

15 Zur Großdebatte um die Diskursfigur Reform, die hier aber nicht weiter verfolgt werden soll, siehe zuletzt Dennerlein: *Religion als Reform*.

16 Fragen von ‚Multilayered Authorship' finden sich in Behzadi/Hämeen-Anttila: *Concepts of Authorship*.

17 Weinrich: Vorwort.

18 Genette: *Palimpsestes*, S. 10.

phie, die sich ausschließlich mit seiner vormals zweiten Kategorie auseinander setzt.[19] Paratexte sind bei Genette nicht bloß ‚Beiwerk':

> Es handelt sich vielmehr um hermeneutisch privilegierte und wirkmächtige Größen. Sie steuern Aufmerksamkeit, Lektüre und Kommunikation in einer Weise, dass die entsprechenden Texte über sie allererst ihre jeweilige Kontur, ihre gewissermaßen handhabbare Identität gewinnen.[20]

Diese Paratexte sind somit „Metakommunikationen in jenem schwierigen Sinn, dass sie auf Kommunikationen verweisen, die der Text selber gerade nicht leistet, nicht leisten kann und nicht leisten will."[21] Obwohl Texte ohne sie nicht wirksam werden können, bleiben Paratexte selbst weitgehend unsichtbar. So betont Stanitzek, „dass die paratextuellen Elemente unbefragt – ‚fraglos' – das Feld begrenzen, selber aber nicht in den Blick geraten".[22] Das heißt somit, dass es den reinen Text gar nicht geben kann, denn der „‚nackte' Text, als Oppositum zu Paratext, ist nicht wirklich konkretisier- und vorstellbar, sondern dient nur als ‚idealer' regulativer Horizont des Arguments und der Untersuchung."[23] Paratexte hindern ihre Leser zunächst daran, sich unmittelbar auf den Text einzulassen.[24] Sie fungieren als Schwellen, die von einer Realität in eine andere führen.[25] Erst über diese Schwelle gelangt der Leser in den Text; gleichzeitig rahmen sie den eigentlichen Text.[26] Eine klare Demarkationslinie besteht dabei aber nicht.[27] Trotz der großen Bedeutung solcher liminalen Zonen für die Wahrnehmung, Klassifizierung, Interpretation und die Erwartungen auf dem Buchmarkt, hat sich die Literaturwissenschaft deutlich weniger mit Paratexten beschäftigt, so dass Mecke sogar von einer „konstitutive[n] Asymmetrie" spricht.[28] Dies gilt verschärft für die gegenwartsbezogene Islamwissenschaft.[29]

---

19 Genette: *Paratext*.

20 Stanitzek: Texte, S. 8.

21 Baecker: Hilfe, ich bin ein Text!, S. 50. Es kann hier außer Acht bleiben, dass Genette Paratexte noch in engerem Sinne als vom auktorialen Willen prinzipiell abgedeckt ansieht, eine Engführung, welche die nachfolgende Forschung aber nicht übernimmt.

22 Stanitzek: Texte, S. 10.

23 Ibid., S. 6.

24 Ramtke: Ohne Begleitschutz, S. 107.

25 Baecker: Hilfe, ich bin ein Text!, S. 49.

26 Ramtke: Ohne Begleitschutz, S. 103.

27 Binczek: Epistolare Paratexte, S. 117.

28 Mecke/Heiler: Vorwort, S. xv, xix.

Der Soziologe Dirk Baecker betont, dass Texte als solche keine Kommunikation herstellen können, denn Paratexte lenken zunächst die Aufmerksamkeit auf den Text, verschwinden aber nicht im Laufe des eigentlichen Textes. Hat der Leser durch sie die Schwelle übertreten, bleiben die Paratexte dennoch „auch bei der Lektüre verfügbar".[30] In diesem Sinne charakterisiert Baecker Publikationen als generell zweitaktisch:

> Beim ersten Takt helfen die Paratexte, beim zweiten Takt bleiben sie als eine Art *basso continuo* präsent, müssen den Takt selbst jedoch dem Text überlassen. Dieser zweite Takt wird sich nicht darauf beschränken dürfen, den ersten Takt aufzunehmen, zu bestätigen oder gar zu wiederholen. Im Text darf nicht nur stehen, was die Paratexte bereits gesagt haben. [...] Das heißt, der Text muss seine Paratexte >einlösen< [...] Es muss *etwas anderes* passieren als das, was die Paratexte bereits *sind.* Aber das, was da passiert, muss sich von den Paratexten so *unterscheiden*, dass sie *bestätigt* werden.[31]

Die musikalische Metapher verdeutlicht die Fusionierung von Paratext und Text. Stanitzek betont deswegen, „dass etwa über Phänomene wie Schriftbild, Absatzgebung, Fußnoten ja/nein usw. eigentlich kein Moment überhaupt irgendeines Textes >paratext-frei< zu haben sein dürfte. Die Unterscheidung Text/Paratext ist also keineswegs so einfach und zweifelsfrei durchführbar, wie es zunächst den Anschein haben könnte."[32] Paratext und Text lassen sich somit nicht messerscharf voneinander trennen. Das gilt auch für die noch im Folgenden im Rahmen einer Typologie skizzierten paratextuellen Massnahmen, die sich mehrfach überlappen können.

Typologie der Anlehnung an frühere normative Autoritäten

Gegenstand ist salafitisches Schrifttum, das insbesondere Beiträge von Ibn Qaiyim al-Ǧauzīya und seinem Lehrer Ibn Taymīya präsentiert, weil sich daran bestimmte Entwicklungen besonders deutlich aufzeigen lassen.[33] Eine vollständige Erfassung aller beobachtbaren Phänomene kann generell ausgeschlossen werden. Die hier umrissenen fünf Grundkategorien und ihre Subtypen sind

---

[29] Für die klassische Zeit sei Freimark genannt, der in *Das Vorwort* Prosatexte aus dem 9. bis 12. Jahrhundert untersucht.

[30] Baecker: Hilfe, ich bin ein Text!, S. 50.

[31] Ibid., S. 51.

[32] Stanitzek: Texte, S. 6.

[33] Zu Salafīya, Salafismus usw. siehe den Sammelband von Schneiders: *Salafismus in Deutschland.*

eher als eine Einstimmung gedacht. Sogar Genette selbst räumt in seiner Grundlagenstudie ein, dass er „mit Sicherheit keineswegs [ein] erschöpfendes Inventar“ vorlege, denn die „Wege und Mittel des Paratextes verändern sich ständig je nach den Epochen, den Kulturen, den Autoren, den Werken und den Ausgaben ein und desselben Werkes, und zwar mit bisweilen beträchtlichen Schwankungen“.[34] Auch verweist er darauf, dass sich die Gemengelage in ihm weniger vertrauten Kontexten noch wieder etwas anders darstelle, denn manche paratextuellen Elemente mögen ihm „aufgrund mangelnder Aufmerksamkeit und unzureichender Informiertheit, zum Beispiel über die Gepflogenheiten in nicht-europäischen Kulturen, glatt entgangen“ sein.[35] Die folgenden Aspekte knüpfen aber erst einmal an Vertrautes an und zeigen schnell, wie fließend die Übergänge zwischen den Kategorien sind. Die Typologie von Phänomen erlaubt es vor allem, verschiedene Varianten in halbwegs geordneter Form aufzuzeigen:

1) Drucklegung einer Monographie
2) Trimmen bzw. Hochzoomen auf Buchformat
3) Salafitisches *On Air Design*
4) Ideologische Nostrifizierung
5) Postmoderne Kombinatorik oder Synthese.

1 Drucklegung einer Monographie

Die Transformierung eines oder mehrerer, wenn nicht gar zahlreicher Manuskriptversionen in ein gedrucktes Buch führt fortan in der Regel zu stärkerer Fixierung des Textes. Dieser mag zuvor aufgrund der z. T. beträchtlichen Variationsbreite seiner handschriftlichen Überlieferungen wesentlich amorpher gewesen sein. Nachfolgende Editionen (Nach-, Wieder-, Neu- oder Raubdrucke) schließen sich dann oft daran an, denn nur die wenigsten Texte erfahren im Nachgang eine editionskritische Gegenkorrektur. Auf dem arabischen Buchmarkt sind kritische Editionen ohnehin in der Minderzahl.[36]

Trotz ihrer weit verbreiteten Betonung von Hadithen als angeblich zuverlässigen Bausteinen normativer Auskünfte scheinen gerade viele salafitische

34 Genette: *Paratexte*, S. 11.

35 Ibid., S. 386.

36 Gegenbeispiele setzen sich entsprechend in Szene, wie z. B.Ibn Qayyim al-Ǧauzīya: *ar-Risāla*, S. 7 f., der alle früheren Editionen genau benennt, „die Manuskripte und Abschriften, die beim Edieren genutzt wurden“, auflistet und seine eigenen herausgeberischen Beitrag präzise beschreibt.

Leser kein gesteigertes Interesse an soliden Werkausgaben zu haben, wenn man auf die Flut von wissenschaftlich zweifelhaften Editionen blickt, die offensichtlich ihre Käufer finden. Gleichwohl präsentieren sich Herausgeber verschiedentlich über ihre besondere Skrupelhaftigkeit im Umgang mit den umfangreichen Hadith-Bestandteilen. Dabei kommen eine ganze Reihe von Ehrfurcht und Konzentration signalisierenden Verben zum Einsatz, wie *ʿallaqa ʿalayhi wa-ṣaḥḥahu, ḥaqqaqahu wa-ḍabaṭa naṣṣahu wa-fahrasahu, ḫarrağa aḥādīṯahu* usw., teilweise mit optisch abgesetzten Sparten, die markiert sind als unser / respektive mein Beitrag an diesem Buch (*ʿamalunā/ʿamalī fī hāḏā al-kitāb*). Ein gewisser Ṭāhā ʿAbd ar-Raʾūf Ṭāhā, Herausgeber von *Zād al-maʿād ʿalā hady ḫair al-ʿibād*, gibt einleitend zu Protokoll, dass obwohl das Werk bereits zuvor verschiedentlich von anderen ediert worden sei, habe er es nicht in deren überholter Manier präsentieren wollen, so dass erst diese von ihm vorgelegte Ausgabe die nötigen Maßnahmen an *tansīq, tanẓīm, tartīb, tarqīm, al-fann fi-ṭ-ṭibāʿa wa-ḏ-ḏauq wa-l-ğamāl fi-l-iḫrāğ, wa-diqqat al-murāğaʿa wa-t-taqdīm lahā* für sich reklamieren könne.[37] Aus hiesiger islamwissenschaftlicher Perspektive wäre es jedoch oft wesentlich interessanter und ertragreicher, aufzudecken, auf welche Autoren und Zeitgenossen sich Ibn al-Qaiyim denn in einem Werk stützt. Somit wird der sorgfältige Dienst an der Sunna zwar verschiedentlich besonders herausgestellt, ohne dass sich Autor und/oder Herausgeber aber allzu explizit um deren kognitiven Mehrwert kümmern. Weit verbreitete salafitische Ästhetik verlangt jedoch nach visualisierter Sorge um diese als auratisch verstandenen Bestandteile.

Gerade bei Ibn Qaiyim al-Ğauzīya haben Herausgeber beträchtlichen Spielraum, was die Titelgestaltung angeht. Das ist insofern relevant, als manche Schriften gleich doppelt, wenn nicht sogar öfter als angebliche Erstedition auf den Markt gebracht werden können. Ibn al-Qaiyim selbst lässt seine Leser verschiedentlich im Unklaren über den von ihm selbst gewünschten Titel, worüber schon seine Zeitgenossen klagten.[38] Abū Zaid hat dessen Selbstreferenzen eingehend durchgesehen und versucht, systematisch Licht in dieses Dickicht von Nebentiteln oder falschen Zuschreibungen zu bringen. Auch nennt er die Gründe, die es für diese Verwirrungen und Fehler bei der Werkzuordnung gibt und welche bis heute nachwirken.[39]

---

37 Bd. 1, S. 3 f.

38 Vgl. auch Abū Zaid: *Ibn Qaiyim al-Ğauzīya*, S. 189–197.

39 Ibid., S. 185–187.

Eingriffs- und Steuerungsmöglichkeiten ergeben sich jedoch im gesamten Text. Ein vertrautes Medium sind insbesondere optisch markierte Untereinheiten (Sing. *faṣl*), die ‚Zwischentitel', die häufig nicht vom Autor stammen.[40] Sie sorgen dafür, dass sogar ungeschulte Leser sich komplexe gelehrte Texte und deren Debatten überhaupt erst vornehmen bzw. – nunmehr sauber portioniert – mental bearbeiten können. Das ist besonders bedeutsam für das Werk von Ibn al-Qaiyim, der zu ausgreifenden Darstellungen neigt, welche sich in gedruckter Form oft über mehrere Bände erstrecken. Ramtke ironisiert diese Brückenfunktion: „Das mit »Inhalt« überschriebene Inhaltsverzeichnis legt nahe, dass der Inhalt eines Buches über seine Zwischenüberschriften greifbar zu machen ist, eine Anmaßung, die schlechterdings allen Inhaltsverzeichnissen eigen ist".[41] Zum Teil werden die nachträglich eingefügten Zwischenüberschriften vorsichtig in eckige Klammern gesetzt, um den äußeren Eingriff in den Text deutlich zu markieren. Selbst kürzere Schriften rufen die ordnende Hand eines Herausgebers auf den Plan, der durch Zwischenüberschriften deren tiefere Struktur verdeutlicht.[42] Entsprechendes gilt für die Einfügung von Absätzen. Die gewachsene Vertrautheit mit derlei Strukturierungen führt dazu, dass die Gliederung und Indices mittlerweile gelegentlich sogar einen eigenen Band einnehmen.

Das visuelle Abgrenzen von Untereinheiten entfaltet noch weitere Effekte. Bei proto-salafitischen Autoren wird gelegentlich dafür gesorgt, das reichhaltige Hadith-Material auch optisch abzuheben. Das geschieht – neben ins Auge springenden Eulogien für verdienstvolle *salaf ṣāliḥ* (bzw. im Extremfall Schmähformeln) – in manchen Publikationen sogar mit rötlicher o. a. Farbe. Diese Maßnahme hebt aber nicht bloß die besondere, authentifizierende Bedeutung von Hadithen für die darzulegenden Normen hervor, sondern gestattet es dem eiligen Leser im Gegenteil sogar, erstere zu überspringen, um schneller zu den Schlussfolgerungen des Gelehrten zu gelangen. Was folglich wie eine außerordentliche Wertschätzung der sozusagen heiligen Bausteine aussieht, ermöglicht im Leseprozess eine funktionale Marginalisierung dieser scheinbar zentralen Elemente. Damit ist auch ein wichtiger Schritt zum – im Folgenden zu besprechenden – Ausdünnen der Hadithe getan, zumal sie nicht mehr dieje-

40 Genette: *Paratexte*, S. 281–303.

41 Ramtke: Ohne Begleitschutz, S. 105.

42 Siehe z. B. as-Sabʿ al-ʿAlamī: *Šifāʾ al-ʿalīl*, der auf S. 521–536 ein detailliertes Inhaltsverzeichnis entfaltet und den Text dadurch zur kursorischen Lektüre verfügbar macht. Aber selbst bei einer für Ibn al-Qaiyims Verhältnisse ungewöhnlich dichten und thematisch geschlossenen Monographie wie *ar-Rūḥ* bieten einige Herausgeber wie ʿIṣām aṣ-Ṣabābiṭī äußerst detaillierte Einblicke in deren Tiefenstruktur, S. 350–360.

nigen Bestandteile der Texte sind, welche heutzutage die ganz breite Leserschaft anziehen.[43]

2 Trimmen bzw. Hochzoomen auf Buchformat

Die soeben umrissene erste Kategorie betrachtet Werke, die als solche wirklich oder doch zumindest im Prinzip vorliegen. In der nun zu erörternden zweiten Sparte geht es um vormoderne Schriften, die erst als separate Einheiten konstituiert bzw. konstruiert werden müssen, um sie dann als einzelne Bücher drucken – und damit zusätzliches Geld verdienen und/oder leichter predigen – zu können. Dies geschieht auf grundsätzlich zweierlei Weise: Zum einen wird aus allzu ausgreifenden oder sperrig erscheinenden Werken Ballast abgeworfen und deren Volumen dadurch spürbar reduziert. Zum anderen wird ein Textchen oder Teil aus einem größeren Werk seinerseits zu einem eigenen Buch/Büchlein hochgezoomt. Entweder die publizierte Einheit bringt noch nicht selbst die gewünschte Passform mit oder aber – und das betrifft besonders Ibn al-Qaiyim – allzu kompakte Werke werden systematisch ausgeschlachtet.

Strategien der Reduktion und Erweiterung finden sich natürlich bereits bei Genette. Bei ersteren unterscheidet er seinerseits zwischen massiver Amputation und sukzessiver Auslichtung.[44] Herausgeber gestalten durch das Wegnehmen von einem oder mehreren Teilen eines Werkes eine nunmehr getrimmte Monographie. Das erfolgt an einer oder mehreren Stellen oder geschieht durch Miniaturisierung sämtlicher Inhalte. Verkleinerungen eines gelehrten Werkes sind zunächst einmal kein Phänomen, welches erst mit dem modernen Buchdruck auftaucht. Man denke bloß an das traditionelle Genre der Kurzfassung (*muḫtaṣar*)[45] und das Referieren der Positionen anderer Juristen in einer ganzen Spannweite normativer Unterdisziplinen. Das Format der Replik und Widerlegung (*radd*) beinhaltet ja sogar, dass man andere Stimmen in korrekter oder manipulativer Weise zu Wort kommen lässt. Kurzfassungen als mehr oder weniger maßstabsgetreue Miniaturisierungen dürften dem Originalwerk am ehesten gerecht werden. Wenn die Verknappung eines Werkes allerdings „im Extremfall kein einziges Wort des Originaltextes beibehält“, mag sie im Kontrast zur Aussparung, laut Genette „den Status eines *Werks*“ erreichen, ein

[43] Harte Kerne bestehen jedoch fort bzw. perfektionieren noch ihre Methoden mit der Weiterentwicklung von Medien.

[44] Genette: *Palimpseste*, S. 314 f.

[45] Fadel: Social Logic.

Prozess, der allerdings schon nicht mehr in diese zweite Sparte gehört. Hier interessiert vornehmlich das Verfahren der „Aussparung, die letztlich auf jede Textproduktion verzichten und mit bloßen Streichungen und Schnitten arbeiten kann".[46] Gelegentlich erlangen Kurzfassungen besondere Popularität, wie beispielsweise der Abriss von Muḥammad b. ʿAbd al-Wahhāb für Ibn al-Qaiyims normative Propheten-Vita *Zād al-maʿād.*[47]

Auch bei Aussparungen ist das kreative Potenzial nicht zu unterschätzen. Die Variante des optischen Ausjätens durch Markierung von insbesondere Hadith-Material wurde bereits in der voran gehenden Rubrik angesprochen. Unter die zweite Kategorie sind nunmehr Fälle der (teilweisen) Tilgung solcher Elemente zu subsumieren. Gelegentlich werden auch nicht Hadithe selbst, wohl aber große Teile der Überliefererketten ausgespart.[48] Selbst eingefleischte Leser von Ibn al-Qaiyim werden durch dessen Bandwurm-Hadithe in ihren zahlreichen Mikro-Variationen auf eine harte Probe gestellt. Es entspricht durchaus dem Zeitgeist, hier für Entlastung der breiteren Leserschaft zu sorgen, wobei Herausgeber solche Arten von Eingriffen meist offen legen.

Des Weiteren können auch angeblich überflüssig gewordene Exkurse ausgegliedert und dadurch die Botschaft des Textes insgesamt verändert werden. Insbesondere der gelehrte Disputationscharakter vieler Werke kommt durch solche Maßnahmen zu kurz, so dass nur noch die angeblich in stringenter Reinform erhältliche Botschaft des interessierenden Gelehrten zur Kenntnis genommen werden soll. Die dadurch erreichte Begradigung oftmals mäandernder Gedankengänge erschließt außerhalb der langjährig geschulten Milieus der Medresen und Scharia-Fakultäten schon seit mehreren Jahrzehnten immer neue Leserschichten, die sich nunmehr in den Stand versetzt fühlen, ihrerseits sich selbst – und wohl auch anderen – religiös-rechtliche Orientierung zuteilwerden zu lassen.

---

46 Die von Genette genannte ‚dritte Reduktionsform' der ‚Synthese' soll hier nicht näher behandelt werden, wird aber kurz in der fünften Rubrik angesprochen.

47 Beispielsweise Ibn ʿAbd al-Wahhāb: *Muḫtaṣar Zād al-maʿād.* Durch leichte Titelvariationen werden qualitative Unterschiede insinuiert, z. B. id.: *Hady ar-rasūl* oder id.: *Muḫtaṣar Zād al-maʿād.*

48 Verkürzte Isnade finden sich beispielsweise in der bilingual arabisch und englisch aufbereiteten Form von Ibn Taymīyas *al-Kalim aṭ-Ṭaiyib*, welches beworben wird als „[e]xclusively based on what the Prophet Muhammad himself said and did, *The Goodly Word* is one of the most referred to works on prayer and the merits of prayer." Ibn Taymīya: *The Goodly Word.* Kreative Aspekte solcher Übersetzungen können hier nicht näher verfolgt werden.

Abgesehen von der wie auch immer gearteten Schrumpfung bzw. Reduktion durch (Teil-)Amputation ist umgekehrt ein besonders verbreitetes Verfahren die gezielte *Selektion* und selbständige Veröffentlichung von Werkteilen im Rahmen einer separaten Publikation. So wird herausgegriffen, was heutzutage als signifikant bzw. marktgängig erscheint. Manche Werke erscheinen von ihrem bekannten Titel her als gar nicht als schariatrechtlich relevant, wie etwa Ibn al-Qaiyims *Rawḍat al-muḥibbīn wa-nuzhat al-muštāqīn* (*Der Garten der Liebenden und der Spaziergang der Sich-Sehnenden*). Bei dem blumigen Titel handelt es sich primär aber nicht etwa um Liebespoesie, sondern um umfassende Normkontrolle von tendenziell gefährlichen Regungen und Verhaltenswiesen, welche umfassender Regelung bedürfen. In diesem Sinne wurde bereits 1929/1930 der Teil über ‚Die Regeln zur Blickkontrolle' (*Aḥkām an-naẓar*) separat publiziert, wobei diese spezielle Publikation in ihrem Untertitel wirklich anzeigt, von wo sie stammt.[49] Auch Ibn al-Qaiyims Buchtitel *Iʿlām al-muwaqqiʿīn ʿan rabb al-ʿālamīn* (*In-Kenntnis-Setzung der Zeichnungsbefugten über den Herren aller Welten*) ist nicht besonders informationsträchtig,[50] wohl aber die daraus entnommene Teilpublikation ‚Beweise aus den frühen Generationen, dass die Äußerungen der Gefährten [des Propheten] ein schariatrechtliches Argument darstellen, laut *Iʿlām al-muwaqqiʿīn* des Imam Ibn Qaiyim al-Ǧauzīya (*al-Baiyināt as-salafīya ʿalā anna aqwāl aṣ-ṣaḥāba ḥuǧǧa šarʿīya fī Iʿlām al-muwaqqiʿīn li-imām Ibn Qaiyim al-Ǧauzīya*).[51]

Ein weiteres, noch stärker popularisiertes Teilstück von *Iʿlām al-muwaqqiʿīn* sind die Ausführungen zu den Rechtsauskünften und -entscheidungen des Propheten Muhammad, welche geradezu eigene monographische Berühmtheit erreicht und sich zu einem eigenen Untergenre entwickelt haben.[52] Das gilt auch für die Ausführungen von Ibn al-Qaiyim zu den Schutzbedingungen ʿUmars für Juden und Christen in seiner Schrift zu den juristischen Bestimmungen im Umgang mit Anhängern der anderen Buchreligionen (*Aḥkām ahl aḏ-ḏimma*).[53] Und wiederum *Zād al-maʿād*[54] enthält die wohl bekannteste Teil-

[49] *Nubḏa muǧarrada.*

[50] Zur Diskussion des Titels siehe Krawietz: Transgressive Creativity, S. 56 f.

[51] Erstaunlicherweise *bi-qalam* Aḥmad Salām (und nicht etwa als bloßer Herausgeber).

[52] Vgl. Krawietz: Prophet Muḥammad. Eine Publikation wie Ibn Qaiyim al-Ǧauzīya: *Fatāwā rasūl Allāh* ist wesentlich prägnanter als die pauschale Adressierung von ‚Zeichnungsbefugten'.

[53] *Šarḥ aš-šurūṭ al-ʿumarīya. Muǧarrad min kitāb Aḥkām ahl al-ḏimma*, ḥaqqaqahu, wa-ʿallaqa ʿalā ḥawāšīhi wa-ǧarradahu min al-aṣl Ṣubḥī Ṣāliḥ, Damaskus: Maṭbaʿat Ǧāmiʿat Dimašq 1961.

publikation, welche dann ihrerseits quasi in den Rang einer bekannten Monographie in einem eigenen Genre aufgestiegen ist, nämlich seine Zusammenstellung von Material zur so genannten Prophetenmedizin (*aṭ-ṭibb an-nabawī*). Deren Inhaltsverzeichnisse und (zusätzliche) Zwischenüberschriften inspirieren dann ihrerseits zu weiteren Aufspaltungen und gegebenenfalls Neufusi o-nen. Kleinste Splitter aus dem Steinbruch gelehrter Werke reichen dabei für die Bestückung dünner Heftchen (etwa zu den von Ibn al-Qaiyim empfohlenen Bittgebeten), die kleiner sein können als eine Handfläche.

Kürzere Traktate oder Fatwas von einem Autor bzw. aus seinen komplexeren Monographien herausgelöste Einzelteile können ihrerseits zu einem Buch hochgezoomt werden. Das Aufpolstern geschieht dabei durch längere Einleitungen, ausgedehnte Fußnotenapparate, die dem Text schon mal bis zum Hals stehen und allerlei Indices, d. h. solche Aufbereitungen müssen nicht ausschließlich auf wissenschaftliche Inbrunst zurückgehen. Sobald ein solches ‚Buch' von Ibn oder Ibn al-Qaiyim vorliegt, liegt es nahe, auch ein Pendant von dem jeweils anderen zu erstellen.[55] Ein Beispiel sind ihre Ausführungen zur Thematik der vorsätzlichen Unterlassung des Pflichtgebets (*tārik aṣ-ṣalāh*).[56] Dass diese Thematik durch wiederholte Auflagen so forciert wird, dürfte weniger mit frommer Inbrunst bezüglich des Gebets zu tun haben, als auch mit der Möglichkeit, die Todesstrafe zu erörtern für diejenigen, welche die Grundsatzverpflichtung zum Gebet leugnen.

Eine Extremvariante ist folgende Subkategorie: Einen Anhänger von Ibn al-Qaiyim schmerzte es Mitte des 20. Jahrhunderts, dass sein Idol nicht wie etwa Ibn Kaṯīr einen Korankommentar geschrieben hatte. So stellte er dessen Tafsir-Passagen aus dem breiteren Œuvre von Ibn al-Qaiyim zu einer umfangreichen Schrift zusammen, die er listig *at-Tafsīr al-Qaiyim li-l-imām Ibn al-Qaiyim* nannte.[57] Damit schuf er ein dickes Buch und in dieser Form bedient nun der vermeintlich eigentliche Verfasser Ibn al-Qaiyim quasi posthum doch noch dieses religiös-rechtliche Genre.

---

54 In der Ausgabe Beirut: Dār Ibn Ḥazm 1999 ist zwar kein Herausgeber vermerkt, aber das minutiöse Inhaltsverzeichnis erstreckt sich über fast zwei Dutzend Seiten, S. 1191–1213.

55 Zur verbreiteten fatalen Tendenz, die beiden allzu sehr zusammen zu denken, wobei Ibn al-Qaiyim als nachgeordneter Schüler von Ibn Taymīya erscheint, Kokoschka/Krawietz: Appropriation of Ibn Taymiyya, S. 14–20.

56 Es gibt diverse Ausgaben mit leicht variierenden Titeln.

57 Krawietz: Ibn Qayyim al-Jawziyah, S. 35–38.

3 Salafitisches *On Air Design*

Optische Ansprache wird auf dem Buchmarkt des 20. Jahrhunderts immer eindringlicher: „Dem Text fehlt es an mündlicher Kommunikation. Er wird als Kommunikationspartner nicht wahrgenommen. Er kann niemanden ansprechen.“[58] Diese Aufgabe übernehmen nur zu einem Teil die Textbotschaften bestehend aus den arabischen Titeln und Autorennamen selbst, zumal sie meist kalligraphisch verfremdet sind. Diese visuelle Adelung hat allerdings zur Folge, dass arabische Bucheinbände nicht ohne weiteres von allen zügig entziffert werden können. Wohl aus Gründen der Popularisierung und im Zuge eines breiteren Marketings werden auch Schriften zum islamischen Recht zunehmend vielgestaltig und gelegentlich sogar farbenprächtig aufbereitet. Die Produkte wirken teilweise wie in Ostereifarben getaucht. Dies gilt insbesondere für Paperback-Ausgaben (proto)salafitischer Autoren. Solches mittlerweile in vielen Fällen als typisch empfundene Design kann unmittelbar – eben *on air* – identifiziert werden, ohne dass der prospektive Leser und Kunde auch nur eine einzige Seite aufzuschlagen braucht. Ein flüchtiger Blick auf die einschlägige Ikonographie reicht, um sich positiv eingestimmt zu fühlen, sofern das Dargebotene der eigenen Ästhetik und ideologischen Grundausrichtung entspricht. Fest eingebundene Monographien sind dagegen häufiger in seriös gemeintem Design gehalten, welches den Inhalt nobilitieren soll, wie goldene Schrift auf schwarzem oder anderem dunklen Grund. Mit ihrer meist nur ornamentalen Ausgestaltung knüpfen sie an verbreitetes traditionelles Dekorum an.

Paperback-Ausgaben, Heftchen-Versionen und Taschenbücher islamischer Jurisprudenz treiben noch wesentlich mehr Blüten, aber deren salafitisches Corporate Design bewegt sich ebenfalls im Rahmen der Darstellung von schariatrechtlich Zulässigem. Die visuellen Charakteristika, die sich in den letzten Jahrzehnten und verstärkt im Zuge der *ṣaḥwa islāmīya* seit den 1980er Jahren sowie im Rahmen eines breiteren publizistischen Booms entwickelt haben, sind augenfällig. Bestimmte Marketing-Features werden dabei gezielt eingesetzt, um die Gottgefälligkeit des Inhalts auszuflaggen:

- Als alles durchwirkendes Prinzip kommt authentifizierende Ornamentik zum Einsatz verbunden mit arabischer Schrift sowie Elementen sakraler Architektur. Wie auch die nachfolgenden Gestaltungsprinzipien erfolgt das oft nicht umfassend durchdekliniert auf Vorder- und Rückseite eines Buches, sondern eher patchworkartig. Ein beliebtes Stilmittel ist dabei die Überblendung kolorierter Illustrationen.

---

[58] Baecker: Hilfe, ich bin ein Text!, S. 46.

- Darstellungen des (geöffneten) Korans garantieren die Rückbindung an den heiligen Ursprung der Ausführungen.
- Dass die Dinge korrekt und kompetent behandelt werden, verbürgen auch oft Figuren mit Bart, erhobenen Händen und/oder Turban.
- Die Abbildung von Personen wird in der Regel nur schemenhaft vorgenommen, von hinten oder von der Seite, so dass bei diesen generischen Gestalten keine individuelle Zuordnung möglich wäre, ein Tribut an das (angebliche) Bilderverbot.
- Gelegentlich werden glorreiche Szenen islamischer Geschichte aufgerufen.
- Es erfolgen auch einige abschreckend gemeinte Darstellungen von Gefahrenlagen, etwa durch Ikonen des Nichtigen, welche den Menschen zum Straucheln bringen, wie Spielkarten, Musikinstrumente, Geschmeide und dergleichen.
- Demgegenüber wird Freude am original Schönen und Unverbrüchlichen propagiert. Diverse Landschaften tun sich vor dem Betrachter auf, welche jedoch die verschiedenen Sphären des Daseins aufrufen und sich nicht bloß auf das Diesseits beschränken.
- Sie werden auch verbunden mit „(Umwelt-)Phänomenen wie Lichtstrahlen, Blitzen oder Wasserstrudeln, häufig auch von Palmen, anderen Bäumen, Blumen, heilsamen Erträgen aus Gottes »Apotheke der Natur« oder von Schatztruhen.“[59] Die Räume sind eben durchzogen vom Wirken Gottes.
- Besondere optische Dramatik entfalten die inflationären Heftchen zu spiritueller Medizin und sozusagen weißer Magie (*ṭibb rūḥānī* bzw. *ṭibb nabawī*) zur Abwehr satanischer Ränkeschmiede. Die Titelbilder erinnern oft an kolorierte Kino-Plakate seit den 1940er Jahren oder auch einfältige christliche Missionierungstraktate, sind also keineswegs als singulär islamisches Phänomen zu deuten.

Farbe beschränkt sich nicht nur auf Buchdeckel, sondern spielt auch in fest eingebunden Texten eine Rolle, z. B. durch Papier mit pastellfarbenem Grundton (eine optische Logik, die sich mir noch nicht erschlossen hat). Vielleicht zeigen salafitische Traktate in Blassgelb oder Apricot an, dass sie lauteren Herzens komponiert wurden und besonders einladende Strahlkraft haben. Hardcover-Ausgaben erhalten zunehmend sogar haptisch ausgestaltete Deckel mit beträchtlichem Oberflächenrelief. Dies entspricht nicht nur Entwicklungen auf dem globalen Buchmarkt, sondern knüpft in gewisser Weise an die Tradition der ornamentalen Bearbeitung von z. B. orientalischen Messingtabletts an.

---

59 Krawietz: Open Source Salafiyya, S. 97.

Eine solche Art der Präsentation scheint echte Wertarbeit, Stabilität und Pfadabhängigkeit zu vertrauter, original arabisch/islamischer Kultur zu verbürgen. Mit den Fingern spürbar sind hervorgehobene Teile wie Personennamen, Titel oder Teile der Ikonographie.

Es gibt auch einige nach wie vor ernstere Aufmachungen (besagte schwarz oder dunkelfarbige Deckel mit goldener Schrift), welche Sanktionen anmahnen für Verstöße gegen islamisches Recht. Dafür eignen sich besonders gut traditionelle Waffen. So ziert ein senkrecht neben einer Schmuckbordüre aufragendes goldenes Schwert mit leicht gekrümmter Spitze die gesamte Höhe des schwarz eingebunden Werkes von „Das Schwert, das über demjenigen gezückt wird, der den Propheten beleidigt" (*as-Saif al-maslūl ʿalā man sabba ar-rasūl*) von Ibn Taymīya.[60]

Dessen Verlagshaus, das Dār Ibn Ḥazm in Beirut, bringt diese Martialsymbolik verschiedentlich zum Ausdruck. Besonders ausgefeilt erscheint sie in der verwandten Schrift des schafiitischen Damaszener Gelehrten Taqī ad-Dīn as-Subkī (gest. 1370) mit dem ganz ähnlichen Titel *as-Saif al-maslūl ʿalā man sabba ar-rasūl*:[61] Das Schwert prangt bei as-Subkī zwar nicht auf dem Buchdeckel selbst, zieht sich aber durch den gesamten Band mit seinen gut 500 Seiten: Jede einzelne Seitenzahl unter dem Text ist überdacht von zwei sich in der Spitze berührenden Klingen und jedes (Unter-)Kapitel beginnt mit einem zehn (bzw. sechs) cm langen Krummschwert, welches in unterschiedlich drohenden Winkeln über dem jeweiligen Auftakt schwingt – den robusten schwarzen Knauf zum Zupacken bereitstellend.

4 Ideologische Nostrifizierung

Mit ‚Nostrifizierung' meine ich nicht die Anerkennung ausländischer Studienabschlüsse und akademischer Grade, sondern der Begriff soll hier viel allgemeiner den Vorgang des *nostrum facere* (‚zum Unsrigen machen') bezeichnen. Solche Praktiken der Nostrifizierung behaupten oder begründen intellektuelle

---

[60] 3 Bde., hrsg. von Muḥammad ʿAbd Allāh b. ʿUmar al-Ḥalawānī und Muḥammad Kabīr Aḥmad Šūdrī, unveröffentlichte Master-Arbeit von Hager: *Ibn Taymiyya „to go"*, S. 69. Auch eine farbenprächtigere Version von Ḫālid ʿAbd al-Laṭīf as-Sabʿ al-ʿAlamī, Beirut: Dār al-Kitāb al-ʿArabī 1425/2005, präsentiert ein gefährliches Langschwert. Es hängt herab aus der Ecke rechts oben und zeigt mit seiner scharfen Spitze auf die Empore eines Minaretts, welches an der linken Deckelseite aufragt.

[61] Hrsg. von Abū Usāma Salīm b. ʿĪd b. Muhammad al-Hilālī as-Salafī al-Aṯarī, wobei die letzten beiden Bezeichnungen wohl keine genuinen Namensbestandteile sind, sondern programmatische Selbsterhöhungen darstellen.

bzw. ideologische Gemeinschaft. Demzufolge haben sie viel mit der angenommenen Vereinnahmung eines bestimmten Gelehrten zu tun, wie das einleitend bei der Popularität Ibn Taymīyas gerade in fundamentalistischen Kreisen und sogar terroristischen Milieus diskutiert wurde. Wie gehabt sollen hier einige Weichenstellungen erörtert werden.

Schon die Bezeichnung des Verlagshauses kann bereits Schritte der Vereinnahmung bestimmter vormoderner Gelehrter anzeigen. Bei Verlagen wie Dār al-Ḥadīṯ oder Reihentitulierungen wie *Silsilat iḥyāʾ at-turāṯ* dürfte der Name bereits Programm sein, zumal die Rahmung von Ibn Taymīya und Ibn al-Qaiyim als Garanten verdienstvollen Erbes zu problematisieren wäre. Gelegentlich treten auch Sponsoren[62] in Erscheinung oder bestimmte Gelehrte bzw. Persönlichkeiten schreiben wohlwollende Geleitworte, denn auch „ein Vorwort, das nicht vom Autor, sondern *von einer anderen Person* verfasst ist, stellt einen Paratext im Sinne von Gérard Genette dar."[63] Auch scheinbar sachlich knapp gehaltene vorgeschaltete Kurzbiographien der verlegten Gelehrten sind relevant, im Falle von Ibn Taymīya und Ibn Qaiyim al-Ǧauzīya insbesondere, wenn deren Heimsuchungen bzw. Verfolgungen (*miḥan*) erwähnt werden.[64] Der Verweis auf ihre Gefängnisaufenthalte verstärkt den Anti-Establishment-Nimbus. Selbst wenn keine suggestive Aufrufung der Biographie unmittelbare Parallelen mit der Gegenwart nahe legt, kann doch die Inflationierung belobigender Beinamen den Autor über andere erheben. Im Stil traditioneller *Ṭabaqāt*-Werke mögen auch belobigende Stellungnahmen früherer Gelehrter den zugewiesenen Status des Autors auskleiden.

Verbreitet sind zunächst einmal hanbalitische Vereinnahmungen, auch wenn die beiden hier behandelten Juristen zuweilen von der herrschenden Meinung innerhalb ihrer eigenen Rechtsschule abwichen und dafür auch beträchtliche Konflikte riskierten. Eine Zusammenstellung von normativen Auskünften zur Relevanz des Freitagsgebetes und des Aufenthaltes in der Moschee erscheint unspektakulär in ihrer hanbalitischen Rahmung durch Autoren dieser Schule aus verschiedenen Jahrhunderten, ist aber durchaus signifikant als editorische Gestaltungspraxis.[65] Andererseits ist es üblich, Ibn Taymīya und Ibn

---

62 Siehe die Danksagung an Aḥmad Nāǧī al-Ǧamālī und seinen Bruder Muḥammad Amīn al-Ḫānǧī in *Šifāʾ al-ʿalīl*, hrsg. von Muḥammad Badr ad-Dīn Abū Firās an-Naʿsānī al-Ḥalabī.

63 Genette: *Paratexte*, S. 8.

64 Bori/Holtzman: Scholar in the Shadow, S. 20–26.

65 Yūsuf ʿAlī Budaiwī: *Yaum al-ǧumʿa*.

al-Qaiyim gleich im Doppelpack zu präsentieren, wie etwa bei ihrer Behandlung von Analogieverfahren (*qiyās*).[66]

Eine neue Dimension herausgeberischer Gestaltungsmacht ist erreicht, wenn Stellungnahmen vormoderner Gelehrter mit solchen des 20. Jahrhunderts usw. zu einem Autoren-Konglomerat von angeblich gemeinsamer Stoßrichtung zusammen gebunden werden. Das ist besonders beliebt bei saudi-arabischen Akteuren, die Ibn Taymīya und Ibn al-Qaiyim als Haustheologen und –juristen behandeln. Das Überspringen vieler Jahrhunderte zeigt sich beispielsweise bei der Anberaumung imaginärer Fatwa-Kommittees über die Zeitalter hinweg, bei denen vom richtungsweisenden Charakter ihrer Auskünfte ausgegangen wird, so z. B. *Die Rechtsgutachten der Gelehrten zur Behandlung von schwarzer Magie, Besessenheit, Bösem Blick und Jinnen*, welche nicht nur saudiarabisches Gelehrten-Establishement aufrufen, sondern zugleich auch Ibn al-Qaiyim.[67] Ibn Taymīya und Ibn al-Qaiyim sind jedoch nicht bloß in wahhābitisch-salafitischen Kreisen des Nahen Ostens willkommene Säulenheilige, sondern Kooptierungsversuche werden von allen möglichen Seiten unternommen, was sich in gesteigerter Form bei zahllosen Übersetzungen in weitere Sprachen aufzeigen ließe.

Ein hier aber noch zu erörterndes, häufig anzutreffendes Mittel der Nostrifizierung ist das Herausstellen von Parallelen zur heutigen Zeit. Das gilt besonders für Konflikte mit Juden und Christen. Die Stellungnahmen gerade späthanbalitischer Autoren, die unter dem Eindruck von Kreuzzügen und Mongolensturm stehen, werden besonders enthusiastisch aufgegriffen für Auseinandersetzungen mit nichtmuslimischen Minderheiten sonstwo auf dem Globus. Das markanteste Beispiel dürfte dabei der Skandal um Salman Rushdies 1988 erschienenen Roman *Die Satanischen Verse* sein. Im Zuge der Proteste ist auch Ibn Taymīyas Frühwerk gegen Prophetenbeleidigung *aṣ-Ṣārim al-maslūl ʿalā*

---

66 Siehe die Zwillingspublikationen Ibn Taymīya / Ibn Qaiyim al-Ǧauzīya: *al-Qiyās fi-š-šarʿ al-islāmī*; id.: *al-Qiyās fi-š-šarʿ al-islāmī*, yaḥtawī ʿalā Risālat al-Qiyās li-Ibn Taymīya wa-fuṣūl fī al-Qiyās li-Ibn Qaiyim al-Ǧauzīya; ʿAbd al-Fattāḥ Maḥmūd ʿUmar: *Risālatān fī maʿnā al-Qiyās li-Ibn Taymīya wa-Ibn al-Qaiyim*, ḥaqqaqahu wa-ḫarraǧa aḥādīṯahu wa-ʿallaqa ʿalayhi ʿAbd al-Fattāḥ Maḥmūd ʿUmar.

67 *Fatāwā al-ʿulamāʾ fī ʿilāǧ as-siḥr wa-l-mass wa-l-ʿain wa-l-ǧānn*, aǧāba ʿalayhā: al-imām Ibn Qaiyim al-Ǧauzīya, samāḥat aš-šaiḫ Muḥammad b. Ibrāhīm Āl aš-Šaiḫ, samāḥat aš-šaiḫ ʿAbd al-ʿAzīz b. Bāz, faḍīlat aš-šaiḫ Muḥammad b. Ṣāliḥ al-ʿUṯaimīn, faḍīlat aš-šaiḫ ʿAbd Allāh b. ʿAbd ar-Raḥmān b. Ǧibrīn, faḍīlat aš-shaiḫ Ṣāliḥ b. Fauzān al-Fauzān, bi-l-iḍāfa ilā fatāwā al-Laǧna al-Dāʾima li-l-Iftāʾ, ǧamʿ wa-tartīb Nabīl b. Muḥammad Maḥmūd, Riad: Dār al-Qāsim Maḥmūd 1419 H/1998–1999.

šātim ar-rasūl wieder verstärkt in den Fokus geraten. In manchen Situationen bedarf es noch nicht einmal besonders exponierter Begleittexte. So betont Genette: „wir müssen zumindest prinzipiell festhalten, dass der Kontext als Paratext wirkt". Das bedeutet: „Die Existenz dieser Fakten kann, wie bei allen Arten des faktischen Paratextes, der Öffentlichkeit durch eine Erwähnung, die selbst wieder unter den textuellen Paratext fällt, zur Kenntnis gebracht werden oder nicht".[68] Einen Extremfall exzessiver Erwähnung und Kontextverknüpfung stellt eine saudi-arabische Dissertation der Islamic Muḥammad Ibn Saʿūd University von 1416/1996 dar, die *aṣ-Ṣārim al-maslūl* ediert und deren Einleitung mehr als 200 Seiten umfasst.[69] Solche Schriften bzw. deren Übersetzungen entfalten besondere Wirksamkeit in Kontexten, in denen Anschuldigungen von Apostasie, Blasphemie oder Häresie besonders virulent sind. Die Publizierung von Klassikern ist somit auch ein taugliches Mittel, Zensurbestimmungen in islamischen Ländern oder auch solche beispielsweise der Bundesrepublik zu umgehen. In *aṣ-Ṣārim* propagiert Ibn Taymīya die Todesstrafe für Prophetenbeleidigung; ein einschlägiger moderner Traktat hätte wesentlich größere Schwierigkeiten in die Bücherregale zu gelangen, so dass sich die Edition alter Texte als subversive Strategie erweisen mag.

5 Postmoderne Kombinatorik oder Synthese

Zu noch durchgreifenderen Transformationen kommt es, wenn bestimmte normative Auskünfte weiter reichende Relevanz erst in heutiger Zeit entfalten, dadurch dass moderne Kontexte bestimmten Positionen neue Konjunktur verleihen. Diverse paratextuelle Elemente nehmen dann eine solche Rekontextualisierung oder Neurahmung der verwendeten Materialien vor. Dabei ist grundsätzlich zu unterscheiden zwischen immer noch expliziter oder identifizierbarer Anlehnung an die benutzte vormoderne Quelle und zwischen einer nicht mehr oder zumindest für den Laien kaum noch erkennbaren Synthese. Ersteres wird hier als postmoderne Kombinatorik bezeichnet, denn sie legt ihre Aneignungsstrategien oder zumindest einen Teil davon immer noch offen. Wie bei postmoderner Architektur lassen sich die einzelnen Elemente bestimmten Stilen und vielleicht sogar Bauherren zuordnen. Dagegen verschleiern Formen der Synthese oft das Grundmuster ihrer Konstitution. Das bedeutet, die einzelnen Elemente werden bis zur Unkenntlichkeit miteinander fusioniert, so dass sich der Prozess ihrer Zusammensetzung nicht oder kaum noch zurückverfol-

---

68 Genette: *Paratexte*, S. 15.

69 Hager: *Ibn Taymiyya „to go"*.

gen lässt. Da vormoderne Schariatsgelehrte nicht durch Copyright-Regelungen geschützt werden, sind ihrer Ausbeutung durch allerlei Verschnitte somit Tür und Tor geöffnet. Charakteristisch ist für beide Modi die Überführung in ein anderes Referenzsystem. Beide Arten, sowohl hybridisierende Darstellungen als auch Publikationen, die ihren Zitat- bzw. Referenz-Charakter beibehalten, können sich sehr stark von dem absetzen, was der Autor wohl näher hin im Sinn hatte bzw. gehabt haben könnte.

Da das zweite Szenarium einer kompletten Vermischung oder Synthese jedoch wesentlich schwerer dingfest zu machen ist, sollen hier abschließend nur ein paar Beispiele für dieses extrem weite und unübersichtliche Feld von Rekontextualisierung und postmoderner Kombinatorik genannt werden. Bestimmte Konzepte entspringen erst Wahrnehmungsrastern der Moderne und lassen sich nicht als solche in vormodernem Schrifttum festmachen, wie beispielsweise Behinderung, Körper, medizinische Ethik oder Sport. Gleichwohl können sie auf zahlreiche frühere, aber eben weiter verstreute Elemente zurückgeführt werden. Ein Beispiel für eine solche moderne und durchaus auch postmoderne Rekontextualisierung ist die Zusammenstellung von Rechtsauskünften von Ibn Taymīya zum Thema Behinderung (*iʿāqa*) zu einem eigenen Buch.[70] Erst diese neue Rahmung macht den Damaszener Gelehrten auch in dieser Hinsicht anschlussfähig für die Gegenwart. Der Herausgeber, welcher signifikanterweise von seiner Tätigkeit ambivalent als Bereitstellung oder Herrichtung (*iʿdād*) spricht, gibt einleitend zu Protokoll, die Sorge um beeinträchtigte Mitbürger sei keineswegs ein Monopol, das ‚der Westen' für sich als kulturelle Errungenschaft in Anspruch nehmen könne.

Es ist problematisch, bei einer ganzen Reihe von Nutznießungen noch von islamischer Jurisprudenz zu sprechen, denn ein signifikanter Teil davon findet nunmehr außerhalb primär religiös oder normativ definierter Settings Anwendung: So präsentiert ein gewisser Bassem Y. Sheikh im *Journal of Taibah University Medical Sciences*[71] einen Artikel mit dem Thema „The Role of Prophetic Medicine in the Management of Diabetes Mellitus: A Review of Literature". Dieser Autor hat ein deutlich naturwissenschaftliches Referenzsystem, welches gespickt ist mit medizinischer Terminologie und das einer Darstellungsweise mit Tabellen, Graphiken usw. folgt. Darin bettet Sheikh die heilsame Wirkungsweise von Elementen aus Ibn al-Qaiyims *Zād al-maʿād* bzw. dessen

70 *Ārāʾ Ibn Tayimīya ḥaula al-iʿāqa*, iʿdād ʿAbd Allāh b. ʿUṯmān aš-Šāyiʿ.

71 Bd. 11.4 (2016), S. 339–352, www.sciencedirect.com/science/article/pii/S1658361216000032 (letzter Aufruf 18. 03. 2018).

Teil zur Prophetenmedizin ein, sodass Honig, Datteln, Gerste, Zemzem-Wasser, Essig, Kostwurz, Feigen, Wüstentrüffeln und Kürbisgewächse auf diese Wiese zum Kampf gegen Diabetes mellitus aufgerufen werden. Insgesamt wird solchen Auskünften auf diesem und anderen Wegen eine besondere Rolle bei gesunder Lebensführung und Prävention zugesprochen. Entsprechende Aneignungsmuster lassen sich auch für Ibn al-Qaiyims *Tuḥfat al-mawdūd bi-aḥkām al-mawlūd*, einer ursprünglich normativen Abhandlung für Regelungen und gottgefällige Rituale im Umgang mit Empfängnis, Geburt und (Klein-)Kindern finden. In nunmehr auch pädagogischem Schrifttum mutieren seine Auskünfte zu einem aktuell erscheinenden Elternratgeber. Und normative Vorgaben zur Kontrolle von Emotionen, die ein zentrales Thema in mehreren Schriften von Ibn al-Qaiyim darstellt, werden ihrerseits massiv in moderne Ratgeberliteratur zur allgemeinen Work-life-balance eingebaut. Ibn al-Qaiyims Buch über die Seele und seine dortigen Auskünfte über verzögerte Beseelung im Mutterleib wird dagegen verstärkt zu Rate gezogen bei Streitfragen um Abtreibung und klinische Experimente an Föten in den ersten 120 Tagen. Die diversen postmodernen Verwertungsstrategien zeigen somit, dass nicht alle Auskünfte in säkulare Kontexte diffundieren. Vieles verbleibt im religiös-normativen Rahmen oder wird manchmal sogar noch stärker juridifiziert.

Ende als Auftakt

Entgegen der weit verbreiteten Fokussierung auf prominente Reformer wird hier auf allgegenwärtige Mikro- und zum Teil auch deutlicher zu Tage tretende Manöver der Bedeutungsveränderung von Texten zum islamischen Recht im Rahmen ihrer Drucklegung eingegangen. Dabei kann keine umfassende Taxonomie geboten werden. Digitale Aspekte und Intermedialität sowie Übersetzungen mussten hier ohnehin weitgehend außen vor bleiben, um zunächst einmal eine Grobtypologie zu erstellen. Dieser Auftakt knüpft natürlich an diverse Vorarbeiten anderer an. Das setzt zunächst einmal eine Modifizierung bzw. Erwieterung der Blickrichtung(en) voraus. Hier wurde lediglich der Versuch unternommen, stärker als bisher auf die unterschiedlichen gedruckten Darreichungsformen religiöser Texte abzustellen. Das heißt, ich verstehe Reform zu diesem Zweck überaus wörtlich als Re-Form. Mein Beitrag plädiert somit für ein gewisses Absehen vom sozusagen eigentlichen Text.

Die präsentierten Beispiele beziehen sich zumeist auf Schriften von Ibn Qaiyim al-Ǧauzīya und Ibn Taymīya, wobei sich nur der erstere durch ausgreifende Langformate auszeichnet. Es kommt hier aber nicht primär auf deren Inhalte an, sondern auf die an ihnen sichtbar werdende Variabilität von Gestaltungsstrategien. Der Ausdruck ‚Strategie' bedeutet nicht zwangsläufig planvolle, vorsätzliche und nur selten machiavellistische Manöver. Dennoch handelt es sich um diverse Maßnahmen, die mehr oder weniger subkutan diese Autoritäten durchaus in Frage stellen bzw. deren Aussagen signifikant transformieren. Wenn wir gedruckte Texte von beiden Gelehrten und weiteren Personen betrachten, haben diese bereits eine überaus breite Palette von Gestaltungsmöglichkeiten durchlaufen, welche sich auch auf den wahrgenommenen normativen Gehalt auswirken. Die hier im Anschluss an Genette entfaltete Typologie macht Vorschläge, wichtige Aspekte dieser komplexen Gemengelage zu erfassen. Eine Reihe zumeist alltäglicher Mikro-Veränderungen und Rekontextualisierungen wurden in den Vordergrund der Betrachtung gestellt und in ihrem kreativen Potential gewürdigt. Inwieweit ein Ibn Taymīya oder Ibn al-Qaiyim dabei noch unverbrüchlich als Autor firmieren kann, sei hier dahin gestellt. Entscheidend ist die Co-Konstruktion von Sinnstiftung durch Autor, Herausgeber und Leser. Die hier vorgeschlagene Fünfertypologie berücksichtigt dabei auch Formen der visuellen Valorisierung und optischen Beherzigung islamrechtlicher Gebote.

In der obigen Typologie sind noch nicht Aspekte der Performativität und des sozialen Lebens von Texten berücksichtigt, auch wenn das Umblättern der mit Schwertern bedruckten Seiten bereits in diese Richtung weist. Das Anmahnen von islamischem Recht und insbesondere der von Ibn Taymīya und Ibn al-Qaiyim verfochtenen schariatgemäßen Ordnung im öffentlichen Raum (*siyāsa šarʿīya*)[72] kommt aber beispielsweise dann zum Tragen, wenn sich der salafitische Islamist Sven Lau zusammen mit einigen Begleitern – wie 2014 geschehen – in Wuppertal eine orangefarbene Signalweste mit silbernen Leuchtstreifen überzieht, auf der die Aufschrift ‚Sharia Police' prangt. Dabei handelt es sich um einen höchst untersuchungswürdigen Akt der Aneignung normativen islamischen Erbes. Dies gilt unbeschadet der Tatsache, dass Lau in anderer Angelegenheit zu einer mehrjährigen Haftstrafe verurteilt wurde. Das verbreitete Klagelied über den in solchen Aktionen angeblich zum Ausdruck gelangenden Steinzeit-Islam verhindert oder zumindest erschwert jedoch analytisch die Betrachtung und Offenlegung von Aneignungsstrategien. Es böten sich frappierende Vergleichsmöglichkeiten an gerade mit dem einleitetend skizzierten Luther-Reenactment eines Abdel-Hakim Ourghi. Dabei erscheint mir die Selbstinszenierung und Requisitenwahl von Lau in gewisser Weise als der kre-

---

72 Zu dem schillernden Begriff siehe Belhaj: Law and Order.

ativere Ansatz.[73] Mir kommt es hier aber lediglich darauf an, das Aufmerksamkeitsregime der großen Geste, die sich beide Protagonisten aneignen, heraus zu stellen, auch wenn sie mit ihrem rituellen Zitat unterschiedliche Wissensregister aufrufen. Kreativität steckt im Detail bzw., wie hier näher skizziert wurde, in sehr vielen Details und ist mit Deleuze gesprochen rhyzomatisch angelegt. Diese Struktur des publizistischen Alltags entfaltet aber insgesamt mehr Handlungsmacht als selbst ernannte Reformer und Retter im *Selfie*-Modus.

[73] Das kann an dieser Stelle nicht weiter ausgeführt werden, aber ein Vergleich insbesondere der Ortswahl (Gibt es in Freiburg nicht genug problematische Salafiten/Salafisten?) und der Funktion der gewählten Requisiten wäre angezeigt.

Bibliographie

Abū Zaid, Bakr Ibn ʿAbd Allāh: *Ibn Qaiyim al-Ǧauzīya. Ḥayātuhu, āṯāruhu, mawāriduhu*, Riad: o. V. 1412/1991–1992.

Amirpur, Katajun: Ein iranischer Luther? – ʿAbdolkarîm Sorûshs Kritik an der schiitischen Geistlichkeit, in: *Orient* 37 (1996), S. 465–481.

Baecker, Dirk: Hilfe, ich bin ein Text!, in: *Paratexte in Literatur, Film und Fernsehen*, hrsg. von Klaus Kreimeier und Georg Stanitzek, Berlin 2004, S. 43–52.

Behzadi, Lale / Jaakko Hämeen-Anttila (Hgg.): *Concepts of Authorship in Pre-Modern Arabic Texts*, Bamberg 2015.

Belhaj, Abdessamad: Law and Order According to Ibn Taymiyya and Ibn Qayyim al-Jawziyya. A Re-Examination of *siyāsa sharʿiyya,* in: *Islamic Theology, Philosophy and Law. Debating Ibn Taymiyya and Ibn Qayyim al-Jawziyya*, hrsg. von Birgit Krawietz und Georges Tamer, Berlin 2013, S. 401–421.

Berndt, Frauke / Lily Tonger-Erk: *Intertextualität. Eine Einführung*, Berlin 2013.

Binczek, Natalie: Epistolare Paratexte. Über die ästhetische Erziehung des Menschengeschlechts in einer Reihe von Briefen, in: *Paratexte in Literatur, Film und Fernsehen*, hrsg. von Klaus Kreimeier und Georg Stanitzek, Berlin 2004, S. 117–133.

Bori, Caterina / Livnat Holtzman (Hgg.): *A Scholar in the Shadow. Essays in the Legal and Theological Thought of Ibn Qayyim al-Ǧawziyyah*, Oriente Moderno N.S. 90.2010,1, Rom 2010.

Bori, Caterina / Livnat Holtzman: A Scholar in the Shadow, in: *A Scholar in the Shadow. Essays in the Legal and Theological Thought of Ibn Qayyim al-Ǧawziyyah*, Oriente Moderno N.S. 90.2010,1, hrsg. von Caterina Bori und Livnat Holtzman, Rom 2010, S. 13–44.

Dennerlein, Bettina: *Religion als Reform. Islāḥ und Gesellschaft Marokko (1830–1912)*, Berlin 2018.

Ebert, Hans-Georg / Thoralf Hanstein (Hgg.): *Beiträge zum Islamischen Recht III*, Leipziger Beiträge zur Orientforschung 13, Frankfurt am Main 2003.

Fadel, Mohammad: The Social Logic of *Taqlīd* and the Rise of the *Mukhtaṣar*, in: *Islamic Law and Society* 3.2 (1996), S. 193–233.

Franz, Kurt: *Kompilation in arabischen Chroniken. Die Überlieferung vom Aufstand der Zanǧ zwischen Geschichtlichkeit und Intertextualität vom 9. bis ins 15. Jahrhundert*, Berlin 2004.

Freimark, Peter: *Das Vorwort als literarische Form in der arabischen Literatur*, Dissertation Univ. Münster (Westf.) 1967.

Genette, Gérard: *Paratexte. Das Buch vom Beiwerk des Buches*, mit einem Vorwort von Harald Weinrich, aus dem Französischen von Dieter Hornig, Frankfurt am Main/New York 1989.

—: *Palimpseste. Die Literatur auf zweiter Stufe*, aus dem Französischen von Wolfram Bayer und Dieter Hornig, Frankfurt am Main 1993.

Gilbert, Annette (Hg.): *Wiederaufgelegt. Zur Appropriation von Texten und Büchern in Büchern*, Bielefeld 2012.

Hager, Manuela: *Ibn Taymiyya „to go". Thesen zur Prophetenbeleidigung wieder aufgelegt*, unveröffentlichte Master-Arbeit, Freie Universität Berlin 2014.

Hirschler, Konrad: *Medieval Arabic Historiography. Authors as Actors*, London/New York 2006.

—: ‚Catching the Eel'. Documentary Evidence for Concepts of the Arabic Book in the Middle Period, in: *Journal of Arabic and Islamic Studies* 12 (2012), S. 224–233.

Hoover, Jon: Against Islamic Universalism. ʿAlī al-Ḥarbī's 1990 Attempt to Prove that Ibn Taymiyya and Ibn Qayyim al-Jawziyya Affirm the Eternity of Hell-Fire, in: *Islamic Theology, Philosophy and Law. Debating Ibn Taymiyya and Ibn Qayyim al-Jawziyya*, hrsg. von Birgit Krawietz und Georges Tamer, Berlin 2013, S. 377–399.

—: Ibn Taymiyya between Moderation and Radicalism, in: *Reclaiming Islamic Tradition. Modern Interpretations of the Classical Heritage*, hrsg. von Elisabeth Kendall und Ahmad Khan, Edinburgh 2016, S. 177–203.

al-Ḫūlī, Amīn: *Die Verbindung des Islam mit der christlichen Reformation. Übersetzung und Kommentar*, hrsg. von Christiane Paulus, Frankfurt am Main 2011.

Ibn Qaiyim al-Ǧauzīya, Šams ad-Dīn Muḥammad: *Šifāʾ al-ʿalīl*, hrsg. von Muḥammad Badr ad-Dīn Abū Firās an-Naʿsānī al-Ḥalabī, Kairo: al-Maṭbaʿa al-Ḥusainīya al-Miṣrīya 1323/1905–1906.

——: *Nubḏa muǧarrada min kitāb Rauḍat al-muḥibbīn wa-nuzhat al-muštāqīn*, Damaskus: Maṭbaʿat at-Taraqī 1348/1929–1930.

——: *Šarḥ aš-šurūṭ al-ʿumarīya. Muǧarrad min kitāb Aḥkām ahl aḏ-ḏimma*, hrsg. von Ṣubḥī Ṣāliḥ, Damaskus: Maṭbaʿat Ǧāmiʿat Dimašq 1961.

——: *Fatāwā rasūl Allāh*, hrsg. und komm. von Muṣṭafā ʿĀšūr, Kairo: o. V. 1980.

——: *ar-Rūḥ*, hrsg. von ʿIṣām aṣ-Ṣabābiṭī, Kairo: Dār al-Ḥadīṯ 1994.

——: *ar-Risāla at-tābukīya*, hrsg. von Ǧudda Abū Usāma Salīm Ibn ʿUbaid al-Hilālī as-Salafī, Beirut: Dār Ibn Ḥazm/Maktabat al-Ḫarrāz 1998.

——: *Zād al-maʿād*, [kein Hg. angegeben], Beirut: Dār Ibn Ḥazm 1999.

Ibn Taymīya, Taqī ad-Dīn Aḥmad: *as-Saif al-maslūl ʿalā man sabba ar-rasūl*, 3 Bde., hrsg. von Muḥammad ʿAbd Allāh Ibn ʿUmar al-Ḥalawānī und Muḥammad Kabīr Aḥmad Šūdrī, Beirut: Dār Ibn Ḥazm 1997.

——: *as-Saif al-maslūl ʿalā man sabba ar-rasūl*, hrsg. von Ḫālid ʿAbd al-Laṭīf as-Sabʿ al-ʿAlamī, Beirut: Dār al-Kitāb al-ʿArabī 1425/2005.

——: *The Goodly Word. Al-Kalim al-Tayyib*, übersetzt von Ezzedin Ibrahim und Denys Johnson-Davies, its.org.uk/catalogue/ibn-taymiyya-the-goodly-word-paperback (letzter Aufruf 17. 03. 2018).

Ibn Taymīya,Taqī ad-Dīn Aḥmad / Šams ad-Dīn Muḥammad Ibn Qaiyim al-Ǧauzīya: *al-Qiyās fi-š-šarʿ al-islāmī*, Kairo: al-Maṭbaʿa as-Salafīya wa-Maktabatuhā 1375/1955–1956.

—— / ——: *al-Qiyās fi-š-šarʿ al-islāmī*, yaḥtawī ʿalā Risālat al-Qiyās li-Ibn Taymīya wa-fuṣūl fi-l-Qiyās li-Ibn Qaiyim al-Ǧauzīya, Beirut: Dār al-Āfāq al-Ǧadīda [2]1975.

—— / ——: *Risālatān fī maʿnā al-Qiyās li-Ibn Taymīya wa-Ibn al-Qaiyim*, hrsg. von ʿAbd al-Fattāḥ Maḥmūd ʿUmar, Amman: Maktabat Dār al-Fikr 1987.

Ibn ʿAbd al-Wahhāb, Muḥammad: *Hady ar-rasūl. Muḫtaṣar min Zād al-maʿād*, iḫtaṣarahu wa-anšaʾa ʿalayhi taʿlīqāt Muḥammad Abū Zaid, Kairo: al-Maktaba at-Tiǧārīya al-Kubrā [5][vor 1960].

——: *Muḫtaṣar Zād al-maʿād*, hrsg. von Zuhair aš-Šāwīš, Beirut/Damaskus: al-Maktab al-Islāmī [4]1983.

——: *Muḫtaṣar Zād al-maʿād fī hady ḫair al-ʿibād*, hrsg. von ʿAbd ar-Razzāq al-Mahdī, Beirut: Dār al-Kitāb al-ʿArabī 1995

Jansen, Johannes J. G.: The Creed of Sadat's Assassins. The Contents of „The Forgotten Duty Analyzed", in: *Die Welt des Islams* 25 (1985), S. 1–30.

——: *The Neglected Duty. The Creed of Sadat's Assassins and Islamic Resurgence in the Middle East*, New York/London 1986.

——: Ibn Taymiyyah and the Thirteenth Century. A Formative Period of Modern Muslim Radicalism, in: *Quaderni di Studi Arabi* 5–6 (1987–1988), S. 391–396.

——: *The Dual Nature of Islamic Fundamentalism*, Ithaca, New York 1997.

Kendall, Elisabeth / Ahmad Khan (Hgg.): *Reclaiming Islamic Tradition: Modern Interpretations of the Classical Heritage*, Edinburgh 2016.

Kokoschka, Alina / Birgit Krawietz: Appropriation of Ibn Taymiyya and Ibn Qayyim al-Jawziyya: Challenging Expectations of Ingenuity, in: *Islamic Theology, Philosophy and Law: Debating Ibn Taymiyya and Ibn Qayyim al-Jawziyya*, hrsg. von Birgit Krawietz und Georges Tamer, Berlin 2013, S. 1–33.

Krawietz, Birgit: Der Prophet Muḥammad als Muftī und Muǧtahid, in: *Beiträge zum Islamischen Recht* III, Leipziger Beiträge zur Orientforschung 13, hrsg. von Hans-Georg Ebert und Thoralf Hanstein, Frankfurt am Main 2003, S. 55–71.

——: Ibn Qayyim al-Jawziyah. His Life and Works, in: *Mamluk Studies Review* 10.2 (2006), S. 19–64.

——: Transgressive Creativity in the Making. Ibn Qayyim al-Jawziyyah's Reframing within Hanbali Legal Methodology, in: *A Scholar in the Shadow. Essays in the Legal and Theological Thought of Ibn Qayyim al-Gawziyyah*, Oriente Moderno N.S. 90.2010,1, hrsg. von Caterina Bori, Rom 2010, S. 43–62.

——: Ibn Taymiyya, Vater des islamischen Fundamentalismus? Zur westlichen Rezeption eines mittelalterlichen Schariatsgelehrten, in: *Salafismus in Deutschland. Ursprünge und Gefahren einer islamisch-fundamentalistischen Bewegung*, hrsg. von Thorsten-Gerald Schneiders, Bielefeld 2014, S. 67–87.

——: Open Source Salafiyya. Zugriff auf die islamische Frühzeit durch Ibn Qayyim al-Dschauziyya, in: *Salafismus in Deutschland. Ursprünge und Gefahren einer islamisch-fundamentalistischen Bewegung*, hrsg. von Thorsten-Gerald Schneiders, Bielefeld 2014, S. 89–102.

Krawietz, Birgit / Georges Tamer (Hgg.): *Islamic Theology, Philosophy and Law. Debating Ibn Taymiyya and Ibn Qayyim al-Jawziyya*, Berlin 2013.

Kreimeier, Klaus / Georg Stanitzek (Hgg.): *Paratexte in Literatur, Film und Fernsehen*, Berlin 2004.

Martin, Richard / Mark R. Woodward mit Dwi S. Atmaja: *Defenders of Reason in Islam. Muʿtazilism from Medieval School to Modern Symbol*, Oxford 1997.

Mecke, Jochen / Susanne Heiler (Hgg.): *Titel – Text – Kontext. Randbezirke des Textes; Festschrift für Arnold Rothe zum 65. Geburtstag*, Glienicke et al. 2000.

Mecke, Jochen / Susanne Heiler: Vorwort, in: *Titel – Text – Kontext. Randbezirke des Textes; Festschrift für Arnold Rothe zum 65. Geburtstag*, hrsg. von Jochen Mecke und Susanne Heiler, Glienicke et al. 2000, S. xv–xx.

Nabielek, Rainer: Muhammad Schahrur, ein ‚Martin Luther' des Islam, in: *INAMO* 23/24 (2000), S. 73–79.

Nabīl b. Muḥammad Maḥmūd (Hg.): *Fatāwā al-ʿulamāʾ fī ʿilāǧ as-siḥr wa-l-mass wa-l-ʿain wa-l-ǧānn*, aǧāba ʿalayhā: al-imām Ibn Qaiyim al-Ǧauzīya, samāḥat aš-Šaiḫ Muḥammad b. Ibrāhīm Āl aš-Šaiḫ, samāḥat aš-Šaiḫ ʿAbd al-ʿAzīz b. Bāz, faḍīlat aš-Šaiḫ Muḥammad b. Ṣāliḥ al-ʿUṯaimīn, faḍīlat aš-Šaiḫ ʿAbd Allāh b. ʿAbd ar-Raḥmān b. Ǧibrīn, faḍīlat aš-Šaiḫ Ṣāliḥ b. Fauzān al-Fauzān, bi-l-iḍāfa ilā fatāwā al-Laǧna ad-Dāʾima li-l-Iftāʾ, Riad: Dār al-Qāsim Maḥmūd 1419/1998–1999.

o. A.: Facebook-Video des Sonntagsblatts Bayern zu Ourghis 40 Thesen, www.facebook.com/sonntagsblatt.bayern/videos/2112008198824805 (letzter Aufruf 23. 02. 2018).

Olesen, Niels Henrik: Étude comparé des idées d'Ibn Taymiyya (1263–1328) et de Martin Luther (1483–1546) sur le culte des saints, in: *Revue des Études Islamiques* 50 (1982), S. 175–206.

Ourghi, Abdel-Hakim: *Reform des Islam. 40 Thesen*, München 2017.

Powers, Paul R.: You Say You Want a Reformation? Parsing the Ubiquitous Rhetoric of an ‚Islamic Reformation', in: *Comparative Islamic Studies* 4.1–2 (2008), S. 37–73.

Poya, Abbas / Maurus Reinkowski (Hgg.): *Das Unbehagen in der Islamwissenschaft. Ein klassisches Fach im Scheinwerferlicht der Politik und der Medien*, Bielefeld 2008.

Ramtke, Nora: Ohne Begleitschutz – Texte auf der Schwelle: Überlegungen zu Textappropriationen und Paratext, in: *Wiederaufgelegt. Zur Appropriation von Texten und Büchern in Büchern*, hrsg. von Annette Gilbert, Bielefeld 2012, S. 103–119.

Reckwitz, Andreas: *Die Erfindung der Kreativität. Zum Prozess gesellschaftlicher Ästhetisierung*, Berlin 2012.

as-Sabʿ al-ʿAlamī, Ḫālid ʿAbd al-Laṭīf (Hg.): *Šifāʾ al-ʿalīl fī masāʾil al-qaḍāʾ wa-l-qadar wa-l-ḥikma wa-t-taʿlīl*, Beirut: Dār al-Kitāb al-ʿArabī 1425/1995.

Salām, Aḥmad: *al-Baiyināt as-salafīya ʿalā anna aqwāl aṣ-ṣaḥāba ḥuǧǧa šarʿīya fī Iʿlām al-muwaqqiʿīn li-imām ibn Qaiyim al-Ǧauzīya*, Tālbūrġ, Niederlande: al-Muʾassasa al-Islāmīya li-ṯ-Ṯaqāfa wa-r-Riʿāya 1997.

aš-Šāyiʿ, ʿAbd Allāh b. ʿUṯmān (Hg.): *Ārāʾ Ibn Taymīya ḥaula al-iʿāqa*, Riad: Dār aṣ-Ṣumaiʿī 1420/ 1999.

Schimmel, Annemarie: *Die Zeichen Gottes. Die religiöse Welt des Islam*, München 1995.

Schneiders, Thorsten-Gerald (Hg.): *Salafismus in Deutschland. Ursprünge und Gefahren einer islamisch-fundamentalistischen Bewegung*, Bielefeld 2014.

Sheikh, Bassem Y.: The Role of Prophetic Medicine in the Management of Diabetes Mellitus: A Review of Literature, in: *Journal of Taibah University Medical Sciences* 11.4 (2016), S. 339–352, www.sciencedirect.com/science/ article/pii/S1658361216000032 (letzter Aufruf 18. 03. 2018).

Stanitzek, Georg: Texte, Paratexte, in Medien: Einleitung, in: *Paratexte in Literatur, Film und Fernsehen*, hrsg. von Klaus Kreimeier und Georg Stanitzek, Berlin 2004, S. 3–13.

as-Subkī, Taqī ad-Dīn: *as-Saif al-maslūl ʿalā man sabba ar-rasūl*, hrsg. von Abū Usāma Salīm b. ʿĪd b. Muḥammad al-Hilālī as-Salafī al-Aṯarī, Beirut: Dār Ibn Ḥazm li-ṭ-Ṭibāʿa wa-n-Našr wa-t-Tauzīʿ 2005.

Ṭāhā, ʿAbd ar-Raʾūf Ṭāhā (Hg.): *Zād al-maʿād ʿalā hady ḫair al-ʿibād*, 4 Bde., Kairo: Muṣṭafā al-Bābī al-Ḥalabī 1970.

Weinrich, Harald: Vorwort, in: Genette, Gérard (Hg.): *Paratexte. Das Buch vom Beiwerk des Buches*, mit einem Vorwort von Harald Weinrich, aus dem Französischen von Dieter Hornig, Frankfurt am Main/New York 1989, S. 7 f.

Yūsuf ʿAlī Budaiwī (Hg.): *Yaum al-ǧumʿa. Ḫaṣāʾiṣuhu, aḥkāmuhu, bidaʿuhu; nuṣūṣ muḫtāra li-Ibn Qaiyim al-Ǧauzīya wa-Ibn Qudāma al-Ḥanbalī wa-Aḥmad b. Ḥanbal wa-ʿUmar b. al-Ḥusain al-Ḫiraqī wa-ġairihim*, Damaskus/Beirut: Dār Ibn Kaṯīr 1993.

Stephan Kokew*

Überlegungen zum Prinzip der Schutzverpflichtung als Bestandteil islamischer Schutzgewährung

1 Einleitung

Die Gesellschaften des Nahen und Mittleren Ostens verfügen über eine lange Tradition zwischenmenschlicher Schutzgewährung.[1] Speziell für den Islam, der in dieser Region ab Mitte des 7. Jahrhunderts zur dominierenden religiösen, politischen und kulturellen Macht werden sollte, war die Praxis altarabischer Schutzgewährung (*ǧiwār*) von einer nahezu existenziellen Relevanz. Denn es waren keine Geringeren als Muḥammad und seine frühen Gefolgsleute – und damit die ersten Muslime –, die im Zuge der *hiǧra* von Mekka nach Medina auf Schutzgewährung durch Dritte angewiesen gewesen waren.

Mit dem Auftreten Muḥammads und seiner Interaktion in einem multireligiösen Umfeld wurde die Erteilung von Schutzgewährung auf der Grundlage religiös-normativer Aussagen (Koran und Hadith) neu formuliert und in Gestalt des *ḏimma*-Konzepts eine religiös-rechtlich institutionalisierte *Erlaubnis*- und *Koexistenz*-Toleranz[2] gegenüber bestimmten Gruppen von Nichtmuslimen begründet. Innerhalb einer religiös, ethnisch und kulturell heterogen verfassten Gesellschaft, die erst mit den allmählich einsetzenden Konversionen zu einer islamischen Mehrheitsgesellschaft werden sollte, war die ordnungspolitische Regulierung von religiöser Diversität für das unter den ersten Kalifen rasch entstandene islamische Imperium unerlässlich und mit Blick auf die Integrationsfähigkeit dieses Staatsgebildes nicht zuletzt von staatserhaltender Relevanz.

Dieser Umstand mag in einem gewissen Maße auch die Tatsache erklären, dass die Beschäftigung mit islamischen Konzeptionen von Schutzgewährung in der islamwissenschaftlichen Forschung eine reiche Literatur hervorgebracht hat. In jüngerer Zeit ist ein Interesse an islamischen Schutzkonzeptionen aus den

---

* Wissenschaftlicher Mitarbeiter am Lehrstuhl für Orientalische Philologie und Islamwissenschaft an der Friedrich-Alexander-Universität Erlangen-Nürnberg.

1 Vgl. Turner: *Asyl und Konflikt*, S. 477.

2 Ich lehne mich hier an die Konzeptionen von Rainer Forst an. Forst: *Toleranz im Konflikt*, S. 44 f.

Reihen der Geschichtswissenschaft zu beobachten[3] und auch der vorliegende Beitrag will einen grundlegenden Aspekt islamischer Schutzgewährung ermitteln. Dies sei anhand einer Episode aus der frühen arabisch-islamischen Eroberungszeit näher verdeutlicht. Sie findet sich in der Chronik *Kitāb futūḥ al-buldān* des Aḥmad b. Yaḥyā b. Ǧābir al-Balāḏurī (gest. 892) und handelt davon, wie im Zuge der Eroberung Syriens unter dem zweiten Kalifen ʿUmar (reg. 634–644) den Bewohnern der ehemals von den Byzantinern beherrschten Stadt Homs die von den Muslimen eingezogene Kopfsteuer wieder ausgehändigt wird, weil diese sich nicht in der Lage sahen, ihrer Funktion als Schutzherren über die Stadt und deren Einwohner nachzukommen.[4] In der Übersetzung nach Ḥitti heißt es:

> When Heraclius massed his troops against the Moslems and the Moslems heard that they were coming to meet at al-Yarmûk, the Moslems refunded to the inhabitants of Ḥims the *kharâj* they had taken from them saying 'We are too busy to support and protect you. Take care of yourselves'.[5]

Dass in der hier zitierten Episode die für die unterworfenen Nichtmuslime zu zahlende Steuer nicht als *ǧizya* sondern als *ḫarāǧ* bezeichnet wird, ist ein bemerkenswertes Detail, das in Schutzverträgen gegenüber Nichtmuslimen aus frühislamischer Zeit bekanntlich nicht unüblich ist.[6] Für die folgenden Ausführungen soll es aber die hier beschriebene Handlung an sich sein, die einen wichtigen Aspekt islamischer Schutzgewährung aufweist: die Einhaltung der vertraglich zugesicherten Schutzverpflichtung. Dieser Grundsatz kommt auch in einem bei al-Buḫārī (gest. 870) überlieferten Hadith zum Ausdruck, der ebenfalls dem Kalifen ʿUmar zugeschrieben wird. Darin betont dieser, dass die Muslime diejenigen Nichtmuslime zu schützen hätten, die unter Gottes *ḏimma* stünden, was bedeutet, die Verträge mit ihnen einzuhalten, an ihrer Seite zu kämpfen und sie nicht übermäßig zu besteuern.[7] Damit wäre auch der Aspekt genannt, der im Folgenden schwerpunktmäßig im vor- und frühislamischen Kontext näher erörtert werden soll, nämlich der der *Schutzverpflichtung*.[8]

---

3 Vgl. hierzu Engels: Von der arabischen Eroberung zur religiösen und rechtlichen Inklusion, sowie Oesterle: Muslime im christlichen Asyl.

4 Aḥmad b. Yaḥyā b. Ǧābir al-Balāḏurī: *Futūḥ*, S. 187.

5 Aḥmad b. Yaḥyā b. Ǧābir al-Balāḏurī: *Kitab Futuh Al-Buldan*, S. 211.

6 Vgl. hierzu Noth: *Quellenkritische Studien*, S. 135.

7 Muḥammad b. Ismāʿīl al-Buḫārī: *Ṣaḥīḥ*, Kap. 174, Hadith Nr. 3052, S. 751.

8 Yohanan Friedmann hat in treffender Weise *ḏīmma* neben ‚Vertrag' (*treaty*) auch mit ‚Verpflichtung' (*obligation*) übersetzt. Vgl. Friedmann: Dhimma. Zu den mo-

In der Hoffnung, dass die folgenden Ausführungen für den Jubilar, meinen ehemaligen Lehrer und Doktorvater, als erhellend empfunden werden mögen, beginne ich mit der Verortung des Verpflichtungsgedankens im altarabischen Kontext.

2 Schutzgewährung im altarabischen Kontext

Folgt man der These, dass islamische Schutzkonzepte wie *ḏimma* und *amān* die Tradition altarabischer Schutzgewährung (*ǧiwār*) fortgeführt haben,[9] dann liegt es auf der Hand, sich diese Institution genauer anzusehen. Belege, die eine Rekonstruktion dieser Rechtspraxis erlauben, sind gemeinhin aus der altarabischen Dichtung abgeleitet worden, wovon auch die grundlegenden Studien zu dieser Thematik von Wellhausen, Goldziher, Fraenkel und Heffening zeugen.[10] Auf die Parallelen des *ǧiwār* zum jüdischen Recht ist ebenfalls schon früh hingewiesen worden, wodurch dessen Einbettung in die Tradition nahöstlich-semitischer Schutzgewährungsvorstellungen unterstrichen wurde.[11]

Als Bestandteil der altarabischen tribalen Rechtsordnung verlieh der *ǧiwār* einer außerhalb eines Stammes befindlichen Person – und zwar Männern wie auch Frauen[12] – einen anerkannten Rechtsstatus, durch welchen diese nicht mehr als ‚vogelfrei' und prinzipiell feindlich gesinnt definiert wurde.[13] Es galt der Grundsatz, dass jedes Mitglied eines Stammes berechtigt war Schutz zu erteilen und der gesamte Stamm an diese Verpflichtung gebunden war.[14]

Die Gründe, die für die Etablierung eines Schutzverhältnisses als legitim angesehen wurden, müssen hierbei vielfältig gewesen sein. So nennt Arafat Madi Shoukri den Ausstoß eines Stammesmitglieds aus dessen Stammesgemeinschaft als ein Hauptanliegen für das Ersuchen um den *ǧiwār*.[15] Ebenso muss eine persönliche humanitäre Notlage (z. B. Armut, Hunger) ein legitimer Grund dafür gewesen sein, um bei einem anderen Stamm um Schutz zu bit-

---

dernen Konnotationen des Begriffs *ḏimma*, die auch ‚Verantwortlichkeit', ‚Ehre', ‚Ehrlichkeit' und ‚Garantie' umfassen, siehe Wehr: *Arabisches Wörterbuch*, S. 431 f.

9 Heffening: *Das arabische Fremdenrecht*, S. 11.

10 Wellhausen: *Reste arabischen Heidentums*; Fraenkel: Schutzrecht; Goldziher: *Muhammedanische Studien*, S. 1–39.

11 Heffening: *Das arabische Fremdenrecht*, S. 88.

12 Fraenkel: Schutzrecht, S. 296.

13 Heffening: *Das arabische Fremdenrecht*, S. 87.

14 Ibid., S. 93.

15 Shoukri: *Refugee Status*, S. 7.

ten.[16] Die Erteilung des *ǧiwār* war zudem für Reisende (Händler etc.) von Bedeutung, da nur so Rechtssicherheit außerhalb eines Stammesverbandes gegeben war.[17]

Zu Stande kommen konnte ein Schutzverhältnis auf verschiedene Weise, wie etwa durch Berührung eines dem Schutzherrn zugehörigen Gegenstandes (Sattel, Zeltstrick).[18] Das Ausbreiten eines Gewandes über dem Schützling oder das Abhalten eines gemeinsamen Mahles zwischen beiden Parteien werden in der Literatur als Gesten der Bestätigung des Schutzverhältnisses vonseiten des Schutzherrn genannt.[19] Das entscheidende Element des Schutzverhältnisses bildete aber die Verpflichtung des Schutzherrn, seinen Schützling wie ein Mitglied seiner eigenen Familie zu behandeln,[20] ihn „vor jeder Unbill und Kränkung zu schützen und ihn mit Gut und Blut zu verteidigen".[21] Diese Zusage beinhaltete schließlich auch die Konsequenz, dass jeder, der dem Schützling Schaden zufügte, mit der Vergeltung des Schutzherrn zu rechnen hatte, was auch das Recht auf Blutrache mit einschloss.[22]

Der Verpflichtungsgedanke wurde zudem unterstrichen, indem das Schutzverhältnis öffentlich verkündet wurde. Für Leben und Eigentum seines Schützlings einzustehen und ihn für die Dauer des Schutzverhältnisses gut zu behandeln war für den jeweiligen Schutzherrn (entweder dem Einzelnen oder dem gesamten Stamm) zudem von prestigeträchtiger Bedeutung, da es dessen Ansehen steigerte. Bei einer Nichteinlösung war der Schützling berechtigt, den Vertragsbruch seines Schutzherrn öffentlich anzumahnen, und ihn, in altarabischer Manier, dafür auch zu schmähen.[23]

Auch die Zahlung eines Schutzgeldes war im vorislamischen Arabien bekannt. So weist etwa Fraenkel darauf hin, dass eine materielle Gegenleistung speziell beim Schutz von Handelskarawanen üblich war.[24] Bei dieser Form der Schutzgeldzahlung ging es also um eine materielle Aufwandsentschädigung für einen geleisteten Dienst gegenüber einer zu schützenden Sache, die einen

---

16 Ibid., S. 8.

17 Watt: Id̲jāra.

18 Fraenkel: Schutzrecht S. 294; Heffening: *Das arabische Fremdenrecht*, S. 87.

19 Fraenkel: Schutzrecht, S. 294.

20 Ibid., S. 297.

21 Heffening: *Das arabische Fremdenrecht*, S. 87.

22 Fraenkel: Schutzrecht, S. 295; Heffening: *Das arabische Fremdenrecht*, S. 88; Shoukri: *Refugee Status*, S. 13.

23 Fraenkel: Schutzrecht, S. 295; Heffening: *Das arabische Fremdenrecht*, S. 87.

24 Fraenkel: Schutzrecht, S. 296.

gewissen Wert besaß und von dessen Eigentümer somit auch eine entsprechende lukrative Honorierung erwartet werden konnte. Auch hier kann – freilich neben anderen – ein möglicher altarabischer Vorläufer der späteren islamischen Kopfsteuer für Nichtmuslime (*ǧizya*) ausgemacht werden, nämlich jener, der sich in den koranischen Bedeutungen von *ǧazāʾ* als „Kompensation“[25] äußert, d. h. im Sinne einer ‚Ausgleichszahlung‘ der Schutzbefohlenen (*ahl aḏ-ḏimma*) für den von den Muslimen erteilten Schutz.[26]

3 Schutzverpflichtung als altarabische Tugend

Folgt man nun der hier zweifelsohne nur skizzenhaft gehaltenen Rekonstruktion altarabischer Rechtspraxis, dann ist es die starke Bindung des Schutzherrn an seine Schutzzusage, die dem altarabischen Schutzverhältnis eine ethisch-moralische Dimension verlieh. Denn es einzuhalten unterlag dem altarabischen männlichen Tugendkodex, der *murūʾa*.[27] Wenn wir Goldziher in seinem bekannten Aufsatz *Muruwwa und Dîn* folgen, dann ist es die Empathie des Schutzherrn gegenüber seinem Schützling, die hier eine Kulmination dieses Tugendideals versinnbildlicht, getreu dem Grundsatz:

إِذَا ظُلِمَ الْمَوْلَى فَزِعْتُ لِظَلْمِهِ ... فَحَرَّكَ أَحْشَائي وَهَرَّتْ كِلاَبِياَ [28]

Wer meinem Schützling[29] Wunden schlägt,
ich fühle selbst die Wunde;
Mein Eingeweide regt sich,
und es bellen meine Hunde.[30]

Goldziher hat mit diesen Versen aus der *Ḥamāsa* des Abū Tammām (gest. 845/46) sehr treffend auf die ethische Dimension der Schutzzusage verwiesen. Diese bildete bekanntlich nur die eine Seite der *murūʾa*; die andere repräsen-

---

[25] Hierzu beispielsweise die Suren 28:25 und 53:31. Vgl. Abdel Haleem: *Exploring the Qurʾan*, S. 45. Für die weiteren Bedeutungen siehe Heck: Poll Tax.

[26] Khoury: *Toleranz im Islam*, S. 172. Dies ist dann auch die klassische muslimische Rechtsmeinung gewesen. Vgl. Abou El Fadl: *Place of Tolerance*, S. 21.

[27] Goldziher: *Muhammedanische Studien*, S. 13.

[28] Abū Tammām: *Dīwān al-Ḥamāsa*, S. 81.

[29] Der Schützling wird hier nicht als *ǧār*, sondern als *maulā* bezeichnet.

[30] Zitiert nach Abū Tammām Ḥabīb b. Aus: *Hamâsa*, Erstes Buch, S. 119. Goldziher gibt die Stelle in seinem Aufsatz ‚Muruwwa und Dîn‘ wie folgt wieder: „Wenn dem Schutzbefohlenen Unrecht zugefügt wird, so erbebe ich wegen dieses Unrechtes, es bringt meine Eingeweide in Bewegung und meine Hunde bellen.“ Vgl. Goldziher: *Muhammedanische Studien*, S. 13 f.

tierte die ebenfalls zum männlichen Idealverhalten zählenden brutalen Elemente altarabischer Kriegsführung.

Dieser ‚profane' Aspekt des Verpflichtungsgedanken, ist, wie wir sehen können, also ein ethischer. Und es ist nicht von ungefähr, ihn als einen ethischen Kitt zu verstehen, der die zwischenmenschlichen Beziehungen der Stammesgemeinschaft zur Außenwelt aufrecht hielt. Mit Blick auf die Einhaltung der Schutzzusage scheint mir die Idee von der Heiligkeit des Schutzes bzw. des Schutzversprechens fast noch wichtiger zu sein. Dieser ergab sich aus dem vorislamischen Grundsatz, dass *allāh* „der Hüter des ǧiiwār" sei.[31] Folgt man den Ausführungen Mahmoud Ayoubs dann galt dieser sakrale Aspekt des Verpflichtungsgedankens für den *ǧiwār* wie auch für Verträge, die als *ḏimma* bezeichnet wurden.[32] Oder, wie es Wellhausen formuliert hat: „Die Religion sanctioniert die ausdrücklichen und die stillschweigenden Verträge […]", weshalb niemand anderes als *allāh* der Bürge sein könne.[33]

4 Sakralität und Reziprozität des Schutzes

Mit dem Wirken Muḥammads wurde der *ǧiwār* Bestandteil der islamischen Tradition. Die Termini *ǧiwār*, *ǧār* etc. sind im Koran belegt, wobei deren Bedeutungen hier jedoch variieren. Mal geht es, wie in Sure 33:60,

لَّئِن لَّمْ يَنتَهِ الْمُنَافِقُونَ وَالَّذِينَ فِي قُلُوبِهِم مَّرَضٌ وَالْمُرْجِفُونَ فِي الْمَدِينَةِ لَنُغْرِيَنَّكَ بِهِمْ ثُمَّ
لَا يُجَاوِرُونَكَ فِيهَا إِلَّا قَلِيلً,

um ein Nachbarschaftsverhältnis, mal, wie in Sure 9:6,

وَإِنْ أَحَدٌ مِّنَ الْمُشْرِكِينَ اسْتَجَارَكَ فَأَجِرْهُ حَتَّىٰ يَسْمَعَ كَلَامَ اللَّهِ ثُمَّ أَبْلِغْهُ مَأْمَنَهُ ۚ ذَٰلِكَ بِأَنَّهُمْ قَوْمٌ لَّا يَعْلَمُونَ,

und Sure 23:88,

قُلْ مَن بِيَدِهِ مَلَكُوتُ كُلِّ شَيْءٍ وَهُوَ يُجِيرُ وَلَا يُجَارُ عَلَيْهِ إِن كُنتُمْ تَعْلَمُونَ,

um eine Schutzzusage.[34] Auch jene Werte, die für ein Treueverhältnis unabdingbar sind, wie Großmut (*karam*), Aufrichtigkeit/Vertrauenswürdigkeit/Integrität (*ṣidq*), Loyalität (*wafāʾ*) und Gerechtigkeit (*ʿadl*), haben aufgrund ihres ho-

---

[31] Wellhausen: *Reste arabischen Heidentums*, S. 223. Heffening: *Das arabische Fremdenrecht*, S. 89.

[32] „Yet even before Islam, Arab society regarded bonds of dhimmah as sacred." Vgl. Mahmoud Ayoub: Dhimmah.

[33] Wellhausen: *Reste arabischen Heidentums*, S. 223.

[34] Vgl. Badawi/Haleem: *Arabic–English Dictionary*, S. 181 f.

hen Stellenwerts im altarabischen Geistesleben Eingang in den Koran gefunden.[35]

Dass der Glaube an die Heiligkeit des Schutzes auch zu Lebzeiten Muḥammads weiter bestanden haben muss, ist mit Verweis auf die Verwendung der Formeln *ḏimmat allāh, ǧiwār allāh* etc. in den Schreiben Muḥammads an die arabischen Stämme belegt worden.[36] In der berühmten Gemeindeordnung von Medina, die von Muḥammad 622 initiiert worden sein soll, wird ebenfalls klargestellt, dass sich die neu entstandene Schutzgemeinschaft, die *umma*, unter dem Schutz Gottes befindet (§ 15).[37] Gleichzeitig ist es kein Geringerer als Gott selbst, der hier als Wächter über das Abkommen erscheint (§ 42 und § 47).[38] Eine Neuerung gegenüber dem vorislamischen Verständnis besteht darin, dass der Gemeindeordnung zufolge nun die Schutzgewähr des Geringsten alle anderen Mitglieder der *umma* in die Pflicht nimmt (§ 15). Es ist jetzt also die *umma* und nicht mehr der Stamm selbst, in deren Schutz sich der Schützling begibt. Dieser ist weiterhin gleichberechtigt „so lange er nicht schädigt noch trügt" (§ 40).[39] Die Grenzen der Schutzgewährung sind hier also damit gesetzt, dass sich der Schützling nicht gegen seinen Schutzherrn stellen und ihm keinen Schaden zufügen darf. Die Loyalität ist auch hier reziprok. Die gegenseitige Einhaltung der Bestimmungen des Schutzverhältnisses ist weiterhin der Garant für dessen Wirksamkeit.

Dieser Grundsatz, dass beide Parteien an die Bestimmungen des Schutzverhältnisses gebunden sind, und es bei Nichteinhaltung vonseiten des einen durch den anderen aufgekündigt werden darf, kommt schließlich anhand der Gleichsetzung von *ḏimma* mit ‚Vertrag' (*ʿahd*) zum Ausdruck.[40] In der Bedeutung eines reziprok einzuhaltenden Schutzvertragverhältnisses taucht *ḏimma* dann auch im Koran in Sure 9:8 auf, wo auf die Vertragsbrüchigkeit der heidnischen Polytheisten gegenüber den Muslimen angespielt wird. Hier ist es der Grundsatz der Reziprozität, der im vorangegangenen Vers (Sure 9:7) erläutert

---

35 Tamer: Ist Gewalt eine Tugend.

36 Heffening: *Das arabische Fremdenrecht*, S. 10.

37 Wellhausen: *Skizzen und Vorarbeiten*, S. 69. Für die arabische Version siehe Ibn Isḥāq: *Leben Muhammed's*, S. 342 f.

38 Wellhausen: *Skizzen und Vorarbeiten*, S. 72; Ibn Isḥāq: *Leben Muhammed's*, S. 343.

39 Wellhausen: *Skizzen und Vorarbeiten*, S. 72; Ibn Isḥāq: *Leben Muhammed's*, S. 342. Dieser Grundsatz findet sich auch in der Zwölferschia wieder. Vgl. Muḥammad Ibn Yaʿqūb al-Kulainī: *Uṣūl al-Kāfī* 2, Kap. 307, Hadith Nr. 2, S. 370.

40 Heffening: *Das arabische Fremdenrecht*, S. 19.

wird und in den darauffolgenden Versen die Bekämpfung der Polytheisten als Folge des Vertragsbruches rechtfertigt (Sure 9:12):

> Wie sollten denn die Beigeseller einen Bund mit Gott und seinem
> Gesandten haben –
> mit Ausnahme derjenigen, mit denen ihr bei der heiligen Anbetungsstätte
> einen Bund geschlossen habt.
> Was sie euch gegenüber eingehalten haben,
> das haltet auch ihr ihnen gegenüber ein!
> Siehe, Gott liebt die Gottesfürchtigen.
> Wie? Und wenn sie über euch siegen
> und weder Vertrag noch Schutzverhältnis[41] euch gegenüber beachten?
> Sie stellen euch mit ihrer Rede zufrieden,
> doch ihre Herzen lehnen ab.
> Die meisten von ihnen sind ruchlos.
> Sie verkaufen die Zeichen Gottes um geringen Preis
> und hielten von seinem Wege ab.
> Wie schlimm ist, was sie immer wieder taten!
> Sie achten einem Gläubigen gegenüber weder Vertrag noch
> Schutzverhältnis.
> Sie sind es, die Übertretungen begehen.
> Doch wenn sie sich bekehren, das Gebet verrichten
> und die Armensteuer geben, dann sind sie eure Brüder in der Religion.
> Wir legen die Zeichen [für] Menschen aus, die Wissen haben.
> Doch wenn sie, nachdem sie einem Bund geschlossen haben, ihre Eide brechen
> Und eure Religion angreifen,
> dann bekämpft die Anführer des Unglaubens!
> Siehe, für sie gelten keine Eide.
> Vielleicht lassen sie ja ab.[42]

Die in diesen Versen zum Ausdruck kommende Reziprozität der Vertragseinhaltung ist, wie bereits erwähnt, *das* Argument schlechthin, womit die muslimische Position an dieser Stelle ihren militanten Umgang mit den Polytheisten rechtfertigt. Der Unglaube der *mušrikūn* reicht hier, wie es scheint, als Grund nicht aus; es bedarf vielmehr einer für die Adressatenschaft des Korans nachvollziehbaren Argumentationsweise, aus der das Vorgehen der Muslime als ein gerechtes Handeln ersichtlich wird.

Der Grundsatz der Reziprozität des Schutzverhältnisses spiegelt sich schließlich auch in der eingangs erwähnten Homser Episode in al-Balāḏurīs *Futūḥ*

41 Arab. „*wa-lā ḏimmatan*".

42 Sure 9:7–12; Bobzin: *Koran*.

wieder. Ist es in Sure 9:8 der Vertragsbruch der Polytheisten, den die muslimische Seite mit Vergeltung erwidert, wird in der Homser Episode die Rückgabe der *ǧizya*-Zahlungen mit der absehbaren Unerfüllbarkeit der Schutzpflicht begründet. Der Aspekt der Heiligkeit des Schutzes mag bei diesem Ereignis aus der frühislamischen Zeit noch eine Rolle gespielt haben. Erst mit der Entstehung des islamischen Rechts (*fiqh*) ist er, wie es scheint, vollkommen aus der Rechtstheorie verschwunden.[43]

Was die Konsequenzen der Nichteinhaltung der Schutzzusage betrifft, findet sich hierzu eine interessante Darstellung im *Uṣūl al-Kāfī* des schiitischen Hadithgelehrten Muḥammad b. Yaʿqūb al-Kulainī (gest. 940/41). Der Sakralitätsaspekt taucht hier zusammen mit dem Reziprozitätsgrundsatz auf, wenn es heißt, dass die Polytheisten die Macht über die Muslime übernehmen würden, wenn der *ḏimma*-Vertrag annulliert würde.[44] Wie Ayoub treffend bemerkt hat, gehe es bei dieser Auffassung von *ḏimma* also um ein Prinzip, das von den Muslimen unbedingt einzuhalten sei, damit die gottgewollte Ordnung der Welt weiter bestehen bleibt.[45]

5 Asymmetrien

Die Machtkonsolidierung Muḥammads in Medina markiert den Beginn der politischen und militärischen Vormachtstellung der frühen muslimischen Gemeinschaft und der Expansion des Islams in entfernter gelegene Gebiete auf der Arabischen Halbinsel. Die Religionsgemeinschaften, die jetzt den *ḏimma*-Status zuerkannt bekamen, galten als ‚Unterworfene'. Der *ḏimma*-Status äußerte sich jetzt darin, dass er gegenüber nichtpolytheistischen Gemeinschaften – zunächst nur Juden, Christen und Zarathustrier – eine Sicherheitszusage von Leib und Leben vonseiten der Muslime gewährte, die die Beibehaltung des religiösen Bekenntnisses mit einschloss. Muḥammad gewährte ihn 628 den Juden von Ḫaibar nach deren Kapitulation, wobei eine hohe Naturalienabgabe von landwirtschaftlichen Erträgen als Gegenleistung für die Sicherheitszusage diente.[46] Der *ḏimma*-Status offenbarte in Ḫaibar bereits jene Aspekte, die den späteren Umgang mit nichtpolytheistischen Nichtmuslimen prägen sollten: Sicherheit von Leib und Leben sowie Gewährung von Kultfreiheit gegen Ent-

43 Vgl. hierzu Heffening: *Das arabische Fremdenrecht*, S. 10 f.

44 Muḥammad b. Yaʿqūb al-Kulainī: *Uṣūl al-Kāfī* 1, Kap. 197, Hadith Nr. 3, S. 247.

45 Mahmoud Ayoub: Dhimmah, S. 176.

46 Aḥmad b. Yaḥyā b. Ǧābir al-Balāḏurī: *Futūḥ*, S. 33.

richtung von Abgaben und Verbot der Auflehnung gegen die muslimische Vorherrschaft, das Ganze basierend auf dem Grundsatz der Ungleichstellung zwischen Muslimen und Schutzbefohlenen. Schutzherr und Schützling standen fortan in einem asymmetrischen Verhältnis von Sieger und Besiegtem.

Der *ḏimma*-Status umfasste neben der Zusage der Beibehaltung der eigenen Religion sowie des Schutzes von Leben und Eigentum auch die Gewährung religiöser Selbstverwaltung, zu der auch eine eigene Gerichtsbarkeit zählte. Als Gegenleistung mussten alle männlichen Mitglieder unter den Schutzbefohlenen die *ǧizya*-Kopfsteuer an die muslimische Obrigkeit entrichten. In einer der frühesten theoretischen Abhandlungen über die *ǧizya*, dem ‚Buch der Steuern‘ (*Kitāb al-ḫarāǧ*) des Bagdader Oberrichters Abū Yūsuf (gest. 798) aus dem 8. Jahrhundert, gelten neben Frauen und Kindern auch Geisteskranke, Arme, Greise und Mönche als von der Zahlung der *ǧizya* ausgenommen.[47]

Das *ḏimma*-Schutzverhältnis basierte, wie gesehen, auf dem asymmetrischen Grundsatz von Herrschenden (Muslime) und Beherrschten (Nichtmuslime). Die *ǧizya* wurde dabei mal als reiner Tribut, mal als Ausgleichszahlung für den (theoretischen) Ausschluss der Schutzbefohlenen aus dem Militärdienst gewertet.[48] Aus Sure 9:29 wurde deren Zahlung gar mit dem Aspekt der Erniedrigung verbunden:

> قَاتِلُوا الَّذِينَ لَا يُؤْمِنُونَ بِاللَّهِ وَلَا بِالْيَوْمِ الْآخِرِ وَلَا يُحَرِّمُونَ مَا حَرَّمَ اللَّهُ وَرَسُولُهُ وَلَا يَدِينُونَ دِينَ الْحَقِّ مِنَ الَّذِينَ
> أُوتُوا الْكِتَابَ حَتَّىٰ يُعْطُوا الْجِزْيَةَ عَن يَدٍ وَهُمْ صَاغِرُونَ.
>
> Kämpft gegen die, die nicht an Gott glauben und auch nicht an den Jüngsten Tag, die das, was Gott und sein Gesandter verboten haben, nicht verbieten und die nicht der Religion der Wahrheit angehören – unter den Buchbesitzern –, bis sie erniedrigt den Tribut aus der Hand entrichten.

Nicht zuletzt hat dieser Vers manchen muslimischen Gelehrten über Jahrhunderte hinweg als eine scheinbar nie versiegende Legitimationsquelle gedient, die *ǧizya* in erster Linie als eine bloße Strafzahlung aufzufassen.[49] Zudem vermochten auf Abgrenzung und Diskriminierung abzielende Regelungen, wie sie die berühmten ‚Bestimmungen des ʿUmar‘ (*aš-šurūṭ al-ʿumarīya*)[50] in ihren verschiedenen Variationen durch die islamische Geschichte hindurch repräsentie-

---

47 Abū Yūsuf Yaʿqūb b. Ibrāhīm: *Livre de l'impôt*, S. 188.

48 Für Ausnahmen vgl. Khoury: *Toleranz*, S. 166.

49 Vgl. Brunner: „Kein Zwang in der Religion“.

50 Noth: Abgrenzungsprobleme. Zur Kritik an der Authentizität der ‚Bestimmungen‘ siehe Cohen: What was the Pact of ʿUmar.

ren[51], ein nach außen hin sichtbares Zeichen islamischer Vorherrschaft zu setzen. Darin werden neben den privat- und ritualrechtlichen Garantien für *ḏimmīs*, u. a. bestimmte Kleidungsvorschriften erwähnt, durch die sich die Schutzbefohlenen von den Muslimen nach außen hin unterscheiden sollen, wie etwa durch das Tragen spezieller Abzeichen an ihrer Kleidung. Ferner wird *ḏimmī* in dem Gesetzeswerk verboten auf Pferden zu reiten, Waffen zu tragen, Kriegsgefangene der Muslime käuflich zu erwerben sowie zu missionieren.[52]

Albrecht Noth hat sich, neben anderen, eingehend mit den ‚Bestimmungen des ʿUmars' befasst. Seine These, das Abkommen in seinem frühislamischen Kontext zu verstehen und damit eher im Sinne von ‚Abgrenzung' denn als Indiz für eine gezielte ‚Diskriminierung' zu deuten, hat der Forschung zur Minderheitenpolitik im Islam wertvolle Anschübe gegeben. Noth zufolge würden die meisten der in dem ʿUmar-Abkommen genannten Bestimmungen in erster Linie auf ein Wohlbefinden der Muslime abzielen und eine abgrenzende Unterscheidung im Sinne einer „scharfen Trennung der Lebenssphären"[53] von Muslimen und Schutzbefohlenen anstreben. Entscheidend für die Tragweite dieser These ist dabei die Tatsache, dass die Muslime in den von ihnen eroberten Territorien über lange Zeit eine Minderheit innerhalb der dort vorgefundenen Gesellschaften repräsentierten. Erst später änderte sich das Verhältnis zugunsten der Muslime. In diesem Sinne ließen sich auch das Reitverbot und das Verbot des Waffentragens als Ausdruck einer politisch kalkulierten Vorsichtsmaßnahme vonseiten der Muslime deuten. Die nichtmuslimische Mehrheit, so die Schlussfolgerung Noths, sollte in ihren Handlungen eingeschränkt werden, und zwar zum Schutz der muslimischen Minderheit.[54] Die Toleranz endete dort, wo die Unterworfenen sich widersetzten oder sich die Besiegten mit den Siegern zu vermischen drohten.

6 Schluss

Die pragmatische Dynamik des *ḏimma*-Konzepts kam bei der Erteilung von grundlegenden Rechten gegenüber Schutzbefohlenen ebenso zum Ausdruck wie bei der Ausweitung des Schutzstatus auf Personen, die nicht als *ahl al-kitāb* klassifi-

---

[51] Zu den unterschiedlichen Varianten siehe Khoury: *Toleranz*, S. 81–85. Für schiitische Rezeptionen der ‚Bestimmungen' siehe Kokew: *Annäherung an Toleranz*, S. 66, und Scheiner: Al-Ḥākim.

[52] Noth: Abgrenzungsprobleme, S. 291–293.

[53] Ibid., S. 307.

[54] Ibid., S. 301.

ziert worden waren. Formal betrachtet handelt es sich dabei, um noch einmal Heffening zu bemühen, um eine Weiterführung des aus vorislamischer Zeit stammenden *ǧiwār*. Jedoch hat sich das seit dem 8. Jahrhundert entwickelnde islamische Recht der sakralen Dimension von *ḏimma*, wie es scheint, entledigt. Geblieben ist der ‚profane' Verpflichtungsgedanke, dessen monetäre Komponente, womöglich neben persischen und byzantinischen Vorbildern[55], ein altarabischer Vorläufer der *ǧizya* sein könnte.

Es sei abschließend auf eine Episode aus dem berühmten Reisebericht des Adam Olearius (1603–1671) verwiesen, die den asymmetrischen ‚Schutz-gegen-Geldzahlung'-Aspekt des *ḏimma*-Status aus der zeitgenössischen Wahrnehmung eines Außenstehenden verdeutlicht. Olearius war ein Mitglied der Handelsexpedition der schleswig-holsteinischen Gesandtschaft, die Mitte des 17. Jahrhunderts über Russland an den Hof des persischen Safawidenschahs nach Isfahan reiste. In seinem Reisebericht erwähnt er die Begebenheit – nach seinen eigenen Angaben im Jahr 1637[56] –, wie in der aserbaidschanischen Ortschaft Schamachie (*Šammāḫī*) die dortigen armenischen Christen während des Epiphanienfestes bei ihrer Prozession zu einem nahegelegenen Fluss „von vielen persischen Soldaten" des dortigen Lokalherrschers (Khan) eskortiert werden, „damit sie nicht etwa von dem losen Gesindel der Muslimanen oder Mahumedisten belästigt und beschimpft würden."[57] Olearius berichtet in seiner Darstellung, wie die anwesenden Muslime der Stadt diesen Akt der öffentlichen Religionsausübung, das Eintauchen des Kreuzes ins Wasser, in spöttischer Weise abwerten, da „die Perser von solchen Prozessionen und Handlungen nicht mehr als von ihrem Gaukelspiel, welches sie dabei übten", halten würden.[58] Der Khan, der dem Ritual persönlich beiwohnt, erscheint in Olearius' Darstellung als ein muslimischer Herrscher, den das rituelle Treiben der Andersgläubigen amüsiert und der es sich nicht nehmen lässt, sich darüber lächerlich zu machen. Olearius erklärt dieses Verhalten mit der Feststellung, dass die Armenier in den Augen der Muslime nur geduldet seien und für diese lediglich das wären, „was Simson den Philistern bei ihrem Bankett sein sollte; unangesehen, [...]."[59]

Olearius' Darstellung ist nicht nur an dieser Stelle subjektiv und deshalb mit der notwendigen Vorsicht zu betrachten, denn seine Sicht auf den Islam ist

55 Moreen: Jezya.

56 Olearius: Vom Kaspischen Meer, S. 51.

57 Ibid., S. 52.

58 Ibid., S. 53.

59 Ibid.

von Vorbehalten geprägt.[60] In den Augen des Europäers Olearius, dessen deutsche Heimat sich zu dieser Zeit in den Wirren des Dreißigjährigen Krieges befand, mutete es mit Sicherheit überraschend an, dass trotz der vermeintlich schlechten Aufnahme dieses christlichen Rituals bei zumindest einem Teil der muslimischen Bevölkerung die nichtmuslimische Gemeinschaft von der staatlichen Autorität Schutz für die Ausübung ihres Kultes bekam. Olearius erklärt dieses Phänomen letzten Endes mit Verweis auf die hohe Geldzahlung, die die Armenier für diesen Schutz aufzubringen hätten, indem er resümierend konstatiert, „daß dem Khan, damit er den Armeniern solches Fest zulasse und mit seiner Gegenwart guten Schutz leite, jedesmal tausend Taler von der Kirche verehrt werden".[61]

60 Vgl. Tafazoli: Islambild in der deutschen Literatur.
61 Olearius: Vom Kaspischen Meer, S. 53.

Literaturverzeichnis

Abdel Haleem, Muhammad: *Exploring the Qur'an. Context and Impact*, London/ New York 2017.

Abou El Fadl, Khaled: *The Place of Tolerance in Islam*, hrsg. von Joshua Cohen und Ian League, Boston 2002.

Abū Tammām Ḥabīb b. Aus: *Dīwān al-Ḥamāsa*, Beirut: Dār al-kutub al-'ilmīya 1998.

—: *Hamâsa, oder die ältesten arabischen Volkslieder*, übers. von Friedrich Rückert, 2 Bände in 1 Band, Documenta Arabica Teil 2: Ethnologie – Literatur – Kulturgeschichte, Neudruck der Ausgabe Stuttgart 1846, Hildesheim et al. 2004.

Ayoub, Mahmoud: Dhimmah in Qur'an and Hadith, in: *Arab Studies Quarterly* 5 (2/1983), S. 172–182.

Badawi, Elsaid M. / Muhammad Abdel Haleem: *Arabic–English Dictionary of Qur'anic Usage*, Leiden/Boston 2008.

Aḥmad b. Yaḥyā b. Ǧābir al-Balāḏurī: *Futūḥ al-buldān*, hrsg. von ʿAbdallāh Anīs aṭ-Ṭabbāʿ und ʿUmar Anīs aṭ-Ṭabbāʿ, Beirut 1987.

—: *Kitab Futuh Al-Buldan. The Origins of the Islamic State. Being a Translation from the Arabic Accompanied with Annotations, Geographic and Historic Notes of the Kitâb Futûḥ al-Buldân of al-Imâm abu-l 'Abbâs Aḥmad ibn-Jâbir al-Balâdhuri* 1, Studies in History, Economics and Public Law 68, übers. von Philip Khûri Hitti, New York 1916.

Bezold, Carl (Hg.): *Orientalische Studien. Theodor Nöldeke zum Siebzigsten Geburtstag* 1, Gießen 1906.

Biesterfeldt, Hinrich / Verena Klemm (Hgg.): *Differenz und Dynamik im Islam. Festschrift für Heinz Halm zum 70. Geburtstag*, Würzburg 2012.

Brunner, Rainer: „Kein Zwang in der Religion" oder immer noch „demütig aus der Hand"? Diskussionen über die Kopfsteuer für Nichtmuslime im modernen Islam, in: *Zeitgenössische islamische Positionen zu Koexistenz und Gewalt*, hrsg. von Tilman Seidensticker, Wiesbaden 2011, S. 1–21.

Muḥammad b. Ismāʿīl al-Buḫārī: *Ṣaḥīḥ al-Buḫārī*, Dār Ibn Kaṯīr, Damaskus/Beirut 2002.

Cohen, Mark: What was the Pact of ‘Umar? A Literary-Historical Study, in: *Jerusalem Studies in Arabic and Islam* 23 (1999), S. 100–157.

Coşkun, Altay / Lutz Raphael (Hgg.): *Fremd und rechtlos? Zugehörigkeitsrechte Fremder von der Antike bis zur Gegenwart; ein Handbuch*, Köln et al. 2014.

Engels, David: Von der arabischen Eroberung zur religiösen und rechtlichen Inklusion der Untertanen: die Rechtsstellung von Fremden in der islamischen Welt (7.–15. Jh.), in: *Fremd und rechtlos? Zugehörigkeitsrechte Fremder von der Antike bis zur Gegenwart; ein Handbuch*, hrsg. von Altay Coşkun und Lutz Raphael, Köln et al. 2014, S. 193–215.

Ferrari, Cleophea / Dagmar Kiesel (Hgg.): *Tugend*, Erlanger Philosophie-Kolloquium Orient und Okzident 1, Frankfurt am Main 2016.

Forst, Rainer: *Toleranz im Konflikt. Geschichte, Gehalt und Gegenwart eines umstrittenen Begriffs*, Frankfurt am Main 2003.

Fraenkel, Siegmund: Das Schutzrecht der Araber, in: *Orientalische Studien. Theodor Nöldeke zum Siebzigsten Geburtstag* 1, hrsg. von Carl Bezold, Gießen 1906, S. 293–301.

Friedmann, Yohanan: Dhimma, in: *Encyclopaedia of Islam. Three*, dx.doi.org/10.1163/1573-3912_ei3_COM_26005 (letzter Aufruf 16. 01. 2018).

Goldziher, Ignaz: *Muhammedanische Studien*, Erster Teil, Halle 1888.

Heck, Paul: Poll Tax, in: *Encyclopaedia of the Qur'ān* 4, Leiden et al. 2004, S. 151–155.

Heffening, Willi: *Das arabische Fremdenrecht bis zu den islamisch-fränkischen Staatsverträgen. Eine rechtshistorische Studie zum Fiqh*, Beiträge zum Rechts- und Wirtschaftsleben des islamischen Orients 1, Neudruck der Ausgabe Hannover 1925, Osnabrück 1975.

Abū Yūsuf Yaʿqūb Ibn Ibrāhīm: *Le livre de l'impôt foncier*, Bibliotheque archéologique et historique 1, übers. von Edmond Fagnan, Paris 1921.

Ibn Isḥāq: *Das Leben Muhammed's nach Muhammed Ibn Ishâk bearbeitet von Abd el-Malik Ibn Hischâm* 1, hrsg. von Ferdinand Wüstenfeld, Göttingen 1858.

Khoury, Adel Théodor: *Toleranz im Islam*, Entwicklung und Frieden 22, München 1980.

Kokew, Stephan: *Annäherung an Toleranz. Ausgangspunkte, Kontexte und zeitgenössische Interpretationen des Toleranzbegriffs aus dem schiitischen Islam*, Kultur, Recht und Politik in muslimischen Gesellschaften 30, Würzburg 2014.

Muḥammad Ibn Yaʿqūb al-Kulainī: *Uṣūl al-kāfī* 1 und 2, Beirut: Manšūrāt al-Faǧr 2007.

Moreen, Vera B.: Jezya, in: *Encyclopaedia Iranica* 14, hrsg. von Ehsan Yarshater, New York 2008, S. 643–645.

Noth, Albrecht: Abgrenzungsprobleme zwischen Muslimen und Nicht-Muslimen. Die "Bedingungen 'Umars (aš-šurūṭ al-'umariyya)" unter einem anderen Aspekt gelesen, in: *Jerusalem Studies in Arabic and Islam* 9 (1987), S. 290–315.

—: *Quellenkritische Studien zu Themen, Formen und Tendenzen frühislamischer Geschichtsüberlieferung* I: *Themen und Formen*, Bonner Orientalistische Studien N. S. 25, Bonn 1973.

Oesterle, Jenny Rahel: Muslime im christlichen Asyl: Migrations- und Schutzgeschichten in frühislamischer Zeit, in: *Zeitschrift für Geschichtswissenschaft* 3.63 (2015), S. 250–263.

Olearius, Adam: Vom Kaspischen Meer nach Isfahan, in: *Im Reich des Königs der Könige. Berichte deutscher Persienreisender aus dem 17. bis 19. Jahrhundert*, hrsg. von Herbert Scurla, Berlin 1976, S. 29–108.

Scheiner, Jens: Al-Ḥākim, die Šurūṭ al-ʿUmarīya und die Ahl al-Kitāb, in: *Differenz und Dynamik im Islam. Festschrift für Heinz Halm zum 70. Geburtstag*, hrsg. von Hinrich Biesterfeldt und Verena Klemm, Würzburg 2012, S. 37–54.

Schneiders, Gerald (Hg.): *Islamfeindlichkeit. Wenn die Grenzen der Kritik verschwimmen*, Wiesbaden 2009.

Scurla, Herbert (Hg.): *Im Reich des Königs der Könige. Berichte deutscher Persienreisender aus dem 17. bis 19. Jahrhundert*, Berlin 1976.

Seidensticker, Tilman (Hg.): *Zeitgenössische islamische Positionen zu Koexistenz und Gewalt*, Wiesbaden 2011.

Shoukri, Arafat Madi: *Refugee Status in Islam. Concepts of Protection in Islamic Tradition and International Law*, International Library of Migration Studies 7, London 2011.

Tafazoli, Hamid: „Sie meinen, die Christen hätten einen falschen Glauben [...].“ Zum Islambild in der deutschen Literatur am Beispiel einiger Persienberichte des 17. Jahrhunderts, in: *Islamfeindlichkeit. Wenn die Grenzen der Kritik verschwimmen*, hrsg. von Thorsten Gerald Schneiders, Wiesbaden 2009, S. 85–98.

Tamer, Georges: Ist Gewalt eine Tugend im Koran? in: *Tugend*, Erlanger Philosophie-Kolloquium Orient und Okzident 1, hrsg. von Cleophea Ferrari und Dagmar Kiesel, Frankfurt am Main 2016, S. 131–152.

Turner, Bertram: *Asyl und Konflikt von der Antike bis heute. Rechtsethnologische Untersuchungen*, Berlin 2005.

Watt, Montgomery: Idjāra, in: *Encyclopaedia of Islam. Second edition*, dx.doi.org/10.1163/1573-3912_islam_SIM_3483 (letzter Aufruf 13. 01. 2018).

Wehr, Hans: *Arabisches Wörterbuch für die Schriftsprache der Gegenwart. Arabisch–Deutsch*, Wiesbaden [5]1985.

Wellhausen, Julius: *Reste arabischen Heidentums*, Berlin 1897.

——: *Skizzen und Vorarbeiten* 4, Berlin 1889.

ISLAMISCHES FINANZWESEN

Kilian Bälz*

Das transnationale Recht des Islamic Finance: Wie die globalen Finanzmärkte das islamische Vertragsrecht verändern[1]

1 Ausgangspunkt: Islamic Finance und islamisches Recht

Islamic Finance[2], so eine weit verbreitete Annahme, beruht auf einer Anwendung islamischen Rechts. Vogel und Hayes schreiben in ihrem Standardwerk *Islamic Law and Finance*: „Islamic banking and finance seek to apply the Islamic religious law (shari'a) to a sector of modern commerce."[3] Es handele sich um „an assertation of religious law in the area of commercial life, where secularism rules almost unquestioned".[4] Inzwischen sind zwanzig Jahre seit dem Erscheinen von *Islamic Law and Finance* im Jahr 1998 vergangen. Doch lebt die Annahme, Islamic Finance beruhe auf einer Anwendung islamischen Rechts, weiter fort. Das klingt etwa bei Oberauer in dem 2017 erschienenen Einführungswerk *Islamisches Wirtschafts- und Vertragsrecht* an, einer Darstellung des historischen Rechts der Verträge. Oberauer, der sich sonst für das moderne Recht nicht interessiert, rechtfertigt den Rekurs auf Beispiele aus dem islamischen Finanzwesen damit:

> [D]ieses Projekt eines alternativen Finanzwesens ist ohne Frage der Bereich, in dem das islamische Vertragsrecht heute seine größte praktische Relevanz entfaltet.[5]

Diese Prämisse hat weitreichende Folgen dafür, wie das Recht des Islamic Finance heute zu erforschen und zu beschreiben ist. Denn beruht das islamische Finanzwesen auf einer Anwendung islamischen Rechts, dann ist es am besten

---

* Rechtsanwalt, Berlin und Kairo

1 Der Beitrag knüpft an die Überlegungen des Verfassers in *Sharia Risk* an.

2 Der Begriff ‚Islamic Finance' wird im Folgenden synonym verwendet mit dem Begriff ‚islamisches Finanzwesen'.

3 Vogel/Hayes: *Islamic Law and Finance*, S. 23.

4 Ibid., S. 19.

5 Oberauer: *Islamisches Wirtschafts- und Vertragsrecht*, S. 12.

aus dem islamischen Recht und seiner Geschichte heraus zu erklären. Das gipfelt dann in Feststellungen wie der folgenden in einer juristischen Dissertation:

> Islamic Banking als Begriff bezeichnet Bankgeschäfte, die in Übereinstimmung mit den Regeln des islamischen Rechts getätigt werden. Der Entwicklungsprozess des Islamic Banking begann parallel zu dem Aufkeimen des Islam zu Beginn des 7. Jahrhunderts nach Christus. Zu Lebzeiten des Propheten [...] wurden die finanziellen Operationen direkt von den Hauptrechtsquellen der Scharia geleitet.[6]

Das islamische Finanzwesen steht danach in einer jahrhundertealten Tradition. Die islamische Rechtsgeschichte vermittelt den Zugang zu dem, was heute im Islamic Finance passiert.

Die Annahme, das islamische Finanzwesen beruhe auf der Anwendung von Prinzipien des islamischen Rechts, ist dabei nicht falsch. Unter islamischem Recht (*šarīʿa*, nachfolgend Scharia) wird dabei im Folgenden die Summe der Regeln verstanden, die die islamischen Juristen in Exegese der religiösen Texte des Islam entwickelt haben. Die Übereinstimmung mit den Prinzipien der Scharia – die ‚Sharia-Compliance' – ist genau das, was islamische Bankgeschäfte von konventionellen Bankgeschäften unterscheidet.[7] Doch ist diese Sichtweise in wesentlichen Punkten unvollständig. Sie berücksichtigt nicht, dass das Islamic Finance im Kontext globalisierter Finanzmärkte entstanden ist und daher nicht allein aus dem islamischen Recht und seiner Geschichte heraus erklärt werden kann. Hinzu kommt, dass sich rechtliche Regeln ändern, wenn sie von anderen Akteuren in einem anderen Kontext angewandt werden. Anknüpfend an jüngere Forschungen, die das globale Recht des islamischen Finanzwesens als Spielart des transnationalen Wirtschaftsrechts beschreiben,[8] möchte ich mich auf den Wandel des islamischen Vertragsrechts durch das islamische Finanzwesen konzentrieren. Denn das islamische Finanzwesen ist nicht nur das Rechtsgebiet, in dem der Rekurs auf die historischen Regeln des islamischen Vertragsrechts heute noch praktisch relevant ist. Das globale islamische Finanzwesen hat vielmehr auch das islamische Vertragsrecht grundlegend verändert. Diese Veränderungen können nicht als eine bloße Fortentwicklung der überkommenen historischen Bestimmungen adäquat beschrieben werden. Erforderlich ist vielmehr, diese Entwicklung im Kontext der internationalen Fi-

---

6 Muschol: *Islamic Banking*, S. 9.

7 Bälz: Sharia-Compliance und Scharia-Risiko, S. 111 ff. Hierzu auch Ebert/Thießen: Facetten eines Phänomens, S. 13.

8 Insbesondere Ercanbrack: *Transformation*; Makhlouf: *L'émergence d'un droit international*. Zuvor schon Bälz: *Sharia Risk* und Hamoudi: Muezzin's Call.

nanzmärkte und ihrer Praktiken zu untersuchen. Das hierfür geeignete Paradigma – so die These – ist das des transnationalen Wirtschaftsrechts.

2 Methode: Zum Begriff des transnationalen Wirtschaftsrechts

Der Begriff des transnationalen Wirtschaftsrechts hat sich in den letzten ca. 20 Jahren zu einem wirkmächtigen Paradigma in der Rechtsvergleichung entwickelt.[9] Das zentrale Leitprinzip dieser Forschungsrichtung ist dabei, dass sich Recht jenseits des Nationalstaats entwickelt. Im Zentrum stehen damit nicht mehr ausschließlich die Gesetze, die ein nationaler (oder auch supranationaler) Gesetzgeber erlässt und die dann von staatlichen Gerichten interpretiert werden (bzw. von der Rechtsvergleichung Land für Land erforscht und verglichen werden).

Ausgehend von einem soziologischen Rechtsbegriff, der neben den staatlich gesetzten auch die tatsächlich geltenden Regeln berücksichtigt, rückt vielmehr Folgendes in den Blickpunkt:

(i) *Die vertraglichen Praktiken der Teilnehmer des Wirtschaftsverkehrs*. Zentral ist hier die Diskussion um die *lex mercatoria*, dem autonomen Recht des internationalen Handels. Zugrunde liegt dem die Beobachtung, dass die Vertragspraktiken im internationalen Wirtschaftsverkehr Regeln schaffen, die über die konkrete Transaktion hinausgehen.[10]

(ii) *Die Berufsgruppen (Anwälte, Schiedsrichter, Banker, Wirtschaftsprüfer etc.), die die vertraglichen Praktiken prägen*. Untersucht wird dabei der Prozess der Standardsetzung, also wer die betreffenden Praktiken wie definiert. An die Stelle des Gesetzgebers treten Akteure der privaten Rechtsetzung. Kautelarjurisprudenz und Schiedsgerichtsbarkeit ersetzen den staatlichen Gesetzgeber und seine Gerichte.[11]

(iii) Transnationale Standards, die gesetzt werden durch Organisationen, die trans- oder supranational sind, aber über keine originären Rechtsetzungsbefugnisse verfügen. Hier geht es um Standards, die von Organisationen wie etwa UNIDROIT (International Institute for the Unification of Private Law) definiert werden, die in ihrer Form denen eines staatlichen Gesetzes nahekommen, die aber nicht von einem Gesetzge-

---

9 Zum Forschungsstand etwa die Beiträge in Calliess: *Transnationales Recht*.

10 Hierzu etwa (m. w. N.) Martiny, in: Reithmann/Martiny: *Internationales Vertragsrecht*, Rn. 2.40 ff.

11 Hierzu etwa die Untersuchung zum Schiedsrecht von Dezalay/Garth: *Dealing in Virtue*.

ber förmlich validiert sind. Gleiches gilt für Branchenverbände wie etwa FIDIC (International Federation of Consulting Engineers) im Bau- und Infrastrukturrecht und die LMA (Loan Market Association)[12] im Bankenrecht, die Musterverträge entwickeln.[13]

Die meisten Forschungen zum transnationalen Wirtschaftsrecht haben dabei einen theoretischen Schwerpunkt. Der Befund, dass es Recht jenseits des Nationalstaates gibt und dass dessen Bedeutung zunimmt, wird in erster Linie gefühlt und dann theoretisch eingeordnet.[14] Dazu gibt es wohl auch keine wirkliche Alternative. So entzieht sich das transnationale Wirtschaftsrecht über weite Strecken einer empirischen Analyse. Soweit Rechtstatsachenforschung betrieben wird, ist diese überwiegend anekdotisch.[15] Die Rechtswissenschaft hat in der Regel auch gar keinen direkten Zugriff auf das betreffende Material: Während Gesetze und Rechtsprechung ohne weiteres vom Schreibtisch aus über Datenbanken heruntergeladen werden, gilt auch heute noch, dass man Marktpraktiken und Vertragsstandards kennen muss. Die im Banking so wichtige Frage ‚What's market?' können eine öffentlich zugängliche Datenbank wie JURIS (Juristisches Informationssystem) oder ein Kommentar oder Handbuch zum Bankrecht nicht beantworten. Keine Kanzlei oder Bank wiederum würde einem Außenstehenden Zugang zu der internen Transaktionssammlung gewähren (schon aus Vertraulichkeitsgründen ist das in aller Regel auch rechtlich gar nicht zulässig). Im Ergebnis ist es daher oft so, dass diejenigen, die über transnationales Recht schreiben, die Praktiken nicht kennen, während die, die sie kennen, nicht schreiben.

Wenn im Folgenden die Entwicklung des Rechts des Islamic Finance aus der Perspektive des transnationalen Rechts beschrieben wird, liegt dem ebenfalls *keine* empirische Forschung zu Grunde. Dessen ungeachtet fließt hier die Transaktionserfahrung des Verfassers ein – auch wenn diese nicht notwendigerweise repräsentativ sein muss.

---

12 Siehe www.lma.eu.com (letzter Aufruf 22. 12. 2017).

13 Für eine Übersicht über die verschiedenen FIDIC-Vertragsmuster siehe fidic.org/bookshop/about-bookshop/which-fidic-contract-should-i-use (letzter Aufruf 22. 12. 2017). Zur Rolle der LMA, der wichtigsten Standardisierungsorganisation im Finanzierungsgeschäft, im Einzelnen unten.

14 So auch die Beiträge in Calliess: *Transnationales Recht.*

15 So etwa der Ansatz von Dezalay/Garth in *Dealing in Virtue*, deren Untersuchung allerdings auf einer großen Anzahl von Interviews mit Vertretern der betroffenden Berufsgruppen (Professionals) beruht.

3 Kontext: Islamic Finance als Produkt der globalen Finanzmärkte

Doch was hat das transnationale Wirtschaftsrecht nun mit dem Recht des Islamic Finance zu tun? Das Recht des Islamic Finance wird gerne als ein Bereich genannt, in dem im Zuge einer ‚Reislamisierung' das islamische Recht wieder als geltendes Recht angewandt wird.[16] Dieser Sicht liegt ein Narrativ zugrunde, nach dem seit dem ausgehenden 19. Jahrhundert das islamische Recht im Zivil- und Wirtschaftsrecht weitgehend ersetzt wurde durch staatlich erlassene Kodifikationen. Seit den 1970er Jahren, so die These, sei es dann zu einer Reislamisierung im Recht gekommen, der Einfluss des islamischen Rechts habe wieder zugenommen, und zwar auch im Zivil- und Wirtschaftsrecht. Beispielhaft genannt werden hier insbesondere das jordanische Zivilgesetzbuch (ZGB) von 1976 und das ZGB der Vereinigten Arabischen Emirate (VAE) von 1984.[17] Ob und inwieweit dieses Narrativ von der Wiederkehr des islamischen Rechts in seiner Allgemeinheit aufrechterhalten werden kann, sei hier dahingestellt. Es mag zutreffen, dass die Reislamisierung des Rechts und die Entstehung des Islamic Finance möglicherweise die gleichen ideengeschichtlichen Wurzeln haben.[18] In seiner praktischen Anwendung lebt das Islamic Finance aber gerade davon, dass islamische Normen *nicht* durchgesetzt werden. Das Islamic Finance ist vielmehr entstanden in den globalen Finanzmärkten – und so mindestens genauso ein Produkt der Globalisierung der Finanzmärkte wie einer Anwendung traditionaler Scharia-Vorschriften.[19]

Voraussetzung für die Entwicklung des Islamic Finance, wie wir es heute kennen, ist die *Nichtanwendung* der Bestimmungen der Scharia. Das veranschaulicht die ethische und wirtschaftliche Grundlage des Islamic Finance, und zwar das islamische ‚Zinsverbot' (oder Verbot des *ribā*). Ganz unabhängig davon, ob das historische islamische Recht ein Zinsverbot kannte und was Juristen heute zu dem Thema sagen:[20] Dass die Zahlung von Zinsen im Gegenzug für die Überlassung von Kapital unzulässig ist, ist Konsens in der Islamic-Finance-Branche (und wirtschaftlich gesehen zugleich eine Art Geschäftsgrundlage). Wäre nun das Zivil- und Wirtschaftsrecht in den arabischen Staaten in

---

16 So etwa Vogel/Hayes: *Islamic Law and Finance*, S. 19 ff.

17 Grundlegend Krüger: *Überblick über das Zivilrecht*, S. 98 ff.

18 So insbesondere Mallat: *Renewal of Islamic Law*.

19 Ercanbrack: *Transformation*, S. 87 ff.; Warde: *Islamic Finance*, S. 95 ff.

20 Zum klassischen Recht etwa Oberauer: Das islamische *ribâ*-Verbot, S. 111 ff.; für die Perspektive des Islamic Finance z. B. die Beiträge in Thomas: *Interest in Islamic Economics*.

den letzten Jahrzehnten tatsächlich erfolgreich „islamisiert“ worden,[21] dann gäbe es überhaupt keinen Bedarf für islamische Banken und Finanzierungsgeschäfte, die als Alternative zum konventionellen Banking angeboten werden. Wenn der Staat die Einhaltung islamischer Verbote garantiert, gibt es keinen Bedarf für islamische Banken. Banken, die alternative, Scharia-konforme Finanzprodukte anbieten, braucht man nur dort, wo der Staat die Durchsetzung der Bestimmungen der Scharia nicht garantiert. Diesen Befund belegt im Übrigen, dass die heutigen Zentren des Islamic Finance durchgehend in Rechtsordnungen liegen, die – jedenfalls bei Banktransaktionen – kein Zinsverbot durchsetzen. Das gilt für nahöstliche Rechtsordnungen wie Bahrain oder die VAE ebenso wie für die internationalen Zentren des Islamic Finance: London, gefolgt in einem gewissen Abstand von Luxemburg, Genf und New York.[22] Islamic-Finance-Transaktionen scheinen hingegen die Rechtsordnungen zu meiden, in denen ein islamisch begründetes Zinsverbot durchgesetzt wird: Saudi-Arabien, Pakistan oder der Sudan üben offensichtlich keine Anziehungskraft auf internationale Transaktionen aus. Auch wenn in diesen Ländern ein lokaler Markt für islamische Finanzprodukte besteht, wählen die internationalen Banken für ihre Islamic-Finance-Transaktionen gerade Rechtsordnungen, die darauf verzichten, die einschlägigen islamischen Normen durchzusetzen. Geographisch gesehen scheint sich das Islamic Finance in den globalen Finanzmärkten stärker heimisch zu fühlen als in Scharia-geprägten Rechtsordnungen. Dabei erfolgt eine Wahl zu Gunsten der Gerichtsstände in London oder dem Dubai International Financial Centre (DIFC) – verbunden mit einer entsprechenden Rechtswahl – oft auch bei Transaktionen, deren Parteien keinen Bezug zu London oder dem DIFC haben. Eine nichtislamische, vom Common Law geprägte und mit Finanzierungstransaktionen vertraute Rechtsordnung scheint den Parteien der beste ‚Host‘ auch für Scharia-konforme Transaktionen zu sein.[23]

---

21 Für einen Überblick über die Zinsgrenzen in arabischen Staaten Bälz: Zinsbeschränkungen, S. 277 ff.

22 Wenn von ‚Zentren‘ des Islamic Finance die Rede ist, dann im Sinne von ‚Rechtsstandorten‘, also mit Blick auf die Frage, welches Gericht/welche Schiedsinstitution für die Streitbeilegung zuständig ist und unter welchem Recht die Transaktion dokumentiert ist. Zu einem anderen Ergebnis kommt man möglicherweise, wenn man fragt, wo die betreffenden Vermögensgegenstände (‚Islamic Finance Assets‘) belegen sind. Diese Diskussion ist aber zu trennen von der juristischen Frage nach der ‚Host Jurisdiction‘ (der Rechtsordnung, die einer Transaktion Durchsetzbarkeit verleiht).

23 Zu dieser Beobachtung auch Foster: Islamic Finance Law, S. 170, 173.

Eine Wahl der Scharia als Vertragsstatut kommt jedenfalls in der internationalen Transaktionspraxis so gut wie nie vor.

In den letzten 15 Jahren wurde dieser Trend weiter verstärkt durch eine neue Welle der Rezeption englischen Rechts in den arabischen Golfstaaten. Die neuen finanziellen Freizonen in Dubai (DIFC) und Qatar (Qatar Financial Centre, QFC) haben beispielsweise eigene Gesetze und Regularien, die auf dem Vorbild des englischen Rechts beruhen.[24] Hinzu kommt, dass zur Lückenfüllung auf das englische Recht zurückgegriffen wird. Diese Entwicklung wird begleitet von einer beispiellosen Migration von Professional Services Firms in die Finanzzentren der arabischen Golfstaaten. Kaum eine internationale Investmentbank, Anwaltskanzlei oder Unternehmensberatung, die etwa *nicht* in Dubai vertreten wäre.[25] Diesen Firms ist ein Geschäftsmodell gemein, das auf einem Export von internationalen (englischen) Vertragsmustern und Geschäftspraktiken beruht. Investmentbanken beraten Kunden bei der Strukturierung von Transaktionen wie in London und New York. Internationale Anwaltskanzleien entwerfen Verträge, die dem internationalen Standard entsprechen, Wirtschaftsprüfer stellen das Financial Reporting lokaler Unternehmen auf internationale Standards um und eröffnen diesen so den Zugang zu den internationalen Finanz- und Kapitalmärkten. Vertragliche Praktiken und Standards als Exportprodukt.

Daraus folgt: Der internationale Kontext, in dem sich das Islamic Finance entwickelt, kann nicht auf einen Trend hin zur Anwendung islamischer Vorschriften (‚Reislamisierung') reduziert werden. Im Gegenteil: Der Islamic-Finance-Boom erfolgte gleichzeitig mit der Globalisierung englischer vertraglicher Praktiken und deren Ausbreitung im Nahen und Mittleren Osten. Gerade in den arabischen Golfstaaten boomt das Islamic Finance in einer immer stärker verwestlichten Rechts- und Geschäftskultur. Das hat auch weitreichende Auswirkungen auf das Recht, dem Islamic-Finance-Transaktionen unterliegen. Das soll im Folgenden näher untersucht werden und zwar vor dem Hintergrund, (i) welche *Normen* in welcher Weise auf Islamic-Finance-Transaktionen Anwendung finden, (ii) welche *Autoritäten* diese Regeln auslegen und (iii) welche *Funktion* dabei die Bestimmungen des islamischen Rechts haben.

---

[24] Zu den Rechtsquellen des DIFC etwa (mit ausführlichem Nachweis der Literatur) Elrifai: Dubai International Financial Centre.

[25] Hierzu etwa Bälz: Rezeption durch Vertrag, S. 85 ff.

4 Normen: Islamic Finance heißt nicht, islamisches Recht anzuwenden

Wie eingangs erwähnt, wird Islamic Finance häufig reduziert auf eine Anwendung der Bestimmungen des (historischen) islamischen Rechts auf (moderne) Finanzierungstransaktionen.[26] Dabei ist gewiss, dass sich Islamic-Finance-Transaktionen durch ihre Übereinstimmung mit den Vorschriften des islamischen Rechts von konventionellen Transaktionen unterscheiden: Die ‚Sharia-Compliance' macht den Unterschied und die zentrale Motivation aus Sicht des Kunden, zu einer islamischen Bank zu gehen, ist das Versprechen, dass das von der Bank angebotene Geschäft auch islamischen Vorschriften entspricht (sog. Sharia Promise).[27] ‚Sharia-Compliance', so die hier vertretene These, ist aber von einer Anwendung des islamischen Rechts auf eine bestimmte Transaktion strikt zu unterscheiden. Im Islamic Finance wird das islamische Recht als ethisches Korrektiv angewandt und nicht als Recht im Sinne eines *Vertragsstatuts*, also dem auf den Vertrag anwendbaren Recht. Das Islamic Finance hat insoweit eine Entrechtlichung des islamischen Vertragsrechts zur Folge. Aus dem islamischen Recht der Verträge werden ethische Leitlinien. Diese Beobachtung stellt die Behauptung in Frage, Islamic Finance beruhe auf einer Anwendung des islamischen Rechts.

Das vormoderne islamische Recht hat zwei Kategorien für die Bewertung menschlicher Handlungen entwickelt.[28] Die eine Kategorie betrifft die rechtliche Wirksamkeit (auf einer Skala von *ṣaḥīḥ* für wirksam hin zu *bāṭil* für absolut unwirksam). Die andere Kategorie betrifft die religiöse oder ethische Bewertung (von verpflichtend *wāǧib* bis verboten *ḥarām*). Wo das islamische Recht kodifiziert wurde, ist die Bewertung typischerweise reduziert auf die Rechtswirksamkeit. Das positive Recht interessiert sich im Normallfall nur für die Rechtswirksamkeit der Transaktion. Eine ethische Bewertung findet nicht statt.[29] Im Islamic Finance haben die Bestimmungen der Scharia hingegen aus-

---

26 So insbesondere Vogel/Hayes: *Islamic Law and Finance*, S. 19 ff.

27 Bälz: Sharia-Compliance und Scharia-Risiko, S. 111.

28 Hierzu etwa Johansen: *Contingency in a Sacred Law*, S. 69 f.

29 Eine Ausnahme stellen allein die Vorschriften nach dem Vorbild von §§ 134 und 138 BGB dar, die die rechtliche Zulässigkeit einer Handlung mit der Wirksamkeit der betreffenden Transaktion koppeln. Ein Geschäft, das nicht erlaubt ist, kann auch nicht rechtlich durchgesetzt werden. Dabei ist bei weitem nicht jedes Geschäft, das ethisch zu missbilligen ist oder auch gegen gesetzliche Vorschriften verstößt, unwirksam. Die §§ 134, 138 BGB haben vielmehr eine ‚Filterfunktion', wonach nur besonders schwere Verstöße die Wirksamkeit des Vertrages in Frage stellen. Wie

schließlich letztere Funktion: Sie entscheiden nur darüber, ob eine bestimmte Transaktionsstruktur zulässig ist. Die entscheidende Frage ist, ob die Transaktion *ḥalāl*, also erlaubt ist (im Gegensatz zu *ḥarām*, ‚verboten'). Die rechtliche Durchsetzbarkeit der Vertragspflichten hingegen gewährleistet in der Regel eine andere Rechtsordnung, die Scharia ist *nicht* das auf den Vertrag anwendbare Recht. Die weitaus meisten internationalen Islamic-Finance-Transaktionen sehen vielmehr eine Wahl des englischen Rechts vor. Wie im internationalen Finanzierungsgeschäft verbreitet, gewährleistet das englische Recht die Durchsetzbarkeit der vertraglichen Rechte und Pflichten.

Die Reduktion des islamischen Rechts auf ein ethisches Korrektiv hat dabei weitreichende Konsequenzen für die Entwicklung des islamischen Vertragsrechts. Das zeigt etwa ein Vergleich zwischen einem klassischen *Reststatement* der Bestimmungen des islamischen Vertragsrechts – wie etwa dem *Muršid al-Ḥairān* des ägyptischen Juristen Muḥammad Qadrī – mit den sogenannten Sharia Principles der AAOIFI (Accounting and Auditing Organisation for Islamic Finance Institutions). Der 1875 veröffentlichte *Muršid al-Ḥairān* – der dank Hans-Georg Ebert in deutscher Übersetzung vorliegt[30] – ist eine in Artikeln gegliederte Darstellung des islamischen Vertragsrechts, das den historischen Rechtsstoff in der Form eines modernen Gesetzbuches wiedergibt (ohne aber jemals als Gesetz erlassen worden zu sein). Die 1991 gegründete AAOIFI mit Sitz in Bahrain ist die (oder zumindest eine der) führende(n) Branchenorganisation(en), die Scharia-Richtlinien (und andere Standards) für die Islamic-Finance-Branche entwickelt.[31] Die Scharia-Standards sollen einheitliche Richtlinien für die Gestaltung Scharia-konformer Produkte vorgeben. Entwickelt werden sie von dem Sharia-Board der AAOIFI, dem maßgebliche islamische Gelehrte angehören. Beide erfassen damit den historischen Rechtsstoff neu, allerdings mit einer sehr unterschiedlichen Stoßrichtung.

Ein Kompendium nach dem Vorbild des *Muršid al-Ḥairān* hat eine doppelte Funktion: Zum einem stellt es Regeln zur Verfügung, die einen unvollständigen Vertrag komplettieren und Lücken füllen. Zum anderen beinhaltet es ein Sekundärprogramm für den Fall, dass die Transaktion nicht so abläuft wie geplant. Es regelt also insbesondere die Leistungsstörungen. Was passiert, wenn

---

unten im Zusammenhang mit der Problematik des Scharia-Risikos noch im Einzelnen darzulegen ist, fehlt aber genau diese Kopplung im Islamic Finance. Schariarechtliche Wirksamkeit und vertragsrechtliche Durchsetzbarkeit werden gezielt entkoppelt.

30 Ebert/Hefny: *Islamisches Zivilrecht der hanafitischen Lehre*.

31 Siehe www.aaoifi.com (letzter Aufruf 22. 12. 2017).

eine der Parteien nicht, zu spät oder anders als vereinbart leistet? Die Scharia-Regeln des Islamic Finance interessieren sich für diese Fragen nicht. Wer in den AAOIFI-Standards nach Regeln für den Fall sucht, dass die andere Vertragspartei den Vertrag nicht wie vereinbart erfüllt, wird enttäuscht. Die AAOIFI-Standards beschränken sich darauf, Richtlinien für die islamische Erlaubtheit der Transaktion aufzustellen. Daraus folgt, dass im Islamic Finance – wie bereits oben erwähnt – die Rolle des islamischen Rechts praktisch gesehen beschränkt ist auf ein ethisches Korrektiv. Die Scharia-Richtlinien der AAOIFI ähneln daher auch mehr Corporate-Social-Responsibility-Prinzipien oder anderen ethischen Leitlinien als einer Kompilation vertragsrechtlicher Regeln. Kurzgefasst: Im Islamic Finance hat das islamische Recht seine Rechtsqualität verloren.

5 Autoritäten: Islamic Finance heißt nicht, dass islamische Juristen das islamische Recht anwenden

Das islamische Recht wird herkömmlicherweise als Juristenrecht charakterisiert: Die Juristen (genauer: Rechts*wissenschaftler*) setzen Recht. Die sogenannten Sharia-Scholars spielen so eine ganz zentrale Rolle im Islamic Finance. Sie zertifizieren, dass eine bestimmte Transaktion den Vorschriften der Scharia entspricht. Zudem beraten sie als Mitglieder der Sharia-Boards die Verwaltung der Bank in Fragen der Scharia und stellen sicher, dass die Geschäftspolitik den Vorgaben des islamischen Rechts entspricht. Klagen über die Tätigkeit der Sharia-Scholars sind dabei mannigfach: Banken monieren, dass es zu wenig qualifizierte Scholars gebe, dass die Honorare zu hoch und die Zertifizierungen (bezeichnet als *fatāwā*) nicht konsistent seien. Hinzu kommt, dass eine relativ kleine Gruppe von Scholars die Mitgliedschaft in den wichtigsten Boards dominiert.[32] Vor diesem Hintergrund überrascht es wenig, dass eine Tendenz besteht, die Auslegung des islamischen Rechts auf andere Institutionen zu übertragen. Seit etwa zwanzig Jahren gibt es daher sogenannte Sharia-Consultancies.[33] Eine Sharia-Consultancy ist ein Dienstleister, der im Auftrag der Bank den sog. Scharia-Prozess koordiniert. Die Sharia-Consultancy bereitet also die Transaktionsdokumente so auf, dass sie den Sharia-Scholars vorgelegt werden können, was in der Regel eine Zusammenfassung der

---

32 Zu dieser Diskussion m. w. N. Bälz: Islamisches Kreditwesen, S. 272, 277 ff.

33 Typische Vertreter sind etwa Dar Al Sharia (daralsharia.ae) oder das Institute for Islamic Banking and Finance (www.ifibaf.com; beide zuletzt aufgerufen 22. 12. 2017).

Kernpunkte mit einer Erläuterung erfordert. Die Sharia-Consultancy würde darüber hinaus den – bei Neuprodukten oft mühsamen – Prozess der Zertifizierung begleiten. Doch dabei bleiben die betreffenden Beratungsunternehmen nicht stehen: So besteht eine Tendenz, dass die Sharia-Consultancies selbst in der Produktentwicklung tätig werden. Manche erstellen ‚Research Papers' im in der Bankbranche üblichen Format, in denen sie neue Produkte und deren Scharia-mäßige Zulässigkeit vorstellen. Das globale Islamic-Finance-Geschäft hat mit dem Scharia-Berater damit einen neuen Berufsstand geschaffen, der die Auslegung der Scharia-Vorschriften von den islamischen Gelehrten übernimmt. Manche Staaten sind des Weiteren dazu übergegangen, die ‚Sharia-Compliance' als Teil der Bankenaufsicht zu verstehen. Am weitesten geht hier Malaysia. Dort wird bei der Zentralbank, der auch die Bankenaufsicht obliegt, ein Shariah Advisory Council gebildet:

> The [Central] Bank may establish a Shariah Advisory Council on Islamic Finance which shall be the authority for the ascertainment of Islamic law for the purposes of Islamic financial business.[34]

Der Shariah Advisory Council ist ein *staatliches* Gremium und die von diesem Gremium definierten Grundsätze und Richtlinien sind für alle der Aufsicht unterliegenden islamischen Banken bindend, Zuwiderhandlungen werden sanktioniert. Art. 59 Central Bank Act bestimmt:

> (1) The [Central] Bank may issue such written circulars, guidelines or notices on any Shariah matter relating to the Islamic financial business carried on by any Islamic financial institution in accordance with the advice or ruling of the Shariah Advisory Council.
>
> (2) An Islamic financial institution shall comply with any written circulars, guidelines or notices issued by the Bank under subsection (1) and within such time as may be set out in the circulars, guidelines or notices.
>
> (3) Any person who fails to comply with any circulars, guidelines or notices issued by the Bank under subsection (1) commits an offence and shall, on conviction, be liable to a fine not exceeding three million ringgit.

‚Sharia-Compliance' wird so neben der Solvabilitäts- und Rechtsaufsicht zu einem Teil der Bankenaufsicht.

An diesem Ansatz ist konsequent, dass ‚Sharia-Compliance' ein wertbildender Faktor islamischer Bankprodukte ist und der Staat so in die Pflicht genommen werden kann, den Verbraucher und Anleger zu schützen. Die Ausle-

---

34 Art. 51 (1), Central Bank of Malaysia Act 2009.

gung der Scharia-Vorschriften auf eine staatliche Institution zu übertragen entspricht des Weiteren einem allgemeinen Trend in der islamischen Welt, den Interpretationspluralismus der islamischen Gelehrten abzulösen durch verbindliche Entscheidungen staatlicher Institutionen. Das zeigt sich in der Kodifizierung islamischer Vorschriften im Familienrecht ebenso wie bei der Einrichtung von ‚Staatsmufti'-Ämtern zur Vereinheitlichung der Auslegung der Scharia.[35] Zugleich fordert diese Entwicklung auch Kritik heraus: Denn *historisch* gesehen ist die Staatsfreiheit des juristischen Diskurses ein Charakteristikum des islamischen Rechts. Man kann sich fragen, welche Legitimität die Übertragung der entsprechenden Entscheidungen auf ein staatliches Gremium hat – und ob das den Verbraucher letzten Endes überzeugt. Hinzu kommt, dass es nicht Aufgabe der Bankenaufsicht ist, neue Bankprodukte zu entwickeln, dies aber eine wichtige Aufgabe der Sharia-Boards sein kann. Eine staatliche Bankenaufsicht über Einhaltung religiöser Vorschriften wäre damit unverträglich.

Im Ergebnis wird so auch die Auslegung der Bestimmungen des islamischen Rechts auf andere Institutionen als den islamischen Juristenstand verlagert. Nicht nur die Rechtsqualität der Bestimmungen der Scharia ändert sich, sondern auch, wer die Bestimmungen interpretiert und validiert.

6 Professionals: Die Rolle der internationalen Investmentbanken und Anwaltskanzleien

Das internationale Finanzierungsgeschäft lebt von der Standardisierung. Nur wo die rechtlichen Bedingungen eines Vertrages einheitlich sind, lassen sich die wirtschaftlichen Parameter einfach miteinander vergleichen. Im Fehlen einheitlicher Marktpraktiken wird dabei eine zentrale Schwäche des Islamic Finance und somit ein wesentliches Entwicklungshemmnis gesehen. Dass sich das Islamic Finance mit der Entwicklung von Standards schwer tut, hat zwei Gründe: Zum einen werden viele der Transaktionen in weniger entwickelten Jurisdiktionen (sog. Emerging Markets) umgesetzt, von denen manche (wie die VAE) zum Rechtskreis des Civil Law und andere zum Rechtskreis des Common Law gehören (wie etwa Malaysia oder auch der DIFC). Zum anderen haben sich auch unterschiedliche Scharia-Diskurse in den arabischen Golfstaaten

---

[35] Hierzu m. w. N. Botiveau: *Loi islamique*; Skovgaard-Petersen: *Defining Islam for the Egpytian State*.

einerseits und Malaysia andererseits entwickelt.[36] Das hat zur Folge, dass sich die Transaktionsstrukturen auch regional unterscheiden.

Wichtiger noch als eine Vereinheitlichung der Scharia-Richtlinien – wie beispielsweise durch die oben genannten AAOIFI-Scharia-Standards – ist die Vereinheitlichung der Transaktionsdokumente. Dabei ist ein gewisses ‚Precedent'-System ebenso wie die Sammlung von Vertragsformularen (*šurūṭ*) dem historischen islamischen Recht nicht fremd. Die Standardisierung im Islamic Finance unterscheidet sich aber grundsätzlich von der Standardisierung im historischen islamischen Recht. Die Londoner LMA, die weltweit wichtigste Standardisierungsorganisation im Finanzierungsgeschäft, verfügt mittlerweile über einen speziellen ‚Practice Guide' für Scharia-konforme Transaktionen.[37] Der Guide erklärt, wie der LMA-Standardvertrag anzupassen ist, wenn er für Islamic-Finance-Transaktionen verwendet wird.

Daran ist zweierlei beachtlich: Ausgangspunkt der Vertragsdokumentation ist der LMA-Standardvertrag – der im internationalen Finanzierungsgeschäft (jedenfalls bislang[38]) wichtigste Mustervertrag im internationalen Kreditgeschäft – der auf dem englischen Recht aufbaut. Die Islamic-Finance-Verträge bauen damit auf den konventionellen Strukturen auf. Des Weiteren wurde der ‚Practice Guide' von Anwälten aus internationalen Kanzleien entworfen und nicht etwa von Sharia-Scholars (die wohl auch kaum die erforderlichen Kenntnisse für das Entwerfen von Verträgen hätten) oder speziellen islamischen Standardisierungsorganisationen (wie den AAOIFI oder der Islamic Development Bank). Im Ergebnis entspricht der ‚Practice Guide' vom Stil her dem Standard des internationalen Finanzierungsgeschäfts – genauso wie die Mehrheit der Verträge im Islamic Finance.

Im internationalen Finanzierungsgeschäft besteht das Recht aus Vertragspraktiken – mit der Folge, dass mitunter die Marktpraxis zwingende rechtliche Bestimmungen aushebelt. Hintergrund ist das Geschäftsmodell der internationalen Anwaltskanzleien, insbesondere mit Sitz in London, deren Geschäft im weltweiten Export von Vertragsmustern besteht. ‚Contract is king' – Recht ist danach das, was im Vertrag vereinbart ist. Islamic Finance ist insoweit keine Ausnahme.

---

36 Warde: *Islamic Finance in the Global Economy*, S. 112 ff.

37 Siehe www.lma.eu.com/documents-guidelines/documents# (letzter Aufruf 22. 12. 2017).

38 Die Folgen des Brexit bleiben abzuwarten.

7 Funktion des Rechts: Scharia als Risiko?

Das Recht hat bei einer internationalen Finanzierungstransaktion die Funktion, die Erwartungen der Parteien zu stabilisieren. Das Recht gewährleistet, dass die wirtschaftliche Transaktion auch rechtlich durchsetzbar ist. Welchen Funktionswandel dem islamischen Vertragsrecht im Islamic Finance widerfahren ist, zeigt die Diskussion über das sog. Scharia-Risiko. Unter Scharia-Risiko wird das Risiko verstanden, dass die Wirksamkeit einer Islamic-Finance-Transaktion unter Berufung auf die Bestimmungen des islamischen Rechts in Frage gestellt wird. Jüngstes prominentes Beispiel ist die Auseinandersetzung um eine von dem emiratischen Unternehmen Dana Gas ausgegebene *ṣukūk*-Anleihe. Dana Gas stellt sich jetzt – in einer Reihe von Verfahren vor den Gerichten in London und den VAE – auf den Standpunkt, dass die 2007 ausgegebene, und seinerzeit von Sharia-Scholars geprüfte Struktur den Bestimmungen des islamischen und des VAE-Rechts widerspreche. Der Emittent sei daher dazu berechtigt, die Bedingungen der Anleihe neu zu verhandeln.[39] Kritikpunkte sind insbesondere, dass die Anleihe eine im Voraus festgelegte Rendite für die Anleger und einen festen Rückkaufpreis vorsieht. Beides ist bei *ṣukūk*-Anleihen nicht ungewöhnlich, aber aus Sicht der Scharia umstritten.[40]

Die Reaktion der Gerichte auf entsprechende Fälle ist ausführlich untersucht worden.[41] Durch die Entscheidungen zieht sich eine Tendenz, der Bezugnahme auf die Bestimmungen des islamischen Rechts *keine* Rechtsqualität zuzumessen – gerade wenn Vertragsstatut, wie im Dana-Gas-Fall, englisches Recht ist. Dafür gibt es verschiedene Gründe: Eine Rechtswahl zu Gunsten der Scharia soll ausscheiden, weil diese kein staatliches Recht ist und außerdem zu unbestimmt ist. Hinzu kommt, dass fraglich ist, ob die Parteien bei der Bezugnahme auf die Bestimmungen der Scharia tatsächlich die Wirksamkeit des Vertrages in Frage stellen wollten. Die praktische Bedeutung der Frage nach dem Scharia-Risiko hat aber insbesondere deshalb stark abgenommen, weil sich in der Praxis des Islamic Finance entsprechende Ausschlussklauseln

---

39 Die Argumentation von Dana Gas ist zusammengefasst in der Pressemitteilung vom 07. 07. 2017: www.danagas.com/en-us/Investors/CompanyStatementToSukukBondholders.pdf (letzter Aufruf 22. 12. 2017); vgl. auch der Beitrag von Haddad/Kreutzberger: High Court of England & Wales.

40 Zu dieser Diskussion Sacarcelik: *Sukûk*, S. 78. Allgemein zu den Transaktionsstrukturen und der Einordnung im deutschen Recht ders.: *Rechtsfragen islamischer Zertifikate*.

41 Nachweise etwa bei Bälz: Sharia-Compliance und Scharia-Risiko, S. 111, 118 ff.

durchgesetzt haben. In Kreditverträgen ist es üblich, dass der Kunde die Scharia-Entscheidung des Sharia-Boards der Bank als bindend anerkennt und auf Scharia-Einwände verzichtet. In der islamischen Bankenbranche wird zwischen Scharia-rechtlicher Zulässigkeit und rechtlicher Durchsetzbarkeit klar getrennt. Eine typische (eher knapp gehaltene) Formulierung lautet etwa:

> The Customer has had the opportunity to seek independent advice regarding the Islamic permissibility of the transaction. The Parties have agreed to follow the view of the Sharia Board as put forth in the Fatwa pursuant to which the transaction contemplated in this Agreement is in compliance with Islamic legal principles and for the purpose of this Agreement, the Sharia Board's interpretation of Islamic legal principles shall be accepted by the Customer and the Bank as final and binding. In view hereof, **the Customer irrevocably waives any and all defences derived from an alleged non-compliance of this Agreement, any of its clauses or of the transaction contemplated therein with Islamic legal principles** ("Waiver of Sharia Defences").[42]

Diese Klausel hat die Wirkung, die Scharia-rechtliche Zulässigkeit von der rechtlichen Durchsetzbarkeit zu entkoppeln. Ähnlich sind die Formulierungen in Kapitalmarktdokumenten, wo eine fehlende ‚Sharia-Compliance'-Haftungsansprüche gegen die Bank begründen kann. Denn handelt es sich bei der ‚Sharia-Compliance' um einen wertbildenden Faktor, der über die Qualifikation eines bestimmten Produktes für einen Sondermarkt (Islamic Finance) entscheidet, dann kann ihr Fehlen einen Prospekthaftungsanspruch begründen.[43] Um entsprechende Ansprüche auszuschließen, wird in den Verkaufsprospekten in der Regel die Tätigkeit des Sharia-Boards erläutert und auf die Unsicherheiten hingewiesen, die aus den unterschiedlichen Auslegungen des islamischen Rechts folgen:

> The Islamic Sharia – literally the „way to the watering place" – is the set of religious rules and regulations applicable to Muslims, the principles of which were developed by Islamic legal scholars over the centuries based on the Koran and the Sunna (the reports about the life of the Prophet). The Sharia claims for itself to set the rules for all of the believers' areas of life. The essential principles in the economic area include the prohibition of usurious transactions. Pursuant to Sura II:275 "God allowed purchase, but prohibited usury (ribâ)." That rule of the Koran prohibits, in the Sharia Board's opinion, capital investments in fixed-interest securities for which the issuer

[42] Typische Vertragsklausel, anonymisiert aus dem Vertragsarchiv des Autors. Hervorherbung durch den Autor.

[43] Bälz: Islamische Aktienfonds in Deutschland, S. 447 ff.; Casper: Islamische Aktienfonds, S. 229 ff.

> promises the subscriber a return, the percentage of which is determined in advance, as well as other interest-bearing capital investments. In the Sharia Board's opinion, it is also not allowed to invest in companies whose debt-equity ratio, or cash, or cash equivalents, or trade receivables are excessively high. Furthermore, the principles of the Islamic Sharia prohibit speculative transactions, and therefore it is not allowed, in the Sharia Board's opinion, to invest in derivatives or to acquire an interest in a conventional insurance company. Further limitations ensue from the principle that alcoholic drinks and pornographic material are, in the opinion of the Sharia Board, not allowed altogether. And finally, in the Sharia Board's opinion, investments in the meat-processing industry are only allowed to the extent that no pork is processed or sold and, also in other respects, all slaughtering is performed in accordance with Sharia principles (by ritual slaughtering), with the consequence that the respective meat is halâl ("allowed"). […] **The Company has set up a special investment policy committee for the Fund, which examines whether the Fund's investment policy is in accordance with the principles of the Sharia and advises the Company on issues of Islamic law ("Sharia Board"). The Sharia Board consists of 3 members who are appointed by the Company. The members of the Sharia Board shall be respected Islamic legal scholars. […] The provisions of the Islamic Sharia allow for different interpretations. In the investment and management of the Fund, the Company follows the interpretation of the Islamic Sharia by the members of its Sharia Board. Pursuant to Section […] of the Special Terms of Contract, the investors accept the interpretation by the Sharia Board as binding for purposes of […]. The Company cannot exclude that other Islamic scholars support a different interpretation, according to which certain investments allowed under the investment policy of the Fund are not permissible.**[44]

Vor diesem Hintergrund ist das Scharia-Risiko heute in erster Linie eine Frage der Vertragsgestaltung. Eine Transaktion ist rechtlich auch dann durchsetzbar, wenn sie nicht den Bestimmungen der Scharia entspricht. Eine Klausel also, die einer Regelung wie §§ 134, 138 BGB (Bürgerliches Gesetzbuch) diametral widerspricht: Während die Bestimmungen des BGB einer vertraglichen Vereinbarung die Durchsetzbarkeit dann versagen, wenn diese (qualifiziert) gegen gesetzliche Verbote oder auch Moralvorstellungen verstößt und so die rechtliche Durchsetzbarkeit von der Zulässigkeit abhängig macht, trennt die ‚Waiver'-Klausel die Sphäre der Erlaubtheit von der der rechtlichen Wirksamkeit. Rechtliche Wirksamkeit ist unabhängig von der Scharia-rechtlichen Zulässigkeit. Ein erstaunlicher Befund, hätte man doch eigentlich im alternativen islamischen Finanzsystem, das vorgeblich auf einer Anwendung des islamischen

44 Formulierung – anonymisiert – aus dem Archiv des Autors. Hervorhebung durch den Autor.

Rechts beruht, genau das Gegenteil erwartet. Das Islamic Finance beruht demnach nicht auf einer ‚Anwendung des islamischen Rechts', sondern auf einer Trennung zwischen Scharia-rechtlicher Erlaubtheit und rechtlicher Durchsetzbarkeit.

8 Schluss: Das Recht des Islamic Finance als transnationales Recht

Islamic Finance ist mehr als nur eine Anwendung der historischen Vorschriften des islamischen Vertragsrechts unter neuen Vorzeichen. Während viele Beobachter – gerade aus der Perspektive des konventionellen Bankenwesens – verblüfft sind von dem vermeintlichen Wiedererstarken religiöser und ethischer Werte im internationalen Finanzierungsgeschäft, zeichnet sich in der Praxis der islamischen Banken eine gegenläufige Entwicklung ab: Islamic-Finance-Transaktionen unterliegen nicht dem islamischen Recht und soweit es auf Vorschriften der Scharia ankommt, werden diese nicht von den islamischen Juristen definiert. Das Recht des Islamic Finance, das wir heute sehen, erinnert vielmehr an hybride Rechtsordnungen wie beispielsweise das Anglo-Muhammadan Law, dem Produkt der englischen Kolonialjustiz in Indien, bei dem die Prinzipien der Scharia durch im englischen Recht ausgebildete Richter angewandt – und entsprechend geändert wurden.[45] Ähnliches lässt sich im Islamic Finance beobachten. Anders als zu Zeiten der englischen Kolonialgerichte in Indien sind hier aber nicht der Staat und seine Gerichte der Motor des Wandels. Das Recht des Islamic Finance ist ein Produkt der internationalen Kapital- und Finanzmärkte und seiner Akteure. Während der Wandel des islamischen Rechts über lange Zeit als ein staatsgeleiteter Prozess erschien – in dem der Nationalstaat die Bestimmungen der Scharia in der Form moderner Gesetze gefasst und deren Auslegung staatlichen Gerichten übertragen hat[46] –, stehen im Islamic Finance die Akteure des Marktes hinter dem rechtlichen Wandel. Das Recht des Islamic Finance ist damit eine Spielart des transnationalen Rechts, weil es sich jenseits des Nationalstaats entwickelt.

Zwar mag es zutreffen, dass die Entwicklung des Islamic Finance ideengeschichtlich mit der gerne als ‚Re-Islamisierung' beschriebenen Entwicklung verbunden ist, also dem Bestreben, die Bestimmungen des islamischen Rechts (wieder) zur Anwendung zu bringen.[47] Das entspricht der Selbstbeschreibung

---

45 Hierzu etwa Anderson: *Law Reform in the Muslim World*, S. 77 ff.

46 So der Schwerpunkt der klassischen Untersuchung in ibid.

47 So Mallat: *Renewal of Islamic Law*.

der Vertreter der islamischen Wirtschaftsordnung, die hervorheben, die islamische Wirtschaft sei eine Wirtschaftsordnung, die von den Prinzipien der Scharia geleitet sei. Das darf aber nicht darüber hinwegtäuschen, dass islamische Finanzierungstransaktionen in der Praxis nicht im akademischen Diskurs über eine alternative islamische Wirtschaftsordnung strukturiert und dokumentiert werden, sondern unter den Bedingungen der real existierenden internationalen Finanzmärkte. Die vertraglichen Precedents sprechen eine andere Sprache als die akademischen Schriften der islamischen Ökonomen. Banking ist in erster Linie eine praktische und keine akademische Disziplin. Wer verstehen möchte, wie Scharia-Prinzipien im islamischen Finanzwesen zur Anwendung kommen, muss sich das Recht der Verträge ansehen, das die Branche entwickelt hat und wird dann zu ganz anderen Ergebnissen kommen als auf Grund einer Auswertung der theoretischen Schriften der islamischen Ökonomik.

Eine Untersuchung des Rechts des Islamic Finance unter dem Blickwinkel des transnationalen Rechts eröffnet dabei auch neue Perspektiven für die Forschung. Auch wenn Forschungen zum islamischen Vertragsrecht in den letzten Jahren stark zugenommen haben – und hierzulande ist das auch ein Verdienst von Hans-Georg Ebert, der maßgeblich daran beteiligt war, die Erforschung des modernen Rechts der islamischen Welt in Deutschland zu etablieren – fremdelt die Rechtsvergleichung weiter mit dem islamischen Recht. Klassisch war dabei das islamische Recht die Antipode zum modernen, säkularen und damit rationalen Recht, wie das einst Max Weber mit dem Schlagwort der Kadi-Justiz zum Ausdruck gebracht hat. Versuche einer sinnvollen Vergleichung – gerade im Bereich des Vertragsrechts – sind schwer. Natürlich befasst sich auch das historische islamische Recht mit der Mechanik des Vertragsschlusses, der Abwicklung und auch der Haftung bei Mängeln und sonstigen Leistungsstörungen. Doch hat sich das alles in einem ganz anderen Kontext entwickelt. Ein Vergleich zwischen islamisch-rechtlichen Bestimmungen und dem modernen Recht leidet in aller Regel daran, dass hier juristische Regeln ohne ihren spezifischen Kontext nebeneinander gestellt werden. Das Konzept vom transnationalen Recht bietet hier einen Ansatzpunkt, der es erlaubt, Gemeinsamkeiten zu identifizieren ohne die Unterscheide zu negieren, indem es von der Methode der Rechtsproduktion ausgeht und fragt, wie rechtliche Normen definiert und validiert werden. Mit Blick auf die Entwicklung des Islamic Finance zeigt das: Recht jenseits des Nationalstaats ist ein globales Phänomen, auch wenn es nach Regionen und Branchen unterschiedliche Spielarten gibt.

Literaturverzeichnis

Anderson, Norman: *Law Reform in the Muslim World*, University of London Legal Series 11, London 1976.

Bälz, Kilian: Islamische Aktienfonds in Deutschland, in: *Zeitschrift für Bank- und Kapitalmarktrecht* 2.10 (2002), S. 447–452.

—: *Sharia Risk? How Islamic Finance Has Transformed Islamic Contract Law*, Occassional Publications 9, Cambridge, Mass 2008.

—: Islamisches Kreditwesen – Religion, Wirtschaft und Recht im Islam, in: *Zeitschrift für vergleichende Rechtswissenschaft* 109 (2010), S. 272–292.

—: Rezeption durch Vertrag – der Einfluss der internationalen Vertragspraxis auf die Rechtsentwicklung in den Arabischen Golfstaaten, in: *Rechtstransfer. Beiträge zum Islamischen Recht VIII*, Leipziger Beiträge zur Orientforschung 29, hrsg. von Martin Heckel, Frankfurt am Main et al. 2011, S. 85–94.

—: Zinsbeschränkungen in den arabischen Rechtsordnungen: die Auswirkungen auf internationale Finanzierungsverträge, in: *Zeitschrift für Bank- und Kapitalmarktrecht* 12.7 (2012), S. 277–280.

—: Sharia-Compliance und Scharia-Risiko, in: *Das islamische Wirtschaftsrecht*, Reihe für Osnabrücker Islamstudien 19, hrsg. von Abdurrahim Kozali, Ibrahim Salama und Souheil Thabti, Frankfurt am Main 2016, S. 111–128.

Bank Negara Malaysia: Central Bank of Malaysia Act 2009.

Botiveau, Bernard: *Loi islamique et droit dans les sociétés arabes. Mutations des systèmes juridiques du Moyen-Orient*, Paris 1993.

Calliess, Gralf-Peter (Hg.): *Transnationales Recht. Stand und Perspektiven*, Tübingen 2014.

Casper, Matthias: Islamische Aktienfonds – eine kapitalmarktrechtliche Herausforderung?, in: *Festschrift für Uwe H. Schneider zum 70. Geburtstag*, hrsg. von Ulrich Burgard, Köln 2011, S. 229–246.

Dezalay, Yves / Bryant G. Garth: *Dealing in Virtue. International Commercial Arbitration And The Construction Of A Transnational Legal Order*, Chicago [2]1998.

Ebert, Hans-Georg / Assem Hefny: *Islamisches Zivilrecht der hanafitischen Lehre. Die zivilrechtliche Kodifikation des Qadrî Pâshâ*, Leipziger Beiträge zur Orientforschung 31, Frankfurt am Main 2013.

Ebert, Hans-Georg / Friedrich Thießen: Islamic Finance – Facetten eines Phänomens, in: dies.: *Das islamkonforme Finanzgeschäft. Aspekte von Islamic Finance für den deutschen Privatkundenmarkt*, Wissenschaft für die Praxis. Abteilung 1: Forschung 23, Stuttgart: Deutscher Sparkassenverlag 2010, S. 13–45.

Elrifai, Silke: Dubai International Financial Centre, in: *Internationaler Rechtsverkehr in Zivil- und Handelssachen. Loseblatt-Handbuch mit Texte, Kommentierungen und Länderberichten*, hrsg. von Reinhold Geimer und Rolf A. Schütze, München 2016 [Stand 52 EL 2016].

Ercanbrack, Jonathan: *The Transformation of Islamic Law in Global Financial Markets*, Cambridge 2015.

Foster, Nicholas: Islamic Finance Law as an Emergent Legal System, in: *Arab Law Quarterly* 21.2 (2007), S. 170–188.

Haddad, Abir / Kai Kreutzberger: High Court of England & Wales, Commercial Court: A Ṣukūk-al-muḍāraba Structured to Provide a Fixed Return and Alleged to Be Illegal under UAE Law Will not Be Unwound for Illegality; Dana Gas PJSC v Dana Gas Sukuk Limited and others [2017] EWHC 2928 (Comm), in: *Zeitschrift für Recht und Islam / Journal of Law and Islam* 9 (2017), (im Erscheinen).

Hamoudi, Haider Ala: The Muezzin's Call and the Dow Jones Bell: On the Necessity of Realism in the Study of Islamic Law, in: *American Journal of Comparative Law* 56.2 (2008), papers.ssrn.com/sol3/papers.cfm?abstract_id=1014670## (letzter Aufruf 22. 12. 2017).

Johansen, Baber: *Contingency in a Sacred Law. Legal and Ethical Norms in the Muslim Fiqh*, Studies in Islamic Law and Society 7, Leiden 1999.

Krüger, Hilmar: Überblick über das Zivilrecht der Staaten des ägyptischen Rechtskreises, in: *Recht van de Islam* 5 (1987), S. 98–168.

Makhlouf, Amel: *L'émergence d'un droit international de la finance islamique. Origines, formation et integration en droit francais*, Collection étique et normes de la finance 4, Paris 2015.

Mallat, Chibli: *The Renewal of Islamic Law. Muhammad Baqer as-Sadr, Najaf and the Shi'i International*, Cambridge Middle East Library 29, Cambridge 1993.

Muschol, Stefan: *Islamic Banking. Rechtstheoretische Grundlagen, Vertragsparameter und Risikoanalyse*, Plauen 2016, zugl. Diss. Universität Jena 2014.

Oberauer, Norbert: Das islamische *ribâ*-Verbot, in: *Was vom Wucher übrigbleibt. Zinsverbot im historischen und interkulturellen Vergleich*, hrsg. von Matthias Casper, Norbert Oberauer und Fabian Wittreck, Tübingen 2014, S. 111–124.

—: *Islamisches Wirtschafts- und Vertragsrecht. Eine Einführung*, Würzburg 2017.

Reithmann, Christoph / Dieter Martiny: *Internationales Vertragsrecht. Das internationale Privatrecht der Schuldverträge*, Köln ^{8}2015.

Sacarcelik, Osman: *Sukûk. An Innovative Islamic Finance Instrument; Historical and Theoretical Foundations, Present Application and Challenges Arising from Legal and fiqh Implications*, Arbeitsmaterialien zum Orient 23, Würzburg 2011.

—: *Rechtsfragen islamischer Zertifikate (Sukuk)*, Schriften zum Gesellschafts-, Bank- und Kapitalmarktrecht 43, Baden-Baden 2013.

Skovgaard-Petersen, Jakob: *Defining Islam for the Egpytian State. Muftis and Fatwas of the Dâr al-Iftâ*, Social, Economic and Political Studies of the Middle East 59, Leiden et al. 1997.

Thomas, Abdulkader (Hg.): *Interest in Islamic Economics. Understanding Riba*, London 2005.

Vogel, Frank E. / Samuel L. Hayes: *Islamic Law and Finance. Religion, Risk, and Return*, Arab and Islamic Laws Series 16, The Hague et al. 1998.

Warde, Ibrahim: *Islamic Finance in the Global Economy*, Edinburgh 2000.

Martin Heckel[*]

Wie islamisch ist Islamic Finance? – ein Beitrag zum Trust als Rückgrat islamischer Zertifikate (*Ṣukūk*)

I Einleitung

Es ist eine schöne Aufgabe, meinen verehrten Lehrer Hans-Georg Ebert mit diesem Beitrag zu würdigen. Ich möchte dabei an diejenigen Werke des Jubilars anknüpfen, die er bislang auf dem Gebiet der islamischen Finanzwirtschaft (Islamic Finance) zu verantworten hatte. Hier sticht vor allem ein von ihm gemeinsam mit Thießen im Jahr 2010 herausgegebenes Buch hervor, das man getrost als Standardwerk bezeichnen kann.[1] Auch meine von Hans-Georg Ebert umsichtig geförderte Habilitationsschrift zur *Muḍāraba* ist in diesem Kontext entstanden.[2] Allerdings wurde dabei bislang eine Frage weitgehend ausgeklammert, die sich mir im Anschluss an Sacarceliks Dissertation[3] gestellt hat: Wie islamisch ist Islamic Finance?

Die Berechtigung dieser Frage folgt bereits aus dem Umstand, dass Bälz schon vor einigen Jahren den enormen Einfluss des englischen Vertragsrechts und damit des englischen Rechtsdenkens insgesamt auf Islamic Finance thematisiert hat.[4] Ich möchte an dieser Stelle sogar noch einen Schritt weiter gehen und als These formulieren, dass Islamic Finance, vor allem aber islamische Zertifikate (*Ṣukūk*), ohne Rückgriff auf *die* englische Rechtsfigur schlechthin,

---

* Regierungsrat und Dozent am Fachbereich Steuern der Thüringer Fachhochschule für öffentliche Verwaltung in Gotha.

1 Ebert/Thießen: *Das islamkonforme Finanzgeschäft.*

2 Heckel: *Muḍāraba*; Kernergebnisse veröffentlicht in Heckel: Muḍāraba und das deutsche Recht, S. 95 ff.; vgl. ferner id.: Zur zivil- und steuerrechtlichen Einordnung von Beteiligungskonten auf Basis der Mudaraba, S. 2181 f.

3 Sacarcelik: *Rechtsfragen.*

4 Vgl. z. B. Bälz: Rezeption durch Vertrag, S. 85, 89 ff.; ebenso id.: Das transnationale Recht, S. 351–371; zur Erforderlichkeit rechtsvergleichenden Denkens im Islamic Finance Heckel: Islamische Finanzwirtschaft, S. 311 ff., insb. 319 ff.

nämlich den Trust, gar nicht denkbar ist.[5] Zwar liegen den islamischen Zertifikaten meist nichtstaatliche Modellregelungen zugrunde, wie die Sharia Standards der Accounting and Auditing Organization of Islamic Financial Institutions (AAOIFI) aus Bahrain.[6] Diese scheinen aber mehr oder weniger stark vom englischen Recht inspiriert worden zu sein. Es liegt deshalb nahe, das Rückgrat islamischer Zertifikate zumindest idealiter im englischen Recht zu erblicken, das lediglich mit gewissen Grundwertungen des islamischen Rechts (wie z. B. dem *ribā*-Verbot) verschönert wird. Auf der Grundlage der Ausführungen von Sacarcelik will ich in der Folge zeigen, was ich meine.

Ob jedoch eine konkrete *Ṣukūk*-Transaktion auf einem Trust basiert, will der Beitrag nicht beantworten. Er bleibt vielmehr auf die Modellregelungen beschränkt. Erwähnt sei aber bereits an dieser Stelle, dass ein *Ṣukūk* letzten Endes in eine staatliche Rechtsordnung eingefügt werden muss, wenn er vor dieser (voll) Bestand haben will. Viele Rechtsordnungen, auch die meisten (aber nicht alle) am arabischen Golf, kennen den Trust jedoch nicht.[7] Es liegt deshalb nahe, in Zukunft genau zu untersuchen, inwieweit *Ṣukūk*-Transaktionen tatsächlich dem Modellbild entsprechen, wie bedeutsam die Rolle des Trusts also wirklich ist.[8]

II Der Trust

Der Trust ist eine Rechtsfigur, die typisch ist für das englische Recht und für die von ihm geprägten Rechte, z. B. der meisten Bundesstaaten der USA oder vieler Provinzen Kanadas.[9] Auch die Bundesstaaten Malaysias, eines Zentrums des Islamic Finance und ebenfalls sehr vom englischen Recht geprägt, kennen

---

5 So wohl auch Sacarcelik: *Rechtsfragen*, S. 58, 91, 246, 268 ff.; deutlicher id.: Sacarcelik: Ṣukūk, S. 153, 163; ebenso Müller: Grundlagen, S. 102, 105 Fn. 36, zurückhaltender („interessanter Nebenaspekt") aber Gassner/Wackerbeck: *Islamic Finance*, S. 101, 108, 120.

6 Dazu Bälz: Das islamische Recht als Vertragsstatut, S. 44 ff.; aus regionalwissenschaftlicher Sicht Heckel: Standardizing Islamic Finance, S. 191, 198 ff.; ferner Bälz: Das transnationale Recht, S. 349–369, der die Standards der AAOIFI lediglich als ethische Leitplanke auffasst, was m. E. jedoch im Bereich der Zertifikate angesichts der detaillierten Vorgaben zu kurz greifen dürfte.

7 Sacarcelik: *Rechtsfragen*, S. 272.

8 Vgl. allerdings Bälz: Das transnationale Recht des Islamic Finance, S. 197 zur Problematik, dass die Transaktionen meist nicht offengelegt werden, weil zwischen den Parteien Vertraulichkeit vereinbart ist.

9 Zweigert/Kötz: *Rechtsvergleichung*, S. 71, 186.

den Trust.[10] Ähnliches gilt für Bahrain: Auch dort ist der Trust nicht unbekannt.[11] In den Ländern, die anderen Rechtstraditionen folgen, hat der Trust dagegen keine rechte Entsprechung, selbst wenn es immer wieder einmal Versuche gibt, ihn auch dort heimisch zu machen. Das ist nicht verwunderlich. Denn im Gegensatz zum englischen Recht haben die meisten Rechte Schwierigkeiten, Eigentum auf zwei Personen aufzuspalten. Zum Beispiel kann im deutschen Recht zwar eine Sache mehreren nach Bruchteilen (§§ 1008 ff. BGB) oder als gemeinschaftliches Eigentum zur gesamten Hand (z. B. gemäß §§ 2032 ff. BGB) zustehen. Auch kann man zwischen rechtlichem und wirtschaftlichem Eigentum differenzieren.[12] Aber es ist im deutschen Recht nicht denkbar, eine Sache sowohl dem einen als auch dem anderen zu Recht als Eigentum zuzuweisen, das Eigentum also aufzuspalten. Exakt dies ermöglicht ein Trust.

1 Dreiseitiges Rechtsverhältnis

Im Ausgangspunkt ist er ein dreiseitiges Rechtsverhältnis. Der Begründer des Trusts (*settlor*) übereignet einen bestimmten Vermögensgegenstand dem Trustnehmer (*trustee*). Dieser soll über diesen Vermögensgegenstand aber nicht frei verfügen dürfen. Vielmehr soll er ihn lediglich für den Begünstigten (*beneficiary*) halten.[13] Insbesondere im Erbrecht hat diese Konstruktion eine enorme Bedeutung.[14] Denn oft bittet der Erblasser (*settlor* bzw. *testator*) einen Verwandten oder Freund (*trustee* bzw. *executor*), seinen letzten Willen zugunsten der begünstigten Erben (d. h. der *beneficiaries*) auszuführen. Zentral dabei ist, dass mit dem Erbfall die Rechtszuständigkeit am Nachlass (*estate*) aufgespalten wird. Der Trustnehmer bzw. Testamentsvollstrecker (*executor*) wird Eigentümer des Nachlasses *at law*, während die begünstigten Erben Eigentum am Nachlass *in equity* (s. u.) erwerben.[15]

---

10 Vgl. z. B. den Trusts (State Legislation Competency) Act 1949, Ordinance No. 25 of 1949.

11 Vgl. den Beschluss Nr. 1/1998 v. 8. Juni 1998 der bahrainischen Währungsbehörde über die Bekanntmachung des Statuts betreffend die Errichtung und den Aufbau von Vermögenstrusts, *al-Ǧarīda ar-Rasmīya* Nr. 2324 v. 10. Juni 1998, S. 3.

12 Bedeutung hat das vor allem im Steuerrecht bei der Zurechnung von Wirtschaftsgütern gemäß § 39 AO, dazu z. B. Birk/Desens/Tappe: *Steuerrecht*, Rn. 327.

13 Bray: *Student's Guide*, S. 65; knapp Williams: *Learning the Law*, S. 19 f.

14 Riddall: *Law of Trusts*, S. 13 ff.; ferner Hohloch/Heckel: Internationales Erbrecht, § 26 Rn. 189.

15 Art. 3 Buchstabe a) des in Fn. 11 genannten bahrainischen Beschlusses Nr. 1/1998 übernimmt diese Aufspaltung, wenn er den Trustnehmer als *amīn* und formalen Ei-

2 Historischer Ursprung

Diese Rechtsspaltung ist nur historisch zu erklären.[16] Ursprünglich gewährte das englische Recht des *common law* nicht in allen, sondern nur in genau bezeichneten Fällen Rechtsschutz, indem es nur für diese Fälle eine Klageformel vorsah. Da die natürliche Gerechtigkeit (*equity*) so aber nicht stets gewahrt werden konnte, entwickelte sich als Korrektur zum *common law* eine ebenfalls mit dem Wort *equity* belegte Billigkeitsrechtsprechung. Der Trust als das mit Abstand wichtigste auf *equity* beruhende Rechtsgebilde steht dafür geradezu sinnbildlich. Denn oft konnte Eigentum, genauer: Eigentum *at law*, nur einer bestimmten Person übertragen werden. Sollte diese Übertragung aber im Interesse eines Dritten, z. B. eines Familienangehörigen des Übertragenden, erfolgen, die Übertragung den Dritten also begünstigen, konnte das *common law* dessen Interesse nicht schützen, eben weil das Eigentum *at law* nicht bei diesem lag. Hier half und hilft *equity*, z. B. indem sie dem begünstigten Dritten im Falle eines Bruches des Trusts Rechtsbehelfe zur Verfügung stellt.[17]

3 Sachenrechtliche Berechtigung des Begünstigten eines Trusts

a) Sachenrechtliche Natur

Wesentlich für den Trust ist, dass die von ihm gewährte Berechtigung *in equity* sachenrechtlicher (bzw. dinglicher) Natur ist.[18] Etwas vereinfacht könnte man sagen, der Begünstigte eines Trusts sei Eigentümer dieser Berechtigung. Deshalb ist er nicht auf Ansprüche gegen den Trustnehmer (*trustee*) beschränkt. Die Berechtigung ist also nicht lediglich ein Recht gegenüber einer bestimmten Person (*ius in personam*). Vielmehr handelt es sich um eine Berechtigung, die im Prinzip gegenüber jedermann geltend gemacht werden kann. Sie ist also, etwas salopp formuliert, ein Recht auf das Ding (*ius ad rem*).

b) Vorrecht in der Insolvenz, insbesondere des Trustnehmers

In der Insolvenz gibt diese Berechtigung dem Begünstigten – wie anderen Eigentümern auch – ein Vorrecht gegenüber gewöhnlichen Gläubigern des Gemein-

---

gentümer (*mālik ṣūrī*) bezeichnet, während er für den Begünstigten die Bezeichnungen *mustafīd* und ‚wahrer Eigentümer' (*mālik haqīqī*) wählt.

16 Vgl. Zweigert/Kötz: *Rechtsvergleichung*, S. 185 f.; Williams: *Learning the Law*, S. 23 f.

17 Dazu z. B. Hudson: *Law of Trusts*, Rn. 32.01.

18 Ibid., Rn. 7.01, 7.05 mit Verweis auf den Fall Sanders v. Vautier [1841] 4 Beav 115.

schuldners.[19] Das ist vor allem in der Insolvenz des Trustnehmers von so großer Bedeutung, dass es anhand eines Beispiels kurz erläutert werden soll:

> Der Begründer eines Trusts S übereignet dem Trustnehmer T € 1 000,00 zugunsten des Begünstigten B. Daneben verfügt T über weitere € 1 000,00, also insgesamt über ein Umlaufvermögen (Kassenbestand) von € 2 000,00. Dem stehen Verbindlichkeiten in Höhe von € 10 000,00 (je € 5 000,00) zugunsten der Gläubiger G1 und G2 und der Anspruch des B in Höhe von € 1 000,00 gegenüber. Im Ergebnis überwiegen also die Verbindlichkeiten das Vermögen des T. Aus Sicht der deutschen Insolvenzordnung (§ 19 InsO) kann damit ein Insolvenzgrund (Überschuldung) vorliegen, was hier unterstellt werden soll.

Würde man B nur als normalen Insolvenzgläubiger betrachten, müsste er seine Forderung gegen T in Höhe von € 1 000,00 wie G1 und G2 zur Insolvenztabelle anmelden (§§ 174 ff. InsO). Diese Forderungen würden aus der Insolvenzmasse (§ 35 InsO) befriedigt werden. Diese würde € 2 000,00 betragen, da B als gewöhnlicher Gläubiger kein Vorrecht hat. Sie würde also den Betrag umfassen, den T für B hält. Es ist offensichtlich, dass die Insolvenzmasse nicht ausreicht, um sämtliche Forderungen voll befriedigen zu können. Vielmehr müssen sie um neun Elftel gekürzt werden. Die Quote beträgt dann zwei Elftel (Verhältnis des Kassenbestands von € 2 000,00 zum Gesamtbetrag der Forderungen von € 11 000,00). Nicht so ist es hingegen, wenn die Forderung des B gegen T sachenrechtlicher Natur ist (was beim Trust der Fall ist). Dann kann B die € 1 000,00 (‚das Ding') aus dem Kassenbestand von € 2 000,00 aussondern (§ 47 InsO). Die Insolvenzmasse, die G1 und G2 zur Verfügung stünde, bestünde nur aus dem Rest, das heißt den übrigen € 1 000,00. In Zahlen ausgedrückt erhielten im ersten Fall B € 181,81 (zwei Elftel von € 1 000,00) und G1 und G2 jeweils € 909,09 (je zwei Elftel von € 5 000,00). Im zweiten Falle erhielte B dagegen € 1 000,00, während für G1 und G2 nur jeweils € 500,00 (je ein Zehntel von € 5 000,00) verblieben.

c) Flexibilität des Trusts

Die Flexibilität des Trusts basiert darauf, dass die Berechtigungen, die der Begründer eines Trusts dem Trustnehmer zugunsten des Begünstigten auferlegen kann, praktisch unbegrenzt sind. Deshalb kann über einen Trust an sich jede Rechtsposition zu Eigentum und damit insolvenzfest gemacht werden.[20] Demgegenüber bestimmt das deutsche Sachenrecht abschließend und ziemlich schab-

---

19 Ibid., Rn. 5.74, 25.10.

20 Zu Grenzen aber Zweigert/Kötz: *Rechtsvergleichung*, S. 561 f.

lonenhaft, was Eigentum (bzw. davon abgespaltenes Sachenrecht) sein soll und was nicht (*numerus clausus*). Insbesondere zählen bloße Forderungen nicht dazu. Sie können auch nicht von den Parteien zu Eigentum gemacht werden. Das ist der wesentliche Unterschied zum englischen Recht. Denn hier kann ein schuldrechtlicher Anspruch des Begünstigten gegen den Trustnehmer (das heißt eine Forderung) zu Eigentum, also verdinglicht werden.

III Islamic Finance

Was hat das Vorstehende mit Islamic Finance zu tun? Auf den ersten Blick nichts. Und dieser erste Blick ist durchaus zutreffend. Denn unter Islamic Finance versteht man im Allgemeinen alle Arten von Finanzdienstleistungen, die ohne Verstoß gegen die Regeln des islamischen Rechts (Scharia) abgewickelt werden, auch wenn sie einer säkularen Jurisdiktion unterstehen.[21] Das in der Definition angesprochene islamische Recht kennt zwar wie das englische auch eine Art Aufspaltung des Eigentums in Substanzeigentum (*milk ar-raqaba*) und Verfügungseigentum (*milk at-taṣarruf*), nämlich im Recht der *Muḍāraba*.[22] Dreiseitig ist zudem die islamische Stiftung (*waqf*) ausgestaltet.[23] Aber sämtliche Verträge, die im Bereich des Islamic Finance von Bedeutung sind und die auf Vorbilder im islamischen Recht zurückgeführt werden (z. B. *iğāra, mušāraka, murābaḥa*)[24], sind als zweiseitige Verträge konzipiert worden. Trust und islamisches Recht passen deshalb direkt nicht zusammen. Allerdings weist die Definition neben dem islamischen Recht noch auf die säkulare Jurisdiktion hin, dem eine islamische Finanzdienstleistung unterstehen kann.[25] Wählt man für diese säkulare Jurisdiktion das englische Recht, kann – innerhalb eines Trust-Landes[26] – auch der Trust zum Zuge kommen. Deshalb stellt sich die Frage, wie genau der englische Trust mit dem islamischen Recht verknüpft wird.

---

21 Definition von Gassner/Wackerbeck: *Islamic Finance*, S. 13.

22 Dazu Heckel: Integration islamischer Rechtsinstitute, S. 61, 64.

23 Zu ihr z. B. Salama: Waqf, S. 193 ff.; zur Frage, ob der *Waqf* Vorbild des Trust ist, Sacarcelik: *Rechtsfragen*, S. 268 m. w. N.

24 Vgl. Heckel: Islamische Finanzwirtschaft, S. 311, 318, 321 ff.

25 Dazu z. B. Sacarcelik: *Rechtsfragen*, S. 28; siehe ferner den Fall Shamil Bank of Bahrain EC v. Beximco Pharmaceuticals Ltd. [2004] EWCA Civ 19, 1 WLR 1784 (dazu Bälz: Das islamische Recht als Vertragsstatut, S. 44 ff.), in dem auf einen Vertrag zwar englisches Recht Anwendung fand, dieser aber zugleich den Prinzipien des islamischen Rechts unterworfen war.

26 Zu dieser räumlichen Beschränkung s. u. unter IV. 1.

Beschränkt auf islamische Zertifikate (*Ṣukūk*) soll dies an einigen Beispielen erläutert werden.

1 Trust-basierte *Ṣukūk*

a) Iǧāra-Ṣukūk

Bei einem *Iǧāra-Ṣukūk* veräußert ein Unternehmen, das neues Kapital benötigt, einen konventionellen, verzinslichen Kredit aber nicht aufnehmen kann, sein Eigentum an bestimmten Vermögensgegenständen (z. B. Maschinen) auf eine zu diesem Zweck gegründete spezielle Zweckgesellschaft (in englischer Terminologie *Special Purpose Vehicle*, abgekürzt SPV). Die Zweckgesellschaft bringt den für den Erwerb der Gegenstände geschuldeten Kaufpreis nicht selbst, sondern über Anleger auf, die im Gegenzug an den Gegenständen dinglich als Eigentümer beteiligt werden. Eigentümer an den Gegenständen des Unternehmens werden also Zweckgesellschaft *und* Anleger! Diese Aufspaltung des Eigentums ist nur möglich, wenn die Zweckgesellschaft Eigentümerin der Gegenstände *at law* wird, während die Anleger an denselben Gegenständen Eigentümer *in equity* werden.[27] Über die dingliche Beteiligung am zugrunde liegenden Gegenstand stellt die Zweckgesellschaft den Anlegern eine handelbare Urkunde, ein Zertifikat (*Ṣakk*, Plural *Ṣukūk*) aus.[28] Im Anschluss vermietet die Zweckgesellschaft die Gegenstände auf der Basis eines *Iǧāra*-Vertrages an das Unternehmen zurück, verbunden mit dem Versprechen, mit dem finanzierten Kaufpreis, also dem frischen Kapital, islamkonform zu wirtschaften.[29]

Islamisch an dieser Konstruktion sind nur zwei Dinge: erstens die Rückmietung, die freilich auch konventionell unter (*sale-and-*)*lease-back* bekannt ist[30], und zweitens das Versprechen islamkonformen Wirtschaftens, das indes-

---

[27] Im Ergebnis – Eigentumsspaltung – ebenso Sacarcelik: Ṣukūk, S. 153, 163; nicht zutreffend dürfte jedoch sein, die Zweckgesellschaft als ‚wirtschaftlichen Eigentümer' (*beneficial owner*) zu betrachten, die dieses Eigentum den Anlegern weitervermittelt. Auf der Grundlage eines Trusts wird der Zweckgesellschaft das Eigentum an den Vermögensgegenständen *at law* (*legal ownership*) übertragen, und zwar zugunsten der Begünstigten *in equity* (*beneficial ownership*), so z. B. auch Sacarcelik: *Rechtsfragen*, S. 269; wie hier auch Thomas/Hudson: *Law of Trusts*, Rn. 51.46 speziell zum SPV.

[28] Gassner/Wackerbeck, *Islamic Finance*, S. 120; Momen: Ausgewählte Islamic Finance-Vertragsmodelle, S. 367, 370; Grieser: Islamic Finance, S. 586, 592.

[29] Sacarcelik: *Rechtsfragen*, S. 58.

[30] Zutreffend insoweit Müller: Islamic Finance, § 26 Rn. 15.

sen keinem Typenvertrag zuzuordnen ist, sondern eher als ethische Leitplanke des Geschäfts fungiert. Auch die dingliche Rechtsposition der Anleger an den Vermögensgegenständen, die bei Insolvenz ein Aussonderungsrecht gibt[31], hat mit dem islamischen Recht nichts zu tun. Sie kann deshalb nur auf dem englischen Trust basieren, der folglich das Rückgrat der gesamten Transaktion bildet. Es ist deshalb unglücklich, in diesem Zusammenhang von „Bruchteilseigentum" oder „Miteigentum" der Anleger am Treuhandvermögen bzw. an den zugrunde liegenden Vermögensgegenständen zu sprechen.[32] Der englischen Idee des aufgespaltenen Eigentums wird man so kaum gerecht.

Es soll an dieser Stelle nicht unerwähnt bleiben, dass die maßgebliche Definition des *Iǧāra-Ṣukūk* seitens der AAOIFI in Ziffer 3/1 des Sharia Standard No. 17[33] interpretationsbedürftig ist. Sie lautet:

> Certificates of equal value issued either by the owner of a leased asset or a tangible asset to be leased by promise, or they are issued by a financial intermediary acting on behalf of the owner with the aim of selling the asset and recovering its value through subscription so that the holders of the certificates become owners of the assets.

Für die Auslegung der Definition entscheidend dürfte zunächst das Ziel der Transaktion sein. Danach soll der Vermögensgegenstand verkauft und sein Wert durch Zeichnung (der Zertifikate) durch die Anleger zurückerlangt werden. Die Anleger werden im Gegenzug Eigentümer des Gegenstandes. Die Zertifikate werden dabei ausgegeben vom Eigentümer des (verleasten) Gegenstandes bzw. einem Vertreter des Eigentümers. Es werden also in einer Definition zwei Personen als Eigentümer *desselben* Gegenstands bezeichnet. Damit liegt offenkundig eine Eigentumsspaltung vor, wie sie aus dem Trust bekannt ist. Zu bestimmen sind noch die Ebenen des Eigentums (*at law* bzw. *in equity*). Da die Anleger nur den Wert des Gegenstandes aufbringen, also seinen Erwerb finan-

---

31 Sacarcelik: *Rechtsfragen*, S. 272; ebenso beim Trust, siehe Thomas/Hudson: *Law of Trusts*, Rn. 5.74, 25.10, ferner Zweigert/Kötz: *Rechtsvergleichung*, S. 561.

32 So Sacarcelik: *Rechtsfragen*, S. 58 („Bruchteilseigentum") bzw. Momen: Ausgewählte Islamic Finance-Vertragsmodelle, S. 367, 376 („Miteigentum"). Undeutlich Müller: Islamic Finance, § 26 Rn. 15. Unklar Zerwas/Demgensky: Islamic Banking in Deutschland, S. 691, 699 („Ṣukūk überträgt Rechte an einem unterliegenden Vermögensgegenstand."); in der Tendenz wie hier Müller: Grundlagen, S. 102, 105 f., der zutreffend auf das *beneficial ownership* der *Ṣukūk*-Inhaber an dem Vermögensgegenstand und auf die Bezeichnung *Trust Certificates* für *Ṣukūk* hinweist. Beim *beneficial ownership* handelt es sich jedoch – entgegen Müller (a. a. O.) – nicht um „Miteigentum", sondern um Eigentum *in equity*.

33 Zitiert nach Sacarcelik: *Rechtsfragen*, S. 177.

zieren sollen, aber nicht als Erwerber (*purchaser*) des Gegenstandes bezeichnet werden, spricht viel dafür, dass der Gegenstand von ihnen *at law nicht* erworben wird. Vielmehr erfolgt der Erwerb ‚nur' *in equity*. Es liegt dann auf der Hand, dass Erwerber *at law* die Zweckgesellschaft wird, an die das Unternehmen den Vermögensgegenstand veräußert.

b) Murābaḥa-Ṣukūk

Mit *Murābaḥa* bezeichnet man einen Weiterverkauf mit Gewinnzuschlag. Es liegen also zwei hintereinander geschaltete Kaufverträge zugrunde. Auch wenn so an der Transaktion insgesamt (mindestens) drei Personen beteiligt sind, handelt es sich deshalb dennoch nicht um ein dreiseitiges Rechtsgeschäft. Im Grundfall verkauft und übereignet der Verkäufer an den Käufer (in der Regel eine islamische Bank) einen bestimmten Gegenstand. Dieser verkauft und übereignet ihn mit einem Gewinnzuschlag weiter an den Abnehmer (d. h. den Bankkunden), der diesen Gegenstand (z. B. eine Maschine) für sein Unternehmen einsetzt. Problematisch kann aber sein, ob der Käufer das nötige Kapital aufbringen kann (bzw. will), um den Vermögensgegenstand zu erwerben. An dieser Stelle kommt der Trust ins Spiel. Der Käufer erwirbt den Gegenstand nur *at law* als Trustnehmer für die Begünstigten (die Anleger), die den Kaufpreis finanzieren, ein Zertifikat (*Ṣakk*) erhalten und dafür im Gegenzug *in equity* an dem Gegenstand dinglich als Eigentümer beteiligt werden. So definiert Ziffer 3/5 des AAOIFI Sharia Standard Nr. 17[34] den *Murābaḥa-Ṣukūk* wie folgt:

> Certificates of equal value for the purpose of financing the purchase of goods through Murabaha so that the certificate holders become *owners* [Hervorhebung durch den Verfasser] of the Murabaha commodity.

Der Begriff *owner* (Eigentümer) für die Anleger kann nur *in equity* verstanden werden. Denn der Käufer (die islamische Bank) hatte den Vermögensgegenstand vom Verkäufer zu Eigentum erworben und reicht denselben Vermögensgegenstand ebenfalls zu Eigentum an den Abnehmer (den Bankkunden) weiter.[35] Folglich muss dieser Titel auf das Eigentum *at law* begrenzt sein. Übertragen wird also nur der *legal title* vom Käufer an den Abnehmer, das heißt vom alten Trustnehmer (Käufer) auf den neuen (Abnehmer). *At law* ist das kein Problem, da der Trustnehmer ausgetauscht werden kann.[36]

---

[34] Zitiert nach Sacarcelik: *Rechtsfragen*, S. 199.

[35] Vgl. ibid., S. 199.

[36] Thomas/Hudson: *Law of Trusts*, Rn. 22, 28.

Der Titel *in equity* verbleibt demgegenüber bei den Anlegern. Dazu passt, dass im Falle des Weiterverkaufs an den Abnehmer die an die Anleger ausgegebenen Zertifikate (*Ṣukūk*) Verbindlichkeiten des Abnehmers gegenüber den Anlegern repräsentieren. Der Abnehmer (d. h. der Bankkunde) bleibt also den Anlegern gegenüber verpflichtet, obwohl er mit ihnen *at law* gerade nicht verbunden ist, insbesondere keine Vertragsbeziehung zwischen ihnen besteht. Dann kann aber die Berechtigung der Anleger nur dingliche Wirkung, also Wirkung *in equity*, haben.

Dafür spricht auch die Definition der AAOIFI. Denn danach soll der *Murābaḥa-Ṣukūk* den Ankauf (*purchase*) eines bestimmten Vermögensgegenstands finanzieren. Es ist aber wiederum nicht gesagt, dass die Anleger diesen Gegenstand kaufen wollen. Das wollen sie in der Regel auch nicht, weil sie diesen nicht benötigen. Sie wollen nur den Ankauf finanzieren und dafür am finanzierten Gegenstand dinglich als Eigentümer (*in equity*) beteiligt werden.

c) Salam-Ṣukūk

Deutlich wird die Bedeutung des Trusts auch beim *Salam-Ṣukūk*. Der islamische *Salam*-Vertrag als gängiger zweiseitiger Vertrag ist ein Terminkauf.[37] Der Kaufpreis ist also sofort beim Vertragsschluss (in bar) zu zahlen, während die Kaufsache zu einem künftigen Termin zu liefern ist. Problematisch kann aber wiederum die Finanzierung des Kaufpreises durch den Käufer sein. Sie erfolgt beim *Salam-Ṣukūk* nicht aus dem Eigenkapital des Käufers, sondern über die Ausgabe von Zertifikaten (*Ṣukūk*) an dem noch zu erwerbenden Gegenstand. Die Erwerber der Zertifikate, das heißt die Anleger, finanzieren also den Kaufpreis und werden im Gegenzug als Eigentümer dinglich an dem Gegenstand beteiligt. So lautet Ziffer 3/3 des AAOIFI Sharia Standard No. 17[38] wie folgt:

> Certificates of equal value issued for the purpose of mobilizing salam capital so that the goods to be delivered on the basis of salam come to be *owned* [Hervorhebung durch den Verfasser] by the certificate holders.

Das bedeutet: Aufgrund des Verkaufs des Gutes an den Käufer (regelmäßig eine Zweckgesellschaft) erwirbt dieser spätestens mit Lieferung und Besitzergreifung Eigentum an dem Gegenstand. Denn dies entspricht der gängigen Rechtsfolge, die das islamische Recht für diesen Vorgang anordnet.[39] *Zugleich* wer-

37 Vgl. z. B. Ebert: Islamische Bankprodukte, S. 75, 82.

38 Zitiert nach Sacarcelik: *Rechtsfragen*, S. 209.

39 Vgl. Schacht: *Introduction to Islamic Law*, S. 138.

den aber auch die *Ṣukūk*-Anleger Eigentümer desselben Gegenstandes. Es findet also eine Eigentumsspaltung statt. Diese hat mit dem islamischen Recht indessen nichts zu tun. Sie ist vielmehr nur vor dem Hintergrund des englischen Rechts, das heißt des Trusts, zu erklären. Eigentümerin *at law* wird die Zweckgesellschaft, Eigentümer *in equity* werden die Anleger. Daraus folgt aber, dass im Verhältnis des Verkäufers zum Käufer nicht bloß ein dem islamischen Recht unterliegender Terminkauf (*Salam*), sondern zudem ein Trust zugunsten der Anleger vereinbart werden muss, damit diese dinglich an dem zu erwerbenden Gegenstand beteiligt werden können. Begründer dieses Trusts ist der Verkäufer.

d) Iṣtisnāʿ-Ṣukūk

Auch der *Iṣtisnāʿ-Ṣukūk* ist ohne Rückgriff auf den Trust nicht zu verstehen. *Iṣtisnāʿ* als zweiseitiger Vertrag meint den Werklieferungsvertrag des islamischen Rechts, der oft als bloßer Unterfall des *Salam*-Vertrages eingeordnet wird.[40] Problematisch kann in diesen Fällen wiederum die Finanzierung des Werklohns sein. Hier kommen die *Ṣukūk*-Anleger zum Zuge, die gegen Finanzierung des Werklohns an dem zu erstellenden Werk dinglich als Eigentümer beteiligt werden. So lautet Ziffer 3/4 des AAOIFI Sharia Standard No. 17[41] wie folgt:

> Certificates of equal value issued with the aim of mobilizing funds to be employed for the production of goods so that the goods produced come to be *owned* [Hervorhebung durch den Verfasser] by the certificate holders.

Zentral ist, dass die Werkbestellerin regelmäßig eine Zweckgesellschaft ist[42], also nicht die Anleger. Es liegen so wiederum zwei verschiedene Vertragsbeziehungen vor, nämlich zwischen Besteller und Unternehmer sowie zwischen Besteller und *Ṣukūk*-Anlegern. Der Werklieferungsvertrag wird nur zwischen Besteller und Unternehmer geschlossen. Vertragliche Beziehungen zwischen Anlegern und Unternehmer bestehen nicht. Da der *Iṣtisnāʿ*-Vertrag zudem faktisch einem *Salam*-Vertrag entspricht, muss die Zweckgesellschaft die zu produzierenden Güter zu Eigentum erwerben. Dass zugleich die Anleger Eigentümer derselben Güter werden, kann deshalb nur *in equity* verstanden werden.

---

40 Vgl. nur ibid., S. 155.

41 Zitiert nach Sacarcelik: *Rechtsfragen*, S. 210 f.

42 Ibid., S. 211.

Bei der Zweckgesellschaft liegt nur das Eigentum *at law*.[43] Es liegt wiederum eine Eigentumsspaltung aufgrund eines Trusts vor. Begründer des Trusts ist der Werkunternehmer.

e) Zusammenfassung

Es ist allen vorstehend beschriebenen Konstellationen gemein, dass das für eine bestimmte Transaktion benötigte Kapital von den *Ṣukūk*-Anlegern aufgrund eines Vertrags mit der Zweckgesellschaft aufgebracht wird. Sie finanzieren beim *Iǧāra-Ṣukūk* den Ankauf des im Anschluss rückvermieteten Gegenstandes, den Ankauf der benötigten Maschine beim *Murābaḥa-Ṣukūk* und auch den Kaufpreis bzw. den Werklohn beim *Salam*- bzw. *Iṣtisnāʿ-Ṣukūk*. Im Gegenzug werden sie an dem rückvermieteten Gegenstand, an der finanzierten Maschine, an den zu erwerbenden Gütern und am zu errichtenden Werk *dinglich* (als Eigentümer) beteiligt. Das gibt den Anlegern vor allem in der Insolvenz eine starke Position.

Diese Position besteht indessen ‚nur' *in equity*. Denn die Anleger sind an sämtlichen Transaktionen der Zweckgesellschaft, also auf der Ebene *at law*, nicht beteiligt. Diese werden vielmehr auf der Grundlage des jeweiligen Vertrages (z. B. Kauf- und Mietvertrag beim *Iǧāra-Ṣukūk*) von der Zweckgesellschaft mit den Vertragspartnern abgewickelt. Deshalb beschränken sich auch die im Rahmen dieser Transaktionen vollziehenden Eigentumsübergänge, z. B. vom Unternehmen auf die Zweckgesellschaft beim *Iǧāra-Ṣukūk*, auf die Ebene *at law*. Mit der aus dem deutschen Recht bekannten Kategorie ‚Bruchteilseigentum' (bzw. ‚Miteigentum') haben die unterschiedlichen Ebenen des Eigentums (*at law* und *in equity*) indessen nichts zu tun.

2 Nicht Trust-basierte *Ṣukūk*: *Muḍāraba-Ṣukūk*

Neben den eben thematisierten Trust-basierten *Ṣukūk* gibt es *Ṣukūk*, die ohne den Trust als Rückgrat auskommen. Das gilt z. B. für den *Muḍāraba-Ṣukūk*, den Ziffer 3/6 des AAOIFI Sharia Standards No. 17[44] wie folgt definiert:

> Certificates that represent projects or activities managed on the basis of Mudaraba by appointing one of the partners or another person as the mudarib for the management of the operation.

43 Anders ibid.

44 Zitiert nach ibid., S. 218.

Hier steht das Zertifikat (*Ṣukūk*) also nicht für eine dingliche Beteiligung (als Eigentümer) an einem bestimmten Gegenstand. Vielmehr repräsentieren die Zertifikate eine Beteiligung an Aktivitäten oder an einem bestimmten Projekt. Die Anleger haben daher nur eine schuldrechtliche Position. Das kann z. B. ein Anspruch auf Gewinnbeteiligung sein, der gegen die als Kapitalgeberin (*rabb al-māl*) fungierende Zweckgesellschaft zu richten ist. Entsteht gar kein Gewinn, ist das über die Zertifikate eingesammelte Geld ohnehin ‚weg'. Ein *Muḍāraba-Ṣukūk* ist mithin mit hohen Risiken verbunden.[45]

3 Unklare Trust-Rolle: *Mušāraka-Ṣukūk*

Es ist nicht klar, ob der Trust auch im Rahmen einer *Mušāraka*-Transaktion eine Rolle spielt. Die AAOIFI definiert einen solchen *Ṣukūk* in Ziffer 3/6 des Sharia Standards No. 17[46] wie folgt:

> Certificates of equal value with the aim of using the mobilized funds for establishing a new project, developing an existing project or financing a business activity on the basis of any partnership contracts so that the certificate holders become the *owners* [Hervorhebung durch den Verfasser] of the project or the assets of the activity as per their respective shares, with the Musharaka certificates being managed on the basis of participation or Mudaraba or an investment agency.

Diese Regelung ist zumindest für den Verfasser kaum nachvollziehbar. Ungeachtet dessen gilt im Ausgangspunkt Folgendes: Im Rahmen eines *Mušāraka-Ṣukūk* bringt eine Zweckgesellschaft Kapital über die Ausgabe von Zertifikaten (*Ṣukūk*) in eine Gesellschaft (*Mušāraka*) ein. Der andere Gesellschafter beteiligt sich mit Sachwerten oder mit Dienst- oder Werkleistungen. Das ähnelt

---

45 Nur am Rande sei erwähnt, dass auch der *Muḍāraba-Ṣukūk* möglicherweise mit einem Trust unterlegt werden könnte. Versteht man nämlich die Gewinnbeteiligung dinglich, könnte eine Beteiligung der Zweckgesellschaft am Gewinn auf die Ebene *at law* beschränkt werden, während die *Ṣukūk*-Anleger an derselben Gewinnbeteiligung dinglich *in equity* beteiligt wären. Zum dinglichen Verständnis der Gewinnbeteiligung in der klassischen *Muḍāraba* siehe Heckel: Islamische Finanzwirtschaft, S. 311, 322. Nicht ausgeschlossen erscheint zudem sogar, den schuldrechtlichen Anspruch auf Gewinnbeteiligung, den die Zweckgesellschaft gegen den Gerenten (*Muḍārib*) hat, über einen Trust zugunsten der Anleger zu verdinglichen. Allerdings fiele selbst dieser Schutz weg, wenn kein Gewinn erzielt wurde und damit kein Anspruch auf Gewinnbeteiligung besteht. Zur Absicherung der Anleger in diesem Falle siehe die Entscheidung Dana Gas PJSC v. Dana Gas Sukuk Ltd. et al. [2017] EWHC 2928 (Comm).

46 Zitiert nach Sacarcelik: *Rechtsfragen*, S. 237.

stark der *Muḍāraba*, die ja ohnehin lediglich eine spezielle Gesellschaftsform ist. Vor diesem Hintergrund scheint der Trust bei der *Mušāraka* so wie bei der *Muḍāraba* keine Rolle zu spielen. Andererseits werden die Anleger ausdrücklich dinglich (als Eigentümer) am Projekt bzw. an den Vermögensgegenständen beteiligt. Wie genau sich aber diese Beteiligung vollzieht, bleibt unklar.

4 Zusammenfassung

Der kurze Überblick hat gezeigt, dass man bei islamischen Zertifikaten (*Ṣukūk*) mit dem Trust rechnen muss. Besonders deutlich wird dies, wenn der Trust die Finanzierung einer bestimmten Transaktion dinglich flankieren soll, um so den Anlegern eine gewisse Sicherheit im Gegenzug für ihre Finanzierung geben zu können. Das gilt vor allem bei *Ṣukūk*, die im weitesten Sinne kaufrechtlich gedeutet werden können (*Iǧāra*, *Murābaḥa*, *Salam*, *Iṣtisnāʿ*). Bei den eher gesellschaftsrechtlich zu deutenden *Ṣukūk* spielt der Trust dagegen keine, zumindest aber eine unklare Rolle. Das dürfte damit zusammenhängen, dass hier die Anleger Eigenkapital einbringen müssen, für das sich eine dingliche Absicherung durch einen Trust verbietet, im Gegensatz zu den fremdkapitalähnlichen Finanzierungen im Bereich der kaufrechtlichen *Ṣukūk*.[47]

IV Folgen

1 Territoriale Beschränkung von Islamic Finance

Die vorstehend beschriebene Verknüpfung des islamischen Rechts mit dem englischen Trust hat eine weitreichende Folge. Sie beschränkt Islamic Finance, zumindest die auf dem Trust basierenden *Ṣukūk*-Transaktionen, räumlich (territorial) auf diejenigen Staaten, die in ihren innerstaatlichen Rechten den Trust kennen. Denn über den Katalog dinglicher Rechte, also auch die dingliche Berechtigung (*ius ad rem*), die der Trust den Anlegern im Rahmen eines *Ṣukūk* gewährt, entscheidet das Recht des Lageorts (die *lex rei sitae*).[48] Das bedeutet: Nur wenn der die Grundlage der Transaktion bildende Vermögensgegenstand tatsächlich auf dem Gebiet eines Trust-Staates belegen ist, können an ihm auch die vom Trust gewährten Rechte bestehen. Außerhalb dieses Trust-Gebietes

---

47 So ebenfalls die Einordnung bei Sacarcelik: *Rechtsfragen*, S. 177 ff. bzw. 217 ff.

48 Thorn: Art. 43 EGBGB Rn. 3.

können diese Rechte dagegen keine Anwendung finden.[49] Es genügt also nicht, für eine *Ṣukūk*-Transaktion, die man auf einen Trust gründen will, das englische Recht zu wählen. Vielmehr muss sich zudem der zugrunde liegende Gegenstand in einem Trust-Gebiet befinden.

Es darf deshalb nicht verwundern, dass das Vereinigte Königreich (genauer: England), also das Trust-Land *par excellence*, (neben Malaysia und Bahrain) als Drehscheibe (*hub*) des Islamic Finance gilt.[50] Die Versuche, auch außerhalb des Vereinigten Königreichs bestimmte Gebiete zu markieren, in denen englisches Recht gelten soll (z. B. im Dubai International Financial Centre)[51] sind daher wohl auch darauf zurückzuführen, dass nur in anglo-amerikanischen Trust-Oasen die dingliche Berechtigung des Begünstigten entstehen kann, vorausgesetzt, die Vermögensgegenstände, die die Grundlage für diese Transaktionen bilden, befinden sich gerade dort. Vor diesem Hintergrund dürfte zudem verständlich sein, warum mit Bahrain und Malaysia zwei vom englischen Recht geprägte Staaten eine so große Rolle im Islamic Finance spielen.

2 Insbesondere: Islamic Finance im Inland

Da Deutschland kein Trust-Land ist, ist es gegenwärtig ausgeschlossen, dass auf dem Trust basierende Islamic-Finance-Modelle im Inland zum Zuge kommen. Der Stichting Sachsen-Anhalt Trust Sukuk al-Iğara ist insoweit ein prominentes Beispiel. Denn die Anleger werden bei ihm gerade *nicht* Eigentümer des der Transaktion zugrunde liegenden Vermögensgegenstands.[52] Die dogmatischen Hindernisse für Islamic Finance im Inland, insbesondere aber für islamische Zertifikate, liegen so gesehen eher beim englischen als beim islamischen Recht.

---

49 Dagegen spricht nicht, dass man in Einzelfällen durch Anpassung doch zu einer Berechtigung an dem Vermögensgegenstand kommen kann, dazu Kropholler: *Internationales Privatrecht*, § 34 III 3, IV 2 c. Denn diese Einzelfälle bestätigen nur die Regel.

50 Dazu z. B. Manger-Nestler/Gramlich: Flucht ins Dunkel, S. 337, 345; ebenso Zerwas/Demgensky: Islamic Banking in Deutschland, S. 692, 700 f.; differenzierend zu den Zentren des Islamic Finance Bälz: Das transnationale Recht des Islamic Finance, S. 354 Fn. 22 (Gerichts-/Schiedsstand, Recht, nach dem Transaktion dokumentiert ist, Belegenheit der Vermögensgegenstände und Recht, aufgrund dessen eine Vereinbarung durchgesetzt werden soll).

51 Dazu z. B. Grapentin: Dichotomie zweier Rechtsordnungen, S. 131 ff.

52 Gassner/Wackerbeck: *Islamic Finance*, S. 105.

a) Kodifikation des Trusts?

Zwei Auswege aus diesem Dilemma bieten sich an: Man kann erstens versuchen, den Trust, also eine im Prinzip unbegrenzte Anzahl dinglicher Berechtigungen, in das deutsche Recht einzufügen. Dagegen sprechen gewichtige Argumente. Denn damit verbunden wäre eine faktische Aufgabe des *numerus clausus* im Sachenrecht. Dieser bildet indessen das Rückgrat nicht nur für Notariat und Grundbuchämter, sondern auch für Zwangsvollstreckung und Insolvenz. Für sämtliche in diesen Rechtsgebieten tätige Personen, aber auch für den Gesetzgeber wäre vollkommen unklar, wie die ‚neuen' Sachenrechte des Trusts zu handhaben wären. Erhebliche Rechtsunsicherheit wäre die Folge. Die Kodifikation des Trusts im Inland scheint deshalb kein gangbarer Weg zu sein.[53]

b) Fortbildung des Insolvenzrechts

Denkbar scheint ferner die Kodifikation islamischer Rechtsinstitute, die der Verfasser bereits vor einigen Jahren in seiner Habilitationsschrift mit Blick auf die *Muḍāraba* vorgeschlagen hatte. Nur wird auch sie nicht genügen, wenn es um die Übernahme der dinglichen Wirkung des Trusts zugunsten der Begünstigten gehen soll. Denn sie hat mit dem islamischen Recht nichts zu tun. Zielführend dürfte deshalb zweitens eine behutsame Fortbildung des Insolvenzrechts zum Schutze der Anleger in einen *Ṣukūk* zu sein. Das ist z. B. der Ansatz des Haager Übereinkommens über das auf Trusts anzuwendende Recht und über ihre

---

[53] Vgl. aber die Kodifikation in Artt. 897 ff. des liechtensteinischen Personen- und Gesellschaftsrechts (PGR) vom 26. Januar 1926. Deutlich wird die dingliche Berechtigung des Begünstigten in der Legaldefinition des Treuhandverhältnisses in Art. 897 PGR, der lautet: „Treuhänder (Trustee oder Salmann) im Sinne dieses Gesetzes ist diejenige Einzelperson, Firma oder Verbandsperson, welcher ein anderer (der Treugeber) bewegliches oder unbewegliches Vermögen oder ein Recht (als Treugut), welcher Art auch immer, mit der Verpflichtung zuwendet, dieses als Treugut im eigenen Namen als selbständiger Rechtsträger zu Gunsten einer oder mehrerer Dritter (Begünstigter) mit *Wirkung gegen jedermann* [Hervorhebung durch den Verfasser] zu verwalten oder zu verwenden." – Die Einführung des Trusts auf der Ebene eines deutschen Landes (z. B. in Bremen) dürfte an der fehlenden Kompetenz der Länder für das Bürgerliche Recht scheitern (dazu vgl. Maunz: Art. 74 Rn. 55 mit Blick auf Artt. 55 ff. EGBGB).

Anerkennung vom 1. Juli 1985[54]. So bestimmt dessen Art. 11 Abs. 3 Buchstaben a) und b):

> Soweit das auf das Trust anzuwendende Recht dies erfordert oder vorsieht, hat die Anerkennung insbesondere die Wirkung: a)dass die persönlichen Gläubiger des Trustee keinen Zugriff auf das Vermögen des Trusts nehmen können; b)dass das Vermögen des Trusts im Falle der Zahlungsunfähigkeit oder des Konkurses des Trustees nicht Bestandteil des Vermögens des Trustees ist.

Hier wird also deutlich zwischen dem persönlichen Vermögen des Trustees und dem Trustvermögen unterschieden. Dabei darf aber der prinzipielle Gleichklang zwischen Sachen- und Insolvenzrecht nicht überspielt werden. Es können also nur ausnahmsweise über das Insolvenzrecht Positionen geschützt werden, die nicht verdinglicht wurden. Einer Kodifikation von *Iǧāra*, *Murābaḥa*, *Salam* oder *Iṣtisnāʿ* bedarf es dagegen nicht. Denn sie entsprechen – anders als die *Muḍāraba* – weitgehend den Rechtsfiguren, die auch im deutschen Recht als Kauf-, Miet- oder Werklieferungsvertrag bekannt sind, und können – wie erwähnt – zur dinglichen Berechtigung des Begünstigten nichts beitragen.

Perspektivisch könnte so in Deutschland ein *Ṣukūk*-Markt entstehen, der im Ergebnis englischen, malaysischen oder bahrainischen Vorbildern entspricht (über die insolvenzrechtliche Anerkennung der nach diesen Rechten begründeten Trusts), wobei die islamische Komponente in die dem deutschen Recht unterliegenden Kauf-, Miet- und Werklieferungsverträge einfließen könnte. Die islamischen Vorgaben wären dann als *ethische* Leitplanken zu verstehen, wobei zu beantworten bleibt, ob ihre Verletzung *Rechts*folgen nach sich ziehen kann, und wenn ja, welche.[55] Daneben bleibt die Integration unbekannter Rechtsfiguren des islamischen Rechts, wie z. B. der *Muḍāraba* (oder – im anderen Kontext – Brautgabe). Die rechtlichen Herausforderungen des Islamic Finance bleiben also erheblich.

---

[54] Dazu z. B. Kropholler: *Internationales Privatrecht*, § 55 I 1 m. w. N. Das Übereinkommen gilt u. a. für Luxemburg und die Schweiz (vgl. den Statusbericht auf der Seite der Haager Konferenz für Internationales Privatrecht. Es mag damit zusammenhängen, dass Luxemburg und Genf zu den Zentren des Islamic Finance zählen (neben London und New York), vgl. Bälz: Das transnationale Recht des Islamic Finance, S. 354 Fn. 22.

[55] Zu diesem sogenannten Scharia-Risiko siehe nur Bälz: Sharia-Compliance und Scharia-Risiko, S. 111 ff.

V Zusammenfassung

Die eingangs gestellte Frage „Wie islamisch ist Islamic Finance?“ ist also nicht leicht zu beantworten. Gewiss sind viele Vertragskonstruktionen vom englischen Recht beeinflusst. In besonderem Maße gilt das für den Trust als Rückgrat vieler *Ṣukūk*-Transaktionen. Aber dennoch bleibt Islamic Finance in hohem Maße vom islamischen Recht, insbesondere von den ihm zugrunde liegenden ethischen Wertungen durchdrungen. Die Schnittstelle zwischen englischem und islamischem Recht sollte dabei noch genauer ausgedeutet werden. Das Forschungsfeld wird auch deshalb spannend bleiben. Möge es Hans-Georg Ebert vergönnt sein, noch lange auf diesem Feld zu ackern: *ad multos annos*!

Literaturverzeichnis

Bälz, Kilian: Das islamische Recht als Vertragsstatut?, in: *IPRax* 25 (2005), S. 44–47.

—: Rezeption durch Vertrag – der Einfluss der internationalen Vertragspraxis auf die Rechtsentwicklung in den Arabischen Golfstaaten, in: *Rechtstransfer. Beiträge zum islamischen Recht VIII*, Leipziger Beiträge zur Orientforschung 29, hrsg. von Martin Heckel, Frankfurt am Main 2011, S. 85–94.

—: Sharia-Compliance und Scharia-Risiko, in: *Das islamische Wirtschaftsrecht*, Reihe für Osnabrücker Islamstudien 19, hrsg. von Abdurrahim Kozali, Ibrahim Salama und Souheil Thabti, Frankfurt am Main 2016, S. 111–128.

—: Das transnationale Recht des Islamic Finance: Wie die globalen Finanzmärkte das islamische Vertragsrecht verändern, in: *Islamisches Recht in Wissenschaft und Praxis. Festschrift zu Ehren von Hans-Georg Ebert*, hrsg. von Hatem Elliesie, Beate Anam und Thoralf Hanstein, Frankfurt am Main 2018, S. 351–372.

Birk, Dieter / Marc Desens / Henning Tappe: *Steuerrecht*, Heidelberg ^{16}2013.

Bray, Judith: *A Student's Guide to Equity & Trusts*, Cambridge 2012.

Ebert, Hans-Georg: Islamische Bankprodukte – Gemeinsamkeiten, Unterschiede und aufsichtsrechtliche Probleme, in: *Das islamische Wirtschaftsrecht*, Reihe für Osnabrücker Islamstudien 19, hrsg. von Abdurrahim Kozali, Ibrahim Salama und Souheil Thabti, Frankfurt am Main 2016, S. 75–94.

Ebert, Hans-Georg / Friedrich Thießen: *Das islamkonforme Finanzgeschäft. Aspekte von Islamic Finance für den deutschen Privatkundenmarkt*, Wissenschaft für die Praxis: Abteilung 1, Forschung 23, Stuttgart 2010.

Gassner, Michael / Philipp Wackerbeck: *Islamic Finance*, Köln 2007.

Grapentin, Sabine: Dichotomie zweier Rechtsordnungen in den Vereinigten Arabischen Emiraten: Das Dubai International Financial Centre, in: *Rechtstransfer. Beiträge zum islamischen Recht VIII*, Leipziger Beiträge zur Orientforschung 29, hrsg. von Martin Heckel, Frankfurt am Main 2011, S. 131–145.

Grieser, Simon Gottlieb: Islamic Finance, in: *Wertpapier-Mitteilungen. Zeitschrift für Wirtschafts- und Bankrecht* (2009), S. 586–593.

Heckel, Martin (Hg.): *Rechtstransfer. Beiträge zum islamischen Recht VIII*, Leipziger Beiträge zur Orientforschung 29, Frankfurt am Main 2011.

—: Integration islamischer Rechtsinstitute im Inland? – das Beispiel Muḍārabavertrag, in: *Rechtstransfer. Beiträge zum islamischen Recht VIII*, Leipziger Beiträge zur Orientforschung 29, hrsg. von Martin Heckel, Frankfurt am Main 2011, S. 61–84.

—: Islamische Finanzwirtschaft (Islamic Finance) – eine Aufgabe für die Rechtsvergleichung, in: *Zeitschrift für Vergleichende Rechtswissenschaft* 111 (2012), S. 311–328.

—: *Die Muḍāraba des islamischen Rechts. Eine Untersuchung im Hinblick auf ihre Integration in das deutsche Recht*, Habil.-Schrift, Universität Leipzig 2013.

—: Standardizing Islamic Finance – Questioning the Traditional Concept of Orient, in: *Self-Reflexive Area Studies*, hrsg. von Matthias Middell, Leipzig 2013, S. 191–213.

—: Muḍāraba und das deutsche Recht – Probleme, rechtliche Herausforderungen, Lösungsansätze, in: *Das islamische Wirtschaftsrecht*, Reihe für Osnabrücker Islamstudien 19, hrsg. von Abdurrahim Kozali, Ibrahim Salama und Souheil Thabti, Frankfurt am Main 2016, S. 95–109.

—: Zur zivil- und steuerrechtlichen Einordnung von Beteiligungskonten auf Basis der Mudaraba, in: *Deutsches Steuerrecht* 56 (2018), S. 2181-2186.

Hohloch, Gerhard / Martin Heckel: Internationales Erbrecht und Erbverfahrensrecht, in: *Handbuch des Erbrechts*, hrsg. von Rainer Hausmann und Gerhard Hohloch, Berlin ^{2}2010, S. 1899–2020.

Kozali, Abdurrahim / Ibrahim Salama / Souheil Thabti (Hgg.): *Das islamische Wirtschaftsrecht*, Reihe für Osnabrücker Islamstudien 19, Frankfurt am Main 2016.

Kropholler, Jan: *Internationales Privatrecht*, Tübingen ^{6}2006.

Manger-Nestler, Cornelia / Ludwig Gramlich: „Flucht ins Dunkel" – Bedarf und Stand der transnationalen Regulierung des Schattenbanksektors – auch ein Modell für islamic finance?, in: *Zeitschrift für Bankrecht und Bankwirtschaft* (2015), S. 337–348.

Maunz, Theodor / Günter Dürig: *Grundgesetz. Kommentar*, 81. Ergänzungslieferung, München 2017.

Middell, Matthias (Hg.): *Self-Reflexive Area Studies*, Leipzig 2013.

Momen, Leila: Ausgewählte Islamic Finance-Vertragsmodelle – Beurteilung aus der Sicht des deutschen Rechts, in: *Recht der internationalen Wirtschaft* (2010), S. 367–380.

Müller, Robert: Grundlagen, Dokumentation und rechtliche Einordnung islamischer Zertifikate (Ṣukūk), in: *Wertpapier-Mitteilungen. Zeitschrift für Wirtschafts- und Bankrecht* (2008), S. 102–109.

——: Islamic Finance, in: *Unternehmensfinanzierung am Kapitalmarkt*, hrsg. von Mathias Habersack, Peter O. Mülbert und Michael Schlitt, Köln [3]2013, S. 896–913.

Palandt, Otto: *Bürgerliches Gesetzbuch*, München [77]2018.

Riddall, John G.: *The Law of Trusts*, London [6]2002.

Sacarcelik, Osman: *Rechtsfragen islamischer Zertifikate (Ṣukūk)*, Schriften zum Gesellschafts-, Bank- und Kapitalmarktrecht 43, Baden-Baden 2013.

——: Ṣukūk – vertragliche Gestaltung nach deutschem Recht, Unterschiede zu Anleihen und eventuelle Anwendungsprobleme, in: *Das islamische Wirtschaftsrecht*, Reihe für Osnabrücker Islamstudien 19, hrsg. von Abdurrahim Kozali, Ibrahim Salama und Souheil Thabti, Frankfurt am Main 2016, S. 153–168.

Salama, Ibrahim: Waqf – die islamische Stiftung zwischen Tradition und Moderne, in: *Das islamische Wirtschaftsrecht*, Reihe für Osnabrücker Islamstudien 19, hrsg. von Abdurrahim Kozali, Ibrahim Salama und Souheil Thabti, Frankfurt am Main 2016, S. 193–215.

Schacht, Joseph: *An Introduction to Islamic Law*, Oxford [2]1966.

Thomas, Geraint / Alastair Hudson: *The Law of Trusts*, Oxford [2]o. J. ([1]2010).

Thorn, Karsten: Art. 43 EGBGB, in: *Bürgerliches Gesetzbuch*, hrsg. von Otto Palandt, München [77]2018.

Williams, Glanville: *Learning the Law*, London [15]2013.

Zerwas, Herbert / Sascha Demgensky: Islamic Banking in Deutschland und Bankerlaubnis nach dem Kreditwesengesetz, in: *Wertpapier-Mitteilungen. Zeitschrift für Wirtschafts- und Bankrecht* (2010), S. 692–701.

Zweigert, Konrad / Hein Kötz: *Einführung in die Rechtsvergleichung*, Tübingen [3]1996.

Recht und Sprache

Björn Bentlage*

Literarische Formen des islamischen Rechts vom 18. bis zum 21. Jahrhundert

1 Einleitung

Die Veröffentlichung von *Die Qadrī-Pāshā-Kodifikation. Islamisches Personalstatut der hanafitischen Rechtsschule* hat einen spannenden Text der modernen arabischen Rechtsgeschichte in Übersetzung zugänglich gemacht. Die knappe Einleitung informiert auf zehn Seiten über die Bedeutung des Werkes und den Autor des arabischen Originals.[1] Der Übersetzer, Beamter und Hochschullehrer Muḥammad Qadrī Pāšā (1831–1886) war in den Jahren 1878 bis 1883 und 1884 bis 1886 als ägyptischer Justizminister unmittelbar in die Herausbildung des modernen ägyptischen Justizwesens involviert. Sein 1878 in französischer Übersetzung und 1881 auf Arabisch erschienenes Werk *al-Aḥkām aš-šarʿīya fi-l-aḥwāl aš-šaḫṣīya ʿalā maḏhab Abī Ḥanīfa an-Nuʿmān* (*Die islamisch-rechtlichen Bestimmungen zum Personalstatut nach der Rechtsschule des Abū Ḥanīfa an-Nuʿmān*) stellt einen wichtigen Schritt in den Entwicklungen jener Umbruchszeit dar, weil damit „erstmalig in Ägypten ein Gelehrter außerhalb des traditionellen Bildungsweges der Azhar einen Rechtsbereich umfassend kodifizieren" konnte, der bis heute unter dem arabischen Begriff *al-aḥwāl aš-šaḫṣīya* (die persönlichen Verhältnisse, das Personalstatut) bekannt ist. Somit verkörpert der Text die Transformation des islamischen Rechts im Zuge der Zentralisierung von Recht und Justiz im Nahen Osten des 19. und 20. Jahrhunderts. Darüber hinaus war und ist die Qadrī-Pāšā-Kodifikation auch rechtlich bedeutsam. Entgegen der gängigen Bezeichnung handelt es sich zwar nicht um eine ‚Kodifikation' im engeren Sinn, weil der Text nie offiziell als Gesetz beschlossen wurde. Dennoch entfaltete er in mehreren arabischen Ländern „rechtsnormative" Wirkungen, weil ihn Richter und Anwälte heranzogen,

* Wissenschaftlicher Mitarbeiter am Seminar für Arabistik/Islamwissenschaft des Orientalischen Instituts der Martin-Luther-Universität Halle-Wittenberg.

[1] Ebert: *Qadrī-Pāshā-Kodifikation*, S. 11–20.

um sich über die islamische Rechtspraxis zu informieren oder spätere Gesetze sich an Qadrī Pāšās Text orientierten.[2]

Sowohl die historische, kontextuelle Relevanz der Qadrī-Pāšā-Kodifikation als auch ihre rechtliche Bedeutung haben damit zu tun, dass dem Text in mancher Hinsicht eine Vorreiterrolle zukam. Vor dem Hintergrund der britischen Besetzung Ägyptens im Jahre 1882, die der laufenden Übernahme und Anwendung von Rechtstexten nach europäischem Vorbild weiteren Vorschub leistete, waren in den neu eingeführten Gemischten Gerichten und anderen Justizgremien zunehmend europäische Juristen und ägyptische Beamte ohne traditionelle schariatrechtliche Ausbildung tätig. Qadrī Pāšās Text sollte für einen bestimmten Rechtsbereich „die Richter an den Gemischten Gerichten in ‚westlicher Form' über die Rechtslage in Bezug auf die Muslime informieren", wodurch laut Ebert „die eher umständliche Suche nach einer passenden Norm in den fiqh-Büchern erleichtert wurde und sich eine Vereinheitlichung des ägyptischen Rechtssystems herauskristallisierte".[3] Der praktische Nutzen und die Innovativität von Qadrī Pāšās Text haben also auch mit der sprachlichen Form der Zusammenstellung schariatrechtlicher Normen zu tun. Im Folgenden soll die zugrundeliegende Übertragungsleistung der Kodifikation auf ihre sprachlichen und literarischen Aspekte hin untersucht werden, wobei die Frage der Unterhaltsansprüche von Müttern und Kindern als Beispiel dient. Die Regelung der finanziellen Verpflichtungen von Familienmitgliedern untereinander stellt einen wesentlichen Teil des von Qadrī Pāšā in seiner Zusammenstellung abgebildeten Rechtsbereichs der *aḥwāl aš-saḫṣīya* dar. Neben den rechtlichen Beziehungen der Familienmitglieder untereinander (Familienrecht) umfassen diese bei Qadrī Pāšā auch noch das Erbrecht. Die *aḥwāl aš-šāḫṣīya* sind der Bereich, der im Prozess der regionalen Herausbildung des modernen Rechts am längsten von der Verstaatlichung verschont blieb und bis heute in den Staaten des Nahen Ostens und Nordafrikas kein einheitliches Recht für alle Bürger und Bürgerinnen sondern verschiedene, religionsspezifische Regelungen nebeneinander vorsieht.

2 Das jordanische Gesetz des Personalstatuts (2010)

Ein aktuelles Beispiel für die Regelung der Unterhaltsansprüche durch den staatlichen Gesetzgeber ist das jordanische Gesetz Nummer 36 aus dem Jahr 2010.

---

2 Ebert: *Qadrī-Pāshā-Kodifikation*, S. 19 f.

3 Ibid., S. 19.

Formell gilt das Gesetz nur übergangsweise und unter Vorbehalt, weil es durch Erlass des Königs in Kraft getreten ist, aber nicht vom Parlament bestätigt wurde; es wird aber seit nunmehr sieben Jahren angewendet. Das jordanische *Qānūn al-aḥwāl aš-šaḫsīya li-sanat 2010* / 2010 قانون الأحوال الشخصية لسنة (Gesetz des Personalstatuts 2010) entspricht den heute üblichen Erwartungen an eine größere Gesetzgebung (Kodifikation), nämlich einen Bereich umfassend, systematisch und weitgehend erschöpfend, das heißt in sich geschlossen, zu regulieren.[4] Das Thema Unterhaltsansprüche wird an mehreren Stellen behandelt, erstmalig im Artikel 59 im Kapitel über die Rechtsfolgen des Eheschlusses:

§ 59

A) Der Unterhalt aller Menschen erfolgt aus ihrem eigenen Vermögen, außer bei der Ehefrau, deren Unterhalt durch den Ehemann erfolgt, selbst wenn sie vermögend ist.

B) Der Unterhalt der Ehefrau umfasst Nahrung, Kleidung, Wohnung, medizinische Versorgung im üblichen Maß, sowie häusliche Dienstleistungen für Frauen, für die es standesgemäß ist (*wa-ḫidmat az-zauǧa allatī yakūn li-amṯālihā ḫadam*).

C) Der Ehemann wird zur Auszahlung einer Unterhaltszahlung an seine Frau verpflichtet, wenn er sich weigert, den Unterhalt selbst zu gewährleisten oder seine Nachlässigkeit erwiesen ist.[5]

Der Gesetzgeber nennt zuerst allgemeine Grundsätze, nämlich das Prinzip der Eigenverantwortlichkeit sowie die diesbezügliche Sonderstellung der Ehefrau. Dann definiert er den hier behandelten Unterhalt der Ehefrau (*nafaqat az-zauǧa*) und schließt mit der Erklärung der staatlichen Eingriffsmöglichkeit im Konfliktfall. Die darauf folgenden Artikel behandeln grundlegende Details und Konditionen des ehelichen Unterhalts (Beginn des Anspruchs, Anspruch arbeitender Frauen, Zusammenwohnen mit und Gehorsam vonseiten der Ehefrau als Bedingung, Verlust des Unterhaltsanspruchs bei Inhaftierung). Artikel 64 zur Höhe des ehelichen Unterhalts vermittelt einen ersten Eindruck der Regulierungsart des Gesetzes:

§ 64

Der Unterhalt der Ehefrau wird gemäß der finanziellen Lage des Ehemannes festgelegt und darf entsprechend seiner Situation erhöht oder abgesenkt werden, solange

4 Hilgendorf: *dtv-Atlas Recht*, S. 15.

5 § 59 *Qānūn al-aḥwāl aš-šaḫsīya li-sanat* 2010. Eigene Übersetzung, ebenso bei allen kommenden Zitaten aus arabischen Publikationen.

> das Mindestmaß an erforderlicher Nahrung, Kleidung, Wohnung und medizinischer Versorgung nicht unterschritten wird. Der Unterhalt wird durch die Übereinkunft der Ehepartner auf eine bestimmte Summe oder durch gerichtliche Festsetzung fällig. Für den der Übereinkunft oder der richterlichen Anordnung vorangegangenen Zeitraum entfällt der Unterhaltsanspruch.[6]

Das jordanische Gesetz von 2010 ist ein umfassendes Regelwerk, das möglichst alle rechtlich relevanten Aspekte von Familien- und Erbbeziehungen (unter Muslimen) systematisch zusammenzufassen sucht. Insofern steht es in einer bis auf das Werk von Muḥammad Qadrī Pāšā zurückreichenden Traditionslinie von Kodifikationen. Diese unterscheiden sich von anderen staatlich beschlossenen Gesetzen dadurch, dass sie den Anspruch haben, eine Verkörperung der rechtlich wie religiös normativen Regeln und Werte der islamischen Scharia zu sein, weswegen in ihrem Entstehungsprozess islamische Gelehrte und autoritative islamische Texte oft eine sichtbare Rolle spielen.

3 Ibn ʿĀbidīns Kommentar auf al-Ḥaskafī

Vor dem Hintergrund des Interesses an der Übertragungsleistung von Kodifikationen lohnt ein vergleichender Blick auf die vormoderne schariatrechtliche Literatur, die als Grundlage der Kodifikationen angegeben und als besonders maßgeblich angesehen wird. Als Beispiel soll hier das Hauptwerk des Rechtsgelehrten Muḥammad Amīn Ibnʿ Ābidīn (gest. 1252/1836) dienen.[7] Das *Radd al-muḥtār* (*Zurückweisung des Verwirrten*) war laut Ebert einer der von Qadrī Pāšā genutzten „autoritative[n] Kommentare" der ḥanafitischen Rechtsschule.[8] Parallel zum zitierten Gesetz von 2010 beginnt auch bei Ibn ʿĀbidīn das Kapitel über den Unterhalt mit einer Begriffsdefinition:

> Zur Aussage „bedeutet sprachlich usw.". Das Wort *nafaqa* (der Unterhalt) ist abgeleitet vom Verb *nufūq* (sterben), also zugrunde gehen (*halāk*). Das Tier starb (*nafaqat*): es ging zugrunde (*halakat*). Oder es ist abgeleitet vom Verb *nafāq* (sich verkaufen), also Absatz finden (*rawāǧ*), die Ware verkauft sich (*nafaqat*), findet Absatz (*rāǧat*).[9]

---

6 § 64 *Qānūn al-aḥwāl aš-šaḫsīya li-sanat* 2010.

7 Gerber: *Islamic Law and Culture*, S. 20 f.

8 Ebert: *Qadrī-Pāshā-Kodifikation*, S. 17.

9 Muḥammad Amīn Ibn ʿĀbidīn: *Radd al-muḥtār* [1992], S. 3/571 f.

Die zum Auftakt referierte ‚Aussage' stammt nicht von Ibn ʿĀbidīn selbst, sondern bezieht sich auf al-Ḥaskafī (gest. 1088/1677),[10] dessen *ad-Durr al-muḫtār* (*Die hervorragende Perle*) von Ibn ʿĀbidīn in seinem Werk kommentiert wird. Die Bezugnahme kann knapp und sogar abgekürzt („usw.", *ilaḫ*) erfolgen, weil al-Ḥaskafīs Text zusammen mit Ibn ʿĀbidīns Kommentar wiedergegeben wird. Je nach Ausgabe und Version steht entweder in der Blattmitte ein Text und wird vom anderen als Randkommentar umflossen[11] oder es wird eine vertikale Unterteilung vorgenommen, bei der al-Ḥaskafīs *ad-Darr al-muḫtār* oben steht und Ibn ʿĀbidīns *ar-Radd al-muḥtār* unten.[12] Der logischen Lesefolge nach beginnt das Kapitel über den Unterhalt also mit dem entsprechenden Auszug aus al-Ḥaskafīs Werk:

> [al-Ḥaskafī:] [Unterhalt] bedeutet sprachlich: was man für seine Familie aufwendet; rechtlich „ist das die Nahrung, Kleidung und Wohnung", und im Brauch (*ʿurfan*) ist es [nur] die Nahrung. „Der Unterhalt eines anderen kann einem anderen aus drei Gründen obliegen: durch Ehe, Verwandtschaft und Besitz".
>
> [Ibn ʿĀbidīn:] Zu seiner Aussage „bedeutet sprachlich usw.". Das Wort *nafaqa* (der Unterhalt)…

Dass auch al-Ḥaskafīs Ausführung mit Zitaten arbeitet, liegt daran, dass bereits sein *ad-Durr al-muḫtār* ein Kommentar ist, und zwar auf at-Tamartāšīs (gest. 1004/1596) Werk *Tanwīr al-abṣār wa-ǧāmiʿ al-biḥār*,[13] so dass Ibn ʿĀbidīns *ar-Radd al-muḥtār* einen Super-Kommentar darstellt. Jedoch wird die dritte, älteste Textebene im Rahmen des vorliegenden Beitrags keine Rolle spielen, im Folgenden geht es um den Kommentar von Ibn ʿĀbidīn inklusive des darin eingebundenen Textes von al-Ḥaskafī.

Was nun am zitierten Einstieg in das Thema Unterhalt im Kontrast zum jordanischen Gesetz auffällt, ist der zunächst wenig rechtsspezifische Inhalt des Gesagten. Al-Ḥaskafī beginnt die Diskussion zu *nafaqa* (Unterhalt) mit der semantischen Unterscheidung zwischen allgemeinem Sprachgebrauch (*luġatan*),

---

10 ʿAlāʾ ad-Dīn al-Ḥaskafī, vgl. Gerber: *Islamic Law and Culture*, S. 27.

11 Muḥammad Amīn Ibn ʿĀbidīn: *Radd al-muḥtār* [1966]. Dass *ar-Radd al-muḥtār* auch als *Ḥāšīyat Ibn ʿĀbidīn* bekannt ist, lässt vermuten, dass Ibn ʿĀbidīns Text den ursprünglichen Randkommentar (*ḥāšīya*) darstellte; in der Ausgabe von 1966 wird hingegen der kürzere Text al-Ḥaskafīs an den Rand gestellt und der Kommentar ins Zentrum gerückt.

12 Muḥammad Amīn Ibn ʿĀbidīn: *Radd al-muḥtār* [1992].

13 Aḥmad b. ʿAbdallāh at-Tamartašī (gest. 1004/1595): *Tanwīr al-abṣār wa-ǧāmiʿ al-biḥār*, vgl. Spies/Pritsch: Klassisches Islamisches Recht, S. 246.

rechtlicher Bedeutung (*šarʿan*) und Brauch (*ʿurfan*). Ibn ʿĀbidīn greift in seinem Kommentar den ersten Punkt auf und vertieft ihn etymologisch:

> [Ibn ʿĀbidīn:] Zu seiner Aussage „bedeutet sprachlich usw.“. Das Wort *nafaqa* (der Unterhalt) ist abgeleitet vom Verb *nufūq* (sterben), also zugrunde gehen (*halāk*). Das Tier starb (*nafaqat*): es ging zugrunde (*halakat*). Oder es ist abgeleitet vom Verb *nafāq* (sich verkaufen), also Absatz finden (*rawāǧ*), die Ware verkauft sich (*nafaqat*), findet Absatz (*rāǧat*). Az-Zamaḫšārī schrieb, dass jedes Wort, dessen erster Wurzelkonsonant ein „n“ und dessen zweiter Wurzelkonsonant ein „f“ ist, mit der Bedeutung „heraustreten“ (*ḫurūǧ*) und „weggehen“ (*ḏahāb*) zu tun hat, wie bei *nafaqa* (sich verkaufen), *nafara* (fliehen), *nafaḫa* (ausatmen), *nafisa* (gebären), *nafā* (verstoßen) und *nafida* (ausgehen).[14]
>
> Und rechtlich: das Ziehen eines Gewinns aus einer Sache, ohne sie zu verbrauchen (*al-idrāru ʿalā šaiʾin bi-mā fīhi baqāʾuhu*), so steht es im *al-Fatḥ*.[15] Es ist bekannt, dass seine Ausführungen eine Erklärung der Wortwurzel, also des Ausgangspunktes der Ableitungen und somit ein Aspekt der Bezeichnung (*nafaqa*, Unterhalt) sind, denn dieser beinhaltet den Verlust von Geld (*halāk al-māl*) und die Belebung des Zustands (*rawāǧ al-ḥāl*). Ihre Aussagen werden auch davon nicht beeinträchtigt, dass (Unterhalt, *nafaqa*) im Sprachgebrauch (*fi-l-luġat*) bedeutet, was ein Mann für seine Familie usw. aufwendet, denn das ist eine Erläuterung des (mit dem Ausdruck *nafaqa*, Unterhalt) intendierten Gegenstands; (Unterhalt) ist ein konkretes Nomen (*ismu ʿainin*) und kein Vorgang (*ḥadaṯ*).
>
> Fragestellung: ein sprachlicher Ausdruck ist [entweder] ein [nominaler] Wortstamm (*ǧāmid*)[16] oder eine Ableitung (*muštaqq*). Dazu sagten sie: Der sprachliche Ausdruck hat zwei Arten. Der Stamm (*ǧāmid*) ist das, dessen Wurzelkonsonanten keinem Infinitiv entsprechen und dessen Bedeutung so [konkret] ist wie bei „Mann“ (*raǧul*) oder „Löwe“ (*asad*). Eine Ableitung (*muštaqq*) hingegen ist alles andere.
>
> Die (Ableitung) wiederum zerfällt abermals in zwei Sorten: produktiv (*muṭṭarid*) und andere. Die erste (Kategorie) ist so wie das Partizip aktiv, das passive Partizip, oder die übrigen sieben Ableitungsformen; z. B. ist „der Schlagende“ (*ḍārib*) ein pro-

---

14 Arabisch: *ḏakara az-Zamaḫšarī anna kulla mā fāʾuhu nūnun wa-ʿainuhu fāʾun yadullu ʿalā maʿnā l-ḫurūǧ*. Mit *fāʾuhu* und *ʿainuhu* sind die ersten beiden Wurzelkonsonanten des paradigmatischen Wortes *faʿala* gemeint, an dem im Arabischen Wortbildungsmuster aller Art demonstriert werden. Abū l-Qāsim Maḥmūd ʿUmar az-Zamaḫšārī (gest. 538/1144) war ein Gelehrter, dessen sprachwissenschaftlichen Werke und Exkurse bis heute hoch angesehen sind. Madelung: Al-Zamakhshari.

15 Gemeint ist das *Fatḥ al-qadīr* von Muḥammad Ibn ʿAbd al-Wāḥid b. al-Humām (gest. 861/1457), vgl. Spies/Pritsch: Klassisches Islamisches Recht, S. 244.

16 Das Partizip *ǧāmid* bedeutet ‚fest‘, ‚stabil‘, anderswo auch ‚defektiv‘. Hier liegt jedoch die Übersetzung mit ‚Wortstamm‘ nahe, die durch die nachstehende Ausnahme von Verbalnomen bzw. Infinitiven auf nominale Wortstämme beschränkt werden muss.

duktives Wortbildungsmuster, das auf jeden angewendet werden kann, der durch die entsprechende Bedeutung der Ableitungsform beschrieben wird (*fa-ḍāribun maṯalan yaṭṭaridu iṭlāquhu ʿalā kulli man ittaṣafa bi-maʿnā l-muštaqqi huwa minhu*). Die zweite (Kategorie der Ableitung) ist das, dessen abgeleitete Bedeutung zur Benennung von etwas herangezogen wird, das nicht allein durch (die Wurzelsemantik) impliziert ist, wie bei dem Wort „*qārūra*" (Flasche mit langem Hals),[17] so dass man (diese Form der Ableitung) nicht (einfach) auf alles anwenden kann, in dem die (passende) Semantik vorliegt. So ist es (z. B.) nicht richtig, eine Quelle mit „*qārūra*" zu bezeichnen, obwohl diese einen „*qarār*" Wasser enthält. Das Wort Unterhalt (*nafaqa*) gehört zu dieser (letzten) Sorte, ist also weder eine produktive Ableitung noch ein (nominaler) Wortstamm ohne Ableitung. Mit dieser Ausführung (*taqrīr*) beginnt das, was er im *al-Baḥr*[18] (dazu) erwähnte. Mögest du verstehen![19]

Die Diskrepanz der knappen Rechtssätze auf der einen Seite und der langen linguistischen Ausführung auf der anderen hat zum Teil natürlich mit der ausgewählten Stelle zu tun: Im weiteren Textverlauf behandelt auch Ibn ʿĀbidīns Kommentar fast ausschließlich rechtliche Inhalte. Zudem ist die Diskrepanz eine Frage der Textsorte: dass ein Kommentar schlichtweg mehr Gelegenheit und Spielraum für allgemeine Erörterungen bietet als ein Gesetzbuch, ist selbstverständlich. Doch ist genau das der Punkt, der auf den folgenden Seiten gesetzt werden soll: Die Übertragungsleistung Muḥammad Qadrī Pāšās hat viel mit der Verschiedenartigkeit von Textsorten und ihren Funktionen in Gelehrsamkeit und Rechtspraxis zu tun und ich gehe davon aus, dass die im Kommentar in besonders auffälliger Weise auftretenden Eigenschaften in abgeschwächter Form auch andere Formen spätklassischer Rechtsliteratur kennzeichnen.

Das islamische Recht der klassischen und „spätklassischen Zeit"[20] hat ein umfangreiches und vielfältiges Schrifttum hervorgebracht, das neben Gerichtsakten, Formularbüchern, ausführenden Kommentaren, Auswahlen und Zusammenfassungen sowie Urteilssammlungen auch Arbeiten zu Ethik und Lebens-

---

17 Das Wort *qārūra* lässt sich zwar etymologisch auf die Wurzel *q–r–r* zurückführen, die semantisch ‚Ruhe' und ‚Stabilität' ausdrückt, doch die Bedeutung der Wortform (‚Flasche mit langem Hals') lässt sich nicht aus dem morphologischen Muster schließen, sondern ist lexikalisiert.

18 Gemeint ist das *Baḥr ar-rāʾiq* von Zain al-ʿĀbidīn Ibn Nuǧaim (gest. 970/1563), vgl. Spies/Pritsch: Klassisches Islamisches Recht, S. 246; Guy: Ibn Nujaym.

19 Muḥammad Amīn Ibn ʿĀbidīn: *Radd al-muḥtār* [1992], S. 3/571 f.

20 Mit „late classical period" bezeichnet Gerber die osmanisch dominierte Periode im Nahen Osten vom 16. bis zum 19. Jahrhundert, die von anderen Autoren als Vormoderne bezeichnet wird, Gerber: *Islamic Law and Culture*, S. 3, vgl. Hallaq: *Shariʿa*, S. 25, 159, 183.

führung von Richtern umfasste. Ebenso könnte man die biographischen Lexika der Rechtsschulen dazu zählen; im weiteren Sinne ist der *fiqh*, die islamische Jurisprudenz, trotz aller Spezialisierung ein integraler Bestandteil der islamischen Gelehrsamkeit, nämlich ihre normative Ausprägung, so dass sich auf Ebene von Personen und Bildungswegen Verbindungen zu weiterem Schrifttum auftun.[21] Die Protagonisten des islamischen Rechts, die *fuqahā'* (Juristen, Sg. *faqīh*), sind allesamt *'ulamā'* (Gelehrte, Sg. *'ālim*) und mit einer Fülle nicht-juristischer Literatur vertraut, darunter Hadith, Koranauslegung, Theologie, Sprachwissenschaft, vielleicht auch Mystik und Dichtung. Unter den rechtlichen Schriften im engeren Sinne sind auch solche, die – einer Kodifikation nicht unähnlich – eine Zusammenfassung der Rechtslehre und Normen beabsichtigen, vor allem *furū'*-Werke, aber auch systematisierte Fatwasammlungen, Kommentare, Superkommentare und Zusammenfassungen.[22] Dass dieses Ziel durch eine Vielzahl von Texten und Textformen verfolgt wurde, weist auf eine wesentliche Charakteristik des islamischen Rechts hin: Der *fiqh* ist religiöses Juristenrecht. Zwar wird die Scharia als gottgewollte Ordnung übermenschlichen Ursprungs verstanden, ihre Entdeckung und Ausformulierung oblag aber ab einem recht frühen Zeitpunkt der islamischen Geschichte den Gelehrten, die dieser Aufgabe in Jahrhunderten fortlaufender Anwendung und Textproduktion nachkamen. Die inzwischen viel bemühte Beschreibung der Scharia als „diskursive Praxis"[23] betont das prozesshafte Element des islamischen Rechts von der klassischen Zeit bis in die Frühmoderne, das der Methode der Rechtsfindung mehr Gewicht zugesteht als fixierten Normen. Prägend dafür waren die Rollenverhältnisse von Herrschern und Gelehrten, von Staat und Recht, die auch dem islamrechtlichen Schrifttum mit seinen diversen Textsorten zugrunde liegen.

Selbst in der späteren osmanischen Periode, als Zentralisierung und Bürokratisierung längst den Bereich des Rechts erfasst hatten, *Qāḍīs* vom Herrscher ernannt, *Muftīs* staatlich besoldet wurden und herrschaftliches Gesetz (*qānūn*

---

21 Zum relevanten Schrifttum im weiteren Sinne vgl. Spies/Pritsch: Klassissches Islamisches Recht, S. 237, wo es zum Abschnitt ‚Literarischer Überblick über die arabischen Rechtswerke' heißt: „Diese Liste ist keineswegs erschöpfend. […] Mit Absicht habe ich die bibliographischen und biographischen, insbesondere die juristischen Ṭabaqāt-Werke, Ḥadīth, Aḥkām al-Qor'ān, Häresiographien usw. außer Acht gelassen, um die Übersicht nicht zu sehr anschwellen zu lassen."

22 Zur Fatwasammlung als „literary device [for the] composition of law books," siehe Gerber: *Islamic Law and Culture*, S. 32, vgl. auch 117.

23 Hallaq: *Shari'a*, S. 545.

und *siyāsa*) in Teilbereichen neben die Scharia getreten war, bewahrte das islamische Recht seinen Charakter. Die Feststellung, was Recht ist, stand laut Gerber im Großen und Ganzen noch immer den Gelehrten zu, die auch als besoldete Muftīs wie Ibn ʿĀbidīn ihre Unabhängigkeit gegenüber dem Herrscher behaupten konnten. Stattdessen bezogen sie ihre Autorität aus der Positionierung gegenüber anderen Gelehrten und innerhalb der Rechtsschulen.[24] So finden sich in spätklassischen Texten, wie eben in Ibn ʿĀbidīns Kommentar *Radd al-muḥtār*, immer wieder Passagen, die prozesshafte Aspekte widerspiegeln und über die Nennung von Rechtsnormen hinausgehen. Der Abschnitt über Unterhaltsansprüche von Kindern zum Beispiel beginnt mit einer Aussage al-Ḥaskafīs, die – ähnlich der oben zitierten Ausführung Ibn ʿĀbidīns zur Etymologie von *nafaqa* (Unterhalt) – eine philologische Erläuterung enthält:

> [al-Ḥaskafī:] Dem freien Mann obliegt der Unterhalt, mit seinen Arten, des „armen" und freien „Kindes", was das Femininum und den Plural einschließt. Der Unterhalt des Sklaven obliegt seinem Besitzer, der des vermögenden (Kindes) erfolgt aus seinem verfügbaren Geld; wenn dieser fehlt, obliegt (der Unterhalt des Kindes) dem Vater.[25]

Diesen linguistischen Kommentar al-Ḥaskafīs führt Ibn ʿĀbidīn in seinem Superkommentar weiter aus. Er belegt durch Koranzitate die Verwendung eines Nomens im maskulinen Singular, *ṭifl* (Kind), wenn sinngemäß auch der Plural oder die Femininformen gemeint sein können. Ungeachtet des insgesamt rechtlichen Charakters der Kommentare von al-Ḥaskafī und Ibn ʿĀbidīn tauchen solche nicht-juristischen Passagen immer wieder auf und sind thematisch nicht auf sprachliche Erörterungen beschränkt.[26] Ein weiteres wichtiges Merkmal sind die zahlreichen Referenzen auf andere Autoren und Werke, wie zum Beispiel in der Diskussion zum Unterhalt von Kindern bei einem mittellosen Vater:

> [al-Ḥaskafī:] Wenn beide (Vater und Kind) arm sind, dann soll der Vater etwas verdienen oder erbitten und so für sie sorgen. Wenn das nicht geht, sorgt ein Verwandter für sie und es besteht ein Rückgriffsrecht gegen den Vater, sobald sich dessen Situation verbessert hat. *Aḏ-Ḏaḫīra*.[27]

---

[24] Gerber: *Islamic Law and Culture*, S. 44–46.

[25] Muḥammad Amīn Ibn ʿĀbidīn: *Radd al-muḥtār* [1992], S. 3/612.

[26] Siehe zum Beispiel das Gedicht im unmittelbar vorangehenden Abschnitt zum Unterhalt der Ehefrau bei Abwesenheit des Mannes, Muḥammad Amīn Ibn ʿĀbidīn: *Radd al-muḥtār* [1992], S. 3/608 f.

[27] Gemeint ist *aḏ-Ḏaḫīra al-burhānīya* von Burhān ad-Dīn Ibn al-Māza (gest. 1174), vgl. Gerber: *Islamic Law and Culture*, S. 27.

> [Ibn ʿĀbidīn:] Zu (al-Ḥaskafīs) Aussage „und es besteht ein Rückgriffsrecht auf den Vater (*raǧaʿ*), sobald sich dessen Situation verbessert hat" im *Ǧawāmiʿ al-fiqh*:[28] Wenn der Vater kein Geld hat, aber der Großvater, die Mutter, oder ein Onkel mütterlicherseits oder väterlicherseits vermögend ist, wird einer von diesen zum Unterhalt des Kindes verpflichtet und kann Rückgriffsrecht gegen den Vater fordern, wenn sich die Situation verbessert hat. Genauso wird jeder fernere Verwandte in die Pflicht genommen, wenn ein näherer (Verwandter) fehlt. Wenn (das Kind) eine vermögende Mutter hat, obliegt ihr sein Unterhalt, genauso wenn (das Kind) keinen Vater hat – abgesehen davon, dass (der Unterhalt dann) von Anfang an bei ihr liegt (*illā annahā tarǧiʿ fi-l-awwal*) etc. *Fatḥ*.[29]

Sowohl al-Ḥaskafī als auch Ibn ʿĀbidīn beziehen sich laufend auf andere Texte, zitieren sie, verweisen auf andernorts nachzulesende Diskussionen, vergleichen und bewerten. Die Kurzform der Nennungen und die teils nur angerissenen, mit einem ‚usw.' abgebrochenen Zitate können sich offenbar auf die enge Vertrautheit einer spezialisierten Leserschaft mit den angeführten Werken und Autoren verlassen. Die dichte intertextuelle Verflechtung ist ein wesentliches Merkmal des vorliegenden Textes und bezieht die Äußerungen des Autors und Kommentators Ibn ʿĀbidin in ein Netz islamischer Rechtsgelehrter ein. Warum das wichtig ist, wird an Stellen deutlich, die Dissens, Unklarheiten und Streitfragen behandeln. Ibn ʿĀbidīn und vor ihm al-Ḥaskafī diskutieren Positionen innerhalb der ḥanafitischen Gelehrtenschaft und präsentieren dann ihre eigene, persönlich markierte Meinung als Fazit. Die gerade zitierte Stelle zur Unterhaltspflicht für Kinder, wenn der Vater mittellos ist, geht zum Beispiel wie folgt weiter:

> Ich (Ibn ʿĀbidīn) sagte: Darüber herrscht Übereinstimmung, weil niemand außer dem Vater für den Unterhalt seiner Kinder verantwortlich ist und (der Vater) aufgrund von Armut nicht wie ein Toter behandelt werden soll, so dass entferntere Verwandte zwar zum Unterhalt verpflichtet sind, dieser aber als Schuld des Vaters behandelt wird. Der Kommentierende (al-Ḥaskafī) wird weiter unten die Auflösung des Dissenses (*taṣḥīḥ al-ḫilāf*) erklären, dass nämlich kein Weg an einer Anpassung der Texte (*iṣlāḥ al-mutūn*) vorbeiführt.[30]

---

28 Gemeint ist wahrscheinlich *Ǧāmiʿ al-fiqh* (auch *Ǧawāmiʿ al-fiqh*) von Aḥmad b. Muḥammad b. ʿUmar al-ʿAttābī (gest. 586/1190), vgl. al-Maktaba aš-šāmila: Nr. 76307 sowie al-Maktaba aš-šāmila: *Abū Naṣr al-ʿAttābī* / أبو نصر العتّابي.

29 Muḥammad Amīn Ibn ʿĀbidīn: *Radd al-muḥtār* [1992], S. 3 / 612 f.

30 Muḥammad Amīn Ibn ʿĀbidīn: *Radd al-muḥtār* [1992], S. 3 / 613.

Der hier angekündigte „Dissens“ samt „Auflösung“ durch „Anpassung der Texte“ – mit den *mutūn* können auch „doctrinal textbooks“[31] gemeint sein – zieht sich mit einigen Unterbrechungen über die nächsten drei bis vier Seiten des Kommentars. Im Kern geht es weiterhin um die Unterhaltspflicht für Kinder, wenn der Vater mittellos ist, wobei die Fragen der zum Unterhalt verpflichteten Person und die Möglichkeit einer Rückforderung zu klären sind. Die Herausforderung besteht offenbar darin, die in anderen ‚Texten‘ (*mutūn*, Sg. *matn*) vorliegenden Bewertungen in Übereinstimmung zu bringen, sowohl untereinander als auch mit anderen schariatrechtlichen Grundsätzen und Positionen:

> [al-Ḥaskafī:] Im *al-Munya*: (Ist der) Vater mittellos und die Mutter vermögend, wird der Mutter der Unterhalt befohlen (*tuʾmir al-umm bi-l-infāq*), und (dieser) ist dann eine Schuld des Vaters. Sie kommt noch vor dem vermögenden Großvater. […] „Genauso“ obliegt (dem Vater der Unterhalt) „für sein erwachsenes Kind, das erwerbsunfähig ist“, wie z. B. eine geschiedene Frau oder ein chronisch Kranker […]. „Allein er“, das heißt der arme Vater, „ist dazu verpflichtet, genauso wie beim Unterhalt für seine Eltern oder seine Braut“, und danach richten sich die Fatwas. Nur wenn er mittellos ist, rechnet man ihn den Toten zu und (der Unterhalt) obliegt anderen und Rückgriffsrecht (gegen den Vater, *ruǧūʿ*). Das ist die korrekte (Position) der Rechtsschule. Außer (im Falle) einer vermögenden Mutter. *Baḥr*. Er sagte: Zu seinen Lasten, denn die Texte müssen angepasst werden (*lā budd min iṣlāḥ al-mutūn*).
>
> [Ibn ʿĀbidīn:] Zu (al-Ḥaskafīs) Aussage „Sie kommt noch vor dem vermögenden Großvater“: Das heißt, wenn es neben der vermögenden Mutter einen ebenfalls vermögenden Großvater gibt, wird der Mutter der Unterhalt aus ihrem Vermögen befohlen, den sie vom Vater zurückfordern soll (*tarǧiʿ*), während dem Großvater nichts dergleichen befohlen wird, weil sie dem Kind näher ist als er, so dass die Mutter in der Übernahme (von Verantwortung) vor den übrigen Verwandten kommt. Die vollständige (Diskussion) im *al-Baḥr* über (die entsprechenden Aussagen in) *aḏ-Ḏaḫīra*.
>
> Ich sagte: Es ist so, dass im Fall eines toten Vaters in der vorherrschenden Auslegung (*fī ẓāhir ar-riwāya*) der Unterhalt der Mutter und dem Großvater gemäß ihrem jeweiligen Anteil am Erbe obliegt, in einer anderen Auslegung (aber) allein dem Großvater, wie weiter unten (ausgeführt wird). Wenn jedoch der Vater mittellos ist, so obliegt (der Unterhalt des Kindes weiterhin) dem Vater, und die Mutter kann zu seinen Lasten Schulden aufnehmen, weil sie (dem Kind) nähersteht als der Großvater. Das ist so gemäß der vorherrschenden Meinung in den Texten (*ẓāhir al-mutūn*), wie bereits erwähnt wurde. Was aber die anstehende Lösung angeht, so bezieht sich diese (darauf), dass der Mittellose als Toter behandelt wird und (die Verpflichtung

[31] Gerber: *Islamic Law and Culture*, S. 71.

zum Unterhalt des Kindes) in Konsequenz (Mutter und Großvater) anteilig zufallen müsste. […][32]

Der Autor des *Ḏaḫīra* sagt: Wenn ein armer Mann kleine Kinder hat und es einen vermögenden Großvater gibt, wird dem Großvater der Unterhalt befohlen, um das Kindeskind zu schützen, und (dies) als Schuld des Vaters der Kinder. So erwähnt es al-Qudūrī,[33] denn er hat den Unterhalt durch den Großvater nicht an die Bedingung der Mittellosigkeit des Vaters geknüpft, wie es al-Ḥasan Ibn Ṣāliḥ tut. Die richtige (Position) im *maḏhab* ist, dass der arme Vater als Toter behandelt wird, was die Unterhaltsverpflichtung des Großvaters angeht. Denn wenn der Vater chronisch krank ist, wird (die Unterhaltspflicht) dem Großvater ohne Rückgriffsrecht zugeteilt, weil dann (auch) der Unterhalt für den Vater dem Großvater obliegt, zusammen mit dem Unterhalt der Kinder, usw.

Und außerdem sagte er zuvor im *Ḏaḫīra*: Wenn (die Kinder) eine vermögende Mutter haben, wird ihr befohlen, für ihren Unterhalt aufzukommen, so dass (dieser) eine Schuld darstellt, die sie beim Vater geltend machen kann, wenn sich dessen Lage verbessert. Denn in der Übernahme (von Verantwortung) kommt sie vor den übrigen Verwandten etc. Der Autor des *Baḥr* sagt: Das Resultat ist, dass die Verpflichtung (zum Unterhalt) dem mittellosen Vater zufällt, und zwar auch, wenn (zunächst) die vermögende Mutter (den Unterhalt) aufbringt. Falls nicht (die Mutter den Unterhalt trägt), dann ist der Vater wie ein Toter (zu behandeln) und die Verpflichtung fällt anderen zu, ganz so als ob er tot sei, und ohne Rückgriffsrecht gegen ihn. Das ist die richtige Meinung. Deswegen führt kein Weg an einer Anpassung der Texte und der Kommentare vorbei (*fa-lā budd min iṣlāḥ al-mutūn wa-š-šurūḥ*), wie unschwer zu erkennen ist (*kamā lā yuḫfā*) usw. Das heißt, die Aussage der Texte und Kommentare – nämlich, dass niemand außer dem Vater den Unterhalt seines Kindes bestreitet – bedeutet, dass im Falle eines mittellosen Vaters, bei dem der Richter jemand anderem den Unterhalt (der Kinder) angeordnet hat, (immer vom Vater) zurückgefordert wird, egal ob es sich um die Mutter, den Großvater oder sonst jemanden handelt. Denn wenn (der Unterhalt für die Kinder) nicht vom Vater zurückgefordert würde, hätte (die Mutter) einen Anteil (des Unterhalts) bestritten. Al-Muqaddasī hat damit geantwortet, den Inhalt der Texte an den Fall des Wohlstands zu knüpfen. Doch ar-Ramlī[34] sagte, das sei nicht nötig, weil der Inhalt der Texte ausschließlich auf einer anderen, durch die Verfasser der Texte und Kommentare ausgewählten Meinung beruhe usw.

32 Muḥammad Amīn Ibn ʿĀbidīn: *Radd al-muḥtār* [1992], S. 3/613 f.

33 Ḥusain Aḥmad b. Muḥammad al-Qudūrī (gest. 428/1036–1037): *Muḫtaṣar al-Qudūrī*, vgl. Gerber: *Islamic Law and Culture*, S. 28.

34 Ḫair ad-Dīn ar-Ramlī (geb. 1586): *al-Fatāwā al-Ḫairīya*, vgl. Gerber: *Islamic Law and Culture*, S. 19 f.

Ich sagte: Auf diese Art (*wa-ʿalā hāḏā*) gibt es keinen Unterschied unter den Personen, die den Unterhalt (für die Kinder) leisten, egal ob es die Mutter, der Großvater oder jemand anderes ist, in Bezug auf das Rückgriffsrecht gegen den Vater, es sei denn, dass der Vater chronisch krank ist, denn dann wird er wie ein Toter behandelt. […][35]

Vielstimmigkeit und die persönliche Zuordnung von Rechtsmeinungen sind prägende Aspekte dieses Textes und machen nachvollziehbar, dass die Anwendung und Ausformulierung der richtigen Lehrmeinung (*ṣaḥīḥ al-maḏhab*) eine fortlaufende Teamaufgabe war. Ja, die gesamte Sprecherkonstellation der Textsorte Superkommentar kann als Ausdruck des spezifischen Charakters der Scharia als religiöses Juristenrecht gelten.

4 Die Qadrī-Pāšā-Kodifikation (1878)

Ein Auszug aus dem entsprechenden Kapitel der Qadrī-Pāšā-Kodifikation in der Übersetzung von Hans-Georg Ebert liest sich im Vergleich viel einfacher. Längere Ausführungen fehlen, die teils schwer nachvollziehbaren Referenzen fallen weg und anstelle der vielstimmigen Sprecherkonstellation hat man es mit abstrakten Aussagen einer im Text nicht persönlich erscheinenden Entität zu tun:

4. Abschnitt: Der Unterhalt des Vaters gegenüber seinen Kindern […]

Art. 397: Nur der Vater hat die Pflicht zum Unterhalt seines Kindes. Dies gilt, solange er nicht mittellos ist und ein chronisches Leiden hat, sodass er kein Einkommen erzielen kann. In diesem Falle wird ihm der Status eines Toten zuerkannt und die Pflicht zum Unterhalt entfällt. Der Unterhalt obliegt dann denjenigen, die bei Nichtexistenz des Vaters Unterhalt leisten müssen.

Art. 398: Wenn der Vater mittellos ist, aber kein derartiges chronisches Leiden hat, dass er kein Einkommen erzielen könnte, entfällt allein durch seine Armut nicht die Pflicht zum Unterhalt des Kindes. […] [Dann] wird der nächste Verwandte aufgefordert, das Kind an seiner Stelle zu unterhalten. Gegen den Vater besteht dann ein Rückgriffsrecht.

Art. 399: Die Mutter hat bei Mittellosigkeit des Vaters vor der übrigen Verwandtschaft die Pflicht, ihr Kind zu unterhalten. Wenn also der Vater mittellos und sie wohlhabend ist, wird ihr der Unterhalt für ihr Kind auferlegt. Der Großvater muss sich daran nicht beteiligen. […] Der Unterhalt durch den nächsten Verwandten gilt

[35] Muḥammad Amīn Ibn ʿĀbidīn: *Radd al-muḥtār* [1992], S. 3 / 615.

> als eine Schuld des mittellosen Vaters, gegen den ein Rückgriffsrecht besteht, wenn sich seine materielle Lage verbessert. [...][36]

Die Qadrī-Pāšā-Kodifikation stellt somit eine literarische Brücke zwischen den Textsorten des klassischen und spätklassischen islamischen Rechts und dem modernen Gesetzbuch dar. Sprachlich bedeutete die Zusammenstellung und Übertragung islamrechtlicher Normen durch Muḥammad Qadrī Pāšā vor allem eine Verkürzung auf die Inhalte rechtlicher Bewertungen. Die Herauslösung aus dem Referenzgeflecht islamrechtlicher Diskussionen geht einher mit einem anderen Adressatenkreis: Ibn ʿĀbidīns Leserschaft waren notwendigerweise Gelehrte und Rechtsspezialisten, während die zugänglichere (Quasi-)Kodifikation weitgehend aus sich selbst heraus verständlich ist und, neben den europäisch gebildeten Juristen der Gemischten Gerichtshöfe, eine größere (lesefähige) Allgemeinheit zumindest angesprochen haben könnte. Die Mittlerstellung der islamischen Gelehrten entfällt und die in Muḥammad Qadrī Pāšās Übertragung angelegte Reduktion und Abstraktion kann als Begleiterscheinung eines Prozesses gelesen werden, der nun auch im Bereich der Familie und des Personenstands zu einer Verstaatlichung und Fixierung des vormals religiösen Juristenrechts führt. Eberts Übersetzung der Qadrī-Pāšā-Kodifikation hat diesen spannenden Schritt der Rechtsentwicklung neu akzentuiert und für ein Deutsch lesendes Publikum nachvollziehbar gemacht.

---

36 Ebert: *Qadrī-Pāshā-Kodifikation*, S. 133–135.

Literaturverzeichnis

Ebert, Hans-Georg: *Die Qadrī-Pāshā-Kodifikation. Islamisches Personalstatut der hanafitischen Rechtsschule*, Leipziger Beiträge zur Orientforschung 23, Frankfurt am Main 2010.

Encyclopaedia of Islam. Second Edition XII, hrsg. von Peri Bearman, Thierry Bianquis, Clifford Edmund Bosworth et al., Leiden 2004.

Encyclopaedia of Islam. Three VII, hrsg. von Gudrun Krämer, Denis Matringe, John Nawas et al., Leiden 2012–, online edition referenceworks.brillonline.com/browse/encyclopaedia-of-islam-3 (letzter Zugriff 21. 09. 2018).

Gerber, Haim: *Islamic Law and Culture 1600–1840*, Leiden 1999.

Guy, Burak: Ibn Nujaym, in: *Encyclopaedia of Islam. Three*, online edition 2018, dx.doi.org/10.1163/1573-3912_ei3_COM_30694 (letzter Zugriff 21. 09. 2018).

Hallaq, Wael B.: *Shari'a. Theory, Practice, Transformations*, Cambridge, UK/New York 2009.

Hilgendorf, Eric: *dtv-Atlas Recht. Grundlagen Staatsrecht Strafrecht*, München 2008.

Madelung, Wilferd: Al-Zamakhshari, in: *Encyclopaedia of Islam. Second edition*, Leiden 2004, S. XII:840a.

Al-Maktaba aš-šāmila: *Fihris al-maḫṭūṭāt* / المكتبة الشاملة: فهرس المخطوطات, Nr. 76307, shamela.ws/browse.php/book-5678/page-74320 (letzter Zugriff 20. 09. 2018).

Al-Maktaba aš-šāmila: *Abū Naṣr al-ʿAttābī* / المكتبة الشاملة: أبو نصر العَتَّابي, shamela.ws/index.php/author/1683 (letzter Zugriff 20. 09. 2018).

Muḥammad Amīn Ibn ʿĀbidīn: *Radd al-muḥtār ʿalā ad-durr al-muḫtār. Šarḥ Tanwīr al-abṣār fī fiqh maḏhab al-Imām al-aʿẓam Abī Ḥanīfa an-Nuʿmān wa-bi-hāmišihā baqīyat aš-šarḥ al-maḏkūr maʿa baʿḍ taqrīrāt li-baʿḍ al-afāḍil* / رد المحتار على الدر المختار. شرح تنوير الأبصار في فقه مذهب الإمام الأعظم أبي حنيفة النعمان وبهامشها بقية الشرح المذكور مع بعض تقريرات لبعض الأفاضل, Kairo: al-Bābī al-Ḥalabī, Dār al-kutub al-ʿarabīya al-kubrā 1966.

——: *Radd al-muḥtār ʿalā ad-durr al-muḫtār. Šarḥ Tanwīr al-abṣār fī fiqh maḏhab al-Imām al-aʿẓam Abī Ḥanīfa an-Nuʿmān wa-bi-hāmišihā baqīyat aš-šarḥ al-maḏkūr maʿa baʿḍ taqrīrāt li-baʿḍ al-afāḍil* / رد المحتار على الدر المختار. شرح تنوير الأبصار في فقه مذهب الإمام الأعظم أبي حنيفة النعمان وبهامشها بقية الشرح المذكور مع بعض تقريرات لبعض الأفاضل, Beirut: Dār al-fikr 1992.

Qānūn muʾaqqat raqm 36 li-sanat 2010 m, in: *al-Ǧarīda ar-rasmīya* [Jordanien] Nr. 5061, 17. 10. 2010.

Spies, Otto / Erich Pritsch: Klassissches Islamisches Recht, in: *Orientalisches Recht*, Handbuch der Orientalistik, Abteilung 1: Der Nahe und Mittlere Osten / The Near and Middle East, Ergänzungsband 3, hrsg. von Bertold Spuler, Leiden/Köln 1964, S. 220–343.

Spuler, Bertold (Hg.): *Orientalisches Recht*, Handbuch der Orientalistik, Abteilung 1: Der Nahe und Mittlere Osten / The Near and Middle East, Ergänzungsband 3, Leiden/Köln 1964.

Assem Hefny*

Einfluss linguistischer und kultureller Aspekte auf islamrechtliche Bestimmungen

I Einführung**

Sowohl bei diachroner als auch bei synchroner Betrachtung des islamischen Rechts zeigt sich, dass nicht nur die sozio-kulturellen Aspekte eine wichtige Rolle bei der Rechtsfindung spielen, sondern auch die Sprache sowie deren Semantik und Grammatik. Diese sind für das Verstehen bzw. Interpretieren von islamischen rechtsrelevanten Texten von entscheidender Bedeutung. Demgemäß wird diese Abhandlung insbesondere koranische Passagen aus sprachlicher wie auch der damit einhergehenden kulturellen Perspektive näher beleuchten.

II Bedeutung der arabischen Sprache für den Islam

Die arabische Sprache ist für den Islam und dessen Recht von zentraler Bedeutung. Arabisch ist die Sprache des Korans, der als erste Quelle der islamrechtlichen Gesetzgebung gilt. Durch den Koran wird die arabische Sprache hinsichtlich ihrer Grammatik und Semantik weitestgehend bewahrt, weil jeder Muslim zumindest bei allen vorgeschriebenen rituellen Handlungen auf Arabisch den Koran auf Arabisch rezitieren muss. So sind, Grudrun Krämers[1] treffender Formulierung in diesem Zusammenhang zufolge,

> [n]ormative Quellen und Bezugspunkt islamischer Glaubenslehre […] nicht Institutionen, sondern [eben] Texte, an erster Stelle das geoffenbarte Wort Gottes, der Koran; daneben die Überlieferung des Redens und Handelns des Propheten Muhammad, die Sunna.“[2]

---

* Dozent an der Azhar-Universität in Kairo und Akademischer Rat am Centrum für Nah- und Mittelost-Studien der Philipps-Universität Marburg.

** Für die Durchsicht des Beitrages bin ich Frau Beate Anam und Herrn Hatem Elliesie sehr dankbar.

1 Krämer: Kritik und Selbstkritik, S. 218.

2 Gemeint sind Korpus und Kanon der islamischen Religion. Selbstverständlich stellen die Traditionen, die Lebensformen und die Art und Weise der Auslegung bzw.

Dass der Koran speziell in arabischer Sprache offenbart wurde, wird im Koran mehrmals betont, beispielsweise in den Suren 12:2 (إِنَّا أَنزَلْنَاهُ قُرْآنًا عَرَبِيًّا لَّعَلَّكُمْ تَعْقِلُونَ) und 26:195 (بِلِسَانٍ عَرَبِيٍّ مُّبِينٍ). Laut dem bekannten syrisch-libanesischen Lyriker und Philosophen Adonis stellt die Sprache (neben der Religion) zudem eine der beiden Hauptsäulen der arabischen Kultur dar:

> Die arabische Kultur beruht wesentlich auf zwei Säulen: Sprache und Religion. Denn, folgt man der Glaubensvorstellung, so ist die Religion ein Buch, das von Gott auf Arabisch offenbart wurde. Sprache ist demnach eins geworden mit Religion, und daraus lässt sich folgern, dass die Religion das uneingeschränkte Referenzsystem der arabischen Kultur ist.[3]

Kultur wie auch Recht sind also untrennbar mit Sprache verbunden.[4] In diesem Zusammenhang verwundert es daher nicht, wenn der ägyptische Koran- und Literaturwissenschaftler Naṣr Ḥāmid Abū Zaid (gest. 2010) betont, dass die arabisch-islamische Kultur eine Text-Kultur[5] und die arabische Sprache aufgrund ihrer untrennbaren Verbindung zu den islamischen Hauptquellen (Koran und Sunna) sakralisiert worden sei, weshalb die Grammatik seit etwa dem 8. Jahrhundert nur unwesentliche Veränderungen erfahren habe. Der marokkanische Philosoph Ābid al-Ǧābrī (gest. 2010) geht weit darüber hinaus und vertritt die Ansicht, dass diachron betrachtet sogar das Vokabular des Arabischen und die Wörterbücher kaum Änderungen aufweisen würden.[6]

III Einfluss des Islam auf die arabische Sprache

Die nicht unerhebliche kulturelle Prägung der arabischen Sprache durch die islamische Religion beschrieb Adonis wie folgt:

> Wenn es richtig ist, dass sich die Kultur einer Gesellschaft in ihren Lebensgewohnheiten, ihren Werten, Sehnsüchten und Glaubensinhalten ausdrückt, dann ist die vorherrschende Kultur der arabischen Gesellschaft eine religiöse Kultur, eng verfloch-

---

der Umsetzung islamischer Vorschriften je nach Zeit und Raum auch einen wichtigen Bestandteil des Islam dar. Diese stehen jedoch mit dem Verständnis des Textes in engem Zusammenhang. Ferner stellt die sprachliche Herkunft des Islam eine Besonderheit lediglich in der Hinsicht dar, dass der koranische Text dem islamischen Glauben nach (und im Gegensatz zu anderen Himmelsbotschaften) als das in Bezug auf seinen Wortlaut unverändert gebliebene Wort Gottes gilt.

3 Adonis: Plädoyer, S. 197.

4 Vgl. hierzu Elliesie: Klassisches Islamisches Recht, S. 67–132.

5 Naṣr Ḥāmid Abū Zaid: *Mafhūm an-naṣṣ*, S. 219.

6 Vgl. Muḥammad Ā'bid al-Ǧābrī: *Takwīn al-ʿaql al-ʿarabī*, S. 76 f.

ten mit religiösen Moralvorstellungen und Wertesystemen, Glaubensgewissheiten und Hoffnungen.[7]

1 Forschungsstand

Obgleich sich viele Studien mit dem Verhältnis von arabischer Sprache und Kultur befassen, bleiben die soziokulturellen Gesichtspunkte der arabischen Sprache oft weitestgehend unberücksichtigt. Insbesondere der sich in den letzten Jahren im Aufwind befindliche Genderaspekt wird dabei häufig nicht thematisiert. Eine diesbezügliche Ausnahme stellt u. a. das Werk *Al-marʾa wa-l-luġa* [*Die Frau und die Sprache*] von ʿAbdullāh Muḥammad al-Ġaḏḏāmī dar,[8] in dem al-Ġaḏḏāmī auf die kulturelle Dimension der arabischen Sprache eingeht und auf den großen Einfluss hinweist, den die Kultur auf die Morphologie der Sprache in Bezug auf Wort- und Begriffsbildung ausübt. Besonders hebt er dabei die negativ konnotierte Beziehung zwischen der Frau und der arabischen Sprache hervor, da ihm zufolge das Weibliche verglichen mit dem Männlichen im Hinblick auf das sprachliche Denken passiv erscheint. Zur Untermauerung seiner Thesen führt der Autor Beispiele aus dem Werk *Alf laila wa-laila* [*Tausendundeine Nacht*] an, die die minderwertige Stellung der Frau im Vergleich zum Mann veranschaulichen sollen. Unbeachtet lässt er jedoch den möglichen Einfluss sprachlicher Regeln auf die Frauenbestimmungen im Islamischen Recht (s. u.). Auch die Arbeit *Dawāʾir al-ḫauf. Qirāʾa fī ḫiṭāb al-marʾa* [*Kreise der Angst. Eine Lesart des Frauendiskurses*] des bereits o. g. Naṣr Ḥāmid Abū Zaid[9] verdient hinsichtlich der Auseinandersetzung mit dem Gesichtspunkt *gender* Würdigung. Abū Zaid befasst sich hier speziell mit der Frage der gesellschaftlichen Geschlechtergleichheit. Er weist darauf hin, dass der kulturelle arabische Diskurs den Wert der Frau sogar im Gebrauch der Sprache herabgesetzt habe. Ferner hebt er hervor, dass es zwischen dem koranischen und dem gesellschaftlich-kulturellen Frauendiskurs einen wichtigen Unterschied gebe: Denn während der koranische Diskurs der Frau einen hohen Stellenwert zugeschrieben habe und sie an vielen Stellen zusammen mit dem Mann anspreche (vgl. Sure 33:35), habe der gesellschaftlich-kulturelle Diskurs diesen koranischen Weg nicht eingeschlagen. Einen großen Platz räumt Abū Zaid der gesellschaftlichen und rechtlichen Lage der Frau im arabischen Raum (so vor allem in Tunesien) ein. Den Einfluss der Sprache auf die rechtlich ungleiche

---

7 Adonis: Plädoyer, S. 199.

8 Casablanca: Al-markaz aṯ-ṯaqāfī al-ʿarabī ^{3}2006.

9 Casablanca: Al-markaz aṯ-ṯaqāfī al-ʿarabī ^{4}2007.

Stellung von Mann und Frau wird jedoch auch von ihm nicht besprochen. Als drittes Werk sei *Aṭ-ṭāʾifīya aḏ-ḏukūrīya fī ninyat al-luġa al-ʿarabīya. Qirāʾa fī ḏukūrīyat al-luġa* [*Der männliche Konfessionalismus in der Struktur der Sprache. Eine Lesart der Männlichkeit der Sprache*] von Yūsuf Raḥāimī genannt.[10]

Dieser jüngst erschienene Artikel des tunesischen Sprachwissenschaftlers Yūsuf Raḥāimī thematisiert ähnliche Aspekte wie die zwei zuvor genannten Werke, auf die er zudem sehr oft rekurriert. An dieser Stelle sei ein Augenmerk auf die Bezeichnung *aṭ-ṭāʾifīya aḏ-ḏukūrīya* („der männliche Konfessionalismus") gerichtet, mit der er durch die Übernahme eines Begriffs aus dem religiösen und sozialpolitischen Bereich in die Genderforschung eine neue Dimension eröffnet. Raḥāimī zufolge seien es in erster Linie die überkommenen kulturell geprägten Vorstellungen, die die Frau für alles schuldig machten, das vom Christentum übernommene Bild der Erbsünde habe damit keine islamische Basis. Die aus diesen und ähnlichen Geschichten entstandene Ungleichheit zwischen Mann und Frau, die sich auch in der Sprache zeigt, geht also auf die Kultur zurück. Auf die Relation Sprache und Recht geht auch er nicht ein.

2 *Šarīʿa* und arabische Sprache

Bei der Untersuchung der drei im Fokus stehenden Elemente *šarīʿa*, Koran und arabische Sprache lässt sich eine gegenseitige Interdependenz feststellen.[11] Dies ist jedoch kein Novum, denn bereits in der Frühzeit der islamischen Wissenschaften wurden zwischen linguistischen und islamisch-rechtlichen Werken kaum definierte Trennlinien gezogen. So erteilte der Linguist und Theologe Abū Amr al-Ǧarmī (gest. 225 H.) 30 Jahre lang Fatwas basierend auf der bekannten grammatikalischen Abhandlung von Sībawaih (gest. 793) *Al-kitāb fin-naḥw* [*Buch über die Grammatik*].[12]

Birgit Krawietz weist in diesem Kontext zu Recht darauf hin, dass die mittelalterlichen Muslime die richtig angewandte arabische Sprache als nahezu perfektes Instrument ansahen, um

> auch die normativen Standards richtigen Verhaltens aller Gläubigen zu artikulieren, zu formulieren und mittels der Schriftsprache dauerhaft zu fixieren. Auf diese Weise

---

[10] Siehe www.mominoun.com/tags/67355 (letzter Aufruf 22. 09. 2018).

[11] Vgl. Muḥammad ʿImāra: *Aš-šarīʿa al-islāmīya*, S. 25.

[12] Vgl. ʿAbd as-Salām Hārūn: *Muqaddimat kitāb Sībawaih*, S. 24.

> konnte es gelingen, mit Hilfe der arabischen Sprachsymbole die Scharia auch im Hinblick auf die sich wandelnden sozialen Situationen präsent zu halten.[13]

Weiterführend ist entsprechend anzumerken, dass sich in den ersten vier Jahrhunderten der islamischen Geschichte Konzepte des *iğtihād* bezüglich *šarīʿa*-Bestimmungen entsprechend aus den Wissenschaftsbereichen der Sprach- und Deutungswissenschaften (*ʿulūm al-luġa wa-t-taʾwīl*) sowie der Logik und der Argumentation speisten.[14] Daher ist es unabdingbar, dass erhoffte Erneuerungsversuche im islamischen Diskurs und in den *fiqh*-Bestimmungen mit diesen beiden Feldern anfangen.

3 Problemstellung

Der Koran enthält gleich mehrere Stellen, die dem Anschein nach die Freiheit des Denkens oder die Freiheit bzw. die Geschäftsfähigkeit der Frau einschränken oder – anders herum – die Überlegenheit des männlichen Geschlechtes gegenüber dem weiblichen festlegen. Hinzu kommt, dass der koranische Text bei rechtsrelevanten Versen[15] die Personalpronomina meist in maskuliner Form ausweist. Die diesbezüglichen klassischen Meinungen führen dies darauf zurück, dass das Arabische die männliche Form benutzt, wenn die Angesprochenen Frauen *und* Männer sind.[16] Die aus synchroner Betrachtung nicht geschlechtergerechte Sprachwahl mag ein patriarchalisches Bild statuieren, ist diachron gesamt-semitisch betrachtet allerdings nicht ungewöhnlich und zudem keineswegs ein Spezifikum des Arabischen sowie weiterer semitischer Sprachen. Dieses Phänomen der Abhängikeit des weiblichen Geschlechts vom männlichen lässt sich zudem auch in indogermanischen Sprachen wie dem Deutschen beobachten und führt beispielsweise dazu, dass es in der Regel nicht möglich ist, die weibliche Form einer Berufsbezeichnung zu bilden, ohne zuerst die männliche Form gebildet zu haben.

Angesichts des bis hierher Gesagten wird deutlich, dass linguistische Erscheinungen beim Verständnis einer Koranstelle und der rechtlichen oder normative Ableitung von zentraler Bedeutung ist. In welchem Maße die arabische Grammatik für das richtige Verstehen des koranischen Textes aus synchroner Perspektive wichtig ist, soll an dem nachfolgenden Textauszug exemplifiziert werden:

---

13 Krawietz: Verhältnis von Sprache, Recht und Theologie, S. 141 f.

14 Rašīd ar-Rāḍī: *Aš-šarīʿa wa-muktasabāt ad-dars al-luġawī*, S. 3.

15 Hierzu Elliesie: Binnenpluralität des islamischen Rechts, S. 10.

16 Mehr dazu siehe Abūlfatḥ ʿUṯmām Ibn Ğinnī: *Al-ḫaṣāʾiṣ* 2, S. 415.

وَأَذَانٌ مِّنَ اللَّهِ وَرَسُولِهِ إِلَى النَّاسِ يَوْمَ الْحَجِّ الْأَكْبَرِ أَنَّ اللَّهَ بَرِيءٌ مِّنَ الْمُشْرِكِينَ ۙ وَرَسُولُهُ ۚ فَإِن تُبْتُمْ فَهُوَ خَيْرٌ لَّكُمْ ۖ
وَإِن تَوَلَّيْتُمْ فَاعْلَمُوا أَنَّكُمْ غَيْرُ مُعْجِزِي اللَّهِ ۗ وَبَشِّرِ الَّذِينَ كَفَرُوا بِعَذَابٍ أَلِيمٍ

Und (dies ist) eine Ankündigung von Allah und Seinem Gesandten an die Menschen am Tage der großen Pilgerfahrt, daß Allah der Götzendiener ledig ist und ebenso Sein Gesandter.[17]

Und eine Ankündigung von Gott und Seinem Gesandten (wird hier gemacht) für alle Menschen an diesem Tage der Größten Pilgerfahrt: Gott sagt sich los von allen, die etwas anderem neben Ihm Göttlichkeit zuschreiben, und (ebenso) Sein Gesandter. (Asad, Sure 9:3)[18]

Die als zweites Subjekt im Nominativ stehende Aussage ‚Sein Gesandter' (*rasūluhu* رسولُهُ) wurde fälschlicherweise im Genitiv (*rasūlihi* [19]رسولِهِ gelesen, als wäre sie ein zweites Objekt, was bedeuten würde, dass Gott sich auch von Seinem Gesandten lossagen würde bzw. von ihm ledig wäre. Der zweite Kalif ʿUmar b. al-Ḫaṭṭāb (gest. 644) soll darüber informiert gewesen sein und daraufhin angeordnet haben, Grammatikregeln für das Arabische aufzustellen.[20] Gemäß diesen Regeln wurden später entsprechende Vokalisierungszeichen hinzugefügt, so dass beispielsweise ein Subjekt (meistens versehen mit *ḍamma* = ausgesprochen *u*) relativ leicht vom Genitivobjekt (meistens versehen mit *kasra* = ausgesprochen *i*) unterschieden werden konnte.

Es waren also nicht zuletzt religiöse Beweggründe, die hinter dem Aufstellen grammatischer Regeln standen. Über diese religiöse Dimension geht Sprache jedoch weit hinaus, da sie in erster Linie ein menschliches, kulturell geprägtes Produkt ist, das der Kommunikation zwischen den Menschen dient. Sie ist aber nicht nur ein Kommunikations-, sondern auch das einzige Mittel, um das Selbst und die Welt erkennen und kreativ gestalten zu können.[21] Angesichts dessen ist es also unerlässlich, Sprache im Allgemeinen und die arabische Sprache im Besonderen aus soziolinguistischer Sicht zu betrachten.

---

17 Paret: *Koran*, Sure 9:3.

18 Asad: *Botschaft des Koran*.

19 Bis zu diesem Zeitpunkt müssten solche Kasusbezeichnungen noch nicht bekannt gewesen sein. Von diesen ist hier nur der Erklärung halber Gebrauch gemacht.

20 Vgl. Maḥmūd Muḥammad aṭ-Ṭanāḥī: *Fi-l-luġa wa-l-adab*, S. 492.

21 Naṣr Ḥāmid Abū Zaid: *Naqd al-ḫiṭāb ad-dīnī*, S. 221.

IV Arabisch aus soziolinguistischer Sicht

وَمَا أَرْسَلْنَا مِنْ رَسُولٍ إِلَّا بِلِسَانِ قَوْمِهِ

Und wir haben keinen Gesandten (zu irgendeinem Volk) geschickt, außer (mit einer Verkündung) in der Sprache seines Volkes, damit er ihnen (d. h. seinen Volksgenossen) Klarheit gibt.[22]

Aus dieser koranischen Formulierung wird deutlich, dass das Wort *lisān* (‚Zunge‘) metaphorisch für die Sprache benutzt wird. Die Zunge wird hier als ein menschliches Organ gesehen, das eine Sprache unter bestimmten soziokulturellen Bedingungen erlernt und zugleich (re)produziert. Die Aussage ‚in der Sprache seines Volkes‘ bedeutet ferner, dass der koranische Text die Sprache des Adressaten berücksichtigt hat, wobei mit ‚Sprache‘ nicht nur einzelne Wörter und Strukturen, sondern auch Denkstrukturen und Mentalitäten gemeint sind.

In diesem Zusammenhang scheint Abū Zaids Unterscheidung zwischen *al-maʿnā* (‚die sprachliche Bedeutung‘) und *al-maġzā* (‚der Sinn‘) eines Wortes bzw. Satzes oder auch Textes von entscheidender Bedeutung zu sein: *Al-maʿnā* ist historisch geprägt und kann ohne die Berücksichtigung des diachronen sprachlichen und kulturellen Kontextes nicht erschlossen werden. Der auch damit verbundene *maġzā* verfügt demgegenüber über einen synchronen Charakter, d. h. er ist das Ergebnis einer Textlesart in einer anderen, so auch gegenwärtigen Zeit. Zudem gilt die Lesart von *al-maʿnā* als relativ statisch oder konstant, wohingegen diejenige von *al-maġzā* als dynamisch erachtet wird.[23]

Für einen Koranexegeten ergibt sich demnach, dass er neben koranwissenschaftlicher Expertise in Bezug auf die arabische Sprache auch über Kenntnisse in folgenden Bereichen verfügen sollte:

- morphologische Formen und deren Bedeutungen,
- Bedeutungsgehalt, Ableitungen und Flexion von einzelnen Wörtern,
- grammatikalische Entwicklungen und Kasusregeln sowie
- rhetorische Spielarten.

All dies wird als Teil der instrumentalen Wissenschaftsdisziplinen (*ʿulūm al-āla*) angesehen, weil sie als Mittel gelten, um die Zielwissenschaften (*ʿulūm al-ġāya*)[24] zu erreichen.[25]

---

22 Paret: *Koran*, Sure 14:4.

23 Naṣr Ḥāmid Abū Zaid: *Naqd al-ḫiṭāb ad-dīnī*, S. 221.

24 Die Zielwissenschaften – oft auch ‚ehrenvolle Wissenschaften‘ genannt – beziehen sich in der Regel auf Koranexege, *ḥadīṯ*-Wissenschaft, systematische Theologie (*ʿaqīda*) und *fiqh*. Diese normativ bewertende Unterscheidung gilt als ein Grund dafür, warum sich arabische Muslime im Allgemeinen nicht großartig mit Naturwissen-

V Arabische Grammatik und islamisches Recht

Die Kenntnis der arabischen Grammatik ist für die islamische Rechtsfindung unabdingbar. Es gibt kaum eine islamisch-rechtliche Bestimmung im Koran, die ohne Bezug auf die arabische Grammatik erschlossen worden ist. Nachfolgend werden lediglich islamisch-rechtlich relevante Beispiele dargestellt, die aufgrund der Grammatikregeln unterschiedlich gelesen worden sind bzw. werden könnten. Dies ist deshalb relevant, weil sich infolgedessen rechtliche Bestimmungen geändert haben oder ändern würden.

1 Die Bestimmung des Subjekts und die Freiheit der Frau

Als ein anschauliches Beispiel für das eben Beschriebene gilt die Meinung von Abū Ḥanīfā im Gegensatz zu anderen Rechtsschulen, dass die Frau ohne Vormund heiraten bzw. den Ehevertrag abschließen dürfe. Diese durchaus innovative Auffassung Abū Ḥanīfās beruht darauf, dass in Sure 2:230 die Frau als Subjekt des Satzes erscheint, in dem es um die Eheschließung geht:

فَإِن طَلَّقَهَا فَلَا تَحِلُّ لَهُ مِن بَعْدُ حَتَّىٰ تَنكِحَ زَوْجًا غَيْرَهُ ۗ فَإِن طَلَّقَهَا فَلَا جُنَاحَ عَلَيْهِمَا أَن يَتَرَاجَعَا إِن ظَنَّا أَن يُقِيمَا حُدُودَ اللَّهِ ۗ وَتِلْكَ حُدُودُ اللَّهِ يُبَيِّنُهَا لِقَوْمٍ يَعْلَمُونَ.

> Und wenn der Mann (die Frau endgültig) entläßt, ist sie ihm künftig nicht (wieder als Ehefrau) erlaubt, bevor sie nicht (etwa) einen anderen Gatten heiratet.[26]

Dass der Frau in diesem Vers durch Verwendung des Agens des Verbs ‚heiraten' eine aktive Rolle zugeschrieben wird, das Agens also nicht nur die syntaktische Funktion, sondern auch eine semantische Rolle ausweist, deutet laut Abū Ḥanīfā[27] darauf hin, dass sie den Ehevertrag ohne Vormund abschließen dürfe. In Bezug auf die Eheschließung und die aktive Rolle der Frau erscheinen die Frauen auch noch in Sure 2:234 als Subjekt des Satzes, was die Ansicht von Abū Ḥanīfā bestätigt. Abū Ḥanīfā ging also davon aus, dass solange die Frau im koranischen Text eine syntaktisch aktive Rolle als Subjekt des Satzes spiele, sie diese aktive Rolle auch in der Eheschließung spielen dürfe. Dass die Frau sich dann ohne Vormund verheiraten darf bzw. kann, gilt m. E. als ein Hinweis auf ihre rechtliche Freiheit als eine geschäftsfähige Person. Dies zeigt, dass die

---

schaften beschäftigten. Mehr zur Klassifizierung islamischer Wissenschaften und deren Bewertungen vgl. Abū Ḥāmid al-Ġazālī: *Iḥyāʾ ʿulūm ad-dīn*, S. 16 f.

25 Vgl. Naṣr Ḥāmid Abū Zaid: *Mafhūm*, S. 237.

26 Paret: *Koran*.

27 Dazu vgl. eine ausführliche Fatwa: fatwa.islamweb.net/fatwa/index.php?page=showfatwa&Option=FatwaId&Id=168401 (letzter Aufruf 20. 06. 2018).

grammatische Form bzw. der Kasus zur Bestimmung der Stellung einer Person sowie ihrer Freiheit und Würdigung ausschlaggebend sind.

Diese rechtliche Bestimmung von Abū Ḥanīfā findet insbesondere im Familienrecht in den an der ḥanafītischen Rechtsschule orientierten Ländern Berücksichtigung. So darf die Frau in Ägypten beispielsweise ohne Vormund heiraten und den Ehevertrag abschließen. Dazu ist sie in anderen arabisch-islamisch geprägten Ländern insbesondere der arabischen Halbinsel nicht berechtigt, da das dort geltende Recht im Allgemeinen nicht nach der ḥanafītischen, sondern nach der ḥanbalītischen Rechtschule geregelt ist.[28]

2 Das Stilmittel des Pausierens und der Aspekt der Freiheit des Denkens

Bei der textlichen Verortung der Freiheit des Denkens spielt neben grammatikalischen Finessen u. a. auch das Stilmittel des Pausierens bei der Koranrezitation eine Rolle. Hierzu ist zunächst aus diachroner Betrachtung festzustellen, dass in der Frühgeschichte des Islam im Arabischen keine Zeichen für Pausen vorhanden waren oder gar gesetzt wurden, weshalb die phonetische Präzision[29] bei der mündlichen Rezitation des Korans von herausragender Bedeutung war. Ein umstrittenes Beispiel für die Lesartvariationen von koranischen Stellen mit nicht eindeutig festgelegten Pausen bietet folgender Vers:

هُوَ الَّذِي أَنزَلَ عَلَيْكَ الْكِتَابَ مِنْهُ آيَاتٌ مُّحْكَمَاتٌ هُنَّ أُمُّ الْكِتَابِ وَأُخَرُ مُتَشَابِهَاتٌ ۖ فَأَمَّا الَّذِينَ فِي
قُلُوبِهِمْ زَيْغٌ فَيَتَّبِعُونَ مَا تَشَابَهَ مِنْهُ ابْتِغَاءَ الْفِتْنَةِ وَابْتِغَاءَ تَأْوِيلِهِ ۗ وَمَا يَعْلَمُ تَأْوِيلَهُ إِلَّا اللَّهُ ۗ
وَالرَّاسِخُونَ فِي الْعِلْمِ يَقُولُونَ آمَنَّا بِهِ كُلٌّ مِّنْ عِندِ رَبِّنَا ۗ وَمَا يَذَّكَّرُ إِلَّا أُولُو الْأَلْبَابِ

> Er ist es, der die Schrift auf dich herabgesandt hat. Darin gibt es (eindeutig) bestimmte Verse (wörtl. ‚Zeichen') – sie sind die Urschrift – und andere, mehrdeutige. Diejenigen nun, die in ihrem Herzen (vom rechten Weg) abschweifen, folgen dem, was darin mehrdeutig ist, wobei sie darauf aus sind, (die Leute) unsicher zu machen und es (nach ihrer Weise) zu deuten. Aber niemand weiss es (wirklich) zu deuten außer Gott. Und diejenigen, die ein gründliches Wissen haben, sagen: ‚Wir glauben daran. Alles (was in der Schrift steht) stammt von unserem Herrn'.[30]

In dieser deutschen Übersetzung steht nach der Aussage „außer Gott" ein Punkt, was auf das Ende des Satzes hinweist. Im arabischen Original steht aber kein

---

28 Vgl. ibid.

29 Die Verschriftlichung von Koran und später Sunna und Dichtung ließ die mündliche Überlieferung nicht an Bedeutung verlieren. Siehe dazu Gründler/Klemm/Winckler: Arabische Literatur, S. 351.

30 Paret: *Koran*, Sure 3:7.

Punkt, sondern die Konjunktion و (=und). Würde nach „außer Gott“ eine Pause gesetzt werden, so würde die Stelle bedeuten, dass nur Gott die Deutung von mehrdeutigen Versen kennt, wie der Übersetzung zu entnehmen ist. Würde hingegen die Pause nach „diejenigen, die ein gründliches Wissen haben“ gesetzt werden, so würde das bedeuten, dass auch noch die tiefgründig Wissenden die mehrdeutigen Verse deuten können. Über die Lesart dieses umstrittenen Verses sind die Koraninterpret*innen bis heute uneinig. Einerseits könne der Mensch nur einige Koranverse deuten, als wäre das eine göttliche Vorherbestimmung. Demnach würde sich der Mensch keine Mühe geben müssen, um die mehrdeutigen Verse zu interpretieren, da sein Versuch schon im Vorfeld zum Scheitern verurteilt sei. Andererseits betrachten einige Interpret*innen[31] das و (=und) als eine echte Konjunktion und setzen die somit später. Somit wird denjenigen mit tiefgründigem Wissen die Fähigkeit zugesprochen, den ganzen Koran deuten zu können. Die entsprechende Übersetzung lautete in dem Falle: „Seine Deutung kennt jedoch niemand außer Allah und denjenigen mit fundiertem Wissen.“

3 Eingeschobene Sätze und die Geschlechtergleichheit

Eine weitere linguistische Erscheinung im Arabischen, die für das Verstehen entscheidender Koranstellen in Bezug auf die Stellung der Frau von großer Bedeutung ist, stellen eingeschobene Sätze dar. Da das Arabische – wie schon erwähnt – in der Frühzeit keine Interpunktion hatte, gestaltete es sich meistens schwierig, den im koranischen Textkorpus in einem eingeschobenen Satz stehenden Sprechenden eindeutig festzulegen. Dafür wird folgender Vers als Beispiel genommen, in dem es um die Mutter von Maria geht:

فَلَمَّا وَضَعَتْهَا قَالَتْ رَبِّ إِنِّي وَضَعْتُهَا أُنثَىٰ وَاللَّهُ أَعْلَمُ بِمَا وَضَعَتْ وَلَيْسَ الذَّكَرُ كَالْأُنثَىٰ ۖ وَإِنِّي سَمَّيْتُهَا مَرْيَمَ وَإِنِّي
أُعِيذُهَا بِكَ وَذُرِّيَّتَهَا مِنَ الشَّيْطَانِ الرَّجِيمِ.

---

31 Aṭ-Ṭabarī erwähnt, dass sich der Koranexeget Ibn ʿAbbās (gest. 687) – ebenso wie Muǧāhid b. Ǧabr (gest. 722) – zu denjenigen zählte, die die Deutung mehrdeutiger Verse deuten konnten. Ausführlich zur Problematik der Interpretation dieses Verses und dessen grammatischen Besonderheiten vgl. Muḥammad b. Ǧarīr aṭ-Ṭabarī: *Tārīḫ ar-rusul*.

> Und als sie es geboren hatte, sagte sie: ‚Mein Herr, siehe, ich habe es als Mädchen geboren.' Und Allah wußte wohl, was sie geboren hatte; denn der Knabe ist nicht wie das Mädchen. ‚Und ich habe sie Maria genannt.' (Sure 3:36)[32]

In diesem Vers sind zwei Nebensatzkonstruktionen erkennbar: Der erste Nebensatz lautet „Und Allah wußte wohl, was sie geboren hatte;" und der zweite „denn der Knabe ist nicht wie das Mädchen."[33] Es ist allerdings nicht eindeutig, ob der zweite eingeschobene Satz von der Mutter Marias oder von Gott stammt. Könnte bestimmt werden, dass der Satz von Marias Mutter ist, dann gäbe es kein Problem, denn dann würde sie im Kontext ihrer Zeit sprechen. Sie soll ja ein Gelöbnis abgelegt haben, dass sie ihr Kind in ein Kloster geben werde, dann aber gebar sie eine Tochter.[34] So wäre die Aussage, dass der Mann nicht wie die Frau sei, kontextuell in Bezug auf den Dienst im Kloster zu verstehen. Würde man allerdings schlussfolgern, dass die syntaktische Konstruktion Gottes Aussage zuzuschreiben ist, würde man von einer für immer gültigen Aussage ausgehen müssen,[35] da die göttlichen Aussagen in der Regel als kontextunabhängige und folglich für immer gültige Bestimmungen (Scharia) angesehen werden.

VI Sozio- und psycholinguistische Aspekte in der arabischen Sprache

Ausgehend von den jüngeren linguistischen Erkenntnissen lassen sich bei vielen grammatikalischen Bezeichnungen sozio- und psycholinguistische Aspekte feststellen und verbinden. In Bezug auf die arabische Sprache gilt die arabische Bezeichnung des Subjekts (*fāʿil*) als ein anschauliches Beispiel dafür. Der von seiner Natur aus gelängte *Vokal ā* in der Ausformung des Alif in *fāʿil* wird mit der Bedeutung von ‚nach oben gehen'/‚erheben' verbunden und deutet daher auf die Hoheit des damit Bezeichneten hin. Weiterhin bedeutet die Kasusbezeichnung des Subjekts im Arabischen (*marfūʿ* = Nominativ) ‚hervorgehoben'

---

32 Dass es sich hier um zwei eingeschobene Sätze handelt, wird durch viele deutsche Koranübersetzungen bestätigt. Vgl. Paret: *Koran*, Sure 3:36; Asad: *Botschaft des Koran*, Sure 3:36, sowie die deutsche Koranübersetzung auf der offiziellen Seite des saudischen Ministeriums für islamische Angelegenheiten und Stiftungen: quran.al-islam.com/Page.aspx?pageid=221&BookID=17&Page=1 (letzter Aufruf 21. 03. 2018).

33 Vgl. Rābiḥ Būmaʿza: *Al-ǧumla*, S. 105.

34 Unter den damaligen soziokulturellen Bedingungen war es allein dem Mann gestattet, im Kloster zu dienen.

35 Mehr zu Aufbau und Arten des Satzes im Arabischen und deren Einfluss auf das islamische Recht vgl. Faramarz Mirzaei / Hasan Akbari: Aṯar al-luġa al-ʿarabīya.

und ‚erhaben‘.[36] *Fāʿil* ist also die Person, die aktiv ist und etwas tut bzw. bewirkt. Daher suggeriert die Form *fāʿil* den freien starken Willen. Die als *fāʿil* erscheinende Person ist im Unterbewusstsein der Araber gewürdigt und verdient demnach Hervorhebung. Im Gegensatz dazu steht das Objekt (*al-mafʿūl*), das eine Passivität und die Negierung des freien Willens impliziert. Eine immer im *mafʿūl* (Objekt) stehende Person darf selber daher über nichts entscheiden, sondern es wird für sie entschieden. Diese Aktivität und Passivität zeigt sich in den Partizipien *ḫāṭib* (männlich = verlobend) und *maḫṭūba* (weiblich = verlobt). Bei der Verlobung ist der Mann kulturell gesehen die aktive Person, die die Initiative ergreift. Daher steht er immer in der aktiven *fāʿil*-Form als Partizip I (*ḫāṭib*). Dagegen ist die Frau hier passiv und steht nur in der *mafʿūl-Form* (*maḫṭūba*). Die rein morphologisch mögliche passive männliche Form *maḫṭūb* gibt es also nicht. Noch dazu bedeutet die aktive weibliche Form *ḫāṭiba* nicht Verlobende, sondern Heiratsvermittlerin.[37]

Von diesem Befund ausgehend lässt sich weiter feststellen, dass in den meisten Koranversen in Bezug auf das Verhältnis zwischen Mann und Frau der Mann als Subjekt und die Frau als Objekt ausgewiesen sind. Eine kontextunabhängige Lesart dieser Verse würde von einer in zeitlicher Hinsicht unbeschränkten (ewigen) Überlegenheit des Mannes gegenüber der Frau ausgehen. Diese, heutzutage als *gender*-ungerecht qualifizierte Konstruktion, ist zwar in der diachronen grammatikalischen Entwicklung zu verorten. Sie ist aber weiterhin synchron in der semantischen und stilistischen Verwendung des sozio-religiös Arabischen verhaftet.

---

36 Vgl. die besonders positive Bedeutung des Verbs *rafaʿa* (‚erheben‘) in vielen Koranversen wie Sure 19:75 oder Sure 58:11.

37 Dass Kasusbezeichnungen im Arabischen kulturell geprägte Bedeutungen haben und dementsprechend bewertet werden, lässt sich anhand folgender in universitären Kreisen in Ägypten gerne erzählter Anekdote bestätigen: Da das Vokalisierungszeichen *kasra* (meistens im Genitiv) im Arabischen mit dem Verb *kasara* (brechen) in semantischer Verbindung steht, pflegte der ägyptische Schriftsteller ʿAbbās Maḥmūd al-ʿAqqād (gest. 1964) in seinen Briefen an seine Geliebte May Ziyāda (gest. 1941) das mit *kasra* endende Personalpronomen für die 2. Person singular weiblich mit langem ī (antī أنتي) statt der richtigen Schreibweise mit einem *kasra* (anti أنتِ) zu schreiben. Als sie ihn nach dem Grund fragte, sagte er: „Es fällt mir schwer, dich zu brechen, selbst wenn es nur in der Sprache ist“. Vgl. die Seite der fiktiven arabischen Sprachakademie: almajma3.blogspot.com/2014/04 (letzter Aufruf 24. 09. 2018).

VII Schlussbetrachtung

Aus der vorangehenden Abhandlung lässt sich daher Folgendes schließen:

- Die Beherrschung der arabischen Grammatik ist für das Verstehen der normativen Texte des Islam unabdingbar.
- Die Sprachregeln sind nicht vom kulturellen Kontext ihrer Entstehung zu trennen.
- Sprache meint nicht nur einzelne Wörter und Strukturen, sondern umfasst auch Denkstrukturen und Mentalitäten.
- Die Berücksichtigung der hinter der Sprache und ihrer Grammatik stehenden Mentalität kann zu einem besseren und dynamischen Verständnis der Sprecher dieser Sprache führen.
- Eine Grammatikregel kann für die Anerkennung der Freiheit menschlichen Denkens sowie für die Orientierung des islamischen Rechts von entscheidender Bedeutung sein. Eine Anerkennung der menschlichen Fähigkeit, den Koran selbstbestimmt und uneingeschränkt deuten zu können, würde den Weg für die Weiterentwicklung des Islamischen Rechts frei machen.[38]
- Die Berücksichtigung von soziokulturellen Aspekten im Arabischen ist ein nicht zu vernachlässigender Faktor, um rechtsrelevante Stellen in normativen Texten neu und zeitgemäß zu lesen.

Zum Schluss möchte ich betonen, dass wir – um mit Herder zu sprechen – durch die Sprache denken lernen, weil sie das Organ der Vernunft ist.[39] Auch Johann Georg Hamann betonte, dass das menschliche Vermögen zu denken auf der Sprache beruhe.[40] Weitergehend wird damit auch die Wichtigkeit deutlich, die Texte der islamischen Rechtsentwicklung aus Sicht der funktionalen Phonetik (Phonologie) zu erforschen, da – wie es gezeigt werden konnte – der Sprachschall für die Sprachwahrnehmung wichtig ist, was für die arabische Sprache insbesondere gilt. Dies jedoch bleibt einer fortführenden Abhandlung vorbehalten.

---

[38] Siehe auch Hefny: Hermeneutik, S. 78 ff.

[39] Vgl. Kumlehn: *Gott zur Sprache bringen*, S. 109 f.

[40] Vgl. Hamann: *Metakritik*, S. 286.

Literaturverzeichnis

ʿAbd as-Salām Hārūn (Hg.): مقدمة كتاب سيبويه [*Muqaddimat kitāb Sībawaih / Die Einführung des kitāb von Sībawaih*], Kairo: Maktabat al-Ḫānǧī ³1988.

ʿAbdullāh Muḥammad al-Ġaḏḏāmī: المرأة واللغة [*Al-marʾa wa-l-luġa / Frau und Sprache*], Casablanca: Al-markaz aṯ-ṯaqāfī al-ʿarabī ³2006.

Abū Ḥāmid al-Ġazālī: إحياء علوم الدين [*Iḥyāʾ ʿulūm ad-dīn / Die Wiederbelebung der religiösen Wissenschaften*] 1, Beirut: Dār al-maʿrifa o. J.

Abūlfatḥ ʿUṯmām Ibn Ǧinnī: الخصائص [*Al-ḫaṣāʾiṣ / Die Charakeristika*], hrsg. von Muḥammad ʿAlī Al-Naǧǧār, Kairo: Dār al-kutub al-miṣrīya o. J.

Adonis: Plädoyer für die Utopie, in: *Der Islam im Aufbruch? Perspektiven der arabischen Welt*, hrsg. von Michael Lüders, München 1993, S. 197–208.

Asad, Muhammad: *Die Botschaft des Koran. Übersetzung und Kommentar*, Düsseldorf 2009.

Brunner, Rainer (Hg.): *Islam. Einheit und Vielfalt einer Weltreligion*, Stuttgart 2016.

Elliesie, Hatem (Hg.): *Islam und Menschenrechte / Islam and Human Rights /* الإسلام وحقوق الإنسان. *Beiträge zum Islamischen Recht VII*, Leipziger Beiträge zur Orientforschung 26, Frankfurt am Main/Bern/New York/Paris et al. 2010.

——: *Binnenpluralität des Islamischen Rechts. Diversität religiöser Normativität rechtsdogmatisch und -methodisch betrachtet*, Sonderforschungsbereich Governance in Räumen Begrenzter Staatlichkeit – Neue Formen des Regierens?: SFB-Governance Working Paper Series 54, Berlin 2014.

——: Klassisches Islamisches Recht in der deutschen Hochschultradition: Genese und wissenschaftsgenealogische Einblicke, in: *Islamisches Recht in Wissenschaft und Praxis. Festschrift zu Ehren von Hans-Georg Ebert*, hrsg. von Hatem Elliesie, Beate Anam und Thoralf Hanstein, Frankfurt am Main 2018, S. 68–132.

Faramarz Mirzaei / Hasan Akbari: أثار اللغة العربية في فهم الفقه الإسلامي [Aṯar al-luġa al-ʿarabīya fī fahm al-fiqh al-islamī / Einfluss der arabischen Sprache auf das Verständnis des islamischen fiqh], in: آفاق الحضارة الإسلامية [*Āfāq al-ḥaḍāra al-islāmīya / Horizonte der islamischen Kultur*] 16.1 (1434 H.), S. 85–98.

Ǧarīr aṭ-Ṭabarī: تاريخ الرسل والملوك [*Tārīḫ ar-rusul wa-l-mulūk / Geschichte der Gesandten und Könige*] 5, hrsg. von Muḥammad Abū al-Faḍl Ibrāhīm, Kairo: Dār al-maʿārif [4]1979.

Gründler, Beatrice / Verena Klemm / Barbara Winckler: Arabische Literatur, in: *Islam. Einheit und Vielfalt einer Weltreligion*, hrsg. von Rainer Brunner, Stuttgart 2016, S. 349–378.

Hallaq, Wael B.: *A History of Islamic Legal Theories. An Introduction to Sunnī uṣūl al-fiqh*, Cambridge 1997.

Hamann, Johann Georg: *Metakritik. Sämtliche Werke* 3, hrsg. von Josef Nadler, Wien 1957.

Hefny, Assem: Hermeneutik, Koraninterpretation und Menschenrechte, in: *Islam und Menschenrechte / Islam and Human Rights /* الإسلام وحقوق الإنسان*. Beiträge zum Islamischen Recht VII*, Leipziger Beiträge zur Orientforschung 26, hrsg. von Hatem Elliesie, Frankfurt am Main et al. 2010, S. 73–97.

Krämer, Gudrun: Kritik und Selbstkritik. Reformistisches Denken im Islam, in: *Der Islam im Aufbruch? Perspektiven der arabischen Welt*, hrsg. von Michael Lüders, München 1993, S. 209–227.

Krawietz, Birgit: Zum Verhältnis von Sprache, Recht und Theologie in der islamischen Rechtstheorie von Sayf al-Din al-Āmidī, in: *Der Islam* 72.1 (1995), S. 137–147.

Kumlehn, Martin: *Gott zur Sprache bringen. Studien zum Predigtverständnis Johann Gottfried Herders im Kontext einer philosophischen Anthropologie*, Tübingen 2009.

Lüders, Michael: *Der Islam im Aufbruch? Perspektiven der arabischen Welt*, München 1993.

Maas, Utz: *Phonologie. Einführung in die funktionale Phonetik des Deutschen*, Göttingen [2]2006.

Maḥmūd Muḥammad aṭ-Ṭanāḥī: في اللغة والأدب – دراسات وبحوث [*Fi-l-luġa wa-l-adab – Dirāsāt wa-buḥūṯ / Zur Sprache und Literatur – Studien und Forschungen*] 2, Beirut: Dār al-ġarb al-islāmī 2002.

Muḥammad ʿĀbid al-Ǧābrī: تكوين العقل العربي – نقد العقل العربي [*Takwīn al-ʿaql al-ʿarabī – Naqd al-ʿaql al-ʿarabī / Genese des arabischen Denkens – Kritik des arabischen Denkens*] 1, Beirut: Markaz dirāsāt al-waḥda al-ʿarabīya [10]2009.

Muḥammad ʿImāra: الشريعة الإسلامية والعلمانية الغربية [*Aš-šarīʿa al-islāmīya wa-l-ʿalmānīya al-ġarbīya / Die islamische Scharia und der westliche Säkularismus*], Kairo: Dār aš-šurūq 2003, S. 25.

Naṣr Ḥāmid Abū Zaid: نقد الخطاب الديني [*Naqd al-ḫiṭāb ad-dīnī / Kritik des religiösen Diskurses*], Kairo: Sīnā li-n-našr [2]1994.

——: النص والسلطة والحقيقة – إرادة المعرفة وإرادة الهيمنة [*An-naṣṣ wa-s-sulṭa wa-l-ḥaqīqa – Irādat al-maʿrifa wa-irādat al-haimana / Der Text, die Macht und die Wahrheit – Das Wollen von Erkennen und von Hegemonie*], Casablanca: Al-markaz aṯ-ṯaqāfī al-ʿarabī [6]2006.

——: دوائر الخوف – قراءة في خطاب المرأة [*Dawāʾir al-ḫauf – Qirāʾa fī ḫiṭāb al-marʾa / Kreise der Angst – Eine Lesart des Frauendiskurses*], Casablanca: Al-markaz aṯ-ṯaqāfī al-ʿarabī [4]2007.

——: مفهوم النص – دراسة في علوم القرآن [*Mafhūm an-naṣṣ – Dirāsa fī ʿulūm al-qurʾān / Die Begrifflichkeit des Textes – Eine koranwissenschaftliche Studie*], Casablanca: Al-markaz aṯ-ṯaqāfī al-ʿarabī [7]2008.

Paret, Rudi: *Der Koran. Übersetzung*, Stuttgart/Berlin/Köln [6]1993.

Rābiḥ Būmaʿza: الجملة في القرآن الكريم – صورها وتوجهها البياني [*Al-ğumla fi-l-qurʾān al-karīm. Ṣuwaruhā wa-tawağğuhuhā al-bayānī / Der Satz im edlen Koran. Seine Formen und stilistische Funktionen*], Damaskus: Dār muʾassasat raslān 2009.

Rašīd ar-Rāḍī: الشريعة ومكتسبات الدرس اللغوي والمنطقي المعاصر – مقدمة في تجديد علوم التشريع الإسلامي [*Aš-šarīʿa wa-muktasabāt ad-dars al-luġawī wa-l-manṭiqī al-muʿāṣir – Muqaddimāt fī tağdīd ʿulūm at-tašrīʿ al-islāmī / Scharia und Leistungen des gegenwärtigen sprachlichen und logischen Unterrichts – Einführungen in die Erneuerung der islamischen Gesetzgebungswissenschaften*] (30. 12. 2016), www.mominoun.com/pdf1/2016-08/chaari33a.pdf (letzter Aufruf 30. 06. 2018).

Yūsuf Raḥāimī: الطائفية الذكرية – قراءة في ذكرية اللغة [*Aṭ-ṭāʾifīya aḏ-ḏukūrīya fī bunyat al-luġa al-ʿarabīya – Qirāʾa fī ḏukūrīyat al-luġa / Der männliche Konfessionalismus in der Struktur der Sprache – Eine Lesart der Männlichkeit der Sprache*] (28. 08. 2018), www.mominoun.com/pdf1/2018-08/dokouria.pdf (letzter Aufruf 22. 09. 2018).

Verzeichnis fachlicher Abkürzungen

AAOIFI	Accounting and Auditing Organization of Islamic Financial Institutions
ABl	Amtsblatt
a. F.	alte Fassung
AG	Arbeitsgericht
AO	Abgabenordnung
Arab.	Arabisch
BAG	Bundesarbeitsgericht
BfAI	Bundesstelle für Außenhandelsinformation
BGB	Bürgerliches Gesetzbuch
BGBl	Bundesgesetzblatt
BGH	Bundesgerichtshof
BGHZ	Entscheidungssammlung des Bundesgerichtshofs in Zivilsachen
BOE	*Boletín Oficial del Estado*
BRD	Bundesrepublik Deutschland
BT	Bundestag
CAS	Center for Area Studies
CC	*Códego Civil*
CEDAW	Convention on the Elimination of All Forms of Discrimination Against Women
CISG	Convention on Contracts for the International Sale of Goods
CNRS	Centre national de la recherche scientifique
CWLRC	Center for Women's Legal Research and Consulting – Gaza
DAVO	Deutsche Arbeitsgemeinschaft Vorderer Orient für gegenwartsbezogene Forschung und Dokumentation
DDR	Deutsche Demokratische Republik
DFG	Deutsche Forschungsgemeinschaft
DQQ	*Dīwān Qāḍī al-Quḍāt*
DQSH	*Dīwān al-qaḍā᾿ aš-šarʿī* / Dīwān of Šarʿī Jurisdiction
DIFC	Dubai International Financial Centre

EGBGB	Einführungsgesetz zum Bürgerlichen Gesetzbuche
EFRL	Egyptian Family Rights Law
EG	Europäische Gemeinschaft
EGMR	Europäischer Gerichtshof für Menschenrechte
EMRK	Europäische Menschenrechtskonvention
EOS	Erweiterte Oberschule
ETPB	Evacuee Trust Property Board
EU	Europäische Union
EuGüVO	Verordnung (EU) 2016/1103 des Rates vom 24. Juni 2016 zur Durchführung einer Verstärkten Zusammenarbeit im Bereich der Zuständigkeit, des anzuwendenden Rechts und der Anerkennung und Vollstreckung von Entscheidungen in Fragen des ehelichen Güterstands
EuGVVO	Verordnung (EU) Nr. 1215/2012 des Europäischen Parlaments und Rates vom 12. Dezember 2012 über die gerichtliche Zuständigkeit und die Anerkennung und Vollstreckung von Entscheidungen in Zivil- und Handelssachen
EuErbVO	Verordnung (EU) Nr. 650/2012 des Europäischen Parlaments und des Rats vom 4. Juli 2012 über die Zuständigkeit, das anzuwendende Recht, die Anerkennung und Vollstreckung von Entscheidungen und die Annahme und Vollstreckung öffentlicher Urkunden in Erbsachen sowie zur Einführung eines Europäischen Nachlasszeugnisses
EURAMES	European Association for Middle Eastern Studies
EUZustVO / EUZVO	Verordnung (EG) Nr. 1393/2007 des Europäischen Parlaments und des Rates vom 13. November 2007 über die Zustellung gerichtlicher und außergerichtlicher Schriftstücke in Zivil- oder Handelssachen in den Mitgliedsstaaten (Zustellung von Schriftstücken) und zur Aufhebung der Verordnung (EG) Nr. 1348/2000 des Rates)
EWCA	England and Wales Court of Appeal
EWHC	England and Wales High Court
FAQ	Frequently Asked Questions
FATA	Federally Administered Tribal Areas
FATAH	*Ḥarakat at-taḥrīr al-waṭanī al-filasṭīnī* (Fatḥ)
FFSL	Frankophones Forschungsseminar der Universität Leipzig
FIDIC	Fédération Internationale des Ingénieurs Conseils / International Federation of Consulting Engineers

GAIR	Gesellschaft für Arabisches und Islamisches Recht
GBI	German Business Information
GG	Grundgesetz
GIF	German-Israeli Foundation for Scientific Research and Development
GND	Gemeinsame Normdatei
HAMAS	*Ḥarakat al-muqāwama al-islāmīya* (Ḥamās)
HSCC	Higher Sharia Court Council / *Raʾīs al-Maǧlis al-aʿlā li-l-qaḍāʾ aš-šarʿī*
HRW	Human Rights Watch
ID	Identifikationsnummer
InsO	Insolvenzordnung
IPR	Internationales Privatrecht
IPRax	Zeitschrift zur Praxis des Internationale Privat- und Verfahrensrechts
IR	Ibn Rušd
irakZPO	irakische Zivilprozessordnung
IREMAN	Institut de Recherches et d'Etudes sur le Monde Arabe et Musulman
JLPS	Jordanian Personal Status Law
JURIS	Juristisches Informationssystem
KMU	Karl-Marx-Universität
LAS	League of Arab States / Staaten der Arabischen Liga
LBO	Leipziger Beiträge zur Orientforschung
LFB	Lehr- und Forschungsbereich
LMA	Loan Market Association
MENA	Middle East and North Africa / Naher Osten und Nordafrika
MSV	Muslimische Studenten Vereinigung
n. F.	neue Fassung
OB	Oberbürgermeister
PA	Palestinian Authority
PATA	Provincially Administered Tribal Areas
PGR	Liechtensteinisches Personen- und Gesellschaftsrecht

PJSC	Public Joint Stock Company
PSGPC	Pakistan Sikh Gurdwara Parbanhak Committee
PStG	Personenstandsgesetz
QFC	Qatar Financial Centre
QQ	*Qāḍī al-Quḍāt* / Supreme Judge
RB	Red Bull
RGZ	Reichsgericht in Zivilsachen (Entscheidungssammlung)
RIW	Recht der internationalen Wirtschaft
Rom-III VO	Verordnung (EU) Nr. 1259/2010 des Rates vom 20. Dezember 2010 zur Durchführung einer Verstärkten Zusammenarbeit im Bereich des auf die Ehescheidung und Trennung ohne Auflösung des Ehebandes anzuwendenden Rechts
SCHC	Sharia Court High Council / *Raʾīs al-Mağlis al-aʿlā li-l-qaḍāʾ aš-šarʿī*
SPV	Special Purpose Vehicle
StGB	Strafgesetzbuch
syrZPO	syrische Zivilprozessordnung
UdSSR	Union der Sozialistischen Sowjetrepubliken
UNIDROIT	Institut international pour l'unification du droit privé / International Institute for the Unification of Private Law
UNHCR	United Nations High Commissioner for Human Rights
VAE	Vereinigte Arabische Emirate
WHO	World Health Organisation / Weltgesundheitsorganisation
WOCMES	World Congress for Middle Eastern Studies
WVA	Wissenschaftliche Versandbuchhandlung und -antiquariat
WWW	World Wide Web
ZEFAW	Zentrum für Forschung zur Arabischen Welt
ZGB	Zivilgesetzbuch
ZMD	Zentralrat der Muslime
ZMO	Zentrum Moderner Orient
ZPO	Zivilprozessordnung
ZRHO	Rechtshilfeordnung für Zivilsachen
ZR & I	Zeitschrift für Recht und Islam / Journal of Law and Islam
ZZP	Zeitschrift für Zivilprozess